KB111863

# 朝鮮前期 交換經濟와 商人 研究

朴 平 植

지식산업사

저자 **박평식**(朴平植, Park Pyeong-Sik)

　　서울대학교 사범대학 역사교육과 졸업
　　연세대학교 대학원 사학과 졸업(석사·박사)
　　현재 청주교육대학교 교수

　　논저 《朝鮮前期商業史研究》
　　　　〈高麗時期의 開京市廛〉
　　　　〈高麗後期의 開京商業〉
　　　　〈朝鮮初期의 對外貿易政策〉 등

朝鮮前期 交換經濟와 商人 研究

초판 제1쇄 발행 2009. 9. 7.
초판 제2쇄 발행 2010. 10. 5.

지은이　　박평식
펴낸이　　김경희
펴낸곳　　㈜지식산업사
　　　　　주 소 본사: 경기도 파주시 교하읍 문발리 520-12
　　　　　　　　서울사무소: 서울시 종로구 통의동 35-18
　　　　　전 화 본사: (031)955-4226~7 서울사무소: (02)734-1978
　　　　　팩 스 (031)955-4228
　　　　　인터넷한글문패 지식산업사
　　　　　인터넷영문문패 www.jisik.co.kr
　　　　　전자우편 jsp@jisik.co.kr
　　　　　등록번호 1-363
　　　　　등록날짜 1969. 5. 8.

**책값은 뒤표지에 있습니다.**

이 책을 읽고 저자에게 문의하고자 하는 이는 지식산업사 전자우편으로 연락 바랍니다.

# 序

　이 책은 조선전기의 상업사를 교환경제와 상인, 상품유통 부문을 중심으로 정리한 것으로, 필자의 책《朝鮮前期商業史硏究》(지식산업사, 1999)의 Ⅱ篇에 해당하는 후속 저작이다.

　우리 역사에서 조선전기는 집권국가의 국가편성 원리와 관련하여, 그리고 이 시기 國定敎學으로 자리하던 유교 성리학의 경제인식과 상업론의 기조 위에서, 상업에 대한 국가정책으로서 抑末政策이 왕조의 개창 이래 체계적이고 규모 있게 추진된 시기였다. 그러나 조선왕조가 표방한 이 같은 억말정책은 오랫동안 상업과 상인에 대한 '억압'정책으로 이해되면서, 대다수의 연구자들은 조선전기의 상업을 고려시기의 盛況과 대비시켜 그 沈滯를 강조하고 또 경제구성에서 차지하는 상업과 상인의 비중이나 위상 또한 매우 矮小한 것으로 파악하여 왔다. 여기에 상업사의 영역에서 우리 역사의 내적인 발전과정을 체계화하고 그 진전 방향을 파악하려는 노력 역시, 그 동안 조선후기에 주로 관심과 연구가 집중되면서, 구체적인 작업성과에 바탕을 두지 않은 채 조선전기 상업의 부진과 정체가 상대적으로 더욱 강조되어 온 것이 사실이다.

　필자는 이와 같은 조선전기 상업사에 대한 연구사의 도정 위에서, 전근대 중세기 우리나라 상업사를 그 내적 계기에서 발전적으로 체계화하는 것을 목표로 하되, 우선은 작업범주를 조선전기로 설정하여 일차 정리한 성과를 10여 년 전에 前作으로 묶어낸 바 있다. 여기에서는 이 시기 상업체제와 상업정책에 대한 해명을 목표로, 구체적으로 왕조개창 과정에서 정립된 억말정책의 이념과 실제, 그에 따른 교역기구의 형성과 전개, 그리고 이렇게 편성된 조선 국가의 상업과 상업정책이 15세기 후반 이후, 특히 16세기에 들어 보이고 있던 변화와 발전상을 정리하였다. 그 결과, 조선전기는 중세기 우리나라 상업사에서 '務本抑末'의 단계였으며, 억말정책은 상업을 專業상인에게 맡기고 국가에서 이들 상업과 상인을 적극 통제하고 관장함으로써 소농·전호농민의 逐末경향을 제어하여, 지주·대농에 근간을 두고 편성된 사회경제체제를 유지하고 보전하려는 집권적 봉건국가의 경제정책이었음을 해명하였다. 그리고 이러한 상업인식과 상업정책 아래에서 교역기구와 상인층의 성장이 15세기 후반 이후 16세기에 들어 더욱 구체적으로 분명해지고, 더불어 '利權在上'에 근거한 국가의 적극적인 상업장악과 末業을 통한 국가재정 보용방안이 새로이 대두하던 '以末補本'論의 경제인식을 바탕으로 모색되고 있던 사정 또한 정리해 낼 수 있었다.

그러나 이들 작업은 그 초점을 이 시기 官人 儒者들의 상업인식과 국가의 상업정책, 그리고 이에 의거하여 편성된 조선전기 상업체제의 분석과 해명에 맞추어 이루어진 관계로, 당대 교환경제의 실상을 그 전체에서 파악하기 위해 응당 필요한 몇몇 부문, 예컨대 상인의 활동과 유통체계, 구체적인 상품의 생산과 유통실태, 화폐와 교환수단, 대외무역 등의 문제들에 대한 정리를 필요한 최소한의 수준에서 수행하면서, 이를 후일의 작업으로 미루지 않을 수 없었다. 이 책은 前作에서 미루어 두었던 이들 문제를 조선전기 교환경제의 실상 규명이라는 차원에서 세부적 주제를 통해 정리해 간 지난 10여 년의 성과를 묶어 펴내는 것이다. 곧 우리나라 중세 상업사의 복원과 내적 계기에 근거하는 성장과 변동의 실태분석을, 조선전기에 시기를 맞추어 상인의 활동과 유통체계 그리고 상품유통의 실제에서 재구성해 내려는 일련의 작업의 산물인 셈이다.

이 책은 이상과 같은 구상 속에서 구체적인 내용을 다음과 같이 세 영역으로 편성하여 정리하였다. 우선 Ⅰ부 '교환경제의 성장과 도성상업'에서는, 조선왕조의 상업정책으로서 억말책과 그에 따른 상업체제의 典型이 성립된 국초 세종조의 교환경제와 상업정책을 정리하고, 이후 도성상업의 발달과 확대 사정을 성종조 시전상인의 동태와 당대 도성중심의 물류체계에서 한강이 갖던 비중과 역할의 규명을 통해 점검함으로써, 조선전기 교환경제의 성장 사정을 도성상업과 시전상인을 중심으로 정리하였다. Ⅱ부 '상인의 활동과 유통체계'에서는, 조선전기 양대 상인집단으로서 전국의 商權을 놓고 경쟁하던 경상과 개성상인의 상업활동을 이들의 구성유형과 상업환경에 대한 주목을 바탕으로 국내외 교역의 실제에서 분석하고, 아울러 이들의 상업활동을 중개하는 과정에서 도성과 전국의 주요 포구, 교역의 요지에서 대두하여 성장하고 있던 主人層을 통해 이 시기 전국적인 유통체계의 성립 사정을 규명하였다. 마지막으로 Ⅲ부 '상품의 유통과 상인'에서는, 조선전기 구체적인 상품의 생산여건과 그 유통의 실태를 곡물과 어물, 인삼을 사례로 하여 점검하면서, 이들 상품의 생산과 유통에 대해 조선 정부가 설정하고 있던 국가정책의 내역과 그 변동을 정리하고, 동시에 이 과정을 주도하면서 펼치고 있던 상인들의 상업활동과 그 구실에도 주목하였다.

이러한 작업을 통해서 억말책에 근거한 상업과 상인통제, '이권재상'론에 바탕을 둔 국가의 교역장악에도 불구하고, 15세기 후반 이후, 더욱 구체적으로는 16세기에 들어 이 같은 조선 국가의 억말정책을 극복하면서 전개되고 있던 교환경제의 성장과 발전 사정이, 구체적인 상인의 상활동과 유통체계, 나아가 개별 상품의 유통과정 모든 부문에서 마찬가지로 확인되고 있던 형편을 정리해 낼 수 있었다. 이로써 '무본억말' 단계로 설정되는 조선전기 상업과 교환경제의 실상이 앞 책의 작업결과와 연계하여 그 실체로서 확인되고, 아울러 이 시기 사회경제의 여러 변동과 함께 변화하고 한편에서 이를 추동하고 있던 상업이, 當代 경제구성에서 차지하고 있던 위상과 비중 또한 어느 정도 분명하게 자리매김할 수 있게 되었다고 본다. 한편 조선전기 상업사를 그 전체에서 재구성해 내기 위해서는 아직도 화폐와 교환수단 문제, 대외무역의 실상과 그 추이 등에 대한 정리가 여전히 과제로 남아 있지만, 이는 專論의 심도 깊은 탐구가 필요한 주제이기에 後考로 미루고자 한다.

이 책에 수록된 여러 논고들은 이상과 같은 문제의식과 구상 아래, 저술의 큰 윤곽을 전제로 하여 그간 틈틈이 그리고 그때그때의 연구조건에 따라 작업된 것들이다. 더욱이 일부 논고는 외부의 청탁과 의뢰를 받아 작성되었기에, 자연스레 기왕의 논고들과 내용의 부분적인 중복을 피하지 못한 글 역시 포함되어 있다. 그러나 조선전기 상업과 교환경제에 대한 필자의 기본구상에 그간 큰 변화가 없고, 개별 논고로서의 완결성을 또한 고려하여, 본서의 수록 과정에서 편제의 대폭 조정이나 내용의 재구성은 필요한 부분에서 최소한으로 그쳤다. 이처럼 기왕의 論旨에 변경을 가하지 않는 선에서 전체적으로 분명한 착오를 바로잡고 목차와 문맥을 수정하는 정도의 添削을 하였으나, 그 가운데 몇몇 논고는 서술체제와 文套에서 改稿에 가까운 변화를 주기도 하였다. 우선 Ⅰ부의 '세종조의 교환경제와 상업정책'은 애초의 원고를 이 책의 내용범위를 고려하여 分段하여 보완하였다. 특히 Ⅲ부의 세 논고 가운데, '양계지방의 회환제와 곡물유통'은 舊套 방식의 원고를 전면 수정하여 補正하였다. 또 나머지 어물과 인삼의 유통을 다룬 두 논고 역시, 원래 각각 두 편의 개별 논문으로 발표되었던 글들을 그 내용과 본서의 구성체제를 고려하여 모두 하나의 논문으로 합편하여 정리·수록하였음을 밝혀둔다.

조선전기 상업사를 주제로 다룬 두 번째의 저술을 이와 같이 엮고 보니, 미약한 성과와 더딘 작업과정이 한층 더 눈에 띈다. 짧은 안목과 식견에도 불구하고 중세기 우리나라 상업사를 재구성하려는 연구 도정에서, 이 정도의 책이라도 정리해 낼 수 있었던 것은 순연히 여러 恩師와 先輩學人들 덕택이다. 세기를 달리하며 더욱 급변하는 국내외의 세태 속에서도 변함없이 師表로서 늘 그 자리에 장중하게 서 계신 金容燮 선생님과 李景植 선생님 두 분의 두터운 學恩에 감사드린다. 아울러 10여 년을 주기로 다시 반복되고 있는 국내의 어려운 경제여건에서 前作에 이어 이 책의 간행을 기꺼이 맡아주신 지식산업사의 金京熙 사장님과 편집부 여러분의 노고에도 감사의 말씀을 드린다.

끝으로 평생에 걸친 뒷바라지 끝에 이제는 당신만의 천진한 세계에 침잠해 계신 어머님께 이 작은 성과를 무언으로 바친다. 늘 한결같은 後援으로 든든하신 처가의 부모님, 그리고 同行의 여정을 학문과 인생에서 함께 하는 아내 이상의와 사랑스런 두 아이 벼리, 도리와 더불어, 이 작은 결과를 감사와 기쁨으로 함께 하고 싶다.

2009년 6월 27일
박 평 식

# 目 次

# Ⅱ. 商人의 活動과 流通體系

# Ⅲ. 商品의 流通과 商人

# I. 交換經濟의 成長과 都城商業

世宗朝의 交換經濟와 商業政策

成宗朝의 市廛整備와 官·商 葛藤

朝鮮前期의 都城商業과 漢江

# 世宗朝의 交換經濟와 商業政策

## 1. 序 言

우리 역사에서 세종조는 정치·사회의 모든 영역에서 조선왕조 국가 체계의 근간이 마련되고 그 기틀이 형성된 시기였다. 곧, 고려후기 이래 산적하여 있던 각종 사회모순을 수습하고 정돈하여 중세국가의 통치질서를 재확립한 시기였고, 동시에 이렇게 형성된 集權的 封建國家의 체계가 이후 500여 년 동안 지속될 수 있는 초석을 놓은 시기였던 것이다.[1] 세종조의 체제개편과 확립 작업은 정치·경제·사회·문화·학술·군사 등 사회의 全구성영역에 걸쳐 있었고, 경제영역의 상업 부문도 그 가운데 하나였다.

국초 이래 조선왕조는 고려 말부터 모색되고 있던 성리학적인 경제인식인 '務本抑末'論에 바탕을 두고 상업문제의 해결과 상업재편을 신생국가의 정책으로서 추진하여 가고 있었다. 경제에서 상업의 위상을 재설정하고 그에 대한 국가의 통제와 管掌을 제고하는 방향이었다.[2] 세종조는 국초부터 추진된 이와 같은 조선왕조의 상업인식과 재편방침이 정책으로서 최종 정립된 시기였다. 따라서 세종조에 펼쳐진 상업과 상업정책은 고려말 이래로 진행된 상업계의 발전과 그에 따른 문제를 극복하면서,

1) 세종대왕기념사업회,《세종문화사대계》1~5권, 1998~2001.
2) 朴平植,〈朝鮮初期의 商業認識과 抑末策〉,《東方學志》103, 1999[《朝鮮前期商業史研究》(지식산업사, 1999)에 수록].

이를 조선왕조의 집권적 국가체계에 바탕을 둔 상업과 상업정책으로 재정립한 것이었다.

본 논문에서 필자는 세종조 교환경제의 동향과 상업정책에 초점을 맞추어, 집권국가를 표방하며 건국된 조선왕조의 상업 정책과 그에 따라 재편된 교환경제의 모습을 정리해 보고자 한다. 이 작업을 통해 세종조의 상업재편 방침과 그 정책이 조선왕조와 우리의 중세 상업사에서 갖는 의미와 위치, 그리고 성격까지도 규명할 수 있겠기 때문이다. 나아가 이 같은 기초 작업의 결과를 바탕으로 세종조에 사회 전반에 걸쳐 추진된 제도 개편과 정비사업의 의의가 정리될 수 있을 것이고, 세종조의 역사가 우리나라 전체 歷史行程에서 지니는 온당한 의미 또한 파악할 수 있을 것이다.

## 2. 市廛의 整備와 國內商業의 管掌

건국과 함께 조선 정부는 도성인 漢陽에 市廛을 조성하고 운영하였다. 官許상업인 시전을 통해 도성상업과 이를 거점으로 펼쳐지는 전국의 교환과정을 통제하고 관리하면서, 동시에 도성민의 일상수요를 조달하고 국가의 수요물을 마련하려는 목적이었다. 도성의 행랑 건설공사는 태종 12년(1412) 2월부터 14년(1414) 말까지 세 차례에 걸쳐 진행되었다. 당시 행랑이 건설된 구간은 종루를 중심으로 서쪽으로는 혜정교, 동쪽으로는 동대문, 그리고 남쪽으로는 남대문에 이르는 지역이었다. 이 가운데 시전의 점포가 배치될 구역으로 설정된 구간은 오늘날의 종로 1~3가와 남대문로 1가 일대였다. 정부는 이렇게 조성한 시전에 舊都인 개경의 시전상인과 부상대고들을 강제로 이주시켰다. 대상인인 이들을 매개로 하여 도성과 전국의 상업을 파악하고 관장하고자 하는 조처였다.3)

---

3) 이상 국초 시전의 조성 경위와 그 기능에 대하여는 朴平植, 〈朝鮮初期 市廛의 成立과 '禁亂'問題〉, 《韓國史硏究》 93, 1996(《朝鮮前期商業史硏究》에 수록)에 상

이처럼 태종조에 조성되어 도성을 비롯한 조선왕조 전국상업의 근간으로 기능하였던 시전은 세종조에 들어 더욱 정비되고 있었다. 우선 세종은 전대에 瓦家의 형태로 건축된 시전의 행랑건물에 대한 보수사업을 추진하였다. 세종 원년(1419) 5월 조정에서는 성내 일부 행랑의 傾斜를 이유로 이 공사의 감독 책임을 맡았던 朴子靑의 처벌 여부가 논란되고 있었다.4) 태종조에 신축된 행랑건물이 세종조 초에 벌써 부분적으로 기울어지거나 무너지는 상황에 대한 문제제기였다. 그리하여 세종 3년(1421) 6월 국왕은 공조의 건의를 받아들여, 지붕에 비가 새고 땅에 박힌 기둥이 썩어 장차 무너질 위험이 있는 성내 행랑을 한성부로 하여금 조사하여 전면 보수하게 하는 조처를 취하고 있었다.5)

한편 세종 8년(1426) 2월에는 도성에 대화재가 발생하여 시전행랑이 또한 소실되는 피해가 있었다. 2월 15일 午時에 강한 서북풍이 불면서 한성부 남쪽 仁順府 소속 奴 長龍의 집에서 시작된 화재는, 이내 京市署와 종로 북쪽의 행랑 116칸을 태우고 차례로 중·남·동부의 인근 가옥으로 번져, 총 2,170호의 민가가 불타고 확인된 성인 사망자만도 22명에 이르는 등의 대참사로 이어졌다.6) 이튿날에도 다시 강한 바람이 불면서 화재가 재발해 典獄署와 주변 행랑 8칸을 태우고, 인근의 민가 200여 호가 피해를 보았다.7)

세종 8년 도성에서 일어난 이 두 차례의 대화재는 2,440여 호의 민가가 불타고 수십 명이 사망한 대참사였고, 이 과정에서 시전이 입은 피해도 적지 않았다. 즉 경시서의 좌우에 늘어선 시전행랑 120여 칸이 불탐으로써 시전상업에 막대한 타격을 가져왔던 것이다. 이후 세종 정부는 화재방지를 위해 시전을 포함한 도성행랑에 방화용 담장을 설치하고,

---

세하다.

4) 《世宗實錄》 卷4, 世宗 元年 5月 丙寅, 2冊, 317쪽.
5) 《世宗實錄》 卷12, 世宗 3年 6月 丁未, 2冊, 435쪽.
6) 《世宗實錄》 卷31, 世宗 8年 2月 己卯, 3冊, 8쪽.
7) 《世宗實錄》 卷31, 世宗 8年 2月 庚辰, 3冊, 8쪽.

행랑은 매 10칸, 私家는 5칸마다 방화용수 공급을 위한 우물을 파도록 조처하였다.8) 아울러 관설 시설물로서 시전상인들에게 대여되고 있던 시전행랑에 대한 재건사업이 뒤를 이었을 것이다.9)

　무너진 행랑과 화재로 소실된 시전행랑 건물에 대한 보수와 재건축 사업을 통해 시전의 상가건물을 정비하는 한편으로, 세종 정부는 국가의 행정력을 동원하여 시전정비를 단행하였다. 즉 세종 2년(1420) 윤 정월 에는 종부직장 崔萬里의 건의를 받아들여, 시전에 입주하지 않고 里巷에 거주하면서 물가를 조종하는 도성의 工商들을 그 판매물종에 따라 모두 시전에 분산 편입시키고 있었다.10) 태종조 시전조성 이래 조선 정부는 도성의 공상들을 시전에 입주시켜 그 물종별로 시전구역을 설정하고 있 었으며, 이들 시전상인에게 시전영업의 대가로 商稅·責辦·雜役 등의 市役을 부과하고 있었다.11)

　그런데 세종 초년까지도 아직은 정부의 이와 같은 조처에 반발하여 도성시전에 입주하지 않고 閭巷에서 영업을 하는 공상들이 있자, 이들 을 시전정책에 따라 강제 편입시켰던 것이다. 아울러 이때 시전 안의 개별 상가에 중국의 예를 따라 각기 표식을 세우기도 하였다.12) 국초 舊都인 개경에서 개별 시전이 그 명칭과 판매물품을 그림으로 그려 넣 은 현판을 내걸고 있었음을 고려하면,13) 이 조처는 한양시전의 외양을 정비하고 또 상거래의 원활을 도모하기 위한 방침이었다.14)

---

8)《世宗實錄》卷31, 世宗 8年 2月 甲申, 3冊, 9쪽.

9)《世宗實錄》에서 이해 불탄 시전행랑을 재건한 기록은 확인되지 않는다. 그러나 피해를 입은 행랑이 경시서 주변의 시전건물이었던 사정을 고려하면, 시전의 핵심지구였을 이들 燒失 시전행랑에 대한 재건축 사업이 이내 뒤따랐을 것임은 분명하다 하겠다.

10)《世宗實錄》卷7, 世宗 2年 閏正月 戊戌, 2冊, 373쪽.

11) 朴平植, 앞의 〈朝鮮初期 市廛의 成立과 '禁亂'問題〉.

12)《世宗實錄》卷7, 世宗 2年 閏正月 戊戌, 2冊, 373쪽.

13)《太祖實錄》卷5, 太祖 3年 正月 戊午, 1冊, 53쪽.

14) 한편 세종 11년(1429) 12월에는 통신사로 일본을 다녀 온 朴瑞生이 일본 상가의 외양을 견문한 경험을 바탕으로, 개별 시전건물의 처마에 補簷을 달아내고 층루 를 설치하여 여기에 물건을 진열하고 그 상품명을 내걸게 함으로써 거래의 편

　세종조 도성상업은 위와 같이 국가에 의해 정비된 시전을 중심으로 확대되면서 발전하고 있었다. 전근대의 다른 시기와 마찬가지로 이 시기 한양은 도성으로서 정치·행정·군사의 중심 도시이자, 동시에 최대의 보유인구를 지닌 상업과 소비도시였다. 태조조의 왕조 개창과 태종조의 국가체제 정비작업이 세종조에 들어 완수되어 가면서 사회가 안정되자, 도성의 인구 또한 증가하고 있었다. 특히 태종조에 한양에 시전을 조성하면서 취한 개성상인의 강제이주 조처는 도성 주민의 생활에 필요한 물자와 물류의 공급체계를 갖추었다는 점에서 이후 도성인구의 증가를 가능케 한 주요 배경이 되고 있었다.

　그리하여 세종 6년(1424) 4월에 이르러서는 한성부에서 도성 안의 宅地 부족에 따른 주택문제를 호소하고 있었고, 세종은 그 건의를 받아들여 동대문 수구문 밖의 땅을 이들 무주택자에게 택지로 절급할 것을 지시하고 있었다.15) 11년(1429) 9월에 좌사간 柳孟聞 등이 別窯에서 제조하여 도성민에게 조달하는 기와가 부족함을 지적하면서, 경기의 동·서·남에 추가로 三窯를 증설하자고 하였던 건의 또한, '땅이 좁고 인구가 매우 조밀한 도성'16)의 사정에 그 배경이 있었다.

　세종조 도성은 이미 2만여 호에 10여 만 이상의 인구를 보유한 도시였다. 세종 8년(1426)에 시작되어 10년(1428) 윤4월에 완성된 版籍에 따르면, 성저 10리를 포함한 도성의 호구는 1만 8,522호에 인구가 10만 9,372명이었다.17) 도성의 호구는 이후 꾸준히 증가하여 17년(1435)에는 2만 1,891호로,18) 그리고 20년(1438)에는 2만 352호로 조사되고 있다.19) 따라서 대략 2만 1천여 호에 11만 내외의 인구를 세종조 도성의 상주인

---

　의를 도모하자는 건의를 하기도 하였다(《世宗實錄》 卷46, 世宗 11年 12月 乙亥, 3冊, 208쪽).
15) 《世宗實錄》 卷24, 世宗 6年 4月 癸亥, 2冊, 593쪽.
16) 《世宗實錄》 卷45, 世宗 11年 9月 癸酉, 3冊, 199~200쪽.
17) 《世宗實錄》 卷40, 世宗 10年 閏4月 己丑, 3冊, 128쪽.
18) 《世宗實錄》 卷69, 世宗 17年 7月 己卯, 3冊, 641쪽.
19) 《世宗實錄》 卷83, 世宗 20年 12月 戊辰, 4冊, 177쪽.

구로 추산할 수 있겠다.

그런데 도성에는 이들 상주인구 외에도 수많은 유동인구가 항상적으로 머무르고 있었다. 세종 30년(1448) 3월 동부승지 李季甸에 따르면, 도성에 立番하는 別侍衛·甲士와 그 傔從人이 대략 6천여 명이어서 이들의 교대시에는 그 수가 만여 명에 이르렀고, 여기에 隊長·隊副·銃筒衛 등을 합하면 거의 수만여 명의 군사들이 도성에 상시적으로 머무르고 있었다.[20] 결국 이들 또한 이계전의 지적대로 도성에서 곡물과 일상수요를 공급받게 되므로, 이들까지 합하면 도성의 상주인구는 11만을 훨씬 상회하여 십 수만을 헤아리게 된다. 세종 4년(1422) 2월 국왕이 도성의 쌀값 상승에 따른 군인들의 식량난을 우려하였던 것도, 이처럼 도성에 상주하는 군인들의 수가 매우 많기 때문이었다.[21]

한편 이 시기 도성인구에는 여기에 국초의 각종 도성정비와 수축사업에 대거 동원되었던 외방의 부역인원이나, 또 과거응시를 위해 상경하는 사람들도 포함되어야만 한다. 세종 31년(1449) 7월에는 다음 해 봄에 예정된 式年科擧를 흉년에 따른 도성의 곡가 상승을 이유로 가을로 미루기도 하였던 것이다.[22] 한양은 최대의 소비도시로서 도성의 면모를 갖췄으며, 이는 곧 이 시기 도성상업 발달의 원천적인 배경이 되고 있었다.

이처럼 소비인구 십 수만을 보유한 도성상업의 또 다른 기반은 국가의 부세제 운용 특히 貢納制 변동과 관련하여 조성되고 있었다. 곧 공물의 대납과 방납화의 문제였다. 조선 정부의 현물재정의 근간이었던 공납제는 애초 '任土作貢'의 원리에 따라, 지방 각 군현이 주체가 되어 국가로부터 분정받은 토산물을 중앙에 직납하는 것이 원칙이었다.[23] 그러나 공납제는 제도 자체의 모순과 운영과정에서 벌어진 문제, 또 이를

---

20) 《世宗實錄》 卷119, 世宗 30年 3月 戊子, 5冊, 52쪽.
21) 《世宗實錄》 卷15, 世宗 4年 2月 甲寅, 2冊, 475쪽.
22) 《世宗實錄》 卷125, 世宗 31年 7月 丙申, 5冊, 139쪽.
23) 田川孝三, 《李朝貢納制の研究》, 東洋文庫, 1964.

謀利의 수단으로 적극 활용하던 세력의 간여로 말미암아 이미 국초부터 변질되고 있었다. 이른바 代納, 防納의 출현과 그 확대 현상이었다.[24]

그럼에도 한번 상정된 貢案상의 공물은 해당 지방 생산사정에 변동이 있더라도 새롭게 분정되지 않았고, 여기에 덧붙여 引納이나 別貢이 상례화하고 있었다. 결국 이런 사정 속에서 대납과 방납이 불가피하였고, 여기에 방납인들의 적극적인 모리의지가 끼어듦으로써 공납제의 폐단은 백성들의 과중한 부담으로 귀결되고 있었다. 일찍이 세종 4년(1442) 국왕이 각도 관찰사에게 대소 관인과 緣化僧徒들의 방납행위를 금지할 것을 유시한 바 있었으나,[25] 임금의 의지와는 달리 세종조에 방납은 점차 확산되어 갔다.

그리고 여기에는 수령과 결탁한 대소의 관인[26]이나 승도,[27] 상인들[28] 이 그에 따른 이익을 노리고서 적극 참여하고 있었다. 세종 12년(1430) 12월 국왕이 녹봉을 받는 관인들이 각지의 수령에게 청탁하여 공물을 대납하고 수배의 대가를 백성들로부터 掠取하는 행태를 두고 '工商과 다름없는 행위'라고 한탄하면서, 이들 관인을 不敍用 조처하고 해당 수령을 처벌한다는 방침을 천명하였던 것도 이러한 사정 때문이었다.[29]

공물의 방납화 과정에서 도성은 가장 비중이 큰 공물의 購買와 貿納

---

24) 金鎭鳳, 〈朝鮮初期의 貢物代納制〉, 《史學研究》 22, 1973 ; 金鎭鳳, 〈朝鮮前期의 貢物防納에 대하여〉, 《史學研究》 26, 1975 ; 朴道植, 〈朝鮮時代 貢納制 研究〉, 경희 대 박사학위논문, 1995 ; 田川孝三, 앞의 《李朝貢納制の研究》.

25) 《世宗實錄》 卷18, 世宗 4年 閏12月 庚午, 2冊, 517쪽.

26) 《世宗實錄》 卷24, 世宗 6年 4月 壬子, 2冊, 592쪽 ; 《世宗實錄》 卷24, 世宗 6年 5月 乙酉, 2冊, 596쪽 ; 《世宗實錄》 卷50, 世宗 12年 12月 己丑, 3冊, 279쪽 ; 《世宗實錄》 卷51, 世宗 13年 正月 己丑, 3冊, 292쪽 ; 《世宗實錄》 卷69, 世宗 17年 9月 癸巳, 3冊, 653쪽 ; 《世宗實錄》 卷78, 世宗 19年 8月 壬申, 4冊, 100쪽 ; 《世宗實錄》 卷84, 世宗 21年 2月 壬申, 4冊, 189쪽.

27) 《世宗實錄》 卷85, 世宗 21年 4月 己亥, 4冊, 207쪽 ; 《世宗實錄》 卷88, 世宗 21年 2月 己丑, 4冊, 269쪽 ; 《世宗實錄》 卷124, 世宗 31年 5月 癸未, 5冊, 128쪽.

28) 《世宗實錄》 卷18, 世宗 4年 閏12月 壬申, 2冊, 517~518쪽 ; 《世宗實錄》 卷84, 世宗 21年 閏2月 癸未, 4冊, 190쪽 ; 《世宗實錄》 卷111, 世宗 28年 正月 庚寅, 4冊, 652쪽.

29) 《世宗實錄》 卷50, 世宗 12年 12月 丙戌, 3冊, 279쪽.

의 장소가 되었다. 세종 21년(1439) 윤2월 유학 吳世卿은 상소를 통해, 각 도에서 공물을 납부할 때 경중의 물품이 아니면 해당 관서에서 이를 받아들이지 않기 때문에 각사의 典隸와 이익을 추구하는 무리들의 대납이 성행한다고 그 실태를 호소하고 있었다.30) 한편 불법적인 대납이 아니라 하더라도 경중에서의 무납이 불가피한 경우도 있었다. 세종 22년 (1440) 8월, 제용감에 납부하는 細紬는 외방에서 직조하는 것이 품질이 조악하여 부득이하게 비싼 가격으로 도성에서 무납하고 있었다.31) 도성과 지방의 직조기술의 차이에서 말미암은 京中貿納의 실례였다.

결국 정부의 금지방침에도 불구하고, 세종조에 공물의 경중무납은 이미 일반화하고 있었다. 토산공물이 아닐수록, 또 그 求得이 어려운 희귀품목일수록 무납은 보편화하여 갔다. 이 시기 도성에서 무납되고 있던 공물의 품목은 虎皮・豹皮,32) 細紬,33) 猪,34) 乾獐・乾鹿・香脯・鹿角,35) 蔘,36) 材木37) 등 다종다양한 것이었다.

경중무납의 추세는 공물만이 아니라, 외방 군현에서 왕실에 올리는 진상물과 方物에도 이어지고 있었다.38) 세종 19년(1437) 10월 국왕은 방물을 토산물로 바치는 원칙에도 불구하고 당시 각 도의 감사와 도절제사들이 진상물을 도성에서 사서 바치는 폐단을 지적하면서, 앞으로는 각 도의 방물을 비록 醜惡하더라도 반드시 본도의 공장이 제조한 것으

---

30) 《世宗實錄》 卷84, 世宗 21年 閏2月 癸未, 4冊, 190쪽.
31) 《世宗實錄》 卷90, 世宗 22年 8月 乙酉, 4冊, 312쪽.
   이런 사정은 田稅로 납부하는 白苧布의 경우에도 마찬가지여서, 11~12승의 세포를 짤 여력이 없을 경우 곧잘 경시에서 사서 납입하고 있었다(《世宗實錄》 卷 19, 世宗 5年 3月 甲申, 2冊, 528~529쪽).
32) 《世宗實錄》 卷1, 世宗 卽位年 9月 癸酉, 2冊, 270쪽 ; 《世宗實錄》 卷19, 世宗 5年 3月 甲申, 2冊, 529쪽 ; 《世宗實錄》 卷122, 世宗 30年 10月 辛酉, 5冊, 101쪽.
33) 《世宗實錄》 卷90, 世宗 22年 8月 乙酉, 4冊, 312쪽.
34) 《世宗實錄》 卷89, 世宗 22年 5月 庚戌, 4冊, 285쪽.
35) 《世宗實錄》 卷122, 世宗 30年 10月 辛酉, 5冊, 101쪽.
36) 《世宗實錄》 卷68, 世宗 17年 6月 戊申, 4冊, 634쪽.
37) 《世宗實錄》 卷69, 世宗 17年 9月 癸巳, 3冊, 653쪽.
38) 《世宗實錄》 卷1, 世宗 卽位年 9月 癸酉, 2冊, 270쪽.

로 진상하도록 예조에 지시하고 있었다.[39] 그러나 세종의 이와 같은 엄명에도 불구하고 진상방물의 경중무납 실태는 이후에도 지속되고 있었다.[40] 국초에 설정된 부세체계는 이처럼 세종조에 들어 벌써 변동하고 있었고, 이에 따라 도성에서 다양한 공물과 진상물들이 무납되고 있던 사정은 결국 도성 시전의 상업기반이 그만큼 확대되고 있음을 의미하는 것이었다. 경중무납의 추세가 도성인구의 증가 현상과 더불어 세종조 도성상업 발전의 주요 기반이 되고 있었던 것이다.

한편 세종조 시전을 중심으로 한 도성상업은 각종 정부정책의 시행이 이들 京市를 이용하게 되면서 한층 더 확대되고 있었다. 세종 정부는 현물재정의 원칙에 따라 도성에 모인 國庫 가운데 잉여물품을 시전을 통해 放賣하고 있었다.[41] 나아가 국가재정, 특히 화폐의 보급과 진휼을 목적으로 수시로 국고물자를 방출하기도 하였다. 태종조에 시작된 저화 유통정책은 세종초에 그대로 승계되고 있었고, 이어 5년(1423)에는 동전의 유통이 결정되어 두 해 뒤인 7년(1425)부터 본격 보급하기 시작하였다.[42] 그런데 정부의 화폐보급 의지와 달리 민간의 유통상황은 부진하였고, 그때마다 화폐가의 안정과 보급을 위해 세종 정부는 태종조의 방침을 이어 국고물자를 방출함으로써 이의 해결을 도모하고 있었다.

군자감과 광흥창에 비축된 국고 가운데 오래된 米豆를 주종으로 하여 진행된 국고곡 방매는, 그것이 또한 도성과 경기민에 대한 진휼정책과 연계되면서 거의 항상적으로 시행되고 있었다. 세종 원년(1419) 4월에 군자감의 묵은 미두 600斛으로 시작된 국고곡 방매는,[43] 3년(1421) 6월에 1만 석,[44] 5년(1423) 정월에 3천 석 방출로 이어졌고,[45] 급기야 9년

39) 《世宗實錄》 卷79, 世宗 19年 10月 乙亥, 4冊, 112쪽.
40) 《世宗實錄》 卷122, 世宗 30年 10月 辛酉, 5冊, 101쪽.
41) 朴平植, 앞의 〈朝鮮初期 市廛의 成立과 '禁亂'問題〉.
42) 李鍾英, 〈朝鮮初 貨幣制의 變遷〉, 《人文科學》 7, 연세대, 1962.
43) 《世宗實錄》 卷3, 世宗 元年 4月 癸巳, 2冊, 312~313쪽.
44) 《世宗實錄》 卷12, 世宗 3年 6月 庚戌, 2冊, 435쪽.
45) 《世宗實錄》 卷19, 世宗 5年 正月 戊戌, 2冊, 521쪽.

(1427) 10월에 이르러서는 매월 100석을 시가에 따라 和賣하는 방침이 채택되면서 이후 상례화하고 있었다.46) 또 13년(1431) 3월에는 동전통용을 위해서 米麥 6천 석을 별례로 하여 특별히 추가 방출하기도 하였다.47) 정부 방출곡을 세력있는 자가 매점하는 문제나, 화매미 방출에 따른 시중 곡가의 하락이 문제가 되기도 하였으나,48) 그것이 저화나 동전 등 화폐의 보급정책이나 진휼정책의 일환이었던 만큼 정부 보유곡의 방출은 이후 지속되고 있었다. 여기에 주전용 銅의 확보나,49) 시중 금은의 매입을 목적으로 한 국고곡 방매도 斷續的으로 이어지던 형편이었다.50)

　세종조 도성상업의 또 다른 기반은 중국과 일본에서 온 사신들과 벌이는 공・사무역에서도 마련되고 있었다. 이 시기 도성에 머무르는 외국사신과의 무역은 시전의 의무, 곧 市役의 하나였다.51) 외국사신과의 무역은 구입대상 품목이 주로 고가의 사치품이거나 외국산 특산물이었고, 그 규모 또한 적지 않았다. 예컨대 세종 11년(1429)에 온 명나라 사신 尹鳳이 한양에서 무역하여 간 물품은 200여 櫃에 이르렀고, 이를 운송하기 위한 인원으로 1궤당 8명씩 모두 1,600여 명이 동원될 정도였다.52) 당시 외국사신들이 무역하여 간 물품이 주로 苧麻布・交綺・豹皮・人蔘 등 고가의 희귀품이었음을 고려하면,53) 이들 품목을 공급하고 또 사신으로부터 구입한 물품을 처분하는 과정에서 세종조 시전과 도성상업은 그

---

46)《世宗實錄》卷38, 世宗 9年 10月 丙寅, 3冊, 97쪽.

47)《世宗實錄》卷51, 世宗 13年 3月 戊寅, 3冊, 302쪽 ;《世宗實錄》卷51, 世宗 13年 3月 庚寅, 3冊, 305쪽.

48)《世宗實錄》卷51, 世宗 13年 3月 庚寅, 3冊, 305쪽 ;《世宗實錄》卷52, 世宗 13年 5月 丙寅, 3冊, 314쪽.

49)《世宗實錄》卷64, 世宗 16年 6月 辛未, 3冊, 575쪽 ;《世宗實錄》卷66, 世宗 16年 12月 乙卯, 3冊, 604~605쪽.

50)《世宗實錄》卷66, 世宗 16年 12月 戊申, 3冊, 603쪽.

51) 朴平植, 앞의〈朝鮮初期 市廛의 成立과 '禁亂'問題〉.

52)《世宗實錄》卷45, 世宗 11年 7月 庚申, 3冊, 189쪽.

53)《世宗實錄》卷95, 世宗 24年 正月 丁卯, 4冊, 390쪽.

확대와 발전을 지속하고 있었다고 볼 수 있다.

　세종 정부는 이와 같이 시전을 중심으로 한 도성상업의 성장에 대응하여, 국초 이래 표방하여 왔던 '抑末'과 '利權在上'의 상업론에 바탕을 두고 도성상업을 관장·통제하고 있었다. 시전과 도성상업이 갖는 경제·사회적인 기능을 전제로, 이를 국가정책으로 조정해 내고자 하는 여러 조처를 강구하여 갔던 것이다. 이 시기 도성상업을 대상으로 펼쳐진 국가정책의 핵심은 시장 거래질서의 확립과 안정이었다. 다시 말해, 도성민의 일상수요의 안정적인 공급과 국가 재정운용의 원활한 집행을 위해 시장질서의 교란을 막는 방향이었다. 그리하여 경시 안에서 이른바 '奸猾犯法者'를 단속하는 조처가 세종조 초반 이래 줄곧 이어지고 있었다.[54] 예컨대 시전의 공상들이 쌀에 모래를 섞어 팔거나, 헌 자리[席]에서 풀어 낸 木皮로 靴鞋를 만들어 파는 등의 행위가 중점 단속의 대상이 되고 있었다.[55]

　국초 조선 정부는 시전상인의 활동과 도성상업의 감독을 위해 京市署를 두고, 시전업무를 관장하여 이를 규찰하게 하고 있었다.[56] 태조 원년(1392) 百官의 제도를 정비할 때 설치된 경시서의 주된 업무는 시전 안의 물가를 조정하고 도량형을 관장하는 것이었다.[57] 국초 이래 시중 물가의 상승과 不均현상은 조선 정부의 현안 가운데 하나였다. 세종 정부는 이 문제를 해결하고자 2년(1420) 8월 경시서로 하여금 석 달에 한 번씩 市價를 개정하게 하는 방안을 확정하였다.[58] 시중 상품에 대한 국가의 이 같은 定價방안, 곧 市准法은 이후 세종 27년(1445) 12월에 이르러 품목별로 다음과 같이 정비되고 있었다. 즉, 布貨·皮·鐵·衣服·柴木 등과 같이 가격의 등락폭이 크지 않은 품목은 일정한 가격

　54)《世宗實錄》卷13, 世宗 3年 8月 甲寅, 2冊, 447쪽.
　55)《世宗實錄》卷76, 世宗 19年 2月 辛未, 4冊, 53쪽 ;《世宗實錄》卷110, 世宗 29年 11月 乙酉, 4冊, 644쪽.
　56) 朴平植, 앞의〈朝鮮初期 市廛의 成立과 '禁亂'問題〉.
　57)《太祖實錄》卷1, 太祖 元年 7月 丁未, 1冊, 24쪽.
　58)《世宗實錄》卷9, 世宗 2年 8月 辛丑, 2冊, 391쪽.

을 화폐로 정하고, 수입품인 銅鐵·丹木·白礬·藥材 등은 경시서가
호조에 보고하여 수시로 가격을 정하며, 그 가격이 조석으로 변동하는
蔬菜·魚肉·細碎食物 등은 전례대로 경시서에서 市准한다는 방침이
었다.59)

국초 시전 안의 물가문제는 상인들의 도량형 詐欺에서 비롯되는 경우
가 많았다. 곧 상인들이 물건을 매입할 때에는 규정보다 큰 大斗나 大升
을 사용하고, 반대로 판매할 때에는 小斗나 小升을 사용하는 데 따르는
문제였다.60) 세종 정부는 이 도량형 문제의 근원적인 해결을 위해 고려
문종조 이래 통용되어 오던 전통적인 도·량·형의 규격을 전면 개정하
고,61) 새롭게 교정한 도량형기를 보급해 갔다. 그리하여 3년(1421) 8월
에는 새로운 稱子, 곧 저울을 경시서를 통해 전국에 보급하고,62) 이듬해
6월에는 저울 1,500개를 제조하여 민간에 보급하면서,63) 舊稱의 사용을
금지하고 있었다.64)

이후 저울과 斗斛의 관리는 경시서의 주요 소관업무가 되었고,65) 여
기에 세종 13년(1431) 4월 경외의 布帛尺에 대한 교정업무까지 경시서
에 추가됨으로써,66) 이제 경외의 도량형에 대한 제반 업무는 모두 경시
서에서 담당하게 되었다. 한편 세종 정부는 시전과 경시의 불법행위에
대한 단속을 경시서나 한성부와 더불어 사헌부와 의금부에게도 맡기고
있었다.67) 세종 21년(1439) 4월 시전상인이 殘劣人의 소지물을 가격을
깎아 抑買하는 것을 금지하면서, 그 전지를 사헌부·한성부·경시서에

---

59) 《世宗實錄》 卷110, 世宗 27年 12月 壬子, 4冊, 647쪽.
60) 《世宗實錄》 卷76, 世宗 19年 2月 辛未, 4冊, 53쪽.
61) 박홍수, 〈세종조의 도량형 통일〉, 《한국사》 24, 국사편찬위원회, 1994.
62) 《世宗實錄》 卷13, 世宗 3年 8月 戊申, 2冊, 446쪽.
63) 《世宗實錄》 卷16, 世宗 4年 6月 乙巳, 2冊, 486쪽.
64) 《世宗實錄》 卷18, 世宗 4年 12月 壬子, 2冊, 516쪽.
65) 《世宗實錄》 卷41, 世宗 10年 9月 癸卯, 3冊, 145쪽.
66) 《世宗實錄》 卷52, 世宗 13年 4月 辛丑, 3冊, 309쪽.
67) 《世宗實錄》 卷27, 世宗 7年 正月 乙未, 2冊, 650쪽 ; 《世宗實錄》 卷76, 世宗 18年
    11月 丙辰, 4冊, 41~42쪽.

함께 내렸던 것은 이런 사정 때문이었다.[68]

이처럼 세종 정부는 시전과 도성상업계 내의 諸문제, 곧 상인들의 도량형 사기, 물가조종, 억매매 등의 행위를 '禁亂'의 명목으로 단속하여 처결하고 있었다. 도성상인들의 저와 같은 불법행위를 단속하여 경시의 거래질서를 바로 잡고, 그 바탕 위에서 이들에게 상세·책판·잡역 등의 시역을 부과함으로써 국가재정의 안정과 그 운용의 원활을 도모하려는 상업정책이었던 것이다. '억말', '이권재상'에 기초하여 펼쳐지던 도성상업에 대한 국가의 관장과 통제는 이로써 관철되는 셈이었다.

국초 조선 정부는 시전을 조성하여 도성상업을 관장함과 동시에, 지방상업을 국가가 파악하는 專業상인인 行商을 통해 통제하고자 하였다. 바로 억말론에 입각하여 추진되는 지방상업과 상인에 대한 관리방침이었다. 행상은 지방 백성들의 필수품 교역과 관련하여서도 필요하였지만, 특히 船商과 대상인들의 활동은 국가의 재정운용이나 재지 양반 사대부층의 지주·대농경영과 그 자본의 회전을 위해서도 반드시 필요한 것이었다.[69]

세종 정부는 이들 행상의 활동을 보호하고 이들을 통제함으로써 지방상업을 관장하고자 우선 교통 숙박시설인 院의 정비에 나섰다. 고려시기 전국 각지에 산재한 원은 대개 本寺에 소속된 末寺의 형태로 승려들이 院主로서 이를 주지하고 있었다. 기본적으로 종교시설이었던 원은, 그러나 불교나 승려들의 상업활동과 연관되면서 지방을 왕래하는 상인이나 행려들의 숙박지로서 기능하고, 또 지방상업의 매개 역할을 수행하기도 하였다.[70] 그런데 조선왕조 개창 후 천명된 억불정책이 이들 원과 원주인 승려들에게 미치면서, 국초에 원은 공허해지고 퇴락해 가고 있었다. 태조 6년(1397)에 간행된 《經濟六典》에서 院宇 규정을 마련하

---

68) 《世宗實錄》 卷85, 世宗 21年 4月 癸卯, 4冊, 208쪽.

69) 朴平植, 〈朝鮮前期의 行商과 地方交易〉, 《東方學志》 77·78·79合輯, 1993(《朝鮮前期商業史硏究》에 수록).

70) 李炳熙, 〈高麗時期 院의 造成과 機能〉, 《靑藍史學》 2, 한국교원대, 1998.

여, 마음을 잘 쓸 수 있는 승려에게 원주를 맡기고 잡역을 면제하는 등
의 대책을 마련하고는 있었지만,[71] 억불정책의 기조 아래에서 전국 각
지의 원은 점차 쇠퇴하고 그 기능을 상실해 가는 지경이었다.[72]

이에 세종 7년(1425) 11월 정부는 전국 각 관으로 하여금 僧俗에 관계
없이 院主를 임명하고, 이들의 각종 잡역을 면제시킴으로써 원의 기능
을 회복시키는 방침을 결정하고 있었다.[73] 그리고 원주를 맡은 승려 중
에서 공적이 뚜렷한 자에게 승직을 제수하고 포상하는 방안도 추진되었
다.[74] 이러한 조처에도 불구하고 院館의 수리가 제대로 되지 않아 행려
들이 숙박에 어려움을 겪는 사태가 계속되자,[75] 세종 27년(1445) 7월에
는 전국의 대·중·소로에 위치한 원에 院位田을 절급하는 규정을 재확
인하면서, 이 원위전은 특별히 원 근방의 토지로 설정해 주도록 조처하
기도 하였다.[76] 이러한 세종조의 원 정비와 기능 회복을 위한 노력의
결과, 조선전기 전국 각지에는 행상이 다니는 도로에 원이 설치되고 원
주가 이를 주재하면서 商旅들을 접대하는 국가적인 체계가 마련될 수
있었다.[77]

세종조 전국에 산재한 원 정비사업이 陸商의 활동에 대한 정부의 보
호와 지원 정책이었다면, 수로나 해로를 이용하는 선상들에 대한 보호
조처 또한 강구되고 있었다. 우선 세종 2년(1420) 11월 私船을 정부의
물자수송에 동원할 경우 반드시 시가에 따라 그 운송비를 지급할 것을
결정하고 있었다.[78] 사선을 가지고 생업에 종사하는 백성들에 대한 배

---

71) 연세대 국학연구원 편, 《經濟六典輯錄》, 신서원, 1993.
72) 崔在京, 〈朝鮮時代 '院'에 對하여〉, 《嶺南史學》 4, 1975 ; 崔孝軾, 〈朝鮮前期의 院
    經營에 관한 考察〉, 《竹堂李炫熙敎授華甲紀念韓國史學論叢》, 東方圖書, 1997.
73) 《世宗實錄》 卷30, 世宗 7年 11月 乙卯, 2冊, 702쪽.
74) 《世宗實錄》 卷40, 世宗 10年 閏4月 戊戌, 3冊, 129쪽 ; 《世宗實錄》 卷50, 世宗 12年
    閏12月 庚申, 3冊, 285쪽.
75) 《世宗實錄》 卷97, 世宗 24年 7月 丙寅, 4冊, 418쪽.
76) 《世宗實錄》 卷109, 世宗 27年 7月 乙酉, 4冊, 625쪽.
77) 《新增東國輿地勝覽》 卷15, 沃川, 樓亭 ; 崔在京, 앞의 〈朝鮮時代 '院'에 對하여〉.
78) 《世宗實錄》 卷10, 世宗 2年 11月 己巳, 2冊, 414쪽.

려였고, 그 대상에 경강을 비롯하여 전국 각지에서 활동하던 선상 또한 포함되었음은 물론이다. 이 시기 조세나 官物의 운송에 그들의 운송능력이 필요할 만큼 선상의 賃運활동이 활발하였음을 보여주는 동시에, 정부가 이들의 상업이익을 보전해 주고자 하는 조처였다.

한편 세종 4년(1422)에는 전라도와 충청도 연해에서 사선들이 왜구에게 약탈당하는 사태가 빈발하고 있었다.79) 이는 왜구들이 주로 선상들의 연안 항해로에 잠복해 있다가 이들의 상품을 노략질하는 행위였다. 결국 세종 정부는 연안의 방어관으로 하여금 왜구에 대한 검찰을 강화할 것을 지시하는 한편으로, 상인들에게도 상선에 병기를 마련하고 또 7척이 연대하여 행장을 지급받은 후에 항해하도록 조처하고 있었다.80) 세종 4년의 이 조치는 이후 그대로 시행되었고, 7년(1425)에는 3~4척 내지 6~7척으로 연대한 다음 항해를 허용하는 이른바 作宗點考法에 따른 보완조처가 논의되기도 하였다.81) 세종초의 대마도 정벌에도 불구하고, 아직 연안에 출몰하면서 노략질을 일삼던 왜구로부터 선상들을 보호하기 위한 방안이었던 것이다.

세종 정부의 행상에 대한 이 같은 보호와 정비조처를 기반으로 하여, 세종조 행상의 상활동은 전국에 걸쳐 한층 더 성장해 가고 있었다.82) 세종 21년(1439) 11월 조정에서는, 행상들이 草笠이나 鐵器, 皮鞋 등의 물품을 등에 지거나 牛馬에 싣고서 전국을 횡행하고 闆里를 출입하는 사정 탓에, 물가가 오르고 백성들이 피해를 입던 사정이 문제가 되고 있었다.83) 취급물품을 이처럼 '或負或載'하여 육로를 이용하여 판매하던 이들은 후에 褓負商이라 부르던 상인들이었다. 이들은 衣裳物・鞋

79)《世宗實錄》卷15, 世宗 4年 2月 戊申, 2冊, 475쪽 ;《世宗實錄》卷16, 世宗 4年 7月 丙子, 2冊, 488쪽 ;《世宗實錄》卷17, 世宗 4年 8月 己亥, 2冊, 491쪽.
80)《世宗實錄》卷17, 世宗 4年 8月 癸卯, 2冊, 492쪽.
81)《世宗實錄》卷28, 世宗 7年 6月 辛酉, 2冊, 676쪽.
82) 조선전기 행상의 활동과 정부의 행상정책에 대해서는 朴平植, 앞의〈朝鮮前期의 行商과 地方交易〉참조.
83)《世宗實錄》卷87, 世宗 21年 11月 乙卯, 4冊, 251쪽.

靴·笠·纓·勞·梳·針·粉 등 백성들의 생활에 긴요한 경량·소량의 상품들을 취급하면서 전국을 누비고 있어, 이후에도 그 대책이 계속적으로 논의되고 있었다.84)

육상과 더불어 선상들의 전국을 무대로 한 상활동 또한 성장해 갔다. 세종 27년(1445) 8월 집현전 직제학 李季甸은 상소를 통해, 정부의 운송가 지급에도 불구하고 사선들이 貢稅의 운송활동에 소극적인 이유는 그로부터 얻는 이익이 捉漁나 興販활동, 곧 선상활동으로 거두는 이익에 견주어 적기 때문이라고 지적하고 있었다.85) 세종조 선상의 상업활동은 그만큼 활발하였고, 여기에는 경강에 근거를 둔 선상만이 아니라 지방의 선상들 또한 적극 활약하고 있었다. 세종 30년(1448) 11월, 함길도 5鎭의 선상들은 이 지방에 풍부한 魚·藿 등의 수산물을 배에 싣고 남도에 가서, 양계지방에 부족한 布貨를 무역하여 큰 이익을 남기고 있었다.86) 이처럼 이 시기 선상들은 곡물을 중심으로 소금이나 해산물과 같은 중량·다량의 물품을 상품으로 취급하면서, 전국을 상활동의 근거지로 삼고 있었던 것이다.87)

그런데 육상과 선상으로 구성된 이들 행상의 상업활동은 지방의 백성들만이 아니라, 정부의 재정운영과 관련한 거래에서도 활발하게 이루어졌다. 이 시기에 행상들은 양계지방의 軍需 확보책의 하나로 시행되던 回換에 참여하거나,88) 진휼이나 군수 마련을 위해 실시되던 정부의 납곡정책에 전국에서 참여함으로써,89) 그들의 상이익 확대를 적극적으로

---

84) 《世宗實錄》 卷100, 世宗 25年 6月 戊戌, 4冊, 483쪽.

85) 《世宗實錄》 卷109, 世宗 27年 8月 戊辰, 4冊, 635쪽.

86) 《世宗實錄》 卷122, 世宗 30年 11月 壬寅, 5冊, 104쪽.

87) 《世宗實錄》 卷77, 世宗 19年 5月 庚寅, 4冊, 70쪽;《世宗實錄》 卷78, 世宗 19年 7月 甲午, 4冊, 87쪽.

88) 朴平植,〈朝鮮前期 兩界地方의 '回換制'와 穀物流通〉,《學林》 14, 연세대, 1992(本書 III부 제1논문).

89) 崔完基,〈朝鮮中期의 貿穀船商 - 穀物의 買集活動을 中心으로〉,《韓國學報》 30, 1983 ; 崔完基,〈朝鮮中期의 穀物去來와 그 類型 - 賣出活動을 중심으로〉,《韓國史研究》 76, 1992 ; 李正守,〈朝鮮前期 常平倉의 展開와 機能 - 物價變動과 관련하

도모하고 있었던 것이다.

한편 전국을 무대로 한 행상의 상활동은, 당시 아직 場市와 같은 지방
교역기구가 성립되지 않았던 실정이었지만, 지방민들이 필요물자를 안
정적으로 공급받을 수 있는 교역기구로서의 구실을 수행하고 있었다.
예컨대 소금[鹽]의 경우, 민생의 일용품 가운데 이보다 급한 것이 없고,
또 그 중요함이 五穀에 버금가는 식품이었다.[90] 따라서 백성들의 소금
에 대한 갈망이 飢渴보다 심하다는 형편이었지만,[91] 이 시기 그 전국적
인 수급에는 별다른 문제가 없었다. 세종 27년(1445) 8월 이계전의 표현
에 따르면, 비록 窮村僻巷일지라도 두루 족한 것은 아니지만 食鹽을 구
하지 못하는 사람은 없었다.[92] 세종조 육상과 선상의 행상활동은 이 소
금의 수급사정에서 보듯이, 이 시기 지방민의 필요물자를 비교적 안정
적으로 공급할 정도로 성장하여 있었던 것이다. 세종 11년(1429) 10월의
상황을 언급한 "행상 활동을 위한 상인들의 무리가 도로에 끊이지 않는
다"[93]는 표현이, 세종조 지방상업의 이러한 실태를 잘 보여준다 하겠다.

세종 정부는 이처럼 전국에서 펼쳐지는 행상들의 활동을 도성상업과
마찬가지로 억말정책에 따라 파악하여 통제하고 있었다. 세종 11년
(1429) 10월 판한성부사 徐選은 충청·전라·경상도에서 활동하던 행
상에 대한 行狀발급과 商稅징수가 모두 '억말'의 방침 속에서 이루어지
는 것임을 강조하고 있었다.[94] 전업상인인 행상을 국가가 파악하여 한
성부와 소속 주현에 각각 籍을 비치하여 등록하고, 이들의 行貨시에 상
세를 징수하고 행장을 발급해 주는 행상 관리방침은 국초 이래의 일관

여),《金山史學》27, 1994 ; 朴平植,〈朝鮮前期의 穀物交易과 參與層〉,《韓國史硏
究》85, 1994(《朝鮮前期商業史硏究》에 수록).

90)《太宗實錄》卷28, 太宗 14年 9月 戊寅, 2冊, 35쪽 ;《世宗實錄》卷88, 世宗 22年
正月 丁巳, 4冊, 262쪽.

91)《世宗實錄》卷77, 世宗 19年 5月 庚寅, 4冊, 70쪽.

92)《世宗實錄》卷109, 世宗 27年 8月 戊辰, 4冊, 634쪽.

93)《世宗實錄》卷46, 世宗 11年 10月 甲午, 3冊, 202쪽.

94) 위와 같음.

된 정책이었다.95) 세종 정부는 이러한 태종조의 행상정책을 계승하면서 상세의 규모를 조정하거나,96) 또는 국가정책과 연관하여 행상의 상활동을 특정 시기 특정 지역에서 적극 통제하기도 하였다.

예컨대 세종 11년(1429) 10월에는 삼남지방 이외에 황해·강원·평안·함경도를 왕래하는 행상들에게 행장을 발급하지 않음으로써 이들의 출입을 일시 금지하고 있었다.97) 경기 이북 지방에 대한 행상 출입금지 방침은 양계지방의 비변을 위한 군량의 확보문제와 관련한 조처였다. 물론 이들 지역에 대한 행상금지 조처는 일시적인 것일 수밖에 없었고, 정부방침에도 불구하고 상인들의 행상활동은 수령의 묵인 아래 계속되고 있었다.98) 그러나 그 실효와 무관하게 이렇게 일정 지역에 대한 상인들의 출입금지 조처가 가능하였다는 사실이야말로, 정부가 개별 상인들을 商籍과 행장을 매개로 파악하여 통제하는 것이 가능하였던 세종조의 사정을 잘 보여주고 있었다. 따라서 이는 강력한 抑末조처였던 셈이다.

행상과 지방상업에 대한 세종 정부의 이와 같은 관장과 통제는 결국, 이 시기 조선 국가가 추구하고 있던 국내상업 정책의 성격을 잘 시사하는 것이었다. 즉 세종 17년(1435) 9월 한성부의 지적대로, 恒産이 없는 무리들이 농업에 힘쓰지 않고 공상이 되어 逐末者가 점차 늘어가는 현실에서,99) 일반 백성과 농민들의 離農과 상업종사를 상인통제를 통하여 적극 제어해 내려는 정책이었던 것이다. 이는 '무본억말'의 오랜 정책방향이었고, 세종조 상업정책의 골간도 여기에 있었다.

요컨대 세종 정부는 상업과 상인의 사회적인 기능과 구실을 인정한 위에서, 농업 중심의 사회경제구성을 유지하고자 이들 상업과 상인을

---

95) 朴平植, 앞의 〈朝鮮前期의 行商과 地方交易〉.
96) 《世宗實錄》 卷29, 世宗 7年 8月 丙戌, 2冊, 689쪽.
97) 《世宗實錄》 卷46, 世宗 11年 10月 甲午, 3冊, 202쪽.
98) 위와 같음.
99) 《世宗實錄》 卷69, 世宗 17年 9月 庚午, 3冊, 649~650쪽.

적극 관장하고 통제하고 있었다. 따라서 그것은 국내상업의 경우, 그에 대한 일방적인 억압과 금지의 방침이 아니었고, 시전의 조성과 행상의 정비대책에서 확인되듯이 이들 전업상인의 상활동에 대한 지원과 보호 정책 또한 수반하는 것이었다. 국초 이래 추진되고 세종조에 들어 한층 정비된 억말정책의 본질적인 기조는 바로 여기에 있었다.

## 3. 對外貿易의 擴大와 그 統制

전근대의 대외무역은 본래 외교·정치상의 문제와 직결되는 특성을 갖고 있고, 이는 고려말과 조선초에도 마찬가지였다. 고려말 한반도 주변의 국제환경은 元·明 교체기의 대륙정세를 계기로 격동하고 있었다. 고려 정부는 원간섭기 이래 포섭되어 있던 원 중심의 기존 세계질서를 고수하느냐, 아니면 새로이 흥기하는 명 중심의 질서를 수용하느냐의 문제를 놓고 격론을 반복하고 있었다. 대일관계 또한 일본 사회내의 혼란과 연계된 倭寇의 창궐이 큰 사회문제로 대두하고 있었고, 이 문제의 정돈 또한 조선 사회의 당면 현안의 하나였다. 결국 조선왕조는 건국과 함께 명 중심의 국제질서를 수용하여 중국과는 事大관계를, 그리고 일본과 북방의 여러 민족과는 交隣관계를 수립하는 것으로 국제질서를 정돈한다. 이른바 '事大交隣' 체계의 수립이었다.

대중국·일본 관계에서 나타났던 이러한 정치·외교상의 문제는, 곧바로 경제문제 특히 대외무역에서도 대두하고 있었다. 예컨대 고려말기 원과 연계된 왕실과 권세가 세력이 주도하던 대외무역은 금은의 대외유출과 국가재정의 고갈을 불러왔고, 주요 수출품의 조달이 '反同'과 같은 불법적인 강압으로 이루어졌기에 소농민층의 몰락을 불러오고 있었다. 반면 견직물과 사치품의 대량 수입은 국내에 사치풍조를 만연시키고, 그로 말미암아 신분질서와 인륜의 붕괴가 우려되는 지경이었

다.100)

따라서 조선왕조는 고려말 건국 주도세력의 대외무역에 대한 인식과 대책을 계승하면서, 국가가 대외무역에 적극 간여하여 공·사무역을 통제하고 이를 관장하는 방침을 새롭게 추진하고 있었다. 이는 고려말 대외무역이 번성하면서 일어났던 諸문제를 경험하면서 마련되는 시책이었고, 이러한 대외무역 정책은 '무본억말'로 표방되고 있던 조선왕조의 경제정책의 일환으로서 펼쳐지는 것이었다.101)

조선초 대중국 무역은 국가의 강력한 통제와 관장 아래 전개되고 있었다. 책봉을 매개로 하여 이루어지는 이른바 朝貢貿易의 체계였다.102) 그리하여 태조·태종조 이래 국가의 공무역과 使行에 따르는 사무역 이외에, 일반의 사무역과 밀무역은 엄격하게 제한하여 금지하는 방침을 일관되게 표방하고 있었다. 이는 고려말 대중국 사무역이 가져온 폐해를 되풀이하지 않고자 하는 의도와, 조선왕조의 무본억말 경제정책에 따른 확고한 방침이었다.103) 그러나 견직물과 사치품에 대한 국내 수요는 끊이지 않았기에, 국가에서 그 조달경로인 대중국 사무역을 금지·근절하고자 했음에도 불구하고 국초부터 다양한 형태의 사무역이 지속되고 있었다.104)

세종조에 들어 대중국 공·사무역은 한층 더 진전되면서 확대되고 있었다. 우선 공무역은 명나라에 대한 진헌과 명의 사여, 그리고 양국 사신의 왕래 과정에서 그 무역량이 점차 늘어가고 있었다. 국초 조선은 명의 '三年一貢' 요구를 물리치고 '一年三貢' 주장을 관철하면서, 1년에

---

100) 朴平植, 〈高麗末期의 商業問題와 抹弊論議〉,《歷史敎育》68, 1998(《朝鮮前期商業史硏究》에 수록) ; 須川英德, 〈高麗後期における商業政策の展開 – 對外關係を中心に〉,《朝鮮文化硏究》4, 東京大, 1997.

101) 朴平植, 〈朝鮮初期의 對外貿易政策〉,《韓國史硏究》125, 2004.

102) 全海宗,《韓中關係史硏究》, 一潮閣, 1970 ; 北島万次, 〈永樂帝期における朝鮮國王の冊封と交易〉,《前近代の日本と東アジア》, 吉川弘文館, 1995.

103) 주 101과 같음.

104) 姜聖祚, 〈朝鮮前期 對明公貿易에 관한 연구〉, 인하대 박사학위논문, 1990 ; 朴南勳, 〈朝鮮初期 對明貿易의 實際〉,《關東史學》1, 1982.

正朝・聖節・千秋・冬至使 등 3~4차례의 정기사행과 謝恩・進賀・
奏請使 등 수 차례의 비정기 사행을 파견하고 있었는데, 이 사행에는
보통 正使 이하 총 40여 명이 수행하고 있었다.105) 이러한 赴京使行은
세종조에 들어 대명관계가 안정되면서 본격화하였고, 이 과정에서 진헌
품에 상응하는 사여물을 수령함으로써, 국제수지 차원에서 고려말과 달
리 균형을 유지할 수가 있었다. 조선측의 '일년삼공' 주장은 사대외교의
명분에 따른 요청이자, 동시에 이와 같은 무역실리를 전제로 하는 요구
이기도 하였던 것이다.

세종조의 대중국 관계에서, 명나라가 주로 요구한 품목은 말[馬]과
금・은이었다. 永樂帝期(1403~1424)에 명 정부는 황실용과 타타르[韃
靼] 정벌을 위해 태종조에 3차례, 세종조에 2차례 이상 말의 공무역을
요구하였다. 그리하여 세종 3년(1421)과 5년(1423)에 각각 1만 필씩 총
2만 필의 국내산 말이 중국에 보내졌고, 명은 그 교역가로 2차례 모두
말 1필당 絹布 3필과 면포 2필씩을 지불하고 있었다.106) 따라서 외교상
사대관계에 따른 요구임을 고려한다 하더라도, 조선과 명 사이에 벌어
진 이 말 무역은 단순한 진헌이 아니라 국가간 교역의 형태였던 것이다.

국초 이래 명나라의 요구품목 중에서 조선 정부에 가장 과중한 부담
이 되고 있던 것은 금과 은이었다. 당시 조선 정부는 매년 금 150兩과
은 700냥을 진헌의 형식으로 명에 보냈는데, 세종 정부는 이 금은이 국
내에서 생산되지 않는다는 이유로 歲貢품목에서 이를 제외시키는 방침
을 관철했다. 즉 세종 11년(1429) 조선 정부는 금은진헌을 면제받고자
벌인 태종조 이래의 외교절충 끝에, 마침내 이를 牛・馬・布 등으로 대
체시키는 데 성공하였던 것이다.107) 이 시기 國際通貨이자 고려말 國富

---

105) 朴元熇,《明初朝鮮關係史硏究》, 一潮閣, 2002 ; 元裕漢,〈명과의 무역〉,《한국사》
　　24, 국사편찬위원회, 1994.
106) 김순자,《韓國 中世 韓中關係史》, 혜안, 2007 ; 南都泳,〈麗末鮮初 馬政上으로 본
　　對明關係〉,《東國史學》 6, 1960 ; 北島万次, 앞의〈永樂帝期における朝鮮國王の册
　　封と交易〉.
107) 주 105와 같음.

유출과 국제수지 적자의 주요 원인이었던 금은의 국외이출은, 이로써
적어도 진헌 차원에서는 근절될 수 있었다.

이처럼 책봉을 매개로 이루어지는 명의 진헌요구를 적절히 조정해
내면서, 한편으로 세종 정부는 왕실과 국가경제에 필요한 국내 不産品
목들을 공무역을 통해 중국으로부터 조달하고 있었다. 명에서 진헌의
대가로 지불하는 사여물이 대부분 왕실용의 사치품이었던 탓에, 국내에
서 생산되지 않거나 또 수입이 필요하였던 여러 품목, 예컨대 악기, 서
책, 약재 등108)과 군사용 水牛角 등109)의 물품이 명으로부터 공무역의
형태로 수입되고 있었던 것이다.

한편 국초 이래 정부가 시행해 온 강력한 통제방침에도 불구하고 지
속되고 있던 대중국 사무역과 밀무역은 세종조에 들어서 한층 더 확대
되는 추세였다. 주로 부경사행에 상인들이 伴人의 형태로 동행하여 벌
이는 사무역 활동을 단속하고자, 세종 3년(1421) 8月 정부는 역관의 반
인 동행을 금지하고 대신 譯學의 생도를 동반시키는 방침을 정하고 있
었다.110) 또 그해 11월에는 상인들이 사신의 家奴로 위장하여 벌이는
사무역 활동을 금지하는 규정을 강화하여, 사신들이 데리고 가는 가노
들의 이름, 나이와 가계 등의 내력을 사헌부에 미리 상신하여 허가받도
록 하고, 부경시의 검찰 강화를 특별히 지시하기까지 하였다.111) 그러
나 상인들이 사신이나 역관의 반인으로 위장하여 북경이나 요동에서
벌이는 사무역 활동은 정부의 일관된 금지조처에도 불구하고, 이내 계
속되고 있었다.112)

---

108) 《世宗實錄》 卷56, 世宗 14年 4月 乙巳, 3冊, 383~384쪽 ; 《世宗實錄》 卷56, 世宗
    14年 5月 乙亥, 3冊, 393쪽 ; 《世宗實錄》 卷58, 世宗 14年 10月 己丑, 3冊, 419쪽 ;
    《世宗實錄》 卷58, 世宗 14年 10月 乙丑, 3冊, 421쪽 ; 《世宗實錄》 卷67, 世宗 17年
    正月 丁亥, 3冊, 608쪽.
109) 《世宗實錄》 卷68, 世宗 17年 4月 甲寅, 3冊, 623쪽.
110) 《世宗實錄》 卷13, 世宗 3年 8月 癸巳, 2冊, 445쪽.
111) 《世宗實錄》 卷14, 世宗 3年 11月 甲戌, 2冊, 464쪽.
112) 《世宗實錄》 卷20, 世宗 5年 6月 庚午, 2冊, 545쪽.

　이러한 사태에 직면하여 세종 정부는 사무역 금지법을 강화하는 것으로 대응하여 갔다. 태조조에 편찬된 《經濟六典》은, 사신의 행차에 동행하여 사무역을 행한 상인에 대해 그 무역품을 沒官하고 상인과 마필을 모두 역참에 定役시키도록 규정하고 있었다.113) 세종 5년(1423) 8월 정부는 사무역 상인들에 대한 처벌을 강화하는 방안의 하나로, 비록 국가의 사면조처가 내린 이후라도 이들 상인의 소지물품은 그대로 몰수하도록 조처하였다.114) 그리고 이들의 사무역 활동을 제대로 검찰하지 못한 관인에 대한 처벌도 수시로 계속하고 있었다.115)

　그러나 정부의 강력한 금지방침에도 불구하고, 세종조에 대중국 사무역은 더욱 확대되고 있었다. 상인들의 불법적인 무역활동은 사신, 역관, 그리고 호송군인들과 연계하여 벌이는 구조적인 성격의 것이었고, 때로는 사신과 역관들이 이를 주도하기도 하였다. 사무역 금지방침이 강화되던 세종 5년 11월 동지돈녕부사 李皎는 상인 高大難을 가노로 데리고 사행에 나서, 사헌부가 가산의 몰수와 처벌을 건의하고 있었다.116) 또 공조참의 李揚 역시 그 자신이 사무역을 벌였을 뿐만 아니라, 데리고 간 상인 孫錫과 朴獨大의 대규모 사무역 활동 때문에 사헌부의 탄핵을 받고 있었다.117)

　세종 12년(1430) 4월 정부는 다시 《경제육전》과 세종 5년의 사무역 금지 조항을 토대로 더욱 세밀하게 강화된 禁防條件의 마련을 논의하고 있었다.118) 그리고 15년(1433) 정월에는 역관의 부경비용 충당을 위해 이들에게 허용해 왔던 북경에서의 소지물 무역마저 금지하고 나섰다.119) 정부의 이 조처에 대한 司譯院 생도들의 저항은 극심하였다. 이제까지

---

113) 주 71의 《經濟六典輯錄》.
114) 《世宗實錄》 卷21, 世宗 5年 8月 辛未, 2冊, 553~554쪽.
115) 《世宗實錄》 卷20, 世宗 5年 6月 庚午, 2冊, 545쪽.
116) 《世宗實錄》 卷22, 世宗 5年 11月 庚辰, 2冊, 562쪽.
117) 《世宗實錄》 卷22, 世宗 5年 10月 乙丑, 2冊, 560쪽.
118) 《世宗實錄》 卷48, 世宗 12年 4月 甲午, 3冊, 233쪽.
119) 《世宗實錄》 卷59, 世宗 15年 正月 壬申, 3冊, 439쪽.

이 역관무역을 통해 가외의 이득을 볼 수 있었기에 1년에 2차례의 사행 수행에 기꺼이 나섰던 이들이, 정부방침에 반발하여 漢語의 습득을 태업 하는 사태가 빚어지고 있었던 것이다.[120] 사무역에 전념하느라 정작 官 物의 공무역을 등한히 하던 당시 역관들의 일반적인 행태를 고려하 면,[121] 정부의 이 금지조치 또한 그 실효를 기대하기는 어려운 상황이었 다. 세종 21년(1439) 9월에는 명의 遼東都指揮使司가 공식적으로 조선인 들의 사무역을 금지해 줄 것을 요청해 오기까지 하였다.[122] 그만큼 사행 을 이용한 대중국 사무역이 일상적으로 성행하고 있었던 것이다.

세종조 대중국 사무역은 사신이나 역관들이 주체로 나서기도 하였으 나, 주로는 이들과 연계된 상인들이 주도하고 있었다. 그리고 여기에는 京商만이 아니라 사행의 노정에 위치한 개성과 평안도의 부상대고들도 참여하고 있었다. 앞의 세종 5년(1423) 공조참의 이양의 사행에서 그의 가노로 위장하여 동행하였던 손석과 박독대는 각기 평안도와 개성의 상인들이었다.[123] 그 가운데 손석의 소지물은 그 규모가 저마포 237필, 貂皮 200여 領, 인삼 12근, 진주 20냥에 달하였고, 또 박독대의 경우도 그 소지물이 파다하였다. 당시 이양의 소지물이 저마포 44필, 초피 60령 에 불과하였음과 비교하여 보면, 이들이 각기 평안도와 개성의 부상대 고였음은 분명하다 하겠다. 특히 이 시기 대중국 사무역에는 경상과 더 불어 개성상인들이 주도적으로 참여하고 있었다.[124]

이처럼 세종조에 들어 더욱 확대되고 있던 대중국 사무역은 중국산 사치품의 국내수요에 기반하여 이루어지는 것이었다. 따라서 정부는 사 무역에 대한 금지방침과 더불어, 조선사회의 사치풍조를 단속함으로써

---

120) 주 119와 같음.
121) 《世宗實錄》 卷63, 世宗 16年 正月 庚辰, 3冊, 535쪽.
122) 《世宗實錄》 卷86, 世宗 21年 9月 辛亥, 4冊, 235쪽.
123) 주 117과 같음.
124) 朴平植, 〈朝鮮前期의 開城商業과 開城商人〉, 《韓國史硏究》 102, 1998(《朝鮮前期 商業史硏究》에 수록) ; 朴平植, 〈朝鮮前期 開城商人의 商業活動〉, 《朝鮮時代史學 報》 30, 2004(本書 Ⅱ부 제2논문).

사무역 확대의 근원을 발본하려는 방침도 강구하고 있었다. 세종조에 거듭 천명된 사치금지, 특히 의복의 升數제한이나 紗羅綾段 등 사치품목에 대한 사용과 매매금지 방침은 이러한 상황에서 비롯하는 것이었다.[125] 또한 사무역의 주요 결제수단이었던 금은에 대해서도 명의 세공요구를 철회시킨 후, 그 생산과 유통을 전면 금지시키고 있었다.[126]

결국 세종조 대중국 무역은 공무역에 대한 국가의 통제방침과 사무역 금지조처에도 불구하고, 공·사무역 모두에서 전대에 이어 한층 성장과 확대를 거듭하고 있었다. 억말책의 정책기조가 거듭 천명되면서 강조되고는 있었으나, 상인들이 주도하는 무역의 실제에서는 그 실효를 기대하기가 점차 어려워지고 있었던 셈이다.

조선초기 대일관계는 고려말 이래의 왜구문제 해결에 국가적인 대응의 초점이 맞추어져 있었다. 그리고 이 왜구문제는 태종~세종초에 걸쳐 수행된 군사적인 해결책, 곧 대마도 정벌이라는 형태로 우선은 그 대응책이 마련되고 있었다. 그러나 이러한 강공책은 항구적인 대책이 되기도 어려웠거니와, 그에 따른 여러 가지 비용과 준비 또한 매우 어려운 문제였다. 결국 조선 정부의 왜구문제 해결은 군사적인 대응방안과 더불어 노략질의 형태로 조선에 접근할 수밖에 없는 일본의 요구를 交隣의 질서나 경제적인 교역을 통해 충족시켜 줌으로써 그 침략의 근본을 색원하는 형태로 진행되었다.

곧 왜구의 주력을 형성하던 대마도의 臣屬을 전제로 이들에게 허여하던 歲賜米의 형식, 또 일본 각지의 영주들이 바치는 정기적인 조공을 허용하면서 교역의 형태로 이들에게 식량과 의료품을 공급하는 방식의 관계가 정립되었던 것이다. 그 결과 이 시기 조선 정부의 대일관계는 일본 국왕과는 대등한 자격으로 교류하는 '敵禮交隣'으로, 그리고 대마

---

125) 《世宗實錄》卷43, 世宗 11年 2月 辛巳, 3冊, 165쪽 ; 《世宗實錄》卷113, 世宗 28年 9月 丙子, 4冊, 701쪽 ; 《世宗實錄》卷116, 世宗 29年 4月 己亥, 5冊, 15쪽 ; 《世宗實錄》卷123, 世宗 31年 正月 丙午, 5冊, 112~113쪽.
126) 元裕漢, 앞의 〈명과의 무역〉.

도를 비롯한 일본내 기타의 諸세력과는 이들의 조공과 진상에 대하여
回禮하는 형식의 '羈縻交隣'의 체제로 설정되어 진행되고 있었다.[127]

위와 같은 국가적인 대일정책은 세종조에 들어 그 형식과 내용이 정
비되어 갔고, 대일무역 또한 이에 규정받으면서 확대되고 있었다. 세종
조의 대일무역은 대중무역과 마찬가지로 크게 보아 국가간의 공식 거래
인 공무역과 정부의 허락 아래 상인들이 수행하는 사무역, 그리고 불법
적인 밀무역 등으로 구분할 수 있었다. 대중국 무역에서 엄격하게 금지
되어 있던 상인들의 사무역이 국초 이래 허용되고 있는 점이 대일무역
의 한 특징이었다.[128] 세종 정부는 공·사무역을 막론하고 이를 국가의
통제 아래 두고자 일본과의 통교규정을 정비하고, 이에 의거하여 사신
및 상인들의 왕래와 거류를 규제하고 있었다.

세종 원년(1419)의 대마도 정벌 이후 대일관계가 안정되면서, 일본
각지의 영주들이 통교와 朝聘을 이유로 하여 사신과 상인들을 파견해
오자, 세종 정부는 먼저 이들에게 통교를 증명하는 일종의 인감에 해당
하는 圖書를 발급하기 시작하였다. 세종 즉위년에 美作太守 淨存의 요
청에 따라 처음 시행한 이 授圖書制는,[129] 일본 영주가 조선으로부터
교역을 인정받는 증빙이었고, 또 무역선을 파견할 수 있는 근거가 되었
다. 한편 일본의 通交者가 조선의 예조에 보내는 외교문서가 書契인데,
세종 2년(1420)부터 조선 정부는 대마도인은 島主의 서계를, 九州지역
의 사송인은 九州摠管의 서계를 지참하도록 명문화하였다.[130] 이는 조
선에 들어오는 왜인을 규제하고 통교체계를 일원화하려는 목적에서 시
행된 조처로, 일본상인들에 대한 효과적인 통제수단으로 기능하였다.

조선에 입국하는 일본인, 특히 상인들에 대한 단속은 세종조에 行狀과

127) 李鉉淙, 《朝鮮前期 對日交涉史研究》, 韓國研究院, 1964 ; 이영·김동철·이근우
    공저, 《전근대한일관계사》, 한국방송대학출판부, 1999 ; 河宇鳳, 〈朝鮮前期의 對
    日關係〉, 《講座 韓日關係史》, 현음사, 1994.
128) 朴平植, 앞의 〈朝鮮初期의 對外貿易政策〉.
129) 《世宗實錄》 卷2, 世宗 即位年 11月 乙亥, 2冊, 288~289쪽.
130) 《世宗實錄》 卷8, 世宗 2年 7月 壬申, 2冊, 386쪽.

路引·文引 제도를 도입함으로써 더욱 강화되고 있었다. 행장은 조선에
오는 왜인의 신분과 자격을 일본의 영주가 확인한 신분증명서로, 일본상
인에 대한 확실한 파악수단이었다. 노인과 문인 역시 마찬가지 목적에서
도입한 제도로서, 세종 20년(1438) 대마도주와 맺은 定約에 따라 본격
실시되면서 일본과의 교역에서 가장 중요한 통교자 확인 기능을 하였
다.[131] 이 세종 20년의 문인제도 정약은 종래 일본내 여러 호족에게 인정
하였던 문인 발행권을 대마도주에게만 허용한 것으로,[132] 이후 일본 국
왕의 사신과 일부의 巨酋使를 제외한 모든 통교자는 대마도주의 이 문인
을 소지하여야만 조선에서 교역을 허가받을 수 있었다. 이는 세종 정부
가 일본과의 통교를 일원화하려는 방침이자, 동시에 '興利倭人', '商倭' 등
으로 부르던 일본상인들에 대한 통제를 위해 마련한 제도였다.

　한편 세종 정부는 위와 같은 증빙을 갖추고 입국하는 일본상인들을
국내에서 통제하기 위해, 그들이 정박하는 포구에 倭館을 설치하고 이
를 정비하여 갔다. 국초에 왜인들이 남해안 각 포구에 자유로이 드나들
자, 태종 정부는 富山浦와 乃而浦에 왜관을 설치하여 그들의 거류지를
국한시킨 바 있었다.[133] 그런데 이후에도 일본의 각 영주들이 정박 포구
의 확대를 요구하여 오자, 세종 5년(1423) 10월 정부는 우선 부산포와
내이포의 왜관 건물을 증축하고 있었다.[134] 그리고 8년(1426) 정월에는
기왕의 2개 포구 외에 鹽浦를 추가로 개방함으로써,[135] 이 三浦를 입국
왜인들의 정박 거류지로 국한하였고, 여기에 접대 및 교역시설을 갖춘
왜관을 운영하였던 것이다. 일본 사신과 상인들의 거처는 이들이 정박
하는 삼포 외에 도성에도 마련되어 이를 東平館이라 부르고 있었다. 세
종 20년(1438) 2월 정부는 이 동평관을 정비하여 그 常置를 결정하고,

131) 金柄夏, 《朝鮮前期 對日貿易 研究》, 韓國研究院, 1969 ; 河宇鳳, 〈일본과의 관계〉,
　　《한국사》 22, 국사편찬위원회, 1995.
132) 《世宗實錄》 卷82, 世宗 20年 9月 己亥, 4冊, 163쪽.
133) 주 131과 같음.
134) 《世宗實錄》 卷22, 世宗 5年 10月 壬申, 2冊, 561쪽.
135) 《世宗實錄》 卷31, 世宗 8年 正月 癸丑, 3冊, 3쪽.

소속 관원의 정원을 규정하고 있었다.136) 당시 도성의 동평관은 두 곳에 있었는데, 각각 1소·2소로 부르고 있었다.137)

이상과 같은 세종 정부의 대일 통교와 무역 통제책은 文引제도에서 보듯이 최종적으로 대마도주에게 일본측의 권한을 위임하는 형태였기 때문에, 일본측의 사정에 따라 이내 운영상의 문제가 발생하고 있었다. 즉 대마도주의 통제를 받지 않는 여러 영주의 사송인과 상인들이 폭주하는 사태가 빚어졌던 것이다. 결국 세종 정부는 일본 각지의 영주 중에서, 조선과 통교·무역을 행하는 세력과의 개별적인 약속을 통해 그들의 입국 횟수와 파견 歲遣船의 수, 그리고 교역량 등을 통제하는 방침을 세우게 된다. 곧 세견선수의 정약과 접대규정의 정비였다.

세종 25년(1443) 정부는 대마도체찰사 李藝를 파견하여 대마도주 宗貞盛과 이른바 癸亥約條를 체결하였다.138) 대마도주에게 매년 200석의 쌀과 콩을 하사하고, 매년 50척의 세견선 파견을 허용한 이 계해약조를 계기로, 이후 조선 정부는 일본내 각 영주들과도 개별적으로 세견선에 대한 정약을 맺게 된다. 국초 이래 설정된 대일관계의 교린체제는, 이처럼 세종조에 들어 여러 규정정비를 거쳐 마침내 계해약조가 체결됨으로써 체계적인 통제책으로 최종 마무리될 수 있었다. 그리고 이것이 이후 중종조의 三浦倭亂과 그 뒤 맺은 壬申約條로 대체될 때까지 대일 통교와 무역의 기본 조약으로 기능하였던 것이다.

세종 정부의 이와 같은 대일 통교체계의 정비노력은, 경제적으로는 공·사무역을 막론하고 대일무역을 모두 국가에서 관장하고 통제하겠다는 의지의 표현이었다. 使送의 형식으로 들어오는 일본상인의 선박수와 휴대 상품의 양, 삼포의 거류일정, 상경로, 滯京 일시 등에 대한 상세한 규정이 마련된 것은 그 때문이었다. 그러나 세종 정부의 통제와 관장

---

136) 《世宗實錄》 卷80, 世宗 20年 2月 癸酉, 4冊, 132쪽 ; 《世宗實錄》 卷80, 世宗 20年 2月 癸未, 4冊, 133쪽.
137) 《世宗實錄》 卷80, 世宗 20年 3月 壬辰, 4冊, 134쪽.
138) 金柄夏, 앞의 《朝鮮前期 對日貿易 硏究》 ; 이영·김동철·이근우 공저, 앞의 《전근대한일관계사》 ; 河宇鳳, 앞의 〈일본과의 관계〉.

아래에서 대일무역은 더욱 확대되고 있었다. 세종 15년(1433) 2월, 대마도주는 왜인들의 적극적인 통상요구에 따라 삼포 외에 다시 加背梁·仇羅梁·豆毛浦·西生浦 등에서도 무역을 허가하여 줄 것을 요청하고 있었다.[139] 물론 이 요구는 기왕의 삼포 외에 추가 개항을 불허하는 것으로 결론이 났지만, 이후에도 일본상인들은 조선 정부의 금지방침에도 불구하고 남해안의 여러 포구로 興販지역을 확대하며 조선인들과 교역하고 있었다.[140]

한편 체류가 허가된 삼포에 머무르며 무역에 종사하는 왜인들의 숫자 또한 지속적으로 증가하고 있었다. 세종초 삼포지역에 체류를 허가받은 이른바 恒居倭人의 정원은 내이포에 20호, 부산포에 20호, 그리고 염포에 10호 등 총 60여 호였다.[141] 그런데 세종 16년(1434) 4월에 들어서면 그 숫자가 크게 늘어 내이포가 600여 명에 이르고, 부산포 또한 마찬가지라고 지적되고 있었다.[142] 또 내이포의 경우, 그 가운데 절반이 넘는 360여 명이 모두 갑진년(세종 6년, 1424) 이후에 들어 온 자들로 파악되고 있었다.[143] 이들 삼포의 항거왜인은 '商倭'라고 부르는 데서 알 수 있듯이 모두 직·간접으로 조선과 일본 사이의 무역에 간여하던 상인세력이었다.

결국 세종 정부는 17년(1435) 9월에 들어 이들 상왜에 대한 收稅방침을 대마도에 통지하는 한편,[144] 대마도주에게 삼포 이외 지역에서 상왜들의 활동을 금지하여 줄 것을 요구하고 있었다.[145] 그리고 이듬해인 18년(1436) 3월에는 이들 삼포의 상왜 가운데 대마도주와 본인이 그대

---

139) 《世宗實錄》 卷59, 世宗 15年 2月 壬子, 3冊, 454쪽.
140) 《世宗實錄》 卷70, 世宗 17年 10月 乙卯, 3冊, 656쪽.
141) 이영·김동철·이근우 공저, 앞의 《전근대한일관계사》 262쪽, 표 <15세기 후반 삼포 항거왜인의 호구수>.
142) 《世宗實錄》 卷64, 世宗 16年 4月 戊辰, 3冊, 559쪽.
143) 《世宗實錄》 卷65, 世宗 16年 8月 己酉, 3冊, 585쪽.
144) 《世宗實錄》 卷69, 世宗 17年 9月 丁丑, 3冊, 650~651쪽.
145) 《世宗實錄》 卷70, 世宗 17年 10月 壬戌, 3冊, 657쪽.

로 머물 것을 요청한 206명을 제외한 나머지 사람들을 모두 송환하기로 결정하고, 내이포에서 253명, 부산포에서 29명, 염포에서 96명 등 총 378명을 대마도로 강제 송환시키기까지 하였다.146)

그러나 이후에도 삼포의 상왜 숫자는 다시 증가하고 있었다. 세종 21년(1439) 11월 예조에 따르면, 지난 갑인년(세종 16년, 1434)과 병진년(세종 18년, 1436)의 거듭된 쇄환조처 이후에 거류왜인의 수가 60여 명으로 정해졌으나, 1439년 당시에는 다시 200여 명으로 증가하여 있었다.147) 또 22년(1440) 2월에는 부산포의 경우 항거왜인은 60여 호에 불과하나, 당시 부산포에서 상행위에 종사하던 왜인은 무려 6천여 명에 이른다고 보고되고 있었다.148)

삼포를 무대로 하는 상왜만이 아니라, 사신을 수행하여 상경하는 일본상인들의 숫자 또한 세종조를 통해 지속적으로 증가하고 있었다. 세종 20년(1438) 6월 국왕은 대마도 왜인들이 끊임없이 삼포를 거쳐 도성에 오고가는 사정을 우려하면서, 봄과 가을 두 계절 사이에 상경 중에 있거나 삼포에 체류 중인 왜인들의 숫자가 거의 3천여 명에 이르는 실태를 지적하고 있었다.149) 특히 이 시기를 전후해서는 국내에 체류하는 상왜의 수가 더욱 늘어나면서, 그 숫자가 수천 명으로 파악되고 있었다.150) 이들은 혹 조빙을 칭탁하기도 하였으나 대부분 공·사무역을 목적으로 하는 상인들이었고,151) 세종 29년(1447) 11월에는 이처럼 倭使를 수행하는 상왜들이 소지한 물품으로 도성에 운반되는 양이 무려 2천여 駄에 이르는 것으로 보고되고 있었다.152)

일본 사신을 수행하는 상왜나 삼포 지역에 거주하는 상왜의 증가는

---

146)《世宗實錄》卷71, 世宗 18年 3月 乙未, 3冊, 669쪽.
147)《世宗實錄》卷87, 世宗 21年 11月 己巳, 4冊, 254~255쪽.
148)《世宗實錄》卷88, 世宗 22年 2月 庚辰, 4冊, 267쪽.
149)《世宗實錄》卷81, 世宗 20年 6月 乙丑, 4冊, 149쪽.
150)《世宗實錄》卷85, 世宗 21年 4月 丙申, 4冊, 205쪽.
151) 위와 같음.
152)《世宗實錄》卷118, 世宗 29年 11月 乙卯, 5冊, 45쪽.

곧바로 공·사무역, 특히 사무역과 국가에서 금지하는 밀무역의 증대로 이어질 수밖에 없었다. 일본과의 통교규정을 정비하여 교역상대를 대마도로 일원화하였음에도 불구하고 이와 같이 일본과의 무역량이 증대하여 가자, 세종 정부는 일본으로부터 수입되는 물품의 국내소비를 억제하는 정책을 통해서 그에 대한 통제를 간접적으로 기도하기도 하였다. 사치금지 조처의 하나로 당시 전량 일본에서 수입되던 丹木이나 蘇木을 이용한 염색을 금지하였던 것도,153) 그러한 방책 가운데 하나였다.

그러나 세종 정부의 일관된 대일무역 통제정책에도 불구하고, 세종조 전시기에 걸쳐 일본과의 무역은 특히 사무역을 중심으로 확대되고 있었다. 이는 대중무역에서도 마찬가지였고, 세종 정부 또한 그러한 무역의 필요성을 전면 부정하거나 일방적으로 억압하지는 않았다. 세종 17년(1435) 9월 대마도의 상왜문제가 현안이 되고 있을 때, 국왕은 "옛부터 有無를 거래하는 상인들이 국가간에 왕래함은 천하의 通法이다"154)라는 견해를 내보이고 있었다. 이는 당대 관인들의 인식에서도 마찬가지여서, 세종 21년(1439) 9월 동지중추원사 李思儉은 비변책을 올리면서 "상왜의 상업활동이 또한 (우리에게도) 편익이 된다"155)고 강조하기도 하였다.

세종조 국왕과 관인들의 이와 같은 대외무역 인식과 상업관은, 결국 세종조 대외무역에서 추진되던 통제정책이 무역에 대한 일방적인 억압이나 금지방침이 아니었음을 잘 보여 준다. 요컨대 그것의 본질은 주변국과의 교역에서 국내의 산업, 특히 본업인 농업을 보호하고, 고려말 이래 심각하던 무역을 통한 국제수지의 불균형을 해소하면서, 국가의 대외무역에 대한 관장과 통제 등 그 장악력을 강화시키자는 방향

---

153) 《世宗實錄》 卷35, 世宗 9年 2月 丁丑, 3冊, 62쪽 ; 《世宗實錄》 卷80, 世宗 20年 正月 乙未, 4冊, 125쪽.

154) 《世宗實錄》 卷69, 世宗 17年 9月 丁丑, 3冊, 651쪽.

155) 《世宗實錄》 卷86, 世宗 21年 9月 丁未, 4冊, 234쪽.

이었다. 곧 이 시기 상업정책에서 표방되는 목표였던 '무본억말', '이권재상'의 이념에 입각하여 마련되고 추진되던 대외무역 정책이었던 것이다.

## 4. 銅錢의 普及試圖와 貨幣政策

건국 이후 집권적 국가체제를 확립하는 방향에서 추진되던 조선왕조의 경제정책은 태종조에 들어 화폐의 보급시도로 이어지고 있었다. 화폐 특히 명목화폐는 교환의 매개로서 상업의 발달과 더불어 그 필요성이 대두되고 있었지만, 한편으로 이의 발행과 관장을 통해 상업을 포함한 경제 전반을 통제해 낼 수 있다는 측면에서 정부의 경제정책 운용에서 매우 중요한 기제였다.

고려 왕조는 이미 성종 15년(996) 鐵錢의 주조와 유통을 시도한 이래, 그 후기에 이르면 銀甁과 楮貨의 발행과 보급이 이루어지면서 명목화폐가 유통되는 화폐경제에 진입하여 있었다.[156) 그러나 고려말 대원무역의 확대와 이를 주도하던 왕실·권세가 등 특권세력의 상업독점은 은병과 화폐 부문에도 그대로 이어져, 국가의 경제운용에 대한 통제력을 약화시키며 은 유출에 따른 국제수지의 악화와 소농경제의 몰락을 심각하게 불러오고 있었다.[157) 반원정책과 내정개혁을 본격 추진하던 공민왕대에, 그러한 정책의 연장에서 저화를 발행하여 이들 문제의 해결을 도모하였던 것은 그 때문이었다.[158) 그러나 고려말 정부의 저화 보급시도

---

156) 白南雲,《朝鮮封建社會經濟史》(上), 改造社, 1937 ; 蔡雄錫,〈高麗前期 貨幣流通의 基盤〉,《韓國文化》9, 서울대, 1988 ; 蔡雄錫,〈高麗後期 流通經濟의 조건과 양상〉,《韓國 古代·中世의 支配體制와 農民》(金容燮敎授停年紀念韓國史學論叢 2), 지식산업사, 1997.

157) 朴平植, 앞의〈高麗末期의 商業問題와 抹幣論議〉.

158) 須川英德,〈高麗から朝鮮初における諸貨幣 - 銀·錢·楮貨〉,《歷史評論》516,

는 특권세력의 반발과 왕조교체의 격동 속에서 그 실효를 거둘 수는 없었다.

조선 건국초의 국내외적 위기를 극복하고 중앙집권적 경제체제를 수립해 가던 태종은, 이러한 고려말의 화폐정책을 토대로 새롭게 국가가 발행하고, 그에 대한 통제권 즉 貨權을 장악할 수 있는 화폐의 보급에 나선다. 태종 2년(1402)과 10년(1410) 두 차례에 걸친 태종조의 저화발행과 그 유통정책은 교환의 매개수단에 대한 상업계의 필요성을 고려하면서도, 한편으로 이를 통한 국가재정의 보전, 특권세력과 대외무역에 대한 통제, 나아가 '貨權在上'의 표방에서 극명하게 나타나듯이 이를 매개로 한 국가의 경제통제권의 확립을 목표로 하여 강력하게 추진되었다.159)

그러나 태종 정부의 저화 유통정책은 그 시행 초기부터 난관에 봉착하고 있었다. 정부의 의도와 달리 저화는 유통의 실제에서 외면되었고, 국가가 정한 楮貨價는 날로 하락하여 갔던 것이다. 그리하여 저화유통을 강제하기 위해 5升布로 대표되는 물품화폐의 사용을 일절 금지하고 위반자를 중죄로 다스리는 방침이 거듭 천명되었지만, 저화가의 하락 추세는 멈추지 않았다. 태종 2년(1402) 정월 처음 저화가 보급될 무렵, 정부에서 국고미를 화매하면서 책정하고 있던 저화가는, 1장당 5승포 1필 또는 미 2두로 상정되어 있었다.160) 그런데 태종 15년(1415) 6월경에 저화가는 이미 1장당 미 2승에 불과할 정도로 폭락하여 있었다.161)

이와 같은 저화가의 급격한 하락을 막고 그 통용을 기도하고자, 태종

---

1993 ; 須川英德, 〈高麗末から朝鮮初における貨幣論の展開 – 專制國家の財政運用と楮貨〉, 《朝鮮社會の史的展開と東アジア》, 山川出版社, 1997.

159) 李鍾英, 앞의 〈朝鮮初 貨幣制의 變遷〉; 李鍾英, 〈李朝人의 貨幣觀〉, 《史學會誌》 2, 연세대, 1964 ; 田壽炳, 〈朝鮮 太宗代의 貨幣政策 – 流通構造를 中心으로〉, 《韓國史研究》 40, 1983 ; 權仁赫, 〈朝鮮初期 貨幣流通 研究 – 特히 太宗代 楮貨를 中心으로〉, 《歷史教育》 32, 1982.

160) 《太宗實錄》 卷3, 太宗 2年 正月 壬辰, 1冊, 223쪽.

161) 《太宗實錄》 卷29, 太宗 15年 6月 丙戌, 2冊, 72쪽.

정부는 저화 專用방침 외에도 화폐의 주 사용층인 공장과 상고들에게 저화로 수세하고, 각 군현에 戶楮貨를 부과하는 등 저화수세의 방책을 세우기도 하였으며, 또 저화의 兌換保證과 환수를 위해 국고 미두를 방출하여 저화를 매입하는 등 각종 통용정책을 지속적으로 추진하고 있었다. 그러나 결국 태종 11년(1411) 두승 이하의 곡물거래에 잡물의 사용을 허용하고, 15년(1415) 收贖을 제외한 매매에 布貨의 사용을 허용할 수밖에 없었던 데에서 보듯이, 태종조에 정부발행 화폐로서 저화를 전용하려는 방침은 이미 중단되고 있었다.162)

세종초, 정부의 화폐에 대한 인식과 정책은 태종조의 그것을 계승하고 그 방침을 고수하는 것이었다. 곧 貨權의 장악을 통해 집권적 경제체제를 수립하고 그에 대한 통제권을 확보한다는 정책구상이었다. 그런데 시장과 상인들이 저화의 사용을 기피하고, 이에 따라 저화가가 줄곧 하락하는 사태는 세종조에 들어서서도 계속되고 있었다. 세종 4년(1422) 10월에는 경시의 상인들이 거래에서 저화를 이용하지 않자, 경시서 제조로 임명된 영의정부사 柳廷顯이 "저화를 사용하지 않고 감히 다른 물건으로 매매하는 자는 중죄로 처단하겠다"고 천명하고, 몰래 사람을 시켜 시전을 살펴 다른 물건을 사용하는 자를 잡아다가 경시서의 문 앞에 매달아 보이기까지 하였으나,163) 백성들의 저화 기피는 중단되지 않았다. 이런 형편에서 저화가는 급락을 거듭하여, 그해 12월에는 저화 3장으로 겨우 미 1승을 구입하는 지경에 이르고 있었다.164)

이처럼 국초 정부의 강력한 의지 아래 추진되었던 저화 유통정책이 시장과 상인 그리고 백성들의 반발에 따라 벽에 부딪히면서, 저화 대신 새롭게 銅錢을 주조하여 유통시키자는 방안이 대두하였다. 이미 태종 15년(1415)에 제기되어 한때 주조가 논의된 바 있던165) 동전 유통방안

---

162) 주 159와 같음.
163) 《世宗實錄》 卷18, 世宗 4年 10月 丁酉, 2冊, 508쪽.
164) 《世宗實錄》 卷18, 世宗 4年 12月 丁亥, 2冊, 514~515쪽.
165) 《太宗實錄》 卷29, 太宗 15年 6月 丙子, 2冊, 69쪽 ; 《太宗實錄》 卷29, 太宗 15年

에 대해, 세종은 일찍부터 관심을 표명하고 있었다. 즉 4년(1422) 10월 세종은 저화의 불용실태를 환기시키며 대신 동전의 통용여부에 대한 정승들의 의견을 묻고 있는 것이다.[166] 세종의 동전행용 의지에 따라 조정에서 그 논의가 진행되자 민간에서 저화는 더욱 기피되었고, 이런 와중에서 마침내 세종 5년(1423) 9월 동전의 주조와 유통방침이 의결되었다. 의정부와 육조가 합좌한 이 자리에서는 기왕의 저화와 새로 주조하는 동전을 함께 화폐로 유통시키기로 방침을 정하였다. 그리고 호조의 발의에 따라 동전의 명칭을 '朝鮮通寶'로 할 것, 鑄錢업무는 저화를 담당하는 司贍署에서 맡을 것, 그리고 민간의 銅錢私鑄는 엄격하게 금지할 것 등이 확정되었다.[167]

이윽고 전국의 廢寺에서 수합한 銅과 각 도에서 거두어들인 동을 원료로 하는 주전사업이 이어졌다. 그리하여 세종 6년(1424) 2월에는 도성의 사섬서 외에도 경상도와 전라도의 鑄錢事目이 마련되어 여기에 주전소가 설치되었고,[168] 그해 8월에는 부족한 주전용 동 확보를 위해 斂銅合行事目이 추가로 반포되었다.[169] 세종 6년의 주전사업의 결과, 그해 12월에는 경중 및 각 도의 주전액이 총 1만 921貫에 이르는 것으로 보고되고 있었다.[170]

한편 세종 7년(1425) 정월 정부는 그간의 총 주전액 1만 2,537관 가운데 녹봉으로 지급할 150관을 제외한 1만 2,387관을 중앙의 각 관청과 각 도·개성유후사에 각기 100여 관씩 차등을 두어 분급하고, 길일을 택하여 동전의 行用을 시작할 것을 결정하였다.[171] 그리고 다음 달인

---

6月 辛巳·壬午, 2冊, 70쪽 ; 《太宗實錄》 卷29, 太宗 15年 6月 丙戌, 2冊, 72쪽.

166) 《世宗實錄》 卷18, 世宗 4年 10月 庚子, 2冊, 509쪽.

167) 《世宗實錄》 卷21, 世宗 5年 9月 甲午, 2冊, 556쪽.

168) 《世宗實錄》 卷23, 世宗 6年 2月 壬戌, 2冊, 582쪽 ; 《世宗實錄》 卷23, 世宗 6年 2月 壬申, 2冊, 583쪽.

169) 《世宗實錄》 卷25, 世宗 6年 8月 丁未, 2冊, 616쪽.

170) 《世宗實錄》 卷26, 世宗 6年 12月 丙午, 2冊, 639쪽.

171) 《世宗實錄》 卷27, 世宗 7年 正月 戊子, 2冊, 648쪽.

세종 7년 2월, 마침내 동전이 처음으로 보급되어 통용되기 시작하였
다.172)

세종조 동전의 보급결정은, 그간의 저화 유통정책이 지녔던 문제점을
해결하면서 동전을 國定貨幣로서 정착시키려는 목적에서 추진되고 있
었다. 태종조에 국왕의 일관된 의지에도 불구하고 저화가 민간에서 널
리 통용되지 못한 데에는 화폐정책의 일관성 부족이나 兌換보증의 실
패, 교환경제의 미숙 등 다양한 요인이 있었지만,173) 가장 큰 배경은
시장과 상인 그리고 일반 백성들의 반발에 있었다. 민간의 시장에서 저
화가 화폐로서 갖는 문제점은 우선 그 책정가치의 高價性에 있었다. 태
종 2년(1402) 발행 초기의 楮貨價는 저화 1장당 5승포 1필 또는 미 2두
로 상정되어, 국고미 화매에서 실제 통용되고 있었다.174) 이는 저화가
명목화폐임을 고려한다 하더라도 저화의 원료인 종이의 소재가치에 비
추어 지나치게 고액이었고, 더욱 큰 결함은 곡물의 두승 이하, 포물의
1필 미만의 소액거래에서는 사용할 수 없다는 점이었다.

저화의 이와 같은 상정가는 민간의 저화사용 기피로 바로 이어지고
있었다. 우선 부상대고 등 대상인들에게 저화의 보급은 그에 따른 교환
의 편리보다, 국가의 손쉬운 재원확보 방안으로 받아들여졌다. 저화의
발행 이후 태종 정부는 화폐로서 태환보증을 위한 후속 조처를 제대로
마련하지 못하고 있었다. 즉 정부 수요물을 시전에서 조달하면서 저화
로 그 대가를 지불하였지만, 반대로 국고의 방출을 통해 민간소재의 저
화를 수매함으로써 그 화폐로서의 가치와 신용을 보증하는 정책은 상대
적으로 간헐적으로밖에 시행하지 않았던 것이다.175)

결국 시역의 일환으로 국가 수요물자를 공급하고 있던 시전상인들의
수중에는, 명목가치가 현저하게 떨어지고 소재가치마저 가지지 못하던

---

172) 《世宗實錄》卷27, 世宗 7年 2月 戊午, 2冊, 654쪽.
173) 주 158, 159의 논고 참조.
174) 주 160과 같음.
175) 주 159의 논고 참조.

저화만이 남게 되었다. 저화가 실제로 민간에서 유통되지 않는 형편에
서 이러한 상황은 국가에 의한 소유물품의 강탈에 다름없는 것으로 상
인들에게 받아들여졌다. 더욱이 저화제가 폐지되었던 태종 3년(1403)
에서 10년(1410) 사이에, 정부는 이제 무용지물에 지나지 않는 이들 민
간소유 저화에 대해 어떠한 회수나 변상 조처도 취하지 않고 있었
다.176)

한편 영세 소상인과 백성들의 처지에서 저화는 그 상정가가 너무 고
액인 화폐였다. 즉 朝夕마련을 위한 두승 이하의 일상적인 거래에서 저
화는 미포와 같은 소액의 단위를 지니지 못함으로써, 교환수단인 화폐
의 기능을 가질 수 없었던 것이다. 여기에 덧붙여 저화의 통용을 위해
정부는 5승포의 사용을 금지하였고, 또 저화유통을 위해 신설된 각종
잡세가 이들에게 부과되고 있었다. 이런 형편에서 소상인이나 백성들의
교환활동은 종래 별다른 불편없이 이용하던 米布에 여전히 의존하게
되었고, 정부의 단속과 처벌이 이들에게 집중되고 있어 저화 불사용 실
태를 더욱 조장하고 있었다.177) 자산을 저화가 아닌 다른 현물형태로
蓄藏하는 것이 가능하였던 부상대고 등 대상인들과 달리, 일상의 생계
를 위해 미포를 이용한 거래가 불가피하였던 영세상인과 일반 백성들이
주로 저화불용에 따른 단속대상이 되어 과중한 처벌을 받고 있었던 것
이다.178)

세종 정부의 동전 유통정책은 전대 저화정책이 내포한 이상과 같은
문제점을 고려하면서 추진되었다. 먼저 화폐를 동전으로 주조함으로써
그 소재가치와 명목가치의 현절한 격차를 저화에 견주어 상대적으로
완화시켰고, 또 동전 1文의 가치를 미 1승으로 책정함으로써 소액거래
에서도 이용할 수 있도록 조처하였다.179) 나아가 이 동전가마저도 이후

---

176) 주 175와 같음.
177) 위와 같음.
178) 《世宗實錄》 卷18, 世宗 4年 12月 丁亥, 2冊, 514~515쪽.
179) 《世宗實錄》 卷28, 世宗 7年 5月 戊寅, 2冊, 668쪽.

민간 물가의 변동에 따라 조정될 수 있게 조처하고 있었다.180) 또한 국
가의 화폐 유통정책에 대한 신뢰도를 높이기 위해 동전 專用방침을 결
정한 다음에는, 민간에 유포된 저화에 대한 회수작업에 나섰다. 그리하
여 저화 1장을 동전 1문의 비율로 교환하게 하면서,181) 도성은 5부 방리
를 종부시·의금부·군자감·통례문·사섬서 등에서 분담하되 각기
100관의 동전을 재원으로 민간의 저화를 회수하도록 하고, 지방에도 3
0~50관 씩의 동전을 보내어 민간에 산재한 저화를 수납하게 조처하고
있었다.182)

세종 정부의 이와 같은 동전유통을 위한 사전 준비는 태종조 저화정
책의 문제점을 근원에서 해소하여, 상인과 일반 백성들에게 정부의 화
폐 유통정책에 대한 확고한 신뢰를 심어주고자 함이었다. 그리고 그 최
종적인 목적이 貨權의 장악을 통해 국가가 경제운용의 권한을 擔任함으
로써 집권적인 경제질서를 강화하려는 것이었음 또한 물론이었다.

동전의 보급과 유통이 본격 시작되자 세종 정부는, 그 원활한 유통을
도모하기 위한 각종 시책들을 마련하여 갔다. 먼저 거래에서 동전을 사
용하지 않는 자에 대한 처벌규정이 주로 상인들을 대상으로 마련되었
다. 즉 동전통용을 공표하기 직전인 세종 7년(1425) 2월 정부는 시전의
부상대고나 諸色공장 가운데 동전을 사용하지 않은 자에게 杖 100, 수군
定役, 가산 몰수 등을 규정하고, 또 이를 신고한 자에게 그 몰수 가산의
절반을 상으로 지급하는 방침을 결정하고 있었다. 아울러 동전을 간택
하여 그 통용을 방해하는 자 역시 王旨를 따르지 않은 죄로 단속하며,
시전이 아닌 경중 5부에서의 거래에서도 미포의 사용을 금지하면서 위
반자를 시전의 경우와 마찬가지로 처벌하도록 하였다. 단 영세상인과
백성들의 생활을 고려하여 두승 이하의 米豆거래는 예외로 하면서, 담
당 관리들의 감독태만 여부도 사헌부로 하여금 규찰하도록 지시하고

---

180) 《世宗實錄》 卷28, 世宗 7年 4月 癸丑, 2冊, 664쪽.
181) 위와 같음.
182) 《世宗實錄》 卷28, 世宗 7年 4月 甲寅, 2冊, 665쪽.

있었다.183)

한편 세종 7년(1425) 4월에는 애초의 동전과 저화 兼用방침을 철회하여 동전의 專用을 결정하였고,184) 이에 따라 동전 이외의 잡물을 이용한 거래를 엄격하게 금지하기 시작하였다. 또 저화 유통정책 이후 공장과 상고 등에게 부과되고 있던 각종 잡세와 贖罪에서도 모두 저화 대신 동전을 사용하도록 하였다.185) 나아가 그해 6월에는 백성들의 일상적인 두승 이하의 거래에서도 반드시 동전만을 사용하도록 결정하고, 예고기간을 거쳐 9월부터는 위반자를 처벌하도록 조처하였다.186)

세종 정부는 동전유통을 위한 강제적인 통용정책과 더불어, 국가가 태환보증을 통해 동전의 화폐가치를 유지해 주는 각종 시책도 병행하여 추진하였다. 국고 미두를 방출하여 동전을 회수하는 정책이 그 대표적인 것이었다. 태종조 저화 유통정책에서 간헐적으로 이루어졌던 이 같은 國庫放賣 방침을 세종 정부는 정례화하고 그 규모를 확대하고 있었다. 그리하여 세종 9년(1427) 10월에는 매월 100석의 국고곡을 시중 동전의 회수를 위해 정기적으로 방출하는 방안을 확정하였고,187) 13년(1431) 3월에는 米麥 6천 석을 추가로 특별 방매하기도 하였다.188) 또 비록 유통동전의 부족 때문에 채택되지는 않았으나, 14년(1432) 6월에는 각사 소속 공노비의 신공을 錢納하자는 안이 논의되기도 하였다.189) 저화유통의 실패가 정부의 태환보증 부족에 있었던 사정을 숙지한 세종 정부가, 동전통용에 대한 국가의 확고한 의지를 민간에 보여 줌과 동시에 동전의 교환수단으로서의 기능과 가치를 시중에서 유지시키기 위해

183)《世宗實錄》卷27, 世宗 7年 2月 戊申, 2冊, 652쪽.
184)《世宗實錄》卷28, 世宗 7年 4月 癸丑, 2冊, 664쪽.
185)《世宗實錄》卷28, 世宗 7年 4月 丙辰, 2冊, 665쪽 ;《世宗實錄》卷29, 世宗 7年 8月 丙戌, 2冊, 689쪽.
186)《世宗實錄》卷28, 世宗 7年 6月 乙卯, 2冊, 674쪽.
187)《世宗實錄》卷38, 世宗 9年 10月 丙寅, 3冊, 97쪽.
188)《世宗實錄》卷51, 世宗 13年 3月 戊寅, 3冊, 302쪽 ;《世宗實錄》卷51, 世宗 13年 3月 庚寅, 3冊, 305쪽.
189)《世宗實錄》卷56, 世宗 14年 6月 壬辰, 3冊, 395쪽.

마련하는 조처였다.

그러나 세종 정부가 동전의 보급과 유통을 위해 벌인 이와 같은 치밀한 준비와 정책적인 노력에도 불구하고, 민간상업계에서 동전의 유통실적은 지지부진하였다. 동전사용이 공표된 지 3개월 밖에 지나지 않은 세종 7년(1425) 5월에 벌써 시중의 백성들은 동전이용을 기피하고 있었고, 동전가 또한 하락하여 미 1승에 전 3문으로 거래되는 지경이었다. 세종이 특별히 시전의 富居人들을 불러 그 배경을 탐문한 것도 이 때문이었다.190)

시중에서 동전사용이 기피되어 가자, 반대로 정부의 동전 불사용자에 대한 처벌은 강화되고 있었다. 세종이 시중의 사정을 탐문한 다음 달인 7년 6월《實錄》의 史臣은, 당시 영의정 유정현이 경시서 제조로서 동전 유통을 위해 엄격한 법 집행을 해 가는 과정에서 발생하던 정황을 소상하게 전하고 있었다. 즉 1~2승의 거래에서 동전을 사용하지 않은 자까지 엄혹한 형벌로 다스려 가자, 땔감과 채소를 가지고 朝夕을 마련해야 하는 영세 소상인이나 소민들이 주로 체포되어 가산을 빼앗기고 수군에 충역되었고, 그에 따른 이들의 고통과 원한이 극심하였던 것이다.

처벌받은 사람 가운데에는 유정현의 조카도 있었고, 광흥창리에 사는 백성의 경우에는 남편이 장형을 받고 수군에 끌려가자 그 식솔들이 며칠 동안 성에 올라 통곡을 그치지 않았고, 또 동전 불용죄로 수군으로 가는 도중에 남편이 죽자 그의 처가 남산에 올라 스스로 목을 맨 경우도 있어 사람들이 이를 애통하게 여기는 형편이었다.191) 세종 7년(1425) 8월에는 자신이 만든 가죽신으로 쌀 1두 5승을 구입한 鞋匠 李上左가 경시서에 체포되어 나이가 많은 관계로 수군 충역은 피하였으나, 그 속전을 마련하지 못하여 스스로 목을 매달아 죽은 사건이 발생하였다.192)

---

190)《世宗實錄》卷28, 世宗 7年 5月 丁丑, 2冊, 668쪽.
191)《世宗實錄》卷28, 世宗 7年 6月 甲寅, 2冊, 673쪽.
192)《世宗實錄》卷29, 世宗 7年 8月 己丑, 2冊, 689쪽 ;《世宗實錄》卷29, 世宗 7年 8月 庚寅, 2冊, 690쪽.

결국 이 사건을 계기로, 두승 이하의 거래에서 동전사용을 강제하던 방침은 철회되고 있었다.193)

동전통용을 위한 세종 정부의 강력한 정책 추진에도 불구하고, 민간의 동전사용 기피추세는 더욱 심화되었다. 또 그 단속과정에서 여유 자산을 지닌 부상대고와는 달리, 주로 영세상인과 소민들이 집중적으로 고통을 겪고 있었다.194) 그러자 동전유통이 시작된 그해 12월에 벌써, 형조판서 鄭津이 저간의 인심의 형편을 들면서 동전유통의 혁파를 건의하고 나섰다.195) 이듬해인 세종 8년(1426) 2월에는, 국왕 스스로가 동전이 오직 官과의 거래에서만 유통되고 민간에서 사용되지 않는 이유가 백성들에게 화폐정책에 대한 신뢰를 주지 못하였기 때문이라고 인정하기에 이르렀다.196) 이틀 뒤 세종은, 錢法이 성인이 세운 것임에도 불구하고 현재 공·사 어느 쪽에도 무익한 처지를 개탄하기까지 하였다.197)

결국, 이후 세종 정부의 동전통용을 위한 강제조처는 이완되어 갔다. 세종 9년(1427) 6월에는 동전 불용죄로 처벌받은 자의 몰수된 가산을 환급해 주라는 왕명이 내려졌고,198) 12년(1430) 11월에는 흉년을 이유로 시중 거래에서 동전과 잡물의 겸용을 허락하여 그 금령을 완화하는 조처를 내리기에 이르렀다.199) 동전전용 방침의 후퇴였다.

한편 세종 정부의 동전보급과 유통정책은 민간 상업계의 반발 외에, 또 다른 배경에서도 근본적인 위기를 맞고 있었다. 충분한 양의 銅이 확보되지 않았기에 발생한 鑄錢量의 부족에 따른 문제였다. 세종 14년(1432) 6월 동전유통을 위한 획기적 방안의 하나로 공노비의 신공을 동

---

193)《世宗實錄》卷29, 世宗 7年 8月 壬辰, 2冊, 690쪽.
194)《世宗實錄》卷30, 世宗 7年 10月 癸酉, 2冊, 694쪽.
195)《世宗實錄》卷30, 世宗 7年 12月 癸酉, 2冊, 704쪽.
196)《世宗實錄》卷31, 世宗 8年 2月 庚寅, 3冊, 10쪽.
197)《世宗實錄》卷31, 世宗 8年 2月 壬辰, 3冊, 11쪽.
198)《世宗實錄》卷36, 世宗 9年 6月 己巳, 3冊, 78쪽.
199)《世宗實錄》卷50, 世宗 12年 11月 己亥, 3冊, 269쪽 ;《世宗實錄》卷50, 世宗 12年 12月 甲申, 3冊, 278쪽.

전으로 수납하는 방안을 호조가 제기하였을 때, 국왕은 유통동전의 부족을 들어 난색을 표명하고 있었다.[200] 또 세종 19년(1437) 12월에는 민간에 산재한 동전의 부족 때문에 贖錢규정을 고쳐 그 4분의 1을 포화로 납부하도록 조처하기도 하였다.[201]

이러한 형편 속에서 동전가의 하락을 틈타, 이를 녹여 銅器를 제작하는 자들이 늘고 있었다. 세종 정부는 동전의 보급과 함께 동기의 제작과 매매를 엄격하게 금지해 오고 있던 터였다.[202] 세종 14년(1432) 동전을 녹여 그릇을 만든 崔石伊와 劉乙夫가 극형에 처해졌음에도 불구하고, 그 추세는 계속되고 있었다.[203] 이와 함께 동전의 해외유출, 주로 일본으로의 밀수출이 또한 금령에도 불구하고 성행하여 갔다.[204]

세종 정부의 동전 유통정책은 위에서 언급한 여러 상황, 즉 시장과 민간의 반발, 유통강제에 따른 백성들의 고통, 동전가치의 하락, 유통동전량의 부족 등이 겹치면서 결국은 약화되고 후퇴하지 않을 수 없었다. 세종 20년(1438) 2월 국왕은 저간의 사정, 특히 국내에서 생산되지 않는 동을 소재로 하는 동전 보급정책의 근본적인 한계를 지적하며, 유통화폐를 본국 소산인 鐵錢으로 할 것을 제안하고 있었다.[205] 그러나 이후 거듭되는 세종의 철전주조 검토지시에도 불구하고, 대신들의 의견은 저화 復用, 5승 포화의 통용 등으로 갈리며 하나로 수렴되지 않고 있었다.[206]

마침내 세종 정부의 동전 유통정책은 27년(1445) 10월에 이르러, 그간의 분분한 논의를 끝맺고 저화를 다시 사용하는 방침을 강구하게 되면

200)《世宗實錄》卷56, 世宗 14年 6月 壬辰, 3冊, 395쪽.
201)《世宗實錄》卷79, 世宗 19年 12月 丙寅, 4冊, 117쪽.
202)《世宗實錄》卷34, 世宗 8年 12月 乙丑, 3冊, 51쪽.
203)《世宗實錄》卷57, 世宗 14年 9月 己未, 3冊, 415쪽 ;《世宗實錄》卷57, 世宗 14年 9月 庚辰, 3冊, 418쪽 ;《世宗實錄》卷58, 世宗 14年 11月 乙丑, 3冊, 425쪽.
204)《世宗實錄》卷59, 世宗 15年 正月 己巳, 3冊, 438쪽.
205)《世宗實錄》卷80, 世宗 20年 2月 丙寅, 4冊, 130쪽.
206)《世宗實錄》卷80, 世宗 20年 2月 戊辰, 4冊, 131쪽.

서 종말을 맞게 된다.207) 그리고 그해 12월 저화의 복용을 공표하고 楮
貨可行條目이 마련됨으로써,208) 20여 년에 걸친 세종 정부의 동전보급
과 유통정책은 실패로 마무리되고 만다. 이후 세종 정부의 화폐정책은
저화의 유통이 다시 시도되는 가운데 포화의 사용을 허용하였고, 《經國
大典》에 이르러 이 두 가지가 法定화폐로 규정되고 있었다.209)

　세종조의 동전보급과 화폐정책의 실패는 위에서 살펴본 바와 같이,
민간 상업계의 반발과 유통 동전량의 부족에 그 양대 배경이 있었다.
그 가운데 전자는 세종조의 화폐정책 미비와 정책의 일관성 부재 탓이
라기보다는, 태종조의 화폐정책에 따른 민간의 여전한 불신에 그 주된
이유가 있었다. 즉 고가로 그 명목가치가 책정된 저화가 지속적으로 그
가치가 하락하고, 또 정부정책에 의해 일시에 사용이 중단됨으로써 한
낱 종이로 전락하였던 현실을 경험한 민간에서는, 대상인이나 영세 소
상인 그리고 일반 백성에 구별 없이 모두가 정부주도의 화폐를 국가의
財政補塡策으로 밖에 인식하지 않았던 것이고, 또 그들의 失利를 우려
하여 이에 적극 저항하고 있었던 것이다.

　여기에 주전용 銅의 부족은 세종 정부의 동전 보급정책에 치명적인
제약 요인이 되고 있었다. 동전통용이 결정된 뒤 전국에 걸친 銅鑛개발
이 추진되기는 하였으나 그 산출량은 극히 미미하였고,210) 그 결과 당시
국내 동 수요량의 대부분을 일본으로부터 수입하는 처지였다. 예컨대
세종 9년(1427) 5월 주전용 동 채굴을 위해 경상도에서 실시한 3개월간
의 採銅量이 고작 300근에 불과하였던 데 견주어,211) 이듬해인 10년
(1428) 정월에 일본 사신이 한번에 가져온 동철은 무려 2만 8천 근에

207) 《世宗實錄》 卷110, 世宗 27年 10月 壬子, 4冊, 640~641쪽.
208) 《世宗實錄》 卷110, 世宗 27年 12月 癸卯, 4冊, 646쪽.
209) 李鍾英, 앞의 〈朝鮮初 貨幣制의 變遷〉.
210) 《世宗實錄》 卷25, 世宗 6年 9月 甲戌・辛巳, 2冊, 621쪽 ; 《世宗實錄》 卷26, 世宗
　　6年 11月 丁亥, 2冊, 637쪽 ; 《世宗實錄》 卷28, 世宗 7年 4月 丙寅, 2冊, 667쪽 ;
　　《世宗實錄》 卷34, 世宗 8年 12月 乙丑, 3冊, 51쪽.
211) 《世宗實錄》 卷36, 世宗 9年 5月 庚戌, 3冊, 75쪽.

이를 정도였던 것이다.212) 세종 8년(1426) 3월 호조가 동을 왜로부터 매입하는 방안이 영구한 계책이 될 수 없다고 토로하였던 것도 이러한 수급사정 때문이었다.213) '銅鐵이 본국의 不産物'이라는 인식은 당시 일반적인 것이었고,214) 실제 이 시기 대일무역에서 수입품의 주종을 이루고 있었다.215)

세종 27년(1445) 10월 저화의 복용이 강구되고 있을 때, 집현전 직제학 이계전이 동전의 계속적인 유통을 주장하면서도 '다만 동이 다른 나라의 소산이어서 그 계속적인 공급이 어려운 형편'216)임을 걱정하였던 것도, 저러한 사정을 잘 보여주고 있다. 요컨대 유통 동전량의 부족사태는 주전용 동의 부족에서 기인하는 구조적인 문제였고, 세종조 동전 보급정책이 국가의 강력한 의지에도 불구하고 결국 실패로 귀결되는 주요한 원인이 되고 있었던 것이다.217)

세종 정부의 동전 보급시도는 이처럼 끝내 실패로 귀결되고 말았지만, 그 통용시도는 태종조의 화폐정책에 이어 집요하고 또 지속적인 것이었다. 그것은 국가의 화폐발행과 유통시도가 결코 국가재정의 일

---

212) 《世宗實錄》 卷39, 世宗 10年 正月 戊申, 3冊, 112쪽.
213) 《世宗實錄》 卷31, 世宗 8年 3月 甲寅, 3冊, 15쪽.
214) 《世宗實錄》 卷86, 世宗 21年 8月 甲辰, 4冊, 233쪽.
215) 金柄夏, 앞의 《李朝前期 對日貿易 研究》.
216) 《世宗實錄》 卷110, 世宗 27年 10月 壬子, 4冊, 640쪽.
217) 태종~세종조의 저화·동전 유통정책의 실패를 궁극적으로 이 시기 교환경제
    의 미숙에서 찾는 시각도 있으나(주 158과 159의 논고 참조), 필자는 견해를
    달리한다. 실제 국초 조선 정부의 화폐 보급정책의 成敗여부가 이 시기 상업계
    에 가져온 영향은 미미하였고, 그 충격은 일시적인 것이었다. 민간과 상업계에
    서 저화와 동전의 유통에 강력하게 반발할 수 있었던 배경에는, 이 시기에 포화
    특히 麤布가 일반적인 등가물 노릇을 하던 사정이 그 이면에 있었다. 비록 물품
    화폐의 형태이긴 하였으나, 고려말~조선전기는 '麤布經濟'라 불러도 좋을 만큼
    이미 화폐로서 추포에 근거한 교환경제의 성숙이 이루어져 있었던 것이다. 정부
    의 강제적인 저화·동전 유통정책이 쇠퇴하자 곧 2~3승의 추포가 다시 시장과
    거래에서 사용되었고, 이 추포는 소재가치를 갖지 못하여 명목가치만을 갖는
    화폐로서 유통되고 있었던 것이다. 이러한 추포의 화폐기능에 대해서는 송재선
    의 논문을 참고할 만하다(宋在璇, 〈16세기 綿布의 貨幣機能〉, 《邊太燮博士華甲紀
    念史學論叢》, 三英社, 1985).

시적인 보전책이 아니라, 좀 더 다른 데에 그 궁극적인 목표가 있었음을 시사한다. 그것은 다름 아닌 '貨權在上'의 구상이었고, 이를 통한 利權掌握, 곧 경제운영권의 통제였다. 세종 20년(1438) 2월 동전유통이 그 폐해 때문에 논란이 거듭되고 또 민간의 반발로 배척되는 가운데, 그에 대한 대책을 논의하던 조정에서 權採는 "지금 錢法을 폐지하고 5승 포화를 다시 쓰게 되면 이는 백성들의 의사에 따르는 것이 될 수는 있으나, 결국 利權이 사방으로 흩어져 국가가 이를 오로지 管攝할 수 없는 사태로 이어질 것이므로 신은 절대로 이에 반대한다"[218]는 견해를 밝히고 있었다. 화권, 곧 이권이 결코 민간에 의해 좌우되어서는 안된다는 인식이고, 여기에서 그 이권이 단순한 화폐 발행권이 아니라 경제운용 전반에 관한 국가·군주의 통제권한을 의미함은 너무도 자명한 것이었다.

한편 세종 31년(1449) 정월 국왕은 다시 저화의 興用방안을 강구할 것을 지시하면서, 저화를 비롯한 화폐의 발행의도가 '以通有無'와 '利權之在於上'에 있는 것임을 거듭 강조하고 있었다.[219] 세종의 이 언급에서 확인되는 것처럼, 이 시기 정부의 화폐정책은 그 보급을 통해 거래의 편의를 도모함으로써 교환경제의 성장을 뒷받침하는 동시에, 화폐를 매개로 하는 이권의 국가장악을 통해 상업계와 경제 전반에 대한 정부의 집권적 통제력을 강화시키는 데 그 궁극적인 목적이 있었던 것이다. 따라서 세종조에 추진된 동전의 보급시도와 화폐정책은 그 성패여부와 관계없이, 그 본질이 이 시기 조선 정부가 표방하던 '무본억말', '이권재상'의 경제정책 이념을 화폐정책으로서 상업계의 실제에서 실현하려는데 있었다고 할 수 있겠다.

---

218) 《世宗實錄》 卷80, 世宗 20年 2月 戊辰, 4冊, 131쪽.
219) 《世宗實錄》 卷113, 世宗 31年 正月 戊申, 5冊, 114쪽.

# 5. 結 語

이상에서 국초 세종조 교환경제의 성장 사정과, 집권국가의 경제정책의 일환으로서 세종 정부가 펼친 상업정책의 내용과 성격을 정리하여 보았다.

조선왕조의 개창과 더불어 신국가의 상업론으로 정립된 '務本抑末', '利權在上'論은, 이후 세종 정부가 당시 교환경제의 성장에 대응하면서 구체적인 상업정책으로 실현해 갔다. 우선 세종 정부는 태종조에 국내상업의 근간으로 조성하였던 市廛을 그 외형과 운영 면에서 더욱 정비하고 있었다. 세종 정부는 전대의 부실공사와 세종 8년(1426)의 도성 대화재로 말미암아 무너지고 소실된 시전행랑을 보수하고 재건축하였다. 또 그때까지도 시전에 입주하지 않고 있던 도성의 工商들을 모두 시전에 강제 편입시키면서, 시전의 점포에 그 판매물품을 알리는 표식을 세우는 등 시전의 외형정비를 마무리 지었다. 정부의 시전정비 대책에 힘입어 세종조에 시전은 한층 성장하고 있었다. 이 시기 도성은 이미 2만 천여 호에 11만 이상의 상주인구를 지닌 대규모 소비도시였고, 부세체계의 변동 특히 貢物의 대납과 방납이 일반화하면서 그 상업기반이 강화되고 있었다. 공물과 進上物·方物 등이 시전에서 일상으로 무납되었고, 여기에 방납주체들의 적극적인 謀利의지가 개재함으로써 세종조에 부세의 京中貿納은 더욱 확산되고 있었다. 또한 화폐보급과 진휼을 목적으로 거의 항상적으로 진행된 국고물자의 방출도 주로 도성시장에서 이루어지고 있었다. 외국사신과의 사무역이 그들이 가져 온 물품을 매개로 성행한 곳 또한 경시였다.

이와 같이 세종조에 시전과 도성상업이 성장하는 한편에서는, 지방상업 또한 陸商과 船商의 활동을 통해 확대되고 있었다. 세종 정부는 이들 행상의 상활동을 보호하고 통제하고자 院의 정비에 나서는 동시에, 선상활동에 대한 보호와 지원에도 심혈을 기울였다. 그리하여 원위전을 지급하고 院主의 잡역을 면제하여 국초 이래 퇴락하고 있던 전국 각지의 원을 복구하였고, 선상에 대한 국가의 수탈을 금지하고 왜구들로부터 이들을 보호하는 대책을 마련하고 있었다. 세종조의 이 같은 행상정책 아래에서 육상과 선상의 활동은 전국의 방방곡곡에 이르고 있었고, 이를 토대로 백성들의 일상수요의 안정적인 공급과 지주자본의 회전이 이루어질 수 있었다.

한편 세종 정부는 시전상인과 행상이 주도하는 국내상업을, 이들 전업상인에 대한 파악과 통제를 강화하는 억말책을 통해서 관장해 가고 있었다. 그리하여 우선 도성에서는 시전 '禁亂'의 일환으로 시장질서를 교란하는 자들을 단속하고, 도량형을 바로 잡았으며, 市准法의 시행을 통해 물가의 안정을 도모하였다. 또 이를 바탕으로 시전상인에게 상세·책판·잡역 등의 市役을 부과함으로써 국가재정의 안정과 그 운용의 원활을 꾀하고 있었다. 지방상업에 대해서도 전업상인인 행상을 商籍을 통해 파악하여 일반 백성들의 이농과 상업종사를 제어하고 있었다. '무본억말'론에 입각한 정책방향이었고, 이러한 전제 위에서 한편으로 상인들의 상활동에 대한 보호와 지원도 모색하고 있었다.

조선왕조의 대외무역은, 건국 이후 안정된 明 중심의 국제질서를 수용하면서 '事大交隣'의 체계 아래 전개되었다. 조선 정부는 고려말 대외무역의 성행으로 말미암은 국제수지의 악화와 소농민 경제의 몰락을 방지하고자 국초 이래 대외무역에 대한 적극적인 통제에 나섰고, 이는 세종조에 이르러 그 골격을 갖추어 갔다. 세종조 대중국 공무역은 외형상 사대외교의 명분에 바탕을 두고 진행되었으나, 그 실제에서는 진헌물에 상응하는 사여물을 수령하고 또 과중한 부담이 되고 있던 금은을 歲貢品目에서 제외시킴으로써 무역의 실리를 추구하고 있었다. 아울러 이를 통해 국내에 필요한 중국산 물품들을 조달하기도 하였다. 반면 赴京使行에 수반하는 사무역에 대해서는 엄격한 통제방침을 강구하고 있었다. 그리하여 사행에 상인들을 伴人의 형태로 동반하는 것을 금지하

고, 역관들의 활동에 대해서도 규제를 강화하였다. 그러나 세종 정부의
이와 같은 방침에도 불구하고 세종조 전기간에 걸쳐 대중국 사무역은
확대되고 있었다. 여기에는 관인과 역관층만이 아니라, 상인 특히 부상
대고들이 주도적으로 참여하여 그들의 상이익을 증대시키고 있었다. 중
국산 사치품의 국내수요를 차단하려는 정부방침에도 불구하고 대중국
사무역은 활발하였고, 여기에는 경상과 더불어 개성과 평안도 상인들도
적극 참여하고 있었다.

한편 대마도 정벌 이후 안정된 대일관계는, 대일무역의 확대로 이어
지고 있었다. 조선 정부는 이 시기 조선과 통교를 원하는 일본 안의
여러 세력을 '交隣'의 질서 아래 배치하면서, 그들의 무역요구를 공·
사무역을 통해 제어하려 하였다. 이를 위해 세종 정부는 授圖書制·行
狀·路引·文引 등의 제도를 마련하여 대일 통교와 무역체계를 정비
하여 갔고, 이를 바탕으로 대마도와 대일무역의 기본 章程이라 할 癸
亥約條를 체결하고 있었다(세종 25년, 1443). 세종 정부는 또한 국내에
들어오는 일본상인에 대한 통제를 위해, 태종조에 허용된 부산포와 내
이포에 이어 염포를 추가로 개방하고, 입국 왜인들의 정박과 체류를
이 三浦의 왜관과 도성의 東平館으로 국한시켰다. 그러나 세종 정부의
이러한 대일 통교와 무역에 대한 통제에도 불구하고, 특히 대일 사무
역은 확대되어 갔다. 이 과정에서 삼포에 머무르며 무역에 종사하던
恒居倭人, 곧 商倭의 숫자가 초기의 60여 호에서 수천여 명으로 급격히
늘고 있었다. 그리하여 이들에 대한 수세와 송환조처가 거듭하여 취하
여졌으나, 銅이나 丹木·蘇木 등의 국내수요에 바탕을 둔 대일 사무역
과 밀무역은 삼포와 남해안을 거점으로 한층 더 확대되고 있었다.

세종 정부는 대외무역에 대해 금지보다는 그 통제에 정책의 목표를
두고 있었다. 이 시기 국왕과 관인들이 이처럼 대외무역의 필요성에 전
체적으로 공감하고 있었기 때문에, 이에 대한 일방적인 금지나 억압은
구상되지 않았다. 단, 고려말과 같이 대외무역의 번성이 국가의 통제를
벗어남으로써 벌어지는 문제, 곧 국제수지의 악화나 농업 특히 소농경

제의 몰락을 방지하는 차원에서 그에 대한 통제와 관장에 주력하였던 것이다. 다름 아닌 '무본억말', '이권재상'의 상업정책이었다.

세종조에 추진된 집권적 경제체제의 수립 노력은, 태종조에 이어 화폐의 보급과 유통정책으로 이어졌다. 태종은 국가발행 화폐인 楮貨의 통용을 통해 고려말 舊집권세력의 경제기반을 해체시키고, 경제운영에 대한 국가의 장악력 제고를 貨權을 관장함으로써 실현하고자 하였다. 태종조의 이러한 화폐정책은 그러나 시장과 상인, 그리고 일반 백성들의 반발 속에서 좌절되어 갔고, 저화는 그 가치의 하락과 더불어 시장에서 화폐로서의 공신력을 상실해 가고 있었다. 세종은 즉위 초기부터 전대 화폐정책의 문제점을 직시하면서, 銅錢의 보급을 구상하고 있었다. 그리하여 세종 5년(1423)에 동전인 朝鮮通寶의 발행이 결정되었고, 두 해 뒤인 세종 7년(1425)부터 본격적으로 보급되어 유통되기 시작하였다. 세종 정부는 이 동전 1文을 미 1승의 가격으로 책정함으로써 소액거래에 이용할 수 있도록 조처하고, 한편으로 저화의 회수정책을 펴서 국가의 화폐정책에 대한 상인과 백성들의 신뢰를 확보하는 데 주력하였다. 한편 동전 專用방침이 확정된 후에는, 동전 불사용자에 대한 처벌을 강화하여 유통에 심혈을 기울였고, 또 국고물자 특히 米豆를 정기적으로 放賣하여 동전유통에 대한 시장의 공신력 확보와 그 가치유지를 도모하고 있었다.

그러나 세종 정부의 치밀한 준비와 노력에도 불구하고, 동전은 저화와 마찬가지로 시장과 백성들로부터 외면당하고 있었다. 이 과정에서 동전 불사용자에 대한 처벌이 강화되면서 주로 영세 소상인과 백성들이 피해를 입는 사태가 속출하였다. 태종조의 저화보급 과정에서 민간이 정부정책에 대해 가졌던 불신과, 주로 일본에서 수입되고 있던 주전용 銅의 조달이 여의치 않았기에 발생한 유통 동전량의 부족이 그 주요 원인이었다. 결국, 분분한 논란 끝에 세종 정부의 동전 보급정책은 그 27년(1445) 저화의 復用을 결정함으로써 실패로 귀결되고 말았다.

동전보급의 실패에도 불구하고, 세종조의 화폐정책은 세종 정부의 일관된 경제정책의 성격을 잘 보여주는 것이었다. 즉 화폐의 보급을 통해 교환경제의 성장을 뒷받침하는 동시에, 국가발행 화폐인 동전의 화권을 장악함으로써 이를 매개로 상인과 그들의 자본, 나아가 경제운용 전반에 대한 국가의 집권적 통제력을 강화하려는 방침이었다. '貨權在上', 곧 '利權在上'의 경제정책이었던 것이다. 따라서 세종조 동전의 보급시도는 그 성패여부와 관계없이, 이 시기 세종 정부가 표방하던 '무본억말'의 경제정책을 '이권재상'의 형태로 상업의 실제에서 관철시키려는 정책으로서의 의미를 갖는 것이었다.

조선초기의 교환경제와 상업정책을 세종조에 초점을 두고 이와 같이 정리하고 보면, 이는 우리의 商業史上 '務本抑末' 단계의 정립과 발전 과정이었다. 조선왕조의 개창과 함께 시작되고 이렇게 세종조에 최종 정리된 抑末策은, 이 시기 다른 경제영역의 재편방침과 더불어 이후 조선왕조의 경제정책으로서 확고하게 표방되면서 실현되어 갔다. 요컨대 세종조의 상업정책은 상업을 전업상인에게 맡겨 이를 국가에서 관장하고, 지주·대농경영의 위축을 초래하는 소농과 전호농민의 逐末경향을 제어함으로써, 지주와 대농에 근간을 두고 편성되어 있는 조선왕조의 사회경제체제를 유지하고 보전하려는 집권적 봉건국가의 경제정책이었던 것이다. 그리고 이는 세종조의 토지제도·농업문제 정돈이나 貢法의 수립 등과 연계되면서, 왕조교체를 통해 강화되고 개편된 집권체제가 상업 부문에서 세종조에 들어 어떻게 정리되었는지를 또한 잘 보여주는 것이었다. 세종조의 교환경제의 성장과 그에 대응한 상업정책의 정립이 우리의 중세 상업사와 경제사에서 갖는 위상과 의미도 바로 여기에 있었다.

〔《세종문화사대계》 3, 2001. 12. 수록, 2008. 分段 補〕

# 成宗朝의 市廛整備와 官・商 葛藤

## 1. 序 言

건국 이후, 조선 국가는 '務本抑末', '重農抑商'을 경제정책의 이념으로
표방하고 있었다. 이는 상공업의 국가경제에서의 필요성을 인정한 바탕
위에서, 상업과 수공업을 專業人들에게 맡겨 이들을 국가에서 관장하고
통제함으로써 소농과 전호농민의 逐末경향을 단속하고, 지주・대농에
근간하여 편성된 사회경제체제를 유지하고 보전하려는 집권적 봉건국
가의 경제정책이었다.[1] 국초 태종조에 국가가 도성에 행랑을 조성하고
여기에 업종별로 市廛을 나누어 배치하였던 것도 이런 차원에서 취해진
조처였다.[2]

한편 15세기 중반 이후 도성인구가 증가하고, 수취체계의 변동과 함
께 도성에서 防納과 貿納이 일상화하면서 도성의 상업도시적 성격이
강화되어 가자, 조선 정부는 이에 대응하여 성종초에 시전구역을 확대
하고 뒤이어 시전재편을 단행하였다. '利權在上'論에 의거하여 시전과
시전상인을 관장하고 통제함으로써 '억말'정책을 관철하려는 방침이었
다.[3] 성종조에 추진된 정부 주도의 시전확대와 재편정책은 당시 시전상

---

1) 朴平植,〈朝鮮初期의 商業認識과 抑末策〉,《東方學志》104, 1999(《朝鮮前期商業史
研究》(지식산업사, 1999)에 수록).
2) 朴平植,〈朝鮮初期 市廛의 成立과 '禁亂'問題〉,《韓國史研究》93, 1996(《朝鮮前期
商業史研究》에 수록).
3) 朴平植,〈朝鮮前期 市廛의 發展과 市役 增大〉,《歷史敎育》60, 1996(《朝鮮前期商

인들의 적지 않은 반발 속에서 강행된 것이었다.

　성종 16년(1485)에 발생한 시전상인들의 諺文投書 사건은 바로 이와 같은 성종조 官·商 사이의 갈등을 보여주는 대표적인 사건이었다. 시전상인들이 시전정책을 주도하던 호조의 판서와 참판 그리고 영의정까지 비난한 이 익명의 언문투서 사건은, 그 조사과정에서 성종 즉위 이래 가장 참혹한 獄事로 일컬어질 정도로 관련자의 규모가 컸고, 또 처리과정이 장기였으며, 상인관련 사건으로는 보기 드물게 많은 기록을 남긴 매우 이례적인 사건이었다.

　본 논문에서 필자는 성종조 정부가 시전재편을 추진하는 과정에서 벌어진 官·商 사이의 갈등을 배경으로 하여 발생한 이 사건의 全貌를 추적하여 보고자 한다. 시전상인들이 주도한 투서사건의 經緯를 검토하고 분석하는 가운데 15세기 도성시전의 제반 情況과 그 실체를 추출하여 보고, 또 이를 통해서 조선 국가의 상업정책이 실제로 어떻게 운용되었는지 확인하는 것이 가능하리라 생각되기 때문이다.

## 2. 市廛再編과 市人의 諺文投書

　성종 16년(1485) 7월 17일, 당시 조정내 현안의 하나였던 시전재편, 곧 市肆의 이전문제를 논의하는 자리에서, 실무담당 관서인 호조의 판서 李德良과 참판 金升卿은 호조판서의 동생 집에 던져진 두 장의 諺文 匿名書를 국왕에게 보고하였다. 시전상인들이 호조판서와 참판 등을 비웃고 비난한 이 언문투서의 내용은 다음과 같았다. 즉, 지금 논의되고 있는 시전의 이전과 재배치 사업이 公共의 목적에서 추진되는 것이 아니라면서, 호조판서를 '내 아들'이라 비웃고 참판의 受賂를 거론하는 한

業史硏究》에 수록).

편, 당시 申瀞이 법에 저촉된 것은 貪贓 때문이며,[4] 심지어 영의정 尹弼商이 홍문관의 물의를 빚던 것[5] 또한 殖貨행위 때문이라고 하는 등 조정의 대신들을 한결같이 비난하는 내용이었다.[6]

汚名에 직면한 호조판서 이덕량이 투서자의 推鞫을 건의하자, 성종은 단호한 대책을 지시하고 있었다. 시전상인들이 재상을 비난한 이 투서가 익명서여서 추국대상이 아니었음에도 불구하고, 성종은 이 사건을 '陵上之風' 속에서 나온 국가기강의 문제로 인식하면서 의금부로 하여금 신속하게 범인을 잡아 다스리도록 전교하였던 것이다.[7]

국왕의 엄명을 받은 의금부는 이내 조사에 착수하여 당시 市肆이전에 강력하게 반발하고 있던 鐵物廛과 縣紬廛 상인들을 중심으로 79명을 체포하여 구금하였다.[8] 그런데 불과 5일 뒤인 7월 22일에는 구속자가 150여 명으로 늘어나 이들을 의금부와 典獄署에 미처 다 囚禁하지 못하는 지경에 이르렀고, 이들의 供饋에 그 친인척과 족당들이 분주한 나머지 시전이 공허해지고 있다는 지적이 나오고 있었다.[9] 이와 같이 사건발발 직후 한때 150여 명이 구속될 정도로 대규모의 추국이 벌어진 市人諺文

---

4) 신정은 申叔舟의 아들로 평안감사로 재직 중에 伴人의 差帖을 위조한 사실이 발각되어, 성종 13년(1482) 4월에 賜死된 인물이었다. 그가 평소 시정인들과 교류하면서 상업을 통해 殖貨를 도모하였던 탓에, 差帖사건에 대한 취조과정에서 이러한 그의 행태가 논란된 바 있었다(《成宗實錄》 卷140, 成宗 13年 4月 壬戌, 10冊, 328쪽). 그런데 이 언문투서 사건 직전에 그의 자손에 대한 許通조처가 조정에서 논란을 빚고 있었으며, 당시 홍문관과 사간원은 그의 죄상과 상업행적을 들어 이에 반대하고 있었다(《成宗實錄》 卷180, 成宗 16年 6月 癸未, 11冊, 22쪽 ;《成宗實錄》 卷180, 成宗 16年 6月 癸巳, 11冊, 27쪽).

5) 윤필상은 이 사건 직전 홍문관이 올린 상소에서 자신의 '廣營財産'한 행적이 거론되었음을 이유로 辭職을 요청한 바 있었으나, 국왕이 이를 받아들이지 않았다(《成宗實錄》 卷181, 成宗 16年 7月 壬子, 11冊, 34쪽).

6) 《成宗實錄》 卷181, 成宗 16年 7月 乙丑, 11冊, 42쪽.
"其大略曰 以市肆移排 爲不出於公 指判書爲吾子 指參判爲受賂 引申瀞以貪坐法 尹弼商以殖貨招弘文館之議 惡言醜詆 無所不至"

7) 《成宗實錄》 卷181, 成宗 16年 7月 乙丑, 11冊, 42쪽.

8) 위와 같음.

9) 《成宗實錄》 卷181, 成宗 16年 7月 庚午, 11冊, 43쪽

投書 사건은, 해를 넘긴 성종 17년(1486) 3월에 가서야 최종 종결되었다. 首犯으로 지목되어 絞刑이 논의되던 劉從生이 논란 끝에 평안도 변방에 全家徙邊됨으로써 대단락이 지어졌던 것이다.10)

성종 16년(1485)의 언문투서 사건은 이처럼 상인관련 사건으로는 그 예를 찾기 어려울 만큼 관련 구속자가 많았고, 또 그 최종 처리까지 무려 9개월 여의 시일이 소요된 매우 이례적인 사건이었다. 시전상인들이 영의정을 포함하여 시전정책의 주무 관서인 호조의 판서와 참판을 언문 투서로 비난한 사건의 내용만이 아니라, 익명의 투서를 국왕을 비롯한 대신들이 논란 속에서도 추국을 고집하고 또 장기에 걸친 조사 끝에 首犯에 대한 형벌을 사형으로 照律하였다는 점에서, 이 사건은 단순히 우발적으로 발생한 돌발사건이 아니었다. 당시 성종 정부에 의해 추진되고 있던 시전재편 정책을 둘러싸고 조성되고 있던 官·商 사이의 갈등이 극단의 형태로 표출된 사건이었던 것이다.

투서사건이 국왕에게 보고되던 당일 시전상인들은 市肆의 이전을 주도하고 있던 호조와 한성부, 平市署 관원들의 길을 막고, 그 불편함을 호소하고 있었다. 또한 戶曹郞廳의 보고에 따르면, 철물전 상인들은 "철물은 매우 무거워 옮겨 놓기 어려우니, 만약 면포 7~8同만 뇌물로 준다면 반드시 옛 자리로 돌아갈 수 있을 것"이라며, 市肆이전을 전제로 하는 정부의 시전재편 정책에 강력하게 반발하고 있었다.11) 그렇다면 이와 같이 시전상인들이 정부 정책에 대한 반대의사를 극히 이례적으로 공개 표명하고, 또 조선 정부가 이러한 반발을 무릅쓰고 시전재편 방침을 국왕의 의지를 바탕으로 하여 일관되게 추진해 갔던 배경은 무엇일까?

도성의 시전은 전근대 시기 어느 왕조에서나 국가의 재정 및 경제정책 운용에 있어 매우 중요한 교역기구였다. 이를 통해 국가의 수요물품을 공급받고 국고 잉여품을 처분하는 동시에 도성민들의 일상수요를

---

10) 《成宗實錄》 卷189, 成宗 17年 3月 甲子, 11冊, 113쪽.
11) 《成宗實錄》 卷181, 成宗 16年 7月 乙丑, 11冊, 42쪽.

조달한다는 측면에서만이 아니라, 집권국가의 수도로서 도성이 갖는 국내외 교역에서의 거점 구실 탓에 이에 대한 관장과 통제를 통해서 당대 상업정책과 경제정책의 조정을 이룰 수 있었기 때문이었다. 따라서 시전의 조성과 운영, 시전상인에 대한 파악과 그들의 상활동에 대한 통제는 집권국가의 주요 관심사가 아닐 수 없었다. 고려조에 국가가 시전행랑을 조성하고, 여기에서 활동하는 상인들을 市役을 매개로 파악하면서 開京市廛을 관장하였던 것도 이와 같은 배경에서였다.[12]

건국 이후, 조선 정부의 시전정책 또한 前朝의 그것을 계승하면서 마련되었다. 고려말 국가체제의 이완과 함께 개경시전에서는 그 발달의 한편에서, 왕실・권문세가・사원 등 諸特權層의 상업독점과 수탈이 만연하고 있었기 때문에,[13] 신국가의 시전정비 방침은 더욱 확고하게 추진되었다. 그리하여 태종 12년(1412) 2월부터 14년(1414) 말까지 세 차례에 걸친 시공 끝에 도성의 간선도로 좌우에 총 2,027칸의 행랑이 조성되었고, 그 가운데 鐘樓를 중심으로 서쪽으로는 惠政橋, 동쪽으로는 宗廟 앞 樓門, 남쪽으로는 廣通橋에 이르는 구간에 시전점포를 배치하였다. 한편 조선 정부는 개별시전의 고유 판매물종을 고정하여 이들을 그 물종에 따라 일정한 구역에 나누어 배치하였으며, 市案을 통해 파악하고 있던 시전상인에게 商稅・責辦・雜役 등의 시역을 부과하였다.[14] 국초 정부의 이와 같은 시전정비는 '무본억말', '이권재상'론의 경제정책 이념과, 전업인들의 상업종사를 허용하되 이들 상인과 상업을 국가에서

12) 白南雲, 〈交換市場의 諸關係〉, 《朝鮮封建社會經濟史》(上), 改造社, 1937 ; 朴平植, 〈高麗時期의 開京市廛〉, 《韓國史의 構造와 展開》(河炫綱敎授定年紀念韓國史學論叢), 혜안, 2000 ; 北村秀人, 〈高麗時代の京市の基礎的考察 - 位置・形態を中心に〉, 《人文研究》 42-4, 大阪市立大, 1990 ; 北村秀人, 〈高麗時代の京市の機能について〉, 《朝鮮史研究會論文集》 31, 1993.

13) 蔡雄錫, 〈高麗後期 流通經濟의 조건과 양상〉, 《韓國 古代・中世의 支配體制와 農民》(金容燮敎授停年紀念韓國史學論叢 2), 지식산업사, 1997 ; 朴平植, 〈高麗末期의 商業問題와 抹弊論議〉, 《歷史敎育》 68, 1998(《朝鮮前期商業史研究》에 수록) ; 朴平植, 〈高麗後期의 開京商業〉, 《國史館論叢》 98, 國史編纂委員會, 2002.

14) 朴平植, 앞의 〈朝鮮初期 市廛의 成立과 '禁亂'問題〉.

관장하고 통제하겠다는 집권국가의 상업정책에 바탕을 두고 펼쳐지는
것이었다.15)

국초에 조성되고 정비된 도성시전은 이후 도성의 인구가 증가하고
상업도시로서의 성격이 강화되어 감에 따라 발전과 팽창을 거듭하고
있었다.16) 세종조에 도성주민은 이미 성저 10리를 포함하여 2만여 호에
11만 여의 인구로 증가하고 있었고,17) 그에 따른 성내 주택문제가 심각
하게 일어나고 있었다.18) 성종초에 이르면 성중에서 주거를 마련하지
못한 도성민의 가옥이 도성 주변의 고지대에 들어서 문제가 되고 있었
으며,19) 당대 成俔은 이런 상황을 두고 "도성의 거주민이 점점 많아져
옛날에 견주어 열 배에 이르고, 성 밖에 이르기까지 집과 담장이 즐비하
다."20)라고 표현하고 있었다. 그런데 흉년을 당해 또는 逐末의 기회를
노리고서 도성에 모여든 이 백성들은 그 생계를 대부분 상공업에서 구
하고 있었다.21)

인구증가와 함께 이 시기 도성의 상업도시화를 촉진하는 배경은 부세
체계의 변동, 곧 貢物의 방납과 貿納 경향에서도 조성되고 있었다. 국초
'本色直納'의 원칙 아래 설정된 공납제는, 벌써 그 운용상의 폐단이 세종
조를 전후로 문제가 되고 있었다.22) 不産공물의 분정, 引納과 別納의
상례화에 따라 외방 군현에서는 대납과 무납이 불가피하였고, 여기에

---

15) 朴平植, 앞의 〈朝鮮初期의 商業認識과 抑末策〉.
16) 조선전기 도성시전의 확대와 발전, 그 기반에 대해서는 필자가 이미 검토한
   바 있다(朴平植, 앞의 〈朝鮮前期 市廛의 發展과 市役 增大〉). 이하에서는 성종조
   시인언문투서 사건의 배경을 파악하기 위해 필요한 최소한의 내용을 중심으로
   이를 다시 정리하기로 한다.
17) 朴平植, 앞의 《朝鮮前期商業史硏究》, 94쪽.
18) 《世宗實錄》卷24, 世宗 6年 4月 癸亥, 2冊, 593쪽.
19) 《成宗實錄》卷67, 成宗 7年 5月 乙巳, 9冊, 338쪽.
20) 《慵齋叢話》卷1(《大東野乘》卷1에 수록).
   "城中居人漸多 比舊十倍 以至城外 墻宇櫛比"
21) 《成宗實錄》卷3, 成宗 元年 2月 癸酉, 8冊, 472쪽.
   "都城坊里人 率皆工商出入營産之徒"
22) 田川孝三, 《李朝貢納制の硏究》, 東洋文庫, 1964.

謀利를 노린 관인과 상인들의 作弊가 겹치면서 방납은 더욱 고질화하고 있었다.

그리고 이 경우 대납과 방납 어느 형태이든 공물의 무납은 주로 京中에서 이루어지고 있었다. 전국 각지의 산물이 유통되고, 또 공물을 납부해야 하는 관서가 대부분 도성에 있었기 때문에, 이 같은 京中貿納은 불가피하였다. 그 결과 다종다양한 물품이 도성시장에서 공물로 무납되었고, 이런 경향은 토산공물이 아니거나 구득이 어려운 희귀품목일수록, 또 그 납부기한이 촉박할수록 더욱 보편화하였다.[23] 15세기 중반 공물의 경중무납은 이제 일상으로서 '年例'라고 일컬어지고 있었다.[24] 무납추세는 왕실에 대한 進上에서도 마찬가지였고, 부세체계의 이와 같은 변동은 결국 그 구매처였던 도성의 상업도시로서의 성격을 더욱 강화시켜 가고 있었다.

인구증가와 경중에서의 방납과 무납의 일상화는 도성시장, 특히 시전의 발달과 확대로 이어지지 않을 수 없었다. 드디어 성종 3년(1472) 5월에 호조는, 도성내의 시장이 좁고 사람들이 많아서 간사한 무리들이 속이고 약탈하여 하지 못하는 짓이 없고, 車馬가 길을 메우고 붐벼 사람들이 많이 다치고 있던 당시 상황을 들어, 도성 시전구역의 확장을 건의하고 나섰다. 종래의 시전구역을 간선도로를 따라 좌우로 확장하자는 호조의 건의는, 논의 끝에 종묘 앞에 있던 日影臺로부터 蓮池洞 石橋에 이르는 구간, 즉 오늘날의 종로 4가 일대를 추가로 시전구역에 편입시키는 방안으로 결정되었다.[25]

성종 3년(1472)의 시전구역 확장은, 시전상업이 발달해 가는 과정에서 나타나고 있던 도성상업계의 諸문제들을 국가에서 조정해 내면서 통제하려는 목적에서 취한 조처였다. 곧 '抑末'정책에 입각한 방침이었다. 따라서 이후 확장된 시전구역에 기왕의 구역에 있던 시전의 일부를

23) 朴平植, 앞의 〈朝鮮前期 市廛의 發達과 市役 增大〉.
24)《端宗實錄》卷5, 端宗 元年 正月 己卯, 6冊, 564쪽.
25)《成宗實錄》卷18, 成宗 3年 5月 丁未, 8冊, 657쪽.

이전시키는 '分列市肆' 사업이 뒤따랐다. 그러자 이내 국가정책으로 강제 이주된 시전상인들의 반발이 생겨났다. 성종 5년(1474) 7월 경연에서는 신설된 구역으로 옮겨진 시전상인들이 임의로 옛 자리로 돌아가는 사태가 벌어지고 있었다. 종래의 市肆가 부지는 좁고 사람은 많아 시전상인들이 이를 이용해 이익을 독차지하는 상황에서, 부분적인 시전이전을 통해서 이 문제를 해소하자, 이러한 移轉조처에 시전상인들이 반발하고 있었던 것이다.26) 바로 商權상실에 대한 우려 때문이었다.

시전구역의 중심지구에서 새로 편입된 신설지구로 이주된 시전의 경우, 그에 따른 商利의 손실은 피할 수 없는 일이었고, 이들이 정부 주도의 시전이전과 재편정책에 강력하게 항의하고 있었던 것이다. 그러나 성종 5년(1474) 시전상인들의 저항은 국왕이 일시적으로 표명하였던 이전방침 포기 의사를 대신들이 강력하게 반대함으로써 좌절되었고, 임의로 옛 자리로 돌아간 상인들이 호조와 한성부의 조사를 거쳐 다시 원래의 이전지역으로 환원되는 것으로 사태가 수습되고 있었다.27)

성종 3년(1472)의 시전구역 확대와 그에 따른 市肆이전 사업은 이처럼 이주대상 시전의 반발 속에서 강행되었고, 마침내 성종 16년(1485)에 이르러 전면적인 시전재편 정책으로 이어지고 있었다. '市肆類分'을 목표로 한 대대적인 시사이전과 시전재편 방침이 논의되기 시작하였던 것이다. 국초 이래 시전은 물종별로 편성되어 관리되어 왔으나, 그 확대와 발전의 과정에서 동일물종의 시전들이 각처에서 개점하게 되었고, 이에 따라 상거래 질서가 혼란에 빠지면서 국가의 시전통제와 관리가 어려워진 현실에서 비롯되는 논의였다. 우승지 安琛의 설명에 따르면, 당시 시전재편은 '이전의 시전 부지가 좁은 데다가 많은 사람이 모여 시끄럽고 혼잡하기 때문에 속임수를 쓰는 사람이 많은'28) 상황에서 추

---

26) 《成宗實錄》 卷45, 成宗 5年 7月 壬午, 9冊, 134쪽.
27) 朴平植, 앞의 〈朝鮮前期 市廛의 發達과 市役 增大〉.
28) 《成宗實錄》 卷181, 成宗 16年 7月 戊辰, 11冊, 43쪽.
   "列肆地窄 羣聚囂雜 欺詐者多"

진되는 것이었다.

　이 시기 시전상업계가 안고 있던 여러 문제는 조선 정부의 시전관리
와 통제가 느슨해진 탓에 생겨나기도 했다. 성종 10년(1479) 2월 국왕은,
시전을 규찰하여야 할 사헌부의 書吏들이[29] 대개 市井人인 까닭에 이들
이 시전의 奸僞를 적발하지 않고 있던 실태를 지적하면서, 다른 관서의
외방출신 서리들로 대체할 것을 지시하고 있었다.[30] 이는 시전상인들이
시전을 감독하는 관서의 관인들과 결탁하거나 직접 서리로 진출하여,
그들의 불법적인 商利확대를 도모하는 문제였다. 일찍이 세조 8년
(1462) 4월에도 경시서의 使令으로 활동하던 시전상인을 한성부의 皀隷
로 대체함으로써 국가의 시전단속을 강화하려는 조처가 취해진 적이
있었지만,[31] 시전상인들이 관인과 결탁하여 벌이는 불법행위는 여전히
계속되고 있었던 것이다. 당시 대사헌 李克基의 표현대로 '官의 권위를
빙자하여 시전을 제 멋대로'[32] 하는 사태였다.

　성종 10년(1479) 이 같은 사헌부 서리의 교체조처에도 불구하고, 시전
담당 관서의 吏胥層과 연계한 시전상인들의 불법적인 행태는 중단되지
않았다. 성종 12년(1481) 8월 예조판서 李坡는, 사헌부 서리들이 시전상
인과 결탁하여 외방에서 온 어리석은 사람들만 단속하고 정작 시전상인
들의 불법은 비호하는 실태를 문제 삼고 있었다.[33] 급기야 언문투서 사
건이 발생하기 한 달 전인 성종 16년(1485) 6월에는 호조판서 이덕량이
시인들과 교결한 사헌부 禁亂書吏들의 행태를 지적하며 內人파견을 통
한 단속을 건의해 오자, 국왕이 의금부로 하여금 無時로 시전상인들의

---

29) 조선전기 시전에 대한 감독은 주무관서인 경시서[평시서] 외에도, 한성부와
　　사헌부에서 그에 대한 규찰업무를 함께 수행하고 있었다(朴平植, 앞의 〈朝鮮初
　　期 市廛의 成立과 '禁亂'問題〉).
30) 《成宗實錄》 卷101, 成宗 10年 2月 戊申, 9冊, 695쪽.
31) 《世祖實錄》 卷28, 世祖 8年 4月 丙戌, 7冊, 530쪽.
32) 《成宗實錄》 卷101, 成宗 10年 2月 己酉, 9冊, 695쪽.
　　"憑任官威 逞私市廛"
33) 《成宗實錄》 卷132, 成宗 12年 8月 戊辰, 10冊, 252쪽.

불법행위를 摘奸할 것을 지시하기까지 하였다.[34]

이처럼 성종조 시전에서는, 도성의 상업도시적 면모 강화와 더불어 진행되고 있던 시전의 확대와 발전과정에서, 시전상인들의 불법적인 상행위가 일상화하면서 여러 문제점들이 불거져 가고 있었다. 여기에 시전구역의 협착과 물종별 구역을 벗어난 시전의 混在는, 이 시기 시전상업계의 여러 문제들을 더욱 악화시키는 조건이 되고 있었다. '市肆類分'의 필요성이, 당시 시전의 확대과정에서 소외되면서 商利를 잃고 있던 일부의 시전상인들 사이에서도 건의되고 있었던 것은 이런 까닭에서였다.[35]

결국 성종 16년(1485)에 들어, 성종 3년(1472)에 새로 편입된 시전구역을 포함한 전체 시전구역을 대상으로 '市肆類分'의 원칙 아래, 개별 시전의 이전을 전제로 하는 전면적인 시전재편 방안이 강구되기에 이르렀다. 이는 각처에 혼재한 동일물종의 시전들을 국초의 원칙에 따라 물종별로 한 구역을 설정하여 재배치함으로써 市肆의 혼잡을 방지하고 상거래 질서를 바로 잡으려는 방침이자, 이를 통해 국가의 시전관리와 통제를 강화함으로써 상업지배를 달성하려는 집권국가의 억말정책에서 추진되는 조처였다.

드디어 성종 16년(1485) 7월, 국왕은 시전을 주관하는 호조와 한성부, 평시서에 시사의 이전방안을 논의하라고 지시하고 있었다.[36] 성종 정부의 시전재편 정책은 전체 시전, 특히 이전대상이 되는 시전에게는 그것이 商權의 상실과 商利의 손실을 가져올 수 있다는 점에서 심각한 사태가 아닐 수 없었다. 더욱이 이 과정에서 강화될 국가의 시전통제는 결과적으로 이들의 상활동에 큰 제약으로 작용하게 될 것이었다. 도성 시전 상업계의 일대 위기였고, 이에 대한 반발은 필연적인 상황이었다. 시전정책의 주무 관서인 호조의 판서와 참판 그리고 영의정까지 비난한 성

---

34) 《成宗實錄》卷180, 成宗 16年 6月 乙未, 11冊, 27쪽.
35) 《成宗實錄》卷181, 成宗 16年 7月 戊辰·庚午, 11冊, 43쪽.
36) 《成宗實錄》卷181, 成宗 16年 7月 乙丑, 11冊, 42쪽.

종 16년 7월 시전상인들의 언문투서는, 이와 같이 성종조에 추진되고
있던 국가의 시전재편 정책을 둘러싸고 조성된 국가와 시전상인 사이의
첨예한 갈등을 배경으로 발발한 사건이었다.

## 3. 市人推鞫의 經過와 處理

성종 16년(1485) 7월 17일 시전상인들의 언문투서를 보고받은 국왕
은, 이 사건을 '陵上'의 풍조 속에서 발생한 국가기강의 문제로 파악하면
서 신속한 추국을 의금부에 지시하였다. 호조판서 이덕량은 본조 郎廳
의 보고를 토대로 당시 시사이전에 가장 강력하게 반발하고 있던 시전
이 철물전과 면주전임을 지적하며 兩廛의 出市人을 우선 국문할 것을
건의하였고, 의금부는 시전상인 79명을 당일로 囚禁하였다.[37]

이렇게 시작된 시전상인의 언문투서 사건에 대한 추국은 이후 크게
보아 3단계로 진행되고 있었다. 첫 단계는 의금부에서 사건 관련자로
의심되는 상인들을 모두 구금하여 이 익명투서의 首謀者를 탐문하는
단계였다. 사건 인지 사흘 뒤인 7월 20일, 도승지 權健은 시전상인들의
바람이 각기 자기 집 앞에서 市肆를 운영하려는 데 불과하며, 이번 移市
조처에 반발하는 자들의 불평은 바로 이 때문이라면서 국왕의 사태인식
에 동의하였고, 성종은 극심한 더위를 고려하여 그 속결을 지시하고 있
었다.[38] 다음날에는 영의정 윤필상이 市井人에게 물의를 빚은 책임을
들어 사직을 청하였으나, 반려되었다.[39]

추국개시 닷새만인 7월 22일에 구속자는 150여 명으로 늘어났으며,
당시 의금부에서 이들을 다 수용할 수 없어 전옥서에 나누어 투옥하고

---

37) 《成宗實錄》 卷181, 成宗 16年 7月 乙丑, 11冊, 42쪽.
38) 《成宗實錄》 卷181, 成宗 16年 7月 戊辰, 11冊, 43쪽.
39) 《成宗實錄》 卷181, 成宗 16年 7月 己巳, 11冊, 43쪽.

서도 미처 수금하지 못하여 가두지 않은 채 추국하는 자가 있는 형편이었다. 그리고 대개가 시전상인이었던 이들 구속자의 옥바라지 때문에 도성시전이 텅 비고 工商이 생업을 잃고 있다는 지적이 나올 정도였다. 그러자 대사헌 李瓊仝은 국왕의 이 사건에 대한 인식에는 동의하면서도, 시전의 저와 같은 사정과 당시의 旱災상황을 들어 무차별적인 구금과 추국의 중단을 건의하고 나섰다. 곧 기한을 정하여 자수를 권하고, 이전대상 각 시전에서 1~2명씩의 魁首만을 찾아 이들 수십 명의 根脚을 추궁하면서 신고자에게 포상을 제시하면, 이내 수모자를 찾아낼 수 있을 것이라는 견해였다. 그러나 국왕은 거듭하여 단호한 추국 방침을 천명하고 있었다.[40]

대사헌의 연이은 추국축소 건의를 성종이 수용하지 않는 가운데,[41] 7월 말에는 오히려 추국에 참여한 官員의 처벌문제가 제기되고 있었다. 왕명을 받은 승전색 金孝江과 주서 李孝篤이 推問과정에서 가혹행위를 하여 논란이 되었던 것이다.[42] 시전상인 劉吾麻知 등에 대한 추국이 계속되는 가운데 제기된 추국관원 처벌문제는, 사헌부와 사간원의 科罪주장 속에서 이후 8월까지 한 달 여를 끌었으나, 이들이 모두 공신과 조관인 점을 참작하여 성종이 贖杖을 허락하는 선에서 마무리되었다.[43]

한편 시인추국은 장기화되고 있었다. 9월 3일, 사간원 헌납 李承健은 이 사건이 익명투서임을 들어 다시 추국의 중단을 요청하였고, 무고하게 구금되어 매질을 당하다가 죽은 자가 이미 여러 명임을 보고하고 있었다. 그러나 국왕은 추국중단이 결코 진정한 '仁政'이 아니고, 또 사망자의 발생을 刑訊과정의 불가피한 사태로 보면서 죄인색출을 다시 지시하였다.[44] 이승건은 이후 9월 4일과 12일에도 절기가 점차 추워지

---

40) 《成宗實錄》 卷181, 成宗 16年 7月 庚午, 11冊, 43쪽.
41) 《成宗實錄》 卷181, 成宗 16年 7月 壬申, 11冊, 44쪽.
42) 《成宗實錄》 卷181, 成宗 16年 7月 癸酉, 11冊, 44쪽.
43) 《成宗實錄》 卷182, 成宗 16年 8月 庚辰, 11冊, 46쪽 ; 《成宗實錄》 卷182, 成宗 16年 8月 丙申・丁酉・戊戌, 11冊, 49쪽.
44) 《成宗實錄》 卷183, 成宗 16年 9月 辛亥, 11冊, 51쪽.

는 사정을 강조하며 거듭 의심스럽지 않은 구속자의 석방을 주장하고
있었다.45) 9월 12일의 경연 자리에서 영사 李克培도, 옥사가 지체되면
그 정상을 밝히기 어렵다며 추국을 分司하여 속히 결단하기를 주청하였
다. 국왕은 이를 수용하여 우찬성 鄭佸, 동지중추 蔡壽, 우윤 李陸 등에
게 의금부에 나아가 시인을 分鞫할 것을 명하였다.46)

9월 17일 경연에서는 영사 洪應이 시인추국의 폐기를 다시 건의하고
있었다. 그러나 국왕은 '自首免罪' 방침에도 불구하고 신고하는 자가 없
는 것은, 반드시 父子나 兄弟가 공모하였기 때문이라며 추국의지를 꺾
지 않았다.47) 거듭되는 대신들의 추국축소 및 중단 건의에 직면한 성종
은, 결국 9월 하순인 21일에 들어서 시인추국의 조정을 명하였다. 의금
부에 갇힌 사람 가운데 諺文을 해독할 수 있는 閔時・羅孫・沈戒同・劉
從生 등 同黨 16인을 제외한 나머지 구속자들의 석방을 전교하였던 것
이다.48) 이로써 한때 150여 명 이상이 수금되고 조사과정에서 수 명의
사망자가 발생하였던 언문투서에 대한 추국은, 그 1단계 조사가 마무리
되었다. 그러나 세 달여에 걸친 刑訊에도 불구하고 수모자는 아직 밝혀
지지 않은 상태였고, 혐의자를 16인으로 압축한 채 추국은 다음 단계로
접어들고 있었다.

언문투서의 범인을 색출하기 위한 추국은 혹한의 겨울철에 접어들어
서도 계속되었다. 11월 8일 석강에서 검토관 黃啓沃은 唐나라의 고사를
인용하고, 또 5~6차에서 8~9차에 이르는 訊杖과정에서 사망자가 다시
발생하였음을 보고하면서, 이 시전상인들의 익명투서에 대한 추국의 어
려움을 호소하고 있었다. 그러나 국왕은 추운 날씨에 죄수들의 凍傷을
우려하여 약과 음식을 지급하라고 지시하면서도, 劉莫知가 수모자일 것

---

45) 《成宗實錄》 卷183, 成宗 16年 9月 壬子, 11冊, 51쪽 ; 《成宗實錄》 卷183, 成宗 16年
    9月 庚申, 11冊, 53쪽.
46) 《成宗實錄》 卷183, 成宗 16年 9月 庚申, 11冊, 53쪽.
47) 《成宗實錄》 卷183, 成宗 16年 9月 乙丑, 11冊, 54쪽.
48) 《成宗實錄》 卷183, 成宗 16年 9月 己巳, 11冊, 55쪽.

이라는 견해를 표명하며 이들의 석방에 대해서는 별다른 반응을 보이지 않았다.[49] 다음 날 죄수들에게 滓酒와 炭을 지급하기 위한 예산이 橫看에 없다며 호조가 이에 반대하자, 성종은 형조를 통해서 그 지급을 재차 명하면서도 추국을 고집하고 있었다.[50]

11월 9일 석강 자리에서는 시독관 趙之瑞가 전에 없이 강한 어조로 추국의 중단을 건의하고 나섰다. 그는 언문투서가 小民들에게 보통 있는 일이며, 孔子나 堯임금도 그러한 경우를 당한 적이 있으나 이에 개의하지 않았던 것은 성인의 '好生之德' 때문임을 환기시키며, 더욱이 흉년을 당한 지금 마땅히 刑獄도 경계하여야 한다는 사실을 강조하였다. 나아가 그는 法에 익명서를 사실로 취급하지 않도록 되어 있는데도, 익명투서인 이 사건의 추국과정에서 형장을 받다 죽은 자가 여럿이며, 主上의 즉위 이래 이와 같은 참혹한 사건은 없었다고 극언하면서 종묘사직과 관계없는 이 사건 관련자의 용서를 간언하고 있었다. 그러나 성종의 태도는 더욱 단호하였다. 국왕은 이 사건이 風俗에 관계되는 것으로, 만약 이를 다스리지 않으면 庶人이 士大夫를 업신여기고, 사대부는 宰相을, 그리고 재상은 장차 人主를 능멸하게 될 것이라며, 오히려 홍문관의 임무를 상기시키면서 그 관원인 조지서를 강하게 책망하였다.[51]

시인추국을 고집하는 국왕과 중단을 요청하는 일부 대신들의 거듭되는 이견 속에서 진행된 추국은,[52] 11월 중순에 이르러 언문투서의 주모자로 劉氏 一家를 지목해 가고 있었다. 11월 11일 경연 석상에서 우부승지 朴崇質로부터 의금부 죄수의 鞫案을 보고받은 국왕은, 사건의 수모

---

49) 《成宗實錄》卷185, 成宗 16年 11月 乙卯, 11冊, 72쪽.
　　이에 앞서 성종은 10월 29일 의금부와 형조를 통해, 전국의 구속 죄수들 또한 국왕의 赤子임을 강조하며, 모든 수인들을 속히 판결하여 방면함으로써 옥사를 지체하지 말라고 각 도의 감사에게 지시한 바 있었다(《成宗實錄》卷184, 成宗 16年 10月 丙午, 11冊, 67쪽).

50) 《成宗實錄》卷185, 成宗 16年 11月 丙辰, 11冊, 72쪽.

51) 위와 같음.

52) 《成宗實錄》卷185, 成宗 16年 11月 丁巳, 11冊, 72쪽.

자가 劉莫知일 것이라는 견해를 다시 제기하였다. 박숭질과 지사 李坡
또한 죄인 永代와 劉潤同의 招辭를 근거로 여기에 찬동하고 나섰다. 그
러나 우의정 李克培는 유윤동이 劉從生의 아들임을 환기시키며, 그의
말로써 유종생의 혐의를 부정하고 유막지를 진범으로 하여 옥사를 귀결
시키는 것은 옳지 않다고 반대하였다. 나아가 그는 詞證이 비록 유막지
를 지목한다 하더라도 이는 死罪에 해당하므로 그의 자복을 얻은 후에
결정하여야 한다며, 이미 시일이 지체된 이 사건의 情實규명을 위해 국
왕의 親鞫을 건의하고 나섰다. 국왕은 친국에는 동의하지 않았으나 추
국을 위한 委官을 추가하는 데는 의견을 같이하였고, 곧바로 영의정 윤
필상, 이조판서 李崇元, 형조판서 成俊, 장령 李誼에게 유종생 등의 국문
에 참여하게 조처하였다.53)

　다음날인 11월 12일에 국문에 참여한 영의정 윤필상과 형조판서 성준
이 이들 시전상인의 옥사가 비록 갖추어졌으나 그 情實을 얻기에는 미
진하며, 형장을 받고 이미 죽은 永代 외에 다른 구속자도 거의 죽을 지
경이라며 추국의 어려움을 보고하였으나, 국왕은 끝까지 정실을 캐도록
지시하였다.54) 이틀 뒤인 11월 14일 우부승지 박숭질이 보고한 유막지
의 推案에 따르면, 수모자로 지목받고 있던 유막지는 자신이 諺文을 아
는데 어찌 남의 손을 빌려서 투서를 썼겠느냐며 혐의를 완강히 부인하
고 있었다.55) 실제 盧思愼에 따르면, 이 유막지의 丈人이 자신의 옛 종이
어서 집안에 출입하는 그를 알고 있었고, 유막지는 언문을 잘 쓰는 인물
이므로 그가 언문투서를 남을 통해 썼다는 供招 사실에 대한 懷疑를
일찍이 그의 집을 방문한 趙之瑞에게 표명한 바 있었다.56)

53)《成宗實錄》卷185, 成宗 16年 11月 戊午, 11冊, 73쪽.
　　이날《실록》의 史臣은, 이 사건이 익명서로 말미암은 것이고 또 증거도 없이
　　체포되어 형장 아래에서 죽은 자가 여럿인 상황에서, 우의정 이극배가 임금을
　　欽恤로서 開導하지 않고 친국을 건의하였다고 하여 그를 비난하고 있었다.
54)《成宗實錄》卷185, 成宗 16年 11月 己未, 11冊, 73쪽.
55)《成宗實錄》卷185, 成宗 16年 11月 辛酉, 11冊, 73~74쪽.
56)《成宗實錄》卷185, 成宗 16年 11月 丁巳, 11冊, 72쪽.

국왕은 유막지의 이와 같은 강력한 혐의 부인이, 노사신이 조지서에게 한 말을 族親을 통해 전해 듣고서 하는 것이라는 의심을 나타내었다. 그러자 대사헌 이경동 역시 이 수인들이 모두 市中의 鉅富들로서 반드시 뇌물을 주고 朝官의 말을 전해 들었을 것이라며, 이를 지휘하는 유종생과 유막지의 아비 劉莫同을 수금할 것을 건의하기까지 하였다. 그러나 국왕은 이미 두 아들과 손자가 수금된 유막동을 구속하는 것은 허락하지 않았다.[57]

11월 17일, 洪應은 아직까지 정상이 나타나지 않아 獄辭가 갖추어지지 않았음을 보고하면서 추국의 어려움을 다시 호소하였고, 드러나는 일이 하나도 없고 또 자복도 하지 않는 현실에서 이들을 大罪로 몰아가는 것이 부당하다며 推問의 중단을 건의하고 나섰다. 그러나 국왕은 '陵上'의 풍조에 대한 단호한 治罪의지를 밝히며, 위관 윤필상·홍응·이숭원, 장령 이의, 의금부 당상 들을 모두 불러 추국의 계속 여부를 하문하였다. 이 자리에서 성종은, 지난 번 房好年·영대·유종생·유윤동의 공초에서 모두 유막지를 범인으로 지목하였고, 또 유윤동이 유종생의 아들이자 유막지의 조카이니 어찌 거짓을 말하였겠느냐며, 유막지의 혐의 부인은 중죄를 받을까 염려하여 자복하지 않는 것이라는 견해를 밝히고 있었다. 국왕의 물음에 윤필상은 정실을 거의 밝힌 것으로 보아 이대로 국문을 마치자고 아뢰었고, 홍응은 사증이 없음을 들어 난색을 표명하였다.[58] 다음날인 18일에는 대사헌 이경동과 대사간 韓堰이 왕명에 따라 국문에 추가로 참여하였다.[59]

11월 22일 경연 석상에서 영사 윤필상은 우부승지 박숭질이 가져 온 朴升老 등 3인과 유윤동의 推案을 토대로, 유윤동이 언문을 쓴 상황을 자복한 것이 허위 자복이 아닌 情實에서 나온 것이고, 房好年의 招辭와도 대략 같음을 보고하고 있었다. 그러나 대사헌 이경동은 이 방호년이

---

57) 주 55와 같음.
58) 《成宗實錄》 卷185, 成宗 16年 11月 甲子, 11冊, 75쪽.
59) 《成宗實錄》 卷185, 成宗 16年 11月 乙丑, 11冊, 76쪽.

간사하기가 비할 데 없는 인물로 초사를 자주 변경한다며, 이것이 大辟의 사건인 만큼 首犯확정은 자백을 기다려야 할 것이라며 신중론을 제기하였다. 한편 이날 국왕은 유막지의 죄가 大辟에 해당하므로 친국할 의향이 있음을 나타내며, 대신들에게 그 시행여부를 논의하라고 지시하였다.[60]

다음날 친국을 논의하는 자리에서 鄭昌孫과 沈澮는 이 사건이 종묘사직에 관계되는 大事가 아니라며 반대하였으나, 윤필상은 풍속에 관계되는 大獄임을 들어 친국에 찬성하였다. 한편 韓明澮는 유종생과 유막지가 친국에서도 자복하지 않으면 그 처치가 곤란하고, 또 이미 유종생의 아들[유윤동]이 자복하였으므로 이 정도에서 그들을 그만 定罪하자는 견해를 표명하였다. 홍응은 종묘사직에 관계되지 않은 이번 사건을 대신·대간·승지에게 함께 조사하게 할 정도로 중요하게 여긴 만큼, 친국 여부는 국왕 스스로 결정할 것을 건의하였다. 논의 끝에 성종은 이 사건이 풍속이나 교화문제로서 親問할 만한 것이기는 하나, 재상을 신임하여 이미 이들에게 맡긴 만큼 친국은 停止한다고 결정하였다.[61]

언문투서의 首犯이 16인에서 유종생·유막지 등 유씨 일가의 두 형제로 좁혀졌으나, 추국은 달을 넘겨 12월로 이어지고 있었다. 12월 3일 홍응은 시인추국을 논의하는 자리에서, 의심스러운 점이 많은 이번 옥사로 관련자들이 옥에 갇힌 지 벌써 반년이 되었고, 날로 형장을 더하면 죽는 자도 반드시 많게 되어 급기야는 정실을 알아낼 수 없을 것이므로, 차라리 그만 추국을 폐기하자는 주장을 다시 내놓았다. 이숭원은 유막지 등의 獄辭가 다른 사람의 招辭에 비추어 비록 적실하지는 않으나, 유윤동·亏音豆未 등의 초사에서 조금씩 사단이 드러나고 있으니 천천히 추문하여 마치는 것이 편하겠다는 입장을 나타내면서, 다만 수모자가 아닌 자는 석방하자고 건의하였다. 李克墩·韓價은 이 옥사가 의심

---

60) 《成宗實錄》 卷185, 成宗 16年 11月 己巳, 11冊, 77쪽.
61) 《成宗實錄》 卷185, 成宗 16年 11月 庚午, 11冊, 77쪽.

스러운 데가 많으니, 지금까지의 추국결과를 토대로 그만 결단하자고
하였다. 그러나 국왕은, 자신의 생각에 이 사건이 결코 의심스러운 것이
아니라며 다음날 다시 刑推할 것을 명하였다.[62]

한편 그해가 저물어 가는 12월 21일, 경연 자리에서 우부승지 박숭질
은 方好連[63]이 供辭를 승복한 사실을 보고하며, 이번 진술은 정실에서
나온 것으로 거짓이 아닌 것 같다는 견해를 덧붙였다. 이에 국왕은 의금
부에서 형장을 가하면서 추문할 것을 지시하였다.[64] 그런데 이 기록을
끝으로 성종 16년 7월에 발생한 시인언문투서 사건에 대한 추국 기사는
《實錄》에 당분간 등장하지 않는다. 관련 기록이 다시 나타나는 것은 해
를 넘긴 17년(1486) 3월에 가서였고, 당시 언문투서의 수모자는 이미
유종생으로 확정되어 있었다.

따라서 16년 12월 21일에 보고된 方好連[房好年]의 승복을 계기로, 그
해 연말과 다음 해 초를 전후한 시기에 이루어진 추국에서 투서의 진범
은 유종생으로 귀결된 듯하다. 국왕과 대신들이 그 동안 혐의를 두어
왔던 유막지와 형제 사이인 유종생은, 그간 아들인 유윤동의 供辭에서
언급되지 않아 수범 혐의에서 벗어나 있었는데,[65] 이 무렵 그 정실이
확인되면서 범인으로 확정되었던 것으로 보인다. 9월 하순 들어 관련
혐의자를 언문을 해독하는 16인으로 압축하여 진행된 시인추국의 제
2단계는 이처럼 그해 말 무렵에 투서의 주모자를 유종생으로 결론지으
면서 마무리되고 있었다.

재상을 비난한 시인언문투서의 주범이 6개월 이상의 지루한 추국 끝
에 유종생으로 귀결되었지만, 그에 대한 定罪는 다시 미루어지고 있었
다. 그러던 차에 성종 17년(1486) 3월 4일, 睿宗妃인 장순왕후 韓氏의

---

62) 《成宗實錄》 卷186, 成宗 16年 12月 庚辰, 11冊, 80쪽.
63) 이 方好連은 앞에서 언급된 房好年과 같은 사람으로 추정된다(주 58, 60 참조).
64) 《成宗實錄》 卷186, 成宗 16年 12月 戊戌, 11冊, 84쪽.
65) 실제 11월 11일, 우의정 이극배는 국왕이 영대와 유윤동의 초사를 근거로 하여
   유막지를 범인으로 지목하자, 유윤동이 유종생의 아들임을 상기시키며 그의 말
   로써 옥사를 종결하는 것을 반대한 바 있었다(주 53 참조).

恭陵에 있던 丁字閣 수리공사 중에 月廊의 망새에 벼락이 치는 災變이 발생하였다.66) 이윽고 이 사태를 天譴으로 인식한 국왕과 대신들은 고금의 전례에 따라 대규모 赦免令을 강구하고 있었고, 이 과정에서 다시 유종생의 처리문제가 조정의 현안으로 대두하였다. 재변 다음날인 3월 5일 국왕은 국가에 관계되거나 綱常·强盜의 죄를 범한 자를 제외하고 나머지 죄수들을 모두 사면한다는 방침을 발표하면서도, 유독 유종생은 그 사면여부를 대신들에게 논의하게 하였다. 이에 심회·윤필상·이극 배는 유종생의 죄가 국가에 관계된다고 보아 사면에 반대하였고, 노사 신·정괄·이숭원 등은 유종생의 익명투서가 비록 絞刑에 해당하나 국 가에 관계되는 것이 아니므로 사면령에 따라 석방할 것을 건의하였다. 그러나 국왕은 당시 다섯 사람을 죽인 혐의를 받고 있던 羅玉同의 석방 은 허락하면서도, 유종생은 대신을 헐뜯었다 하여 방면을 불허하였 다.67)

3월 10일, 당시 災變과 관련하여 그 대책을 올린 상소에서 홍문관 직 제학 金訢은, 심지어 朋黨을 결성하여 조정을 어지럽힌 任士洪을 용서 하여 고신을 돌려주면서도, 시정의 小民으로 한두 재상을 비난하였다 하여 유종생을 석방하지 않은 조처를 문제 삼으며 그의 사면을 건의하 고 나섰다. 그러나 국왕은 不答으로 대응하였다.68) 유종생에 대한 사면 건의는 이후에도 계속되고 있었다. 김흔의 상소가 있은 다음날 주강을 마친 자리에서, 국왕은 유종생에 대한 사면불허 방침을 다시 천명하였 다. 즉 移市조처는 자신의 허락을 받고 호조판서가 주관한 것이니 유종 생이 시정의 소민으로서 대신을 비난한 것은 국가에 관계되는 일이며, 더욱이 豪富인 그가 자신의 재물을 뿌리면 사면되리라 믿고서 한 해가 지나도록 죄를 승복하지 않고 있는데 어찌 용서하겠느냐는 것이 국왕의 확고한 견해였다. 한편 시독관 申從濩가 중국 鄭나라의 子産과 본조의

---

66) 《成宗實錄》 卷189, 成宗 17年 3月 己酉, 11冊, 104쪽.
67) 《成宗實錄》 卷189, 成宗 17年 3月 庚戌, 11冊, 105쪽.
68) 《成宗實錄》 卷189, 成宗 17年 3月 乙卯, 11冊, 107~108쪽.

許稠의 사례까지 거론하며 유종생의 방면을 주장하였으나, 국왕은 이에 동의하지 않았다.69)

3월 15일, 경연이 끝난 후 시강관 김흔은 유종생 사건이 宗社에 관계되지 않음을 들어 다시 사면을 청하고 있었다. 그러자 국왕은 이 사건이 국가에 관계된 것임을 거듭 강조하며 김흔을 논박하였고, 이에 대해 김흔은 그런 논법이라면 어느 죄인들 국가에 관계되지 않겠느냐며 유종생이 죄가 없어서가 아니라 이제 사면령이 반포되었으므로 용서하여야 한다고 고집하였다. 그러나 성종은 이를 받아들이지 않았다.70) 같은 날 영상 윤필상이 유종생 사건을 다른 사람들이 폐기하자고 할 때 자신은 추국을 청하였고, 또 그의 사면을 모든 사람들이 요구할 때 자신은 반대함으로써 타인의 비방을 받고 天聽을 번거롭게 하였음을 들어 사직을 요청하였으나, 국왕은 이를 수용하지 않았다.71) 3월 17일에는 동지사 金宗直이 다시 유종생의 방면을 건의하고 나섰다. 그의 죄가 비록 중하나 '絞待時'의 刑으로 照律하였다면 사면하여야 한다는 것이 김종직의 주장이었으나, 성종은 자신의 주장을 고집하였다.72) 다음날에도 국왕은 경연에서 제기된 시강관 奇價의 유종생 석방건의를 수용하지 않고 있었다.73)

거듭되는 신하들의 유종생 사면건의를 받아들이지 않던 성종은, 마침내 3월 19일에 이르러 태도를 바꾸었다. 이날 경연에서 시강관 鄭誠謹이 임사홍에게 직첩을 돌려주는 조처와 견주어 볼 때 유종생의 석방불허가 用罰이 전도된 조처임을 극론하자, 드디어 국왕은 유종생의 死刑 감면 의향을 내비치며 그 처리방안을 좌우에 물었던 것이다. 국왕의 하문에 대해 영사 尹壕는 죄의 減等을 건의하였고, 국왕은 '全家徙邊'刑 적용의

69) 《成宗實錄》 卷189, 成宗 17年 3月 丙辰, 11冊, 108쪽.
70) 《成宗實錄》 卷189, 成宗 17年 3月 庚申, 11冊, 110쪽.
71) 《成宗實錄》 卷189, 成宗 17年 3月 庚申, 11冊, 111쪽.
72) 《成宗實錄》 卷189, 成宗 17年 3月 壬戌, 11冊, 112쪽.
73) 《成宗實錄》 卷189, 成宗 17年 3月 癸亥, 11冊, 112~113쪽.

뜻을 밝혔다. 이에 대하여 정성근이 다시 赦令의 취지를 들어 완전한 석방을 건의하였으나, 성종은 죄가 없는 평민도 변방에 사민시키는 처지를 상기시키며 徙邊刑의 의지를 굽히지 않았다. 결국 이날 3월 19일, 국왕은 의금부에 전교를 내려 유종생을 평안도의 極邊으로 전가사변시킬 것을 명령하였다.74) 시인추국이 그 수모자에 대한 최종 定罪가 이루어짐으로써 3단계 조사가 마무리되는 순간이었다.

성종 16년(1485) 7월 17일 市人들의 언문투서 사건이 조정에서 문제된 이래, 이로써 9개월여에 걸쳐 계속되었던 추국은 끝이 났다. 세 단계에 걸친 조사과정에서 한 때 150여 명 이상의 관련 시전상인들이 구속되었고, 또 永代를 비롯해 여러 명이 형장으로 죽어 갔던 이 사건의 수범 劉從生은 성종 22년(1491)에 다시 《實錄》의 기록에 등장한다. 추국이 최종 종결된 지 5년 뒤인 이해 6월 26일, 도원수 李克均이 유종생의 아버지 劉莫同이 올린 상언을 국왕에게 아뢰었던 것이다.

이극균에 따르면, 전일에 유막동이 곡식 300석을 바치며 아들 종생의 贖罪를 요청하였을 때, 유종생에게 스스로 변방에서 공을 세워 속죄하도록 임금이 명한 바 있었는데, 이제 유종생의 나이가 60세가 넘고 또 변방으로 옮길 때 이미 訊杖을 17차례나 받아 기력이 없어 공을 세울 가망도 없으니, 지금 쌀 100석을 바치는 것으로 속죄를 허가하여 '徙邊' 조처에서 풀어달라고 유막동이 다시 호소하여 왔던 것이다. 국왕은 이 문제를 재상들에게 논의하게 하였고, 李世佐가 쌀 200석을 바치는 것으로 속죄를 허용하자고 건의해 오자, 성종은 이를 따르고 있었다.75) 결국 시인언문투서 사건의 주모자로 평안도에 전가사변되었던 유종생은, 이처럼 만 5년 뒤에 아버지의 노력으로 속죄를 받고 다시 도성으로 돌아올 수 있었던 것이다.76)

---

74) 《成宗實錄》 卷189, 成宗 17年 3月 甲子, 11冊, 113쪽.

75) 《成宗實錄》 卷254, 成宗 22年 6月 辛未, 12冊, 59쪽.

76) 한편 이 언문투서 사건과 그 처리 내용은 연산군 4년(1498) 6월, 당시 부상대고로서 논란이 되고 있던 崔末同의 治罪과정에서 다시 언급되고 있었다(《燕山君日記》 卷29, 燕山君 4年 6月 丙寅, 13冊, 312쪽). 대사헌 姜龜孫은 최말동의 처벌을

## 4. 投書事件과 成宗朝의 市廛情況

성종조 국가의 시전재편 정책을 둘러싸고 조성되었던 官·商 사이의 갈등을 배경으로 발생한 市人들의 언문투서 사건은, 이상에서 살펴 본 바와 같이 관련 구속자가 매우 많았고 또 이들에 대한 추국이 9개월 여에 걸쳐 장기간 계속됨에 따라 적지 않은 관련기록을 남긴 보기 드문 사건이었다. 여기에서는 이 언문투서 사건의 추국과정에서 남겨진 관계 기록을 분석함으로써, 15세기 후반 성종조를 전후한 시기 도성시전의 제반 情況과 이 사건의 성격을 재음미하여 보고자 한다.

먼저 시전의 배치와 구성, 그리고 조직에 관련되는 내용이다. 국초에 조성된 시전은 고유의 판매물종을 지정받고, 또 물종별로 일정구역에 나누어 배치되는 것이 원칙이었다.[77] 성종 16년(1485)의 언문투서 사건은 바로 이러한 시전배치의 원칙에 따라, 성종 3년(1472)에 확장된 시전 구역을 포함하여 시전의 전면적인 재편을 모색하는 과정에서 발생한 사건이었다. 앞에서 살펴 본 바와 같이, 성종 3년 종묘 앞의 日影臺에서 蓮池洞 石橋에 이르는 오늘날의 종로 4가 일대를 시전구역으로 편입한 이래, 조선 정부는 이 신설구역에 기왕의 구역에 있던 시전들을 부분적

---

주장하면서, 성종조에 劉終生[劉從生-필자 주]이 榜을 街巷에 붙여 호조판서 이 덕량을 비방하자, 익명서임을 근거로 처벌을 반대한 대간과 시종의 반대에도 불구하고, 성종이 이를 부상대고가 조정의 기강을 능멸한 것으로 여겨 重刑을 고집하다 결국 江界로 정역시켰던 사실을 환기시키고 있었던 것이다. 이는 성종 16년(1485) 투서사건이 발생한 이래 13년이 지난 뒤의 기록이다. 본문에서 살펴 본 바와 같이, 사건 당시에는 유종생의 언문투서가 호조판서 이덕량의 동생 집 에 던져진 것으로 나타나고 있는데, 여기에서는 榜의 형태로 도성의 街巷에 내 붙여졌다고 하고 있어 내용상에 약간의 차이가 있다. 그러나 연산조의 기록으로 미루어 볼 때, 사건 당시에 언문투서 말고도 도성의 가항에 같은 내용의 방문이 나붙었을 가능성은 충분하다 할 것이다. 또 유종생이 전가사변된 곳이 평안도의 강계였다는 사실도 이를 통해 확인할 수 있다.

77) 朴平植, 앞의 〈朝鮮初期 市廛의 成立과 '禁亂'問題〉.

으로 이전시키다가, 마침내 성종 16년(1485)에 들어 전면적인 시전재편
정책을 추진하고 있었다. 이때 신설구역을 포함한 全시전구역을 망라하
여 계획하였던 市肆이전 사업의 목표는 다름 아닌 '市肆類分'[78]이었다.
곧 시전을 그 판매물종에 따라 일정구역에 나누어 배치하려는 방안이었
고, 이는 抑末의 방침에 따라 국가의 시전통제와 관리를 강화시켜 시전
상업계에서 제기되고 있던 여러 문제들을 해결하려는 조처였다.

　한편 이와 같이 물종별로 배치된 시전은 같은 구역 안에서 동일물종
을 취급하며 영업하는 여러 개별 市肆, 곧 점포들로 구성되어 있었다.
자신의 동생 집에 던져진 언문투서를 국왕에게 보고하는 자리에서 호조
판서 이덕량은, 이번 移市조처에 가장 강력하게 반발하는 시전이 鐵物
廛과 縣紬廛이라는 사실을 상기시키면서 이 兩前[廛][79]의 出市人을 우
선 추국할 것을 건의하고 있었다. 국왕의 신속한 捕治명령을 받은 의금
부에서는 곧바로 79명을 수금하고 있었다.[80] 전후 사정으로 미루어 보
아, 이때 처음 구금되었던 79명은 아마도 이덕량의 건의에 따라 체포된
철물전과 면주전 출시인들이 대부분이었을 것이다.

　그렇다면 철물전과 면주전 안에는 각각 수십 명에 이르는 시전상인들
이 소속되어 있었던 셈이고, 이들 숫자를 결코 한 점포의 상인으로 볼
수는 없겠다. 곧 철물전과 면주전에는 각기 철물과 면주를 고유 판매물
종으로 하는 여러 市肆들과 수십 명의 시전상인들이 있었던 셈이고, 철
물전과 면주전은 바로 그 개별 시사들로 구성된 동업 시전상인들의 조
합이었던 것이다. 성종 16년(1485) 시전재편 정책의 목표였던 '市肆類分'
은, 바로 이처럼 같은 물종을 취급하는 여러 시사들을 그 물종별로 일정
구역에 나누어 재배치하려는 방침이었다.

---

78) 《成宗實錄》 卷181, 成宗 16年 7月 庚午, 11册, 43쪽.
79) 조선전기 시전의 상호 '廛'은 그 音이 같은 '前'과 통용되고 있었다(朴平植, 앞의
　《朝鮮前期商業史研究》, 83쪽 참조).
80) 《成宗實錄》 卷181, 成宗 16年 7月 乙丑, 11册, 42쪽.
　"(戶曹判書李)德良等啓曰 鐵物前縣紬前人 最惡移市 當先鞫兩前出市人 傳曰 令義禁
　府速捕治 坐此見囚者七十九人"

이와 같이 조선전기의 시전이 개별 市肆에서 영업하는 여러 상인들의 조합으로 구성되어 있던 탓에, 각 시전은 그 조합을 운영하기 위한 조직과 임원체계가 갖추어져 있었다.[81] 추국이 시작된 지 닷새 만에 관련 구속자가 150여 명에 이르고, 이들의 供饋에 분주한 나머지 전체 도성시전이 공허해지는 지경에 이르자, 7월 22일 대사헌 李瓊仝은 추국방법의 변경을 건의하고 있었다. 지금과 같은 무차별적인 연행과 조사를 중단하고, 대신 각 시사마다 1~2명씩의 魁首를 찾아 이들 수십 명의 根脚을 추궁하자는 주장이었다.[82] 여기에서 그가 "매 市肆에는 반드시 1~2인의 魁首가 있다"라고 표현하였던 '魁首'는 바로 각 시전조직의 임원을 가리키는 것으로 생각된다.

실제 성종초의 다른 기록에서도 시전조직은 확인되고 있다. 성종 3년(1472) 정월 한성부는 5부 방리의 禁盜節目을 건의하면서, 시전에서 거래되는 도적의 장물유통을 금지하고자 유기·동기·철기와 필단·면주·의복 등을 몰래 매매할 경우, 市肆의 '坐主'들로 하여금 이들을 체포하여 보고하게 하자고 건의한 바 있었다.[83] 이때 장물의 유통을 단속하였던 '市肆의 坐主'는 바로 이경동이 언급한 '每肆의 魁首'에 상응하는 존재로, 곧 각 동업 시전조직의 임원을 지칭하는 용어일 것이다.

요컨대 市人들의 언문투서 사건이 발생하였던 성종조를 전후한 시기에 이미 도성의 시전에는 동업 시전상인들의 조직체가 형성되어 있었으며, 또 그 임원들이 각 조합을 통솔하며 운영하고 있었던 것이다. 이후 중종 36년(1541) 11월 시전상인들의 한성부 관원 구타사건에서 등장하

---

81) 조선전기 시전조직의 구성에 대해서는 朴平植, 앞의 〈朝鮮前期 市廛의 發展과 市役 增大〉에 자세히 나와 있으므로, 구체적인 내용은 이를 참고할 것.

82) 《成宗實錄》 卷181, 成宗 16年 7月 庚午, 11冊, 43쪽.
"大司憲李瓊仝等上箚子曰…每肆必有一二人爲魁首 今於遷移之肆 尋得如此數十人 限日窮推根脚 則雖未能得其爲書者 公言怨詈者 則或可得也"

83) 《成宗實錄》 卷14, 成宗 3年 正月 壬寅, 8冊, 621~622쪽.
"漢城府啓五部坊里禁盜節目…凡賊贓欲滅迹 輕其直賣於肆市 自今鍮銅鐵器及匹段緜紬衣服 潛相買賣者 市肆坐主 隨卽捕告…從之"

는 '座主', '有司'나,[84] 선조조의 기록에 나타나는 '頭頭市人', '頭頭人' 등
도[85] 모두 이들 동업 시전조직과 그 임원의 존재를 잘 보여주는 용어들
이다.[86] 이들 시전조직은 시전 내에서 그들의 商權을 보호하기 위해서
도, 또 국가에서 시전에 부과하는 市役의 분배와 그 조달을 위해서도
필요하였을 것인 만큼, 그 출현 시기는 아마도 사건이 발생한 성종조
이전이었을 것이며 구체적으로는 시전이 조성된 국초에 이미 동업조직
이 형성되었을 것으로 추측된다.[87]

언문투서 사건은 이 시기 시전의 구성과 관련한 또 다른 중요한 내용
도 시사하여 주고 있다. 즉 위와 같이 조직된 동업조직 조합구성원의
血緣的 紐帶 문제이다. 조선후기 각 시전조직의 조합원 구성이 혈연적
속성을 띠고 있음은 일찍이 밝혀진 바 있다.[88] 그런데 조선후기에 나타
나는 시전조직의 이와 같은 혈연적 속성이, 성종조의 시인추국 과정에
서 看取되는 조선전기 시전조직에서도 단편적이기는 하지만 확인되는

---

84) 《中宗實錄》 卷96, 中宗 36年 11月 庚寅, 18冊, 511쪽.

85) 《宣祖實錄》 卷69, 宣祖 28年 11月 丙申, 22冊, 604쪽 ; 《宣祖實錄》 卷118, 宣祖
    32年 10月 癸未, 23冊, 688쪽 ; 《宣祖實錄》 卷174, 宣祖 37年 5月 辛亥, 24冊, 607쪽.

86) 朴平植, 앞의 〈朝鮮前期 市廛의 發展과 市役 增大〉.

87) 필자는 고려시기의 개경시전에도 이와 같은 시전 동업조직이 존재하였음을
    몇 가지의 傍證사료를 통해 짐작하여 본 바 있다(朴平植, 앞의 〈高麗時期의 開京
    市廛〉).

88) 劉元東, 《韓國近代經濟史研究》, 一志社, 1977, 153~157쪽.
    철종 12년(1861) 경에 작성된 《立廛儀範》에 따르면, 六矣廛의 首廛으로 고가의
    수입비단을 주로 취급하는 이 立廛[綿廛] 조합에 가입하려면 가입금에 해당하는
    禮銀과 가입축하 향연비인 面黑禮銀을 내야 하는데, 그 금액을 분석하여 볼 때
    다음과 같은 시전조직의 특성을 확인할 수 있다고 한다. 즉 조합가입은 혈연관
    계가 기본이 되어 있고, 최대한으로 조합원의 曾孫代까지 세습적인 가입자격이
    있다는 점, 이 경우 女系의 外孫은 男系의 親孫에 견주어 큰 차별을 받지 않는다
    는 점, 비혈연의 경우라도 어려서부터 시전에서 사역했던 徒弟는 혈연자와 거의
    동격의 대우를 받는다는 점, 그러나 연고가 없이 시전조합에 가입하고자 하는
    '判新來人'의 경우에 50세 이상자는 가입을 원천적으로 불허하고, 50세 이하인
    자라도 최대한의 부담을 지운다는 점 등이다. 결국 조선후기 각 시전의 동업조
    직은 혈연에 기초하여 조직구성이 이루어져 있으며, 이는 시전조직의 단결과
    영업형태에 직접적인 영향을 미쳤던 요소로서, 서구 중세도시의 길드(Guild) 조
    직에 비견되는 속성으로 설명될 수 있다고 유원동은 보고 있다.

것으로 보여 매우 주목할 만하다. 우선 시전상인들의 이 언문투서 사건
에 대한 조사과정에서 추국받은 것으로 확인되는 인물들을 각 조사 단
계별로 정리하면 다음과 같다.

　　　1단계 : 劉吾麻知, 沈戒同 父子, 閔時, 羅孫, 劉從生
　　　2단계 : 劉莫知, 劉從生, 劉潤同, 劉莫同, 永代, 房好年[方好連], 朴升老,
　　　　　　亐音豆未
　　　3단계 : 劉從生

앞에서 살펴 본 바와 같이, 1단계의 추국은 철물전과 면주전을 중심
으로 150여 명 이상의 시전상인들이 대거 수금되어 진행된 조사였고,
2단계 추국은 그 가운데 언문을 해독하는 자 16인으로 首犯 혐의자를
압축하여 진행되었으며, 3단계 추국은 수범을 劉從生으로 확정한 후 그
에 대한 定罪를 논의한 단계였다. 그런데 추국 사실이 확인되는 이들
13명 중에서 劉氏 姓을 가진 사람이 5명에 이르는 사실이 주목된다.89)
특히 수범 혐의자를 16인으로 줄여 추국하였던 2단계 조사에서 확인되
는 유씨 4명은 모두 一家의 가족이었다. 즉 수범으로 확정되는 유종생의
아버지가 劉莫同이었고, 劉莫知는 이 막동의 아들로 종생과 형제간이었
으며, 劉潤同은 종생의 아들이었던 것이다.90)

劉莫同 - 劉莫知·劉從生 - 劉潤同으로 이어지는 이들 3대의 劉氏家
인물들은 모두 시전을 생업의 무대로 삼고 있던 시전상인들이었다. 시
인으로서 체포되어 추국을 직접 받은 막지·종생·윤동 등은 모두 조사
과정에서 '市中鉅富'로 파악되고 있으며, 막지와 종생의 아버지 막동 또

---

89) 한편 추국과정에서 劉潤同을 성을 생략한 채 潤同으로도 지칭하였던 사실을
　　고려하면(《成宗實錄》 卷185, 成宗 16年 11月 己巳, 11冊, 77쪽), 그 성이 확인되지
　　않는 永代·亐音豆未 등도 유씨일 가능성이 있다. 그렇다면 확인되는 추국자 가
　　운데 유씨가의 비율은 더 높아지게 된다.
90)《成宗實錄》 卷185, 成宗 16年 11月 戊午, 11冊, 73쪽 ;《成宗實錄》 卷185, 成宗
　　16年 11月 辛酉, 11冊, 73~74쪽 ;《成宗實錄》 卷185, 成宗 16年 11月 甲子, 11冊,
　　75쪽.

한 그러한 거부였음이 확인되는 것이다. 11월 14일 대사헌 이경동은 鉅富인 유막동이 관인들과 교결하여 추국내용을 파악하고 이를 구속되어 있던 아들 막지와 종생에게 전하는 등 그 과정을 지휘하고 있다면서, 당시까지 수금되지 않고 있던 유막동의 구속을 강력하게 주청하고 있었다.[91] 요컨대 여기에 등장하는 유씨 일가의 3대는 모두 시전에서 영업하던 시전상인들이었던 것이다.

전후 사정으로 미루어 보아 이들 유씨 일가는 鐵物廛의 상인이었던 것으로 추정된다. 애초 市肆이전에 공개적으로 반발하였던 시전이 철물전과 면주전이었다는 점,[92] 최초로 수금된 79명의 대부분이 이들 兩廛의 출시인이었다는 점,[93] 7월 24일 관련 구속자가 150여 명에 이르게 되자 국왕이 한 때 用刑의 신중을 기하고자 철물전 상인 7명만을 추국할 것을 고려하기도 하였던 점,[94] 이 추국을 주도하던 국왕이 11월 8일에 이르러 처음 首謀 혐의를 두었던 수인이 유막지라는 점,[95] 그리고 최종적으로 밝혀진 투서의 주모자가 유종생이었다는 점 등을 고려할 때, 이들 유씨 일가는 바로 시전이전 정책에 가장 강력하게 반대하였던 철물전의 시전상인이었다고 판단되는 것이다.

그렇다면 이제 이들 3대의 유씨 일가가 모두 철물전 소속의 한 市肆에서, 곧 家業의 형태로 하나의 점포를 공동으로 운영하였는지, 아니면 각자의 점포를 독자로 운영하였는지가 문제가 되겠다. 그런데 이 사정을 간접으로 확인할 수 있는 자료가 있어 주목된다. 시전재편이 언문투서 사건의 우여곡절을 거치면서 단행된 다음 해인 성종 17년(1486) 5월, 호조판서 이덕량은 작년의 移市조처가 '便民'을 위한 것이었으나 民情이 모두 같지 않아 이전을 원하지 않는 상인들의 소송이 그치지 않으므로,

---

91) 《成宗實錄》 卷185, 成宗 16年 11月 辛酉, 11冊, 73~74쪽.
92) 《成宗實錄》 卷181, 成宗 16年 7月 乙丑, 11冊, 42쪽.
93) 위와 같음.
94) 《成宗實錄》 卷181, 成宗 16年 7月 壬申, 11冊, 44쪽.
95) 《成宗實錄》 卷185, 成宗 16年 11月 乙卯, 11冊, 72쪽.

이미 이전된 시전을 다시 원상복구하자는 제안을 신중하게 제기하였다.

그의 이 건의는 성종에 의해 수용되지는 않았지만, 이 내용을 기록한 《實錄》의 史臣은, 이덕량의 이 제안이 유막지 등 시전상인들의 계속되는 극렬한 비난과 원성이 자신에게 집중되는 데 따른 모면책에서 나온 것이어서, 당시 관인들이 모두 그를 부족하게 여겼던 사정을 부기하고 있었다.96) 이 기록에 비추어 보면, 한 때 언문투서의 首犯으로 지목되기도 하였던 유막지는 투서의 진범으로 그의 형제인 유종생이 확정되고, 또 오랜 논란 끝에 종생이 평안도의 강계로 전가사변된 뒤에도 여전히 시전에서 영업하고 있었음이 분명하였다.

성종 17년(1486) 5월 이 무렵, 언문투서의 진범으로 확정된 유종생은 '전가사변'형을 받아 식솔들을 이끌고 이미 도성시전을 떠난 뒤였다. 따라서 유막지가 형제인 종생의 定罪 뒤에도 여전히 시전에서 영업을 하고 있었고, 나아가 위 史臣의 평에서 보듯이 전년에 단행된 시사이전 조처에 대한 반발을 당시에도 계속하고 또 그것을 주도하고 있었던 정황에 비추어 보면, 형제간이기는 하지만 유막지와 유종생 형제는 철물전 조합 안에서 별도의 市肆를 꾸리고 있었던 것으로 보인다. 이 형제 가운데 누군가가 아버지인 유막동의 수하에서 시전을 운영하였을 가능성도 있겠으나, 두 사람이 별개의 시전을 각자 운영하였던 사정은 이로써 충분히 추정 가능하다 하겠다.

한편 철물전 상인을 대상으로 본격적인 추국이 시작되던 7월 25일에, 제일 처음 추국결과가 담긴 推案이 국왕에게 보고된 囚禁市人은 劉吾麻知였다.97) 이 유오마지도 전후 사정으로 미루어 철물전 상인으로 추정할

---

96) 《成宗實錄》卷191, 成宗 17年 5月 辛亥, 11冊, 124쪽.
　　"戶曹判書李德良啓曰 頃者移易市肆 欲以便民也 然民情不同 其所不願者 訟之不已 請仍舊 上顧問左右 漢城府右尹李季仝對曰 臣與刑曹同審而移市 市人皆求自便 莫適 所從 故願移者多則從之 少則不聽 豈得人人而從之哉 上曰 頃者列肆不均 居貨者多怨 故從民願而移之 今又紛更 則後必有願移者 然則何時而定也 史臣曰 德良以劉莫知等 極口詆毀 怨讟叢己 啓請仍舊 人皆短之"
97) 《成宗實錄》卷181, 成宗 16年 7月 癸酉, 11冊, 44쪽.

수 있다면, 당시 사건의 주역으로 지목되던 철물전에는 다수의 劉氏家가
운영하는 시전이 있었음이 확인된다. 유오마지와 다른 유씨 가문과의 혈
연관계를 확인할 수는 없으나, 적어도 유막동 - 유막지·유종생 - 유윤
동 3대가 철물전으로 추정되는 같은 시전 동업조합의 구성원으로서, 시
전 안에서 독자의 점포를 운영하고 있었던 사정은 분명하다 하겠다.

추정에 추정을 거듭하며 정리한 내용이기는 하지만, 이처럼 성종 16
년(1485)을 전후한 시기에 철물전 시전조합을 구성하고 있던 각 市肆에
다수의 劉氏 家系가 포진하여 각기 영업하고 있었다는 사실은, 이 철물
전 시전조합 구성의 血緣性을 보여주는 것에 다름 아니라 할 것이다.
조선후기 시전조직의 조합원 구성에서 분명하게 확인되는 혈연적 속성
이, 성종조에 언문투서를 주도한 것으로 지목된 철물전 조직에서도 드
러나는 셈이다. 또 이처럼 혈연을 우선으로 하는 시전조직의 구성이 당
시 유독 철물전에서만 나타났을 개연성이 크지 않다고 본다면, 이 시기
여타의 시전조직 또한 이러한 혈연적인 유대를 바탕으로 구성되어 있었
을 것이라는 상정도 큰 무리는 아닐 것이다.

실제 이 사건의 추국과정에서 보여준 시전의 조직적인 단결력은 유별
난 측면이 있었다. 추국 초기인 7월 22일에 정부는 벌써 관련자의 자수
를 권하고 신고자에 대한 褒賞방침을 천명한 바 있었다.[98] 그러나 150
여 명의 시전상인이 옥에 갇혀 전체 시전이 공허해지는 지경에 이르고,
또 추국의 형장 아래에서 다수의 사망자가 속출하는 형편이었음에도
불구하고,[99] 9월 17일에 이르기까지도 이 ‘自首免罪’ 방침은 아직 별 실
효를 보지 못하고 있었다. 그러자 성종은 이 투서사건을 부자나 형제가
공모하였기 때문에 그럴 것이라 추정하면서, 만약 그렇지 않은데도 타
인이 신고하지 않는 것이라면 그 情實이 매우 가증스럽다며, 거듭되는
대간의 추국폐기 또는 축소건의를 물리치고 있었다.[100]

---

98) 《成宗實錄》 卷181, 成宗 16年 7月 庚午, 11冊, 43쪽.
99) 《成宗實錄》 卷183, 成宗 16年 9月 辛亥, 11冊, 51쪽.
100) 《成宗實錄》 卷183, 成宗 16年 9月 乙丑, 11冊, 54쪽.

언문투서가 부자나 형제의 공모 아래 이루어진 것이어서 자수 또는 신고자가 없다는 성종의 위와 같은 판단은, 이 시기 시전의 조직구성에 대한 그의 인지를 바탕으로 나온 것이었다. 즉 당시 각 시전조직의 조합원 구성이 혈연적 속성을 강하게 띤 채 이루어져 있었고, 이런 조직구성 탓에 비록 혈연관계에 있지 않은 타인이라도 쉽게 同種의 조합원을 신고하여 囚禁에서 벗어나거나 포상을 기도할 수 없었던 사정을 보여주는 지적인 것이다. 기실 국왕과 대신의 단호한 추국의지 천명에도 불구하고 이 사건 조사에 9개월여의 장기가 소요된 사정이야말로, 바로 저와 같은 시전의 강한 조직성을 반증하는 것이었다.

성종조의 시인추국 과정에서 확인되는 市廛情況의 또 다른 면모는 시전상인들의 당대 權力과의 連繫문제이다. 추국이 혹한의 겨울 날씨 속에 5개월째 계속되던 11월 14일, 경연에서는 朝官들의 추국과 관련된 대화내용이 유막지에게 알려진 사실이 논란되면서 파란이 일고 있었다. 당시까지 언문투서의 수범으로 지목받고 있던 유막지가 전날의 추국에서, 언문을 아는 자신이 왜 남의 손을 빌려 투서를 썼겠느냐며 혐의사실을 완강하게 부인하고 나섰던 것이다.[101] 유막지가 언문을 쓸 수 있다는 사실은 11월 10일 이전에 盧思愼이 그의 집을 방문한 趙之瑞에게 말한 바 있었고, 당시 노사신은 이를 근거로 유막지에게 혐의가 모아지고 있던 추국결과에 대한 회의를 조지서에게 말한 바 있었다.[102]

상황이 이러하자 대사헌 이경동은, 유막지의 언문작성 능력을 근거로 한 갑작스런 招辭의 변경이 저러한 조관의 말을 전해 듣고서 이루어지는 것이라 판단하면서, 이는 시중의 거부인 이들이 조관과 交結되었기에 가능한 사태이므로 이 傳聞과정을 지휘하는 유막지의 아버지 유막동의 구속을 건의하고 있었다.[103] 이경동의 추정과 같이, 유막동 - 유막지 父子가 실제로 노사신과 조지서 사이에 오갔던 대화의 내용을 파악하여

---

101)《成宗實錄》卷185, 成宗 16年 11月 辛酉, 11冊, 73~74쪽.
102)《成宗實錄》卷185, 成宗 16年 11月 丁巳, 11冊, 72쪽.
103) 주 101과 같음.

진술을 바꾸었는지 여부를 확인하여 줄 만한 기록은 더 이상 발견되지 않는다. 그러나 유막지의 丈人이 노사신의 옛 종[舊奴]이었다는 사실과, 그래서 유막지가 평소 노사신의 집에 출입하였으며 그의 언문작성 능력을 노사신이 잘 알고 있었다는 점 등은,104) 여러 면에서 이들 市人과 大臣들 사이의 交結 가능성을 시사하여 준다고 생각된다.

추국시인과 권력과의 연계 가능성은 2단계 추국에서 등장하는 房好年[方好連]105)의 사례에서 좀 더 분명하게 확인된다. 방호년은 11월 중순경 유씨 일가의 투서사실을 자백한 인물이었고,106) 12월 21일의 그의 자백 供辭가 2단계 시인추국이 유종생을 수범으로 확정하는 것으로 종결되는 계기가 되었던 시전상인이었다.107) 그런데 이 방호년, 곧 방호련은 투서사건 13년 전인 성종 3년(1472)에 그의 행태가 조정에서 크게 문제된 적이 있었던 인물이었다. 그해 6월 7일 方好連・金孝同 등 3천여 명이 德原君 李曙, 昌原君 李晟과 함께 무리를 지어 檜巖寺에 가서 불공을 드린 사실이 드러나면서, 대간이 두 종친과 함께 그들의 처벌을 주장하고 나섰던 것이다.108)

사간원과 사헌부에 이어 형조까지 그 처벌을 주장하였던 이 사건은,109) 王子가 시정의 무뢰한 무리들을 모아 절에 가서 불공을 드리고, 방호련 등이 이들 왕자를 청해 맞아들여 부상대고들과 함께 佛事를 벌였던 것이 그 실체였다.110) 거듭되는 대간의 科罪건의를 수용한 국왕은, 마침내 6월 19일 방호련 등을 곤장 80대로 정죄하고 왕자들은 不問에 부치고 있었다.111)

---

104) 주 102와 같음.
105) 주 63 참조.
106) 《成宗實錄》 卷185, 成宗 16年 11月 甲子, 11冊, 76쪽 ; 《成宗實錄》 卷185, 成宗 16年 11月 己巳, 11冊, 77쪽.
107) 《成宗實錄》 卷186, 成宗 16年 12月 戊戌, 11冊, 84쪽.
108) 《成宗實錄》 卷19, 成宗 3年 6月 壬申, 8冊, 664쪽.
109) 《成宗實錄》 卷19, 成宗 3年 6月 戊寅・己卯, 8冊, 665쪽.
110) 《成宗實錄》 卷19, 成宗 3年 6月 庚辰, 8冊, 665쪽.
111) 《成宗實錄》 卷19, 成宗 3年 6月 甲申, 8冊, 666쪽.

그러나 대간에서 계속하여 왕자들에 대한 처벌과 방호련에 대한 加罪를 주청하자,[112] 드디어 국왕은 7월 14일 방호련을 各司의 廳直으로 정역시킬 것을 명하였다.[113] 이후에도 대간은 본래 천인 신분인 그가 賤役을 정역받은 것이 결코 加罪가 아니라며, 거듭하여 추가징계를 요구하고 있었다.[114] 그런데 3개월이 지난 10월 28일 朝啓 자리에서 덕원군 이서가 정역된 방호련의 방면을 국왕에게 요청하였고, 이것이 다시 대간의 극렬한 반대를 불러일으키고 있었다.[115] 사헌부 장령 許迪과 지평 金利貞은 방호련 방면의 부당성과 이러한 청원을 한 덕원군을 처벌할 것을 거듭 주청하였으나, 국왕은 덕원군 처벌주장을 수용하지 않았다.[116]

한편 방호련은 이후 얼마 안 있어 덕원군의 청원대로 정역에서 방면되었던 것으로 보인다. 그해 말경인 12월 22일에 사헌부 지평 辛仲琚가 종친과 교결하여 죄를 범한 방호련의 방면 철회를 요청하였으나, 국왕은 그의 죄가 死罪가 아님을 들어 이를 묵살하고 있었던 것이다.[117] 종친과 연계하여 불사를 벌이고, 또 그에 따른 처벌을 받고도 방면을 청탁하여 이를 관철시켰던 방호련은, 대간의 지적에 따르면 '市井의 富商大賈'였다.[118] 이런 그가 13년 뒤 다시 시인들의 언문투서에 연루되어 추국을 받고 있었던 것이다.

이 시기 시전상인들이 권력층과 맺은 연계는 그들의 국내외에 걸친 상업활동을 私的으로 보장받기 위한 유효한 하나의 수단이었다.[119] 시

---

112) 《成宗實錄》 卷19, 成宗 3年 6月 丙戌・戊子, 8冊, 667~668쪽 ; 《成宗實錄》 卷20, 成宗 3年 7月 丁酉・辛丑・壬寅・己酉, 8冊, 669~672쪽.
113) 《成宗實錄》 卷20, 成宗 3年 7月 己酉, 8冊, 672쪽.
114) 《成宗實錄》 卷20, 成宗 3年 7月 庚戌, 8冊, 672쪽.
115) 《成宗實錄》 卷23, 成宗 3年 10月 辛卯, 8冊, 692쪽.
116) 《成宗實錄》 卷23, 成宗 3年 10月 辛卯, 8冊, 692쪽 ; 《成宗實錄》 卷24, 成宗 3年 11月 癸巳, 8冊, 693쪽.
117) 《成宗實錄》 卷25, 成宗 3年 12月 甲申, 8冊, 699쪽.
118) 《成宗實錄》 卷19, 成宗 3年 6月 庚辰, 8冊, 665쪽.
119) 朴平植, 앞의 〈朝鮮初期 市廛의 成立과 '禁亂'問題〉 ; 朴平植, 앞의 〈朝鮮前期 市廛

인추국의 과정에서 드러난 유막지의 사례나 방호년[방호련]의 평소 행태는, 그러한 이들의 일상적인 관행에서 나오는 것이었다. 투서사건이 종결된 후에도 시전에서 영업을 계속하고 있던 유막지가, 성종 24년(1493) 12월 제용감의 毛物을 화매하면서 제용감 부정 金興에게 뇌물을 주었다가 다시 문제가 되었던 것도, 이 시기 시전상인들과 권력층의 일상적인 결탁관계를 잘 보여주고 있었다.120)

언문투서의 파란을 겪고 난 뒤인 성종 17년(1486) 5월에 그간의 市肆이전 사업을 주도했던 호조판서 이덕량이 이전시킨 시전의 원상복구를 건의하게 되는 배경에도,121) 단순히 그 불편함을 호소하는 시전상인들의 소송만이 아니라 이들과 관계를 맺은 권력층을 통한 끊임없는 압력이 작용하였을 것이라는 짐작도 이런 정황에서 가능한 것이다. 또 언문투서의 주범으로 평안도 강계에 전가사변된 유종생이 정역된 지 불과 5년 만에, 그의 아버지의 노력 끝에 쌀 200석을 바치는 조건으로 방면되고 있던 사정도,122) 철물전 시전상인 劉氏 一家의 탄탄한 재력을 보여줌과 동시에 그 배경에서 작용하였을 그들과 권력층의 결탁관계를 충분히 상정할 수 있게 하여 준다.

성종 16년(1485) 7월에 발생한 언문투서 사건은, 위와 같이 혈연성에 기초한 강고한 동업조직을 형성하고 또 당시 권력과 일상적인 연계를 맺고 있던 시전상인들이 정부의 시전재편 정책에 맞서 자신들의 商權을 지키려는 과정에서 빚어진 사태였다. 시사이전을 통한 시전의 재편성과 이를 통해 관철될 국가의 시전상업에 대한 통제강화가, 결과적으로 이들 시전의 상권과 商利를 위협하거나 축소시킬 것을 우려한 데에서 나온 상인들의 극단적인 반발이었던 것이다. 따라서 이 사태는 단순히 '陵上'의 풍속에 관련되는 사안이 아니었다. 시인추국 과정에서 무차별적

---

의 發展과 市役 增大).

120) 《成宗實錄》 卷285, 成宗 24年 12月 丁卯, 12冊, 450쪽.

121) 주 96과 같음.

122) 주 75와 같음.

인 연행과 구금 그리고 가혹한 형장이 계속되면서 사상자가 속출해 가
자, 조정 내에서 대간을 중심으로 추국의 중단과 폐기주장이 거듭되었
음에도 불구하고 국왕을 비롯한 執政대신들이 일관되게 추국을 고집하
여 장기에 걸친 조사 끝에 수범을 확정한 것이나, 또 재변에 따른 대대
적인 사면령의 원칙을 무시하고 국왕이 유종생만을 끝내 방면하지 않고
전가사변시켰던 배경에는, 당대 시전상업계에서 노정되고 있던 제반 문
제들을 시전재편과 시전통제 강화를 통해 해결하려는 성종 정부의 강력
한 정책의지가 자리하고 있었던 것이다.

요컨대 이 언문투서 사건은 성종조 시전의 현안을 둘러싼 官·商 사
이의 치열한 갈등을 배경으로 발생한 것이었고, 또한 그것은 국초 이래
도성이 상업도시적 면모를 강화해 가면서 진행되고 있던 시전의 확대와
발전 사정을 반영하는 것이자, 이에 대응하여 펼쳐지고 있던 조선 정부
의 억말정책의 실제를 잘 보여주는 사건이었다.

# 5. 結 語

성종 16년(1485) 7월에 일어났던 市人諺文投書 사건의 경위를 추적하
고, 이를 통해 조선 정부의 시전정책과 당대 도성시전의 제반 情況을
규명하여 보면 이상과 같다.

국초 이래 조선 국가는 '抑末'정책의 표방 아래 도성에 시전을 조성하
여, 이를 관장하고 통제하고 있었다. 시전의 판매물종 고정과 물종별
배치 그리고 市役을 매개로 한 시전파악은, 이들 시전에 대한 통제를
통해 도성상업, 나아가 전국상업의 지배를 꾀하였던 집권국가로서의 조
선 정부의 일관된 상업정책이었다. 그런데 15세기 중반 이후 도성의 인
구증가와 부세수납 특히 貢納과정에서 일상화하고 있던 京中防納과 貿
納의 추세는 도성의 상업도시적 성격을 강화시켜 나갔고, 이에 따라 시

전상업은 확대와 발전을 지속하고 있었다. 성종 3년(1472) 드디어 정부는 기왕의 시전구역을 확대하여 오늘날의 종로 4가 일대를 시전에 편입하는 조처를 취하였고, 이후 기왕의 구역에 있던 시전의 일부를 신설지구에 이전시키는 사업을 이전대상 시전의 반발 속에서 추진하였다.

한편 조선 정부는 성종 16년(1485)에 들어 신설지구를 포함한 전체 시전을 대상으로 대대적인 市肆이전과 시전재편 방침을 모색하고 있었다. 이는 당대 성종 정부가 시전상업계에서 안고 있던 각종 문제를 국초 이래 설정된 시전관리의 여러 원칙들이 이완되면서 나타나는 것으로 인식하면서 구상되는 정책이었고, 이를 위해 구체적으로 시전의 물종별 재배치 그리고 국가의 시전통제 강화를 추진해 갔다. 이러한 정부의 시전재편 방침은 전체 시전, 특히 이전대상이 되는 시전에게는 곧바로 商權의 상실과 商利의 손실로 이어지지 않을 수 없었고, 이에 대한 시전상인들의 반발은 충분히 예상되는 것이었다.

市肆의 이전방침이 공공의 필요에서 추진되는 것이 아니라고 주장하고, 나아가 시전정책의 주무 관서인 호조의 판서와 참판 그리고 영의정까지 비난한 시전상인들의 諺文投書가, 성종 16년(1485) 7월 호조판서의 동생 집에 던져진 사건은 위와 같은 시전상황을 배경으로 발생하였다. 시전상인의 투서사건을 보고받은 국왕은 이를 '陵上'의 풍조에서 나온 국가기강의 문제로 간주하며 의금부에 신속한 조사를 지시하였다. 이후 市人推鞫은 크게 세 단계로 이루어지고 있었다. 1단계 추국은 사건이 접수되고 시사이전에 공개적으로 강력하게 반발하던 鐵物廛과 縣紬廛 상인 79명을 체포하여 구금하였던 7월 17일부터 9월 중순까지 진행되었다. 추국 개시 닷새 만에 市人 구금자가 150여 명에 이르렀던 이 조사과정에서 벌써 刑杖에 따른 사상자가 속출하는 형편이었고, 대간을 중심으로 하여 무차별적인 구금과 추국에 대한 반대가 계속되고 있었다. 9월 21일부터 시작된 2단계 추국은 구속차 가운데 諺文을 해독하는 16인으로 首犯 혐의자를 압축하여 벌인 조사였다. 혹한의 날씨 속에 계속된 추국은 11월 중순에 이르러 언문투서의 주모자로 劉氏 一家를 지

목해 가고 있었다. 익명투서임을 근거로 하여 거듭되고 있던 추국중단
과 폐기건의를 묵살하면서 진행된 조사에서, 그해 말 무렵 언문투서의
주모자는 劉從生으로 확정된다.

시인추국의 3단계는 이렇게 수범으로 확정된 유종생의 定罪여부를
둘러싸고 진행되다 이듬해인 성종 17년(1486) 3월에 끝이 났다. 이때
유종생은 그 자신의 여전한 혐의 부인에도 불구하고 언문투서의 주범으
로 絞刑이 논의되고 있었는데, 마침 성종 17년 3월초에 돌발한 恭陵의
재변을 계기로 내려진 대규모의 사면령에 따라 또 다시 논란이 되고
있었다. 국왕과 집정대신들은 그의 죄가 국가와 관계된다며 사면불허
방침을 고집하였고, 마침내는 3월 17일 그를 평안도 강계로 전가사변시
키는 것으로 사건을 마무리한다. 관련 구속자가 한 때 150여 명에 이르
렀고, 추국과정에서 다수의 사망자가 발생하였으며, 또 최종 定罪까지
무려 9개월여의 시일이 소요되는 등, 성종 즉위 이래 가장 참혹한 옥사
로 일컬어졌던 이 사건은 이로써 종결되었다. 그러나 강계로 전가사변
된 유종생은 그의 아버지의 救命으로, 정역된 지 5년만인 성종 22년
(1491)에 쌀 200석을 바치는 조건으로 속죄받아 방면되고 있었다.

장기에 걸쳐 계속된 시인추국 과정에서 남겨진 관련기록을 통해 간취
할 수 있는 15세기 후반 성종조의 市廛情況은 다음과 같다. 첫째, 성종조
조선 정부는 시전의 확대와 발전과정에서 드러나고 있던 당대 시전상업
계의 여러 문제들을 국가 주도의 시전구역 확장과 재편을 통해 국가의
시전관장과 통제력을 강화함으로써 해결하려 하였다는 점, 둘째, 이를
위해 정부는 성종 16년(1485)에 '市肆類分' 조치, 곧 물종별로 시전을 전
면 재배치하려는 방침을 이전대상이 되는 시전들의 강력한 반발을 무릅
쓰고 추진하였고, 언문투서는 그 와중에서 일어난 사건이라는 점, 셋째,
이 시기 시전은 동업조합을 구성하고 임원조직을 갖추고 있었으며, 각
시전조합 산하에는 여러 개별 점포를 운영하는 수십 명 이상의 시전상
인들이 편제되어 있었는데, 특히 이들 동업 시전조직의 조합원 구성에
서는 조선후기의 시전조직과 마찬가지로 혈연성이 확인된다는 점, 넷

째, 이처럼 혈연에 기초하여 편성된 시전조합은 조직력이 매우 강하였고 여기에 당시 권력층과 사적인 연계를 맺음으로써 그들의 商權과 商利를 보호받고 확대해 가고 있었다는 점 등이다.

결국 이 언문투서는 철물전 시전을 구성하고 있던 주요 가문인 유씨 일가의 劉從生이 주모한 사건으로, 시전상인들이 정부의 시전재편 정책에 저항하는 과정에서 발발한 사건이었다. 유종생은 아버지 劉莫同과 형제 劉莫知, 아들 劉潤同으로 이어지는 유씨 3대의 혈연관계를 바탕으로 철물전 시전조합을 동원하여 정부의 시전재편과 시전통제 강화에 맞섰던 것이다. 그리고 이 사건의 추국과 결단에 그처럼 오랜 기간이 소요되었다는 사실이야말로, 그 자체가 당대 시전조직의 실체와 조직적인 단결력 그리고 상권수호에 대한 시전상인들의 강한 의지를 무엇보다 잘 보여주는 것이었다. 아울러 성종과 집정대신들이 대간을 중심으로 계속되고 있던 추국중단과 폐기건의를 줄곧 묵살하면서 수범을 확정하고 定罪를 고집하였던 태도는, 이 시기 시전재편을 둘러싸고 정부와 시전상인 사이에 조성되고 있던 첨예한 官·商 갈등을, 국가주도의 시전재편과 시전통제 강화를 통해서 해결하고자 했던 성종 정부의 강력한 상업정책을 잘 보여주는 것이기도 하였다.

〔《典農史論》 7, 2001. 3. 수록, 2008. 補〕

# 朝鮮前期의 都城商業과 漢江

## 1. 序 言

우리나라 전근대 사회에서 도성은 정치·행정·군사의 중심지이자, 소비도시로서 전국 각지의 물산이 조세나 상품의 형태로 집산하고 처분되는 공간이었다. 특히 집권국가를 강력하게 표방하였던 조선왕조에 들어 도성의 이러한 기능은 더욱 강화될 수밖에 없었고, 漢陽은 자연 전국 최대의 소비도시이자 상업도시로서의 위상을 갖게 되었다.

국초 이래 조선 정부는 이러한 도성의 성격과 기능을 유지하고 보전하기 위하여 市廛를 비롯해 도성 내에 여러 시장을 정비하고 관리해 가고 있었다. 그 가운데 특히 시전은 도성내의 독점상권을 보장받으면서 국가의 재정운영에 필요한 각종 물화의 공급책임을 맡고 있던 시장기구였다. 그러나 시전 위주의 도성의 상업질서는 15세기 후반에 들어 변화하기 시작하였다. 한양의 인구가 증가하고 부세체계의 변동에 따라 경중에서 防納과 貿納이 일상적으로 전개되는 현실에서, 場市의 출현과 확산, 도성을 중심으로 하는 전국적인 교역망의 형성, 대외무역의 발전 등으로 나타나던 이 시기 상업발달이 도성의 상업질서에도 영향을 주고 있었던 것이다. 그리하여 기왕의 시전상인 외에 후에 '亂廛'으로 부르던 私商人 세력이 대두 성장하고, 이들이 시전의 商權을 잠식하게 되면서 도성의 상권문제가 제기되기에 이르렀던 것이다.[1]

---

1) 朴平植, 《朝鮮前期商業史研究》, 지식산업사, 1999.

본 논문에서 필자는 이와 같은 조선전기 도성상업의 형성과 그 발전의 사정을 정리하고, 또한 이를 가능하게 하였던 기반이자 도성 物流體系의 근간으로 기능하던 漢江의 역할을 도성상업과의 관련에 초점을 두고 규명하여 보고자 한다. 국초 漢陽定都 과정에서 한양이 신왕조의 도성으로 확정될 수 있었던 데에는 여러 풍수적 근거와 함께 국가적 물류와 민간 유통체계를 아우를 수 있는 한강의 존재와 역할이 중요한 배경으로 작용하였다. 따라서 도성상업의 진전과 한강의 관계를 규명하고자 하는 이러한 작업이 제대로 이루어진다면, 이를 통해 조선전기 도성상업의 구체적인 실상과, 도성을 중심으로 하는 전국적인 유통체계의 형성과 정비과정을 보다 체계 있게 정리해 낼 수 있을 것이라 생각되기 때문이다.

## 2. 漢陽定都와 都城市廛의 整備

태조 3년(1394) 10월 신생 왕조 조선의 한양천도 단행은, 이제 도성인 한양을 새롭게 도시로서 건설하고 각 부문에 걸쳐 세부적인 정비를 하여야 하는 과제를 제기하였다. 이는 상업의 영역에서도 마찬가지여서 국초부터 모색하고 있던 신왕조의 상업정책에 의거하여 상업시설의 건설과 시장기구의 정비가 수반되고 있었다. 고려시기에도 한양은 3京의 하나인 南京으로서 중시되기는 하였으나 도시적 성격의 공간이 아니었기에,[2] 이제 도성으로서 새롭게 그 상업영역이 건설되고 정비되지 않으면 안 되었던 것이다.

그러나 태조 3년 천도 직후부터 태조조 연간에는 도성상업에 대한 국가차원의 구체적인 정비조처가 시행되지 못하였다. 이는 새로운 왕도에서 宗廟와 社稷, 그리고 宮闕과 官舍의 건설이 먼저 착수되었기 때문

---

2) 閔丙河,〈高麗時代의 漢陽〉,《鄕土서울》32, 1968 ; 朴漢卨,〈高麗時代의 서울地方〉,《서울六百年史》第1卷, 1977.

이었다.3) 신왕조 개창 직후 조선 정부는 舊都 開京에서 이미 시전을 업종별로 구획하고 정비하는 등 고려말 시전운영의 혼선을 수습하기 위한 시전정책을 펼친 바 있었지만,4) 상가건물의 신축을 전제로 하는 新都의 상업정비는 천도 직후 도성 건설사업의 우선순위에서 밀리고 있었던 것이다.

이처럼 태조 당대의 한양에 상설점포를 갖춘 시전이 조성되지 못한 형편에서, 도성의 상업기능은 '日中爲市', 곧 장시 형태로 매일같이 개설되는 巷市가 대신하고 있었다.5) 더욱이 왕자의 난 이후 정종 원년(1399) 3월 다시 개경으로의 還都조처가 있게 되자, 그나마 한양의 이 상업시설조차 다시 황무지화하고 말았다.6) 그 결과 태종 5년(1405) 5월 한양으로 재천도한 이후 태종 10년(1410)까지도 도성인 한양의 상업은 정비된 상설점포를 갖추지 못한 채, '雲從街에서 남녀가 無別하고 商賈가 混淆한 상태'에서 상거래가 이루어지고 있었다.7)

한편 태종의 확고한 의지에 따라 한양 재천도가 이루어졌던 만큼 도성내 주요 시설물의 완성 이후에는, 국가재정 운영상의 필요성 측면에서도 상업정책의 근간으로 기능하게 될 시전상업에 대한 정비가 국가의 다급한 과제로 대두하고 있었다. 이윽고 조선 정부는 태종 10년(1410) 2월 大市를 長通坊 위쪽의 구역에 두고, 미곡과 잡물을 취급하는 시장을 각각 도성내의 다섯 곳, 즉 동부의 蓮花洞口, 남부의 薰陶坊, 서부의 惠政橋, 북부의 安國坊, 중부의 廣通橋에서 개시하는 방침을 확정하였다. 아울러 牛馬市는 長通坊의 하천변으로 그 구역을 설정하고, 이외 閭巷의 小市는 각기 살고 있는 곳의 문 앞에서 열 수 있도록 조처하

---

3) 서울特別市史編纂委員會, 〈朝鮮前期의 首都建設〉, 《서울六百年史》第1卷, 1977.
4) 朴平植, 〈朝鮮前期의 開城商業과 開城商人〉, 《韓國史硏究》102, 1998(《朝鮮前期商業史硏究》에 수록).
5) 《太祖實錄》卷11, 太祖 6年 5月 戊午, 1冊, 106쪽.
　"京市署丞金時用等 請日中爲市 上從之"
6) 《太宗實錄》卷1, 太宗 元年 正月 甲戌, 1冊, 193쪽.
7) 《太宗實錄》卷19, 太宗 10年 正月 乙未, 1冊, 527쪽.

였다.8)

도성의 대체적인 상업공간을 확정한 위 방침이 세워지자, 태종 12년 (1412) 2월부터 14년(1414) 말까지 3년 동안 세 차례에 걸친 대대적인 도성행랑 건축사업이 뒤를 이었다.9) 이를 위해 조선 정부는 태종 11년 (1411) 12월부터 강원도의 軍丁 1만 3천 명을 동원하여 소요 재목을 조달하였고,10) 당시 도성 정비사업에 동원되어 있던 외방 役徒와 군인, 游手僧徒들을 이 작업에 투입하고 있었다.11) 이 시기 도성행랑 조성공사의 經緯를 <표 1>로 정리하면 다음과 같다.12)

**<표 1> 태종조 도성행랑 조성공사 경위**

|  | 시 기 | 공사구간 | 행랑칸수 | 용 도 |
|---|---|---|---|---|
| 1차 | 12년(1412) 2월~ 12년 5월 | 昌德宮 闕門~ 貞善坊 洞口 | 472 | 各司의 朝房 宿直所 등 |
| 2차 | 13년(1413) 2월~ 13년 5월 | 景福宮 南(惠政橋) ~宗廟前 樓門 | 881 (888-교정*) | 市廛行廊 |
| 3차 | 14년(1414) 7월~ 14년 말엽(추정) | 鐘樓~南大門, 宗廟前 樓門~東大門 | 667 (추정**) | 市廛行廊 倉庫 등 |
| 계 |  |  | 2,027 (《世宗實錄 地理志》) |  |

* 2차 공사의 행랑칸수 교정치는 공사시작 당시의 계획이 881칸이었던 데 견주어, 1·2차

---

8) 《太宗實錄》卷19, 太宗 10年 2月 甲辰, 1冊, 528~529쪽.
   "定市廛 大市長通坊以上 米穀雜物 東部則蓮花洞口 南部則薰陶坊 西部惠政橋 北部 安國坊 中部廣通橋 牛馬則長通坊下川邊 閭巷小市 各於所居門前"
9) 朴平植, 〈朝鮮初期 市廛의 成立과 '禁亂'問題〉, 《韓國史研究》 93, 1996(《朝鮮前期 商業史研究》에 수록) ; 서성호, 〈15세기 서울 都城의 상업〉, 《서울상업사》, 태학 사, 2000.
10) 《太宗實錄》卷22, 太宗 11年 12月 己巳, 1冊, 616쪽 ; 《太宗實錄》卷23, 太宗 12年 正月 辛丑, 1冊, 622쪽.
11) 《太宗實錄》卷23, 太宗 12年 2月 庚午, 1冊, 625쪽 ; 《太宗實錄》卷25, 太宗 13年 5月 甲午, 1冊, 671쪽 ; 《太宗實錄》卷28, 太宗 14年 7月 壬辰, 2冊, 28쪽.
12) 태종조의 도성행랑 조성공사에 대한 자세한 내용은 주 9의 朴平植, 서성호의 논고 참조.

공사가 마무리된 다음 행랑의 칸수가 총 1,360칸이었다는 결과에 근거하여 추산한 수치
임(《太宗實錄》卷25, 太宗 13年 2月 乙卯, 1冊, 662쪽 ;《太宗實錄》卷25, 太宗 13年 5月
甲午, 1冊, 671쪽).
** 3차 공사의 행랑칸수는 《實錄》에서 그 규모를 확인할 수 없지만, 세종 당대의 도성행랑
칸수가 2,027칸이었던 사실을 근거로 하여 추정한 수치임(《世宗實錄》卷148, 地理志, 京
都 漢城府).

이상 태종조의 도성행랑 건설공사는 재천도 직후 추진된 조선 정부의
도성상업 정비과정에서 획기적인 사건이었다. 한양의 간선도로의 좌우
에 건설된 위 행랑구간 중에서 국초 시전은 2차 공사구간과 3차 공사구
간의 일부, 곧 혜정교에서 종묘 앞 누문 그리고 종루에서 광통교 부근에
이르는 구역에 배치되었다. 오늘날의 종로 1~3가와 남대문로 1가 일대
였다. 그 구체적인 규모를 행랑칸수를 통해 확인할 수는 없지만, 공사내
역을 참조하면 대략 1천여 칸 내외의 면적을 차지하였던 것으로 추정된
다. 한양정도와 재천도 직후에 시장이 개설되고 있던 상업공간인 雲從
街와 大市를 중심으로 오늘날의 종로 일대에, 국가의 재정운영과 상업
정책의 운용에서 그 근간으로 기능하던 시전의 상설점포가 瓦家의 형태
로 건설되어 배치되었던 것이다.[13]

이처럼 시전의 상설점포가 행랑 건설사업으로 완성되자, 조선 정부
는 大商人들을 이 공간에 입주시켜 배치하는 사업을 추진하였다. 그리
고 그 주요 대상은 당시 전국의 商權을 장악하고 있던 구도 개성의 시
전상인과 부상대고들이었다.[14] 재천도 직후 정부는 개성시전을 폐쇄하
여 개성에서의 開市를 금지하고, 이들 개성상인을 한양시전으로 강제
이주시키고 있었다. 태종 9년(1409) 이와 같은 개시금지 조처가 개성의
상거래 위축 등 여러 가지 문제를 불러오면서 금지조처가 일부 완화되
고는 있었지만, 시전상인을 중심으로 하는 개성 부상대고의 강제이주

---

13) 국초 도성의 시전행랑이 瓦家형태의 건축물이었음은, 태종 14년(1414)의 3차
   행랑조성 공사에서 필요한 蓋瓦를 別窯를 복구하여 조달한다는 조선 정부의 방
   침에서 구체적으로 확인된다(《太宗實錄》卷28, 太宗 14年 7月 壬辰, 2冊, 28쪽).
14) 朴平植, 앞의〈朝鮮前期의 開城商業과 開城商人〉.

방침은 확고하게 지속되고 있었다.[15] 한양 시전행랑의 완성에 따라 여기에 입주하여 국가의 각종 재정운영에 응역하여야 할 대상이 바로 이들 개성의 대상인일 수밖에 없는 상황에서, 이와 같은 방침은 불가피한 것이었다.

국초 한양천도와 뒤이은 개경환도, 그리고 한양 재천도라는 어수선한 상황에서 정국을 관망하던 개성의 대상인들 역시, 태종의 확고한 의지를 바탕으로 한양이 도성으로 정비되어 가자 자신들의 상권 확보를 위해서라도 활동무대를 옮길 수밖에 없었다. 천도에 따라 조정과 관부가 이전한 현실에서 개성은 인구가 급격하게 감소하면서 도시적 면모가 크게 위축되고 있었고, 조세와 공물 등 각종 국가적 物流가 이제 한양으로 집중해 감에 따라, 이들 개성의 대상인들은 한편으로 옛 수도인 개성에 그들의 상업적인 근거지를 유지하면서도 주요 상활동의 무대를 새 수도인 한양으로 옮기고 있었던 것이다.[16]

한편 이와 같이 조성된 한양시전은 정부의 상업정책에 따라 고유의 판매물종을 지니면서, 그 물종별로 구획되어 각기 일정한 행랑구역에 입주하여 영업하고 있었다.[17] 이 시기 시전상인에는 상인만이 아니라 스스로 물품을 제조하여 시전에서 이를 판매하는 수공업자들 또한 포함되어 있었다. 당시 시전상인을 두고 자주 '工商'이라는 표현을 사용하였던 것은 이때문이었다.[18] 조선 정부는 개별 시전의 고유 판매물종을 후대의 市案 또는 廛案에 해당하는 장부를 통해 파악하여 관리하고 있었다.

조선전기 시전의 명칭으로 현재까지 자료에서 확인되는 것은 鐵物前

15)《太宗實錄》卷17, 太宗 9年 3月 丙午, 1冊, 476쪽.

16) 朴平植, 앞의〈朝鮮前期의 開城商業과 開城商人〉; 朴平植,〈朝鮮前期 開城商人의 商業活動〉,《朝鮮時代史學報》30, 2004(本書 Ⅱ부 제2논문).

17) 이하 국초 시전의 구성과 市役부담, 국가의 시전정책 등에 대한 자세한 내용은 朴平植, 앞의〈朝鮮初期 市廛의 成立과 '禁亂'問題〉참조.

18)《世宗實錄》卷7, 世宗 2年 閏正月 戊戌, 2冊, 373쪽;《成宗實錄》卷14, 成宗 3年 正月 己未, 8冊, 627쪽;《燕山君日記》卷48, 燕山君 9年 2月 庚戌, 13冊, 543쪽.

(廛), 縣紬前(廛), 木花前(廛), 綿子前(廛), 馬前(廛), 毛廛 정도이지만, 紙
廛과 魚物廛의 경우에도 그 존재가 간접 확인되며, 나아가 후기의 시전
사정에 비추어 立廛·米廛·白木廛·鹽廛 등 각종 시전들이 성립되어
영업하였을 것으로 추측된다.[19] 일찍이 고려시기의 개경시전이 고유의
판매물종에 따라 일정구역에 구획되어 배치되어 있었던 형편을 고려하
고,[20] 이후 16세기 중반 명종 6년(1551)에 당대의 시전을 두고 일컬은
"우리나라의 온갖 물품에는 모두 각기 시전이 있다"[21]라는 표현이, 비
단 이 시기의 시전 사정만을 일컫지는 않을 것이기 때문이다.

　이처럼 국초 한양의 시전은 조선 정부의 행랑 건설사업에서 보듯이
국가정책에 따라 조성되고 있었고, 정부는 이들 시전상인들에게 市役으
로 商稅·責辦·雜役의 의무를 부과하고 있었다. 상세는 인두세 형식의
세와 公廊인 행랑에 대한 과세로 구성되어 국가재정의 보조재원으로
파악되고 있었고, 잡역은 시전상인이 國葬이나 도성의 각종 坊役에 응
해야 하는 의무였다. 그러나 이 시기 시역의 주된 형태는 조선후기와
마찬가지로, 국가나 왕실의 재정운영에 필요한 각종 물화들을 책임 공
급하여야 하는 의무였고, 이는 국가 차원에서 이들 시전을 조성하고 그
상인을 육성하는 배경이기도 하였다. 나아가 조선 정부는 이들 시전상
인의 활동과 시전감독을 위해 京市署를 설치하고, 아울러 한성부와 사
헌부도 동시에 시전업무를 분담하여 규찰하고 있었다. 상세·도량형의
관장과, '禁亂'으로 일컫던 시전내 불법 상행위의 단속을 위해서였다.[22]

　행랑건설을 계기로 태종조에 조성된 한양의 시전은, 이후 세종조에

---

19) 朴平植, 앞의 〈朝鮮初期 市廛의 成立과 '禁亂'問題〉, 84~85쪽의 <표 1>과 <표
　2> 참조.
20) 朴平植, 〈高麗時期의 開京市廛〉, 《韓國史의 構造와 展開》(河炫綱敎授定年紀念韓
　國史學論叢), 혜안, 2000 ; 서성호, 〈고려시기 개경의 시장과 주거〉, 《역사와 현
　실》 38, 2000.
21) 《明宗實錄》 卷11, 明宗 6年 5月 癸丑, 20冊, 26쪽.
　"我國百物 皆有市廛"
22) 주 17과 같음.

이르러 집권국가의 상업정책에 따라 한층 그 외양과 운영 면에서 정비되고 있었다.[23] 세종 정부는 전대의 부실공사와 세종 8년(1426)에 발생한 도성 대화재로 말미암아 무너지고 소실된 시전행랑에 대한 보수와 재건축에 착수하였다. 특히 세종 8년 2월에 경시서 주변에서 발생한 대화재는 민가 2,440여 호가 불타고 수십 명의 사망자가 난 대참사였고, 이 와중에서 시전행랑 120여 칸이 불탐으로써 도성시전에도 심대한 피해를 가져 온 재앙이었다.[24] 당시 시전의 행랑규모가 1천여 칸 정도였음을 고려하면, 이 화재는 외형상으로도 전체 시전의 10분의 1이 불타버린 시전상업계의 일대 사건이었다. 이에 따라 세종 정부는 소실된 행랑을 다시 瓦家의 형태로 복구함으로써 시전상업의 복원을 꾀하였다.[25] 특히 당시 화재 피해지역이 경시서 부근에 위치한 시전의 핵심지구였음을 고려하면, 복구공사를 국가 차원에서 서둘러 시행하였을 것으로 짐작된다.

시전건물에 대한 보수와 재건축을 통해 시전의 외형을 정비하였던 세종 정부는, 아울러 국가의 행정력을 동원한 시전정비도 단행한 바 있었다. 즉 세종 2년(1420) 도성의 工商으로서 시전에 입주하지 않고 여전히 里巷에서 영업하고 있던 사람들을 그 판매물종에 따라 모두 시전에 편입시켰던 것이다.[26] 시전내의 개별 상가에 중국의 예를 따라 각기 판매물품을 알리는 표식을 세운 것도 이때였다.[27] 국초 이래 정부의 시전 조성과 시역부과 방침에 반발하여 시전에 입주하지 않은 채 里巷에서 영업하고 있던 상인들을 모두 시전에 강제 편입시킴으로써, 도성내의 상거래를 시전 위주로 재편성하여 이를 관장하려는 세종 정부의 시전정

23) 朴平植, 〈세종시대의 교환경제와 상업정책〉, 《세종문화사대계》 3, 세종대왕기념사업회, 2001(本書 I부 제1논문).
24) 《世宗實錄》 卷31, 世宗 8年 2月 己卯・庚辰, 3冊, 8쪽.
25) 朴平植, 앞의 〈세종시대의 교환경제와 상업정책〉.
26) 《世宗實錄》 卷7, 世宗 2年 閏正月 戊戌, 2冊, 373쪽.
27) 위와 같음.
　　"議政府六曹議曰 行廊及諸色工商之門 依中國例立標…從之"

책이었다.

국초 한양정도 이후 추진된 도성시전에 대한 정비는 이상에서 살펴본 것처럼 조선 정부가 국가의 행정력을 동원하여 체계적으로 그리고 규모 있게 추진한 것이었다. 이는 이 시기 도성상업만이 아니라, 전국의 유통 체계에서 도성의 시전이 지니는 위상에 주목한 집권국가의 상업편성 정책의 실제였다. 다시 말해 고려말기 이래 상업계에 드러나고 있던 제 반 문제와 상업발달에 따르는 폐단을 직시하면서,[28] 새롭게 개창한 조 선왕조가 펼쳐 보인 상업인식과 그에 따른 상업정책의 결과였던 것이 다. 즉 四民의 소업으로서 상업과 상인의 활동을 인정하되, 이를 국가의 상업정책 아래 편제시켜 관장하고 통제해 내려는 抑末策이었다.[29]

그리고 이와 같은 상업론과 상업정책의 구상 아래에서 도성시전의 위상과 기능은 절대적일 수밖에 없었다. 최대의 상인세력이자 국내외 상업의 중추로서 시전의 조성이 국초 정부의 시급한 현안으로 대두하 고, 시전행랑의 건설과 시전상인의 입주 이후에도 이들을 국가에서 지 속적으로 파악하고 관장해 내려는 방침이 계속되었던 것 또한, 이 시기 조선 정부의 상업에 대한 인식과 대책을 잘 보여주는 사례라 하겠다.

## 3. 都城市場의 擴大와 그 基盤

국초 태종~세종조에 걸친 시전조성과 정비 이후, 도성상업은 한양이 도성으로서 정착되고 안정되어 가는 것과 軌를 같이하면서 확대되며 발전하고 있었다. 이 시기 도성상업의 확대 사정은 시전상업과 非시전

---

28) 朴平植,〈高麗末期의 商業問題와 抹弊論議〉,《歷史敎育》68, 1998(《朝鮮前期商業 史硏究》에 수록).

29) 朴平植,〈朝鮮初期의 商業認識과 抑末策〉,《東方學志》104, 1999(《朝鮮前期商業史 硏究》에 수록).

상업계 양자에서 모두 확인되고 있다. 먼저 시전상업에서는 15세기 후반 성종조에 들어 정부에 의해 시전구역이 확대되고, 이어 대대적이고 전면적인 시전재편 정책이 추진되고 있었다.[30]

성종 3년(1472) 조선 정부는 도성시전의 '地狹人衆', '車馬塡塞'에 따른 상거래 문란과 인명 손상 등을 이유로 종래 시전구역이 아니었던 종묘 앞 日影臺에서 蓮池洞 石橋 구간, 곧 오늘날의 종로 4가 일대를 새롭게 시전구역에 편입시키는 조처를 단행하였다.[31] 아울러 기왕의 시전구역에서 영업하던 시전의 일부를 이 신설지구로 이전시키는 사업이 移轉대상 시전의 반발 속에서 추진되고 있었다.[32] 이때 새로이 시전구역에 편입된 구간에는 태종 14년(1414)의 3차 행랑 조성공사에서 건축된 행랑시설이 마련되어 있었던 탓에, 별도의 시전행랑 건축공사를 벌이지 않고도 시전구역 확대를 단행할 수 있었다.

또한 새로 편입된 시전행랑의 정확한 칸수나 규모를 확인할 수는 없지만, 태종 14년의 행랑 건설공사의 규모를 고려할 때 대략 당시 조성된 행랑의 3분의 1 정도인 200여 칸 정도였을 것으로 추산된다. 그렇다면 이로써 성종초에 도성의 시전규모는 대략 1,200여 칸 내외에 이르렀을 것으로 여겨지며, 이는 고려말 개경의 시전규모에 육박하거나 그것을 좀 더 상회하는 수준으로 판단된다.[33] 국초 도성상업의 발전과 확대는 이처럼 외형의 규모 면에서는 定都 이후 80여 년 만에 신생도시 한양의 시전을 고려 왕조의 도성이었던 개경 수준으로 성장시키고 있었던 셈이다.

한편 성종 16년(1485)에 이르러 정부는 10여 년 전에 확장된 시전구역을 포함하여 도성내의 전체시전을 대상으로, 대대적인 市肆이전을 전

---

30) 성종조 도성시전의 확대 사정에 대한 자세한 내용은 朴平植, 〈朝鮮前期 市廛의 發展과 市役 增大〉, 《歷史敎育》 60, 1996(《朝鮮前期商業史硏究》에 수록) 참조.

31) 《成宗實錄》 卷18, 成宗 3年 5月 丁未, 8冊, 657쪽.

32) 《成宗實錄》 卷45, 成宗 5年 7月 壬午, 9冊, 134쪽.

33) 고려말 개경시전의 규모는 대략 1,200여 칸 내외의 수준이었을 것으로 추정되고 있다(朴平植, 〈高麗後期의 開京商業〉, 《國史館論叢》 98, 國史編纂委員會, 2002).

제로 하는 시전재편 방침을 모색하고 있었다.[34] 이는 한양정도와 시전
조성 이후 90여 년이 경과하면서 국초 이래 설정되어 왔던 시전관리의
여러 원칙이 느슨해져 가자, 이를 해결하고자 도성의 전체시전을 대상
으로 하여 전면적인 물종별 재배치를 단행하고, 이를 바탕으로 국가의
시전통제를 강화하려는 의도에서 추진되는 방안이었다.

정부의 이와 같은 시전이전과 통제강화 조처는 특히 이전대상이 되는
일부 시전들이 기존에 가지고 있던 商權의 변동과 商利의 손실을 불러
오기 마련이었고, 이윽고 해당 시전의 강력한 반발에 직면하고 있었
다.[35] 성종 16년(1485) 7월 시전정책의 주무 관서인 호조의 판서와 참판
그리고 당시 영의정까지 비난한 시전상인들의 익명의 諺文投書 사건은
이러한 배경에서 발생하였다.[36] 이 사건은 조사과정에서 시전상인 150
여 명이 구속되고 국문 과정에서 다수의 사망자가 속출하였을 만큼 관
련자의 규모가 컸고, 또 이듬해 3월 사건이 마무리될 때까지 무려 9개월
여의 기일이 걸렸을 정도로 그 처리과정이 장기였던, 당대의 상인관련
사건으로는 보기 드문 이례적인 사건이었다.

성종 즉위 이래 가장 참혹한 옥사로 일컬어졌던 이 사건은 그 추국을
통해 철물전 상인 劉從生이 주범으로 확정되어 평안도 강계로 全家徙邊
되는 것으로 마무리되었다.[37] 그러나 이 사건을 통해 당시 시전들이 철
물전의 경우에서 보듯이 동업조합을 구성하고 임원조직을 갖추고 있었
으며, 이들 조직은 조선후기와 마찬가지로 혈연성에 기초하여 조합원이
구성되고 당시 권력과의 밀접한 연계 속에서 강력한 조직력을 갖추고
있었음이 확인된다. 이를 바탕으로 철물전 시전상인 劉氏 一家는, 시전

---

34) 《成宗實錄》卷181, 成宗 16年 7月 乙丑, 11冊, 42쪽 ; 《成宗實錄》卷181, 成宗 16年
    7月 戊辰·庚午, 11冊, 43쪽.
35) 성종 16년(1485) 정부의 시전재편에 반발한 시전상인의 저항에 대한 자세한
    내용은 朴平植, 〈朝鮮 成宗朝의 市廛再編과 官·商 葛藤〉, 《典農史論》7, 서울시립
    대, 2001(本書 Ⅰ부 제2논문) 참조.
36) 《成宗實錄》卷181, 成宗 16年 7月 乙丑, 11冊 42쪽.
37) 《成宗實錄》卷189, 成宗 17年 3月 甲子, 11冊 113쪽.

의 확대와 발전과정에서 나타나고 있던 각종 문제들을 국가주도의 시전 구역 확장과 시전재편을 통해 시전에 대한 국가의 관장과 통제력을 강화함으로써 해결하려는 당시 성종 정부의 방침에 맞서 대응하였던 것이다.[38] 그리고 성종조에 단행된 이와 같은 시전구역의 확대와 전면적인 시전 재정비 조처, 이에 맞선 시전상인들의 조직적인 대응양상 등은 이 시기 시전상업의 발전을 여실하게 보여주는 증좌에 다름 아니었다.

이처럼 성종조에 들어 시전상업이 확대되고 발전할 수 있었던 기반은 전체적으로 보아 도성인 한양의 인구가 증가하고 또한 상업도시적 성격이 강화되어 간 데 있었다.[39] 정도 이후 신생도시였던 한양은 집권국가의 편제상 이내 그 인구가 증가하여 갔고, 세종조에 이르면 벌써 성저 10리를 포함하여 대략 2만 1천여 호에 11만여 내외의 상주인구를 갖는 도시로 성장하여 있었다.[40] 여기에 도성에서 入番하는 別侍衛·甲士와 그 傔從人, 하급 군사들의 숫자가 그 교대시에는 수만여 명에 이르렀고,[41] 또한 각종 도성정비와 수축사업에 동원되는 부역인원이나 과거응시를 위한 상경인[42] 등을 포함하면 도성의 유동인구는 평상시에도 보통 수만여 명을 상회하기 마련이었다. 세종조에 처음 제기된 이래,[43] 16세기 초인 중종조에 거듭 논란이 되고 있던 도성의 주택부족 사태와 그 해결책으로서 無主地의 절급방안 논의는,[44] 이와 같은 도성의 지속적인 인구증가에 따른 문제이자 그에 대한 정부의 대책이었다. 그리고 이들 십 수만의 도성인구가 소비도시이자 상업도시로서 한양의 상업발

---

38) 朴平植, 앞의 〈朝鮮 成宗朝의 市廛再編과 官·商 葛藤〉.

39) 朴平植, 앞의 《朝鮮前期商業史研究》, 110～118쪽.

40) 《世宗實錄》 卷40, 世宗 10年 閏4月 己丑, 3冊, 128쪽 ; 《世宗實錄》 卷69, 世宗 17年 7月 己卯, 3冊, 641쪽 ; 《世宗實錄》 卷83, 世宗 20年 12月 戊辰, 4冊, 177쪽.

41) 《世宗實錄》 卷119, 世宗 30年 3月 戊子, 5冊, 52쪽.

42) 《世宗實錄》 卷125, 世宗 31年 7月 丙申, 5冊, 139쪽.

43) 《世宗實錄》 卷24, 世宗 6年 4月 癸亥, 2冊, 593쪽.

44) 《中宗實錄》 卷16, 中宗 7年 5月 壬辰, 14冊, 585쪽 ; 《中宗實錄》 卷16, 中宗 7年 6月 丁巳, 14冊, 591쪽 ; 《中宗實錄》 卷24, 中宗 11年 4月 壬戌, 15冊, 156～157쪽 ; 《中宗實錄》 卷87, 中宗 33年 6月 丁戌, 18冊, 186쪽.

달의 주요 기반이었음은 물론이다.

이 시기 도성상업 발달의 또 다른 기반은 국가의 부세체계 변동 특히 貢納制의 추이와 관련하여 조성되고 있었다.[45] 각종 조세와 공물의 代納化, 防納化의 확산추세가 그것이었다. 조선왕조 현물재정 운영의 근간이었던 공납제는 애초의 '任土作貢', '本色直納'의 원칙이 그 시행 초기인 국초부터 변질되고 있었고, 여기에 편승한 상인 및 謀利세력의 作奸으로 말미암아 벌써 태종조에 대납과 방납의 금지가 조정에서 논의되고 있었다.[46] 대납과 방납의 추세는 세종조에 들어서면 이미 일상적인 현상이 되었고, 이 과정에서 도성은 가장 비중이 큰 공물의 구매와 무납의 공간 노릇을 했다.[47] 이 시기 방납과 관련한 私主人 세력의 성장은 그 단적인 예증이었다.[48] 요컨대 집권국가의 도성으로서 최대 최고의 소비층을 보유하고, 여기에 부세체계의 변동에 따라 경중의 각 관서에 대납하거나 방납하기 위한 각종 물산이 集注하면서, 나아가 대외무역의 주요 수출입 상품이 여기에 집산하게 되면서 한양의 상업도시적 기반은 15세기 후반을 경과하면서 더욱 강화되고 있었던 것이다.

한편 15세기 후반 이후 도성상업의 성장과 확대는 시전만이 아니라, 非市廛系의 민간상업에서도 두드러지기 시작하였다.[49] 국초 이래 조선정부는 도성상업을 시전만으로 편성하지는 않았고, 또 그러할 수도 없었다. 앞서 살펴본 바와 같이 태종 10년(1410) 도성의 상업공간을 처음

---

45) 이지원,〈16・17세기 전반 貢物防納의 構造와 流通經濟的 性格〉,《李載龒博士還曆紀念韓國史學論叢》, 한울, 1990 ; 朴平植, 앞의《朝鮮前期商業史研究》, 110~118쪽.

46) 金鎭鳳,〈朝鮮初期의 貢物代納制〉,《史學研究》22, 1973 ; 金鎭鳳,〈朝鮮前期의 貢物防納에 대하여〉,《史學研究》26, 1975 ; 朴道植,〈朝鮮時代 貢納制 研究〉, 경희대 박사학위논문, 1995 ; 田川孝三,《李朝貢納制의 研究》, 東洋文庫, 1964.

47) 朴平植, 앞의〈세종시대의 교환경제와 상업정책〉.

48) 朴平植,〈朝鮮前期의 主人層과 流通體系〉,《歷史敎育》82, 2002(本書 Ⅱ부 제3논문).

49) 朴平植, 앞의《朝鮮前期商業史研究》제2장 3절,〈非市廛系 商人의 成長과 都城의 商權紛爭〉.

확정하였을 때, 태종 정부는 大市 외에 미곡과 잡물을 취급하는 시장을 성내 다섯 곳에 배치하고 있었다.[50] 그 가운데 동부와 서부 그리고 중부의 시장은 후에 시전행랑이 건설되면서 시전구역에 편입되거나 그 인근에 위치하게 되었지만, 북부의 安國坊과 남부의 薰陶坊에 개설된 시장은 시전지역과는 전혀 다른 곳에 배치된 시장이었다. 이들 시장의 취급물품이 미곡과 잡물 등 생필품이었음을 고려하면, 이와 같은 비시전계 상업공간의 배치와 허용은 불가피한 조처였다.

뿐만 아니라 당시 도성민의 일상생활이나 朝夕에 필요한 소소한 물품의 거래는 閭巷의 小市에서도 장시의 형태로 이루어지고 있었고, 여기에서 거래하는 소상인들에게 조선 정부는 국초 이래 일관되게 면세방침을 유지하고 있었다.[51] 왕실 및 관료 귀족층의 수요물품을 전담 공급하면서 도성 안 物流의 대규모 거래를 주관하는 시전 외에도, 도성민의 소량의 일상수요를 공급하는 시장기구와 상인의 존재가 결코 국가정책에서 배제될 수 없었던 데에서 마련되는 방침이었다.

그런데 15세기 후반 이후 시전상업계에서 확인되는 확대와 발전의 양상은, 이들 비시전계의 상업공간과 상인들에게서도 마찬가지로 펼쳐지고 있었다. 도성이 상업도시로서의 기반을 강화해 가면서, 도성 안에 각종 상업공간이 증설되거나 증치되어 갔던 것이다. 특히 성종조 이후 도성의 인구증가는 그 절대증가와 더불어 상대증가에 더 큰 원인이 있었다.[52] 즉 도성에서 각종의 役의 代立을 통해 호구지책을 마련하거나,[53] 또는 국가의 여러 부역으로부터 벗어나고자, 특히 凶荒時에 외방의 인구가 도성에 몰려들고 있었는데,[54] 이들은 대개 도성 내에서 전개되고 있던 각종 비시전계의 상업공간에서 연명하고 있었던 것이

---

50) 주 8과 같음.
51) 《太宗實錄》 卷29, 太宗 15年 4月 己巳, 2冊, 56쪽.
52) 朴平植, 앞의 《朝鮮前期商業史硏究》, 113~115쪽.
53) 《中宗實錄》 卷75, 中宗 28年 7月 乙卯, 17冊, 448쪽.
54) 《中宗實錄》 卷20, 中宗 9年 5月 戊子, 15冊, 15쪽 ; 《中宗實錄》 卷21, 中宗 9年 11月 癸酉, 15冊, 42쪽 ; 《中宗實錄》 卷51, 中宗 19年 10月 辛丑, 16冊, 346쪽.

다.55) 이는 곧 도성 안에 末業을 좇는 이른바 '逐末' 인구가 매우 많아
지는 문제이기도 했다.56) 더욱이 말업의 이익을 위해 자신의 田土를
팔아버리거나 다른 사람에게 並耕시키고 도성시장에 투신하는 세력까
지 여기에 가세하고 있었다.57)

축말풍조에 따른 도성인구의 증가 현상은 이처럼 성종조를 거쳐 16세
기에 접어들어 더욱 확산되어 갔고, 중종조에 이르면 이 같은 도성의 실
정을 두고 "하는 일 없는 무리들이 대거 도성에 몰려들고 있다"라는 분
석이 이제 일상으로 제시되고 있었다.58) 이에 따라 도성내의 비시전계
시장과 상공업 공간이 확대되고, 이를 무대로 한 소상인들의 상업활동
또한 성장하고 있었음은 물론이다.59) 급기야 중종 9년(1514) 11월 우찬
성 申用漑는 도성의 曲坊委巷에 시장이 서지 않는 곳이 없는 형편을 지적
하면서, 구래의 시장을 제외하고 근자에 새로 개설된 시장을 일절 금지
할 것을 주청하고 나섰다.60) '坊坊曲曲 無不出市'라는 표현은 이제 외방
의 장시만이 아니라 도성의 시장을 두고서도 늘상 언급되고 있었다.61)

조선 정부가 이들 현상에 직면하여 抑末의 국가정책을 강조하면서
외방 백성들에 대한 수령의 侵虐금지62)와 惰農현상을 방지하기 위한

---

55) 《成宗實錄》 卷3, 成宗 元年 2月 癸酉, 8冊, 472쪽 ; 《中宗實錄》 卷67, 中宗 25年
　　正月 庚戌, 17冊, 184쪽.
56) 《成宗實錄》 卷55, 成宗 6年 5月 辛酉, 9冊, 224쪽.
57) 《中宗實錄》 卷51, 中宗 19年 10月 癸巳, 16冊, 343쪽.
58) 《中宗實錄》 卷55, 中宗 20年 11月 癸酉・甲戌, 16冊, 469~470쪽 ; 《中宗實錄》
　　卷56, 中宗 21年 4月 癸亥, 16冊, 506쪽.
　　"游手之徒 多聚京師"
59) 《成宗實錄》 卷138, 成宗 13年 2月 丙辰, 10冊, 300쪽 ; 《中宗實錄》 卷25, 中宗 11年
　　5月 壬辰, 15冊, 170쪽 ; 《中宗實錄》 卷56, 中宗 21年 正月 癸卯, 16冊, 494쪽 ; 《中宗
　　實錄》 卷66, 中宗 24年 11月 壬子, 17冊, 170쪽.
60) 《中宗實錄》 卷21, 中宗 9年 11月 癸酉, 15冊, 42쪽.
　　"外方逃賦之人 亦聚于京師 曲坊委巷 無不出市 若非舊市 一切禁之 則自可歸農矣"
61) 《中宗實錄》 卷31, 中宗 13年 正月 壬子, 15冊, 387쪽.
　　"夫王者定都 前朝後市 乃古制也 以我國之制見之 則自鐘樓至宗廟 爲市廛 而今則坊
　　坊曲曲 無不出市之地"
62) 《中宗實錄》 卷21, 中宗 9年 11月 癸酉, 15冊, 42쪽.

力農勸課[63] 등을 원칙으로서 재천명하고는 있었지만,[64] 이로써 당대 축말의 추세가 진정될 수는 없었다. 오히려 도성내 신설시장의 폐쇄건의는, 그것을 도성민의 '資生'의 방도로 인식하여 이들의 생업을 우려하여 일절 금지할 수는 없다는 중종의 견해에 따라 이후에도 실행되지 못하였다.[65]

16세기 전반 도성내 비시전계의 시장과 상인의 활동은 이처럼 조선 정부로 하여금 開市금지가 아닌 다른 방도를 모색하게 할 정도로 지속적으로 발전해 가는 추세였다. 또한 이들 私商人 가운데 일부가 그 동안 축적한 자산을 바탕으로 부상대고로 성장하면서,[66] 부분적이기는 하지만 시전의 상권을 압박하는 수준에 이르고도 있었다. 16세기 중반 이후에 이들은 '同財殖貨'[67] 방식으로 조성한 대규모 자본과 조직기반을 바탕으로 도성에 반입되는 각종 물화를 매점하거나,[68] 시전이 마련하여야 할 責辦物貨의 가격을 폭등시켜 시전상인들을 궁지에 몰아 넣기도 하였던 것이다.[69]

이와 같이 16세기에 들어 도성내에 비시전계의 상업공간이 확대되고,

---

63) 《中宗實錄》 卷50, 中宗 19年 4月 辛丑, 16冊, 299쪽.
64) 李景植, 〈朝鮮前期의 力農論〉, 《歷史敎育》 56, 1994[《朝鮮前期土地制度硏究》(Ⅱ) (지식산업사, 1998)에 수록].
65) 《中宗實錄》 卷21, 中宗 9年 11月 癸酉, 15冊, 42쪽 ; 《中宗實錄》 卷31, 中宗 13年 正月 壬子, 15冊, 387쪽.
66) 백승철, 〈16세기 부상대고(富商大賈)의 성장과 상업활동〉, 《역사와 현실》 13, 1994.
67) 《世祖實錄》 卷38, 世祖 12年 正月 丙午, 8冊, 1~2쪽 ; 《中宗實錄》 卷60, 中宗 23年 2月 壬子, 16冊, 631쪽.
68) 《大典後續錄》 刑典, 禁制.
    "外方人駄載之物 邀於中路 抑勒買賣者 全家徙邊"
    《明宗實錄》 卷6, 明宗 2年 12月 甲子, 19冊, 552~553쪽.
    "京中牟利之徒 欲受重價 外方船運穀物 要於中路 遮截販貿 使不得入京"
69) 《宣祖修正實錄》 卷24, 宣祖 23年 4月 壬申, 25冊, 596쪽.
    "市井之民 困於貿易 貿易之令一下 其有物者 輒邀索高價 價增四五倍 皆斂合市民之 貨而貿之… 又防納之徒 曾受民貢 潛藏於家 貿易令下 則以倍筵之直 求售於市人 飽飫 之後 徐以平價 買納於本司 漁奪之害 市人不勝其苦"

또 이를 기반으로 한 사상인의 성장이 일부의 현상이기는 하였지만 시
전의 상권을 잠식하는 지경에 이르게 되자, 이에 대한 대책마련은 정부
의 당면현안이 되고 있었다. 국초 이래 시전 위주의 도성상업 질서와
억말책을 추진하여 왔던 조선 정부였기에, 그 대책 또한 시전을 중심으
로 도성의 상업질서를 재편성하는 방향에서 마련되고 있었다. 그리하여
시전의 市役부담을 줄이기 위해 책판물에 대한 '准給其價' 방침과,[70] 국
용물 이외 왕실의 사적인 책판을 금지함으로써[71] 시전상인의 존립기반
을 보장하는 조처가 강구되어 갔다.[72]

또한 한편으로는 시전의 고유 판매물품을 취급하는 사상인의 활동을
'禁亂'의 차원에서 강력하게 단속하거나,[73] 이들 사상인의 도성반입 물
품에 대한 매점을 금지함으로써[74] 도성 내에서 시전의 독점상권을 보
호하기 위한 조처를 16세기 이후 모색하기 시작하였다. 그러나 시전을
중심으로 한 조선 정부의 도성상업 재편 방침에도 불구하고, 이 시기
비시전계 사상인들의 성장은 지속되었고, 마침내 임란 직후 조정 내에
서는 이들 사상인, 곧 후대의 亂廛商人들을 국가의 시전체계 속에 편입
시켜 이들에게도 시역을 부과함으로써 도성상업을 전면 재편하자는 방
안이 제기되기에 이르렀다.[75]

조선전기 도성상업은 이처럼 15세기 후반 이후 특히 16세기에 들어
시전상업만이 아니라 비시전계의 민간상업 부문에서도 그 확대와 발
전을 지속하고 있었고, 조선 정부는 이와 같은 도성상업계의 변화에
대응하여 국초 이래 표방하여 왔던 상업정책을 각종 시책을 통해서

---

70) 《中宗實錄》 卷69, 中宗 25年 9月 丙午, 17冊, 253쪽 ; 《宣祖實錄》 卷66, 宣祖 28年
　　8月 庚戌, 22冊, 543~544쪽 ; 《宣祖實錄》 卷158, 宣祖 36年 正月 辛未, 24冊, 441쪽.
71) 《中宗實錄》 卷94, 中宗 36年 3月 丙午, 18冊, 450쪽 ; 《大典後續錄》 戶典, 雜令.
72) 《增補文獻備考》 卷163, 市糴考1, 市.
73) 《燕山君日記》 卷37, 燕山君 6年 3月 乙卯, 13冊, 404쪽.
74) 《中宗實錄》 卷51, 中宗 19年 7月 庚寅, 16冊, 325쪽 ; 《大典後續錄》 刑典, 禁制條.
75) 《增補文獻備考》 卷163, 市糴考1, 市.
　　"(宣祖三十三年 領議政 李恒福箚曰) 奸民之亂市者 而不係市籍者 如令平市署 束定
　　市役 則庶市民均役 而市肆定定"

관철시키려 노력하고 있었다. 이제 이와 같은 조선전기 도성상업의 구체 실상이 京江인 漢江과 어떤 상관 속에서 전개되었는지를 살펴보기로 하자.


# 4. 都城의 物流體系와 漢江


조선왕조의 개창 직후 분분한 천도논의 끝에 최종적으로 漢陽定都가 확정된 데에는 풍수적 근거를 비롯하여 다양한 배경이 있었지만,[76] 집권국가의 국가운영과 관련하여 특히 주목된 것은 物流體系上에서 한강이 갖는 이점이었다.[77] 태조 3년(1394) 8월 한양의 南京離宮 터를 답사한 국왕이 개경을 고집하는 대신들에게 "松京인들 어찌 부족함이 없겠는가? 이 곳의 형세를 보니 왕도가 될 만한 곳이다. 특히 漕運하는 배가 통하고 사방의 里數가 균등하니 백성들에게도 편리할 것"[78]이라 하면서 한양정도를 확정하였던 사정이나, 또 이에 반대하여 積城 廣實院 동쪽의 鷄足山 자락을 도성터로 제안한 前전서 楊元植에게 "조운이 不通한데 어찌 도읍 터가 될 수 있겠느냐?"[79]며 그 주장을 반박하고 있는 데에서 그러한 사정을 분명하게 확인할 수 있겠다.

요컨대 국초 한양이 도성으로 확정된 배경에는 배를 이용한 조운이 가능한 한강의 물류상의 위치가 매우 중요하게 자리하고 있었던 것이다. 더욱이 한강이 그 상류의 水路를 통해 중부 내륙의 각 지역과 소통

---

76) 金龍國, 〈朝鮮王朝의 開創과 漢陽奠都〉,《서울六百年史》第1卷, 1977 ; 李源明, 〈漢陽遷都背景에 關한 硏究〉,《鄕土서울》42, 1984 ; 최완기,《漢陽》, 교학사, 1997.
77) 韓永愚, 〈漢陽定都의 民族史的 意義〉,《鄕土서울》45, 1988 ; 李泰鎭, 〈漢陽 천도와 風水說의 패퇴〉,《韓國史市民講座》14, 一潮閣, 1994.
78)《太祖實錄》卷6, 太祖 3年 8月 庚辰, 1冊, 69쪽.
   "松京亦豈無不足處乎 今觀此地形勢 可爲王都 況漕運通 道里均 於人事 亦有所便乎"
79) 위와 같음.

되고, 또 삼남과 해서·관서지방을 연결하는 서해 南北海路의 편리함
은, 조운을 비롯한 국가적 물류체계를 고려할 때 최대의 장점이 아닐
수 없었다. 그리고 이러한 조건은 민간상업의 측면에서 보아도 마찬가
지였다.

국가적인 물류체계나 혹은 민간상업에서 한강이 지니는 이와 같은
위상은 조선왕조에 들어서 새롭게 인식된 것이 아니라, 고려조에서도
마찬가지로 주목받고 있었다. 내륙수로를 연결하는 한강에 12漕倉 가운
데 충주의 德興倉, 원주의 興原倉이 설치되었던 점이나,[80] 또한 한강
유역에서 선상과 행상의 집결지이던 驪江·沙平津(院) 등이 상업 중심
지로서 무신집권기 이래 번창하던 실정[81] 등은, 모두 공적·사적인 물
류체계에서 연해와 수로를 매개하는 한강이 고려시기에도 매우 중요하
게 인식되고 활용되었던 형편을 잘 보여준다. 한편 고려말 왜구의 창궐
로 말미암아 全廢되다시피 하였던 해운과 수운을 이용한 조운이 조선왕
조의 개창과 함께 재정비되면서,[82] 한강은 다시 집권국가의 국가적 물
류체계상에서 지니던 과거의 위상을 회복할 수 있었다.

이처럼 조선왕조 개창 이후 조운제가 정비되면서 도성을 끼고 있던
한강, 그 가운데 특히 京江 일대에는 이들 조운을 통해 올라오는 조세와
공물 등 각종 국가적인 물류를 하역하고 보관하는 관련시설들이 들어서
기 시작하였다. 먼저 국가 재정운영의 근간이었던 조세곡의 보관을 위
해 풍저창·광흥창·군자감 등의 창고가 경강 일대에 건축되었다. 태종
10년(1410) 2월 軍資監 江倉을 龍山江에 신축하는 공사가 시작된 이
래,[83] 태종 13년(1413) 4월에 마침내 용산강에 軍資監庫, 西江에 豊儲倉

---

80) 孫弘烈, 〈高麗漕運考〉, 《史叢》 21·22合輯, 1977 ; 崔完基, 〈高麗朝의 稅穀運送〉,
    《韓國史硏究》 34, 1981 ; 北村秀人, 〈高麗時代の漕倉制について〉, 《朝鮮歷史論集》
    (上), 龍溪書舍, 1979.
81) 홍희유, 《조선상업사》(고대·중세), 과학백과사전종합출판사, 1989, 81~85쪽 ;
    徐聖鎬, 〈高麗 武臣執權期 商工業의 전개〉, 《國史館論叢》 37, 1992, 98~99쪽.
82) 崔完基, 〈朝鮮前期 漕運試考〉, 《白山學報》 20, 1976.
83) 《太宗實錄》 卷19, 太宗 10年 2月 辛亥, 1冊, 529쪽.

庫가 완성되었다.[84] 그리하여 세종조에 이르면, 전국의 조세곡을 수납하여 보관하는 창고로 용산강에 軍資江監과 豊儲江倉, 그리고 서강에 廣興江倉과 또 다른 豊儲江倉이 각각 들어서 있었다.[85]

이 시기 조선 정부는 조세곡으로 대표되는 이들 국가적 물류의 안정적인 공급을 위해 조운제를 정비하고 또 漕船의 敗沒사고에 대한 대책을 마련하는 한편으로,[86] 그 물류의 최종 도착지인 경강에 소재하는 운수와 보관시설의 관리에도 만전을 기하였다. 성종 16년(1485) 여러 차례의 홍수로 말미암아 한강의 물길이 바뀌어 용산강의 前灘이 얕아져 조운선의 정박이 어려워지자, 江倉의 원활한 이용을 위해 용산강 건너편 강 유역을 돌과 흙으로 메워 물길을 예전대로 조정하는 공사를 진행한 것은 그 한 예였다.[87]

한편 조선전기 경강 일대에는 이들 창고 외에도 여러 시설물들이 들어서 있었다. 태조 5년(1396)에는 경강의 豆毛浦와 屯芝山 산록에 각기 東·西氷庫를 세워 한강의 얼음을 출납하게 하였다.[88] 또한 승도들이 주관하는 歸後所가 용산강 가에 설치되어 도성내 棺槨의 수요를 조달하고 있었고,[89] 벽돌과 기와의 제조와 판매를 담당하였던 瓦署가 용산 주변에 자리하고 있었다.[90] 주로 漕船과 戰船의 건조를 담당했던 관영 造船시설 역시 용산과 마포에 배치되어, 각종 국가수요 선박이 주변의 造船匠을 동원하는 방식을 통해서 건조되고 있었다.[91] 모두 도성에 집중

84) 《太宗實錄》卷25, 太宗 13年 4月 乙丑, 1冊, 669쪽.
85) 《世宗實錄》卷148, 地理志, 京都 漢城府, 5冊, 613쪽.
86) 崔完基, 《朝鮮後期船運業史研究》, 一潮閣, 1989.
87) 《成宗實錄》卷177, 成宗 16年 4月 甲子, 11冊, 3쪽 ;《成宗實錄》卷177, 成宗 16年 4月 己巳·庚午, 11冊, 4쪽 ;《成宗實錄》卷178, 成宗 16年 閏4月 辛卯, 11冊, 9쪽 ; 《成宗實錄》卷178, 成宗 16年 閏4月 壬辰, 11冊, 10쪽.
88) 洪鳳天,〈倉庫와 氷庫〉,《서울六百年史》第1卷, 1977, 340~342쪽 ; 李源明,〈漢陽遷都와 漢江〉,《漢江史》, 1985, 379쪽.
89) 《世宗實錄》卷148, 地理志, 京都 漢城府, 5冊, 613쪽.
90) 《新增東國輿地勝覽》, 卷2, 京都 下.
91) 《太祖實錄》卷12, 太祖 6年 8月 丁亥, 1冊, 109쪽 ;《世宗實錄》卷109, 世宗 27年 9月 壬辰, 4冊, 638쪽 ;《文宗實錄》卷7, 文宗 元年 5月 壬戌, 6冊, 392쪽 ;《世祖實

되는 국가적 물류나 도성내의 諸수요에 부응하고자 국가 차원에서 도성 주변의 한강에 설치하여 운영하던 시설들이었다.

이처럼 한양정도 이후 도성 주변의 京江 일대에 국가적 물류체계와 연관된 다양한 시설물들이 들어서면서 경강이 국가적 물류유통의 중심이 되어 가는 것과 더불어, 경강 주변에는 도성시장과 연계된 다양한 민간상업 부문이 아울러 성장하기 시작하였다.[92] 세종조에 벌써 십 수만에 이르던 도성인구는 그 일상의 수요를 시전을 비롯한 도성시장에서 조달하지 않으면 안 되었고, 이 과정에서 자연스럽게 경강의 상업적인 기능과 역할 또한 확대되어 갔던 것이다. 그리하여 경강에는 곡물・어염,[93] 목재,[94] 柴炭,[95] 蔬菜・什器[96] 등을 다루는 시장이 이들 물품이 도성시장에 반입되는 주된 經路로서 등장하여 성장하고 있었다. 경강주변 居民들의 생업은 바로 이러한 국가적 물류와 민간상업의 발전과정에서 그 물산의 集荷處였던 경강에서 마련되었고, 또 그 경강의 상업적 기반이 확대되어 감에 따라 경강인구 역시 증가하고 있었다.

경강에 근거를 둔 상인들의 활동은, 정도 직후인 태조 7년(1398) 12월에 조운을 위해 이들을 司水監이 추쇄하는 바람에 商船이 도성에 들어오지 않아 도성의 물가가 치솟던 사정이 보고될 만큼 일찍부터 활발하

---

錄》卷27, 世祖 8年 2月 乙未, 7冊, 523쪽 ;《成宗實錄》卷30, 成宗 4年 5月 戊午, 9冊, 26쪽.

92) 조선초 한강 주변지역의 주민과 촌락에 대해서는 서성호,〈朝鮮初 漢江 및 沿岸지역의 위상과 현황〉,《서울학연구》23, 서울학연구소, 2004 참조.

93)《成宗實錄》卷101, 成宗 10年 2月 甲寅, 9冊, 696쪽 ;《成宗實錄》卷201, 成宗 18年 3月 丁巳, 11冊, 197쪽 ;《成宗實錄》卷280, 成宗 24年 7月 庚戌, 12冊, 366쪽 ;《中宗實錄》卷46, 中宗 17年 9月 辛未, 16冊, 162쪽.

94)《世宗實錄》卷82, 世宗 20年 8月 丙寅, 4冊, 160쪽 ;《成宗實錄》卷203, 成宗 18年 5月 戊午, 11冊, 215쪽 ;《成宗實錄》卷278, 成宗 24年 5月 乙巳, 12冊, 331쪽 ;《中宗實錄》卷88, 中宗 33年 8月 甲寅, 18冊, 197쪽 ;《中宗實錄》卷88, 中宗 33年 9月 庚辰, 18冊, 207쪽 ;《中宗實錄》卷100, 中宗 38年 正月 乙卯, 18冊, 651쪽.

95)《明宗實錄》卷31, 明宗 20年 8月 戊寅, 21冊, 28쪽.

96)《世宗實錄》卷47, 世宗 12年 2月 庚寅, 3冊, 218쪽.

였다.97) 곡물의 경우, 조선전기 십 수만 도성인의 소요물량이 대략 54만
여 석이었는데 그 가운데 20여만 석 이상이 미곡상인에 의해 공급되고
있었고, 그 대부분은 京商 특히 경강에 근거를 두고 있던 선상들에 의해
조달되는 형편이었다.98) 이 시기 민간의 物流는 곡물의 예에서 보듯이
외방에서 도성으로 集注되었을 뿐만 아니라, 경강을 매개로 도성의 물
자가 외방으로 반출되고도 있었다.99) 당대의 교통 운수가 대부분 해운
과 수운의 형태로 이루어졌음을 고려하면, 이 과정에서 경강과 한강유
역은 이들 물류의 集散의 거점 노릇을 했고, 이를 주도하던 경강선상들
의 상활동 또한 선운업을 포함하여 한층 더 확대될 수 있었다.100)

명종 11년(1556) 3월 사간원에서 그 전년에 발생한 乙卯倭變(명종 10,
1555) 이후 정부가 경강의 선박과 民夫들을 戰船과 格軍으로 우선 징발
하는데 따르는 폐단을 극론하고 있었던 것도,101) 이 시기 소유선박을
기반으로 한 상활동을 통해 성장하고 있던 이들 경강 선상들이 국가
비상시에 우선 동원대상이 될 정도로 그 숫자가 적지 않았음을 잘 보여
준다 하겠다. 한편 京江居人들의 선박을 대·중·소로 나누어 각기 그
字號를 새기고 낙인한 다음, 선주의 이름을 등재한 장부를 바탕으로 매
년 수세하되, 柴·炭·郊草 등 잡물을 취급하는 선박의 경우에는 그 세
를 반감한다는 조항이 15세기 최말기에 간행된《大典續錄》에 새로 규
정되고 있는 점도 주목할 만하다.102) 이전의《經國大典》에는 없던 조항
이 신설되고 있는 것은, 이 시기에 그 만큼 경강을 무대로 한 선상의
규모와 그들의 상활동이 증대하던 실정을 반영하는 것이라 생각되기
때문이다.

---

97)《太祖實錄》卷15, 太祖 7年 12月 辛未, 1冊, 142쪽.
98) 朴平植,〈朝鮮前期의 穀物交易과 參與層〉,《韓國史研究》85, 1994(《朝鮮前期商業
　　史研究》에 수록).
99)《明宗實錄》卷6, 明宗 2年 12月 甲子, 19冊, 552쪽.
100) 崔完基, 앞의《朝鮮後期船運業史研究》.
101)《明宗實錄》卷20, 明宗 11年 3月 戊寅, 20冊, 328~329쪽.
102)《大典續錄》工典, 舟車.

경강일대 민간상업의 발달은 도성 주변의 한강 중에서도 특히 국가적 물류의 도착지였던 용산강, 서강, 마포 등지에서 두드러졌다. 그 가운데 용산강의 경우에는 벌써 성종 5년(1474)에 그 居民이 '甚衆'하다고 파악되고 있었다.[103] 아울러 이 무렵 용산강이 홍수로 말미암아 수심이 얕아져 선박이 제대로 정박할 수 없게 되어 서강으로 정박지를 옮기는 선박들이 늘어가자, 용산의 이들 居民 중에서 용산강의 준설을 희망하는 자들이 많이 있었다.[104] 당시 이들이 자신들의 이익을 위해 용산강의 開鑿을 시도하였던 것으로 보아, 그들의 생업이 도성시장을 겨냥하여 이 곳에 집주하던 선상들과 연관되어 있거나 그들 자신이 상인이었음을 짐작케 한다.

16세기에 접어들면 경강 가운데 서강과 용산강, 그리고 두모포 주변의 漢江 등 이른바 '三江'이 경강을 대표하는 명칭으로 등장하기 시작하였다.[105] 중종 13년(1518) 11月 조정에서 사헌부 관리의 그에 대한 濫刑여부가 크게 논란이 되었던 서강 마포거주 千仇知金 3父子는 '雄於三江', 즉 이 삼강 중에서 가장 豪富한 상인으로 일컬어지던 인물들이었다.[106] 그리고 명종 18년(1563) 5月 동지경연사 李樑의 견문에 따르면, 당시 이 경강 일대는 "인구가 많고 주택이 점차 밀집하여 도로가 매우 좁다"[107]라고 할 정도로 인구가 집중하면서 번성하고 있었다.

이처럼 경강상업이 발달해 가면서 이들 지역에는 각종 화물의 荷役과 運輸業이 성장하여 갔고, 수레나 배를 이용하여 생업을 영위하는 사람들도 늘어가고 있었다.[108] 중종 8년(1513) 5月 조정에서 기근이 든 함경

---

103) 《成宗實錄》卷40, 成宗 5年 3月 庚戌, 9冊, 97쪽.

104) 《成宗實錄》卷31, 成宗 4年 6月 壬戌, 9冊, 27쪽.

105) 《中宗實錄》卷34, 中宗 13年 11月 乙卯, 15冊, 492쪽 ; 《中宗實錄》卷73, 中宗 28年 2月 己丑, 17冊, 394쪽 ; 《大典後續錄》戶典, 雜令 ; 《宣祖實錄》卷66, 宣祖 28年 8月 己巳, 22冊, 549쪽 ; 《宣祖實錄》卷67, 宣祖 28年 9月 甲申, 22冊, 556쪽.

106) 《中宗實錄》卷34, 中宗 13年 11月 甲寅·乙卯, 15冊, 491~492쪽.

107) 《明宗實錄》卷29, 明宗 18年 5月 辛巳, 20冊, 645쪽.
   "人多漸密 路甚狹窄"

108) 《明宗實錄》卷11, 明宗 6年 2月 壬午, 20冊, 12쪽.

도에 대한 移穀대책을 논의하면서 이 兩江의 馬夫들을 우선 징발대상으로 거론하고 있는 사정은, 당시 경강 일대에 존재하던 이들 하역과 운수 세력의 실체를 잘 보여주고 있었다.[109] 아울러 상업이 발달하고 이와 관련된 사람들의 왕래가 빈번해지면서, 경강 주변에는 몰려드는 상인과 행인을 대상으로 하는 酒食業과 女色業 등의 업종도 등장하였을 것으로 짐작된다.[110]

이상에서 살펴본 바와 같이, 한양정도 이후 도성상업의 정비·발전과 함께 경강지역에 국가적 물류체계와 관련한 시설들이 마련되고 이와 더불어 민간상업이 성장하여 감에 따라, 이들 지역에는 兩체계의 물류 유통을 주관하면서 도성을 정점으로 하는 전국적인 유통체계의 매개 역할을 수행하는 中間 또는 都賣상인들이 형성되고 있었다. 이른바 '主人'層이었다. 국초 이래 주인층은 京主人의 임무에서 보듯이 조세와 공물 등 외방 稅貢物의 납입을 주관하거나 알선하면서 등장하였다.[111] 그리고 15세기 후반 이후 도성 내에서 상인 출신의 私主人이 성장하면서, 이들은 각종 稅貢의 대납과 방납 그리고 무납을 담당하는 그들의 영업 권을 하나의 재산권으로 형성시키는 단계에 이르고 있었다.[112]

그런데 주로 세공으로 대표되는 국가적인 물류를 매개하는 중개상인 으로서 이들 주인층의 형성은, 도성주변 경강지역에서도 동일한 시기에 나타나고 있었다.[113] 외방의 조세와 각종 공물이 대부분 조운이나 선박 을 이용하여 경강을 통해 중앙 各司에 납입되고 있었던 만큼, 이러한 추세는 당연한 것이었다. 그리하여 일찍부터 경강 특히 용산강과 서강

---

109)《中宗實錄》卷18, 中宗 8年 5月 辛巳, 14冊, 659쪽.

110)《宣祖實錄》卷66, 宣祖 28年 8月 戊辰, 22冊, 548쪽.

111) 李光麟,〈京主人 研究〉,《人文科學》7, 연세대, 1962 ; 金鎭鳳,〈私主人 研究〉,《大丘史學》7·8合輯, 1973 ; 이지원, 앞의〈16·17세기 前半 貢物防納의 構造와 流通 經濟的 性格〉; 강승호,〈朝鮮前期 私主人의 發生과 活動〉,《東國歷史敎育》7·8合 輯, 동국대, 1999 ; 田川孝三, 앞의《李朝貢納制의 研究》.

112) 朴平植, 앞의〈朝鮮前期의 主人層과 流通體系〉.

113) 조선전기 경강지역의 주인층 성장과 그 실태에 대한 자세한 내용은 朴平植, 앞의〈朝鮮前期의 主人層과 流通體系〉참조.

일대에는 여기에 소재하는 국가의 여러 재정창고 부근에서 외방의 각종
세곡과 공물의 하역과 보관, 그리고 수납 관사로의 납입을 주관하며 알
선하는 主人들이 등장하여 영업하고 있었던 것이다.114) 이들 국가적 물
류를 주관하는 경강 주인층은 도성 사주인의 경우에서 알 수 있듯이
그 신분이 주로 각사의 吏胥나 下隷輩였으나, 그 대부분은 본래 상인으
로서 주인영업에 따른 이득을 목적으로 여기에 투신한 세력이었다.

경강 주인층의 한 軸이 국가적인 물류와 관련된 상인이었다면, 다른
한 축은 민간상업 부문에서 성장하고 있던 세력들이었다. 최대의 상업
도시인 도성과 도성시장을 향해 전국의 각종 물화가 상품으로서 집산되
었던 경강 일대에는, 각지의 선상과 상인들을 접대하거나 유숙시키면서
그들이 휴대한 상품을 운반 또는 보관하며 도성시장에서의 판매를 주선
하거나 알선하는 등 민간물류의 유통을 주관하는 주인층이 일찍부터
형성되어 영업하고 있었다.115) 이들은 앞서 확인한 것처럼, 그들의 상활
동 무대가 되는 용산강이 막혀 생업에 타격을 입자 그 준설을 기도하기
도 하였으며,116) 임란 직후에는 정부가 설치한 경강 관리기구인 舟師大
將이 그들을 침학하자 여기에 저항하기도 하였다.117)

이들 京江主人들은 주로는 곡물과 어염물, 재목과 같이 도성에서 대
량으로 소비되는 필수품들을 취급하면서 영업분야와 대상을 점차 고정
시켜 갔을 것으로 추정된다. 또 이 시기 도성내 사주인들의 영업권이
물종이나 지방별로 분리하여 대두하고 있던 추세에 비추어, 그들의 主
人權을 역시 일종의 영업권의 형태로 정착시켜 갔던 것으로 보인다.118)
임란 후 17세기 초의 기록에서 산견되는 '경강주인'의 명칭이나 주인권

---

114)《世祖實錄》卷38, 世祖 12年 2月 甲午, 8冊, 8쪽.
　　"諸道漕船 泊于龍山西江 則其處居人 稱主人 將所載米 置於家前 或偸或奪 至於車價
　　亦濫取 其弊不貲"
115) 朴平植, 앞의〈朝鮮前期의 主人層과 流通體系〉.
116) 주 104와 같음.
117)《宣祖實錄》卷67, 宣祖 28年 9月 甲申, 22冊, 556쪽.
118) 朴平植, 앞의〈朝鮮前期의 主人層과 流通體系〉.

의 설정 사례는,119) 이들이 이때 비로소 출현하였다기보다는 15~16세기를 거치면서 점차적으로 진행된 결과로 보이기 때문이다.

이처럼 定都 이후 도성주변의 경강 일대에는 특히 16세기 이후 중개와 도매상인으로서 주인 세력이 형성되고, 또 이들의 상활동과 연계하여 수많은 상업 종사자들이 거주하며 도성상업의 확대·발전과 궤를 같이 하면서 성장하고 있었다. 임란 발발 직후인 선조 25년(1592) 5월, 비변사는 난리를 피하여 外洋에 모인 京江船의 숫자가 무려 수백여 척에 이른다고 보고하고 있었다.120) 또한 전란의 와중에서 도성방어를 위해 이들을 束伍軍에 충역시킨 조처나 이들에 대한 舟師大將의 침학이 조정에서 자주 문제가 되었던 사례,121) 병선 건조를 위해 이들 '三江의 場民', 곧 경강상인들을 우선 동원하였던 사례 등에서 볼 수 있듯이,122) 그 숫자 또한 지속적으로 증가하고 있었다.

그러므로 16세기 최말기에 이르면 경강의 여러 상인들은 국가의 상업정책이나 민간상업 부문에서 도성상인과 더불어 중요한 위상을 갖기에 이르렀다고 생각된다. 이는 경강이 단순히 도성의 배후로서 여기에 집주하는 전국 각지의 상인이나 상품의 집산처였을 뿐만 아니라, 경강상업의 위치가 도성시장과 전국의 상업을 연결하는 매개점, 곧 전국적인 유통체계의 요지였던 데에서 비롯하는 현상이었다. 그리고 국가적 물류와 민간상업 이 두 체계의 물류유통에서 기능하던 경강상업의 이와 같은 역할이 조선전기 도성상업의 확대와 발전의 주요한 기반이었음 또한 분명하였다.

---

119) 《光海君日記》 卷134, 光海君 10年 11月 壬辰, 30冊, 34쪽 ; 奎章閣 所藏 古文書 86896.
120) 《宣祖實錄》 卷26, 宣祖 25年 5月 戊子, 21冊, 495쪽.
121) 《宣祖實錄》 卷83, 宣祖 29年 12月 戊寅, 23冊, 130쪽 ; 《宣祖實錄》 卷129, 宣祖 33年 9月 丙寅, 24冊, 129쪽.
122) 《宣祖實錄》 卷121, 宣祖 33年 正月 丙寅, 24冊, 27쪽.

# 5. 結 語

후대와 비교하여 절대적으로 부족한 관련자료에도 불구하고, 기왕의 연구를 바탕으로 조선전기 도성상업의 실상과 그 발전의 기반으로 기능하던 한강과 경강상업의 형편을 많은 추정과 연역 속에서 정리하여 보면 이상과 같다.

漢陽은 조선왕조 개창과 定都 이후 전혀 새롭게 조성된 계획도시였다. 집권체제를 어느 왕조보다 강력하게 추진하였던 조선왕조는, 한양 정도 이후 집권국가의 국가편성의 원리에 입각하여 이 계획도시 한양의 상업부문에 대해서도 정비와 재편을 거듭하고 있었다. 그리하여 '務本抑末', '利權在上'의 상업론과 상업정책에 따라 도성에 시전을 조성하여 국가의 재정운영과 도성민의 상품수요에 부응하게 하였다. 태종조에 종로 일대에 건설된 시전의 행랑은 그 규모가 대략 1천여 칸 내외였을 것으로 추정되며, 여기에는 각종 시전들이 고유의 판매물종을 가지면서 그 물종별로 일정구역에 구획되어 배치되었다.

시전이 조성되고 있던 초기 한양시전에는 주로 옛 수도인 개성의 시전상인과 부상대고들이 정부의 강제이주 방침에 따라 입주하였으며, 조선 정부는 이들 시전상인들에게 상세·책판·잡역 등의 市役을 부과하는 한편, 그들의 상활동을 '禁亂'의 차원에서 관리하고 감독해 내고 있었다. 이후 세종 정부는 전대의 부실공사와 세종 8년(1426)의 도성 대화재 이후 무너지고 불탄 시전건물을 보수하거나 재건축하였고, 또 아직까지 시전에 입주하지 않고 있던 도성내 工商들을 마저 시전에 편입시키는 한편으로, 각 시전의 판매물종을 알리는 표식을 세우는 등 도성시전의 외형을 한층 재정비하고 있었다.

15세기 후반 도성상업은 시전과 非시전계열 모두에서 확대와 발전을 지속하고 있었다. 우선 도성의 시전구역이 성종 3년(1472)에 오늘날의 종로 4가 일대로까지 확장되었고, 그 결과 성종조에 도성의 시전규모는 대략 1,200여 칸에 이르게 됨으로써 고려왕조 개경의 그것에 필적하는 외양을 갖추기에 이르렀다. 이윽고 조선 정부는 성종 16년(1485)에 이전 대상이 되는 시전의 강력한 반발에도 불구하고, 전체 시전을 대상으로 물종별 재배치를 주요 내용으로 하는 시전재편을 단행하고 있었다. 철물전 상인이 주동이 된 언문투서 사건은, 이 과정에서 점포이전에 따른 商權의 변동과 商利상실을 우려한 시전상인들이 벌인 일이었다. 한편 이 시기 도성에서는 비시전계의 시장 또한 증설되고 私商人의 활동이 활발해지고 있었다. 그리하여 도성의 방방곡곡에 시장이 서지 않는 곳이 없다는 지적 속에서 중종조에는 신설시장의 폐쇄조처가 거론되기도 하였으나 실현되지 않았으며, 일부이기는 하지만 이들 사상인들의 상활동이 시전의 상권을 잠식하는 현상이 나타나고도 있었다.

이에 조선 정부는 시전의 市役부담을 줄이는 동시에 사상인의 불법활동에 대한 '禁亂'을 강화하는 차원에서 시전상인 보호책을 마련하고 있었고, 임란 직후에는 이들 사상인 중의 일부를 시전체계 속에 편입시킴으로써 시전 중심의 도성상업 재편을 꾀하고도 있었다. 이처럼 15세기 후반 이후 특히 16세기에 들어 시전상업과 非시전상업 계열 모두에서 도성상업이 확대와 발전을 지속할 수 있었던 기반에는, 도성인구의 증가와 도성의 상업도시적 성격 강화가 자리하고 있었다. 유동인구를 포함하여 십 수만의 소비인구를 보유하고, 더욱이 국가의 부세체계가 이완되거나 변동하면서 특히 공납제에서 보듯이 방납과 대납, 그리고 경중에서의 무납이 일상화하면서 도성의 상업도시로서의 성격은 더욱 강화되었고, 이 과정에서 도성상업의 확대와 발전이 지속될 수 있었던 것이다.

국초 분분한 천도논의 끝에 한양이 조선왕조의 도성으로 확정된 데에는 풍수적 근거를 비롯하여 다양한 배경이 있었지만, 그 가운데 특히 주목된 것은 물류체계에서 漢江이 갖는 이점이었다. 고려시기부터 물류상의 중요 위치를 점유하고 있던 한강은, 한양정도 이후 더욱 그 위상을 강화시켜 갔다. 그리하여 도성주변의 한강, 곧 京江 일대에는 천도 이후 국가 재정기구의 여러 창고가 설치되고 다양한 국가적 물류와 관련된 시설물들이 들어서고 있었다. 이후 국가적 물류와 민간유통의 兩체계에서 경강상업은 그 성장을 거듭하고 있었다. 이에 따라 각종 상업시설과 상인들이 경강주변에 형성되었고, 그 가운데 특히 稅貢을 비롯한 국가적 물류가 집중하던 서강과 용산강 일대에는 상업인구가 늘어나는 한편으로 물화의 하역이나 운수에 관련된 종사자들도 성장하고 있었다.

이처럼 국가적 물류와 민간상업의 유통물화들이 도성으로 반입되는 거점이었던 경강에는, 특히 16세기에 들어 서강·용산강·한강을 지칭하는 三江을 중심으로 主人層이 대두하여 이 곳에 몰려드는 전국 각지의 상인과 상품들을 專管해 내면서 중개와 도매업을 영위하고 있었다. 경강의 주인층을 대표로 하는 이들 상업세력은 홍수로 물길이 바뀐 용산강의 준설을 기도하거나, 舟師大將을 비롯한 국가의 침탈에 대응하는 등 자신들의 상권의 확대와 영업이익을 위해 적극 활동하기도 하였다. 이러한 경강상업과 그 주축으로서 주인층의 성장은 이들이 도성상업을 배후로 하여 전국적인 상업과 물류유통의 거점으로 기능하였음을 시사하는 것으로, 조선 국가의 억말책 아래에서 도성중심의 유통체계가 정비되어 가고 그것이 한층 더 발전해 가던 실정을 잘 보여주고 있었다. 결국 조선전기 도성상업의 발달과 이를 뒷받침하였던 경강상업의 이와 같은 실상은, 이 시기 조선 국가가 표방하고 있던 상업정책으로서 억말책의 실제와 그 아래에서 성장하고 있던 민간상업의 발전 및 그 수준 등을 더불어 여실하게 실증하는 것이라 하겠다.

[《서울학연구》 23, 2004. 9. 수록, 2008. 校]

# Ⅱ. 商人의 活動과 流通體系

# 朝鮮前期 京商의 商業活動

## 1. 序 言

　건국 이후 조선 정부는 抑末策에 근거하여 국내외의 상업을 편성하여
관장하고 있었다. 상업에 대한 조선 정부의 이 같은 통제기도는 역대 어
느 왕조보다 견실하게 추구되던 집권적 국가질서의 수립문제와 연계되
면서 더욱 강조되었고, 이 과정에서 자연스럽게 도성중심의 유통체계가
국가의 부세수취를 둘러 싼 물화유통이나 민간교역의 양 부문에서 공히
형성되어 발전하게 되었다. 도성상업, 그 가운데 특히 시전을 거점으로
전국상업을 관장하고 통제하려는 국가의 상업정책에 따른 결과였다.[1]
　조선전기에는 국가의 이와 같은 억말책 아래 상업과 상품유통의 주역
으로서 다양한 상인층이 형성되어 있었다. 四民, 곧 士·農·工·商 가
운데 말단의 지위에 있던 이들 상인층은, 건국 이후 국가의 상업정책이
정비되어 가는 것과 함께 성장 또는 재편되면서 이 시기의 상업발달을
주도하고 있었다. 그리하여 한양과 개성에는 시전이 조성되고 이를 기
반으로 시전상인이 성장하고 있었으며,[2] 민간상업의 발달과 더불어 非
시전계의 상인 또한 일찍부터 富商大賈의 형태로 대두하여 전국적인

---

　1) 朴平植, 《朝鮮前期商業史硏究》, 지식산업사, 1999.
　2) 朴平植, 〈朝鮮初期 市廛의 成立과 '禁亂'問題〉, 《韓國史硏究》 93, 1996 ; 朴平植,
　　〈朝鮮前期 市廛의 發展과 市役 增大〉, 《歷史敎育》 60, 1996 ; 朴平植, 〈朝鮮前期의
　　開城商業과 開城商人〉, 《韓國史硏究》 102, 1998(이상의 논고들은 모두 앞의 《朝
　　鮮前期商業史硏究》에 수록).

유통체계를 구축하며 그들의 자산을 확대시키고 있었다.[3]

본 논문에서 필자는 조선 商人群 가운데 대표적 존재였던 도성상인, 즉 京商의 상업활동을 그들의 구성유형에 대한 분석을 토대로 국내외 교역의 측면에서 규명하여 정리해 보고자 한다. 조선상업의 주역이었던 이들의 활동상을 분석하여 그 실체를 분명히 하는 작업이, 조선전기에 전개된 상업의 실제 파악에 필수적이라는 판단 때문이다. 이 시기 상업이 국내외 교역 각 분야에서 '억말'의 국가정책에 따른 변동과 재편의 양상을 노정하는 속에서도 이를 주도하는 다양한 상인세력이 고려 말에 이어 계기적인 성장을 지속하였던 사정이, 경상의 상업활동에 대한 이러한 규명작업을 통해 보다 구체적으로 확인될 수 있을 것이기 때문이다.

## 2. 京商의 類型과 身分構成

조선전기 경상은 다양한 유형의 상인들로 구성되어 있었다. 이 시기 도성과 전국의 商權을 망라하고 있던 경상의 유형과 관련하여서는, 우선 국초 한양의 시전조성에 즈음하여 태종 15년(1415)에 정부가 마련한 商稅규정이 주목된다. 이 상세규정에서 조선 정부는 상세의 부과대상 상인으로 工匠商賈人, 行商, 坐賈 등을 파악하고 있었고, 이외 시전의 長廊에는 과세, 巷市에 대해서는 비과세의 방침을 확정하고 있었다.[4] 이 상세규정은 물론 도성만이 아니라 전국 각지에서 활동하는 상인 일

---

3) 백승철, 〈16세기 부상대고(富商大賈)의 성장과 상업활동〉,《역사와 현실》13, 1994 ; 朴平植, 앞의《朝鮮前期商業史硏究》, 제2장 3절 〈非市廛系 商人의 成長과 都城의 商權紛爭〉.

4)《太宗實錄》卷29, 太宗 15年 4月 己巳, 2冊, 56쪽.
　 "戶曹 上收稅法 曹與二品以上同議以啓 工匠商賈人之稅 因取利多少爲三等 上等每月 納楮貨三張 中等二張 下等一張 行商之稅每月二張 坐賈稅一張 巷市不在此限 長廊稅 每一間春秋兩等各一張 從之"

반에 대한 조처였지만, 국초의 상업실정을 고려할 때 그 주요대상은 도
성상인, 곧 경상일 수밖에 없었고, 따라서 여기에 거론된 상인들은 바로
경상의 주요 구성유형이었다.

　그런데 이후 시전중심의 도성상업 질서가 구축되어 가면서, 위 상세
규정은 다시 조정·정리된 형태로《經濟六典》의 호전에 등재되었다.[5]
태종 15년의 규정이 楮貨를 기준으로 한 것과 달리《경제육전》에서 그
기준이 동전으로 바뀌고 상인 각각에 대한 과세액에 약간의 변동이 있
었지만, 위 양자의 상세규정에서 과세대상으로 삼는 상인의 유형은 동
일하였다. 즉 定住商人으로서 인두세 형식의 좌고세를 부담하면서 동시
에 국가가 조성하여 분정한 公廊稅를 부담하는 시전상인,[6] 상·중·하
의 등급으로 파악되어 수공업 물품의 제조와 판매를 겸하던 諸色匠人,
곧 공장상고인, 그리고 행상 등이었다.

　국초 상세부과와 관련하여 정부가 파악하고 있던 이상의 商人群 가운
데, 이 시기 경상으로서 최대의 상인집단은 물론 시전상인들이었다. 태
종조 국가에서 조성하여 분정한 행랑에 물종별로 입주하여 영업하고
있던 시전상인들은 廛案에 의거하여 파악되었고 商稅·責辦·雜役 등
으로 구성된 각종 市役을 부담하면서, 국가수요의 조달과 처분 그리고
도성내 상품유통의 독점권을 보장받고 있던 官許의 특권상인이었다. 따
라서 이들의 商權과 상업망은 도성만이 아니라 전국에 걸쳐 있었고, 국
내외의 교역을 망라한 이 시기 최고 최대의 상인집단으로 활약하고 있
었다.[7] 이들 시전상인은 혈연성을 바탕으로 임원체계를 갖춘 동업조합
의 조직을 조직하여 그들의 상권을 확보하고 유지하면서, 성종조 이후

---

　5)《端宗實錄》卷7, 端宗 元年 8月 丙申, 6冊, 610쪽.
　　"戶典謄錄 市廛則每一間春秋各收稅錢一百二十文 諸色匠人則每月收稅錢 上等九十
　　文 中等六十文 下等三十文 行商則收稅錢八十文 坐賈則四十文"
　6) 좌고가 곧 定住의 시전상인이었음에 대해서는 朴平植, 앞의《朝鮮前期商業史硏
　　究》87쪽의 주 63 참조.
　7) 朴平植, 앞의《朝鮮前期商業史硏究》제2장 ; 서성호,〈15세기 서울 都城의 상업〉,
　　《서울상업사》, 태학사, 2000.

도성상업의 확대와 발전을 선도하고 있었다.[8]

한편 조선전기 시전에는 수공업 노동을 통해 도성인들에게 필요한 각종 일용품과 戱玩之物, 軍器類 등을 제조하여 스스로 판매하는 이른바 '工商'層이 포함되어 있었다.[9] 이 시기에 시전을 두고 '市肆의 온갖 장인'[10]이라거나 "市肆를 세워 온갖 장인에게 그 만든 것을 팔아서 먹고 살게 한다"[11]는 표현이 자주 사용되었던 것은, 이처럼 시전 내에서 수공업 물품의 제조와 판매를 겸하여 수행하는 工匠商賈人 세력이 다수 활동하고 있었던 사정을 잘 보여주고 있다.

조선전기 定住의 점포에서 영업하지 않고 상업을 영위하던 상인층은 통상 行商으로 범칭되었다.[12] 이 시기 시전의 독점상권이 보장되던 도성에도 이 행상이 다양한 유형으로 존재하고 있었다. 우선 도성민의 일상용품과 朝夕마련을 위해 성내 도처에서 열리고 있던 이른바 巷市에서는 많은 영세 소상인들이 행상의 형태로 생업을 삼고 있었다. 이들 항시에서 상활동에 종사하는 상인들의 거개는 영세 소상인이어서, 조선 정부는 국초 이래 이들에 대해 일관되게 비과세 원칙을 고수하고 있었다.[13] 이들이 시전 商圈의 외곽에서 도성과 그 주변지역을 무대로 일상의 생필품을 취급하는 영세 상활동에 종사하면서 연명하고 있었기 때문이었다.[14]

그런데 조선전기 도성에는 시전구역 내에 定住점포를 보유하지 않으면서도 앞의 영세 소상인들인 행상과는 달리, '京中富商' 또는 '京中 富商

---

8) 朴平植, 〈朝鮮 成宗朝의 市廛再編과 官·商 葛藤〉, 《典農史論》 7, 서울시립대, 2001(本書 I부 제2논문).

9) 朴平植, 앞의 〈朝鮮初期 市廛의 成立과 '禁亂'問題〉.

10) 《成宗實錄》 卷14, 成宗 3年 正月 己未, 8冊, 627쪽.

11) 《燕山君日記》 卷48, 燕山君 9年 2月 庚戌, 13冊, 543쪽.
"立市肆 使百工各售其業"

12) 조선전기 행상의 유형과 그 활동에 대해서는 朴平植, 〈朝鮮前期의 行商과 地方交易〉, 《東方學志》 77·78·79合輯, 1993(《朝鮮前期商業史硏究》에 수록) 참조.

13) 주 4 참조.

14) 朴平植, 앞의 〈非市廛系 商人의 成長과 都城의 商權紛爭〉, 138쪽.

大賈'로 불리면서 도성과 전국을 무대로 상업활동에 종사하는 일군의
또 다른 상인들이 존재하고 있었다.15) 문종 즉위년(1450) 6월 이해 조선
에 온 明나라 사신과의 무역에 필요한 麻布의 조달방안이 현안으로 대
두하자, 호조에서는 이를 경중의 부상에게 각 50필, 結綵人에게 각 40필,
시전인에게는 그 殘盛을 고려하여 매 1肆當 2~30필에서 4~50필씩 공
급하도록 조처하고 있었다.16) 영업하고 있는 市肆 단위로 무역용 마포
를 부담하는 시전상인과는 별개의 경중부상의 존재가 확인됨과 동시에,
이들의 마포 부담액수로 추정하여 볼 때 이 경중부상의 商勢규모가 시
전상인의 그것에 버금가던 실정이 증명되고 있는 것이다.

나아가 위 논의가 있던 자리에서 국왕은, 그 전년에 온 명나라 사신
倪謙의 방문 시에도 시전상인 중에서 무역에 응하는 자가 없어 부득이
하게 경중의 부상들에게 무역용 물품을 抑買하였던 사실을 지적하고
있었다.17) 명나라 사신과의 공무역에 필요한 물품조달이 시전상인을 통
한 거래만으로 여의치 않을 경우, 경중부상의 무역용 물품조달은 이렇
게 하나의 관례로서 이 시기에 지속되고 있었던 것이다.

한편 중종 30년(1535) 6월 사헌부에서는 濟用監에 보관된 국용 朱紅
이 많음에도 불구하고, 庫子들이 시전상인들에게 이를 강제로 分徵하는
실태를 고발하며 관련자 처벌을 주청하고 있었다.18) 당시 시중의 주홍
을 매점한 경중의 부상대고가 제용감 관원과 결탁하여 국용물의 責辦의
무를 지닌 시전상인들로부터 불법 謀利하는 실태에서 비롯된 주장이었
다. 이 사건은 경중 부상대고가 국용 조달물품의 독점을 통해 시전상인
을 압박한 하나의 사례로서, 조선전기 시전상인 외에 도성을 기반으로
활약하고 있던 또 다른 상인군인 경중부상과 부상대고들의 존재를 명확
하게 보여주는 기록이라 하겠다.

---

15) 주 3과 같음.
16) 《文宗實錄》 卷2, 文宗 卽位年 6月 己丑, 6冊, 245쪽.
17) 위와 같음.
18) 《中宗實錄》 卷79, 中宗 30年 6月 丙申, 17冊, 589쪽.

조선전기 경상의 한 유형으로 주목하여야 할 상인군에는 또한 京江商
人들이 있었다. 한양천도 직후인 태조 7년(1398) 12월 都堂에서는 司水監
관원들에 의한 京江私船과 상인들에 대한 침학 탓에, 경강상인들이 생업
에 종사할 수 없어 도성의 물가가 등귀하는 실정을 문제삼고 있었다.[19]
또 세종 20년(1438) 8월 국왕은, 농한기에 재목을 베어 뗏목에 실어 경강
에 와서 판매하는 강원도민들의 생업이 경강과 경중 상인들의 매점 때문
에 침해받는 실태를 지적하며, 그에 대한 금지와 규찰을 지시하고 있었
다.[20] 경강을 무대로 도성에 공급되는 재목을 관장하는 이들 목재상인의
상업활동은 이후 성종, 중종 연간에도 거듭하여 확인되고 있다.[21]

중종 28년(1533) 2월에는 경강변 용산에 거주하는 조예 李山松이 중
심이 된 선상들이 목면과 沙器를 싣고 충청도 洪州 등지를 경유하여
중국까지 진출하여 곡물을 무역한 행태가 사노 五十斤의 고발로 조정에
서 논의되고 있었다.[22] 경강에 본거를 두고 선박을 이용하여 국내 각지
와 심지어 중국을 연결하며 상업활동에 종사하던 경강상인의 구체 사례
였다. 요컨대 조선전기 도성과 가까운 경강에는 곡물·어물·목재·柴
炭·蔬菜·什器 등을 취급하며 도성시장을 배후로 전국을 무대로 활약
하는 일련의 상인군이 경강상인의 형태로 존재하고 있었고, 이들은 그
거주지나 상업활동의 속성에서 이 시기 경상의 주요한 한 구성유형을
이루고 있었던 것이다.[23]

이상에서 살펴 본 바와 같이 조선전기 경상의 범주에는 다양한 상인
군이 포함되어 있었다. 국가의 상업정책에서 주요 근간으로 설정되어
있던 시전상인 외에도, 시전의 한 구성을 이루던 공장상고인, 곧 공상

---

19) 《太祖實錄》 卷15, 太祖 7年 12月 辛未, 1冊, 142쪽.
20) 《世宗實錄》 卷82, 世宗 20年 8月 丙寅, 4冊, 160쪽.
21) 《成宗實錄》 卷278, 成宗 24年 閏5月 辛酉, 12冊, 339쪽 ; 《中宗實錄》 卷96, 中宗
　　36年 11月 癸未, 18冊, 507~508쪽.
22) 《中宗實錄》 卷73, 中宗 28年 2月 己卯, 17冊, 391쪽.
23) 朴平植, 〈朝鮮前期의 都城商業과 漢江〉, 《서울학연구》 23, 서울시립대 서울학연
　　구소, 2004(本書 1부 제3논문).

층, 항시에서 영세 상업으로 연명하던 소상인, 이들과 더불어 非시전계
상인으로 파악되고는 있으나 그 상세의 규모나 상권에서 시전상인에
필적하던 경중 부상층, 그리고 경강과 그 주변에 본거를 두고 도성시장
과 전국에서 활약하던 경강상인 등등이 경상이라는 일련의 상인집단을
형성하며 조선전기의 상업계를 장악하여 풍미하고 있었던 것이다. 그
리고 이 시기 자료에서 포괄적인 의미로 사용되는 경중의 부상대고 세
력은, 이 같은 도성의 상인군 가운데 공상과 영세 상인층을 제외한 시
전상인·경중부상·경강상인 등으로서 그 자산과 상활동의 규모가 큰
상인들을 지칭하는 개념이었다.

한양은 조선왕조의 개창 이후 새롭게 도성으로 조성된 계획도시였다.
따라서 이 신생도시의 경상 또한 도성의 조성과 인구이주, 그리고 주된
상업활동의 근거지인 시전행랑의 건설과 그 分定 이후에 본격 성장하기
시작하였다. 그러므로 국초의 경상 특히 시전을 비롯한 대상인층은 대
부분 국가의 상업정책에 따라 前朝의 도성이자 구도였던 開城에서 옮겨
온 이주상인이었을 것으로 짐작된다. 한양천도 이후 조선 정부는 집권
적 상업질서 구축을 위해 도성에 시전을 육성하고 이를 기반으로 상업
에 대한 국가적 통제권을 장악하기 위해서, 개성의 開市를 금지하고 개
성상인의 한양이주를 강제하고 있었다.24) 개성상업의 일시 위축을 가져
온 이 같은 강경책은 태종 9년(1409) 3월에 철회되어 개성의 개시는 다
시 허용되었지만, 이때에도 애초 한양으로 이주하였다가 임의로 되돌아
온 개성의 부상대고들에 대한 재이주 방침은 그대로 강행되고 있었
다.25)

여기에서 알 수 있듯이, 국초 조선 정부의 상업정책과 시전중심의 도
성상업 편제방침의 근간이 되었던 경중의 시전과 부상대고층은 그 주요
구성원이 대부분 개성상인 출신이었다. 태종 11년(1411) 정월 楮貨보급

24) 朴平植, 앞의 〈朝鮮前期의 開城商業과 開城商人〉; 朴平植, 〈朝鮮前期 開城商人의
商業活動〉, 《朝鮮時代史學報》 30, 2004(本書 Ⅱ부 제2논문).
25) 《太宗實錄》 卷17, 太宗 9年 3月 丙午, 1冊, 476쪽.

을 위한 麤布 금단책을 논의하면서 국왕은, 당시 한양과 개성에 모두 상점을 두고 왕래하는 부상대고와 공장들의 실태를 언급하고 있었다.[26] 이는 국초 경상의 주요 구성 세력인 시전과 부상대고들이 대부분 개성 상인 출신이었고, 이들을 중심으로 新都 한양의 경상층이 새롭게 형성 되고 있던 사정을 잘 보여주는 또 하나의 사례라 하겠다.

조선전기에 도성과 전국상업을 주도하던 경상의 商人群에는 다양한 신분의 세력들이 참여하여 상업활동을 영위하고 있었다. 조선시기 상인 은 신분적 개념에 따른 고정된 사회세력이 아니었다. 유교의 가치체계 아래서 사·농·공·상의 四民觀이 관철되고 이에 따라 末業인 공상업 종사를 천시하는 사회 분위기는 분명하였으나,[27] 상업종사는 기실 양반 사대부나 양인, 천인 등 어느 신분층에서도 가능하였고 실제 그러하였 다. 그러나 상업을 천시하는 사회관념 탓에 상인세력의 주축이 신분상 양인과 천인들로 구성되었다는 점 또한 사실이었다.

조선전기 경상 중에서 최고 최대의 상인집단이었던 시전상인의 신분 구성을 구체적으로 보여주는 관련자료는 찾아보기 어렵다. 그런데 이와 관련하여서는 성종 13년(1482) 11월 경연에서 이루어진 다음 논의가 주 목된다. 이날 사간 金克儉은 市裏의 공상인 가운데 雜職진출을 통해서 품계가 문무직에 상응한 자의 범죄시에, 그 품계 탓에 決杖이 불가능하 여 다만 贖徵만 하는 실태를 거론하면서, 이들 시정 소인들의 처벌을 문무관의 예로 처리함이 부당하다고 주청하고 있었다. 그러나 그의 주 장은 이들의 관직과 품계 또한 王爵이고 君爵이라는 대신과 국왕의 반 론에 부딪혀 받아들여지지 않았다.[28] 이때 김극검이 거론한 시정의 공 상인이 모두 시전상인은 아니었을 것이나, 다양한 경로를 통해 문무직 에 상응하는 잡직에 진출할 수 있었던 상인이라는 점에서 그 대부분은

---

26) 《太宗實錄》卷21, 太宗 11年 正月 壬午, 1冊, 575쪽.
27) 朴平植, 〈朝鮮初期의 商業認識과 抑末策〉, 《東方學志》104, 1999(《朝鮮前期商業史 研究》에 수록) ; 《成宗實錄》卷19, 成宗 3年 6月 己未, 8冊, 662쪽.
28) 《成宗實錄》卷148, 成宗 13年 11月 甲辰, 10冊, 406쪽.

시전상인이었을 것으로 생각된다. 그리고 이로 미루어 이 시기 시전상
인들은 주로 양인으로 구성되었으며, 이들 중의 일부는 그들의 財富나
상활동을 바탕으로 중앙 부처의 여러 잡직에 나아감으로써 관직과 품계
를 수득하기도 하였던 실정을 엿볼 수 있겠다.

　실제 국초부터 시전상인들은 시전을 주관하는 경시서의 使令으로 활
동하며 정부의 시전 '禁亂'활동을 제어하기도 하였으며,[29] 16세기에 경
중 각사의 吏胥나 下人輩로서 부세수납의 실무를 담당하고 있던 이른바
'各司(私)主人'層은, 본래 경상 출신으로 여기에 진출한 자들이 그 주축
을 이루고 있었다.[30] 양인 신분을 토대로 각사의 잡직이나 이서직에 나
아감으로써, 이를 그들의 상이익 확대의 주요 배경과 발판으로 삼고 있
던 당시 경상들의 모습이었다.

　한편 조선전기 시전을 비롯한 경상의 상업활동에는 노비 신분층이
적극 참여하고 있었다. 이 시기 토지의 소유와 그 경영에 관한 법제적
규정에서 班常의 구별과 良賤의 차별이 없었던 것과 마찬가지로,[31] 상
업과 그에 따른 자산의 축적과정에서도 노비를 포함한 천인층에 대한
사회적인 구속과 제한은 없었다. 더욱이 상업종사가 이들의 사회적 지
위상승을 위한 기회확보와도 연관되면서 천인층의 상업참여는 더욱 적
극적이었다.

　태종 11년(1411) 정월 저화통용을 위한 정부의 강제방침이 강력하게
추진되고 있을 때, 보유가 금지된 麤布를 무려 1,500여 필이나 다른 집에
숨겨두었다가 적발된 부상 佛丁의 신분은 노비였다.[32] 성종 15년(1484)
4월 赴京使行을 수행하여 벌인 사무역 활동이 적발된 부상대고 多佛은
사신 李繼孫의 사노였고,[33] 이 때문에 당시 대간의 이계손 탄핵 주장이

---

더욱 완고하였다.34) 중종 29년(1534) 6월 安養君 부인 具氏의 명의로
白絲 100근과 10品銀 8근 4냥을 진상하고 비싸게 대가를 수령하였다가
조정에서 크게 논란이 된 부상대고 가운데 한 명인 業同은 구씨가의
노비 신분이었다.35)

이와 같이 조선전기 경상을 구성하고 있던 신분의 주축은 상업천시의
당대 사회적 풍조와도 연관하여 대부분 양인과 천인층이었다. 이 시기
경상 그 가운데 특히 경중 부상층의 신분구성의 이 같은 면모는, 성종
원년(1470) 7월 조정에서 크게 문제된 제용감 관원들의 수뢰 사건에서
도 잘 확인된다. 이때 제용감 僉正 金廷光 등은 도성 상인들로부터 다량
의 뇌물을 받고는 이들의 麤布를 제용감에 들이는 대신 국고의 正布를
과다하게 지불하였는데, 이로 말미암아 김정광이 杖 100에 변방의 노비
로 付處되는 등 엄형에 처해지고 있었다.36)

사건 조사를 맡았던 의금부의 보고에 따르면 이때 뇌물을 바친 36명
은 모두 상인이었으며, 구체적으로는 金得富 이하 良人 24명, 洪末生 이
하 奴 7명, 樂生이 2명, 算學・生徒・正兵・甲士가 각각 1명 등이었다.37)
국고에 현저한 손실을 끼쳐 문제가 된 이 사건은 관련 상인의 규모나
그 행적의 구체성에 비추어, 이 시기 도성을 무대로 활약하던 경중 부상
들의 신분구성을 비교적 잘 보여주는 기록이었다. 그리고 여기에서 확
인되는 바와 같이 이 시기 경상의 구성에서 가장 큰 비중을 차지하였던
신분은 양인과 천인층이었던 것이다.

한편 조선전기 도성을 거점으로 하는 경상의 상업활동에는 譯官이나
庶孽層만이 아니라, 士大夫家에서도 自家의 노비를 앞세워 참여하고 있

---

34) 《成宗實錄》卷164, 成宗 15年 3月 癸丑, 10冊, 581쪽 ; 《成宗實錄》卷164, 成宗
   15年 3月 癸酉, 10冊, 582쪽.
35) 《中宗實錄》卷77, 中宗 29年 6月 甲辰, 17冊, 520쪽 ; 《中宗實錄》卷77, 中宗 29年
   6月 癸丑, 17冊, 521쪽.
36) 《成宗實錄》卷6, 成宗 元年 7月 壬午, 8冊, 513~515쪽.
37) 위와 같음. 부상 김득부가 양인이었던 사실은 사건 관련 다른 기록에서 확인된
   다(《成宗實錄》卷6, 成宗 元年 7月 己丑, 8冊, 517쪽).

었다. 특히 대외 사무역 부문에서 역관이나 서얼층의 상업참여와 이를
통한 致富는 이 시기에 매우 두드러지는 현상이었다.[38] 세종 25년(1443)
5월 통사 玉振의 사후에, 그의 어머니와 처 思才 사이에 상속문제가 불
거졌을 때 논란이 된 옥진의 재산은, 그가 생전 赴京기회를 활용한 사무
역을 통해서 축적한 '暴富'임이 지적되고 있었다.[39]

이처럼 역관의 지위 자체가 사무역의 기회를 보장하고 있었던 만큼,
경우에 따라서는 경중의 상인들이 적극적으로 이 通事職에 진출하기도
하였다. 중종 23년(1528) 8월 국왕은 당시 倭通事가 모두 시정의 상인들
이기 때문에 발생하는 문제를 거론하면서, 그 직을 경상이 아닌 專業의
역관들에게 맡길 뜻을 피력하고 있었다.[40] 동왕 38년(1543) 3월에도 사
헌부는 부상 출신인 통사 閔億孫의 사무역 죄에 대한 경감방침에 이의
를 제기하면서, 경중의 부상 무리들이 謀利를 목적으로 譯籍에 몰래 들
어가 부경하고 있던 당대의 실태를 고발하고 있었다.[41] 모두 역관층이
사행의 기회를 활용하여 상업활동을 하거나, 아예 이 기회를 노리고서
경상들이 역관직에 진출한 경우로서 특히 대외무역에서 이들의 활동은
더욱 두드러지고 있었다.

대외무역을 중심으로 한 경상의 상업활동에는 사대부가의 서얼층 또
한 적극 참여하고 있었다. 중종 39년(1544) 3월 승정원은 서얼의 무리들
이 비록 사대부 가문의 자제이기는 하나 그 '嗜利'의 마음이 시정의 상인
들과 다르지 않음을 이유로, 이들을 사신들이 부경시에 대동할 수 있는
子弟의 반열에서 제외할 것을 주청하여 관철시키고 있었다.[42] 그러나
이 조처에도 불구하고 이후에도 서얼층의 부경 사무역 활동은 여전하

---

38) 韓相權, 〈16世紀 對中國 私貿易의 展開 - 銀貿易을 중심으로〉, 《金哲埈博士華甲紀
   念史學論叢》, 知識産業社, 1983 ; 이태진, 〈16세기 국제교역의 발달과 서울상업의
   성쇠〉, 《서울상업사》, 태학사, 2000.
39) 《世宗實錄》卷100, 世宗 25年 5月 丙寅, 4冊, 476쪽.
40) 《中宗實錄》卷62, 中宗 23年 8月 甲子, 17冊, 30쪽.
41) 《中宗實錄》卷100, 中宗 38年 3月 辛亥, 18冊, 666쪽.
42) 《中宗實錄》卷102, 中宗 39年 3月 丙辰, 19冊, 58쪽.

여, 명종 11년(1556) 8월에는 동지사였던 한성판윤 沈通源이 데리고 간
여러 서얼 자제들의 사무역 행적이 다시 문제가 되고 있었다.[43] 그리고
이처럼 대외무역에 종사하던 사대부가의 서얼이나 孽子들은 역관층의
경우와 마찬가지로, 그들 역시 본래 경상 출신이었을 가능성이 매우 높
다고 생각된다.[44]

조선전기 상업을 통한 資産축적에는 양반 사대부 가문 또한 예외가
아니었다. 특히 정국의 변동과 맞물리면서 그들의 殖貨행태가 논란이
된 대신이나 권신들의 경우에는 예외 없이 이 같은 致富방법이 항상
문제가 되고 있었다. 양반 사대부로서 그들의 지위와 신분, 그리고 상업
천시의 사회풍조 속에서 도성에 근거를 둔 사대부 자신이 상업에 직접
투신한 사례는 찾을 수 없으나, 그들의 家奴나 서얼자제를 앞세운 상업
활동은 대부분 사대부 가문의 殖貨를 도모한 활동으로 볼 수 있을 것이
다.[45]

성종 8년(1477) 정월 당대의 훈구대신 韓明澮 가문의 다음 상업행위
는 이와 관련하여 매우 주목되는 사례이다. 당시 한명회가의 丘史였던
奴 金成은 주가의 면포 100여 필을 동반 10여 명과 함께 배에 싣고 濟州
로 선상활동에 나섰다가 몸을 숨긴 채 돌아오지 않고 있었다. 이에 그들

---

43) 《明宗實錄》 卷21, 明宗 11年 8月 丁酉, 20冊, 355쪽.
44) 이 시기 서얼층의 상업종사와 관련하여서는 사대부 가문의 孽子 출신으로 상업
   에 투신하여 당대를 풍미했던 부상 許繼智의 사례를 분석한 다음 논문을 참고할
   만하다.
   강제훈, 〈조선초기 富商 許繼智의 신분과 권력 배경〉, 《韓國史研究》 119, 2002.
45) 전근대 어느 사회나 마찬가지이겠지만, 상인의 개념과 범주를 상업을 專業으로
   하여 직접 상업활동에 종사하는 자로 한정하여 볼 경우, 여기에서 언급하는 양
   반 사대부층을 경상의 한 구성신분으로 보기는 어려울 것이다. 그러나 이하의
   서술에서 확인되는 것처럼, 양반가에서 가솔노비를 앞세워 상업을 통한 식화를
   도모하는 경우에 그 노비가 전업상인이 아니라면, 필자는 상업활동의 物主가
   主家인 양반가이고 노비는 단순한 借人에 해당한다는 점에서 포괄적으로 양반
   가의 상업활동으로 보아야 한다고 생각한다. 한편 이와 관련하여서는 동 시기에
   양반 사대부로서 직접 상업행위에 투신한 사례가 확인되는 개성의 상업환경
   역시 주목된다(朴平植, 앞의 〈朝鮮前期의 開城商業과 開城商人〉; 朴平植, 앞의
   〈朝鮮前期 開城商人의 商業活動〉).

이 충청도 홍주에 來泊하고 있다는 사실을 탐지한 한명회가, 절도사 李
從生에게 청탁하여 관군을 동원하여 김성과 그의 물화를 추쇄하였는데,
이 행태가 官權의 무단 도용이라는 차원에서 조정에서 크게 문제가 되
었던 것이다.[46] 조정 대신들의 논란과는 관계없이, 이 경우 노비 김성의
선상활동은 실제로는 主家인 한명회 가문의 상업행위였음이 분명하다.
따라서 이 시기 경상들이 벌인 국내외 교역활동의 배후에 이처럼 양반
사대부 가문 특히 권세가가 존재할 경우, 이는 대부분 사대부 가문의
직접적인 상업행위로 판단되는 것이다.[47]

아울러 사대부가의 식화를 위한 상업활용과 관련하여서는 조선전기
관인 사대부층 사이에 유행하였던 商人家 여식의 蓄妾풍조에 주목할 필
요가 있다. 세종 8년(1426) 우의정 李原의 부상대고 內隱達 여식 作妾
사례,[48] 同王 23년(1441) 경시서령 吉師舜의 市人女 작첩 사례,[49] 성종
24년(1493) 대신 盧公弼과 그의 妾父 부상대고 金貴山의 사례,[50] 중종
6년(1511) 좌의정 柳順汀의 부상 崔彌同 손녀 작첩 사례,[51] 동왕 13년
(1518) 마포거주 부상 千仇知金의 朝士家 혼인 사례[52] 등에서 확인되듯
이, 이 시기 사대부층 사이에서는 상인의 여식을 妾으로 삼는 행태가
하나의 풍조로서 지속되고 있었다. 道學에 기초한 왕정질서를 꿈꾸었던
중종조의 趙光祖가, 朝官으로서 市井豪右, 곧 경중 부상대고의 사위가

---

46) 《成宗實錄》卷75, 成宗 8年 正月 癸亥, 9冊, 415쪽 ; 《成宗實錄》卷75, 成宗 8年
    正月 乙丑, 9冊, 416~417쪽.
47) 노비를 앞세운 양반가의 상업행위는 명종 15년(1560) 西京의 船商왕래 금지조
    처에도 불구하고, 관권을 활용하여 서경에서 선상활동을 벌인 前서윤 李師聖의
    査頓家 사례나(《明宗實錄》卷26, 明宗 15年 7月 壬申, 20冊, 561쪽), 壬亂中 피란지
    에서 가솔노비를 통해 일상이다시피 상업을 운용하고 있던 吳希文家의 사례에
    서도 구체적으로 확인된다(《瑣尾錄》上·下, 國史編纂委員會刊 活字本, 1962).
48) 《世宗實錄》卷31, 世宗 8年 3月 辛亥, 3冊, 15쪽.
49) 《世宗實錄》卷94, 世宗 23年 12月 丁巳, 4冊, 388쪽.
50) 《成宗實錄》卷279, 成宗 24年 6月 丙子·丁丑, 12冊, 345쪽.
51) 《中宗實錄》卷14, 中宗 6年 10月 乙未, 14冊, 537쪽 ; 《中宗實錄》卷14, 中宗 6年
    12月 甲申, 14冊, 545쪽.
52) 《中宗實錄》卷34, 中宗 13年 11月 甲寅, 15冊, 491~492쪽.

된 자들을 모두 仕版에서 삭제하자는 극단의 주장을 하였던 것도 이런
당대의 풍조 때문이었다.53)

　관인 사대부로서의 처지와 유교이념에 따라 양반 권세가 가문의 직접
적인 상업행위가 지탄의 대상이 되는 형편에서, 이 같은 상인가 여식의
축첩행태는 조선전기 양반 사대부 가문의 상업을 통한 殖貨의 현실적인
방안으로 적극 활용되고 있었다. 따라서 도성과 국내외 교역을 주도하
던 경중부상의 상업활동에 양반층의 직접적인 참여는 확인할 수 없다
하더라도, 이와 같은 실정을 고려한다면 경상층의 실제적인 구성에 이
들 양반층의 일부 역시 포함하지 않을 수 없다고 본다. 앞서 확인한 서
얼출신 경상의 상업활동에서도 이러한 사정은 마찬가지였을 것이다. 외
가를 부상대고로 둔 妾소생의 양반가 서얼자제의 상업투신은 자연스런
귀결이었을 것이기 때문이다.

　요컨대 조선전기에 自家의 노비 또는 서얼자제를 앞세우거나 妾家로
하여금 대행시키는 형태로 전개되었던 在京 양반 사대부가의 상업운영
과 이를 통한 식화행태는, 이들 자신을 상인층의 한 구성신분으로 파악
할 수는 없다 하더라도 그 상업행위의 실제적인 주체가 바로 物主인
사대부 가문이라는 점에서, 그리고 그 운용 상업자산의 규모가 매우 컸
을 것이라는 점에서, 이 시기 경상 특히 부상대고 세력의 신분구성과
관련하여 매우 주목되는 현상이라 하겠다.


## 3. 國內交易과 京商의 商業活動


　조선전기 경상이 조선 최대의 상인집단일 수 있었던 가장 큰 배경은
그들의 상활동 기반이던 도성의 상업도시적 성격에 있었다. 전근대 왕

---

53) 주 52와 같음.

조의 다른 도성이 으레 그러했듯이, 이 시기 한양은 정치·행정·군사의 중심지로서 인구가 집중해 있는 소비도시이자, 집권국가의 수도로서 전국 각지의 물산이 조세와 상품의 형태로 집산하는 상업도시이기도 하였다.[54] 따라서 시전상인과 경중의 부상대고층은 소비도시이자 상업도시인 이 도성을 기반으로 전국의 商權을 장악한 최고 최대의 상인집 단으로 성장하여, 국내외 교역에서 활약하며 그들의 자산을 확대하고 있었다.

집권국가의 도성인 한양이 갖는 상업도시적 성격은 국초 이래 전국 각지에서 集注하는 각종 부세의 수납과정에서 우선 조성되었고, 경상의 국내교역 활동 또한 이 같은 국가의 부세수취 재정운영과 연관하여 두드 러지고 있었다. 조선 국가는 개창 이래 그 재정운영을 미곡을 위시한 현 물 위주로 운영하는 원칙을 고수하고 있었고, 이에 따라 백성들이 부담 하는 부세 역시 勞役의 형태로 부담하는 군역·신역과 요역을 제외하면, 田稅와 貢物을 비롯한 각종 부세가 현물형태로 중앙과 지방의 각 관청에 수납되고 있었다. 그리고 이 과정에서 왕실과 중앙 관부가 소재한 도성이 이들 부세물의 최종적이고 최대의 집산처가 되고 있음은 당연하였다.

이 같은 정부의 부세수취 재정운영에서 특히 경상의 상업활동의 주요 무대가 되었던 것은 貢納 분야였다. 국초 '任土作貢'과 '本色直納'의 원리에 입각하여 설정되었던 공납제의 변화, 곧 각종 공물의 代納과 防納, 京中貿納의 확대와 일반화 추세가 이들 경상들의 상활동 공간으로 적극 활용되고 있었던 것이다.[55] 本邑의 토산물을 지방민들이 해당 중앙관서에 직납하는 애초 공납제의 원칙은, 이후 지방의 생산사정의 변화에도

54) 朴平植, 앞의 《朝鮮前期商業史研究》 제2장 ; 朴平植, 앞의 〈朝鮮前期의 都城商業 과 漢江〉.

55) 조선전기 공납제의 변동과 방납·대납의 추세가 갖는 유통경제적 성격에 대해 서는 다음 논고에서 이미 잘 정리된 바 있다.
    이지원, 〈16·17세기 전반 貢物防納의 構造와 流通經濟的 性格〉, 《李載龒博士還 曆紀念韓國史學論叢》, 한울, 1990 ; 朴道植, 〈朝鮮時代 貢納制 研究〉, 경희대 박사 학위논문, 1995 ; 田川孝三, 《李朝貢納制の研究》, 東洋文庫, 1964.

불구하고 토산의 偏在실정이나 그에 따른 특정지방의 부담과중 등을
이유로 貢案의 개정을 통해 합리적으로 조정되지 않았고,56) 이 과정에
서 이루어지는 공물의 대납과 무납은 지방민의 처지에서도 불가피한
선택이었다.

여기에 공물의 대납과 방납과정의 이익을 노린 官人과 상인세력의
적극적인 개재가 이루어지면서 방납추세는 盛행하여 갔다. 공물대납과
방납의 추세는 공납제의 시행 초기인 태종조에 벌써 문제가 되기 시작
하여 세종조에 이르면 이미 '日常'의 현상이 되고 있었으며,57) 이후 16세
기에 들어 이 사안은 가장 큰 부세문제이자 경제현안으로 논란되고 있
었다.58)

그런데 이처럼 공납이 대납·방납화 하면서 이 시기 교환경제 성장의
일대 계기로 작동하는 가운데, 이렇게 대납되거나 방납되는 물화들은
대부분 '京中貿納'의 형태로 조달되고 있었고, 따라서 그 상업이익의 최
대 수혜자는 바로 도성상인인 경상일 수밖에 없었다. 세조 10년(1464)
5월 동지중추원사 梁誠之는 방납과정에서 '일국 財富의 절반이 商賈의
수중에 부쳐지고 있는' 실태를 고발하고 있었으며,59) 명종 7년(1552) 10
월 영경연사 沈連源은 "도성 시정의 상인들이 모두 방납에 종사하고 있
다"며 당시의 상황을 묘사하고 있었다.60) 나아가 선조 37년(1604) 2월
《實錄》의 史臣은 당대 방납의 폐단을 극론한 경기감사의 啓文 뒤에, 이
같은 방납의 주체가 王子諸宮 公卿士大夫의 특권층이나 실무를 담당하
는 吏胥輩들, 그리고 바로 이들 京商層이었음을 구체적으로 명기하고

56) 《文宗實錄》 卷4, 文宗 卽位年 10月 庚辰, 6冊, 300쪽 ; 《中宗實錄》 卷9, 中宗 4年
　　閏9月 丁丑, 14冊, 373쪽.
57) 金鎭鳳, 〈朝鮮初期의 貢物代納制〉, 《史學硏究》 22, 1973 ; 朴平植, 〈세종시대의
　　교환경제와 상업정책〉, 《세종문화사대계》 3, 세종대왕기념사업회, 2001(本書 Ⅰ
　　부 제1논문).
58) 이지원, 앞의 〈16·17세기 전반 貢物防納의 構造와 流通經濟的 性格〉 ; 朴平植,
　　앞의 《朝鮮前期商業史硏究》, 110~118쪽.
59) 《世祖實錄》 卷33, 世祖 10年 5月 庚辰, 7冊, 628쪽.
60) 《明宗實錄》 卷13, 明宗 7年 10月 甲辰, 20冊, 102쪽.

있기도 하였다.61)

요컨대 이 시기 공물대납과 방납의 일반적인 추세 아래, 이를 통한 상업이익 확보의 최대 주체이자 그 수혜자는 경상층이었던 것이다. 세조조에 잠시 民願에 근거한 공물의 대납을 합법적으로 허용하는 방침이 채택되었을 때, 양성지가 三司를 설치하여 대납업무를 주관하게 하고 그 산하에 左·右司를 두어 상인으로 하여금 전국의 공물조달을 책임지게 하자고 제안하면서 경중부상과 개성부 부상을 각각 좌사와 우사에 편성시키자고 하였던 주장도,62) 당시 공물방납의 주축 商人群이 바로 개성상인과 더불어 경중의 부상대고였던 실정을 잘 보여주고 있었다.

도성시장에서 이루어지던 이 같은 공물의 구매와 납부실태, 곧 京中貿納의 계기는 토산공물이 아니어서 외방에서 구득이 어려운 경우 외에도, 京外의 수공업품 제조 기술수준의 차이에서도,63) 또는 그 납부기한의 촉박함64) 등에서도 마련되면서 더욱 확산되고 있었다. 여기에 성종조 이후에는 왕실의 여러 名日에 사용되는 魚物을 비롯한 각종 進上物 역시 공물과 마찬가지로 경중에서 본격 무납되기 시작하였다.65)

공물과 진상물만이 아니라, 심지어 외방의 田稅布 또한 일찍부터 경중에서 무납되고 있었다. 세종 5년(1423) 3월 호조판서 李之剛은 호조 소관의 부세수납 제도상의 여러 문제를 거론하면서, 11~12升의 극세한 전세 白苧布를 외방의 백성들이 비록 農月에 폐농하다시피 하여 직조하여 납부하더라도 모두 點退당하는 실정에서, 결국 이들 백저포를 京市에서 무납하게 되는 현실을 지적하며 그 개선을 촉구하고 있었다.66) 각

61) 《宣祖實錄》卷171, 宣祖 37年 2月 丁酉, 24冊, 568쪽.

62) 주 59와 같음.

63) 《世宗實錄》卷90, 世宗 22年 8月 乙酉, 4冊, 312쪽.

64) 《成宗實錄》卷280, 成宗 24年 7月 庚戌, 12冊, 366쪽 ; 《燕山君日記》卷43, 燕山君 8年 3月 丁酉, 13冊, 482쪽.

65) 朴平植, 앞의 《朝鮮前期商業史研究》, 117~118쪽 ; 朴平植, 〈朝鮮前期의 魚物流通과 魚箭私占〉, 《東方學志》138, 2007(本書 Ⅲ부 제2논문).

66) 《世宗實錄》卷19, 世宗 5年 3月 甲申, 2冊, 529쪽.

종 공물·진상물·전세포 등 현물부세의 이 같은 경중무납은 15세기 중반에 이르면 이제 하나의 '年例'로 인식될 정도로 일반화하고 있었고,[67] 선조 연간에는 그로 말미암은 '民費'가 무려 100배에 이른다고 일컬어지는 형편이었다.[68]

조선전기 국가의 부세수납이나 재정운영을 활용한 경상의 상업활동과 관련하여서는 이 시기 私主人 세력의 활동 또한 주목된다. 애초 京主人이 책임 맡고 있던 지방 군현의 각종 稅貢납부는 이미 국초부터 도성 내에서 상인 출신의 사주인이 대행하면서 그 세공대납에 따른 상이익을 독점해 가고 있었다.[69] 성종 2년(1471) 정부는 외방의 貢吏들이 도성의 사주인과 연계하여 공물납부를 지연시키는 행위가 빈발하자 이들을 '全家徙邊'刑을 포함한 엄형으로 단속하는 방침을 확정하고 있었다.[70]

그러나 이 같은 조선 정부의 대처에도 불구하고 이후 공물의 대납과 방납 특히 경중무납이 만연해 가면서, 상인출신 사주인 세력의 세공대납은 더욱 일상의 추세로 확대되어 갔다. 나아가 이들 경상 가운데 일부는 이제 부세수납의 실무를 담당하는 각 관부의 吏胥나 下隸職에 진출하여 지방민이 직납하는 세공을 점퇴하고 자신의 물화를 대납함으로써 상이익을 극대화시키기까지 하였다. 예컨대 중종 33년(1538) 8월 사헌부의 보고에 따르면, 각사의 하인들은 외방의 공리들이 납부하는 공물이 품질이 양호할 경우에도 온갖 핑계를 대어 점퇴하고는 대신 자신들이 비축한 물화를 방납하고 있었다.[71] 이른바 '各司(私)主人' 세력이 바

---

67) 《端宗實錄》 卷5, 端宗 元年 正月 己卯, 6冊, 564쪽.
68) 《宣祖修正實錄》 卷8, 宣祖 7年 正月 丁丑, 25冊, 442쪽.
   이 시기 도성시장에서 무납되고 있던 공물과 진상물은 虎·豹皮, 大鹿皮, 貂·鼠皮, 細紬, 闊細麻布, 猪, 乾獐·乾鹿·香脯·鹿角, 大口魚, 蔘, 弓矢, 紙, 羽毛 등 그야 말로 다종다양하였다(朴平植, 앞의 《朝鮮前期商業史硏究》, 117쪽).
69) 金鎭鳳, 〈私主人 硏究〉, 《大丘史學》 7·8合輯, 1973 ; 이지원, 앞의 〈16·17세기 前半 貢物防納의 構造와 流通經濟의 性格〉 ; 田川孝三, 앞의 《李朝貢納制의 硏究》.
70) 《成宗實錄》 卷10, 成宗 2年 4月 甲寅, 8冊, 565쪽 ; 《成宗實錄》 卷10, 成宗 2年 5月 丁酉, 8冊, 573쪽.
71) 《中宗實錄》 卷88, 中宗 33年 8月 甲寅, 18冊, 197쪽.

로 이들이었고, 이들 상인출신 사주인층의 대납과 방납행태는 이 시기에 사회현안의 하나로 줄곧 문제시되고 있었다.

도성상인 출신 사주인 세력은 더 나아가 외방 주현의 세공방납과 대납에 관련한 자신들의 활동을 영업권의 일종인 私主人權으로 정착시켜 이를 자손에게 世傳시키기까지 하였다.[72] 선조 원년(1568) 5월 胥吏들의 국가기무 專斷을 비판하던 曹植은, "각사의 서리들이 외방의 주현을 나누어 (방납의 권리를) 자기의 소유물로 만들고, 나아가 이를 文券의 증서로 만들어 자손들에게 세전하여 가업으로 일삼고 있다"[73]며 그 실태를 고발하고 있었다. 이 같은 사주인권의 형성과 세전 현상은 이미 15세기 말에 등장하고 있었으며,[74] 선조 34년(1601)에 이르면 중앙 각사의 공물에 모두 각각의 사주인권이 설정되어 이들 사주인층이 그 권리를 '父子相傳'하고 있다고 할 정도였다.[75]

경중부상 출신 사주인층의 지방세공 대납활동은 공물·진상물·전세포 등의 영역에서만이 아니라, 지방의 選上奴·其人·軍人들의 入役과 代立 분야에서도 마찬가지로 펼쳐지고 있었다. 경중의 상인들이 지방에서 選上 入役하여야 하는 奴子나 기인, 番上 군인들을 도성에서 대신 입역시키고 그 대가를 남징하는 실태였다.[76] 도성과 경강변의 부상 대고층이 주도하여 벌인 이러한 공물을 위시한 각종 세공의 대납활동은 이들의 수중에 막대한 상업적 자산을 형성시키고 있었다.

세조 14년(1468) 6월 대사헌 양성지는 대납을 통한 부상들의 致富가 사회적으로 '富益富 貧益貧'의 실태를 불러오고 있다고 지적하고 있었고,[77] 성종 4년(1473) 11월 대사헌 徐居正 역시 만연한 방납현상을 통해

---

72) 朴平植, 앞의 〈朝鮮前期의 主人層과 流通體系〉.

73) 《宣祖實錄》 卷2, 宣祖 元年 5月 乙亥, 21冊, 194쪽.

74) 《燕山君日記》 卷44, 燕山君 8年 5月 壬午, 13冊, 491쪽.

75) 《宣祖實錄》 卷142, 宣祖 34年 10月 甲午, 24冊, 311쪽.

76) 《成宗實錄》 卷1, 成宗 卽位年 12月 庚戌 8冊, 442쪽 ; 《成宗實錄》 卷38, 成宗 5年 正月 壬子, 9冊, 86쪽.

77) 《世祖實錄》 卷46, 世祖 14年 6月 丙午, 8冊, 194~195쪽.

백성과 국가가 병드는 대신 이들 상인들의 집에는 '封君의 富'가 축적되
고 있음을 통탄하고 있었다.[78] 명종 7년(1552) 10월 사간원은 경중의
부상대고와 各司之人, 곧 경상출신 사주인층이, 列邑을 나누어 그 이익
을 세전하는 방납활동을 통해 형성시킨 부를 바탕으로 누리고 있던 의
식의 사치풍조를 극론하고 있었다.[79] 이처럼 조선전기 경중의 부상들은
외방의 공물을 비롯한 각종 세공의 방납과 대납을 독점함으로써 그 대
납과정에서 막대한 상업자산을 축적하고 있었으며, 이 시기 집권국가의
부세운영과 그 변동은 이들 경상층이 조선 최대의 상인세력으로 성장해
가는 주요 기반이 되고 있었던 것이다.

그런데 국가의 재정운영을 활용한 조선전기 경상의 상업활동은 여기
에서 그치지 않았다. 특히 곡물의 국가적인 수급을 통해서 민생과 재정
의 안정을 기도하던 국가정책, 예컨대 兩界回換과 納穀受價 제도 등에
서 이들의 상활동은 두드러지고 있었다. 국초 이래 조선 정부는 평안도
와 함경도 양계지방의 군량확보를 위해 이들 지방에 소재하는 왕실과
관인 사대부가의 농장곡을 현지의 주현에 납입시키는 대신, 도성이나
삼남지방의 국고곡 또는 면포나 어전 등의 대가물을 우대가격의 형태로
지급하고 있었다.[80]

비변을 위한 군수 확보책의 하나로 시행되고 있던 이 回換에는 국가
의 금령에도 불구하고 상인 특히 경상들이 개입하여 일찍부터 문제가
되고 있었다. 벌써 태종 17년(1417) 5월 평안도에서는 경상들이 잡물을
이용해 현지에서 貿穀하여 納官하는 실태가 도관찰사에 의해 보고되고
있었다.[81] 또한 경상들은 양계지방에서 이렇게 무곡한 곡물을 상인회환
이 금지된 현실에서 타인의 명의를 빌어 납관하거나,[82] 현지 관인과 결

---

78) 《成宗實錄》 卷36, 成宗 4年 11月 庚子, 9冊, 71쪽.
79) 《明宗實錄》 卷13, 明宗 7年 10月 甲辰, 20冊, 102쪽.
80) 朴平植, 〈朝鮮前期 兩界地方의 '回換制'와 穀物流通〉, 《學林》 14, 연세대, 1992(本
    書 Ⅲ부 제1논문).
81) 《太宗實錄》 卷33, 太宗 17年 5月 壬辰, 2冊, 160쪽.
82) 《成宗實錄》 卷133, 成宗 12年 9月 己丑, 10冊, 257쪽.

탁하여 곡물이 아닌 면포나 잡물로 대신 납입하기도 하였다.[83]

이와 같이 면포나 잡물을 이용한 양계 현지의 무곡과정에서만이 아니라 重價로 지급되는 회환가의 수령을 통해서도 이중의 상업적 이익이 보장되었던 만큼, 국가의 지속적인 금령에도 불구하고 이 시기 상인회환은 더욱 확대되고 있었다. 성종 23년(1492) 7월 호조판서 鄭崇祖는, 군수확보를 위해 양계지방의 주현이 주체가 되어 직접 민간의 곡물을 매입하는 官貿穀 제도가, 당시 私回換, 곧 상인회환으로 말미암아 제대로 실행되지 못하고 있던 실정을 토로하고 있었다.[84] 이 사회환의 주역이 경상이 주축이 되는 상인들이었음은 물론이다.

경상들의 납곡을 통한 謀利행태는 주로 외방의 진휼곡 확보를 위해 실시되고 있던 조선 정부의 納穀受價 정책에서도 적극 발휘되고 있었다. 중종 37년(1542) 4월 사헌부는 전라도의 진휼대책을 강구하면서, 근래에 외방의 납곡가로 魚箭을 분급받고자 하는 경상들이 많은 실정을 고려하여, 이들에게 사용 연한이 정해진 어전을 그 가격에 따라 지급할 것을 주청하여 허락받고 있었다.[85] 그런데 경상들이 외방에 납곡하는 곡물은 납곡제의 애초 취지와는 달리 대개 輕歇의 잡물을 이용하여 외방 현지에서 무곡한 곡물들이었고,[86] 경상은 그 납곡가로 또한 어전을 지급받음으로써 어물유통을 통한 상업이익을 다시금 확보하고 있었던 것이다.

경상의 외방납곡을 통한 모리활동은 명종 2년(1547) 12월 사헌부의 다음 논의에서도 분명하게 드러난다. 당시 사헌부는, 외방 각 관의 私儲穀이나 도성에서 從仕하는 인원의 농장곡을 주현에 납입시켜 重價를 지급함으로써 해당 경내의 곡물로 현지의 飢民을 구활하려는 賑恤廳의 事目이, 이들 경상의 참여로 말미암아 애초의 취지가 왜곡되는 실정을 문

---

83) 《燕山君日記》 卷35, 燕山君 5年 10月 庚子, 13冊, 381.
84) 《成宗實錄》 卷267, 成宗 23年 7月 乙酉, 12冊, 206쪽.
85) 《中宗實錄》 卷98, 中宗 37年 4月 己未, 18冊, 568쪽.
86) 《中宗實錄》 卷99, 中宗 37年 8月 辛卯, 18冊, 608쪽.

제 삼고 있었다. 즉 이 시기 경상들은 외방납곡에 따른 중가 수령을 목
적으로 외방에서 도성으로 선운되어 오는 곡물을 중간에서 매점하거나
또는 경중에서 잡물을 이용해 貿取한 곡물을 從仕人員의 家奴의 명의를
빌려 외방 각 관에 납입하기도 하였으며, 심지어는 현지에서 무곡한 곡
물을 납입하고 있었던 것이다.87) 진휼책의 일환인 납곡수가 제도를 경
상이 그들의 상이익 확보를 위한 수단으로 적극 활용하고 있었던 셈이
다. 무곡과 납곡의 두 계통에서 확보되는 상이익을 노린 경상들의 이
같은 도성과 전국을 잇는 곡물거래 활동 탓에, 도성에서는 곡가가 치솟
고 외방에서도 오히려 곡물이 匱竭되는 실정이었다.88)

조선전기 시전상인이나 경중의 부상대고들이 정부의 부세수납이나
재정운영을 활용하여 벌이고 있던 상업활동은 이처럼 매우 다양하였다.
여기에 시전의 責辦으로 충당할 수 없던 왕실의 수요물과 국가외교에
필요한 進獻·答賜용 예물의 조달, 국고 잉여물로 시중에서 처분되던
곡물이나 각종 공물에 대한 매점, 그리고 주로 도성 내에서 이루어지던
赴防군사들의 녹봉이나 진휼·상평미의 독점 등 여러 부문에서 펼쳐지
고 있던 이들의 상업활동을 포함하고 보면,89) 이 시기 경상들은 국가의
재정운영 과정을 다양한 부문에서 적극 활용함으로써 그들의 상활동
기반을 확대하고 있었고, 또 이를 바탕으로 상업자산을 축적해 가고 있
었던 것이다.

조선전기 경상의 상업활동은 이상과 같은 국가의 부세수납과 재정운
영과 관련한 영역에서만이 아니라, 민간교역의 부문에서도 활발하게 펼
쳐지고 있었다. 이 시기 민간의 교역체계에서 벌어진 경상의 상업활동
과 그 확대양상은 우선 시전과 도성시장의 변화에서 확인하여 볼 수
있다. 국초 태종조에 조성된 시전의 행랑은 세종조의 정비와 성종초의

---

87) 《明宗實錄》卷6, 明宗 2年 12月 甲子, 19冊, 552~553쪽.
88) 위와 같음.
89) 백승철, 앞의 〈16세기 부상대고(富商大賈)의 성장과 상업활동〉; 朴平植 〈朝鮮
    前期의 穀物交易과 參與層〉, 《韓國史硏究》 85, 1994(《朝鮮前期商業史硏究》에 수
    록); 朴平植, 앞의 〈朝鮮前期 市廛의 發展과 市役 增大〉.

시전구역 확대를 거치면서, 성종조에 벌써 고려말 개경의 시전규모에 육박하거나 이를 상회하는 수준으로 발전하고 있었다.[90] 이 무렵 시전의 행랑칸수는 대략 1,200여 칸 내외로 짐작되며, 여기에서 영업하는 시전상인의 숫자 또한 그 최소규모가 2~3천 명을 넘었을 것으로 추산되기 때문이다.[91]

한편 도성내 非시전계 상업의 발전과 私商人의 성장 역시 두드러져, 16세기 중종조에 이르면 도성의 曲坊委巷에 '無不出市'하는 형편이 문제가 되고 있었다.[92] 그리고 이들 비시전계 사상인, 곧 경중 부상대고의 성장과 商權의 확대가 시전과 시전상인의 그것을 압박하여, 이 문제가 조정에서 논란되기 시작한 것도 이 무렵부터였다.[93] 요컨대 상업도시로서 도성시장의 확대와 발전이었고, 그 주도세력이 시전상인과 경중의 부상대고였음은 물론이었다.

집권국가의 수도인 도성상업의 이와 같은 성장은 도성과 전국시장을 매개해 내면서 도성중심의 전국적인 유통체계를 수립해 가고 있던 경상들의 상업활동에 기반한 것이었다. 조선전기 경상의 상활동은 이미 국초부터 전국에 미치고 있었다. 경상의 전국 진출은 한양 재천도 직후인 태종조에 벌써 평안 · 함경도 지방에서 확인되고 있으며,[94] 이 무렵 행상에 대한 行狀발급과 과세문제가 조정의 논의를 거쳐 확정되었던 것도 이 같은 경상들의 활동에 대한 국가적인 통제를 위한 목적이었다.[95] 또

---

90) 朴平植, 앞의 《朝鮮前期商業史硏究》 제2장 ; 朴平植, 앞의 〈朝鮮前期의 都城商業과 漢江〉.
91) 조선전기 시전규모와 시전상인의 숫자에 대해서는 朴平植, 〈高麗後期의 開京商業〉, 《國史館論叢》 98, 2002, 218~219쪽 ; 朴平植, 앞의 〈朝鮮前期 市廛의 發展과 市役 增大〉 119쪽의 주 212 ; 朴平植, 앞의 〈朝鮮前期의 都城商業과 漢江〉 참조.
92) 《中宗實錄》 卷21, 中宗 9年 11月 癸酉, 15冊, 42쪽 ; 《中宗實錄》 卷31, 中宗 13年 正月 壬子, 15冊, 387쪽.
93) 朴平植, 앞의 〈非市廛系 商人의 成長과 都城의 商權紛爭〉.
94) 《太宗實錄》 卷14, 太宗 7年 9月 丁丑, 1冊, 417쪽 ; 《太宗實錄》 卷14, 太宗 7年 10月 己丑, 1冊, 418쪽.
95) 朴平植, 앞의 〈朝鮮前期의 行商과 地方交易〉.

商船의 제주 왕래에 따라 그 곳의 노비와 軍丁이 出陸하는 사태가 태종 17년(1417) 7월 조정에서 논의되고 있는 데에서 알 수 있듯이,[96] 국초 이래 경상의 상업활동은 북으로는 동·서북면의 양계에서 남으로는 제주에 이르기까지 전국 각 지방에서 펼쳐지고 있었던 것이다.

조선전기 도성을 거점으로 전국에서 활약하던 경상들은 크게 보아 陸商과 船商으로 구성되어 있었다. 草笠·鍮器·皮鞋 등 휴대가 가능한 간편한 경량의 물품을 '或負或載', 곧 인력과 우마를 이용해 운반하여 처분하는 행상 형태가 육상이라면,[97] 곡물·어염 등 중량의 물품을 선박을 이용해 대량으로 유통시키는 상인이 선상들이었다.[98] 전국에 걸친 이들 경상의 행상활동의 결과 襦衣·縣絮 등의 의상물, 皮鞋·靴 등의 신발류, 草笠·纓·梳·針·粉·鍮器 등 의식에 절실하게 필요한 각종 일상용품들이 상품으로 거래되고 있었고, 곡물과 어염물 역시 선상의 활동을 매개로 전국적으로 유통되고 있었다.[99] 특히 15세기 후반 성종조를 전후하여 본격적인 농민교역기구로서 場市가 등장하고 이내 전국적으로 보급되어 확산되던 추세에 맞추어,[100] 이들 경상의 행상활동은 더욱 체계화하여 도성중심의 유통체계를 성립시켜 가고 있었다.

이 시기 전국적인 경상의 상업활동과 이에 기반하여 수립된 도성중심의 상품유통체계는 곡물유통 분야에서 그 실태를 구체적으로 확인하여 볼 수 있다. 조선전기 곡물은 국가의 부세수납이나 재정운영의 근간이자, 동시에 민간부문에서 교역되는 최대의 유통상품이기도 하였다.[101] 우선 세종조에 벌써 인구 십 수만을 상회하던 도성의 1년 消費穀

---

96)《太宗實錄》卷34, 太宗 17年 7月 辛酉, 2冊, 178쪽.
97)《世宗實錄》卷87, 世宗 21年 11月 乙卯, 4冊, 251쪽.
98)《成宗實錄》卷58, 成宗 6年 8月 乙未, 9冊, 253~254쪽.
99) 朴平植, 앞의 〈朝鮮前期의 行商과 地方交易〉.
100) 李景植, 〈16世紀 場市의 成立과 그 基盤〉,《韓國史硏究》57, 1987[《朝鮮前期土地制度硏究》(Ⅱ)(지식산업사, 1998)에 수록].
101) 이하 조선전기의 곡물교역과 관련한 서술의 상세한 내용은 다음 논고 참조. 崔完基, 〈朝鮮中期의 貿穀船商 - 穀物의 買集活動을 中心으로〉,《韓國學報》30, 1983 ; 崔完基, 〈朝鮮中期의 穀物去來와 그 類型 - 賣出活動을 중심으로〉,《韓國史

54만여 석 가운데 20여만 석 이상이 미곡상인에 의해 공급되고 있었는데, 이들 미곡상인들은 대부분 경강에 근거를 두고 활동하는 선상, 곧 경강 선상들로 파악된다.[102] 경강의 선상들에 대한 국가의 제약이 도성의 물가등귀나 '貧乏'의 원인으로 인식된 것은 이미 국초부터였고,[103] 이 같이 등귀하여 도성민 빈핍의 근원이 되었던 상품의 중심에는 곡물이 있었다.

도성의 곡물시장은 이처럼 국초 이래 외방에서 공급되는 곡물의 수급사정에 의해 전적으로 좌우되고 있었다. 세조 6년(1460) 5월 상인들의 전라도 무곡활동에 따른 여러 문제에도 불구하고 정부차원의 규제가 불가능하였던 것은, 그해 경기·황해·평안도 지방의 극심한 흉황 아래에서 경상들이 공급한 전라도의 곡물에 기대어 도성인의 기근이 해소되고 있던 현실 때문이었다.[104] 도성의 식량문제를 해결하고 있던 경상의 이와 같은 전라도 무곡활동은, 당시 서해 태안반도 연안 安興梁 운항의 난관을 극복하면서 이루어지는 선상활동이었다.

안흥량의 험난한 海路사정으로 말미암아 빈번했던 漕船의 敗沒사고를 피하고자 태종·세종조에 泰安漕渠의 개착이 여러 차례 시도되었고, 安民倉을 설치하여 이 구간을 우회하는 陸轉방안이 논의될 만큼 조선초기 안흥량의 해로문제는 국가적으로 절박한 현안이었다.[105] 그러나 이 시기에도 경강의 선상들은 월등한 선박 운항능력과 해로숙지를 통해 이 난관을 극복하고 있었다.[106] 公船의 조운이 쉽게 敗沒하는 형편에도 불구하고, 私船, 곧 선상들의 항해는 거의 패몰이나 전복이 없던 실정이

研究》76, 1992 ; 朴平植, 앞의 〈朝鮮前期의 穀物交易과 參與層〉.
102) 朴平植, 앞의 〈朝鮮前期의 穀物交易과 參與層〉, 241~242쪽.
103) 《太祖實錄》卷15, 太祖 7年 12月 辛未, 1冊, 142쪽 ;《世宗實錄》卷88, 世宗 22年 3月 乙丑, 4冊, 277쪽.
104) 《世祖實錄》卷20, 世祖 6年 5月 丙申, 7冊, 396쪽.
105) 李鍾英, 〈安興梁對策으로서의 泰安漕渠 및 安民倉問題〉,《東方學志》7, 1963.
106) 《太宗實錄》卷29, 太宗 15年 6月 壬午, 2冊, 71쪽 ;《成宗實錄》卷3, 成宗 元年 2月 辛未, 8冊, 471쪽.

었던 것이다.107)

특히 15세기 후반 성종조를 전후로 그 안전성이 확보된 서해 북방해로의 개통은 도성을 중심으로 한 전국적인 곡물시장의 형성을 한층 체계화·안정화시키고 있었다. 황해도 長淵소재 長山串의 험난한 해로사정이 이들 선상들의 활동으로 극복되어 가면서, 평안도를 비롯한 관서지방에 중앙거주 朝官들의 농장이 대거 개척되어 갔고, 이를 바탕으로 한 무곡선상의 활동이 본격화하고 있었던 것이다.108) 성종 6년(1475) 8월 호조는 근년 평안도를 연결하는 해로가 '始通'된 이래 선상들이 평안도 현지에서 무곡한 곡물을 선박을 이용하여 도성으로 실어 오는 실태의 심각성을 문제 삼고 있었다.109) 국초부터 조선 정부는 양계지방의 賦稅穀만이 아니라 민간의 보유곡까지도 비변을 위한 군량확보 차원에서 타 지방으로의 반출을 엄격하게 금지하고 있었는데,110) 무곡선상들의 활동과 도성으로의 船運행태로 말미암아 양계의 군량부족과 진휼대책이 큰 문제로 대두하고 있었던 것이다.

그러나 정부의 금령에도 불구하고 서해 북방해로를 이용한 선상들의 무곡선운 활동은 성종 당대에 이미 '星奔輻輳'의 형세로 확대되어 갔고,111) 여기에 居京 양반 지주층의 농장이 양계지방에 확대 설치되면서 그 추세는 16세기에 들어 더욱 심화하고 있었다.112) 그 결과 16세기 중반 중종조에 이르면, 도성의 곡물수급과 곡가의 변동은 이들 선상들이 서해 남북해로를 이용하여 삼남지방과 황해·평안도 지방에서 배로 실어 오는 외방곡물에 의해 일상적으로 좌우되고 있었다.113) 이는 곡물유

---

107) 《成宗實錄》 卷196, 成宗 17年 10月 己丑, 11冊, 151쪽.
108) 朴平植, 앞의 〈朝鮮前期의 穀物交易과 參與層〉 ; 朴平植, 앞의 〈朝鮮前期 兩界地方의 '回換制'와 穀物流通〉.
109) 《成宗實錄》 卷58, 成宗 6年 8月 乙未, 9冊, 253~254쪽.
110) 朴平植, 앞의 〈朝鮮前期 兩界地方의 '回換制'와 穀物流通〉.
111) 《成宗實錄》 卷185, 成宗 16年 11月 戊申, 11冊, 68쪽.
112) 주 108과 같음.
113) 《中宗實錄》 卷55, 中宗 20年 10月 戊申, 16冊, 462쪽 ; 《中宗實錄》 卷56, 中宗 20年 12月 庚戌, 16冊, 479쪽 ; 《中宗實錄》 卷56, 中宗 21年 2月 乙亥, 16冊, 499쪽 ; 《中宗

통 부문에서 도성을 중심으로 한 전국적인 유통체계가 형성되어 안정화하고 있었음을 보여주는 것이었고, 그 주역은 당연 경강을 거점으로 전국에서 활약하던 경강의 선상들이었다.

한편 경강 선상들의 이와 같은 전국적인 무곡활동은 자연 도성과 지방에서 그들의 상업활동과 관련한 중간교역기구의 형성으로 이어지고 있었다. 이른바 무곡관련 主人層의 등장이었다. 외방에서 稅貢으로 실려 오는 곡물의 보관과 각 경창으로의 대납을 담당했던 稅穀관련 주인층은, 이른바 '各司(私)主人'의 일원으로서 세조 12년(1466) 경강에서 그 존재가 구체적으로 확인되고 있었다.114) 그런데 이 같은 부세수납과 관련한 주인층 외에, 경상들이 전국에서 벌이는 무곡활동과 연계된 주인층의 존재가 이 시기 외방의 포구를 중심으로 확인되고 있는 것이다.115) 예컨대 성종 6년(1475)과 명종 20년(1565) 호조의 啓目에는, 평안도를 무대로 활동하는 선상들을 유치하여 이들의 무곡활동을 중개하는 주인세력에 대한 단속내용이 구체적으로 실려 있었다.116)

도성시장에서의 판매를 목적으로 서해 해로를 활용하여 전개되던 경강 선상들의 무곡활동은, 15세기 후반에 들어 이처럼 그들이 상활동을 벌이던 지방의 포구를 중심으로 이들의 무곡활동의 중개를 본업으로 삼는 主人營業을 탄생시키고 있었던 것이다. 물론 이들 사례는 경강선상과 평안도 연해 포구 주인층의 경우이지만, 이를 통해서 볼 때 당시 유통되는 곡물의 양과 그 거래빈도가 더욱 컸을 삼남지방 서남해 연안의 포구에서도 이 시기에 그와 같은 무곡관련 주인층이 형성되었을 가능성은 충분하다 할 것이다.

조선전기 최대의 시장인 상업도시 한양을 근거로 하여 전국에서 벌였던 경상의 행상활동은 곡물 외에도 다양한 일상용품과 사치품들을 상품

---

　　實錄》 卷65, 中宗 24年 5月 乙卯, 17冊, 122쪽.

114) 《世祖實錄》 卷38, 世祖 12年 2月 甲午, 8冊, 8쪽.

115) 朴平植, 앞의 〈朝鮮前期의 主人層과 流通體系〉.

116) 《成宗實錄》 卷58, 成宗 6年 8月 乙未, 9冊, 254쪽 ; 《各司受敎》, 戶曹受敎.

으로 하여 전개되었고, 특히 대량의 상품유통이 경강 선상들의 선운과
상활동을 매개로 이루어지면서 도성인근 京江商業의 성장으로 이어지
고 있었다.117) 이 시기 경강에는 도성민의 수요와 관련한 곡물·어염·
목재·柴炭 등의 민간교역 상품 외에도, 왕실을 비롯한 중앙 각 관부에
수납되는 각종 공물과 진상물들이 집주하고 있었다.

그리하여 서강·용산강·한강을 지칭하는 이른바 '三江'을 중심으로
한 상업지역이 경강에 형성되기 시작하였고,118) 인구의 집중에 따른 이
들 지역 都會의 번성양상을 두고 "그 居民이 매우 많다"119)거나 "인구가
늘고 주택이 점차 밀집하게 되어 도로가 매우 좁다"120)는 표현이 등장
하기도 했다. 또 이렇게 국가의 각종 부세물품과 민간의 상품들이 경강
에 모여들면서 이들 세공물품의 납부와 상품의 처분을 주관하고 알선하
는 경강 주인층 역시 성장하여 중개나 도매업으로 생업을 영위하고 있
었다.121)

조선전기 경상의 상업활동은 이처럼 국가의 각종 부세물품과 민간의
교역상품을 취급하면서 도성을 매개로 전국에서 펼쳐지고 있었다. 이들
의 전국적인 행상활동은 삼남지방에서는 세종조에 벌써 "그 행렬이 도
로에 끊이지 않는다"는 실정이었고,122) 성종조 이후에는 양계지방까지
輻輳한 이들이 각 도를 횡행하며 謀利하는 행태가 자주 문제가 되고
있었다.123) 강원도의 경우에는 특히 도성의 건축용 材木조달을 위해 벌
이는 경강 목재상인들의 진출과 伐木활동이 조정의 우려와 현지 백성들

---

117) 조선전기 경강상업의 양상에 대한 자세한 내용은 朴平植, 앞의 〈朝鮮前期의 都
    城商業과 漢江〉참조.
118) 위와 같음.
119) 《成宗實錄》卷40, 成宗 5年 3月 庚戌, 9冊, 97쪽.
120) 《明宗實錄》卷29, 明宗 18年 5月 辛巳, 20冊, 645쪽.
121) 朴平植, 앞의 〈朝鮮前期의 主人層과 流通體系〉; 朴平植, 앞의 〈朝鮮前期의 都城商
    業과 漢江〉.
122) 《世宗實錄》卷46, 世宗 11年 10月 甲午, 3冊, 302쪽.
123) 《成宗實錄》卷57, 成宗 6年 7月 甲子, 9冊, 243쪽 ; 《燕山君日記》卷60, 燕山君
    11年 11月 辛卯, 14冊, 27쪽.

의 원성을 낳는 실정이었다.124)

　그런데 이 시기 전국에 걸친 경상들의 상업활동은 해당지방 농업사정
의 변동이나 특산물의 상품화를 불러와 문제가 되기도 하였다. 세조 4년
(1458) 정월 평산도호부사 鄭次恭은 경상도 지방에 진출한 경상들의 莞
草매입과 席子대납 행위로 말미암은 백성들의 고통과 水田농업의 피해
를 호소하고 있었다. 즉 진헌용 龍紋席과 進上席 제조에 필요한 완초가
安東의 특산임에도 불구하고 정부가 '民均'을 이유로 전국의 67州에 이를
분정한 이후, 해당 주현들은 완초의 培養과 가공기술이 부족하고 여기에
織席할 수 있는 기술자마저 없어 경상을 통해 이를 대납할 수밖에 없었
고, 이때문에 안동부 백성들은 水田에서도 농사를 짓지 않고 완초를 재
배하여 이를 경상에게 판매하는 것으로 생업을 삼고 있다는 것이다.125)
경상들의 완초와 석자 대납활동으로 말미암아 일어난 백성들의 고통과
안동의 수전농업 廢農사태에 대한 문제제기였다. 하나의 사례이기는 하
지만 이를 통해서, 조선전기 경상의 공물대납을 위한 상업활동이 특정
지방의 특산물을 상품화하는 경향으로 이어지고, 또 이 사태가 본업인
농업의 위축시키기도 하였던 사정을 엿볼 수 있는 例話인 것이다.

　조선전기 경상의 국내 상업활동은 그 활동범위가 전국에 미치고 또
최대의 상인집단으로 활동하였던 만큼, 그에 상응하는 조직체계와 상업
자본을 바탕으로 이루어지고 있었다. 이 시기 육상과 선상의 형태로 전
국에서 상활동을 벌이던 경상들은 대개 집단적 조직을 갖춘 일종의 商
團을 구성하여 활약하고 있었다. 조선 정부는 국초 이래 한성부에서 행
상 허가증인 行狀을 발급할 때나 또는 지방관에서 행상의 활동을 규찰
하는 경우에, 이들의 행장에 명기된 나이·용모와 더불어 반드시 그들
의 '名數'를 파악하도록 규정하고 있었다.126) 이는 도성에 근거를 두고

124)《中宗實錄》卷96, 中宗 36年 11月 癸未, 18冊, 507쪽 ;《栢巖集》卷3, 疏, 寧越郡陳
　　弊疏(《韓國文集叢刊》, 50冊, 82~84쪽).
125)《世祖實錄》卷11, 世祖 4年 正月 丙子, 7冊, 249쪽.
126)《太宗實錄》卷20, 太宗 10年 11月 甲子, 1冊, 569쪽 ;《世宗實錄》卷89, 世宗 22年
　　5月 庚戌, 4冊, 285쪽.

전국 각 지방에서 활동하는 경중 행상들이 육상으로서 일종의 行商團을 꾸리고, 여기에 기반하여 상활동을 펼치던 사정에서 나온 조처였다.

전국적인 상업활동에서 직면하게 될 온갖 어려움을 극복하는 데 이러한 상단조직은 필수적이었을 것이며, 특히 영업규모가 컸던 대상인인 경상에게서 후대 負褓商團의 始原형태의 조직이 먼저 출현하였을 것으로 짐작된다. 실제 예종 즉위년(1468) 10월 함길도에서 활동하던 경상들은 다수의 傔從을 거느리고 오랫동안 민간에 체류하고 있었는데,[127] 이는 바로 경상들이 구성한 상당한 규모의 상단조직을 일컫는 것으로 보인다. 그리고 이 같은 경상의 상단조직은 육상만이 아니라 선상들의 경우에도 마찬가지였을 것이며, 15세기 후반 이후에 나타나는 장시의 전국적인 확산과 민간 교역기구의 정비, 외방 포구에서의 주인층의 형성과 같은 지방 상업계의 변동 역시 이들 경상의 조직적인 상업활동과 관련하여 가능하였던 변화로 생각되는 것이다.

한편 조선전기 경상들의 상업활동에서는 동업을 통한 資本合作의 사례가 확인되고 있어 주목된다. 세조 12년(1466) 정월 경상 金得富는 일찍이 상인 張有敬과 '同財殖貨'하면서 집필과 증인을 둔 문서를 작성하여 동업하였고, 약정에 따라 이익을 나눈 바 있었다. 그런데 이후 김득부가 또 다른 상인과 합작하여 크게 殖貨하자, 장유경이 그 이익을 노려 합자한 자본에 대한 이익배분을 사헌부에 진정하였던 것이다. 물론 이 사건은 애초의 자본합작과 그 이익분배에 관련된 문서를 김득부가 제시함으로써 장유경의 誣告로 처리되고 있었다.[128] 그러나 여기에서 확인되듯이, 당시 경상들 사이의 자본합작은 상업계의 일반적인 관행이었다. 때문에 김득부는 장유경과 일차의 합작을 통해 그 이익을 共分한 후에도, 또 다시 다른 상인과 마찬가지 방식으로 '同財殖貨'하여 상업활동을 하였던 것이다.

이 시기 경상들의 자본합작 사례는 이후 중종조에도 대외무역과 관련

---

127) 《睿宗實錄》 卷1, 睿宗 即位年 10月 己酉, 8冊, 284쪽.
128) 《世祖實錄》 卷38, 世祖 12年 正月 丙午, 8冊, 1~2쪽.

하여 여러 차례 거듭 확인되고 있는데,129) 이를 통해 당시 '作同務'130)라 일컬으며 상인들 사이에서 일반적으로 행해지고 있던 상업자본 합작의 행태를 충분히 짐작할 수 있다 하겠다. 요컨대 조선전기 부세수납을 비롯한 정부의 재정운영 과정이나 민간교역의 양 부문 모두에서, 도성을 중심으로 한 전국적인 유통체계를 선도하고 있던 경상의 국내교역 활동은, 이 같은 조직체계와 합작을 통해 마련된 자본력을 바탕으로 펼쳐지고 있었던 것이다.

## 4. 對外貿易과 京商의 商業活動

조선전기 경상의 상업활동은 대외무역 부문에서도 활발하게 전개되고 있었다. 국초 조선 정부는 고려말기 대외무역의 번성이 불러왔던 각종 사회문제, 예컨대 국제수지의 악화와 만성적인 재정난, 사치풍조의 만연과 신분질서의 문란, 그리고 무엇보다 이로 말미암은 농업기반의 와해 문제를 유교 성리학에 기초한 경제정책을 통해서 바로 잡으려 하였다, 곧 '務本抑末', '利權在上'論에 근거한 抑末策의 강조였고, 이에 따라 대외무역 부문에서도 이에 대한 국가의 단속과 통제가 높이 천명되면서 실제 정책으로 추진되고 있었다.131) 그리하여 조선 정부는 태종~세종조에 걸친 일련의 대외무역정책의 정비를 통해, 대중무역에서는 공무역과 赴京使行에 부수하는 제한적인 사무역을 제외하고는 사무역과 밀무역을 일절 엄금하였고, 대일·대야인 무역에서도 공·사무역을 허용하되 그에 대한 국가적인 관장과 통제를 한층 제도적으로 提高해 가

---

129) 《中宗實錄》 卷60, 中宗 23年 2月 壬子, 16冊, 631쪽 ; 《中宗實錄》 卷73, 中宗 28年 2月 己卯, 17冊, 391쪽 ; 《中宗實錄》 卷92, 中宗 34年 10月 丁亥, 18冊, 354쪽.
130) 《中宗實錄》 卷60, 中宗 23年 2月 壬子, 16冊, 631쪽.
131) 朴平植, 〈朝鮮初期의 對外貿易政策〉, 《韓國史研究》 125, 2004.

고 있었다.132)

건국 직후 조선 정부는 위와 같은 대외무역정책의 일환으로 국경을 넘어 사무역과 밀무역에 종사하는 자에 대해서는 그 錢物의 다소를 불문하고 首從 모두를 주살한다는 최고의 강경방침을 채택하고 있었다.133) 이후 태종조에 들어 위 조문이《經濟六典》에 수록되는 과정에서 단순 隨從者의 경우에 감형하는 보완조치가 있었지만,134) 당대 사(밀)무역 상인에 대한 死刑은 실제 규정대로 집행되고 있었다.135) 대외무역에 대한 조선 정부의 이 같은 통제정책에 따라 국초 대외무역 특히 대중무역은 前朝 말기에 성황을 누렸던 것과 달리 일시 위축되지 않을 수 없었다.

그러나 정부의 이러한 조처가 경상을 중심으로 한 조선 상인들의 대외무역을 중단시킬 수 있는 것은 아니었다. 이제 시전을 비롯한 도성의 부상대고들은 盤纏의 명목으로 정부가 관례적으로 허용하던 赴京使臣들의 사행에 수반하는 사무역에 가담하여 이를 적극 활용함으로써 난국을 타개해 가고 있었다. 태종 6년(1406) 정월 사신의 入朝과정에서 성행하는 사무역에 대한 규제문제를 논의하는 자리에서 의정부는, 특히 경중의 상고들이 압록강에 몰래 이르러 사신단의 호송군인으로 이름을 바꾸고 대신 使行을 수행하여 遼東에서 벌이던 사무역 행태를 지적하면서, 이들 상인의 家産籍沒과 水軍充定을 건의하고 있었다.136)

赴京使行을 이용한 상인들의 사무역 활동은 태조 4년(1395) 정월에 처음 적발되어 문제된 이래,137) 이후 태종과 세종조를 거치면서 그에 대한 禁制방침이 수차례 논의되고 그 결과가《경제육전》에 수록되어

132) 주 131과 같음.
133)《太祖實錄》卷6, 太祖 3年 6月 己巳, 1冊, 63쪽.
134)《太宗實錄》卷15, 太宗 8年 3月 戊午, 1冊, 431~432쪽 ; 연세대 국학연구원 편,《經濟六典輯錄》, 신서원, 1993.
135)《太宗實錄》卷10, 太宗 5年 10月 丙戌, 1冊, 341~342쪽.
136)《太宗實錄》卷11, 太宗 6年 正月 己未, 1冊, 347쪽.
137)《太祖實錄》卷7, 太祖 4年 正月 癸卯, 1冊, 73쪽.

법제화하고 있었지만, 그 추세가 별다른 변동 없이 지속되고 있었다.138) 이 시기 경상은 부경사행을 수행한 사무역 활동을 위해서 사신의 호송군으로 위장하는 외에도, 이들 사신단의 僕從이나,139) 또는 주로 사신의 家奴를 가탁하여 사행에 참가하고 있었다.140)

세종 3년(1421) 11월 경상의 사무역 규제에 골몰하던 정부는 사헌부의 건의를 받아들여, 사신의 家奴를 忘稱하여 벌이는 상인들의 사무역 활동을 근본적으로 단속하고자, 부경 사신들이 데리고 가는 奴子의 이름과 나이, 宗系 등을 사헌부에 미리 보고하게 하여 감찰하는 규정을 신설하고 있었다.141) 가노를 가탁한 경상들의 부경 사무역 활동이 극심한 형편에서 마련된 조처였으나, 이후 이러한 금령과 규제에도 불구하고 사신의 노자를 청탁한 경상의 사무역은 지속되고 있었다.142) 한편 이 시기 사신의 率行奴子 외에도 押物이나 打角夫 등 사신단의 伴人신분으로 벌인 부경 사무역의 주체 역시, 대부분 도성의 부상대고들이었을 것으로 짐작된다.143)

때문에 국초 조선 정부의 대중 사무역 엄금방침이 가져 온 대외무역의 위축은 일시적인 것일 수밖에 없었다. 태종 17년(1417) 5월 일찍이 前朝 이래 35~6차례나 사행을 수행한 바 있던 통사 張有信은, 1인당 소지품이 100여 필이 넘었던 금번 부경사행이 역대 최대의 사무역으로 연결되었음을 실토하며, 명나라의 禮部조차 중국 상인들로 하여금 조선

138) 국초 부경사행에 수반하는 사무역 금지방침에 대한 구체적인 내용은 朴平植, 앞의 〈朝鮮初期의 對外貿易政策〉 참조.
139) 《太宗實錄》 卷14, 太宗 7年 9月 丁巳, 1冊, 413쪽.
140) 《太宗實錄》 卷33, 太宗 17年 4月 甲戌, 2冊, 157쪽.
141) 《世宗實錄》 卷14, 世宗 3年 11月 甲戌, 2冊, 464쪽.
142) 《世宗實錄》 卷22, 世宗 5年 10月 乙丑, 2冊, 560쪽 ; 《世宗實錄》 卷22, 世宗 5年 11月 庚辰, 2冊, 562쪽 ; 《世宗實錄》 卷22, 世宗 5年 11月 壬寅, 2冊, 565쪽.
143) 《太宗實錄》 卷15, 太宗 8年 3月 戊午, 1冊, 431~432쪽 ; 《太宗實錄》 卷33, 太宗 17年 4月 甲戌, 2冊, 157쪽 ; 《世宗實錄》 卷13, 世宗 3年 8月 癸巳, 2冊, 445쪽 ; 《世宗實錄》 卷13, 世宗 3年 10月 己亥, 2冊, 456쪽 ; 《世宗實錄》 卷22, 世宗 5年 11月 壬寅, 2冊, 565쪽.

인들과의 거래를 금지시킬 정도였던 실정을 구체적으로 전하고 있었다.144) 아울러 세종 13년(1431) 12월 국왕은 "사행으로 입조하는 자 가운데 누가 노비를 앞세워 무역하지 않겠느냐?"며 당시 부경사행의 사무역 실태를 탄식하고 있었다.145) 이 시기 부경사행을 활용한 경상들의 대중무역 활동은 조선 정부의 단속과 규제를 회피하면서 다양한 형태로 지속되고 있었던 것이다.

조선초기 시전상인을 필두로 한 도성의 부상대고들은 이처럼 부경사행을 활용한 대중 사무역 활동 외에도, 조선에 온 명나라 사신과 그들을 수행한 頭目들과의 거래를 통해서도 사무역에 종사하고 있었다. 국초에는 朝明관계의 안정문제와 연관하여 명 사신의 왕래가 자주 있었고,146) 이들 명 사신단과의 거래는 공·사무역의 형태 어느 것이든 市役의 일환으로 시전상인에게 강제되고 있었다.147) 세종 11년(1429) 7월 明使 尹鳳의 청구물은 그 규모가 200여 櫃에 이르러 이를 운반하기 위한 짐꾼만도 1,600여 명이 동원되고 있었으며,148) 그 두해 뒤에는 명나라 사신이 무역을 위해 거느리고 온 두목의 숫자가 150여 명에 이르러 전에 견주어 倍多한 실정이 지적되고 있었다.149)

결국 이들 명나라 사신단과 도성에서 이루어지는 사무역을 시전과 시전상인이 감당하지 못할 경우, 경중의 부상대고와 개성상인들이 참여하지 않을 수 없었다. 문종 즉위년(1450) 6월 200여 궤에 달하는 명 사신 소지물품의 사무역을 위해, 경중과 개성의 시전상인 외에도 부상대고들이 동원되었던 것은 그 좋은 사례였다.150) 명 사신단과의 교역은 그것이 시역의 일환이고 또 명나라 사신의 권위에 근거한 강제교역인 경우가

---

144) 《太宗實錄》 卷33, 太宗 17年 5月 戊子, 2冊, 159~160쪽.
145) 《世宗實錄》 卷54, 世宗 13年 12月 辛丑, 3冊, 361쪽.
146) 朴元熇, 《明初朝鮮關係史硏究》, 一潮閣, 2002.
147) 朴平植, 앞의 〈朝鮮初期 市廛의 成立과 '禁亂'問題〉.
148) 《世宗實錄》 卷45, 世宗 11年 7月 庚申, 3冊, 189쪽.
149) 《世宗實錄》 卷53, 世宗 13年 7月 癸未, 3冊, 332쪽.
150) 《文宗實錄》 卷2, 文宗 卽位年 6月 己丑, 6冊, 245쪽.

많았으나, 물품에 따라서는 적지 않은 무역이익을 이들 경상들이 확보할
수 있는 교역의 장이기도 하였다.151)

한편 조선초기 경상의 대외무역은 대일·대야인 무역부문에서도 구체
적으로 확인된다. 고려말 이래 심각했던 倭寇문제가 해소되면서, 조선 정
부는 태종과 세종조에 걸쳐 對馬島를 창구로 한 일본내 諸세력의 조빙과
통상요구를 공·사무역의 형식 모두에서 허용하고 있었다.152) 특히 세종
조에 정비된 授圖書制와 癸亥約條(세종25, 1443) 체결을 계기로, 상경한
倭使나 客倭·商倭들과의 무역과, 또 이들의 체류가 허용된 三浦에서의
무역이 본격적으로 이루어지고 있었다.153) 세종 24년(1442) 11월 의정부
는 무역을 목적으로 상경하는 왜인들의 행렬이 끊이지 않고, 그 일행의
소지물품이 많게는 2~300여 駄에 이르는 실정을 거론하며 대책을 촉구
했다.154) 세종 29년(1447) 11월에는 商倭들의 소지물품 가운데 2분의 1이
나 3분의 1을 삼포에 유치하고도 경중에 轉輸되는 양이 1년에 2천여 태에
이른다고 지적될 정도였다.155) 丹木, 銅·鑞鐵 등이 중심인 이 왜인들의
물품은 대부분 경상과의 사무역을 통해 처분될 수밖에 없었다.

이 시기 경상들은 도성내의 倭館을 무대로 왜인들과 합법적인 사무역
에 종사하는 한편, 국법에서 거래가 금지되어 있던 물품까지도 몰래 밀
무역을 통해 매매하고 있었다.156) 세종 20년(1438) 2월 조선 정부가 禁物
을 제외한 왜인과의 사무역을 삼포에서 京外의 상인들에게 전면 허용하
였던 것도 이 같은 상황 때문이었다.157) 조선초기 경상들은 대일무역 부

---

151) 朴平植, 앞의 〈朝鮮前期 市廛의 發展과 市役 增大〉.
152) 李鉉淙,《朝鮮前期 對日交涉史研究》, 韓國研究院, 1964 ; 金柄夏,《朝鮮前期 對日
    貿易 研究》, 韓國研究院, 1969.
153) 朴平植, 앞의 〈세종시대의 교환경제와 상업정책〉 ; 朴平植, 앞의 〈朝鮮初期의
    對外貿易政策〉.
154)《世宗實錄》卷98, 世宗 24年 11月 丙子, 4冊, 444쪽.
155)《世宗實錄》卷118, 世宗 29年 11月 乙卯, 5冊, 45쪽.
156)《世宗實錄》卷64, 世宗 16年 6月 己巳, 3冊, 574쪽 ;《世宗實錄》卷80, 世宗 20年
    正月 甲辰, 4冊, 127쪽.
157)《世宗實錄》卷80, 世宗 20年 2月 乙卯, 4冊, 130쪽.

문에서도 도성과 삼포를 무대로 왜인들과의 사무역에 적극 나섬으로써
그들의 상이익을 극대화시키고 있었던 것이다.

조선전기 경상의 대외무역 활동은 15세기 후반 성종조 이후, 특히 16
세기에 들어 急增의 양상을 보이고 있었다. 이 시기 대중국 사무역은
국내의 奢侈風潮 만연과 그에 따른 중국산 사치품의 수요증대를 배경으
로 한층 더 확대되고 있었다.158) 이 같은 사치풍조에 대한 규제와 단속
은 국초에도 간헐적으로 이루어지고 있었지만,159) 성종조 이후에는 그
추세가 일상화하면서 심각한 사회문제로 대두하고 있던 실정이었다. 성
종 6년(1475) 7월에는 사치를 숭상하는 풍속이 민간에 퍼져 貂鼠皮와
綾羅緞의 수요가 급격히 늘어나고, 특히 중국산 견직물의 사무역을 위
해 상인들이 北道에 운집하는 실태가 거론되고 있었다.160) 이 시기 사치
의 대상물품은 사라능단의 견직물이 중심이 되고 있었지만, 이 외에도
靑畵磁器를 포함한 각종 器皿類와 담요[罽毯] 등에 이르기까지 다종다
양하였다.161) 그리고 이들 사치품의 대부분은 ‘唐物’이라는 표현에서 드
러나듯이, 상인들이 수입하는 중국산 제품들이었다.

성종조 사치품의 수요자로는 宮禁을 비롯한 勳戚貴近과 巨商豪富層
이 주로 거론되고 있었으나,162) 이내 그 풍조는 庶人에게까지 미치고
있었다. 그럼에도 불구하고 이에 대한 규제논의는 ‘變法’이 어렵다는 현
실론에 밀려 별다른 실효를 보지 못하고 있던 형편이었다.163) 16세기
중종조에 이르면 이 같은 사치풍조는 도성만이 아니라 외방에서도 심각

---

158) 주 38의 논고 ; 李泰鎭, 〈16세기 東아시아 경제 변동과 정치 · 사회적 동향〉,
　　《朝鮮儒敎社會史論》, 지식산업사, 1989.
159) 《太宗實錄》 卷35, 太宗 18年 5月 壬子, 2冊, 220쪽 ;《太宗實錄》 卷36, 太宗 18年
　　7月 庚戌, 2冊, 238쪽 ;《世宗實錄》 卷119, 世宗 30年 3月 戊子, 5冊, 52쪽 ;《文宗實
　　錄》 卷7, 文宗 元年 4月 辛巳, 6冊, 374쪽.
160) 《成宗實錄》 卷57, 成宗 6年 7月 辛酉, 9冊, 242쪽.
161) 《成宗實錄》 卷70, 成宗 7年 8月 甲午, 9冊, 376쪽 ;《成宗實錄》 卷77, 成宗 8年
　　閏2月 戊申, 9冊, 426쪽 ;《成宗實錄》 卷77, 成宗 8年 閏2月 辛亥, 9冊, 429쪽.
162) 《成宗實錄》 卷77, 成宗 8年 閏2月 壬子, 9冊, 430쪽.
163) 《成宗實錄》 卷79, 成宗 8年 4月 壬戌, 9冊, 453~454쪽.

한 문제가 될 정도로 전국으로 확산되고 있었고,[164] 사라능단의 당물을
이제 庶人들까지 모두 쓰고 있다는 형편으로 진전되고 있었다.[165] 중종
35년(1540) 7월에는 당시 "婚事에서 당물이 아니면 成禮가 안 된다"[166]
는 탄식이 나오는 지경이었다. 衣食住 전반에 걸친 사치의 풍습이 당물
의 好用으로 이어져 대중국 사무역의 극성을 불러 오는 실태를 이 시기
관인들은 잘 알고 있었고,[167] 나아가 그러한 唐物奢侈가 성종조 이래의
새로운 현상이라는 사실도 구체적으로 거론되던 실정이었다.[168]

이처럼 성종조 이후 특히 16세기에 들어 중국산 사치품 수입에 따른
대중국 사무역이 급증할 수 있었던 것은, 당시 대중무역의 주된 결제수
단이었던 銀이 국내와 일본으로부터 대량 공급되고 있었기 때문이었
다.[169] 연산군 시기에 개발된 鉛銀分離術은 이후 함경도 端川을 중심으
로 한 銀鑛개발로 이어졌고, 합법적 채은과 함께 불법의 潛採가 성행함
으로써 사무역의 결제수단인 은이 국내에서 대거 공급되기 시작하였다.
여기에 이 시기 대량의 일본산 은이 대일무역을 통해 국내에 유입됨으로
써 持銀 사무역은 더욱 치성하고 있었다.[170] 요컨대 16세기 조선은 銀을
國際通貨로 하여 형성된 東아시아 무역체계 아래에서 중국과 일본을 연
결하는 기축의 위치에 놓여 있었고, 이를 활용한 상인들의 대중국·대일
본 무역활동이 본격화하고 있었던 것이다.[171]

성종조 이후 급증하고 있던 대중국 사무역의 주역은 시전을 비롯한
도성상인들이었고, 그 규모 역시 증대하고 있었다. 성종 22년(1491) 3월
사역원정 康繼祖는 부경사신의 軍官과 奴子를 칭탁하여 벌이는 市井상

---

164) 《中宗實錄》 卷93, 中宗 35年 8月 己卯, 18冊, 408쪽.
165) 《中宗實錄》 卷25, 中宗 11年 5月 己酉, 15冊, 181쪽.
166) 《中宗實錄》 卷93, 中宗 35年 7月 甲寅, 18冊, 403쪽.
167) 《中宗實錄》 卷12, 中宗 5年 9月 己卯, 14冊, 464쪽.
168) 《中宗實錄》 卷76, 中宗 28年 12月 戊寅, 17冊, 489~490쪽.
169) 주 158과 같음.
170) 위와 같음 ; 申奭鎬, 〈朝鮮中宗時代の禁銀問題〉, 《稻葉博士還曆記念滿鮮史論叢》,
    1938.
171) 李泰鎭, 앞의 〈16세기 東아시아 경제 변동과 정치·사회적 동향〉.

인들의 사무역 활동이 근래 들어 더욱 극성한 실정을 상소를 통해 고발
하고 있었다.172) 그에 따르면 당시 大行次 사행의 경우 그 品外의 布子
가 100여 同(5천여 필)에 여타의 소지잡물 또한 이에 상응할 정도였으
며, 小行次의 경우에도 그 규모가 8~90여 동에 이르고 있었는데, 이들
물품은 모두 중국에서 사라능단의 사치품이나 白鐵·綠礬 등과 교환되
고 있어 그 수송문제 또한 심각한 피해를 양국에 낳고 있었다. 한편 이
때 성종의 명에 의해 이루어진 조사에 따르면, 부경하는 사신에게 뇌물
을 주고 그들의 군관과 노자를 冒稱하여 이 같은 사무역을 벌인 상인은
高貴之·秦伯崇·朴哲山·羅卜中·末同·金毛知里·檢同 등 7명으로
모두 시정의 상고, 곧 경상들이었다. 성종조 후반 경상들의 사행을 활용
한 부경 사무역은 그 소지물의 규모가 수천여 필을 상회할 정도로 급증
하고 있었고, 이러한 무역의 결과 수많은 중국산 사치품이 국내에 반입
되고 있었던 것이다.

경상의 대중국 사무역 활동은 그 결제수단으로 銀이 본격 활용되기
시작하면서 더욱 성황의 국면을 맞고 있었다. 세종 11년(1429) 명나라에
대한 金銀貢을 土物로 대체한 이래 조선 정부는 금은의 국내유통과 이
를 이용한 대외무역을 일관되게 금지해 오고 있었으며,173) 《經國大典》
에 따르면 金銀 潛賣者는 絞刑의 극형으로 다스려지고 있었다.174) 그런
데 이 같은 금령과 엄형에도 불구하고 15세기 후반에 들어 대중국 무역
에서 상인들이 은을 소지하는 사례가 늘기 시작하고 있었다. 성종 23년
(1492) 5월 대사헌 金升卿은 부경사행에 동반한 상인들이 금은과 같은
禁物을 가지고 가는 사태를 문제 삼고 있었고,175) 연산군 6년(1500) 3월
의정부 역시 경중의 부상대고들이 통사·의원·의주인 등과 연계하여
부경 사무역에 종사하는 실태를 문제 삼으면서, 특히 이들의 금은 소지

---

172) 《成宗實錄》卷251, 成宗 22年 3月 乙巳, 12冊, 6~7쪽.
173) 주 131, 170 참조.
174) 《經國大典》刑典, 禁制.
175) 《成宗實錄》卷265, 成宗 23年 5月 癸未, 12冊, 180쪽.

행태를 거론하고 있었다.176)

16세기 중종조 이후 경상들의 持銀 赴京使行 사무역 활동은 이제 暴增의 양상으로 확대되고 있었다. 중종 4년(1509) 8월 집의 權敏手는 근래 들어 부경인들이 마포를 휴대하지 않고 모두 은을 소지하여 사무역하는 탓에 중국인들이 조선에 은이 많이 생산된다는 사실을 알고 있어, 장차 금은 歲貢이 부활됨으로써 萬歲의 弊가 되살아나지 않을까 크게 우려하고 있었다.177) 그에 따르면 조선 정부가 성종조 이래 사행 길에 御史를 파견하여 持銀 사무역을 엄단하고는 있었으나, 경상들이 도성에서부터 가져가는 은과 中路에서 매입하여 소지한 은을 활용하여 벌이는 중국산 사치 견직물의 사무역은 급증하는 추세였다.

당시 영사 柳順汀은 국내의 은 생산지가 함경도 단천만이 아니라 江界·豊川 등에 널리 퍼져 있다는 사실을 지적하면서, 이 지방 백성들이 이를 채취하여 부경 길의 경상들에게 팔아 치부하고 있다는 권민수의 견해에 동의를 나타내고 있었다.178) 이처럼 함경도 단천에서 주로 생산된 은이 대중 사무역의 결제수단으로 이용되기 시작하면서, 단천을 경유하여 평안도에 이르는 길은 이미 중종 9년(1514)에 '大路'를 이루고 있었고, 단천의 唐物 유통사정이 도성과 차이가 없을 정도라는 지적이 나오고 있었다.179)

16세기 들어 조선 정부는 이 같은 경상이 중심이 된 持銀 사무역을 근원에서 통제하고 또한 국가 재정을 보충할 방안으로, 이들 銀생산에 대한 국가적인 파악을 시도하고 있었다. 그 결과 15세기에 일관되었던 禁銀정책이 수정되면서 연산군 10년(1504) 정월에 처음 採銀納稅制가 채택된 이래,180) 중종 10년(1515) 3월에는 納穀採銀을 위한 사목을 제정

176) 《燕山君日記》 卷37, 燕山君 6年 3月 丙子, 13冊, 407쪽.
177) 《中宗實錄》 卷9, 中宗 4年 8月 戊子, 14冊, 360쪽.
178) 위와 같음.
179) 《中宗實錄》 卷26, 中宗 11年 8月 丙子, 15冊, 211쪽.
180) 《燕山君日記》 卷52, 燕山君 10年 正月 丙戌, 13冊, 590쪽.

하여 민간의 채은을 허용하고 있었다.181) 격렬한 반대주장 속에서 反正
의 주체였던 훈구대신들이 주도한 이 같은 採銀허용과 수세정책은 시행
과 중단을 거듭하면서도 명종 16년(1561) '辛酉事目'의 제정에서 확인되
듯이, 軍資의 확보와 재정보용을 목적으로 斷續的으로 지속되고 있었
다.182)

이 시기 경상은 조선 정부의 이 같은 정책변화를 십분 활용함으로써
대중국 사무역용 은을 확보하고 있었다. 중종 11년(1516) 6월 조정의
논의에 따르면, 이 무렵 경상들은 군자확보를 위한 정부의 納穀採銀 허
용을 기회로, 함경도 현지 백성들로부터 무곡한 곡물을 주현에 납입하
고서 채은에 나서고 있었다. 이날 논의에 참여했던 表憑은 경상들의 이
러한 채은활동의 결과 함경도 민간의 所儲穀이 모두 소모되어 현지의
군자확보에 전혀 도움이 안 된다는 점과, 경상에 의해 은이 대량 중국으
로 유출되는 점, 이에 덧붙여 野人들과 철물을 이용한 사무역이 부수하
여 성행하는 실정 등을 들면서 이를 '三大弊'로 규정하며 그 중단을 촉구
하고 있었다.183)

그러나 대중 사무역용 은 확보를 위해 벌이는 경상들의 양계지방 무
곡활동은 중국산 사치품 수입이 급증하는 현실에서 중단될 수 없었다.
중종 28년(1533) 6월에 들어서면 함경도에 들어가는 부상대고는 모두
채은 때문이라는 영의정 張順孫의 지적에 이어,184) 사헌부 역시 납곡채
은을 위한 경중 부상대고들의 함경도에서의 활동규제를 강력하게 주청
하고 있었던 것이다.185)

이처럼 경상들이 국내 각 銀産處에서 합법과 비합법의 방법을 동원하
여 벌인 은 확보 노력은 자연 대중국 사무역의 번성으로 이어지고 있었

---

181) 《中宗實錄》 卷21, 中宗 10年 3月 癸酉, 15冊, 65쪽.
182) 朴平植, 앞의 《朝鮮前期商業史硏究》 제5장 3절, 〈抑末策의 衰退와 財政補用政策
    의 摸索〉, 361~364쪽.
183) 《中宗實錄》 卷25, 中宗 11年 6月 辛亥, 15冊, 185쪽.
184) 《中宗實錄》 卷75, 中宗 28年 6月 乙未, 17冊, 442쪽.
185) 《中宗實錄》 卷75, 中宗 28年 7月 丙午, 17冊, 445쪽.

다. 당시 중국에서는 매년 수차례 계속되는 조선의 사행을 두고 그 실제
목적이 興販의 이익에 있다고 파악하고 있었고,[186] 이를 이유로 赴京使
의 파송을 노골적으로 혐오하거나 심지어는 科擧의 策題로 조선사신
일행의 사무역 근절방안을 묻고 있을 정도였다.[187] 또한 사행을 수행하
는 조선 상인과의 사무역을 위해 명나라의 부상대고들이 중국 南京의
각종 물화를 遼東에 수송하여 조선의 花銀과 교역하는 탓에 요동이 번
성하고, 그 양상이 北京과 차이가 없다는 실정이 조선 조정에조차 널리
알려져 있는 실정이었다.[188] 이 시기 경상이 주도하는 持銀 대중 사무역
은 정부의 금령에도 불구하고 날로 확대추세에 있었고, 국내에서의 은
유통 역시 중종 36년(1541) 6월경에는 "은이 면포처럼 사용된다"는 표
현이 나올 정도로 널리 확산되고 있었다.[189]

　은을 결제수단으로 하는 이러한 대중 사무역의 熾盛은 이후 명종조에
들어서서도 중단 없이 계속되고 있었다. 명종 2년(1547) 정월 사복시정
金天宇는 당시 조선과 명 사이의 교역사정을 두고 "유통되지 않는 物貨
가 없다"라고 하며 그 성황을 지적하고 있었다.[190] 동왕 10년(1555) 10
월 사헌부에 따르면, 부경사행에 수반하는 상인들의 持銀 사무역 규모
가 매번의 행차에 많을 때는 수만, 적을 때에도 수천 냥에 이르러, 그
사무역품의 운반 때문에 조선과 명의 백성들 모두가 고통 받고 있었다.
또 이 같은 조선 상인들의 사무역 행태는 심지어 명나라 수도인 북경이
몽골족[韃子]의 침공을 받았던 그해에도 계속되고 있어, 명나라 사람들
이 조선사행을 모두 상인으로 간주하는 지경이었다.[191]

---

186) 《中宗實錄》卷49, 中宗 18年 8月 戊申, 16冊, 252쪽 ; 《中宗實錄》卷69, 中宗 25年
　　9月 壬子, 17冊, 255쪽.
187) 《中宗實錄》卷49, 中宗 18年 8月 戊申, 16冊, 252쪽 ; 《中宗實錄》卷51, 中宗 19年
　　6月 癸亥, 16冊, 318쪽 ; 《中宗實錄》卷66, 中宗 24年 8月 壬辰, 17冊, 147쪽.
188) 《中宗實錄》卷95, 中宗 36年 5月 庚子, 18冊, 465쪽.
189) 《中宗實錄》卷95, 中宗 36年 6月 乙丑, 18冊, 473쪽.
190) 《明宗實錄》卷5, 明宗 2年 正月 甲戌, 19冊, 478쪽.
191) 《明宗實錄》卷10, 明宗 5年 10月 丁亥, 19冊, 724쪽.
　　한편 성종조 이후 대중무역에서는 부경사행에 따른 사무역 형태 외에도 경강

16세기 경상이 주도하는 대중국 持銀 사무역은 이 무렵 일본산 은이 대량 국내에 유입되면서 더 한층 활기를 띠고 있었다. 성종조 이후 경상들의 대일 사무역은 왜인들의 정박과 체류가 허용된 三浦를 중심으로 활발하게 전개되고 있었고,[192] 연산군 2년(1496) 11월에는 조선 상인과의 거래를 위해 삼포에 거류하는 왜인들의 숫자가 만여 호에 이르고 있어 조정에서 심각한 논란의 대상이 되고 있었다.[193] 당시 경상들은 이들 商倭와의 거래를 위해 삼포에 1~2년 또는 3~4년씩 머무르며 사무역에 종사하고 있었고, 이러한 상황에서 경상도 安東과 金海 등지의 백성들은 본업을 제쳐두고 누에고치[蠶繭]나 麻絲를 제조하여 왜와의 교역품으로 조달하는 실정이었다.[194]

국초 대일본 무역에서 주된 수출품은 조선의 직물과 곡물류였고, 수입품은 조선 측의 수요가 컸던 동·납철과 각종 염료물 등이었다.[195] 그런데 15세기 후반 이후 대중국 지은 사무역이 번성하고, 또 조선으로부터 鉛銀分離術을 습득해 채취한 일본산 은이 일본 사신이나 상인으로부터 대량 공급되기 시작하면서, 대일 수입품 가운데 은의 비중이 급격하게 증가해 가고 있었다.[196] 중종 33년(1538) 10월 小二殿의 왜사가 가지고 온 銀은 그 양이 375근에 이르러 당시의 면포가로 환산하면 무려

---

선상들이 주도하는 밀무역 역시 전에 없이 확대되고 있었다. 성종 23년(1492) 경강의 麻浦에서 출발하여 평안도 宣川을 거쳐 명의 海浪島에 도착하여 밀무역을 하였다가 적발된 宋田生·高益堅의 사례(《成宗實錄》 卷268, 成宗 23年 8月 壬寅, 12冊, 210쪽 ;《成宗實錄》 卷268, 成宗 23年 8月 戊申, 12冊, 214쪽), 동왕 25년 (1494) 명나라 해랑도에서 벌인 밀무역 혐의로 체포된 張芿叱同, 金自松 등의 사례가 확인되고 있고(《成宗實錄》 卷295, 成宗 25年 10月 壬申, 12冊, 592쪽 ;《成宗實錄》 卷296, 成宗 25年 11月 丙申, 12冊, 601쪽), 이와 같은 추세는 중종조에도 마찬가지였다(《中宗實錄》 卷45, 中宗 17年 8月 癸卯, 16冊, 159쪽 ;《中宗實錄》 卷73, 中宗 28年 2月 己卯, 17冊, 391쪽).

192)《成宗實錄》 卷274, 成宗 24年 2月 丁巳, 12冊, 277쪽.
193)《燕山君日記》 卷19, 燕山君 2年 11月 乙丑, 13冊, 162쪽.
194)《中宗實錄》 卷8, 中宗 4年 3月 丙辰, 14冊, 321쪽.
195) 주 152와 같음.
196) 李泰鎭, 앞의 〈16세기 東아시아 경제 변동과 정치·사회적 동향〉.

2만 4천 필에 이르는 막대한 규모였다. 중종 정부는 그 가운데 3분의 1의 공무역을 허가하면서 경상들의 사무역을 불허하였지만,[197] 부상대고들이 당물무역을 위해 倭銀을 다투어 구입하는 추세 속에서 이 같은 금령이 지켜지기는 어려웠다.

중종 35년(1540) 정월 왜은의 潛貿가 공공연하여 민간에 널리 유포되고, 또 매번 부경사행이 이 왜은을 소지하여 사무역에 종사하는 실태를 잘 알고 있던 국왕은, 차라리 왜은에 대한 開市를 공식적으로 허용하는 편이 더 나을 것이라는 견해까지 피력하고 있었다.[198] 이제 왜은은 도성 시전에 가득 넘쳐 날 정도로 유입되고 있었고, 이를 활용한 대중국 持銀 사무역은 더욱 치성하는 형편이었다.[199] 이후 조선 정부의 거듭한 단속에도 불구하고 일본산 은의 국내유입은 계속 확대되어, 중종 37년(1542) 7월 일본 사신이 가져온 은은 그 공무역액이 官木으로 1,200동(6만 필)에 이르렀고, 사무역 은은 그 배에 이른다고 보고되고 있었다.[200] 그 결과, 왜은을 활용한 대중국 사무역을 두고 그 추세가 "전보다 萬倍에 이른다"는 표현이 이제 일상으로 언급되고 있었다.[201]

이 시기 은 확보를 위한 대일 사무역의 주역은 역시 경상이었다. 경중의 부상대고들은 왜의 사신들을 맞아 도성에서 사무역의 형태로 왜은을 확보하였을 뿐만 아니라, 이들 사신과 상왜들이 정박하고 거류하는 경상도의 삼포에 직접 진출하여 사무역과 밀무역을 통해 왜은을 확보하고 있었던 것이다.[202] 중종 25년(1530) 2월 사간원에서는 이처럼

---

197) 《中宗實錄》卷88, 中宗 33年 10月 己巳, 18冊, 226쪽.
198) 《中宗實錄》卷92, 中宗 35年 正月 己未, 18冊, 374쪽.
199) 《中宗實錄》卷93, 中宗 35年 7月 甲寅, 18冊, 403쪽.
200) 《中宗實錄》卷98, 中宗 37年 7月 乙丑, 18冊, 603쪽.
201) 《中宗實錄》卷93, 中宗 35年 7月 丙辰, 18冊, 403쪽 ; 《中宗實錄》卷94, 中宗 35年 10月 甲申, 18冊, 424쪽.
202) 《中宗實錄》卷52, 中宗 19年 12月 壬子, 16冊, 365쪽 ; 《中宗實錄》卷95, 中宗 36年 5月 乙卯, 18冊, 468쪽 ; 《中宗實錄》卷95, 中宗 36年 6月 丙子, 18冊, 477쪽 ; 《中宗實錄》卷98, 中宗 37年 7月 乙丑, 18冊, 603쪽 ; 《明宗實錄》卷5, 明宗 2年 6月 丙申, 19冊, 516쪽 ; 《明宗實錄》卷8, 明宗 3年 8月 癸丑, 19冊, 608쪽.

경중 부상대고들이 남방의 海島를 왕래하며 왜와 벌이는 潛貿활동을 두고, 작금의 '大患'이라 지적하며 강력한 단속을 주청하고 있었다.203) 그럼에도 불구하고 이후에도 釜山浦·薺浦 등지에서 이루어지는 왜와의 밀무역을 위해, 경상들은 여전히 삼포에 '輻輳'의 형세로 모여들고 있었다.204)

한편 조선전기에 위와 같이 대중·대일 무역을 주도하고 있던 경상들은, 이제 중국과 일본 양국의 상인과 상품유통을 연계시킴으로써 仲介貿易을 통한 무역이익의 확대에도 적극 나서고 있었다. 15세기 후반에 이미 조선 상인들은 일본산 胡椒를 구매하여 이를 부경사행을 활용하여 명나라에서 처분함으로써 일본과 명을 잇는 상품 중개무역의 이익을 확보하고 있었고, 당시 이에 대한 규제와 단속이 조정에서 자주 논의되고 있었다.205) 그런데 경상이 중심인 조선 상인들의 이러한 중·일 중개무역은, 16세기 중종조에 들어 明 大寧府에서 왜인들이 벌인 作賊사건 이후 일본 상인들의 중국내 사무역 활동이 금지되면서 더욱 확대되고 있었다.206)

예컨대 중종 34년(1539) 10월 내수사 書題이자 경중의 부상대고였던 朴守榮은 중국산 綵緞과 白絲 등을 이용하여 삼포에서 倭銀을 매입하고, 이 왜은을 다시 중국산 사치품 무역을 위해 중원으로 付送하고 있었다.207) 더욱이 그는 중국산 사치품과 일본산 은을 중개하는 이러한 사무역 활동을 이른바 '同務人'들과의 자본합작을 바탕으로 대규모로 수행하고 있어 더욱 조정에서 문제가 되고 있었다.208) 은을 국제통화로 하여

---

203)《中宗實錄》卷67, 中宗 25年 2月 己卯, 17冊, 195쪽.
204)《中宗實錄》卷95, 中宗 36年 5月 乙卯, 18冊, 468쪽.
205)《成宗實錄》卷290, 成宗 25年 5月 甲辰, 12冊, 533쪽 ;《成宗實錄》卷292, 成宗 25年 7月 甲辰, 12冊, 562쪽 ;《燕山君日記》卷20, 燕山君 2年 11月 癸酉, 13冊, 166쪽.
206)《中宗實錄》卷82, 中宗 31年 10月 乙酉, 17冊, 686쪽.
207)《中宗實錄》卷92, 中宗 34年 10月 戊子, 18冊, 355쪽.
208)《中宗實錄》卷92, 中宗 34年 10月 丁亥, 18冊, 354쪽.

형성된 16세기 동아시아의 교역체계 아래에서 이처럼 조선의 경상들은 중국과 일본 양국의 상품들을 연계하는 중개무역을 통해서도 그들의 상업자산을 확대해 나가고 있었던 것이다.

조선전기 경상의 대외무역 활동은 그들의 상활동 과정에서 형성된 조직체계를 기반으로 한층 안정적으로 수행될 수 있었다. 경상의 대외무역과 관련한 조직체계는 이 시기 대중·대일 무역이 성행하던 지방에서 등장하고 있던 主人層을 통해서 그 실례를 확인할 수 있다.209) 대중 사무역과 관련하여 義州 일대를 중심으로 조선 상인들에게 숙박의 편의를 제공하면서 중국 상인들과의 무역활동을 알선하고 있던 주인층의 존재는, 일찍이 태종 5년(1405) 10월 행대감찰 許偶에게 적발되어 처형된 主人 崔永奇의 사례 외에도,210) 세종 5년(1423) 11월에 마련된 부경 사행의 禁防條件에서 사무역 상인을 住接하거나 이들의 越江을 안내하는 의주인에 대한 처벌방침을 특별하게 천명하고 있는 데서도 구체적으로 드러나고 있었다.211)

경중 부상대고와 의주상인의 이 같은 조직적인 연계는 16세기 들어 은을 지불수단으로 하는 대중국 사무역이 확대되면서 한층 더 강화되어 나갔을 것으로 추정된다. 연산군 6년(1500) 2월 의정부에서는 의주의 관노와 軍民들이 도성과 개성의 부상들과 연계하여 벌이는 사무역 활동을 문제 삼고 있었으며,212) 중종 39년(1544) 2월에는 의주에 사는 私奴 千石 등이 경상 徐業從, 개성상인 李業孫과 의주 현지에 몰래 들어온 중국 상인을 중개하여 벌인 사무역 활동이 적발되어 조정에서 크게 논란이 되고 있었다.213) 그해 평양과 의주를 연결하는 도로인 大同道의

---

209) 朴平植, 앞의 〈朝鮮前期의 主人層과 流通體系〉.
210) 《太宗實錄》 卷10, 太宗 5年 10月 丙戌, 1冊, 341~342쪽.
211) 《世宗實錄》 卷22, 世宗 5年 11月 己亥, 2冊, 565쪽 ; 《世宗實錄》 卷32, 世宗 8年 4月 壬午, 3冊, 21쪽.
212) 《燕山君日記》 卷36, 燕山君 6年 2月 丙申, 13冊, 400쪽.
213) 《中宗實錄》 卷102, 中宗 39年 2月 辛卯, 19冊, 50쪽 ; 《中宗實錄》 卷102, 中宗 39年 2月 壬辰, 19冊, 50~51쪽.

察訪을 대간 출신의 명망 있는 인물로 임명하도록 한 조정의 결정도, 이처럼 의주인과 연계하여 경상들이 주도하고 있던 대중국 持銀 사무역을 엄단하기 위한 조처의 하나였다.[214]

이와 같이 경상이 주도하는 대중 사무역이 의주를 중심으로 조직적으로 전개되면서, 16세기에 들어 조선의 변경지방에 來往하거나 경우에 따라서는 조선에 來居하는 중국 상인들도 늘고 있었다. 중종 21년(1526) 정월 평안감사를 지낸 바 있는 특진관 金克成은 압록강 주변에 들어와서 거주하며 사무역에 종사하는 중국인들이 '甚重'한 실태를 보고하고 있었다.[215] 또 명종 3년(1548) 정월에는 의주인근 鐵山에 거주하는 吳潤의 집에서 사무역에 종사하던 중국상인 朴瓢老가 체포되었고,[216] 이어 동왕 9년(1554) 12월에는 의주에서 중국인 閔進이 사무역 혐의로 체포되었는데, 당시 우의정 尹漑는 의주 일대에서 이루어지는 중국 상인의 무역활동이 그 유래가 이미 오래되었다고 보고하고 있었다.[217]

16세기에 들어 이처럼 의주 일대에서 국경을 넘나들며 중국 상인과의 사무역을 주도하던 조선측 상인은 대부분 경상들이었다. 중종 39년(1544) 10월 의주에서 사무역용 은을 지닌 채 체포된 경상 夫叱金,[218] 명종 3년(1548) 정월 중국 상인과 交通往來하며 무역에 종사하다 중국인 閔傑의 집에 구류된 경상 吳興 등은 그 구체적인 사례였다.[219] 이런 형편에서 명종 6년(1551) 9월 국왕은 경상들이 은을 이용하여 의주 일대에서 벌이는 중국인과의 사무역 활동과 더불어, 새로 移去하여 오는 중국 상인들에 대한 금단방안도 아울러 강구하라고 대신들에게 지시하고 있었던 것이다.[220]

---

214)《中宗實錄》卷102, 中宗 39年 2月 丙申, 19冊, 51~52쪽.
215)《中宗實錄》卷56, 中宗 21年 正月 壬辰, 16冊, 490쪽.
216)《明宗實錄》卷7, 明宗 3年 正月 癸未, 19冊, 557쪽.
217)《明宗實錄》卷17, 明宗 9年 12月 甲午・乙未, 20冊, 251쪽.
218)《中宗實錄》卷105, 中宗 39年 10月 乙亥, 19冊, 148쪽.
219)《明宗實錄》卷7, 明宗 3年 正月 癸未, 19冊, 557쪽.
220)《明宗實錄》卷12, 明宗 6年 9月 庚寅, 20冊, 40쪽.

중국과의 국경지대인 의주와 그 인근에서 경상의 持銀 사무역 활동과
관련하여 主人세력이 형성되고, 이들을 통해서 중국 상인과의 사무역이
가일층 성행할 수 있었던 조건은 이상과 같았다. 따라서 선조 33년(1600)
10월 壬亂중에 개설된 中江開市의 혁파를 도모하던 국왕이 평안감사와
의주부윤에게 이 일대에서 활동하는 주인세력을 붙잡아 처벌하도록 하
였던 조처도,221) 이 시기 경상의 대중무역 활동이 국경 일대의 주인층을
매개로 조직적으로 수행되고 있던 현실에 대한 파악을 바탕으로 내려진
대책이라 하겠다.

경상들의 대외무역과 관련된 주인층의 형성은 대일무역의 주요 무대
이던 경상도의 三浦에서도 마찬가지였다. 중종 36년(1541) 6월 조정에서
는 三浦倭亂(중종 5, 1510) 직후 체결된 壬申約條(중종 7, 1512)에 따라
더욱 강화된 왜인의 삼포체류 규정과 밀무역 금단조처에도 불구하고, 경
상들이 삼포의 성 밖에 마련된 主人家를 매개로 주로 밤을 이용하여 벌이
던 대일 밀무역의 현황을 집중 논의하고 있었다.222) 이 시기 경중부상의
주인층을 이용한 대일 사무역 실태는, 중종 34년(1539)에 조정에서 크게
논란이 되었던 柳緖宗 사건을 통해 보다 구체적으로 확인할 수 있다.

이해 윤7월 사헌부는 당시 全州判官으로 재직 중이던 무관 유서종이
일찍이 김해에 거주하면서 경중의 부상들을 그의 집으로 유치하고, 여
기에서 우리나라 복장으로 변복한 왜 상인들과의 불법 밀무역을 주선하
였던 사실을 적발하였다.223) 유서종의 妻父 卞琬이 주관하였을 것으로
짐작되는 김해 蒜山소재 그의 主人家에는 경상 洪業同 등이 接主하여
각종 물화들을 맡겨 두면서 왜인들과의 사무역에 종사하고 있었고, 더
욱이 여기에서 국법으로 유출을 엄금하고 있던 鉛銀分離術을 왜인에게
傳習한 사실이 밝혀져 크게 문제가 되고 있었다.224) 처부 변완의 招辭에

---

221)《宣祖實錄》卷130, 宣祖 33年 10月 戊子, 24冊, 138쪽.
222)《中宗實錄》卷95, 中宗 36年 6月 丙子, 18冊, 477쪽.
223)《中宗實錄》卷91, 中宗 34年 閏7月 丙申, 18冊, 316쪽.
224)《中宗實錄》卷91, 中宗 34年 8月 甲戌, 18冊, 325쪽 ;《中宗實錄》卷91, 中宗 34年

나오는 술회처럼 유서종가의 이 같은 활동은 당대의 전형적인 '主人'영
업 형태였고,225) 그는 삼포인근 김해에 근거를 둔 주인가를 거점으로
경상과 왜인들의 사무역과 밀무역 활동을 숙박을 매개로 중개해 내고
있었던 것이다.

이 시기 경상의 대일무역, 특히 16세기 이후 급증하고 있던 倭銀의 확
보를 목적으로 한 사무역과 밀무역 활동은, 이 유서종가의 주인영업 사
례에서 보듯이 삼포와 그 인근에서 펼쳐지고 있던 주인층의 중개를 기반
으로 조직적으로 전개되면서 더욱 확대되고 있었다. 그러므로 이 무렵
경상이 왜와의 사무역을 위해 삼포에 3~4년씩 머무를 수 있었던 조건이
나,226) 왜인과의 사무역 근절대책으로 삼포의 주인세력에 대한 강력한
단속이 국가정책에서 우선적으로 추진되었던 배경227) 또한, 이들 경상
과 대일무역 관련 주인층 사이의 굳은 조직적 연계에 있었다 하겠다.

이상에서 살펴본 바와 같이 조선전기 도성상인 가운데 특히 시전을
필두로 한 경중의 부상대고 세력은, 집권국가의 수도인 도성을 기반으
로 국내외 교역을 장악함으로써 이 시기 조선 상업계 안에서 최대·최
고의 상인집단으로 존재하고 있었다. 국내외에 걸친 교역활동을 위해
이들 경상은 왕실을 비롯한 여러 특권세력이나 官權과의 연계를 지속
적으로 도모하고 있었으며, 경우에 따라서는 그들 자신이 변방의 무관
직이나 역관·서리 등 실무 말단의 관직에 진출하기도 하였다. 선조
40년(1607) 5월 人蔘방납의 폐단을 막기 위한 정부의 貿蔘令이 權貴와
결탁한 인삼상인의 반발로 실효를 거두지 못하자 "朝廷의 권한이 모두
市井으로 돌아가고 시정의 이익이 모두 權門으로 돌아가고 있다"228)고
규탄하였던《實錄》史臣의 評이 前者의 모습을 잘 요약하는 것이라면,

---

8月 癸未, 18冊, 327쪽.
225)《中宗實錄》卷91, 中宗 34年 8月 甲戌, 18冊, 325쪽.
226)《中宗實錄》卷8, 中宗 4年 3月 丙辰, 14冊, 321쪽.
227)《中宗實錄》卷95, 中宗 36年 6月 丙子, 18冊, 477쪽.
228)《宣祖實錄》卷211, 宣祖 40年 5月 甲子, 25冊, 331쪽.

중종조에 변방의 무관직에 진출한 市井人의 사례나[229] '倭 通事가 모두 市井之人'이라던 실정,[230] 군관이나 통사의 자격으로 부경사행을 수행하였던 수다한 경상의 구체적인 사례[231] 등은 모두 後者의 경우였다.

이 시기 경상들은 이렇듯 특권층·관권과 결탁하거나 그들에게 기생하여 집적한 막대한 상업자산을 魚箭이나 海澤개발에 재투자하기도 하였으며,[232] 한편으로 토지매득을 통해 그 일부가 大地主層으로 성장하고 있었다. '지금 토지를 소유하고 있는 집은 오직 부상대고와 사족 뿐'이라던 중종 28년(1533) 7월 鄭光弼의 極論은,[233] 당대 경상을 비롯한 부상대고 세력의 토지집적 실태를 잘 보여준다. 성종조 이후 사회문제화한 사치 풍조가 특히 상인층에서 더욱 문제가 되었던 것도, 이처럼 이 시기 경상을 위시한 부상대고 세력의 수중에 집적된 막대한 상업자산에서 비롯하는 문제였다. 그리고 이상과 같은 경상의 국내외에 걸친 교역활동과 그에 따른 자산집적, 나아가 그 재투자 행태는, 경상이 주도하던 조선전기 상업계의 중세적이고 봉건적인 속성과 특징을 잘 보여주는 것이라 하겠다.

## 5. 結 語

조선전기 京商의 상업활동을 그들의 구성유형에 대한 분석을 바탕으로 국내외 교역의 측면에서 살펴보면 이상과 같다.

---

229) 《中宗實錄》卷8, 中宗 4年 5月 己未, 14冊, 337쪽 ; 《中宗實錄》卷8, 中宗 4年 6月 辛酉, 14冊, 338쪽.
230) 《中宗實錄》卷62, 中宗 23年 8月 甲子, 17冊, 30쪽.
231) 《中宗實錄》卷100, 中宗 38年 3月 辛亥, 18冊, 666쪽 ; 《中宗實錄》卷102, 中宗 39年 2月 庚辰·壬午, 19冊, 41~42쪽 ; 《仁宗實錄》卷1, 仁宗 元年 正月 丙午, 19冊, 183쪽.
232) 《中宗實錄》卷1, 中宗 元年 12月 乙丑, 14冊, 107쪽 ; 《中宗實錄》卷96, 中宗 36年 8月 壬午, 18冊, 494쪽 ; 《中宗實錄》卷98, 中宗 37年 4月 己未, 18冊, 568쪽.
233) 《中宗實錄》卷75, 中宗 28年 7月 乙卯, 17冊, 447쪽.

집권국가의 수도로서 전국 각지의 물산이 조세와 상품의 형태로 集注하던 도성을 근거로 활약하였던 경상의 구성과 유형은 다양하였다. 조선전기 국가 상업정책의 근간으로서 시전에서 영업하던 官許의 특권상인 市廛商人, 시전의 한 구성을 이루며 물품의 제조와 판매를 겸하고 있던 工匠商賈人, 도성내 각처에서 열리던 巷市에서 연명하고 있던 零細小商人, 시전구역 내에 定住의 점포를 보유하지는 않았으나 이 시기 시전상인과 더불어 도성과 전국의 상권을 놓고 각축하고 있던 京中富商 세력, 그리고 도성인근 경강을 무대로 국내외 각지를 연결하며 선운업과 선상활동을 벌이고 있던 京江船商 등이 모두 경상의 商人群에 포함되어 각자의 영역에서 상활동에 종사하고 있었다. 그 가운데 조선전기 국내외 교역에서 최고 최대의 상인집단으로 활약하면서 조선 상업계를 풍미하던 경상의 주요 구성은 시전상인, 경중부상, 경강상인들로 이루어졌으며, 이들은 '京中 富商大賈'로 지칭되면서 이 시기 전국의 商權을 그 상세의 규모와 상업자산의 측면에서 장악하며 존재하고 있었다.

상인이 신분적 개념에 따른 고정된 사회세력이 아니었던 조선전기에, 이들 경상에는 다양한 신분층이 참여하여 이를 그들의 생업이나 殖貨의 수단으로 삼고 있었다. 사·농·공·상의 유교적 四民觀과 상업천시의 사회 분위기가 엄존하던 현실에서, 이 시기 경상의 신분구성은 대부분 양인과 천인들로 이루어져 있었지만, 역관이나 사대부가 서얼층의 일부 또한 상인으로서 대외무역을 비롯한 상업활동에 적극 나서고 있었다. 특히 부분적인 사례로 확인되기는 하나 일부의 양반 사대부 가문에서도 商人家 여식의 축첩풍조에서 드러나듯이 姜家인 부상대고에게 대행시키거나, 또는 所生서얼이나 가솔노비를 앞세워 국내외 교역활동에 物主로서 참여함으로써 이를 殖貨의 한 방법으로 적극 활용하고 있었다. 최대의 상업자산을 바탕으로 한 경상의 상업활동이 특권·관권과의 연계속에 활발하게 전개될 수 있었던 사회적인 조건도 바로 여기에서 마련되고 있었다.

조선전기 경상의 국내교역 활동은 국가의 부세수납과 재정운영과 관런한 분야와 민간교역 부문 모두에서 펼쳐지고 있었다. 특히 애초의 '任土作貢', '本色直納'의 원칙이 국초 제도의 설정 초기부터 무너지고 있던 공납제에서 경상의 代納과 京中貿納 활동이 두드러졌으며, 여기에 진상과 전세 등 각종 부세물의 경중에서의 무납이 일상화하면서 이를 통해 도성의 부상대고층은 막대한 상업자산을 확보해 가고 있었다. 더 나아가 이들 경상은 각종 稅貢의 수납을 관장하는 중앙 관서의 吏胥나 下隷職에 진출하여 各司(私)主人 세력이 됨으로써, 이 같은 대납의 권리를 하나의 영업권으로 世傳하기까지 하였다. 국가의 재정운영을 활용한 경상층의 상업활동은 양계지방의 군수확보를 위한 穀物回換이나 진휼을 위한 納穀受價 등에도 미쳐, 이들 제도의 시행동기를 훼손시킴으로써 끊임없이 문제가 되고 있었다. 회환이나 납곡용 곡물을 무납하는 과정과 그 대가물의 처분과정에서 보장되는 이중의 상업적 이익이 컸기 때문에, 정부의 지속적인 단속에도 불구하고 경상들의 불법적인 무곡과 납곡활동은 근절되지 않았고, 이 같은 국가의 재정운영을 활용한 경상의 상업활동은 조선전기 내내 계속되고 있었다.

한편 이 시기 도성을 거점으로 전개되고 있던 전국적인 민간교역을 주도하던 상인군 역시 경상이었다. 성종조 시전구역의 확대에서 확인되듯이 도성상업은 집권적 국가질서의 수립과 안정을 기반으로 발전하고 있었고, 이를 장악하고 있던 도성의 시전과 부상대고 세력은 도성상업을 매개로 전국에 진출하여 그 商權을 제고시키고 있었다. 특히 곡물의 경우 경강 선상들의 활동을 바탕으로 일찍이 전국적인 교역체계가 형성되어 있었고, 도성과 외방을 잇는 이러한 곡물유통을 주도하던 상인은 대부분 경상들이었다. 또 15세기 후반 이후에는 이들의 상업활동 과정에서 서해 남북을 잇는 海路가 안정될 수 있었으며, 이들 경상과 상품의 중개를 담당하는 主人層이 전국의 포구를 중심으로 연안지방에 형성되고 있었다. 이 시기 경상의 이 같은 전국적인 교역활동은 陸商·船商을 막론하고 조직적인 연계를 바탕으로 수행되고 있었고, '作同務'라는 자본합작 관행에서 보듯이 대규모 상업자본을 형성하여 이루어짐으로써 이들 경상의 수중에 상당한 상업적 자산을 축적시키고 있었다.

조선전기 경상의 대외무역은 '務本抑末', '利權在上'에 기초한 국초 조선 정부의 대외무역 통제정책을 극복해 가면서 본격화하였다. 고려말의 대외무역 번성이 불러온 사회경제 문제에 주목한 조선 정부가, 특히 대중무역 부문에서 공무역과 赴京使行의 盤纏마련을 위한 사무역을 제외하고는 상인들의 사무역과 밀무역을 일절 금지하고 있었지만, 국초 이래 경상들은 이제 이 부경사행에 수반하는 사무역을 적극 활용하고 있었다. 부경사행의 군관이나 통사를 활용하거나 그들 자신이 사신의 率行 家奴로 위장하여 벌이는 경상의 사무역 활동은, 국가의 지속적이고 반복되는 금령에도 불구하고 중단되지 않았다. 여기에 도성에 온 명나라 사신과의 교역이나, 국가의 관장 아래 공·사무역이 허용되고 있던 대일본·대야인 무역을 통해서도 조선초기 경상들은 대외무역을 활용한 상업자산을 축적해 가고 있었다.

경상의 대외무역은 성종조 이후 특히 16세기에 들어 국내에서 중국산 사치품의 수요가 크게 증대해 가고, 여기에 대중무역 결제용 銀이 국내 각지와 일본으로부터 본격 공급되기 시작하면서 급증의 추세로 확대되고 있었다. 16세기 銀을 국제통화로 하는 동아시아 국제교역체계의 수립은 국초 이래 통제되고 있던 대외무역이 번성하는 일대 계기로 작동하고 있었고, 조선상인군 중에서 특히 경상이 이 무역질서를 주도하며 무역에 따른 이익을 독점해 가고 있었다. 端川을 비롯한 양계의 은 산지에 진출하여 국내산 은을 합법·비합법적 수단을 총동원하여 확보하거나, 三浦를 중심으로 한 대일무역을 통해 일본산 은을 구입함으로써 성행하고 있던 경상의 대외무역에 대한 단속과 통제문제는, 중종조 이후 조선 국가의 주요 현안의 하나였다. 더욱이 이 시기 경상들은 견직물로 대표되는 중국산 사치품과 일본산 은을 이용해 중국과 일본 양국을 연계시키는 仲介貿易을 통해서도 통상이익을 증대시키고 있었다. 그리고 이 같은 경상의 대외무역 과정에서 국내교역에서와 마찬가지로 義州와 東萊지방을 중심으로 이들 경상과 중국·일본의 상인과 상품을 알선하는 主人層이 성장하고 있었으며, 경상은 이런 상업조직과 자본합작을 바탕으로 그들의 대외무역을 더욱 확대시킬 수 있었다.

조선전기 국내외에 걸친 경상의 이와 같은 상업활동은 그 어느 부문에서나 특권·관권과 밀착하고, 경우에 따라서는 경상 자신의 역관·서리 등 말단 실무의 관직진출을 기반으로 하여 이루어지는 것이었다. 그리고 여기에서 확보한 상업자산을 경중의 부상대고들은 상업 외에도 魚箭이나 海澤개발, 그리고 토지매입 등에 재투자하여 당대 양반 사대부층에 버금가는 대지주층으로 성장하고 있었다. 이 시기 대토지 소유 문제나 사치풍조의 사회문제화 과정에서 경상을 비롯한 상인층의 殖貨 행태가 줄곧 논란되고 있던 배경은 바로 여기에 있었다. 요컨대 조선전기 시전을 필두로 한 경상층 그 가운데 특히 경중 부상대고 세력의 국내외 교역활동은, 이 시기 조선 국가가 천명하고 있던 '抑末'의 상업정책의 근간이었던 그들이 동시에 그 정책의 破裂을 선도하던 존재였음을 시사하는 것이었고, 또한 조선전기 조선 상업이 도달하고 있던 이 같은 발달 수준이 이후 조선후기 상업변동의 기저와 배경이 되는 사정도 아울러 잘 보여준다 할 것이다.

〔《東方學志》 115, 2006. 6. 수록, 2008. 校〕

# 朝鮮前期 開城商人의 商業活動

## 1. 序言

국가의 경제정책으로 '務本抑末' 또는 '重農抑商'의 방침이 표방된 조선시기에, 開城은 으레 상업도시로 지칭되면서 발전하고 번영한 도시였다. 조선왕조의 개창 이래 국가운영의 근간으로 줄곧 천명된 농본주의와 억상정책 아래에서 상업도시로서 개성이 지녔던 이 같은 위상은 매우 독특한 것이었고, 그 만큼 이제까지 전근대 상업사 연구에서 일찍부터 주목되면서 그 다양한 면모들이 관심의 대상이 되어 왔다.[1]

그러나 조선시기의 개성상업에 대한 기왕의 연구는 대부분 조선후기, 그것도 18세기 이후의 개성상업과 개성상인의 활동에 초점이 맞추어져 온 것이 사실이다.[2] 조선전기 상업사에 대한 연구의 부족과, 무엇보다 관련자료의 零星함에 말미암은 연구동향이었다. 조선왕조의 개창과 한양천도 직후에 전개된 개성상업의 위축과 복구의 사정을 토대로 조선전기 개성상업의 추이를 정리한 최근 연구가 아직까지 이 시기 개성상업

---

1) 조선시기 개성상업과 개성상인에 대한 최초의 정리는 비록 관습조사의 일환으로 이루어지기는 하였으나, 日人 善生永助가 주관하여 작성한 다음 보고서에서 자세하게 이루어진 바 있다.

朝鮮總督府,《朝鮮人의 商業》, 1925.

2) 姜萬吉, 〈開城商人研究〉,《韓國史研究》8, 1972[《朝鮮後期 商業資本의 發達》(高麗大學校 出版部, 1973)에 수록] ; 吳 星,《韓國近代商業都市研究》, 國學資料院, 1998 ; 홍희유, 〈송도 4개문서(四介文書)에 반영된 송상(松商)들의 도가(都賈) 활동〉,《력사과학》, 1962년 6호 ; 善生永助, 〈開城의 商業과 商業慣習〉,《朝鮮學報》46, 1968.

에 대한 유일한 성과인 실정이다.3) 이런 형편에서 조선전기 개성상인의 상업활동에 대한 보다 구체적인 규명작업과 그 재음미를 통해서 활발하였던 고려조의 개경상업이 조선왕조에서 어떻게 재편되었는지, 그리고 주지하는 조선후기 개성상업의 발달이 어떠한 역사적 전제 위에서 가능하였는지를 해명할 필요가 절실하다 하겠다.

이러한 문제의식 아래, 본 논문에서 필자는 조선전기에 전개되었던 개성상인의 상업활동을 개성의 상업환경에 대한 정리를 바탕으로 하여 그 국내외 교역의 측면에서 규명하여 보고자 한다. 그러므로 이 작업은 조선전기의 개성상업과 개성상인에 대한 통사적 연구의 일환인 동시에, 이 시기의 상업 일반과 상인들의 상업활동을 더욱 심층적이고 다양한 사례를 통하여 분석하고 정리하고자 하는 목적에서 시도하는 것이기도 하다.

## 2. 開城의 商業環境과 開城商人

'抑末'의 경제정책을 고수하였던 조선왕조에서 독특하게 상업도시로 인식되며 발전하였던 개성의 상업환경을 점검하려면 우선 고려조에서 도성으로서 개경이 지녔던 상업적 위상에 주목할 필요가 있다. 곧 조선왕조의 개창 이전 개성의 상업기반에 대한 분석이 필요한 것이다.

고려왕조에서 도성인 개경은 정치·행정·군사의 중심도시일 뿐만 아니라, 동시에 부세로 대표되는 국가적 물류와 민간교역의 거점 구실을 하던 상업도시였다. 고려 국가는 개경의 이 같은 상업적 기능을 유지하고 그에 대한 국가의 관장을 제고하고자, 국초 이래 개경에 市廛을 설립하고 이를 기반으로 개경상업과 전국의 상업을 파악해 내고 있었다.4)

---

3) 朴平植, 〈朝鮮前期의 開城商業과 開城商人〉, 《韓國史硏究》 102, 1998[《朝鮮前期商業史硏究》(지식산업사, 1999)에 수록].

그런데 시전을 중심으로 하는 고려시기 개경상업은 고려후기에 들어 무신집권기와 元간섭기를 거치면서, 이 시기에 펼쳐진 국내외 상업의 발달과 함께 한층 더 번성하고 있었다. 崔忠獻 집권기인 희종 4년(1208)에 이어 14세기 충선왕과 우왕대에 거듭된 시전행랑의 개축과 증축사업을 통해 고려말 개경에는 최소한 1,200여 칸 이상의 행랑건물이 시전의 상업시설로 들어서 있었고, 아울러 비시전계의 민간 상설점포들도 늘어가고 있었던 것이다.[5]

특히 고려후기에 전개된 사회경제구조의 변화와 국가의 재정운영, 부세체계의 변동은 도성인 개경의 상업기반을 더욱 확대시키고 있었다. 곧 관영 수공업 체계와 所제도가 이완되거나 붕괴되면서 貢納이 제도화하고, 또 이의 代納과 京中貿納의 추세가 일반화하면서 시전의 확대와 개경상업의 발달로 이어지고 있었던 것이다.[6] 여기에 고려말 사무역과 밀무역 분야에서 펼쳐지던 대외무역의 번성은 개경의 상업적 기능을 한층 강화시키고, 국제 상업도시로서의 면모를 부각시키던 형편이었다.[7]

요컨대 고려후기에서 최말기에 거쳐 개경상업은 국내외 교역에서 도성이 차지하던 위상과 비중에 걸맞게 이 시기 상업발달을 선도하고 있었고, 그것은 개경시전의 확대와 京市의 발달로 나타나고 있었다. 13세기에 벌써 戶數가 10만에 이르는 것으로 일컬어지던 개경의 인구규모

4) 朴平植, 〈高麗時期의 開京市廛〉, 《韓國史의 構造와 展開》(河炫綱敎授定年紀念韓國史學論叢), 혜안, 2000 ; 서성호, 〈고려시기 개경의 시장과 주거〉, 《역사와 현실》 38, 2000 ; 北村秀人, 〈高麗時代の京市の基礎的考察 - 位置・形態를中心に〉, 《人文研究》 42-4, 大阪市立大, 1990 ; 北村秀人, 〈高麗時代の京市の機能について〉, 《朝鮮史研究會論文集》 31, 1993.
5) 朴平植, 〈高麗後期의 開京商業〉, 《國史館論叢》 98, 國史編纂委員會, 2002.
6) 박종진, 《고려시기 재정운영과 조세제도》, 서울대학교 출판부, 2000 ; 朴平植, 앞의 〈高麗後期의 開京商業〉.
7) 위은숙, 〈원간섭기 對元貿易 - 《老乞大》를 중심으로〉, 《지역과 역사》 4, 부산경남역사연구소, 1997 ; 朴平植, 앞의 〈高麗後期의 開京商業〉 ; 須川英德, 〈高麗後期における商業政策の展開 - 對外關係를中心に〉, 《朝鮮文化研究》 4, 東京大, 1997.

나,8) 도성을 둘러싼 羅城 안에 閭閻이 즐비하고 성문인 午正門에서 국
내외 교역을 위한 상선들이 모여드는 예성강까지 가옥이 相接할 정도였
다고 그려지는 전성기 개경의 모습은,9) 바로 고려후기, 특히 최말기에
번성하고 있던 상업도시로서 개경의 실상이었다.

조선왕조의 개창은 이처럼 400여 년 이상 지속되고 확대되어 왔던
상업도시 개성의 命運에 일대 타격을 가져왔다. 고려조에 견주어 한층
강화된 고도의 집권국가를 지향하였던 조선왕조는 건국 직후 한양천도
를 단행하면서, 국가권력의 강제를 바탕으로 하여 그간 개경이 누려 왔
던 상업도시로서의 위상을 新都인 한양으로 강력하게 이전시키고 있었
다. 그리하여 태종 12년(1412)에서 14년(1414)에 걸쳐 한양에 시전행랑
이 조성되었고,10) 이 도성시전을 매개로 하는 조선 정부의 전국상업에
대한 장악기도가, '抑末'과 '利權在上'의 국가정책으로 표방되면서 일관
되게 추진되어 갔다.11)

이 같은 한양중심의 상업질서 재편을 위해 정부는 舊都인 개성의 開
市를 전면 금지하고 시전상인을 비롯한 개성의 부상대고들을 한양으로
이주시키는 방침을 강제하고 있었다.12) 여기에 덧붙여 각종 국가적 물
류의 한양 집중에 따라 상업적 이익을 좇아 자의로 신도로 이주하는
개성상인들이 증가해 가면서, 이제까지 도성이자 상업도시로서 번성하
여 왔던 개성상업은 크게 위축되지 않을 수 없었다. 개성상업이 봉착한
일대 위기였다.

---

8) 《高麗史》卷102, 列傳15, 兪升旦, 下冊, 247쪽 ; 《高麗史節要》卷16, 高宗 19年
   6月, 419쪽.
9) 《松都志》, 土俗, 22쪽(亞細亞文化社刊 邑誌 影印本 11冊).
10) 朴平植,〈朝鮮初期 市廛의 成立과 '禁亂'問題〉,《韓國史研究》93, 1996(《朝鮮前期
   商業史研究》에 수록).
11) 朴平植,〈朝鮮初期의 商業認識과 抑末策〉,《東方學志》103, 1999(《朝鮮前期商業史
   研究》에 수록).
12) 국초 조선 정부의 개성상업에 대한 국가정책과 그에 따른 개성상업의 위축과
   복구의 사정에 대한 자세한 내용은 朴平植, 앞의〈朝鮮前期의 開城商業과 開城商
   人〉참조.

그러나 국초 한양천도에 따른 개시금지와 상권의 상실로 말미암아 일시 위축되었던 개성상업은, 조선왕조의 국가정책 아래에서 이내 상업도시로서의 그 면모를 복구해 가고 있었다. 국초의 급격한 인구감소에도 불구하고 15세기 중반 개성은 속현인 개성현을 포함하여 대략 5,700여 호에 3만 5천여의 인구를 보유하고 있어, 당시 평양과 더불어 최대의 지방도시였다. 더욱이 개성부 소속의 田地는 5,357結로 1호당 평균 경작면적이 0.95결에 불과하였다. 이는 당시 개성과 비견되는 지방도시였던 평양부 경작면적의 6분의 1에 불과하였고, 삼남의 전라도에 견주어서는 12분의 1에도 미치지 못하는 수준이었다.13) 개성은 상업이 아니면 생계를 유지할 수 없는 '民多田少'의 전형적인 상업도시였던 것이다.14)

결국 조선 정부는 이러한 개성의 도시적 기능 유지를 위해서도 한양천도 직후에 내렸던 개성의 개시금지 조처를 철회하지 않을 수 없었다. 태종 9년(1409) 3월, 이전에 한양으로 이주되었다가 허가 없이 임의로 돌아온 개성의 부상대고만 다시 한양으로 강제 이주시키면서, 그 이외의 시전을 비롯한 개성상가의 개시를 허용하고 있었던 것이다.15) 정부의 개시허용 이후, 개성에는 다시 시전이 복구되었고, 이 개성시전에서 상인들은 廛案物種을 취급하며 국가에 대한 市役을 감당하고 있었다.16) 조선 정부가 국초의 방침을 변경하여 이처럼 개성상업의 복구를 허용하였던 것은, 前朝의 도성에 대한 배려 차원이라기보다는 오히려 조선 국가 운영상의 필요 때문이었다.

조선 정부의 상업정책에서 개성시전의 운용은 국가적 물류의 소통과 대중국 관계에서 요구되었던 使臣支待의 절박한 필요성에서 우선적으로 비롯하고 있었다. 국초 이래 벌써 그 문란상이 문제가 되고 있던 각종 부세와 공납의 대납과 방납화 추세 속에서 개성상인의 역할과 기능

---

13) 주 12와 같음, 201쪽 참조.
14) 《成宗實錄》卷181, 成宗 16年 7月 甲戌, 11冊, 44쪽.
15) 《太宗實錄》卷17, 太宗 9年 3月 丙午, 1冊, 476쪽.
16) 朴平植, 앞의 〈朝鮮前期의 開城商業과 開城商人〉.

이 절대적으로 요구되었을 뿐만 아니라, 明나라 사신 일행의 經宿장소로서 이들의 支待 및 이들과의 공ㆍ사무역에서, 시전을 위시한 개성 부상들의 필요성이 절실하였던 것이다.17) 실제 태종 9년(1409) 3월 개성유후가 개시금지 조처의 철회를 건의한 주된 배경의 하나는 바로 중국 사신의 지대와 관련한 개성상업의 필요성이었다.18)

이처럼 조선왕조의 개창과 한양천도에 따라 개성상업은 전대에 견주어 위축이 불가피하였으나, 개성의 상인들은 이제 변화한 조건 속에서 새로운 개성상업의 활로를 모색해 가기 시작하였다. 그리고 이들은 조선왕조의 국가적 필요에 따라 인정된 개성의 시전을 기축으로 하여, 고려조 이래의 상업전통을 계승하면서 한양에 이은 제 2의 상업도시로서 새로운 상업환경을 개성에 조성하여 가고 있었다.

조선전기에 확인되는 개성만의 독특한 상업환경과 관련해서는 우선 개성인들의 일반적인 상업종사 실태에 주목할 필요가 있다. 이 시기 개성은 최대의 지방도시 가운데 하나였고, 그 居民이 조밀하여 이들의 가옥이 비늘처럼 차례로 잇닿을 정도로 즐비한 곳이자,19) 人物이 번성한 大處로 지칭되고 있었다.20) 그러나 경작을 위한 田地가 부족한 탓에 개성인들은 대부분 상업을 전업으로 삼고 있었다.21) 더욱이 개성인의 상업종사는 無田者들의 행태일 뿐만 아니라, 자기 토지가 있는 有田者의 경우에도 마찬가지였다. 성종 9년(1478) 8월 개성유수 金良璥의 보고에 따르면, 數頃의 전지를 지닌 田主조차도 자기 토지를 고용인을 두고 경작시키는 대신, 자신은 성중에서 상업에 전념하는 실정이었다.22) 성종 24년(1493) 5월에는 개성부의 성내 거주민 모두가 工商의 무리이고 그

---

17) 주 16과 같음.
18) 주 15와 같음.
19) 《成宗實錄》卷13, 成宗 2年 12月 戊子, 8冊, 619쪽 ; 《成宗實錄》卷94, 成宗 9年 7月 庚辰, 9冊, 631쪽.
20) 《中宗實錄》卷60, 中宗 23年 正月 乙未, 16冊, 617쪽.
21) 《睿宗實錄》卷6, 睿宗 元年 6月 辛酉, 8冊, 386쪽.
22) 《成宗實錄》卷95, 成宗 9年 8月 壬辰, 9冊, 636쪽.

정도가 도성과 차이가 없다고 파악되고 있었다.[23]

이와 같이 상업에 종사하는 개성인들의 대부분은 이 시기 전국을 무대로 행상활동을 벌이고 있었다.[24] 16세기에 들어서서도 개성인의 상업종사 실태는 마찬가지로 중앙의 관인들에게 인식되고 있었다. 중종 7년 (1512) 정월에 "商賈人이 매우 많다"[25]고 파악되던 개성은, 임진왜란 직후에는 '개성부의 居民은 모두 商販의 무리'[26]라거나, "개성부의 상인 숫자가 京城에 견주어 결코 적지 않다"[27]고 지적되고 있었다. 15~16세기를 막론하고 국초 이래 개성인들의 상업종사가 매우 일반적인 실태였고, 이러한 사정이 당시에도 널리 알려져 있었음을 충분히 확인할 수 있는 내용이라 하겠다.

그런데 이 시기 개성만의 독특한 상업환경 가운데 하나는 兩班·儒者層의 활발한 상공업 참여풍조였다. 고려후기 개경상업의 발전을 주도한 세력은 주로 왕실을 비롯한 고려 사회의 제반 특권세력이었다.[28] 왕조 교체의 격랑 속에서도 이들의 이 같은 전통은 개성에 근거를 두고 있던 그들의 후예에게 계승되었다. 정당한 상업이윤을 죄악시하지 않고 이를 인정하던 불교의 상업인식[29]을 수용하였던 고려 舊귀족의 후손만이 아니라, 성리학을 바탕으로 고려 사회의 개선을 추구하였던 고려말 개성 유자층의 후예 역시 상공업 종사의 풍조에서 예외가 아니었던 것 같다. 개성 유자들의 官職진출을 원천봉쇄하였던 개성인에 대한 조선 정부의 赴擧禁止 방침이 비록 성종 원년(1470)에 해제되고는 있었지만,[30] 이후에도 개성출신 유생의 관직진출과 특히 淸職이나 顯職으로의 승진은

---

23) 《成宗實錄》 卷277, 成宗 24年 5月 辛巳, 12冊, 313~314쪽.
24) 개성상인의 전국적인 행상활동에 대한 자세한 내용은 본 논문 3장에서 후술한다.
25) 《中宗實錄》 卷15, 中宗 7年 正月 甲戌, 14冊, 556쪽.
26) 《宣祖實錄》 卷167, 宣祖 36年 10月 乙巳, 24冊, 547쪽.
27) 《宣祖實錄》 卷201, 宣祖 39年 7月 丙戌, 25冊, 238쪽.
28) 朴平植, 앞의 〈高麗後期의 開京商業〉.
29) 李炳熙, 〈高麗後期 寺院經濟의 硏究〉, 서울대 박사학위논문, 1992, 80~86쪽.
30) 《松都志》 卷1, 國朝紀事, 43~44쪽.

여전히 至難한 일이었고,31) 이는 무신의 경우에도 마찬가지였다.32)

이 같은 조선 정부의 개성 儒者에 대한 정치적 禁錮조처 아래에서, 개성의 유자층은 '反조선왕조'의 정서와 분위기를 공감하고 있었고, 일상의 생업과 경제인식에 있어 다른 지역의 양반 유자층과는 달리 상공업 종사에 매우 호의적인 사회환경을 조성하고 있었다.33) 선조 39년 (1606) 9월 개성유수는 "개성인은 業文者 외에는 그의 형제가 모두 행상을 생업으로 삼고 있다"34)고 그 실정을 국왕에게 보고하고 있었다. 17세기 중반의 기록이기는 하지만, 현종 원년(1660) 11월에도 '松都의 유생은 대부분 市井의 자제'35)라고 파악되고 있었다. 이 시기 유교 성리학의 경제관에 대한 일반적인 이해와는 달리, 개성의 유자들은 농업만이 아니라 상공업 역시 생업의 일환으로 여기면서 실제 여기에 적극 종사하고 있었던 것이다.

개성의 양반으로서 조선전기에 상공업에 투신하였던 인물로는 선조조 전후를 살면서《市隱集》을 남긴 韓舜繼의 사례가 구체적으로 확인된다.36) 그 외에도 한순계 당대에 徐敬德의 문하에서 수학하였던 인물로 市人 李均과 黃元孫 등이 확인되는데,37) 이들 역시 유자로서 시전에서 생계를 이어갔던 인물로 판단된다. 특히 한순계의 경우에는, 노모를 봉양하며 시전에서 유기를 제조하여 판매하는 것으로 생업을 삼았던 그만이 아니라, 그의 후손들 역시 市業을 가업의 형태로 계승하면서도

---

31)《宣祖實錄》卷203, 宣祖 39年 9月 丙子, 25冊, 260쪽.
32)《宣祖實錄》卷204, 宣祖 39年 10月 辛丑, 25冊, 270쪽.
33) 개성의 양반·유자층이 지니고 있던 이 같은 정서와 상공업 종사경향은, 이후 조선후기나 그 최말기에도 마찬가지로 확인될 정도로 역사적인 것이었다(유봉학,〈朝鮮後期 開城知識人의 동향과 北學思想 수용 - 崔漢綺와 金澤榮을 중심으로〉,《奎章閣》16, 서울대, 1993 ; 吳 星,〈韓末 開城地方의 戶의 構成과 戶主〉,《韓國近代商業都市研究》, 國學資料院, 1997).
34)《宣祖實錄》卷203, 宣祖 39年 9月 丙子, 25冊, 260쪽.
35)《顯宗實錄》卷3, 顯宗 元年 11月 庚午, 36冊, 286쪽 ;《顯宗改修實錄》卷4, 顯宗 元年 11月 庚午, 37冊, 207쪽.
36) 朴平植, 앞의〈朝鮮前期의 開城商業과 開城商人〉, 203~204쪽.
37)《重編韓代崧陽耆舊傳》, 隱逸傳, 574쪽(《金澤榮全集》卷5).

유자의 體貌를 잃지 않아 당대의 칭송을 얻고 있었음이 확인되어 더욱 주목할 만하다.38)

한편 조선전기 개성의 상업환경과 관련하여 주목되는 또 하나의 독특한 현상은 활발한 민간의 貸借관행이다. 연산군 8년(1502) 9월 개성부 유수 成世明은 민간의 私債를 개성부에서 徵給해 오던 관행을 다시 허용하여 줄 것을 조정에 요청하고 있었다.39) 조선 정부는 이 건의가 있기 얼마 전에 개성과 한성부에서 민간의 사채소송에 간여하여 官이 직접 나서 채무자로부터 사채를 징수하여 채권자에게 주던 관행을 금지한 바 있었는데, 이때 개성유수가 개성상업의 활성화를 위해 그 조처의 철회를 주청하였던 것이다. 성세명의 이러한 요청은 의정부에서 '務本抑末'의 이념이 강조되면서 시정 상인들 사이의 이익 다툼에 관이 개입하는 것이 옳지 않다는 조정 대신들의 반대에 부딪혀 받아들여지지 않았다.

그러나 당시 의정부의 논의에서 柳洵・申浚・尹孝孫 등 개성부의 사정에 밝은 대신들은, 개성부의 私債徵給을 허용하여 부자와 빈자 즉 채권자와 채무자 사이의 원활한 대차관계를 조정해 줌으로써 개성부의 凋殘을 예방하자는 취지에서 유수의 견해에 동의하고 있었다. 이들의 견해는, '가난한 사람은 빚을 내어 행상으로 생업을 삼고, 부자는 그 이식을 취하는 것으로 생계를 삼고 있던'40) 당시 개성부의 현실을 직시한 데서 나오는 것이었다.

개성부에서 그간 시행해 왔던 민간사채의 徵給관행은 결국 복구되지는 못하였으나, 연산군 8년 의정부에서 벌어진 위 논의는 당시 한양과 더불어 대표적인 상업도시였던 개성의 금융사정과 상업적 환경을 잘 보여주고 있었다. 다시 말해 국초 이래 개성에서는 부상대고인 錢主로

---

38) 《市隱集》 卷2, 傳(奎章閣 圖書, 奎12424).
　　 "舜繼歿…其後孫五六世 尙守市業 而暹泰鎭 皆以孝稱"
39) 《燕山君日記》 卷46, 燕山君 8年 9月 己丑, 13冊, 515쪽.
40) 위와 같음.

부터 자본을 임차한 수많은 영세 소상인들이 전국을 무대로 행상활동을
하는 것으로 생업을 삼고 있었고, 이는 한양과 더불어 조선전기 개성만
이 지니고 있던 독특한 상업도시적인 면모였던 것이다. 1648년에 金堉
이 편찬한 읍지《松都志》에서도 역시 개성의 이 같은 금융과 대차실태
를 전하면서, 개성의 송사가 대부분 徵債문제에서 제기되는 실정을 특
기하고 있었다.41)

조선전기 개성의 상업도시적 모습은 여타의 일반 군현과는 다른 재정
운영의 구조를 통해서도 확인된다. 조선후기 개성부의 재정은 상인의
市役과 이들에 대한 여러 관청의 殖利에 크게 의존하고 있었다.42) 그런
데 조선전기에도 개성부의 재정운영에서 상인들의 시역은 매우 큰 비중
을 차지하고 있었다. 특히 중국을 오가는 양국 사행의 經宿地로서 부담
하여야 하였던 使臣支待는 그 중에서 가장 비중이 큰 부문이었다. 인조
11년(1633) 11월 개성부 사람 630명이 연대하여 올린 소장에 따르면,
국초부터 개성의 상고와 시전상인들은 公家의 각종 수요물자를 取辦하
여 시역의 형태로 공급하고 있었다.43)

또한 이 市民들 중에서 특히 부유하여 이른바 '富居案'에 등재된 상인
들은, 공가의 각종 役과 사행의 支供을 돌아가면서 담당하고 있었다.44)
이는 조선 정부가 개성부의 재정운영에서, 일반 백성들에 대한 전세와
力役부과보다는 이들 상인층의 시역을 통해서 그 소요자원을 확보하고
있던 방침을 보여주는 것으로, 조선전기 개성의 상업도시적인 환경에서
유래하는 재정운영의 한 방안이었던 것이다.

조선전기 개성의 商權을 장악한 상업세력은 시전을 비롯한 부상대고
들이었다. 국초 한양시전으로 강제 이주되기도 하였던 이들 대상인들

41)《松都志》, 土俗, 22쪽.
42) 金泰雄,〈朝鮮後期 開城府 財政의 危機와 行政區域 改編〉,《韓國史論》41·42合
　　輯, 서울대 국사학과, 1999.
43)《仁祖實錄》卷28, 仁祖 11年 11月 戊午, 34冊, 539쪽.
44) 富居案에 대해서는 朴平植, 앞의〈朝鮮前期의 開城商業과 開城商人〉, 197~198쪽
　　참조.

은, 개성시전의 복구와 함께 시전점포를 매개로 개성만이 아니라 전국
의 상권을 주도하면서, 아울러 대외무역 또한 선도하고 있던 상인이었
다. 이처럼 전국상업과 대외무역 그리고 금융업 등을 통해 막대한 자산
을 축적할 수 있었던 이들은, 국가에 의해 파악되어 관리되면서 각종
시역을 부담하고 있었다. 앞에서 언급한 富居案에 등재된 대상인들이
바로 이들이었다. 세종 29년(1447) 윤4월 사헌부 장령 李亨增은, 병조판
서 李宣이 일찍이 개성부 유수로 재직하면서 당시 개성부 부거안에서의
삭제를 빌미로 개성의 富民들로부터 많은 재물을 갈취한 전력을 문제삼
고 있었다.[45]

《송도지》에 따르면 이 부거안은 개성의 市民들 중에서 稍實한 자들
을 가려서 등재시킨 富人名簿였고, 조선 정부는 여기에 오른 부거인들
에게 개성부의 각종 公役과 특히 사신의 지대비용을 責出하고 있었
다.[46] 따라서 이 개성의 부거안은 일반 시전상인들을 국가에서 파악하
여 관리하는 '市案' 또는 '廛案'과는 구별되는 장부로 여겨진다. 그리고
여기에는 개성의 시전상인 중에서 도성의 六矣廛에 해당하는 자산규모
가 큰 大市廛 상인만이 아니라, 전국 규모의 도매업이나 대외무역, 금융
업 등을 통해 치부하고 있던 시전 이외의 부상들도 포함되어 있었다.[47]
이 시기 개성부에 '頗多'하였다고 하는 富商大賈들이 바로 이들이었
다.[48]

한편 그 대부분이 상업에 종사한다는 개성인들은 대다수가 영세 소상
인으로서, 독자적이거나 또는 이들 시전을 비롯한 부상대고와의 연계를
바탕으로 전국에 걸친 행상활동에 종사하고 있었다. 바로 物主-差人,

---

45) 《世宗實錄》 卷116, 世宗 29年 閏4月 戊辰, 5冊, 17쪽.
46) 《松都志》, 土俗, 23쪽.
47) 시전상인 외에 개성에 이들과 다른 부류의 부상대고가 존재하였음은, 문종 즉
　　위년(1450) 6월에 명나라 사신과의 공무역에 필요한 苧麻布를 조달하면서, 개성
　　의 시전상인만이 아니라 부상들에게도 별도로 이를 責辦한 사례에서 구체적으
　　로 확인된다(《文宗實錄》 卷2, 文宗 卽位年 6月 己丑, 6冊, 245쪽).
48) 《文宗實錄》 卷2, 文宗 卽位年 6月 己丑, 6冊, 245쪽.

錢主-借人의 관계였다. 조선전기 개성상인의 물주-차인 관계는 현재까지 자료상에서 그 실체가 확인되지는 않으나, 앞서 확인한 바 있는 이 시기 개성의 貸借관행에 비추어 볼 때, 대부분의 영세상인이 錢主로부터 차입한 자산을 가지고 독자적인 소상인으로 활동하거나 또는 그들을 물주로 둔 차인으로 활동하였을 것으로 생각된다.

조선 최말기의 개성사정에 대한 조사보고이기는 하나 善生永助의 관습조사에 따르면, 당시 개성상인들은 시전을 비롯한 부상대고의 差人 자격으로 또는 그들로부터 차입한 자본을 이용하여 전국적인 행상활동을 펼치고 있었고, 이들 영세 소상인 가운데 商利에 밝은 자들이 나중에 물주의 인정을 받아 독립하거나 직접 금융업자로 변신하고 있었다.49) 物主-差人 또는 錢主-借人의 관계로 연결된 부상대고와 영세 소상인의 이와 같은 연계는 조선전기에도 마찬가지였을 것으로 추정되며, 이들의 이러한 연계조직이야말로 이 시기 개성상인의 주요한 특징이라 하겠다.

그런데 개성상인의 구성에서 눈에 띄는 또 하나의 중요한 특징은 앞서 언급한 양반이나 유자 신분층의 참여였다. 대부분이 常·賤人 신분으로 일반 민인이었던 개성의 商人群에서 이들 양반 識者層의 존재는 매우 주목되는 것이었다. 그 구체적인 실례를 확보할 수는 없지만, 이 시기 개성상인의 상업활동이 다른 상인들의 그것과 달리 商利의 확보나 자산운영의 측면에서 경영의 합리화를 실현해 가는 데에, 이들 양반 유자층의 상업투신과 그들의 지적 능력이 큰 기여를 하였을 것으로 판단되기 때문이다. 그리고 이 같은 식자층의 상업참여는, 조선후기에 개성상인이 상업경영의 장부로 활용하고 있던 複式簿記 양식의 개성 '四介簿記'의 형성 연대가, 현재까지 발견되는 것처럼 그 상한이 18세기 말이 아니라 좀 더 이른 시기, 다시 말해 조선초나 고려조로 추정될 수 있는 주요한 근거가 될 수 있다고 생각한다.50)

---

49) 朝鮮總督府, 앞의 《朝鮮人의 商業》, 18~19쪽.
50) 개성상인의 四介簿記에 대해서는 주 1, 2의 여러 논고와 다음 논문 참조.
　　吉田光男, 〈開城簿記研究의 再檢討〉, 《朝鮮史研究會論文集》 25, 1988.

## 3. 開城商人의 國內交易과 組織體系

건국 이후 조선 정부는 '무본억말'의 경제정책을 표방하며, 국내상업을 도성의 시전을 중심으로 재편하여 이에 대한 관장과 통제를 제고하기 위해 노력하였다. 그리하여 부세를 필두로 하는 국가적 물류의 집중처이자 국내외 민간교역의 거점이었던 도성상업, 그 가운데 특히 시전상업이 국가차원에서 보호와 통제의 주된 대상이 되면서 성립 이래 발전을 거듭하고 있었다.[51] 그런데 정부의 이 같은 도성중심, 한양시전중심의 억말정책 아래서도 조선전기에 개성과 개성상인은 의연 상업도시이자 京商에 필적하는 상인집단으로 건재하고 있었다.

조선왕조가 개창된 이후에도 이처럼 개성이 상업도시로서의 위상을 굳건히 지키면서 전국에 걸친 商權을 유지할 수 있었던 배경에는, 개성시전을 비롯한 부상대고들의 역할이 그 중심에 있었다. 태종조에 단행된 한양으로의 강제이주 정책에도 불구하고, 이들 개성의 대상인들은 개성의 상업적 기반을 포기하지 않았다. 조선 정부의 강제이주 방침에 맞서 임의로 개성에 돌아가 상업에 종사하는 이도 있었고,[52] 한양으로 이주한 후에도 개성에 별도의 상업활동의 기반을 유지하는 상인도 있었던 것이다.

태종 11년(1411) 정월 楮貨보급을 위해 麤布의 금단방침을 모색하고 있던 국왕은, 당시 부상대고와 工匠들이 兩京, 곧 한양과 개성에 모두 家舍를 두고서 이 두 곳을 왕래하면서 상업에 종사하는 실태를 언급하고 있었다.[53] 정부의 강제이주 정책에 따라 한양으로 이전한 개성의 시전과 부상대고들 가운데 일부는, 이처럼 도성 외에 별도로 개성에서도

---

51) 朴平植, 앞의 《朝鮮前期商業史硏究》, 제1, 2장.
52) 주 15 참조.
53) 《太宗實錄》 卷21, 太宗 11年 正月 壬午, 1冊, 575쪽.

점포를 운영함으로써 그들의 상활동 기반을 유지하고 있었던 것이다. 이전대상 상인이 주로 영업규모가 큰 대상인이었을 것임을 고려하면, 개성출신 도성상인들의 이 같은 행태는 국초의 위기를 극복하면서 개성 상업이 복구되고 그 상업도시적 위상을 유지하는 중요한 기반이 되었을 것임에 틀림없다.

이후 개성의 시전이 다시 개설되고 개성상업의 위상이 복구되면서, 개성의 부상대고들은 京商과 더불어 국내외 교역의 상권을 두고 본격적으로 경쟁하기 시작하였다. 집권적 국가체제를 강력하게 지향하였던 조선왕조에서, 부세수납을 둘러싸고 조성되는 국가적인 물류체계는 당대 상인들이 노리던 최대의 상업공간의 하나였다. 특히 애초 '任土作貢'과 '本色直納'의 원리에 의거한 현물수납 체제로 구상되었던 공납제의 변동은, 이 시기 교환경제 성장의 일대 계기로 작동하고 있었다.[54] 곧 각종 공물과 진상물의 대납화, 방납화의 문제였다. 조선 국가의 현물재정 운영의 근간이었던 공납제는 제도 자체의 문제점과 여기에 편승하여 이익을 노리던 상인과 謀利세력의 개입으로 말미암아 그 시행 초기인 태종조에 벌써 대납과 방납행위가 문제가 되고 있었다.[55] 이러한 대납과 방납의 추세는 세종조에 이르러 벌써 日常으로 전개되는 실정이었고,[56] 이후 16세기에 들면 그 만연실태가 당시 국가운영의 주요 현안으로 다루어지고 있었다.[57]

그런데 이 같은 대납과 방납의 일상화에 따른 상업이익의 최대 수혜자는 이 시기 양대 상업세력이던 경상과 개성상인 집단이었다. 세조 10

---

54) 조선전기 공납제의 변동과 상업발달에 대해서는 다음 논고가 자세하다.
　　이지원, 〈16·17세기 전반 貢物防納의 構造와 流通經濟的 性格〉,《李載龒博士還曆紀念韓國史學論叢》, 한울, 1990 ; 朴道植,《朝鮮時代 貢納制 硏究》, 경희대 박사학위논문, 1995 ; 田川孝三,《李朝貢納制の硏究》, 東洋文庫, 1964.
55) 金鎭鳳,〈朝鮮初期의 貢物代納制〉,《史學硏究》22, 1973.
56) 朴平植,〈세종시대의 교환경제와 상업정책〉,《세종문화사대계》3, 세종대왕기념사업회, 2001(本書 Ⅰ부 제1논문).
57) 주 54의 논고 참조.

년(1464) 5월 동지중추원사 梁誠之는 당대 공납제의 폐단을 극론하면서 三司를 신설하여 그 문제를 捄弊할 것을 주장하고 있었다.[58] 즉 三司의 예하에 左・右司를 두되, 좌사에는 경중부상을 우사에는 개성부의 부상을 등재시켜 이 좌・우사가 각각 경상・황해도와 전라・충청도의 공물을 대납하도록 하자는 방안이었다. 이미 방납이 만연한 현실을 인정하고, 차라리 국가가 대납을 합법화하여 이를 관장함으로써 그 폐단을 줄이자는 구상이었다.

개성의 富商은 이 양성지의 제안에서 경상과 더불어 국가의 공물수취를 대리하는 상인으로 설정되고 있었다. 그만큼 당시 전국적인 공물방납의 추세 속에서, 이들 개성상인이 경상과 함께 그 과정을 주도함으로써 막대한 상이익을 확보하고 있던 실정이었고, 그 정도는 양성지의 표현에 따르면 "한 나라 財賦의 半이 이들에게 돌아간다"[59]는 지경이었다. 이 시기 개성의 부상대고들이 공납제의 운영과정에 적극 참여하면서 얻고 있던 상업이익의 규모와 정도를 잘 보여주는 지적이라 하겠다.

국가의 재정운영과 관련된 국내교역의 영역에서 개성상인들의 활동 양상은 진헌용 人蔘의 확보 과정에서도 잘 드러난다. 국초 이래 인삼은 대중국 주요 진헌품목이었고, 특히 16세기 말을 전후로 중국 내의 인삼 수요가 급증하면서 명 조정의 진헌요구가 매우 큰 품목이었다. 따라서 조선 정부는 이 진헌용 인삼의 확보에 큰 관심을 기울이고 있었으나, 인삼상인의 매점활동 탓에 매년 그 求得難에 시달리고 있었다. 삼상들이 인삼의 주요 산지에서 이를 매점함으로써 貢蔘의 확보가 여의치 않았고, 이에 따라 인삼의 방납가가 폭등하고 있었던 것이다.[60]

마침내 선조 37년(1604) 2월 조정은 함경감사의 건의에 따라, 인삼산지에 통행하는 상인들에게 반드시 호조와 개성부에서 발행하는 路引을

---

58) 《世祖實錄》 卷33, 世祖 10年 5月 庚辰, 7冊, 628~629쪽.
59) 위와 같음.
60) 朴平植, 〈朝鮮前期의 人蔘政策과 人蔘流通〉, 《韓國史研究》 143, 2008 ; 朴平植, 〈宣祖朝의 對明 人蔘貿易과 人蔘商人〉, 《歷史敎育》 108, 2008(위 두 논문은 本書 Ⅲ부 제3논문으로 合編 수록).

발급받도록 하는 규정을 마련하고 있었다.[61] 이 시기 인삼을 산지 현지
에서 매점하여 방납가를 폭등시킴으로써 商利를 극대화하고 있던 상인
들이, 대부분 경상과 개성상인이던 현실에서 취해지는 조처였다. 한편
조선 정부는 선조 39년(1606) 7월에는 동지사가 가지고 갈 禮蔘 40근
중에서 15근을 개성부에서 조달하고 있었다. 개성부의 상인 숫자가 도
성보다 적지 않고, 특히 蔘商이 더욱 많은 실정을 고려한 조처였다.[62]
  이와 같이 국가의 재정운영과 관련된 국내교역의 영역에서 각종 공물
과 인삼 등 진헌품목의 유통을 매점함으로써 商利를 확대하고 있던 개
성상인은 대부분 시전상인을 비롯한 부상대고들이었다. 공물과 진헌 물
자들을 전국에 걸쳐 매집하거나 매점하기 위해서는 그에 상응하는 物力
과 조직적 기반이 없이는 불가능하였을 것이기 때문이다. 그리고 국가
의 재정운영을 활용한 이들의 교역활동은 위에서 든 사례만이 아니라,
여타의 부세수취나 納穀·回換 등의 재정정책에서도 마찬가지였을 것
으로 짐작된다. 예컨대 회환의 경우, 양계지방의 군수확보를 위해 변방
의 주현에 곡물을 납입하고 京倉이나 하삼도에서 우대하여 그 대가를
지급받는 제도였지만, 상인들의 현지무곡에 따른 폐단 때문에 16세기에
들어 실질적으로 중단되고 있었다.[63] 그런데 평안과 함경도 지방이 바
로 개성상인들의 주요한 활동무대였던 사정을 고려하면, 이러한 상인회
환의 주역 가운데 한 세력이 개성의 부상들이었음을 충분히 짐작할 수
있다 하겠다.
  한편 개성상인의 국내교역 활동은 이상과 같은 정부의 재정운영과
관련한 국가적 물류의 영역만이 아니라 민간교역의 장에서도 활발하였
고, 오히려 이 부문에서의 상활동이 이들 개성상인의 자본집적 양상과
그 특징을 잘 보여주고 있었다. 개성상인들이 행상의 형태로 벌이고 있

---

  61) 《宣祖實錄》 卷171, 宣祖 37年 2月 己酉, 24冊, 576쪽.
  62) 《宣祖實錄》 卷201, 宣祖 39年 7月 丙戌, 25冊, 238쪽.
  63) 朴平植, 〈朝鮮前期 兩界地方의 '回換制'와 穀物流通〉, 《學林》 14, 연세대, 1992(本
     書 III부 제1논문).

던 국내교역 활동은 국초 개성상업의 복구와 더불어 자료상에 등장한
다. 태종 12년(1412) 4월 정부는 대중국 牛馬 사무역을 근절하려는 목적
에서 양계지역에 우마를 휴대하는 민간인의 출입을 통제하고, 이후 도
성인과 개성인으로서 이 지역에 왕래하는 자들에게는 반드시 路引을
발급받도록 규정하고 있었다.64) 당시 이처럼 우마를 휴대하여 양계지방
에 출입하고 있던 도성과 개성인들은 대부분 상인이었을 것으로 추정되
고, 행상활동을 위해 동반하는 이들의 우마가 대중 사무역용 수출품으
로 처분되는 것을 금지하려는 조처였던 것이다.65)

　개성을 근거로 하여 경기・황해의 인근 지방이나 또는 전국을 무대로
펼쳐지던 개성상인의 행상활동은 이후 더욱 일상화하여 당시 사람들에
게 주목받고 있었다. 성종 9년(1478) 7월 일찍이 개성부의 經歷을 지내
그 곳 사정에 밝은 장령 林秀卿은 개성상인들의 행상활동을 전하면서,
"개성부민들은 개성 籍田의 공역마저도 항상 사람을 사서 代役시키고,
자신은 轉販爲業, 곧 행상으로 생업을 삼고 있다"66)고 그 실태를 보고하
고 있었다. 또 큰 흉년이 들어 전국 상인들의 상업활동을 일절 금지하였
던 성종 16년(1485) 7월에는 개성부 유수 金永濡가, '民多田少'하기 때문
에 풍년이라 하더라도 행상이 아니면 생활할 수 없는 개성의 형편을
들어 특별히 개성상인의 행상활동 허용을 주청하고 있었다.67) 국왕이
그 허용여부를 호조에 검토하도록 지시한 것으로 보아, 당시 개성인들
이 대부분 행상에 전업하던 실정은 조정에도 널리 알려져 있었던 것으
로 보인다.

　이 시기 개성상인의 일반적인 행상종사 실태와 관련하여서는 성종

---

64)《太宗實錄》卷23, 太宗 12年 4月 丁巳, 1冊, 630쪽.
65) 실제 임란 중인 선조 26년(1593)에 조선 정부는 江界・熙川・渭原 등 평안도
　　지방의 군량운송을 위해 이들 지방에서 우마를 가지고 행상에 종사하는 개성상
　　인들을 동원하는 방안을 모색하기도 하였다(《宣祖實錄》卷35, 宣祖 26年 2月 壬
　　辰, 21冊, 625쪽 ;《宣祖實錄》卷35, 宣祖 26年 2月 甲午, 21冊, 626~627쪽).
66)《成宗實錄》卷94, 成宗 9年 7月 庚辰, 9冊, 631쪽.
67)《成宗實錄》卷181, 成宗 16年 7月 甲戌, 11冊, 44쪽.

25년(1494) 5월에 올린 개성유수 洪興의 다음 馳啓내용이 또한 주목된다. 당시 홍흥은 남자들이 대부분 행상활동을 위해 집을 비워 그 妻들만이 홀로 남아 있는 개성에, 경내 사찰의 승려들이 善事를 빌미로 여염에 무시로 출입하고 있어 풍속의 교화에 문제가 있음을 지적하면서, 이들 승려에 대한 엄격한 단속을 주청하고 있었다.68) 이는 남편들이 모두 행상활동을 위해 '出入遠方'하던 개성만의 독특한 사정이었고, 그만큼 이 시기 개성인들의 광범위한 행상종사 실태를 여실하게 증명하는 일화라 하겠다. 실제 후대의 조사자료이기는 하지만, 이렇게 원방을 출입하며 행상에 종사하는 개성상인들은 정초에 개성을 출발하여 4월의 釋誕節, 5월의 端午節, 8월의 秋夕에 잠시 귀가하거나 또는 부정기적으로 집에 들르기도 하였는데, 일반적으로는 정초에 출발하여 연말에 귀가하는 상인들이 가장 많았다고 한다.69)

현전하는 가장 오래된 개성읍지인《송도지》土俗條에서 "개성에는 여인이 많지만 모두 貞潔을 自守한다"70)는 이 지방의 풍속을 특별하게 강조하여 전하고, 또 그 附錄에 이를 증명하는 수많은 烈女의 명단이 수록되어 있는 사정도 모두 개성의 이 같은 상업적 환경이 낳은 결과로 이해된다.71) 개성지방이 전국에서 제주도와 더불어 인구의 女超비율이 가장 높다거나,72) 또 이 지방 아이들의 생일이 대개 비슷하다는 20세기 초반의 개성에 대한 조사내용73) 역시, 조선전기 이래 조성된 개성의 상업적 환경과 개성상인들의 전국적인 행상실태를 잘 보여주는 방증 사례라 할 것이다.

---

68)《成宗實錄》卷290, 成宗 25年 5月 乙未, 12冊, 527쪽.
69) 朝鮮總督府, 앞의《朝鮮人の商業》, 19쪽.
70)《松都志》, 土俗, 22쪽.
71) 개성 여성의 貞潔중시 풍토와 수많은 열녀명단의 수록은《송도지》이후에 간행된 여러 개성 邑誌에서도 공통적으로 확인된다[《松都志》(1782),《松都續志》(1802),《中京志》(1855) 참조].
72) 善生永助, 앞의〈開城の商業と商業慣習〉.
73) 朝鮮總督府, 앞의《朝鮮人の商業》, 19쪽.

한편 15세기 후반 성종초에 전라도 일대에서 등장한 場市는 16세기를 전후하여 벌써 삼남을 비롯해 전국적으로 확산되고 있었고,[74] 이 농민적 교역기구의 성립은 개성상인의 전국적인 행상활동의 확대와 발전에 중요한 기반으로 기능하였다. 이전까지 전국 방방곡곡의 개별 民人을 상대하여야 하였던 개성상인의 행상활동이, 지방교역기구의 형성과 함께 이를 매개로 교역물량이 증대하고 유통체계가 구조화할 수 있는 여건이 성숙되어 갔던 것이다. 그 결과 16세기에 들어서 개성상인의 전국적인 행상활동은 더욱 확대되고 있었다. 이와 관련하여서는 임란 직후 개성인들을 束伍軍에 편성하여 국방을 강화하려 하였던 조선 정부의 시책이, 개성인의 일상적인 상업활동 탓에 관철되지 못하고 조정될 수밖에 없었던 다음의 사정이 참고된다.

선조 36년(1603) 10월 비변사의 논의를 거쳐, 개성유수 許潛의 책임 아래 개성상인을 속오군에 편성하여 商販의 여가를 활용해 군사훈련을 시키는 방안이 결정되었다.[75] 그러나 이 조처는 시행 직후 곧바로 개성인들의 격렬한 반발에 직면하고 말았다. 선조 39년(1606) 9월 개성유수 申礛이 국왕을 인견한 자리에서, 개성은 儒者 집안일 경우에도 業文者를 제외한 형제들이 모두 행상에 종사하여 생업을 도모하는데, 전 유수 허잠이 이들을 군사훈련에 복무시킴으로써 행상활동을 全廢하게 되어 민원이 파다한 실정을 보고하고 있었던 것이다.[76]

결국 이후 이 같은 개성의 사정이 고려되면서 조선 정부는 속오군에 편성된 개성상인으로부터 매년 1인당 米 20斗를 수납하여 훈련도감 壯抄軍의 군량으로 활용하는 것으로 애초의 정책을 조정할 수밖에 없었다.[77] 유수 신잡의 지적과 같이, '인민이 모두 行狀을 받아 전국을 출입하며

---

74) 李景植, 〈16世紀 場市의 成立과 그 基盤〉, 《韓國史研究》 57, 1987[《朝鮮前期土地制度研究》(Ⅱ)(지식산업사, 1998)에 수록].
75) 《宣祖實錄》 卷167, 宣祖 36年 10月 乙巳, 24冊, 547~548쪽.
76) 《宣祖實錄》 卷203, 宣祖 39年 9月 丙子, 25冊, 260쪽.
77) 《仁祖實錄》 卷48, 仁祖 25年 8月 甲午, 35冊, 308쪽 ; 《松都志》, 土俗, 23쪽.

행상으로 생업을 삼고 있던'[78] 당시 개성의 실정이, 임란후 강력하게 추진된 정부의 국방강화 시책을 조정시키기까지 하였던 것이다. 16세기 말을 전후로 한 이 시기에 개성인들의 행상종사는, 이처럼 양반 유자층이나 또는 하층 일반민인의 집안을 막론하고 당시 개성부민들의 일반적이고 보편적인 생업의 형태였다.

조선전기 전국을 무대로 행상활동을 펼치면서 국내교역을 장악하고 있던 개성상인들이 상품으로 취급하던 물품의 종류는 다양하였다. 이 시기 개성상인들이 취급하였던 상품으로는 우선은 고려조 이래의 수공업적 기반을 바탕으로 개성에서 생산된 수공업 제품들을 들 수 있겠다. 예컨대 세종 15년(1443) 정부는 화약 제조용 焰硝의 확보를 위해서 이를 이용하여 가공하는 靑珠나 水精의 제조와 판매를 금지한 바 있었는데, 이 청백색의 珠玉을 생산하는 장인은 개성에 그 숫자가 가장 많은 것으로 파악되고 있었다.[79]

국초 한양천도 이후, 고려 시대에 활약하던 다수의 우수한 개성 수공업 장인들이 부상대고들과 함께 한양으로 강제 이주되었지만, 상인들과 마찬가지로 이들 역시 개성의 도시적 면모가 복구되면서 개성에 토대를 둔 수공업 제품의 생산과 판매에 종사하고 있었다.[80] 工商의 사회적 분업이 크게 진전되지 않았던 당시 형편에서 수공업자이자 곧 상인이기도 하였던 이들 개성의 工商세력은, 개성시전에 작업장을 두고 각종 수공업 제품을 생산하여 판매하거나 이를 개성상인에게 공급했던 것이다. 예를 들면 태종 10년(1410) 11월 정부의 楮貨 강제 통용정책에 맞서 出市를 거부하였다가 제재를 당한 개성의 工匠들이 바로 이들이었다.[81]

성종 16년(1485) 7월 전국적인 행상 금지조처에도 불구하고 개성상인

---

78)《宣祖實錄》卷204, 宣祖 39年 10月 辛丑, 25冊, 270쪽.

79)《世宗實錄》卷58, 世宗 14年 12月 乙巳, 3冊, 433쪽 ;《世宗實錄》卷62, 世宗 15年 11月 辛丑, 3冊, 527쪽.

80)《太宗實錄》卷19, 太宗 10年 正月 乙未, 1冊, 526~527쪽 ;《世宗實錄》卷27, 世宗 7年 2月 戊申, 2冊, 652쪽.

81)《太宗實錄》卷20, 太宗 10年 11月 甲子, 1冊, 569쪽.

의 행상활동 허용을 주청하였던 개성유수 김영유는, 이들 개성상인이 주로 취급하는 물품이 襦衣·縣絮·農器具 등 생필품임을 들어 이를 허용건의의 한 근거로 삼고 있었다.[82] 모두가 개성의 수공업적 기반에서 생산·제조되어 개성상인들이 상품으로 취급하던 물품들이었다. 한편 《송도지》는, 개성은 남자들이 10세만 넘으면 곧바로 행상에 뛰어 들고 여자들은 집안에서 일년 내 草笠을 만드는 土俗을 전하면서, 아울러 개성의 東南下里에서 제조된 鍮器가 시전에서 거래되던 사정도 기록하고 있었다.[83] 개성의 유기 제조업은 앞서 언급한 양반출신 시전상인 한순계의 사례에서도 거듭 확인되며,[84] 아울러 유기제조의 원료인 銅이 당시 주로 일본에서 수입되고 있던 실정과, 대일무역을 주도하던 개성상인들의 주된 취급품목 가운데 하나가 동이라는 사실에서도 간접적으로 그 盛況의 배경을 짐작할 수 있다.[85]

그러나 조선전기 개성상인들이 취급하던 물품이 모두 개성에서 제조된 수공업품이었던 것은 아니고, 또 그러할 수도 없었다. 오히려 대부분의 취급물품은 전국 각지의 특산물로 이들 품목이 상업적 기반을 바탕으로 구매되어, 국가적 물류체계나 민간교역의 장을 통해서 처분되었을 것이다. 예컨대 이 시기 개성상인들의 대표적인 취급상품의 하나이던 人蔘은 아직 인공재배가 도입되기 전의 자연삼으로, 주로 평안·함경도를 비롯해 한반도 백두대간의 산지 곳곳에서 채취되었다.[86] 개성상인들은 이렇게 전국에서 채취된 인삼을 산지에서 買占하고, 이를 방납이나 국내외 교역을 통해 처분함으로써 막대한 상이익을 실현하고 있었다.[87] 그리고 이러한 사정은 각종 공물의 방납사례에서 확인되듯이, 곡물이나

---

82) 주 67과 같음.
83) 《松都志》, 土俗, 22쪽.
84) 주 36, 38 참조.
85) 《中宗實錄》卷75, 中宗 28年 7月 丙辰, 17冊, 449쪽 ; 《中宗實錄》卷91, 中宗 34年 7月 癸酉, 18冊, 311쪽.
86) 朴平植, 앞의 〈朝鮮前期의 人蔘政策과 人蔘流通〉.
87) 朴平植, 앞의 〈宣祖朝의 對明 人蔘貿易과 人蔘商人〉.

직물, 어물 등의 생필품만이 아니라 고가의 사치품, 특히 외국에서 들여
온 수입품의 경우에도 마찬가지였을 것이다.

한편 조선전기 개성상인의 국내교역 활동에서 주목하여야 할 사안의
하나는 이들 개성상인의 상업활동이 보여 주던 조직적 연계성의 문제이
다. 앞서 개성의 상업환경을 점검하는 과정에서 확인하였듯이, 상업도
시인 개성을 기반으로 이루어진 이 시기 개성상인들의 전국적인 행상활
동은 자기 자본에 기초한 독자의 상업활동일 경우도 있었지만, 영세 소
상인의 행상활동의 상당 부분은 시전을 비롯한 개성의 부상대고들을
物主나 錢主로 두고, 그들로부터 차입한 자본에 바탕을 두고 이루어지
고 있었다.

1648년에 편찬된《송도지》에는 개성상업의 이 같은 특성을 다음과
같이 분명하게 정리하고 있다. 즉 "개성부의 사람들은 상업으로 생업을
삼으면서, 자기 자본이 없으면 타인에게 대출을 받아 (장사를 한 후)
本錢을 錢主에게 돌려주고 그 나머지를 취하고 있다. 그러므로 장사에
서 이익을 보면 쉽게 부자가 될 수 있으나, 손해를 볼 경우에는 田宅을
모두 팔아 본전을 배상하게 되니, 이때문에 개성부의 송사는 모두 이
徵債문제에서 비롯된다"[88]는 것이었다. 요컨대 조선전기에 전국을 무
대로 펼쳐지던 개성상인들의 행상활동이 대부분 개성의 富商을 물주나
전주로 두고 전개되었고, 따라서 이들의 상활동이 시전을 비롯한 부상
대고들과 밀접하게 연관될 수밖에 없었던 실정을 잘 보여주는 실태보고
인 것이다.

물론 개성의 영세 소상인이 부상으로부터 자본을 빌려 독자의 상활동
을 전국에서 펼치는 경우도 위의 정리에 포함될 수 있을 것이다. 그러나
그 의미의 개연성이나 다른 방증 정황에 비추어 볼 때, 이 시기 부상대
고인 물주·전주와 영세 소상인들 사이의 행상영업을 둘러싼 조직적인

---

88)《松都志》, 土俗, 22쪽.
　　"此府之人 以商賈爲業 而無本錢則貸出於人 還其本而取其息 得利則徒手致富 失利
　　則盡賣田宅償之 以此訟端 皆起於徵債"

연계는 충분히 상정할 수 있다고 생각된다. 조선전기 자료에서 散見되는 개성상인은 행상활동의 경우에 대개 牛馬를 휴대하는 상인으로 묘사되고 있었다. 앞서 살핀 바 있는 태종 12년(1412) 서북면 路引法의 제정 배경이 되었던 개성상인의 경우가 그러하고,[89] 임란 중에 평안도의 군량수송 대상으로 고려되었던 개성상인들도 우마를 동원하여 행상활동을 벌이고 있던 세력이었다.[90]

선조 36년(1603) 10월에도 비변사는 개성인의 속오군 편성을 건의하면서, 개성에서는 비록 倉卒間이라도 말을 휴대하는 상인 壯丁 5~600명 정도를 모을 수 있다고 그 실태를 전하고 있었다.[91] 이들 사례에서 확인되는 행상에 종사하는 개성상인들은, 따라서 自己經理를 바탕으로 하는 독자의 영세 소상인이라기보다는, 일정한 조직적인 연계 위에서 우마를 휴대할 정도로 그 행상활동의 경리규모가 적지 않았던 상인들로 판단되는 것이다.

개성상인의 이 같은 면모는 육상만이 아니라 船商의 경우에도 마찬가지였음이 간접으로나마 확인된다. 예컨대 15세기 후반 金時習(1435~1493)이 지은 《金鰲新話》에 묘사된 개성선상 洪生은 상당한 유교적 소양을 지닌 상인으로, '同伴'을 이끌고 선박을 이용해 평양에서 직포용 실[絲]을 구입하고 있었다.[92] 여기에서 언급된 同伴은 결국 당시 개성에 근거를 둔 상인들의 행상활동이 개인적인 차원이 아니라, 일정한 조직적인 연계와 연대를 바탕으로 전개되고 있던 실정을 잘 보여준다 하겠다. 그리고 그와 같은 연계와 연대의 중심에는 이들에게 자본과 물화를 공급하는 개성의 부상대고들이 있었을 것임은 충분히 상정 가능한 추정일 것이다.

---

89) 주 64와 같음.
90) 주 65 참조.
91) 《宣祖實錄》 卷167, 宣祖 36年 10月 乙巳, 24冊, 547~548쪽.
92) 《금오신화》에 묘사된 개성상인 洪生의 행적과 그 典型性에 대해서는 朴平植, 앞의 〈朝鮮前期의 開城商業과 開城商人〉, 212~213쪽 참조.

후대의 조사보고이기에 신중하게 받아들여야 하겠지만, 조선 최말기 개성상업은 시전상인을 포함한 개성의 부상대고들을 物主나 錢主로 하고, 이들의 대여자본에 기초하여 그들의 差人과 借人들이 송상으로서 전국에 걸쳐 활동하였던 실정을 분명하게 보여주고 있다.[93] 곧 物主-差人, 또는 錢主-借人의 관계였다. 물주의 직접적인 간여를 받는 이 差人은 다시 독자의 경리를 보장받는 경우와, 그렇지 않고 단순히 물주의 상업활동을 대리하는 부류로 구분되었지만, 어느 경우라도 그 始原이 위와 같은 조선전기 개성상인의 상업활동과 무관하지 않다고 여겨지는 것이다.

이처럼 物主와 그들의 대리 상인인 差人, 그리고 錢主와 그들의 자본을 빌린 借人이라는 연계 속에서 전국을 무대로 펼쳐졌던 개성상인의 행상활동은, 15세기 후반 이후 장시가 성립하여 전국으로 확산되고,[94] 또 국내외 교역의 주요 거점지역에 숙박과 중개업을 통해 상인과 상품의 유통을 알선하는 主人層이 형성되어 가던 추세를 바탕으로,[95] 그 조직체계가 한층 강화되고 성숙되어 갔을 것으로 짐작된다. 16세기 이후 민간 교역기구인 장시를 매개로 지역유통권이 형성되었고, 주인층의 성장으로 도성을 중심으로 하는 전국적인 유통체계가 한층 더 정비되어 갔음을 고려하면, 이들 지역유통의 거점에 개성상인들이 定住하면서 개성상인의 조직체계와 상품의 유통망을 이전에 견주어 더욱 정비하여 갔을 가능성 또한 충분한 것으로 판단되기 때문이다. 예컨대 조선후기에 전국에 분포하여 개성상인의 상활동을 중개하던 이른바 '松房'[96]의 형성 여부이다.

---

93) 朝鮮總督府, 앞의 《朝鮮人의 商業》, 18~19쪽.

94) 李景植, 앞의 〈16世紀 場市의 成立과 그 基盤〉.

95) 朴平植, 〈朝鮮前期의 主人層과 流通體系〉, 《歷史敎育》 82, 2002(本書 Ⅱ부 제3논문).

96) 姜萬吉, 앞의 〈開城商人硏究〉; 홍희유, 앞의 〈송도 4개문서(四介文書)에 반영된 송상(松商)들의 도가(都賈) 활동〉; 홍희유, 《조선상업사》(고대·중세), 과학백과사전종합출판사, 1989.

현재까지 조선전기에 개성 이외의 지방에 개성상인의 상점인 松房이 존재하였음을 입증하는 자료는 찾아 볼 수 없다. 그러나 앞서 살펴 본 바와 같은 개성의 상업환경과, 물주·전주와의 연계를 바탕으로 전국에서 전개되고 있던 개성상인의 국내교역과 행상활동을 고려하면, 조선전기에 송방과 같은 조직체계와 상품유통망이 형성되었을 가능성은 충분히 상정해 볼 수 있다.

## 4. 開城商人의 對外貿易과 資本集積

건국 이후 조선 정부의 대외무역에 대한 국가정책은 국내교역에 대한 대책과 마찬가지로, '務本抑末', '利權在上'의 표방 아래에서 대외무역 전반에 대한 국가통제의 강화에 초점이 맞추어져 있었다. 특히 고려말기 대외무역의 번성이 가져왔던 각종 사회문제, 곧 국가재정의 악화, 사치풍조의 만연과 신분질서의 혼란, 농촌과 농가경제의 붕괴 등의 문제에 주목하면서 '農本'에 기초한 유교적 사회경제체제의 수립에 골몰하던 조선 정부와 관인들에 의해서, 대외무역에 대한 국가통제의 강화는 국초 이래 더욱 완강하게 국가의 경제정책으로 고수되고 있었다.[97]

그러나 왕조개창 이후 조선 정부가 펼친 대외무역정책은 대외무역 그 자체에 대한 일방적인 금지나 억압정책이 아니었다. 때문에 공무역만이 아니라 使行의 왕래에 수반하는 무역활동을 중심으로 한 사무역 부문에서도, 국초 이래 변화된 국가 사회적 환경을 고려하면서 전개되는 대외무역이 지속되고 있었고, 15세기 후반에 접어들면서 대외 사무역은 더욱 확대되는 양상을 보이고 있었다.[98] 조선전기 개성상인은 막

---

97) 朴平植, 〈朝鮮初期의 對外貿易政策〉, 《韓國史研究》 125, 2004.
98) 韓相權, 〈16世紀 對中國 私貿易의 展開 - 銀貿易을 중심으로〉, 《金哲埈博士華甲紀念史學論叢》, 知識産業社, 1983 ; 李泰鎭, 〈16세기 東아시아 경제 변동과 정치·

대한 자본과 탄탄한 상업 조직체계를 바탕으로 하여 경상과 더불어 이 대외무역을 주도하고 있었다.

조선 국가의 대외 사무역 금지방침을 무릅쓰고 전개되던 개성상인의 대외무역 사례로는 우선, 세종 5년(1423) 공조참의 李揚의 赴京使行을 이용하여 벌인 개성상인 朴獨大의 사무역 행위가 주목된다. 당시 사헌부는 공조참의 이양이 苧麻布 44필, 貂皮 60領을 사무역한 사건을 적발하면서, 동시에 그가 자신의 家奴라고 속여 사행에 데리고 간 상인 孫錫이 저마포 237필, 초피 200여 령, 인삼 12근, 진주 2兩을 사무역하였고, 개성상인 박독대의 사무역품 역시 頗多하였던 실정을 고발하고 있었다.[99]

개국 직후인 태조 3년(1394) 이래 자유로운 越境 사무역이 전면 금지되고 그 首犯이 死罪로 처벌되고 있던 현실에서,[100] 개성상인 박독대와 평안도 肅川상인 손석은 부경사신 이양에게 마포 20여 필을 뇌물로 바치고 그의 가노로 위장하여 사행을 이용한 사무역을 벌였던 것이다.[101] 이 사행 사무역에서는 평안도 상인 손석의 무역품이 사신 이양의 그것보다 수 배 이상이나 되고, 개성상인 박독대의 경우도 그 양이 파다하다고 지칭될 정도로 대량의 사무역이 이루어졌고, 또 이들의 禁物을 은닉하여 越江을 안내한 의주상인 陳大難이 함께 처벌되고 있는 것으로 보아,[102] 매우 조직적이고 체계적으로 사무역이 전개되었음을 확인할 수 있다.

그렇다면 도성의 官人과 개성-평안도-의주의 상인이 연계하여 벌인 이 사무역 사건의 실질적인 주모자는 누구였을까? 남아있는 관련자료가 부족하여 더 이상의 구체적인 확증이 어렵긴 하지만, 필자는 개성상

---

사회적 동향〉,《朝鮮儒教社會史論》, 지식산업사, 1989 ; 이태진, 〈16세기 국제교역의 발달과 서울상업의 성쇠〉,《서울상업사》, 태학사, 2000.

99)《世宗實錄》卷22, 世宗 5年 10月 乙丑, 2冊, 560쪽.
100) 朴平植, 앞의 〈朝鮮初期의 對外貿易政策〉.
101)《世宗實錄》卷22, 世宗 5年 11月 辛巳, 2冊, 562쪽.
102)《世宗實錄》卷22, 世宗 5年 11月 丙子, 2冊, 562쪽.

인 박독대가 이 사건의 주도상인이거나, 적어도 평안도 상인 손석과 함께 이 사무역의 주모자였다고 판단한다. 이 시기 국가의 엄격한 사무역 금지방침을 무력화하면서, 중앙의 관인과 지방상인의 조직적인 연계를 바탕으로 대명 사무역을 꾸릴 수 있었던 商人群으로, 우선은 경상과 더불어 개성상인을 들 수밖에 없는 당대의 상업실정에 대한 고려 때문이다. 실제 세종 5년(1423)의 이 사무역 사건에는, 또 다른 개성상인으로 추정되는 內隱達이 마포 50필을 상인 손석을 통해 사무역시켰던 사정이, 그 3년 뒤인 세종 8년(1426)에 확인되기도 한다.103)

　이상 세종 5년의 사무역 사건에서 확인되듯이, 조선초기 개성상인들은 그들이 조정의 대신들과 맺고 있던 연계를 바탕으로, 또 지방상인과의 상조직 체계를 이용하면서 이 시기 대중국 사무역을 선도하고 있었다. 또 그 같은 기반이 있었기에, 위 사건의 주모자였던 개성상인 박독대는 사건 당시 籍沒家産된 채 死罪에서 減 1등의 처벌을 받았지만,104) 그 이후에도 여전히 상활동에 종사하고 있었고, 심지어는 세종 13년(1431)에 이르기까지 바로 이 사무역과 관련한 負債문제를 두고 당시 사행을 이끌었던 이양과 官에서 소송을 벌일 수 있었던 것이다.105) 세종 5년 당시 사무역 규모의 '頗多'한 실정과 아울러, 개성상인들의 확고한 상업활동의 기반을 잘 보여주는 사례라 하겠다.

---

103) 《世宗實錄》 卷31, 世宗 8年 3月 甲寅, 3冊, 15쪽.
　　이 내은달은 일찍이 태종 18년(1418)부터 '大賈'로 지칭되었던 상인으로, 당시 그의 女息을 판서 尹向의 첩으로 보내기로 약정하고서 이를 빌미로 사무역을 행한 전력이 있었다(《太宗實錄》 卷35, 太宗 18年 6月 己丑, 2冊, 234쪽). 이후 조정의 대신들 사이에서는 부상대고 내은달의 재산을 노리고서 그의 여식을 둘러싼 娶妾분쟁이 전개되기도 하였고(《太宗實錄》 卷35, 太宗 18年 6月 乙未, 2冊, 235쪽 ; 《世宗實錄》 卷31, 世宗 8年 3月 己酉, 3冊, 14쪽 ; 《世宗實錄》 卷32, 世宗 8年 5月 庚申, 3冊, 29~30쪽), 마침내 태종의 卒哭 직후에 당시 우의정 李原이 성묘를 핑계로 개성에서 내은달의 여식 同伊를 作妾하고 있었다(《世宗實錄》 卷31, 世宗 8年 3月 辛亥, 3冊, 15쪽). 이 같은 사정으로 보아 내은달 역시 개성의 부상대고로 추정되는 것이다.
104) 《世宗實錄》 卷22, 世宗 5年 11月 辛巳, 2冊, 562쪽.
105) 《世宗實錄》 卷54, 世宗 13年 12月 戊戌, 3冊, 360쪽.

한편 조선초기 개성상인의 대외무역은 赴京使行을 활용한 사무역과
밀무역의 형태 외에, 국내에서 명나라 使行과의 사이에서도 이루어지고
있었다. 물론 이러한 명 사행과의 사무역은 개성의 시전상인과 부상대
고에게 조선 정부가 市役의 일환으로 강제하는 형식이었지만, 경우에
따라서는 중국산 물품의 구입경로로 활용되면서 개성상인의 대외무역
을 통한 자산집적의 기회로 이용되기도 하였다. 예컨대 세종 24년(1442)
정월 조선 정부는 명 사신이 가져 온 물품이 너무 많아 공무역으로 이를
처리해 낼 수 없자, 금은이나 細麻布와 같은 禁物을 결제수단으로 사용
하는 것을 금지하면서 이들 물품을 도성과 개성의 부상들에게 매입하도
록 조처하고 있었다.106)

명과의 국제관계가 국초의 모색기를 거쳐 안정기에 접어들었던 태종
조에서 세종조 사이에, 특히 많은 수의 명나라 사신이 조선에 파견되고
있었다.107) 그리고 이들 명 사신과 수행 頭目들이 공·사무역을 위해
소지하거나 가져가는 물품들의 櫃子 숫자가, 세종조를 전후로 벌써 200
여 궤 이상을 상회하고 있던 형편이었다.108) 이를 통해 이들 명 사신
일행과의 사무역이 시역부담의 일환이었던 동시에, 개성상인들이 중국
산 물품을 합법적으로 구입하는 경로로도 활용되었음을 충분히 짐작할
수 있다 하겠다.

15세기 후반 성종조 이후 특히 16세기에 접어들면서, 조선 상인의 대
외무역은 대명·대일무역에서 모두 국초보다 더욱 성행하고 있었
다.109) 우선 대중국 무역에서는 성종조를 전후로 사회문제화하고 연산
조를 거치면서 더욱 심화되고 있던 사치풍조가, 견직물을 중심으로 중
국산 사치품의 급격한 국내수요를 낳았고, 그 결과 銀을 결제수단으로

---

106)《世宗實錄》卷95, 世宗 24年 正月 丁卯, 4冊, 390쪽.
107) 朴元熇,《明初朝鮮關係史研究》, 一潮閣, 2002, 299쪽.
108)《世宗實錄》卷45, 世宗 11年 7月 庚申, 3冊, 189쪽 ;《文宗實錄》卷2, 文宗 卽位年
   6月 己丑, 6冊, 245쪽.
109) 주 98의 韓相權, 李泰鎭의 논고 참조.

하는 대중국 사무역이 번성하고 있었다. 그리하여 연산조의 鉛銀分離術 개발 이래 함경도 端川을 중심으로 한 국내의 銀 생산과 潛採가 성행하였음에도 불구하고, 대중국 결제용 은의 확보를 위해 일본산 은이 대량으로 유입되는 형국이었다.110)

개성상인은 이 같은 15세기 후반 이후의 대중국 사무역의 번성을 경상과 더불어 주도하고 있었다. 연산군 6년(1500) 2월 의정부에 따르면 전년도 부경사행의 공무역 총량이 모두 4,830여 필이었던 데 견주어, 개성과 도성의 상인들이 벌인 사무역의 총액은 금은을 제외하고도 7~8천여 필에 이르고 있었다.111) 당시 조정의 관인들은 개성상인과 경상이 주도하던 이 같은 사무역이 의주의 官奴나 軍民들과의 조직적인 연계 아래 이루어지던 실정을 잘 파악하고 있었고,112) 조선 정부는 상인들이 벌이던 이러한 사무역 활동이 중국과의 사이에 사단을 불러일으키지 않을까 크게 우려하던 형편이었다.113)

그러나 조선 정부의 우려와 강력한 금지방침에도 불구하고 16세기 이후 은을 이용한 대중국 사무역은 더욱 熾盛하여 갔다. 중종 28년(1533) 11월에는 황해도에서 의주에 이르는 대중국 무역로가 이들 사무역 상인들의 수레로 가득 차 있다는 형편이었고,114) 명종 5년(1550) 10월에 이르면 持銀 사무역의 규모가 많게는 만여 냥에 이르고 적어도 수천 냥을 내려가지 않는다는 지경이었다.115) 이 시기 주로 은을 결제통화로 하여 펼쳐지고 있던 이 같은 대중국 사무역 번성의 중심에 개성상인이 있었음은 물론이다. 중종 39년(1544)에 적발되어 조정에서 크게 문제된 개성상인 李業孫은 그 한 예이다.

당시 평안감사는 의주에 사는 私奴 千石을 持銀 사무역 혐의로 체포

---

110) 주 109와 같음.
111) 《燕山君日記》卷36, 燕山君 6年 2月 丙申, 13冊, 400쪽.
112) 《虛白亭集》卷2, 政府疏(《韓國文集叢刊》14冊, 84쪽).
113) 주 111과 같음.
114) 《中宗實錄》卷76, 中宗 28年 11月 癸卯, 17冊, 480~481쪽.
115) 《明宗實錄》卷10, 明宗 5年 10月 丁亥, 19冊, 724쪽.

하여 중앙에 이 사건을 보고하면서, 그의 공범으로 밝혀진 개성인 이업
손과 京居人 徐業從의 체포를 건의하였다.116) 그런데 이튿날 형조에서
확인한 의주 사노 천석의 공초에 따르면, 그는 개성상인 이업손과 중국
상인과의 거래 과정에서 典當의 명목으로 중국상인이 데려 간 이업손의
어린 아들을 찾아 오기 위해 중국인의 집에 갔던 인물이었다.117) 요컨대
명 상인과 은을 이용해 사무역을 하였던 조선측의 상인은 개성상인 이
업손이었고, 의주의 천석은 그의 대리인으로 그리고 도성거주 서업종은
그의 동업자로 판단되는 것이다. 앞서 살펴 본 세종 5년(1423)의 개성상
인 박독대의 경우와 마찬가지로,118) 개성상인 이업손이 도성과 의주를
연결하는 상업 조직망과 자본력을 토대로 하여 벌였던 대중국 사무역의
전형적인 한 사례인 것이다.

15세기 후반 이후 대외무역의 발달추세는 대일무역 분야에서도 마찬
가지로 펼쳐지고 있었다. 국초 이래 대일무역은 식량과 衣料物 등을 조
선에서 구입하려는 일본상인들의 적극적인 욕구를 바탕으로 三浦의 倭
館을 중심으로 공·사무역의 형태로 지속되고 있었고, 이 과정에서 삼포
에 거주하며 양국의 무역과정을 중개하던 恒居倭人의 숫자 역시 꾸준히
증가하고 있었다.119) 그런데 16세기를 전후로 이들 삼포의 항거왜인의
숫자와 그들이 매개하는 대일무역이 급증하고 있었다. 연산군 2년(1496)
11월에는 三浦倭의 숫자가 만여 명에 이른다는 실정이었고,120) 중종 초
에는 상인만이 아니라 삼포인근 南道의 일반 백성들 또한 특산물을 이용
하여 왜와의 사무역에 종사할 정도로 대일무역이 확대되고 있었다.121)
이후 대일무역은 중종 5년(1510)의 三浦倭亂 직후 일시적인 위축을 보

---

116) 《中宗實錄》 卷102, 中宗 39年 2月 辛卯, 19冊, 50쪽.
117) 《中宗實錄》 卷102, 中宗 39年 2月 壬辰, 19冊, 50쪽.
118) 주 99, 101, 102 참조.
119) 金柄夏, 《朝鮮前期 對日貿易 研究》, 韓國研究院, 1969 ; 朴平植, 앞의 〈朝鮮初期의
    對外貿易政策〉.
120) 《燕山君日記》 卷19, 燕山君 2年 11月 乙丑, 13冊, 162쪽.
121) 《中宗實錄》 卷8, 中宗 4年 3月 丙辰, 14冊, 321쪽.

이기도 하였으나 이내 그 추세가 복구되어, 중종 9년(1514) 11월에는 일본
산 銅의 시장 거래량이 왜란 이전과 차이가 없다고 인식될 정도였다.[122]
당시 국내에서 유통되던 동의 대부분이 일본으로부터의 수입품이었음을
고려하면,[123] 삼포왜란에 따른 대일 공무역의 감소에도 불구하고 상인들
이 주도하던 사무역은 여전하였던 실정을 잘 보여주고 있는 것이다.

그런데 이 시기 대일 사무역은 중종조에 일본상인이 조선에서 배워
간 銀 製鍊術을 토대로 자국에서 생산한 은을 조선에 수출하기 시작하
면서,[124] 급격히 증대하여 갔다. 이제 조선의 부상대고들은 이 倭銀을
이용하여 중국산 사치품을 구입하고, 이를 국내에서 처분하거나 다시
일본에 수출함으로써 전에 없는 상이익을 확보하고 있었다.[125] 중국-조
선-일본을 잇는 仲介貿易의 번성이었다.[126]

그리하여 중종 35년(1540) 7월에 이르면 왜은을 이용한 대중국 사무
역 과정에서 한 상인이 휴대하는 은의 양이 최하 3천 냥 이상이고, 이에
따라 왜은이 국내시전에 가득 차 있다고 그 실정이 보고될 정도였다.[127]
조선 정부는 이 같은 추세를 단속하기 위해 持銀貿易 금지절목을 새로
이 제정하는 등 이에 대응하고 있었다.[128] 그러나 "造銀의 역사가 채
10여 년이 안 된다"[129]는 일본산 은을 이용한 대중국 사무역은, 이제
그 규모가 "전보다 萬倍에 이른다"[130]는 표현이 일상으로 등장할 만큼

---

122)《中宗實錄》卷21, 中宗 9年 11月 戊辰, 15冊, 40쪽.

123)《中宗實錄》卷75, 中宗 28年 7月 丙辰, 17冊, 449쪽;《中宗實錄》卷91, 中宗 34年
7月 癸酉, 18冊, 311쪽.

124) 申奭鎬,〈朝鮮中宗時代の禁銀問題〉,《稻葉博士還曆紀念滿鮮史論叢》, 1938, 421~
422쪽.

125)《中宗實錄》卷82, 中宗 31年 10月 乙酉, 17冊, 686~687쪽;《中宗實錄》卷88,
中宗 33年 10月 己巳, 18冊, 226쪽.

126) 주 98의 韓相權, 李泰鎭의 논문 참조.

127)《中宗實錄》卷93, 中宗 35年 7月 甲寅, 18冊, 403쪽.

128)《中宗實錄》卷93, 中宗 35年 7月 丙辰, 18冊, 403~404쪽.

129)《中宗實錄》卷98, 中宗 37年 閏5月 庚午, 18冊, 589~590쪽.

130)《中宗實錄》卷93, 中宗 35年 7月 丙辰, 18冊, 403~404쪽;《中宗實錄》卷94, 中宗
35年 10月 甲申, 18冊, 424쪽.

지속적으로 확대되고 있었다.

16세기 개성상인은 이 같은 대일 사무역을 경상과 더불어 주도하고 있던 상인들이었다. 중종 21년(1526) 3월 집의 韓承貞은 당시 持銀 사무역이 극성하면서 銀價가 10배 이상 폭등한 실정을 언급하면서, 白黃絲・縣紬・藥材 등을 이용한 왜 상인과의 사무역에서 특히 경상도와 함께 개성상인이 크게 興利하고 있다고 그 실태를 전하고 있었다.[131] 이 시기 경상과 개성의 부상들은 이 왜와의 사무역을 위해서 삼포에 1~2년, 길게는 3~4년씩 머무르며 사무역에 종사하기도 하였다.[132] 중종 25년 (1530) 2월 사간원은 부상대고들이 남방을 왕래하며 일본상인들과 벌이는 사무역이 당시 국가의 큰 우환이 되고 있다고 토로하고 있었다.[133]

더욱이 16세기를 전후로 한 이 시기에는 삼포를 비롯한 대일무역의 주요 근거지에, 의주 등지의 대중무역 중심지에서와 마찬가지로, 조선상인들과 일본상인 사이의 사무역과 밀무역을 중개하면서 알선하는 主人層이 형성되어 영업하고 있었다.[134] 그렇다면 당시 전국에 걸친 상업조직과 상품유통망을 바탕으로 국내교역을 장악하고 있던 개성상인들의 대일무역 역시, 이 같은 삼포의 주인층과 연계하여 일본과의 대량의 사무역을 수행하였을 것으로 판단된다. 아울러 현재 자료상에서 그 구체적인 사례가 확인되지는 않으나, 개성상인으로서 이들 삼포와 의주 등지의 대외무역 중심지에 定住하며 主人영업을 통해서 대외무역을 주도하였던 상인들도 틀림없이 존재하였으리라 여겨지는 것이다.

이처럼 16세기에 銀을 매개로 이루어지던 동아시아 삼국 사이의 국제무역을 선도하고 있던 개성상인의 대외무역 활동은, 16세기 최말기에 이르러 人蔘이 대중국 사무역품으로 크게 각광을 받으면서 새로운 진전을 보이고 있었다. 인삼은 중국에서 藥用으로 이용되면서 고려조 이래 조선

---

131)《中宗實錄》卷56, 中宗 21年 3月 乙巳, 16冊, 504쪽.
132)《中宗實錄》卷8, 中宗 4年 3月 丙辰, 14冊, 321쪽.
133)《中宗實錄》卷67, 中宗 25年 2月 己卯, 17冊, 195쪽.
134) 朴平植, 앞의 〈朝鮮前期의 主人層과 流通體系〉.

의 주된 수출품의 하나였고, 조선 건국 이후에는 국가의 주요 진헌품목이
자 조선에 오는 명 사신들이 으레 요구하는 청구물품이기도 하였다.[135]

그런데 임란을 전후로 인삼을 長生艸로 여겨 상용하는 풍조가 중국의
공경 사대부에서 상층 서민층에 이르기까지 확산되면서 그 수요가 급증
하고 있었고, 이에 따라 인삼교역에 따르는 이익이 百倍에 이른다는 실
정이 조선에도 널리 알려져 있었다.[136] 임란 중인 선조 26년(1593)에
식량과 군수확보를 위해 조선측의 요청으로 개설되었던 中江開市에서
명 상인들이 주로 인삼을 매입해 가거나,[137] 또는 명나라 사람들이 직접
인삼을 구입하기 위해 조선의 국경을 넘고 있던 실정은 모두 이 같은
중국내 인삼수요의 급증 추세 속에서 벌어지고 있었다.[138]

이와 같이 중국과의 무역에서 인삼이 높은 상품성을 확보해 가자 조
선 상인들 역시 적극적으로 대중국 인삼무역에 나서고 있었고, 개성상
인은 경상과 더불어 이 사무역을 주도하고 있었다.[139] 앞에서 확인한
바와 같이, 이 시기 개성상인은 자연산 인삼의 산지에서 이를 독점함으
로써 그 국내외 교역을 장악하고 있던 상인들이었다.[140] 개성상인을 필
두로 하는 이들 인삼상인의 인삼매점과 독점으로 말미암아 조선 정부의
진헌품 마련이 난관에 봉착하면서, 이 시기 진헌용 인삼은 그 가격이
1근에 은 20냥에 이를 정도로 폭등하고 있었다.[141]

더욱이 이 같은 인삼상인의 매점행태는 당시 權貴와의 결탁 아래 이

---

135) 朴平植, 앞의 〈朝鮮前期의 人蔘政策과 人蔘流通〉.
136) 《宣祖實錄》 卷210, 宣祖 40年 4月 辛亥, 25冊, 327쪽.
137) 《宣祖實錄》 卷142, 宣祖 34年 10月 癸未, 24冊, 304쪽 ; 《宣祖實錄》 卷160, 宣祖
    36年 3月 壬申, 24冊, 458쪽 ; 《宣祖實錄》 卷160, 宣祖 36年 3月 甲申, 24冊, 465쪽.
138) 《宣祖實錄》 卷23, 宣祖 22年 7月 丁巳, 21冊, 459쪽 ; 《宣祖實錄》 卷74, 宣祖 29年
    4月 丁巳, 22冊, 693쪽 ; 《宣祖實錄》 卷114, 宣祖 32年 6月 癸巳, 23冊, 634쪽 ; 《宣
    祖實錄》 卷115, 宣祖 32年 7月 甲子, 23冊, 646쪽.
139) 16세기 최말기, 임란을 전후한 시기의 대중국 인삼 사무역과 인삼상인의 활동
    에 대해서는 朴平植, 앞의 〈宣祖朝의 對明 人蔘貿易과 人蔘商人〉에 자세하므로
    이를 참조.
140) 주 61, 62 참조.
141) 《宣祖實錄》 卷204, 宣祖 39年 10月 己酉, 25冊, 275쪽.

루어지고 있어, 진헌용 인삼확보를 위한 조정의 貿蔘令을 번번이 좌절시킬 정도였다.[142] 선조 40년(1607) 5월《實錄》의 史臣은 그와 같은 실정을 전하면서, "조정의 권한이 市井으로 돌아가고 말았다"[143]며 이들 인삼상인의 인삼독점과 인삼가격 조종행위를 비판하고 있었다.

전국의 인삼산지에서 채취된 인삼을 이처럼 매점하거나 독점함으로써 정부의 진헌용 인삼확보를 어렵게 하였던 인삼상인은 대부분 개성과 도성의 부상들이었고, 특히 개성에는 이들 蔘商이 더욱 많았다.[144] 개성의 인삼상인들이 이와 같이 매점한 인삼을 높은 가격을 받고 방납하거나, 또는 이를 대외 사무역을 통해 처분함으로써 폭리를 취할 수 있었음은 물론이다. 당시 중국에서는 인삼수요가 급증하여 조선의 인삼과 銀이 그 가치가 동등할 정도로 인식되고 있었다.[145] 따라서 대중국 사무역이 조선에서 매집된 인삼의 주된 처분경로가 되고 있었고, 이 같은 인삼 사무역을 주도하는 양대 세력의 하나가 바로 개성상인이었던 것이다. 조선후기에 국내외에서 개성상인들이 얻고 있던 인삼상인으로서의 명성과 성가는 이렇게 형성되어 가고 있었다.

이상에서 살펴 본 바와 같이, 조선전기 개성상인은 상공업 도시이던 개성을 근거로 국내외 교역에서 탁월한 상업적 역량을 발휘하면서 이 시기 조선상업을 경상과 함께 이끌고 있던 兩大 상인집단이었다. 특히 시전을 포함한 개성의 부상대고들은, 당시 개성만이 지니고 있던 독특한 상업적 환경을 바탕으로 하여 전국에 걸친 상업망을 탄탄한 상업조직을 기반으로 운용함으로써, 국내외 교역 모두에서 조선 상업계를 풍미하고 있었다. 조선 정부가 국초 이래 국가의 재정운영 과정에서 이들 개성 부상들의 상업적인 역량을 시역의 일환으로 십분 활용할 수 있었던 배경도 바로 여기에 있었다.[146]

---

142)《宣祖實錄》卷211, 宣祖 40年 5月 甲子, 25冊, 331쪽.
143) 위와 같음.
144)《宣祖實錄》卷201, 宣祖 39年 7月 丙戌, 25冊, 238쪽.
145) 주 136과 같음.

조선전기 개성상인들의 국내외에 걸친 이 같은 상업활동과 그에 따른 자본집적의 양상은, 따라서 고려조 이래의 개성의 상업적 전통이 조선왕조의 개창 이후에도 단절되지 않고 계승되고 있었고, 그 속에서 신용과 인적 조직의 단결에 기초하는 새로운 개성의 상업적 전통이 창출되고 있었음을 잘 보여준다. 선조 36년(1603) 10월 비변사는 이 같은 개성상인들을 두고서, "개성부의 백성들은 모두가 장사하는 사람들로서, 괴로움을 견디고 행실을 익히며 하는 일에 勤勉함에서 도성의 市井 사람들과는 사뭇 다른 데가 있다"[147]라고 평가하고 있었다. 조선 조정의 개성상인에 대한 이러한 평가는 요컨대, 근면에 기초하여 이루어진 조선전기 개성상인의 상업전통과 그 특성이, 당시 사람들에게도 이들과 경쟁하고 있던 京商의 그것과는 매우 다른 것으로 인식되고 있었음을 보여주는 것이어서 더욱 주목된다.

## 5. 結 語

조선전기 개성상인의 상업활동을 개성의 상업환경에 대한 점검을 바탕으로 국내외 교역의 측면에서 정리하여 보면 다음과 같다.

'重農抑商'의 경제정책을 고수하였던 조선왕조에서 개성은 조선전기부터 상업도시로서 위상을 확고하게 유지하고 있었다. 개성이 이처럼 국초 이래 상업도시로서 유지될 수 있었던 상업환경으로는, 우선 고려조 이래 도성으로서 개성이 지니고 있던 상업전통을 들 수 있다. 전성기에 10만 호에 이른다던 소비인구를 거느리고, 부세를 비롯한 각종 국가적 물류의 집산처였던 개경상업은 고려후기 상업발달의 구심에 있

---

146) 朴平植, 앞의 〈朝鮮前期의 開城商業과 開城商人〉.
147) 《宣祖實錄》卷167, 宣祖 36年 10月 乙巳, 24冊, 547~548쪽.
  "本府居民 皆是商販之徒 而耐苦習行 勤於趨事 與京城市井之人 有異"

던 상업도시였다. 조선왕조의 개창 이후 한양천도가 단행되고 '務本抑末', '利權在上'으로 표방되는 경제정책에 따라 새 도성 한양중심의 상업정책이 펼쳐지면서, 개성상업은 시전의 開市가 금지되고 시전상인과 부상대고들이 한양으로 강제 이주당하는 등 일대 위기에 봉착하였다. 그러나 '民多田少'의 자연조건과 개성의 상업적 기반을 유지하여야 할 조선 정부의 필요성, 예컨대 중국 사신의 支待문제나 국가 재정운영에 대한 개성상인의 기여 등이 고려되면서 이내 개성의 개시가 허용되었고, 이후 시전을 비롯한 개성의 상업적 기반과 시설들이 복구되기에 이르렀다.

이처럼 상업도시로서 개성의 위상이 조선 정부에 의해 허용되면서, 개성에는 개성만의 독특한 상업환경이 조성되어 갔다. 우선 개성의 거주민은 모두가 상인이라 지칭될 정도로 상업종사의 경향이 일반적이었으며, 富商・錢主로부터 자본을 대출하여 행상활동에 종사하는 풍토가 일상화하여 개성부에서 그 貸借관계를 조정하기까지 하는 실정이었다. 특히 이 같은 상업종사 풍조는 개성의 양반과 유자 등 識者層 역시 마찬가지여서, 이들은 신왕조 개창 뒤에 정치적 禁錮조처에 처해지면서 反조선왕조 풍조에 대한 공감에 바탕을 두고, 또 고려조 때부터 상업이 성행하던 개성의 분위기 탓으로 거리낌 없이 상공업에 투신하여 개성상인의 상업경영 합리화에 큰 기여를 하고 있었다. 이 시기 개성의 상업적 환경의 한 특성은 독특한 개성부의 재정구조에서도 확인되는데, 조선전기 개성재정은 그 상당 부분이 시전을 포함한 부상대고들의 市役과 應役에 기초하여 이루어지고 있었다. 이들이 상업을 통해 거두고 있던 商利에 기초하는 지방재정의 운영구조였던 셈이다. 조선전기 개성상인들은 개성의 이 같은 상업적 환경을 배경으로 하고, 또 부상대고의 자본과 조직을 바탕으로 하여 이후 국내외 교역에서 상인으로서 두각을 나타내고 있었다.

조선 정부의 한양중심의 상업정책에도 불구하고, 개성상업의 복구와 함께 개성상인은 국내교역의 영역에서 京商과 전국의 商權을 놓고 각축

을 벌이는 상인으로 성장하여 갔다. 먼저 부세수납 등 국가의 재정운영
과 관련하여 개성의 부상대고들의 활동상이 두드러졌다. '任土作貢', '本
色直納'의 원칙이 무너지면서 성행하던 공물의 대납과 방납추세는 이
시기 교환경제 발전의 결과이자 그 추동력으로 작용하고 있었고, 개성
상인은 이들 각종 국가 수요물이나 인삼과 같은 진헌물품을 매점하거나
독점하여 높은 가격에 처분함으로써 막대한 상이익을 확보하고 있었다.
한편 조선전기 개성상인들은 민간교역의 부문에서도 전국적인 행상활
동을 통해 전국을 그들의 商圈으로 삼고 있었다. 특히 이 시기 자료에
등장하는 개성상인들은 대개 우마를 끌고서 同伴의 조직적인 연계를
바탕으로 활동하고 있었다. 육상과 선상 모두에서 나타나는 이러한 특
징은, 행상활동 탓에 개성에 남자가 없다는 실정이나 타 지방에 견주어
유달리 강조되는 여성들의 貞潔중시 풍토와 더불어, 전국을 무대로 하
는 개성상인들의 일상적인 국내교역 활동상을 잘 보여주고 있었다.
　조선전기 개성상인이 국내교역에서 취급하던 물품들은 鍮器나 草笠
과 같이 개성의 수공업적 기반 위에서 제조되었던 것 외에도, 대납공물
의 예에서 보듯이 전국 각지의 특산물과 대외무역을 통해 들어 온 외국
산 사치품 등 그 종류가 다종다양하였다. 그런데 이 시기 개성상인의
상업활동에서 드러나는 두드러진 특징의 하나는 이들의 상활동이 띠고
있던 조직적 연계성의 문제이다. 15세기 후반 이후 장시가 성립되어 전
국으로 확산되면서 나타나던 교환경제의 발달양상은 개성상인의 이 같
은 조직체계를 더욱 성숙시켜 갔던 것으로 보인다. 시전을 비롯한 개성
의 부상대고들을 物主나 錢主로 삼아, 이들의 자본과 조직을 기반으로
펼쳐지고 있던 개성상인들의 상업활동은, 16세기를 전후로 전국의 교역
중심지에 主人層이 성장하고 있던 추세 속에서 후대의 '松房'과 같은 상
업망을 전국에 걸쳐 구축하여 갔을 것으로 짐작되는 것이다.
　건국 이후 조선 정부는 대외무역에 대한 국가의 통제를 강화하고, 특
히 고려말기 각종 사회경제 문제를 불러왔던 대중국 사무역과 밀무역을
강력하게 단속하면서 금지하고 있었다. 그러나 이 시기 개성상인은 이

같은 조선 정부의 대외무역 통제방침에도 불구하고, 그들의 대자본과 상업적인 조직체계를 바탕으로 경상과 더불어 대외무역을 주도하고 있었다. 국초 이래 지속되고 있던 개성상인의 대외무역은 15세기 후반 이후 사치풍조의 만연에 따라 국내에서 중국산 사치품의 수요가 급증하면서 더욱 성행하여 갔다. 특히 이 무렵 개발된 鉛銀分離術을 이용해 단천을 비롯한 국내 각지에서 銀鑛이 개발되기 시작하였고, 대부분 潛採의 형식으로 채굴된 이 銀이 대중무역의 결제수단으로 활용되면서 대중국 사치품 무역이 극성하고 있었다. 개성의 부상대고들은 경상과 함께 이 같은 持銀 사무역을 통해서 그들의 상업적 자산을 확대해 가고 있었다.

또한 조선에서 은 생산기술을 습득한 일본상인들이 자국산 은을 조선에 대량 수출하기 시작하면서, 16세기 대외무역은 銀을 중심으로 한 동아시아 삼국 사이의 국제무역으로 확대되고 있었다. 개성상인은 三浦에서 일본상인으로부터 무역한 倭銀을 이용하여 견직물로 대표되는 중국산 사치품을 구입하고, 이를 다시 국내와 일본상인에게 처분하는 仲介貿易을 통해 막대한 商利를 축적해 갔던 대표적인 상인들이었다. 나아가 개성상인은 16세기말 壬亂을 전후로 한 시기에 중국 내에서 그 수요가 급증하고 있던 조선인삼을 국내 산지에서 매점하여 이를 중국에 수출하는 사무역을 주도하면서, 인삼상인으로서 국내외에 그 명성을 쌓아가고 있었다. 요컨대 조선전기 개성상인은 국초 이래 개성만의 독특한 상업환경을 토대로 하고, 여기에 고려조부터 형성된 상업문화의 역사적 경험을 활용하면서, 이 시기 국내교역과 대외무역 부문 모두에서 경상과 더불어 양대 상인으로 성장하여 그 상권을 놓고 각축하고 있었다. 이 과정에서 그들은 조선 국가가 표방하고 강조하던 '抑商'의 경제정책을 극복하면서 신용과 단결을 특징으로 한 상업조직과 문화를 형성하여 갔고, 그 결과 도성상인인 경상에 필적하는 자산을 집적할 수 있었다.

결국 조선전기 상업사에서 개성상인들이 상업활동을 통해 보여 준 이 같은 모습은, 조선 국가의 억상정책과 무관하게 상업이 가질 수밖에 없는 경제분야에서의 위상과 상인의 사회적 기능을 여실하게 보여주는 것이었다. 그리고 이러한 개성상업과 개성상인의 면모는 고려시기의 상업전통이 유교 성리학을 國定敎學으로 내세운 조선왕조에 들어서서도 단절되지 않았음을 보여주는 증거인 동시에, 조선후기 개성을 비롯한 국내외 상업발달의 역사적인 전제로서 그 위치가 분명하다 하겠다.

[《朝鮮時代史學報》30, 2004. 9. 수록, 2008. 校]

# 朝鮮前期의 主人層과 流通體系

## 1. 序言

전근대시기, 상품이 생산자로부터 소비자에게 이르는 일련의 과정인 유통체계상에는 다양한 성격의 상인층이 개재하여 이를 매개하고 있었다. 조선시기에 이와 같이 유통체계상에 위치하면서 상인과 그들의 상품을 중개하거나 알선하던 상업세력으로, 현재 여러 형태의 '主人'層이 활약하였음이 확인되고 있다. 도성이자 상업도시인 한양과 그 주변의 경강변, 그리고 외방 연해의 포구나 수로·육로 교통상의 요지에 자리잡고, 국가의 부세수납과 민간의 교역을 매개하며 중개업과 도매업에 종사하던 상업세력이 바로 이들 주인층이었던 것이다.

조선 全시기를 통해 그 존재가 확인되는 主人層은, 기왕의 연구를 통해서는 전기와 후기의 그것이 각각 그 성격에서 다른 것으로 설명되어 왔다. 조선전기의 주인층, 곧 京主人과 私主人이 모두 국가의 부세수납과 관련하여 활동하는 존재로서 그 성격이 제한되어 규정된 것과 달리,[1] 조선후기에 등장하는 여러 주인층 예컨대 江主人·船主人·旅客主人·浦口主人 등은 민간차원의 상업발달의 산물이자 그 중추 역할을

---

1) 李光麟, 〈京主人 研究〉, 《人文科學》 7, 연세대, 1962 ; 金鎭鳳, 〈私主人 研究〉, 《大丘史學》 7·8合輯, 1973 ; 이지원, 〈16·17세기 前半 貢物防納의 構造와 流通經濟的 性格〉, 《李載龒博士還曆紀念韓國史學論叢》, 한울, 1990 ; 강승호, 〈朝鮮前期 私主人의 發生과 活動〉, 《東國歷史敎育》 7·8合輯, 동국대, 1999 ; 田川孝三, 《李朝貢納制의 研究》, 東洋文庫, 1964.

하였던 새로운 상인세력으로 평가되었던 것이다.[2)]

그러나 필자는 상품유통의 중개자로서 주인층이 조선 전·후기를 통하여 그리고 이르게는 고려시기 이래 동일한 속성을 지니는 상인층이었다고 생각한다. 다만 부세수납으로 대표되는 국가적인 상품유통과 물류유통의 비중이 컸던 조선전기 및 그 이전에는 주인층이 주로 경주인 또는 사주인의 형태로 자료상에 등장하는 데 견주어, 조선후기에 들어서면서 민간 유통체계의 발전과 함께 이 영역에서의 성장과 분화가 두드러졌던 것으로 이해되는 것이다.

이와 같은 시각 아래, 본 논문에서 필자는 조선전기의 주인층을 그 계기성과 역사성에 유의하면서 상업의 실제에서 규명해 보려고 한다. 구체 작업은 고려와 조선후기를 시야에 넣으면서 조선전기에 등장하는 각종 '주인'층의 유형과 그 속성을 우선 검토하고, 이후 이 시기에 펼쳐진 이들의 상활동과 그 역사적 추이를 분석하는 방식으로 이루어질 것이다. 이들 주인층에 대한 규명작업을 통해서 중세기 우리나라의 상업을 유통체계의 측면에서 재구성함과 동시에, 집권국가의 抑末정책 아래에서 그 성장을 지속하고 있던 조선전기 상업발달의 모습을 구체화할 수 있을 것이기 때문이다.

## 2. '主人'의 諸類型과 그 屬性

전근대 사회에서 '主人'은 일반적으로 (1) 동산·부동산의 임자나 소유자, (2) 한 집안의 어른으로서 家長이나 남편, (3) 고용관계에서의 雇

---

2) 李炳天, 〈朝鮮後期 商品流通과 旅客主人〉, 《經濟史學》 6, 1983 ; 高東煥, 〈18·19세기 外方浦口의 商品流通 발달〉, 《韓國史論》 13, 서울대, 1985 ; 李榮昊, 〈19세기 恩津 江景浦의 商品流通構造〉, 《韓國史論》 15, 서울대, 1986 ; 高東煥, 《朝鮮後期 서울商業發達史研究》, 지식산업사, 1998.

用主, (4) 客을 상대하는 주체로서 宿泊主나 그 집, (5) 조직이나 집단 또는 의식 등을 主掌하여 운영하는 사람을 가리키는 용어로 사용되었다.[3] 그런데 우리나라 중세사회에서 '주인'은 위와 같은 통상적인 語義 외에도, (6) 官과 民 사이 또는 民과 民 사이에 개재하여 숙박을 제공하면서 兩者의 관계를 알선하고, 그들 사이의 부세 및 물화유통을 중개하는 등 이 과정을 주관하는 자를 지칭하기도 하였다.[4] 유통체계상에서 활동하는 주인층이 후자, 곧 (6)의 용례였음은 물론이다. 조선전기에는 이와 같은 형태의 주인층이 다양하게 존재하였다. 예컨대 도성을 무대로 활동하였던 京主人과 私主人(各司 私主人 또는 各司主人)만이 아니라, 京外의 민간에서 교역활동을 매개하던 여러 형태의 主人세력이 확인되고 있는 것이다.

이들 주인의 여러 유형 중에서 오늘날 그 실체가 분명하게 밝혀진 대표적인 세력이 바로 京主人이다.[5] 경주인은 '京邸主人'의 약칭으로, 지방 군현의 貢吏와 백성들이 도성에 와서 머무르는 숙소였던 京邸를 주관하는 자였다.

(가) 知經筵事鄭士龍曰 漢時郡國邸舍 皆在京師 我國京邸事制 亦倣此而立也 前者列邑之吏 往來于京者 皆止宿於邸 故爲邸主者 亦得相資以生 而各司文移之際 易於通報[6]

명종 6년(1551) 10월 鄭士龍의 지적과 같이, 경저는 중국 漢代 京師에

---

3) 한글학회, 《우리말 큰사전》 3권, 어문각, 1992, 3804쪽 ; 사회과학원 언어연구소, 《조선말 대사전》 하권, 사회과학출판사, 1992, 300~301쪽 ; 연변사회과학원 언어연구소, 《조선말 사전》 2권, 연변인민출판사, 1995, 1184~1185쪽.

4) 이와 같은 주인의 語義에 대하여는 李光麟, 앞의 〈京主人 硏究〉, 240쪽 ; 田川孝三, 앞의 《李朝貢納制の硏究》, 589~595쪽 참조.

5) 조선시기의 京主人에 대해서는 李光麟, 앞의 〈京主人 硏究〉에서 이미 자세하게 논급된 바 있다. 필자는 이를 주인층 일반의 속성을 도출하는 차원에서 다시 정리해 보고자 한다.

6) 《明宗實錄》 卷12, 明宗 6年 10月 戊寅, 20冊, 49쪽.

있던 郡國의 邸舍에 그 계통이 있었고, 이렇게 제도화된 경저는 列邑의
공리들이 도성에 왕래하며 숙박하는 처소이자, 중앙과 지방을 연결하는
각종 공문서의 통보에 활용되고 있었다. 邸主, 곧 경주인은 이 시설을
운영하며 먹고 사는 존재였다. '고을에 朝報를 통보하고 도성에 올라온
손님과 나그네를 접대하는 업무'[7]가 경주인의 주요 임무였던 것이다.

경저는 고려초에 이미 설치되었던 것으로 추정되며,[8] 경저의 주관자
인 경주인 역시 고려 중엽 명종 8년(1178)에 조성된 金山寺 香爐銘에서
그 존재가 확인되고 있다.[9] 이처럼 고려조 이래 집권국가에서 지방을
원활하게 통치하고자 설치하였던 경저와 경주인은 조선에 들어와서도
지방민의 접대와 보호, 지방관의 私屬역할, 지방과의 문서연락, 지방 稅
貢의 책임납부 등을 임무로 하면서 제도로서 계승되었고, 그리하여 전
국 각 군현의 경저가 도성에 위치하고 있었다.

이들 경저 및 경주인의 가장 중요한 임무는 지방 세공의 상납책임이
었다. 성종 원년(1470) 3월의 다음 기록을 보자.

(나) 諸邑京主人 各其本邑貢物上納 及選上奴充立等項事 專掌應答 所任
多端[10]

제읍의 경주인은 본읍의 공물상납, 選上奴의 보충과 입역 등을 관장
하는 소임을 맡고 있었다. 이러한 업무 때문에 경주인으로는 지방에서
주로 鄕吏를 파견하여 경저를 주관하게 하였고,[11] 실무 보조를 위해 下

---

7)《各司受敎》刑曹受敎, 癸丑(明宗 8, 1553) 正月 9日 承傳.
  "通朝報 接賓旅"
8) 周藤吉之,〈高麗朝の京邸·京主人とその諸關係 - 唐末·五代·宋の進奏院·邸
  吏および銀臺司との關係において〉,《朝鮮學報》111, 1984.
9) 李光麟, 周藤吉之의 앞의 논문.
10)《成宗實錄》卷4, 成宗 元年 3月 丙申, 8冊, 481쪽.
11) 경주인을 통상 京邸主人 외에도 '京邸吏', '京邸之吏'로 부르고 있던 데에서, 이들
  의 신분이 지방의 향리였음을 짐작할 수 있다[《世祖實錄》卷46, 世祖 14年 5月
  乙亥, 8冊, 185쪽 ;《燕山君日記》卷38, 燕山君 6年 8月 辛亥, 13冊, 425쪽 ;《各司受

隸인 京房子와 京婢를 경저에 배치하고 있었다.12)

한편 경저는 도성을 왕래하는 지방 백성들이 의탁하던 처소였던 탓에, 자연 각 지방의 物貨가 모이는 장소이기도 하였다. 이와 관련하여 중종 22년(1527)에 崔世珍이 편찬한《訓蒙字會》의 '邸' 항목에 대한 다음 설명을 살펴보자.

(다) 邸 : 집 데 郡國朝宿之舍在京者 必有外貨叢集爲市 亦曰邸店13)

최세진은 경저를 풀이하면서, 여기에는 반드시 외방의 물화들이 모두 모여 市를 이루기 때문에 이를 '邸店'이라고도 부른다고 부연하고 있었다. 경저는 외방의 사람들이 숙박하는 곳이자, 이들이 휴대하는 세공을 비롯한 지방의 온갖 물화가 집산함으로써 자연 시장이 형성되는 공간이었던 것이다. 도성에 상경하는 외방의 백성 중에는 상인들도 섞여 있었을 것이며, 그들이 소지하던 상품이 경저에서 거래되는 사정을 보여주는 설명이라 하겠다. 그렇다면 경저의 주인으로서 경주인은 이들 지방의 상인과 상품을 도성의 상인과 시장에 중개하는 역할 또한 수행하였을 것임을 짐작할 수 있다. 물론 이는 경주인의 공적인 임무에 부수되는 역할이었겠다.

그런데 조선전기 도성에는 위와 같은 경주인의 업무와 역할을 私的으로 수행하는 또 다른 세력이 이미 등장하여 활동하고 있었다. 외방의 공리 등에게 숙식을 제공하고 그 稅貢物을 보관하거나 매매하면서, 대납과 방납을 일삼던 私主人 세력이었다.14) 이들에 대한 규제를 논의하

_____

敎), 刑曹受敎, 癸丑(明宗 8, 1553), 正月 9日 承傳].

12)《燕山君日記》卷56, 燕山君 10年 10月 庚午, 13冊, 667쪽 ;《眉巖集》卷9, 日記, 辛未(宣祖 4年, 1571) 3月(《韓國文集叢刊》, 34冊, 305쪽).

13)《訓蒙字會》, 尊經閣本, 339쪽(弘文閣 影印本, 1985).

14) 사주인에 대해서도 田川孝三, 앞의《李朝貢納制の硏究》588~609쪽과 金鎭鳳, 앞의〈私主人 硏究〉에서 이미 논급된 바 있다. 필자는 이를 주인층 일반의 성격을 규명하는 차원에서 다시 정리하고자 한다.

고 있던 성종 2년(1471) 4월의 다음 기록을 보자.

(라) 其吏到京 隱接私處 與興利人同謀 轉轉販賣 積年不納 其弊不貲 前此
本曹受敎 私接興販 過三朔未納者 杖一百 幷徵其主人15)

외방의 공리들이 도성에 올라오면 京邸에 머물며 세공을 납부하는
것이 상례였다. 그런데 이들 공리 중에 경저가 아닌 私處에 몰래 투숙하
면서 세공물을 바로 납부하지 않고 이를 興利人과 공모하여 부당하게
판매해 버리는 자들이 있어 문제가 되고 있었다. 이와 같이 공리들을
留接시키면서 이익을 도모하는 상인세력을 호조는 '主人'이라 칭하고
있다. 곧 私主人이었다.16) 경주인의 임무를 사적으로 수행하면서 謀利
하는 사주인의 활동은, 이 시기 공물의 대납과 방납이 일상화하는 추세
속에서 그들이 이를 주도하면서 큰 사회문제가 되어 갔다.17)

사주인은 위 (라)의 기록에서 보듯이 흥리인, 곧 상인들 가운데서 형
성되고 있었지만, 부세수납의 폐단이 방납의 확대 등으로 심화되면서
부세수납과 관련된 官司의 下吏나 下隷 가운데서도 출현하고 있었다.
중종 38년(1543) 정월 司贍寺 관원의 下隷 감독소홀을 문제삼은 사헌부
의 다음 논의를 살펴보자.

(마) 辛卯年以後 各官貢布 諉不准長 退而不納 外吏等不能輸去 寄置本寺
奴婢家 以爲私主人 主人等視爲私幣 盡用無餘 幾至千同 至爲駭愕18)

신묘년(중종 26, 1531) 이래 규격에 맞지 않는다 하여 點退당한 각

---

15)《成宗實錄》卷10, 成宗 2年 4月 甲寅, 8冊, 565쪽.
16) 호조의 이 건의를 받아들인 국왕이 校正廳에 내린 單子에서는 이들 세력을 '私
主人'이라고 표현하고 있어, 이 주인세력이 곧 사주인임을 알 수 있다(《成宗實
錄》卷10, 成宗 2年 5月 丁酉, 8冊, 573쪽).
17)《中宗實錄》卷51, 中宗 19年 8月 庚子, 16冊, 327쪽.
   "方今各司防納 至爲猥濫 法司當推 外方人來京 入接私主人 以爲防納者"
18)《中宗實錄》卷100, 中宗 38年 正月 辛未, 18冊, 654쪽.

지방의 貢布를 外吏들이 수거해 가지 않고 사섬시의 奴婢家를 사주인으로 삼아 여기에 맡겨 두었는데, 이들 주인들은 이를 私幣로 보아 모두 임의 처분하였고 그 양이 무려 1천 同(5만 필)에 이른다는 지적이었다.

이처럼 세공물의 수납을 담당하는 각사의 下吏輩 중에서 사주인의 역할을 수행하며 이익을 도모하는 세력을 '各司 私主人' 또는 '各司主人'으로 부르고 있었다.[19] 이들 각사 사주인은 그 신분이 비록 각사의 下吏 또는 下隷輩이기는 하였으나, 세공의 납부 특히 방납의 과정에서 그들의 행위는 상인출신 일반 사주인의 그것과 다름이 없었다.

(바) 各司猾吏 名稱主人 凡上貢之物 必售其已有 而刁蹬其價 假有備納本色者 必百計瞞言 期於點退而後已[20]

이들은 本色을 갖추어 직접 납부하려는 외방 공리들의 상납을 온갖 명목으로 저지하면서, 대신 가격을 폭등시킨 자기 소유의 물화를 稅貢으로 대납하여 폭리를 취하고 있었다. 사주인과 각사 사주인 모두 단순히 외방 공리의 숙박만이 아니라, 그 세공물의 납입을 주선하거나 알선하면서 이를 시장과의 연계 아래 수행함으로써 이익을 도모하던 세력이었던 것이다.

경주인과 사주인은 이상에서 살펴본 바와 같이, 도성에 소재하며 외방에서 올라오는 공리와 백성들을 留接시키고, 또 그들이 소지하던 세공의 납부와 물화의 판매를 주관하고 알선하는 세력이었다. 경주인이 경저의 공적인 설치 경위와 관련하여 지방의 향리 출신이었던 데 견주어, 이들의 역할을 사적으로 수행하던 사주인은 주로 상인이거나 또는 세공수납을 담당하는 관사의 하인배로 구성되어 있었다.

한편 숙박을 제공하며 여기에 머무르는 客人들의 편의를 도모하는

---

19) 《中宗實錄》卷49, 中宗 18年 12月 丁未, 16冊, 276쪽 ; 《明宗實錄》卷32, 明宗 21年 2月 癸亥, 21冊, 65쪽 ; 《大典後續錄》戶典, 雜令 ; 《鶴峯集》卷3, 請遇災修省箚(《韓國文集叢刊》, 48冊, 71쪽).

20) 《明宗實錄》卷32, 明宗 21年 4月 戊寅, 21冊, 83쪽.

주인층은 조선전기에 이미 도성 밖의 지역에서도 형성되어 있었다. 이들 주인층의 존재와 그 역할이 확인되는 지역으로는 먼저 도성 주변의 京江 일대를 들 수 있다. 세조 12년(1466) 2월 세곡의 조운과 관련하여 경강변의 문제를 거론한 호조의 다음 건의를 보자

　　(사) 諸道漕船 泊于龍山西江 則其處居人 稱主人 將所載米 置於家前 或偸 或奪 至於車價 亦濫取 其弊不貲[21]

　　諸道의 漕船이 정박하는 용산과 서강 일대에서는, 그 곳 거주민들이 '主人'임을 내세워 조운선에 싣고 온 세곡미를 자기 집에 보관시키면서, 혹 이를 훔쳐 축내기도 하고 또 운반비인 車價를 남징하고 있었다. 세곡의 '偸奪'과 '車價濫取' 행위는 분명 단속되어야 할 불법의 행태였지만, 이 시기 경강변에 등장한 주인층의 역할은 이를 통해 충분히 추정해 볼 수 있다. 즉 용산과 서강 등 도성주변 경강지역에는 主人이라 부르는 세력이 형성되어, 이들이 외방에서 올라오는 조운선을 관장하여 그 세곡을 자기 집에 일시 보관하고, 나아가 이를 국가의 창고에 납입하는 과정을 주선하고 있었던 것이다. 보관 중인 세곡을 축내거나 운반비를 남징하는 행위는 그들의 이러한 역할을 전제한 위에서 나타나는 불법행위였다. 이들 주인가에 세곡을 운반하는 외방의 공리들이 숙박하였음은 물론이다.

　　부세의 수납과정에 개재하여 경주인의 역할을 사적으로 수행한다는 측면에서, 경강변의 주인층은 도성 내에서 활동하던 사주인 세력과 동일한 범주였다. 《大典後續錄》에서 이들을 '사주인'이라 부르면서 이들의 漕運稅米 盜用을 금지하고 처벌규정을 두었던 것도 그러한 사정을 잘 보여주고 있었다.[22] 그러나 11만이 넘는 인구가 생활하는 소비도시였던 도성시장을 겨냥해 전국에서 선박에 실려 모여드는 온갖 상품의

---

21) 《世祖實錄》 卷38, 世祖 12年 2月 甲午, 8冊, 8쪽.
22) 《大典後續錄》 戶典, 漕運.

집중처였던 경강변에 소재하는 이들 주인층의 영업대상이 漕船과 공리에 국한될 리는 만무하였다. 오히려 이들 경강변 주인층의 주된 영업대상은 전국 각지에서 출발하여 경강변에 도착하는 각종 상품과 선상들이었다.23)

상선들이 정박하는 浦口의 주인층은 경강만이 아니라 외방에서도 출현하고 있었다. 성종 6년(1475) 8월 조정에서는 선상들이 평안도에서 貿穀하여 이를 도성으로 운반하여 판매하는 행위가 크게 문제가 되고 있었다. 국초 이래 양계지방의 군수확보를 위해 평안과 함경도 지방은 세곡미가 그 곳의 軍資로 留置되었을 뿐만 아니라, 일반농장 농장곡의 他道搬出 또한 엄격하게 금지하는 형편이었다.24) 이런 사정 속에서 전개되는 무곡선상의 평안도 곡물반출 사태에 대해 호조는 그 대책을 다음과 같이 건의하고 있었다.

(아) 今後 禁絶商船 勿令往來 如有潛行竊販者 所在守令罷黜 其行商同利人及主人 論以制書有違律 船隻及所賣物貨 並沒官25)

상선의 평안도 왕래를 금지하고, 이들의 불법 상행위가 이루어진 지역의 수령과 관련 상인들을 함께 처벌하자는 방안이다. 그런데 선상의 활동과 연계된 세력에 행상과 더불어 '주인'이 거론되고 있었다. 평안도 연안의 포구에는 여기에 왕래하는 선상을 접대하고 이들의 곡물매집 활동을 주선하거나 매개하는 상인세력으로서 주인층이 이미 형성되어 있었던 것이다. 아울러 이들의 역할과 영업내용이 앞서 살펴 본 경강변의 주인층과 유사한 것임을 어렵지 않게 추정할 수 있겠다.

외방에 소재하는 주인층은 국내교역을 매개하며 형성되었을 뿐만 아

---

23) 이에 대해서는 본 논문 4장에서 상술한다.
24) 朴平植, 〈朝鮮前期 兩界地方의 '回換制'와 穀物流通〉, 《學林》 14, 연세대, 1992(本書 Ⅲ부 제1논문).
25) 《成宗實錄》 卷58, 成宗 6年 8月 乙未, 9冊, 254쪽.

니라, 대외무역과 관련하여서도 출현하였다. 성종 5년(1474) 11월 三浦에 불법 거주하는 倭人들에 대한 처리방침을 대마도주 宗貞國에게 통보하는 조정의 답서에는 다음 내용이 실려 있었다.

　　(자) 使人留浦日糧 皆有定約 然亦不畏禁制 故爲稽留者 頗多有之 皆姦人與其所主 相爲表裏 欲遂私計耳 若不嚴加防制 則後必有生釁者矣 自今如有無故稽留者 幷其主人科罪26)

定約의 규정을 어기면서 삼포에 머무르며 私計, 곧 밀무역을 도모하는 왜인들을 향후 엄하게 금지할 것이며, 이들과 표리가 되어 활동하는 '주인' 또한 처벌한다는 방침이었다. 삼포에서 왜인들을 유접시키면서 그들의 주인으로서 무역을 중개하는 상인들이 곧 주인으로 지칭되고 있는 것이다.

대일무역에서 이들 주인층의 활동은, 三浦倭亂(중종 5, 1510)과 壬申約條(중종 7, 1512) 이후 더욱 엄격해진 국가적인 통제 아래에서도 여전하였다. 중종 36년(1541) 6월 승정원에 내려진 국왕의 전교를 통해 이들의 활동내용을 확인하여 보자.

　　(차) 倭人之乘夜踰墙 潛向閭里 豈徒然哉 必有京商人等 潛持禁物 接于閭里 而誘引倭奴 與之販鬻而然也……今後軍士 陽爲不知 而任其所往 勿爲禁止 潛知其往來之家 而告官推捉其主人 推問痛治 則後無如此誘引倭人之事也27)

삼포왜란 이후 왜인의 주거가 薺浦의 성내로 국한되자, 주인층이 성 밖의 마을에 거주하면서 京商들을 接主시키고, 야밤을 틈타 성을 넘은 왜인들과 이들의 밀무역을 주선하고 있었던 것이다. 때문에 국왕은 군사들로 하여금 성을 넘은 왜인들을 추적하여 그들이 왕래하는 主人家를

---

26) 《成宗實錄》 卷49, 成宗 5年 11月 辛酉, 9冊, 165쪽.
27) 《中宗實錄》 卷95, 中宗 36年 6月 丙子, 18冊, 477쪽.

확인하고, 이들 주인을 체포하여 처벌하라고 지시하고 있었다. 왜인과의 밀무역을 뿌리뽑는 방안을 주인층의 단속에서 구하였던 셈이다.

대외무역과 관련한 주인층의 활동은 대중무역이 이루어지는 지역에서도 마찬가지였다. 임진왜란 이후 대중국 무역은 義州에서 中江開市가 이루어지면서 더 한층 성행하고 있었다. 그러자 선조 33년(1600) 10월 호조는 중강개시 혁파를 明나라에 주청할 것을 건의하는 한편, 평안감사와 의주부윤을 통해 관내의 조선 상인들을 몰아내고 이들을 許接하는 주인들을 붙잡아 처벌하자고 건의하고 있었다.

(카) 將此啓辭之意 下書于監司及義州府尹處 我國商賈人等 一切驅逐 令下之後 猶潛伏如前者 便與其許接主人 而捉囚啓聞[28]

대일무역의 무대인 삼포만이 아니라, 대중무역의 중심지인 의주 일대에도 주인층이 형성되어 국내 상인의 대외무역 활동을 중개하거나 주선하고 있었던 것이다.

이와 같이 조선전기에 경강과 지방의 국내외 교역 중심지에서 대두하여 활동하고 있던 주인층은 도성의 경주인이나 사주인층과 달리, 영업상의 주요 고객이 민간의 상인이었다. 숙소를 제공하여 상인들을 접객하면서 그들의 상품을 보관하는 숙박업을 영위하면서, 이들의 상활동을 중개하는 과정에서 이익을 도모하는 세력이 바로 이들 주인층이었던 것이다.

그렇다면 경주인과 사주인 그리고 외방의 주인층을 모두 '主人'으로 지칭하여 부른 배경은 어디에 있는 것일까? 그 이유는 동일한 기원에서 출발한 이들 여러 주인층의 속성이 유사하다는 점에서 찾아야 할 것이다. 조선전기에 확인되는 주인층의 공통된 속성은 우선 이들이 留接하는 대상에 대해 숙소를 제공한다는 점이다. 경주인의 사례 (가)와 (다), 사주인의 (라), 그리고 외방주인의 사례 (자)는 이러한 주인층의 宿泊主

---

28) 《宣祖實錄》卷130, 宣祖 33年 10月 戊子, 24冊, 138쪽.

로서의 역할을 여실히 보여주고 있다. 이들의 활동을 '接' 또는 '許接'하는 것으로 표현한 (차)와 (카)의 사례 또한 이 숙박주의 속성을 가리키는 것이겠다.

한편 이들 주인층은 客人의 숙박만이 아니라, 이들이 소지하는 물화를 보관하거나(마·사) 때로 판매하기도 하였다(라). 나아가 객인이 貢吏일 경우에는 그들의 부세납입 과정을 알선하면서 주관하고 있으며 (나·바·사), 일반상인일 경우에는 다른 상인들과의 거래를 주선하는 역할을 수행하고 있었다(자·차). 요컨대 조선전기의 諸주인층은 숙박을 제공하여 객인들을 유접시키고, 이들 객인의 임무, 곧 부세상납이나 물화판매 활동을 알선하여 중개하는 등 그 과정을 주관한다는 속성을 공통으로 지니고 있었던 것이다.

이러한 주인층의 기능은 앞서 살펴 본 주인의 일반 용례 (4)와 (5)의 성격이 합쳐진 것으로서, 주인층의 기원이 숙박주로서의 용례 (4)에서 비롯되었음을 잘 보여주고 있다. 다시 말해 애초 숙박을 담당하는 단순한 역할에서, 점차 그 객인의 임무나 활동을 주선하거나 알선하는 등의 보조의 역할을 확대시키게 되면서 그 속성이 분화하여 갔던 것이다. 따라서 이들 주인층의 출현은 민간영역에서 먼저 이루어졌을 것이며, 경주인은 이들의 역할을 국가통치와 관련하여 공적인 영역에서 필요로 함으로써 비로소 형성된 집단이었을 것이다. 사주인세력이 경주인의 뒤를 이어 대두하였음은 물론이다.

이와 같이 숙박을 담당하는 주인에 그 기원을 두고 있던 조선전기의 諸주인층은, 그 형성과 분화의 과정에서 진전된 역할의 차이에도 불구하고, 기본적으로 숙박을 제공하면서 객인들의 부세납입이나 물화의 처분을 알선하거나 주선한다는 공통된 속성을 지니고 있었다. 이는 다름 아닌 유통체계상에서 중간 또는 중개상인이 담당하는 역할이었다. 그러므로 이들 주인층의 형성과 성장과정은, 바로 이 시기 우리나라 상업사에서 유통체계의 대두와 정비과정이기도 하였다. 이제 이들 주인층의 성장과 유통체계의 관련을 살펴보기로 하자.

## 3. 賦稅收納과 主人層의 商業活動

조선전기 主人이 하나의 사회세력으로서 主人層을 형성하고 유통체계상에서 두드러지게 활약하였던 분야는 우선 부세수납과 관련된 영역이었다. 집권국가의 사회편제 아래 부세의 형태로 도성에 집중되는 국가적 물류유통이 바로 이들의 상활동 공간이 되고 있었던 것이다. 국가 또한 이들 경주인과 사주인 세력을 통해 안정적인 부세수납을 도모한다는 측면에서, 국가와 주인층은 상호보완의 관계였다.

조선전기 地方稅貢의 책임납부 임무를 중심으로, 지방과의 문서연락, 도성에 온 지방민의 접대와 보호 등의 업무를 담당하기 위해 도성에 설치되었던 京邸는, 이러한 업무의 수행과정에서 자연 전국 각지의 물화가 모이고 유통되는 거점이 되었고, 京主人은 이 과정에서 중개상인으로서의 역할을 수행하고 있었다. 앞서 살펴 본 《訓蒙字會》의 '邸' 항목 설명에서 최세진이 경저를 두고, "반드시 외방의 물화들이 모두 모여 市를 이루기 때문에 이를 邸店이라고도 부른다"[29]라고 부기하고 있던 사정이 당대 경저의 저러한 실태를 잘 보여준다 하겠다. 이 시기 도성에 설치되어 있던 전국 각 군현의 경저는 그 주된 업무가 본읍의 조세·공물의 상납과 選上奴·其人·軍人 등의 보충과 입역이었고,[30] 중앙의 각 관사는 만약 수납한 세공이나 입역시킨 인원에 문제가 생길 경우에 우선적으로 책임을 이들 경주인에게 물어 그 납부를 독려하고 있었다.[31]

그런데 이와 같은 경주인의 업무, 그 가운데 특히 공물과 진상물의 상납업무는 도성상업과의 밀접한 관련 속에서 이루어지는 것이었다. 또

---

29) 주 13과 같음.

30) 李光麟, 앞의 〈京主人 研究〉.

31) 《中宗實錄》 卷13, 中宗 6年 4月 丁亥, 14冊, 506쪽 ; 《中宗實錄》 卷13, 中宗 6年 5月 戊午, 14冊, 514쪽 ; 《中宗實錄》 卷99, 中宗 37年 8月 壬辰, 18冊, 610쪽 ; 《各司 受敎》, 刑曹受敎.

당시 전국의 공물이 일반적으로 대납되거나 방납되고, 그러한 공물의
대부분을 도성에서 구입하여 납부하는 이른바 '京中貿納'의 경향이 확
산되면서,32) 이들 경주인과 도성시장의 관련은 더욱 깊어지고 있었다.
성종 20년(1489) 10월 경연 夕講 자리에서 검토관 洪瀚은, 司饔院이 宴
享에 소요되는 물자를 미리 준비하지 않고 무시로 경기 諸邑의 경주인
에게 조달하게 하기 때문에 이들이 각종 진상물을 급하게 상납하기 위
해 분주한 실태를 전하면서, 이 과정에서 경주인이 우선 자금을 빌려
무납하고 나중에 본읍의 백성들에게 그 가격을 배로 징수하여 부채를
상환하는 데 따르는 문제점을 지적하고 있었다.33)

이에 대해《實錄》의 史臣은 이처럼 도성에서 경주인의 책임 아래 이
루어지는 物膳의 무납추세가 도성물가의 앙등을 가져오고, 또 경기민의
빈곤의 주요 원인이 되고 있다며 홍한의 견해에 동의하고 있었다.34) 그
러나 공물과 진상물의 무납에 대한 이와 같은 문제제기에도 불구하고,
그 추세는 이후에도 여전하였다. 경기도 진상물의 무납이 문제된 지 4년
후인 성종 24년(1493) 7월에도, 상납기한이 촉박한 사정 탓에 경기의
進上魚物은 여전히 경강에서 경주인에 의해 무납되고 있었던 것이다.35)

결국 지방 각 군현의 부세상납과 力役입역의 최종 책임을 맡게 되는
경저의 경주인은 이들 업무의 수행을 위해서, 지방에서 올라오는 온갖
物貨와 人員을 점검하여 중앙 각사에 이들을 납입하거나 입역시키는
한편으로, 여러 가지 사정으로 제 때에 상납과 입역이 불가능할 경우에
해당 물화와 입역인원을 알선하여 조달하지 않을 수 없었다. 따라서 선
상노와 군인·기인 등의 입역의 경우에도 경주인은 미리 대립가를 마련
하여 代役을 마친 후에 그 대가를 해당군현 백성들에게 청구하는 것이

---

32) 이지원, 앞의 〈16·17세기 前半 貢物防納의 構造와 流通經濟的 性格〉; 朴平植,
〈朝鮮前期 市廛의 發展과 市役 增大〉,《歷史敎育》60, 1996[《朝鮮前期商業史硏究》
(지식산업사, 1999)에 수록]; 田川孝三, 앞의《李朝貢納制の硏究》.
33)《成宗實錄》卷233, 成宗 20年 10月 辛亥, 11冊, 531쪽.
34) 위와 같음.
35)《成宗實錄》卷280, 成宗 24年 7月 庚戌, 12冊, 366쪽.

일반 절차였고, 이 와중에서 이들의 과중한 입역가 남징을 통한 謀利가 줄곧 사회문제화하고 있었다.36)

또한 공물과 진상물 등 세공물의 상납에서 경주인의 역할은 더욱 교환경제와 밀접하게 연관되었고, 이 경우 그들의 역할은 중개상인의 그것에 다름 아니었다. 중종 33년(1538) 10월 시독관 嚴昕은 京畿御史 시절의 체험을 바탕으로, 경기민들이 京營庫에 직접 납부하게 되어 있는 生鮮과 生雉를 담당 관리들이 치수가 작다거나 깃털이 빠졌다는 이유로 늘상 점퇴하기 때문에 할 수 없이 도성에서 무납하게 되는 방납의 폐단을 지적하면서, 이 과정에 경주인들이 개재하여 作弊가 심하다고 토로하고 있었다.37)

요컨대 이 시기 경주인들은 지방 군현에서 本色으로 상납할 수 없는 물화나, 또는 방납의 이익을 노린 관인과 이서배들의 농간 탓에 점퇴당한 공물과 진상물들을, 도성시장에서 구입하여 그 납입을 주선하고 있었던 것이다. 경주인의 작폐는 이 과정에서 이들이 소속 군현과 지방민의 이익을 고려하지 않고, 도성상인들과 연계하여 자신의 이익을 추구하는 데 따르는 문제였다. 그리고 이 경우 이들 경주인의 활동은 도성시장에서 물화를 구입하고 그 조달을 담당하는 중개나 알선상인의 역할 바로 그것이었다. 조선후기 大同法이 시행된 이후에 경주인의 이러한 임무가 하나의 재산권으로 전화하여 京主人權으로 매매되고 양도될 수 있었던 배경도 바로 여기에 있었다.38)

경주인이 지방 각 군현의 부세상납과 역역입역의 업무를 담당하는 경저의 책임자인 향리로서 그 업무의 수행과정에서 시장과 연관되면서 중개나 알선상인의 역할을 수행하였던 것과 달리, 私主人은 애초에 도성의 상인층 가운데 일부가 경주인의 업무를 사적으로 담당하면서 형성

36)《中宗實錄》卷62, 中宗 23年 8月 癸丑, 17冊, 22쪽 ;《中宗實錄》卷99, 中宗 37年 8月 壬辰, 18冊, 610쪽.
37)《中宗實錄》卷88, 中宗 33年 10月 戊辰, 18冊, 226쪽.
38) 李光麟, 앞의〈京主人 硏究〉.

되고 있었다.39) 이들 사주인의 용례가 처음으로 기록에서 확인되는 것은 성종 2년(1471) 5월로서, 외방의 공리가 '사주인'과 연계하여 이익을 추구하면서 공물납부를 지연시키는 행위를 금지하는 기록이다.40)

그런데 국왕이 일찍이 校正廳에 내린 單子에 실려 있던 이 금지조항은 이미 그 전달에 조정에서 논의되어 결정된 내용이었다. 즉 성종 2년 4월 호조는, 외방의 공리가 도성에 도착한 후에 경저가 아닌 私處에 투숙하면서 '興利人'과 공모하여, 가져 온 공물을 부당하게 판매하면서 이를 곧바로 납부하지 않는 실태를 문제 삼고 있었다. 그리하여 이처럼 사처에 투숙하면서 이익을 도모하여 3개월이 지나도록 공물을 미납하는 공리는 杖 100에 처하고 아울러 그 '주인'을 징계하며, 그 기한이 1년이 넘는 경우나 공물의 3분의 2 이상을 미납하였을 때에는 全家徙邊시킬 것을 결정한 바 있었다.41)

또한 이때 조정은 지방 稅貢의 납입과정을 좀 더 엄격하게 규정하고 있었다. 곧 지방의 諸邑으로 하여금 보내는 세공물화의 名色과 수량 그리고 담당공리의 이름 등을 도성에 있는 京在所에 문서로 통보하고, 경재소가 이를 확인하여 중앙 각사로의 납입과정을 감독하게 함으로써 세공상납의 지연을 예방하고, 만약 문제가 발생할 경우 해당 경재소의 관원까지 처벌하도록 조처하였던 것이다.42)

성종 2년(1471) 조정의 위 결정은 당시 일반화하고 있던 지방세공 납부사정의 변천실태를 잘 보여주는 것이었다. 앞에서 살펴본 바와 같이, 애초 지방 세공의 도성운반을 책임맡은 공리는 경저에 머무르면서 경주인의 주관 아래 이를 해당 중앙관서에 납부함이 원칙이었다. 그런데 성

---

39) 조선전기 사주인의 발생과 그 활동, 특히 방납과의 연관에 대해서는 주 1에서
    인용한 金鎭鳳, 이지원, 강승호, 田川孝三의 여러 논고에서 이미 자세하게 언급되
    었으므로 이를 참고할 것.
40) 《成宗實錄》 卷10, 成宗 2年 5月 丁酉, 8冊, 573쪽.
    "諸司陳省到付後 私主人通同 謀利興販 過三朔未畢納者 杖一百論罪 幷主人分徵"
41) 《成宗實錄》 卷10, 成宗 2年 4月 甲寅, 8冊, 565쪽.
42) 위와 같음.

종초에 이르러 벌써 이런 규례와 달리, 외방의 공리들이 경저에 유숙하지 않고 私處에 투숙하면서 그 주인, 곧 사주인과 더불어 세공물을 임의 처분하거나 세공의 定期납부를 지연시키는 사태가 속출하고 있었던 것이다. 세공 납입과정의 절차를 보다 상세하게 마련하여 그 지연에 따른 처벌규정을 강화하고, 또 해당지방 출신의 조정 관원이나 유력자들로 구성된 경재소43)에 그 감독책임을 부여하여, 문제가 발생할 경우 이들 경재소 관원까지 연대 처벌하는 규정을 신설한 것도, 결국 이른바 사주인이 지방세공의 납부과정에 개재하면서 발생하던 문제를 해결하고자 하는 노력이었다.

이처럼 경주인의 역할과 임무를 대신하면서 적극적인 모리를 꾀하고 있던 이들 사주인은, 성종초의 위 기록에서 확인되듯이 '興利人', 곧 상인들이었다. 실제 사주인층이 외방의 세공물을 공리들과 결탁하여 사사로이 처분하거나 그 납입을 지연시키던 사태는 불법적인 것이었지만, 사주인층은 공리의 私接과 이들의 세공납입을 주선하거나 알선하는 과정에서 응분의 이익을 꾀할 수 있었고, 바로 여기에 이들이 경주인의 역할을 대신하게 되는 상업적 이윤의 기반이 있었다. 앞서 경주인의 세공납입 사례에서 확인할 수 있는 바와 같이, 외방의 군현에서 不産공물을 배정받은 경우나 또는 그 납입기한이 촉박한 물화, 그리고 납입과정에서 담당 관원이나 이서배의 농간에 따른 점퇴 등등 다양한 사유에서 당시 일반화하고 있던 지방 세공의 대납과 무납을 중개하거나 알선함으로써 그 과정에서 막대한 이익을 도모할 수 있었던 것이다. 이 시기 도성상인들이 경주인의 업무를 대행하거나 또는 그 역할을 잠식하는 가운데, 곧이어 그들이 사주인층으로 전환되는 배경은 바로 여기에서 조성되고 있었다.

그러므로 부세상납과 관련한 경주인의 역할을 사적으로 수행하며 이익을 추구하는 도성상인 출신 사주인층의 등장은 비단 성종초의 현상이

---

43) 金聲均, 〈京在所의 性格에 對한 一考察〉, 《亞細亞學報》 1, 1965 ; 金容德, 〈京在所論〉, 《中央史論》 3, 1980.

아니었다. 세조 12년(1466) 2월 호조에 따르면, 용산과 서강에서는 경강
의 居人들로 '主人'을 칭하는 무리들이 이 곳에 도착한 지방의 조운선과
세곡미를 자기 집에 보관시키고, 그 세곡미를 훔쳐 축내거나 운반비를
남징하여 문제가 되고 있었다.44) 세곡미를 실은 선박과 공리를 留接시
키고 그 납입과정을 알선하며 부정을 일삼던 이들 주인은, 결국 경주인
이 아니라 그 역할을 대행하던 사주인 세력이었다. 이처럼 사주인의 영
업이익의 원천이 부세상납 특히 세공물의 대납과 알선에 있었다면, 도
성에서 상인 출신의 사주인층이 형성된 시기는 성종조나 세조조를 거슬
러 올라가, 세공물의 방납과 대납현상이 등장하고 이내 성행해 가던 시
기까지 소급되어야 할 것이다.

'任土作貢'과 '本色直納'의 원칙에 기초하여 마련된 조선왕조의 공납
제 운영은 제도 자체의 모순과 운영과정상의 폐단, 그리고 이를 謀利의
수단으로 적극 활용하던 세력들의 간여로 말미암아 이미 국초부터 변질
되고 있었고, 벌써 태종조에 대납과 방납행위에 대한 금지가 조정에서
논의대상이 되고 있었다.45) 그리하여 세종조에 이르면 다종다양한 공물
의 대납과 방납이 일상으로 전개되면서, 도성이 가장 비중이 큰 공물의
구매와 무납의 장소로서 기능하던 형편이었다.46) 이는 또한 도성의 상
업도시로서의 기반이 확대되어 가는 과정이기도 하였다.

따라서 지방 각 군현의 공물을 辦備하여 그 납입을 알선하던 사주인
세력의 형성도, 이와 같은 방납과 무납의 성행 현상과 더불어 출현하였
을 것임에 틀림없다. 16세기에 들어 사주인을 주로 '防納私主人'이라 부
르고 있음을 고려하면,47) 이러한 추정은 더욱 분명하다 하겠다. 요컨대

---

44)《世祖實錄》卷38, 世祖 12年 2月 甲午, 8冊, 8쪽.
45) 金鎭鳳,〈朝鮮初期의 貢物代納制〉,《史學研究》22, 1973 ; 金鎭鳳,〈朝鮮前期의
　　 貢物防納에 대하여〉,《史學研究》26, 1975 ; 朴道植,〈朝鮮時代 貢納制 研究〉, 경희
　　 대 박사학위논문, 1995 ; 田川孝三, 앞의《李朝貢納制の研究》.
46) 朴平植,〈세종시대의 교환경제와 상업정책〉,《세종문화사대계》3, 2001(本書
　　 Ⅰ부 제1논문).
47) 이지원, 앞의〈16 · 17세기 前半 貢物防納의 構造와 流通經濟的 性格〉.

도성의 상인들이 경주인의 부세상납 업무를 사적으로 잠식하며 사주인
층으로 형성되어 간 시기는, 부세제도의 정비와 함께 곧 그 문제점이
드러나던 국초부터였으며, 기실은 그 기원이 각종 부세의 折納과 대납
또는 방납이 일반적인 현상이 되어가던 고려말48)까지도 거슬러 올라갈
수 있겠다.

이와 같이 국초 부세제도의 정비와 함께 등장하였던 사주인층의 主人
營業은 부세의 납입과정을 이용한 축재행위였기 때문에, 자연 중앙 각
사에서 세공수납을 담당하는 관원이나 이서배와의 연계 아래 이루어지
는 것이었다. 이와 관련하여서는 세조 14년(1468) 정월 호조가 諸邑의
공리들이 제출한 狀告에 근거하여 올린 다음 啓文의 내용에 주목할 필
요가 있다. 당시 각사의 吏典・奴隷와 主人세력은 외방 공리의 納貢時
에 그 수량점검이나 看品 등을 핑계로 늘상 뇌물을 요구하였고, 심지어
는 수령한 공물을 수년 동안 국가에 납입하지 않은 채 횡령하는 등 그
행태가 도적과 다를 바가 없었으며, 이로 말미암은 외방 공리와 군현민
의 피해가 극심한 지경이었다.49)

요컨대 방납의 폐단이었고, 이 과정에서 공물의 수납 담당자인 중앙
각사의 吏奴輩들과 사주인층이 결탁하여 그 이익을 극대화시키고 있었
던 것이다. 각 군현의 陳省이 諸司에 도착한 후에 주인과 결탁하여 유통
이익을 도모하면서 稅貢을 즉시 납입하지 않은 공리와 (사)주인 세력을
重罪로 처벌하도록 한《經國大典》의 규정도,50) 이처럼 사주인 세력이
외방의 공리나 중앙 각사의 부세수납 담당자와 연계하여 벌이고 있던
세공물을 이용한 불법적인 謀利활동을 차단하려는 목적이었다.

경주인의 업무를 잠식하며 성장하던 상인출신 사주인의 영업은 세공
물의 납입만이 아니라, 지방의 選上奴나 기인・군인 등의 입역분야에서

---

48) 박종진,《고려시기 재정운영과 조세제도》, 서울대학교 출판부, 2000 ; 任明姬,
    〈高麗後期의 貢物代納〉, 서울대 석사학위논문, 1995.
49)《世祖實錄》卷45, 世祖 14年 正月 癸卯, 8冊, 157쪽.
50)《經國大典》戶典, 雜令.

도 광범하게 펼쳐지고 있었다. 성종 즉위년(1470) 12월, 국왕은 도성인
이 지방의 番上軍을 자기 집으로 유치하여 이익을 추구하는 데 따르는
폐단의 시정을 전교하고 있었다.[51] 한편 성종 5년(1474) 정월에는 각
지방의 選上奴子를 경중의 부호가 대신 입역시키고 그 대가를 남징하는
실태가 논란이 되면서, 차라리 해당 관서에서 지방 군현으로부터 1인당
매월 2필의 면포를 대립가로 징수하여 대립시키는 방안이 결정되기도
하였다.[52] 사주인의 세공대납이 조정에서 크게 문제가 되고 있던 성종
초의 상황에서,[53] 이처럼 지방의 번상군을 接主하거나 노자를 대립시키
고 있던 이들 도성인과 경중의 부호가 바로 상인 출신의 사주인이었을
것임은 물론이다.

  이러한 사주인의 영업은 16세기에 들어 더욱 번성하고 있었다. 중종
24년(1529) 5월에는 외방 步兵의 대립가가 1朔(개월)에 30 내지 40~50
필로 급격하게 상승하는 추세 속에서, 외방 군사들이 국가에서 마련한
軍營에 들지 않고 대신 私主人家에 즐겨 入接하는 사태가 조정에서 크
게 논란되고 있었다.[54] 도성에서 외방의 番上 군사와 其人·選上奴들을
投接시키고 또 그 대립을 알선하고 있던 경중부호들이, 바로 상인 출신
의 사주인이었음이 보다 분명하게 확인되고 있는 것이다.[55] 사주인 세
력의 지방 選上人 대립을 통한 모리는 여기에서 그치지 않았다. 이 시기
사주인들은 외방에서 거두어들인 양질의 身貢布나 군사들의 代立價布
를 품질이 조악한 것으로 바꾸어 납입함으로써 국가재정을 축내기도
하였던 것이다.[56]

---

51) 《成宗實錄》 卷1, 成宗 卽位年 12月 己酉, 8冊, 442쪽.
52) 《成宗實錄》 卷38, 成宗 5年 正月 壬子, 9冊, 86쪽.
53) 주 40, 41 참조.
54) 《中宗實錄》 卷65, 中宗 24年 5月 甲寅, 17冊, 120~121쪽.
55) 따라서 중종 2년(1507) 11월 조정에서 선상노자나 기인·조예·나장 등의 대립
  가를 당시의 물가에 연동시켜 公定하자는 논의가 강력하게 대두하였던 것도,
  사주인층의 현실적인 영업활동을 인정한 바탕 위에서 그 폐단을 시정하려는
  목적이었다(《中宗實錄》 卷4, 中宗 2年 11月 辛酉, 14冊, 205쪽).
56) 《大典後續錄》 戶典, 雜令 ; 《各司受敎》 兵曹受敎.

한편 이와 같이 도성의 상인들이 사주인으로서 지방 세공의 상납과 선상노자·기인·군인 등의 입역을 중개하거나 알선하면서 그에 따른 영업이익을 확대하여 가자, 상인만이 아니라 그들과 연계되어 있던 중앙 각사의 吏胥輩들 또한 사주인의 영업활동에 가세하고 있었다. 앞에서 살펴본 바 있는 중종 38년(1543)의 기록은 이와 관련하여 매우 중요한 내용을 담고 있다. 당시 외방의 공리들은 각 관에 납부하는 貢布들이 점퇴당할 경우에 해당 관서의 下吏나 下隷輩를 사주인으로 삼아 이들 공포를 맡겨두고 있었다. 그런데 사섬시의 사주인, 곧 下隷들이 이렇게 맡겨진 신묘년(중종 26, 1531) 이래의 공포를 임의 처분하여 횡령한 액수가 무려 1천 同(5만 필)에 이르고 있었던 것이다.[57]

이보다 5년 전인 중종 33년(1538) 8월의 다음 사헌부 啓文은 그러한 저간의 사정을 더욱 분명하게 설명하여 주고 있다. 즉, 공납시에 각사의 하인들은 외방 공리들이 납부하는 貢物이 비록 품질이 좋은 경우라도 온갖 핑계를 대어 점퇴하고 있었는데, 이는 자신들이 비축한 물화를 이들 공리에게 고가로 판매하기 위한 방납이라는 것이다.[58]

이 경우 방납의 주체인 각사 하인배의 역할은 곧 사주인의 그것이었고, 이 시기 외방의 공리들이 이들을 主人家로 삼아 공물납부의 편의를 도모하는 배경 또한 여기에 있었다. 다시 말해 부세의 수납 담당자인 중앙 각사의 하리나 하예배들이 사주인으로 활동하는 실례였고, 이와 같은 추세는 16세기 후반 명종조에 이르면 더욱 일반화하고 있었다. 명종 21년(1566) 2월 호조가 외방 군현에서 방납가를 米布로 사주인에게 都給하는 실태를 문제 삼자,《실록》의 史臣은 이들 사주인이 곧 '各司主人'으로서 바로 각사의 이서배들임을 확인하고 있는 것이다.[59] 또 그해 4월 풍덕군수 李民覺도 방납의 폐단을 극론하면서, 그 주역이 바로 주인

---

57) 주 18 참조.
58) 《中宗實錄》 卷88, 中宗 33年 8月 甲寅, 18冊, 197쪽.
　　"外貢雜物上納之時 外方之吏 雖欲納本色好品 各司下人防納者 非其所備之物 則中間用術 百端點退 外吏不得已積納高價 貿諸防納之人 要索重價"
59) 《明宗實錄》 卷32, 明宗 21年 2月 癸亥, 21冊, 65쪽.

으로 칭하던 각사의 '猾吏'임을 분명하게 밝히고 있었다.60)

이처럼 중앙 각 관사의 이서나 하인배로서 부세수납의 실무를 담당하면서 동시에 사주인의 영업활동을 하던 세력을 당시에는 '各司 私主人' 또는 '各司主人'으로 부르고 있었다.61) 도성의 상인만이 아니라, 이들의 방납활동과 밀접하게 연계되어 있던 중앙 각사의 하인배들이 사주인으로 진출하기도 하였던 것이다. 그런데 당시 이와 같은 각사 사주인들의 상당수는 원래 상인 출신이었을 것으로 짐작된다. 왜냐하면 도성상인으로서 사주인으로 활동하던 사람들이 그들의 영업활동과 직결되어 있던 각사의 하인배로 진출하고 있던 사정이 확인되기 때문이다.

중종 33년(1538) 8월 조정에서는 각사 書員들의 방납 폐단을 들어 이들을 외방에서 選上되는 書吏로 대체하는 방안이 강구되고 있었다. 애초 중앙 각사는 선상 서리를 使喚으로 이용하여야 하였으나, 이들 서리들이 도성의 사정에 어둡고 글을 해독하는 자가 적어 일반적으로 도성 출신인 서원들을 쓰고 있었는데, 이들 각사의 서원들이 자신들의 비축 물화가 아니라 하여 외방 공리들의 本色上納을 일상으로 저지하면서 방납하고 있었기 때문이었다.62) 결국 분분한 논의 끝에 조정은 다음 해 정월부터 각사의 서원을 외방에서 선상되는 서리들로 대체한다는 결정을 내리게 되나, 이들 외방 서리의 업무능력에 대한 회의가 표명되는 가운데 중종은 이들의 作弊 또한 기존의 서원과 차이가 없을 것임을 예견하고 있었다.63)

요컨대 이 시기 부세수납을 책임진 중앙 각사의 書員들은 외방에서 직납하는 공물을 점퇴시키고 대신 자신들의 물화를 대납하는 방납세력이었던 것이고, 또 그러한 전후의 사정을 고려하여 볼 때 서원으로 진출

---

60) 《明宗實錄》 卷32, 明宗 21年 4月 戊寅, 21冊, 83~84쪽.
61) 《中宗實錄》 卷49, 中宗 18年 12月 丁末, 16冊, 276쪽 ; 《明宗實錄》 卷32, 明宗 21年 2月 癸亥, 21冊, 65쪽 ; 《大典後續錄》 戶典, 雜令 ; 《鶴峯集》 卷3, 請遇災修省箚(《韓國文集叢刊》, 48冊, 71쪽).
62) 《中宗實錄》 卷88, 中宗 33年 8月 乙卯, 18冊, 197쪽.
63) 《中宗實錄》 卷88, 中宗 33年 8月 丙辰·丁巳, 18冊, 197쪽.

하여 방납을 주도하던 이들 세력은 바로 도성의 상인들이 그 주축이었다고 판단되는 것이다. 도성상인들이 사주인으로서 방납을 이용하여 謀利하는 과정에서, 그 중의 일부가 아예 부세수납을 담당하는 중앙 각사의 하인으로 들어가 그들의 사주인 영업활동, 곧 방납활동의 편익을 극대화시키고 있었던 것이다.[64] 따라서 이 경우의 각사 사주인의 활동은, 관사소속인 그들의 신분지위에도 불구하고 상인으로서 벌이는 영업활동과 다를 바 없는 것이었다.

이처럼 도성상인들과 중앙 각사의 하인배들로 구성된 私主人 세력이 벌이던 부세수납을 이용한 상업적인 영업활동은, 이 시기 일상화하고 있던 공물의 무납·방납의 추세와 각종 力役의 대립화 경향 아래에서 막대한 이익을 그들의 수중에 안기고 있었다. 그리고 늦어도 15세기 말경에 이르면 이들 사주인층의 영업권은 이미 하나의 권리나 재산권으로 형성되어 있었다. 연산군 8년(1502) 5월, 영사 李克均은 외방 공리가 부세의 상납과정에서 입는 피해를 사헌부로 하여금 단속하게 하자고 건의하면서, 그 실태를 다음과 같이 전하고 있었다. 즉, 京倉이 소재한 용산 등지에 외방의 공리들이 도착하면 경강주변의 居人들이 이들을 분점하여 그들의 집에 寄寓시키고 있는데, 심지어는 이들 공리들을 産業의 本으로 삼아 (이들의 접대와 부세상납에 따르는 알선이익을 거둘 수 있는 권리를) 자손에게 나누어주기까지 하고 있다는 것이다.[65]

그에 따르면 세곡의 수납을 담당하는 경창의 庫子들에게 뇌물을 바쳐야 하고, 또 한 읍의 공리가 납세하여야 할 관사가 여럿인 까닭에, 수령하여 온 세곡의 보관과 납부를 위해서도 경강의 居人들에게 의지하지

---

64) 조선전기에 상인들이 중앙 각사의 하인배로 진출하여 그들의 상이익 확대를 도모하는 사례는, 시전을 주관하는 경시서의 使令으로 활동하면서 정부의 '禁亂' 방침을 제어하고 있던 시전상인들의 사례에서도 확인된다(朴平植, 앞의 《朝鮮前期商業史硏究》, 100쪽). 모두 권력과 유착하여 商利를 극대화하려는 이 시기 도성상인들의 적극적인 활동의 모습이었다.

65) 《燕山君日記》 卷44, 燕山君 8年 5月 壬午, 13冊, 491쪽.
"各官貢吏…及來泊龍山等處 則居人分占貢吏 寄寓其家 至以貢吏爲産業之本 分與子孫"

않을 수 없는 현실이어서, 외방 공리들은 자연 이들 江人과 庫子들에게 곤욕을 당하고 있었다.[66] 우리는 이 기록을 통해 경창이 위치한 경강변에 사주인층이 형성되는 배경과 그들의 영업활동의 내역, 그리고 이들 사주인층의 영업권이 형성되어 그것이 자손에게 分傳되고 있던 사실 등을 확인할 수 있다. 다시 말해 경강의 사주인층은 외방에서 세곡을 싣고 온 공리들을 유접시키면서 지방의 세곡을 보관하는 한편, 각 경창과 관사로의 납입과정을 알선하고 중개하는 역할을 수행하고 있었고, 그에 따른 영업권이 '主人權'의 형태로 형성되어 그 권리가 자손들에게 재산권의 하나로 세습되고 있었던 것이다.

사주인권의 世傳사실은 이후 16세기에 들어 명종 7년(1552)의 기록에서도 다시 확인된다. 이해 10월의 朝講자리에서 대사헌 李蓂은, 도성 부상대고와 各司之人들의 부유함의 원천이 바로 방납의 이익이라면서 그 실정을 거론하고 있었다. 곧 방납을 일삼는 부상대고와 각사의 사주인들이 외방의 列邑을 나누고 그 권리를 자기의 소유물로 삼아 이를 世傳하고 있으나, 비록 강명한 관원이라도 이를 바로잡지 못하고 있다는 것이다.[67] 방납의 과정에서 형성된 사주인권이 16세기 중반에 재산권처럼 자식들에게 상속되고 있었음이 거듭 확인되고 있는 것이다.

한편 선조 원년(1568) 5월 曺植은 당대 胥吏들이 국가의 機務를 專斷하는 폐단을 극론하면서 방납과 관련한 이들의 행태를 비판하고 있었다. 그에 따르면, 당시 중앙 각사의 서리들은 각 주현을 나누어 (그 방납의 권리를) 자기의 소유물로 만들고 이를 文券으로 작성하여 자손들에게 세전하면서, 이 같은 방납행위를 그들 일족의 家業으로 삼고 있었다.[68] 방납을 둘러싼 사주인권이 분명한 재산권의 형태로 정착하면서,

---

66) 주 65와 같음.
67)《明宗實錄》卷13, 明宗 7年 10月 甲辰, 20冊, 102쪽.
68)《宣祖實錄》卷2, 宣祖 元年 5月 乙亥, 21冊, 194쪽.
   "至於各分州縣 作爲己物 以成文券 許傳其子孫 方土所獻 一切沮却 無一物上納賫持
   土貢者 合其九族 轉爲家業"
   조식의 이 상소문 내용은 柳希春의《眉巖集》에서도 확인된다〔《眉巖集》卷6, 日

이 시기에 이르러서는 문권의 형태로 작성되어 세전되고 있었음이 또한번 확인되는 것이다. 이와 같이 15세기 후반 이후 사주인의 영업권이 일종의 재산권으로 형성되어 자손에게 세습되고 있었다면, 그러한 사주인권을 타인에게 양도하거나 매매하는 행위 또한 자료상에서 확인되지는 않지만 충분히 상정할 수 있다 하겠다.

결국 조선전기에 도성상인들이 형성시켜 갔던 영업권으로서의 사주인권은, 특히 공물방납의 추세 속에서 하나의 재산권으로 발전하면서 중앙 각사에서 수납하는 모든 세공물에 걸쳐 설정되어 가고 있었다. 예컨대 16세기 초반인 중종 2년(1507) 11월에 司僕寺 등의 관사에 납부되던 生穀草는 벌써 그 방납의 유래가 오래 되었을 뿐만 아니라, 이를 담당 主人들이 주관하고 있다고 언급되고 있었다.[69] 선조 34년(1601) 9월 조정에서 그 행태가 논란되고 있던 '草主人'[70]이 바로 이들이었던 것이다.

이와 같이 주로 막대한 상업이익이 보장될 수 있는 공물의 방납과정에서 형성되고 있던 사주인권의 추이와 이에 대한 정부의 대책은, 선조 34년(1601) 10월 특진관 申湜의 다음 술회에 잘 나타나 있다. 그에 따르면, 이 시기 중앙 각 관사의 공물에는 모두 각각의 사주인이 설정되어 있었고, 이들이 그 권리를 '父子相傳'하며 외방의 '本色上納'을 막는 방납을 일삼고 있었다. 그리하여 급기야 선조 8년인 을해년(1575)과 9년인 병자년(1576) 사이에 조정에서 正供都監을 특별 설치하여 이들 사주인을 모두 혁파하였지만, 그 命脈을 잃은 사주인층의 원망이 紛紜하여 얼마 안 있어 다시 복구되었고, 결국에는 그에 따른 폐단이 임란 후에 더욱 극심한 형편이었다.[71] 요컨대 방납의 폐단을 발본색원하고자 단

---

記, 戊辰 6月(《韓國文集叢刊》, 34冊, 246쪽)].
69)《中宗實錄》卷4, 中宗 2年 11月 辛酉, 14冊, 205~206쪽.
70)《宣祖實錄》卷141, 宣祖 34年 9月 癸亥, 24冊, 300쪽.
71)《宣祖實錄》卷142, 宣祖 34年 10月 甲午, 24冊, 311쪽.
　"各官貢物 各有私主人 私相分占 父子相傳 本色之物雖好 若無十倍之價 則不得捧上 乙亥丙子年間 朝廷軫念此事 特置正供都監 盡革私主人 渠輩失其命脉 怨咨紛紜 未幾 復爲此輩作弊之事 亂後尤甚"

행된 선조 연간 조정의 사주인 혁파 조처마저도, 이들 사주인 세력의
조직적인 반발에 부딪혀 그 실효를 거두지 못한 채 중단되고 말았던
것이다.72)

기실 '任土作貢'과 '本色直納'의 원칙에 입각한 공납제도가 무너져 대
납과 방납 그리고 도성에서의 무납이 일상화한 현실에서, 이들 사주인
특히 각사 사주인의 존재와 역할은 국가재정의 안정적인 확보와 운영이
라는 측면에서 불가피하였다. 도성시장에서 국용에 필요한 물자를 공급
받아야 하는 국가의 처지에서 시장의 사정에 밝은 상인들이 이들 사주
인의 역할이 필수적이었던 것이다. 당시 상인출신 사주인의 일부는 각
사의 下人으로 진출하여 부세수납의 실무를 담당하고 있었고, 정부의
각 기관은 이들의 방납폐단에도 불구하고 도성사정과 행정실무에 어두
운 외방 選上의 書史들을 제쳐 두고 이들 상인출신 사주인들을 書員으
로 활용하던 형편이었다.73) 이른바 '각사 사주인', '각사주인'이 바로 이
들이었다.

더욱이 이렇게 중앙 행정체계의 말단에 진출한 이들은 부세수납과
관련한 실무 외에도, 각종 부가의 기능과 업무를 雜役으로서 수행하고
있었다. 예컨대 선조 6년(1573)과 7년(1574), 중앙 각사 관원들의 음식접
대와 宴享준비는 《경국대전》의 규정과 달리 모두 이들 각사의 典僕과

---

72) 이 시기 상인출신 사주인 세력의 단결력과 조직적인 연대는 선조 34년(1601)
9월에 조정에서 크게 논란이 되었던 다음 사건에서도 확인할 수 있다. 당시 御馬
의 瘦瘠을 보고받은 사헌부가 사복시를 통해서 山草를 납입하는 사주인들에게
말먹이를 진상하도록 요구하였으나, 사복시 서리 金慶實과 연계된 草主人들은
이를 거부하고 오히려 사헌부의 관원들과 대치하고 있었다. 정부의 草價米 未支
給 때문에 벌어진 이 사태로 말미암아 마침내 사헌부의 관원들이 사직하기에
이르렀고, 더욱이 초주인들을 사주한 김경실이 경기감사 奇自獻의 婢夫인 사실이
밝혀지기도 하였다. 결국 일부 사헌부 관원이 遞職되는 것으로 마무리된 이 사건
은, 당시 사주인 세력의 조직적인 연대와 단결력을 보여주는 동시에, 그들의 상
업활동이 관원 등 사대부 세력과도 밀접하게 연계되어 전개되고 있었음을 잘
보여주고 있었다(《宣祖實錄》 卷141, 宣祖 34年 9月 辛亥, 24冊, 297쪽 ; 《宣祖實錄》
卷141, 宣祖 34年 9月 癸亥・甲子, 24冊, 300쪽).

73) 주 62, 63 참조.

사주인들이 담당하고 있었다.74) 이미 명종 21년(1566)에도 이처럼 각사의 관원들이 평소 그 典僕들에게 責辦하는 바가 많기 때문에, 이들 사주인 세력의 作弊를 눈감아주는 실정이 지적되고 있었다.75)

이와 같이 16세기에 들어서면 사주인의 영업권은 하나의 재산권으로 성장하여 세전되거나 매매되는 단계로 정착되었고, 이들의 부세수납과 관련한 상업활동은 국가의 시책으로도 금지하기 어려운 지경이 되고 있었다. 그 결과 중앙 각사에서 수납하는 모든 공물에 각각의 사주인권이 설정되기에 이르자, 외방 군현의 세공납입과 그 알선을 주된 업무로 하는 기존의 京邸와 京主人 세력은 일대 타격을 입지 않을 수 없었다. 명종 6년(1551) 10월 주강에서 참찬관 趙士秀는, 방납의 일상화와 그 이익을 방납자인 사주인 세력이 專有하는 현실에서, 경저가 퇴락하고 경주인이 安接하지 못하는 실정을 개탄하고 있었다.76)

사주인이 성장하여 부세상납에 따르는 이익을 독점하고 있음에도 불구하고, 외방 公賤의 選上이나 조예·나장·기인 등의 입역에 문제가 생겼을 경우 해당 관사가 으레 경주인에게 그 책임을 묻고 있던 당시의 형편에서,77) 이들 경주인의 쇠퇴는 당연한 귀결이었다. 명종 8년(1553) 정월 국왕이 전교를 통해 각사의 경주인 침탈을 금지하고 그 내용이 《各司受敎》에 실려 법조문화하고 있던 사실이야말로,78) 경주인의 쇠퇴라는 당시의 현실을 역설적으로 잘 보여주고 있었다.

요컨대 조선전기 도성에는 국가의 부세수납과 관련하여 외방의 세공상납을 주관하고 알선하는 기구로서 경저와 경주인이 설치되어 있었지만, 이미 국초부터 상인 출신의 사주인들이 등장하여 그 업무를 대행하

---

74) 《宣祖實錄》 卷7, 宣祖 6年 9月 癸卯, 21冊, 272쪽 ; 《宣祖實錄》 卷8, 宣祖 7年 10月 己巳, 21冊, 315쪽.
75) 《明宗實錄》 卷32, 明宗 21年 4月 戊寅, 21冊, 83쪽.
76) 《明宗實錄》 卷12, 明宗 6年 10月 戊寅, 20冊, 48~49쪽.
77) 《中宗實錄》 卷13, 中宗 6年 4月 丁亥, 14冊, 506쪽 ; 《中宗實錄》 卷13, 中宗 6年 5月 戊午, 14冊, 514쪽 ; 《中宗實錄》 卷99, 中宗 37年 8月 壬辰, 18冊, 610쪽.
78) 《各司受敎》 刑曹受敎.

며 이를 통해 영업이익을 추구해 가고 있었다. 부세 특히 공물의 무납과
방납추세가 일반화하면서, 이들의 활동은 15세기 후반에 이르면 그와
같은 영업권을 하나의 재산권인 私主人權으로 발전시키고 있었다. 이러
한 주인권은 이 시기에 자손에게 세전되고 있었을 뿐만 아니라, 경우에
따라서는 매매 또는 양도되기도 하였을 것으로 짐작된다. 당시 사주인
은 대부분 도성상인이거나, 상인 출신으로서 각사의 典僕이나 下隷로
진출한 이른바 各司主人 세력이었다. 따라서 부세상납을 알선하고 중개
하는 이들 사주인은 '주인'이자 곧 '각사주인'이기도 하였다.79)

16세기 후반 사주인층의 성장은 이윽고 모든 공물에 각각의 주인권이
설정되는 단계에 이르렀고, 사주인은 이제 '貢物主人'으로도 불려지고
있었다.80) 17세기 대동법의 실시와 함께 등장하여 貢價를 수령하는 대
신 국가 수요물의 공급을 담당하였던 공물주인, 곧 貢人層의 전신이 바
로 이들이었던 것이다. 따라서 부세수납을 이용한 상업활동을 통해 성
장하여 사주인권을 형성시키기에 이른 이들 '사주인', '공물주인' 세력의
존재는, 바로 조선전기 국가적 물류체계와 연관한 상업의 발전과 그에
따른 유통체계의 형성과정을 잘 보여주는 證左라 하겠다.


# 4. 商業發達과 主人層의 成長


조선전기에는 도성과 그 주변 京江만이 아니라, 외방의 浦口나 수로
또는 육로 교통상의 요지에도 중개와 도매상인으로서의 主人層이 등장
하여 영업하고 있었다. 후대 客主層의 선행형태인 이들은 국가의 부세
상납 및 재정운용과 관련된 유통체계를 활동의 한 축으로 하면서, 동시
에 이와는 다른 계통에서 형성되어 발전하고 있던 민간의 상품유통체계

---

79) 《明宗實錄》 卷32, 明宗 21年 2月 癸亥, 21冊, 65쪽.
80) 《宣祖實錄》 卷7, 宣祖 6年 9月 癸卯, 21冊, 272쪽.

를 상업활동의 장으로 활용하면서 그 구심으로 성장하고 있었던 것이
다. 그리고 이들 민간 주인층의 출현과 성장 또한 도성과 그 주변의 경
강에서 먼저 이루어지고 있었다.

　도성을 상활동의 무대로 삼는 주인층은 앞에서 살펴본 바와 같이, 대
부분 국가의 부세수납과 연관하여 성장하면서 주인권을 형성하고 있었
다. 이들의 활동은 비록 국가의 稅貢징수와 군역을 비롯한 力役의 징발
과 관련되는 공적인 영역에서 이루어지고 있었지만, 한편으로 그들이 請
負대상으로 삼고 있던 각종 부세나 공물 그 자체는 민간의 사적인 유통
영역에서 공급되거나 조달되는 상품이었다. 따라서 이들의 활동은 조선
전기 국가적 유통체계의 한 구성을 이루는 것이면서, 동시에 당시 민간
차원에서 형성되고 있던 유통체계와 밀접한 관련을 가지는 것이었다.

　성종 2년(1471) 외방의 陳省이 諸司에 도착한 이후 사주인이 貢吏와
작당하여 벌이는 '謀利興販' 행위를 금지하고 세공납부가 지연된 기간
에 따라 이들을 차등 처벌하기로 하였을 때,[81] 이들 사주인이 주도하였
다는 홍판의 이익은 바로 외방에서 세공물로 도성에 운반하여 온 각종
물화들의 각사 납부를 지연시키면서, 한편으로 도성시장에서 이를 회전
시킴으로써 얻는 유통이익일 수밖에 없었다. 곧 시전을 비롯한 도성시
장에서의 처분이었다. 노비의 신공포나 보병들의 대립가포를 惡布로 바
꾸어 납입하는 경우에도,[82] 이들의 수중에 집적된 면포는 결국 도성시
장에서 처분됨으로써 그들에게 상이익을 보장할 수 있었다.

　이처럼 도성의 사주인들은 이 시기 국가의 각종 세공물 특히 공물과
진상물들이 도성시장에서 대거 무납되거나 대납되던 추세 속에서,[83] 그
들의 수중에 전국 각 지방에서 생산되어 도성에 集荷되고 있던 온갖
물화들을 확보하고, 이를 다시 부세나 또는 민간시장을 통해 재처분 유

---

81) 주 40, 41 참조.
82) 주 56 참조.
83) 조선전기 시전을 비롯한 도성시장의 확대와 발달이 부세제 변동과 갖던 상관
　　성에 대해서는 朴平植, 앞의 〈朝鮮前期 市廛의 發展과 市役 增大〉 참조.

통시킴으로써 막대한 상이익을 거둘 수 있었다. 중종 원년(1506) 10월 연산조의 進上폐단이 논의될 때, 당시 강원도에서 공급되던 鹿尾·鹿舌마저도 모두 사옹원의 色掌之家, 곧 사주인가에서 무납되었다고 하는 지적은,[84] 이러한 저간의 사정을 잘 보여주고 있었다. 또한 중종 33년(1538) 8월 각사의 하인배인 사주인들이 '本色貢納'을 저지하고 자신들이 비축한 물화로 무납을 강요하였던 것도,[85] 이들 사주인의 수중에 여러 경로를 통하여 집적된 각종 물화들이 있었기에 가능하였다.

결국 도성으로서 궁궐과 정부기구가 소재하고, 11만 이상의 인구, 특히 왕실과 권세가 등 주요 소비층이 집중하여 있던 도성시장에서 부세와 상품의 형태로 集散되고 있던 전국 각 지방의 다양한 물화가, 바로이들 상인출신 사주인층의 상활동 대상이었다. 15세기에 일찍이 도성에 사주인층이 형성되고, 이들이 국가적 물류체계와 민간 유통체계의 양 측면에서 각종 물화의 중개와 알선상인으로 성장하면서, 이를 일종의 영업권인 사주인권으로 정착시킬 수 있었던 배경 또한 여기에 있었다.

한편 도성이 이상과 같이 국가적 물류체계와 민간유통의 거점으로서 그 상업도시로서의 성격을 강화시켜 가는 것과 함께, 이들 물류의 유통 거점으로서 도성주변의 京江 또한 번성하여 갔다. 조선시기 대부분의 세공물과 상품들이 해운과 수운을 통해 집하되던 경강에는, 일찍부터 이들 물화들과 공리, 상인들을 專管해 내는 중개나 알선 그리고 도매상 인들이 형성되어 영업하고 있었다. 경강의 주인층이 용례로서 처음 자료에서 확인되는 것은 앞서 살펴본 것처럼 세조 12년(1466) 漕運米를 관장하고 있던 용산과 서강의 주인 사례이지만,[86] 경강에 주인층이 형성된 것은 이 보다 훨씬 이른 시기였을 것으로 생각된다.

漢陽定都 직후인 태조 7년(1398) 12월에 벌써 都堂에서는, 조운을 목적으로 당시 경강의 私船과 商賈들을 추쇄하고 있던 司水監의 조처로

84)《中宗實錄》卷1, 中宗 元年 10月 戊申, 14冊, 84쪽.
85)《中宗實錄》卷88, 中宗 33年 8月 甲寅·乙卯, 18冊, 197쪽.
86) 주 21과 같음.

말미암아 상선들이 경강에 들어오지 않아 도성물가가 오르는 사태를
지적하고 있었다.[87] 이처럼 국초부터 경강은 국가적 물류유통의 거점으
로서 각종 부세물들이 모이는 곳이자, 도성시장을 겨냥하여 들어오는
전국의 상품들이 집결하는 곳이었다. 그러므로 이와 같이 두 계통의 유
통체계를 통해 이 곳 경강에 모이는 공리와 상인들을 접대하고, 그들이
가져오는 물화를 보관하거나 그 상납과 판매를 알선 또는 중개하는 중
간상인의 존재가 필수적이었다.

　세종 20년(1438) 8월에 국왕이 한성부에 내린 傳旨내용은 저와 같은
경강의 사정을 추정하는 데 좀 더 많은 시사를 주고 있다. 세종에 따르
면, 당시 경강의 居住人들은 도성의 상인들과 연계하여 公處의 신축·
보수를 핑계로 삼거나 권세가를 사칭하여, 이곳에 모여드는 강원도의
木材들을 강탈하거나 또는 抑買에 가까운 형태로 매집하고 있었다.[88]
물론 이 사례는 이들의 도적과 다름없는 강탈행태가 문제된 경우였지
만, 평소 농한기에 벌채되어 뗏목의 형태로 경강에 도착하는 강원도 영
세 木材商들의 목재는 이들 경강의 상인들에게 양도되었고, 이들을 매
개로 도성시장에 공급되고 있었던 것이다. 결국 이 경우 이들 경강상인
은 경강을 무대로 하여 목재를 취급하고 있던 주인층으로 추정할 수
있겠다.

　또한 세종 28년(1446) 3월 소헌왕후의 山陵을 조성하기 위한 役事에
는, 도성상인 중에서 시전상인과 함께 이른바 '東西江 興利人'들이 동원
되고 있었는데,[89] 이들 역시 경강을 거점으로 활동하는 주인세력이었던
것으로 짐작된다. 국가의 중요한 토목공사에 시전상인들과 함께 市役의

---

87) 《太祖實錄》 卷15, 太祖 7年 12月 辛未, 1冊, 142쪽.
88) 《世宗實錄》 卷82, 世宗 20年 8月 丙寅, 4冊, 160쪽.
　"江原道之民 每當農隙 斫材作桴 沿流而下 至京江賣之 或有全以此爲業者 雖其營生
　之資 實是國家之利也 今聞沿江居住之人及京中謀利之徒 詐稱公處營繕 或托爲諸君
　及勢家之奴 預到龍津苩彌等處 不與其直 威怯而奪之 或拘留不放 以延日月 抑而賣之
　是亦盜賊之流也"
89) 《世宗實錄》 卷111, 世宗 28年 3月 乙未, 4冊, 662쪽.

형태로 우선적으로 사역되는 세력이라면, 이들이 시전상인에 버금가는 商勢와 재력을 갖춘 상인집단이었을 것이므로, 그러한 추정이 크게 무리는 아닐 것이다.90)

경강을 무대로 활동하는 상인 특히 주인세력은, 이후 도성이 상업도시로서의 면모를 강화하면서 도성상업이 발달하는 것과 궤를 같이하여 성장하여 갔다.91) 성종 4년(1473) 6월에는 홍수로 말미암아 龍山江에 모래가 쌓여 수심이 얕아지면서 선박들이 西江으로 정박지를 옮기게 되자, 주변의 居民 중에서 각자의 이익을 위해 용산강의 준설을 희망하는 사람들이 많았다.92) 많은 비용과 공력을 감수하며 용산강을 준설하고자 하였던 이들은 분명 이 곳을 무대로 활동하면서 조운선과 상선들을 專管하고 있던 주인세력이었음에 틀림없다.

또한 16세기 후반인 명종 18년(1563) 5월에 동지경연사 李樑은 전일의 行幸에서의 견문을 바탕으로, 한강의 路邊에 "인구가 늘고 가옥이 점차 밀집해지면서 도로가 매우 좁다"93)고 당시 경강 주변의 모습을 전하고 있었다. 경강을 거점으로 하는 상업발전의 결과, 주변에 人家들이 밀집하게 되었고, 또 荷役과 운수업이 발달해 가면서 경강주변의 길이 협착하게 되었던 것이다.94)

이처럼 경강상업이 발전해 가자, 여기에 근거를 둔 상인들의 부가 증대하고 사회적 지위 또한 상승하고 있었다. 중종 13년(1518) 11월 조정

---

90) 田川孝三, 앞의 《李朝貢納制の研究》 595쪽에서도 이들 동·서강의 홍리인을 江主人으로 해석하고 있다.
91) 이하 조선전기 도성상업의 발달과 경강상업에 대한 자세한 내용은 다음 논고 참조.
   朴平植, 〈朝鮮前期의 都城商業과 漢江〉, 《서울학연구》 23, 서울시립대 서울학연구소, 2004(本書 Ⅰ부 제3논문).
92) 《成宗實錄》 卷31, 成宗 4年 6月 壬戌, 9冊, 27쪽.
93) 《明宗實錄》 卷29, 明宗 18年 5月 辛巳, 20冊, 645쪽.
94) 경강지역에서 하역과 운수업이 발달하고 있음은, 중종 8년(1513) 5월 기근이든 함경도에 대한 移穀대책이 논의될 때, 시전상인과 더불어 兩江의 馬夫들이 징발대상으로 거론되고 있던 사실에서도 분명하게 확인된다(《中宗實錄》 卷18, 中宗 8年 5月 辛巳, 14冊, 659쪽).

에서는 서강의 豪富인 千仇知金 父子에 대한 濫刑혐의로 사헌부 관리가
遞職된 사건이 논란되고 있었다.95) '雄於三江', 곧 경강의 상인 중에서도
매우 부호였던 그는, 그 재력을 바탕으로 女息을 朝土의 가문에 출가시
킴으로써 권력과 유착되어 있던 인물이었다.96) 그리고 이러한 전후의
정황으로 볼 때, 그가 서강을 무대로 대규모 도매나 중개상업에 종사하
던 주인층이었을 것이라는 추정 또한 가능하다.

조선전기 경강상업의 발달과 주인층의 성장사정은, 임란 중에 제기된
이 지역을 管攝하는 舟師大將에 대한 혁파논의에서 좀 더 분명하게 확
인된다. 선조 28년(1595) 8월, 비변사는 경강 주사대장의 설립이 애초에
그 숫자가 매우 많은 三江의 居民과 龍山倉의 관리에 목적이 있었다면
서, 이의 혁파에 반대하고 있었다.97) 그 다음 달에도 비변사는 같은 견
지에서 주사대장의 존치를 주장하면서, 당시 경강의 실태를 비교적 소
상하게 전하고 있었다. 이때 비변사에 따르면, 도성 밖에 거주하는 삼강
의 백성들은 평시에 숫자가 매우 많음에도 불구하고, 이들을 관섭하는
관서가 없어 그에 따르는 피해를 많이 보고 있었다. 그런데 난리가 난
후에는 流亡한 삼강 백성들이 아직 거의 돌아오지 않고 있어, 경강을
찾으려는 외방의 상선들이 모두 모여들지 못하는 형편이었던 것이다.98)

이로 미루어 볼 때, 이들 三江의 居民들은 평소에 대부분 경강에 모여
드는 전국의 상선들을 대상으로 영업을 하고 있던 상업세력이었다. 다
시 말해 선상의 留接과 그들 소유 상품의 운반과 보관, 그리고 그 도성
시장에의 판매 알선 등의 업무가 이들 경강민의 생업이었고, 이와 같은
제반 업무는 바로 주인층의 역할 그것이었다. 따라서 당시 난리와 각

95) 《中宗實錄》 卷34, 中宗 13年 11月 乙卯, 15冊, 492쪽.
96) 《中宗實錄》 卷34, 中宗 13年 11月 甲寅, 15冊, 491~492쪽.
97) 《宣祖實錄》 卷66, 宣祖 28年 8月 丁卯·己巳, 22冊, 548~549쪽.
98) 《宣祖實錄》 卷67, 宣祖 28年 9月 甲申, 22冊, 556쪽.
　"平時三江之民 其數甚多 而其居在都城之外 無所管攝 故被侵之弊 甚於他處之民 今
　則亂離之後 流亡之還集者 百無一二…沿江民戶日稀 而遠方商賈之船 皆不得湊集 雖
　有及時可爲之事 亦無措手之策 誠非細慮"

衙門의 침탈로 말미암은 三江民의 쇠퇴로 말미암아, 곧바로 전국 각지
의 상선들이 경강에 湊集하지 못하는 사태가 벌어지고 있었던 것이다.

이처럼 도성 주변의 경강은 15~16세기에 걸쳐 도성상업의 발달과
더불어 그 상업적인 면모가 꾸준히 강화되고 있었고, 이를 무대로 활동
하는 경강 주인층 또한 성장을 지속하고 있었다.[99] 그리고 이 시기 도성
내에서 사주인권이 형성되고 있었던 것처럼, 이들 경강지역에서도 외방
의 세공물이나 상선, 상인과 상품들을 주관하는 영업권으로서 主人權이
대두하여, 경강상업의 발달과 함께 정착되어 갔을 것으로 판단된다. 17
세기 초반인 광해군 10년(1618)의 자료에 등장하는 '京江主人' 趙吉南의
사례나,[100] 1661년 경기 富平의 선상들이 자신들의 旅客主人으로 경강
의 朴順泰를 지정한 사례[101] 등에서 확인되는 경강의 客主層은, 바로
이처럼 조선전기에 이들 경강지역에 형성되어 있던 주인층과 주인권에
그 역사적 기원을 두고 있었다.

한편 조선전기에 경강에서 이와 같이 중개와 도매상인으로서 주인층
이 성장하여 영업권을 형성시켜 가고 있었다면, 선박을 이용한 해로나
수로를 통해 경강 및 도성시장과 연결되고 있던 전국 각 지방의 沿海浦
口에도 이러한 성격의 상인층이 등장하였을 가능성은 충분히 예견된다.
국초 이래 선상들은 해로와 내륙의 수로를 이용해 전국을 무대로 상활
동을 펼치고 있었다. 곡물이나 소금 등 중량의 상품을 다량으로 취급하
고 있던 이들의 선상활동은, 16세기에 이르면 남으로는 충청과 전라도
일대, 북으로는 황해와 평안도 등에 이르는 서해안 해로의 안정적인 통
행을 확보하는 한편, 강원도와 충청도의 內陸山郡을 수로를 통해 연결
함으로써 도성을 중심으로 하는 전국적인 교역망을 형성하고 있었

---

99) 선조 26년(1593) 5월에는, 충청도의 田稅 1만여 석이 경강에 도착한 후에 이를
　　主人이 관리하고 있던 사실이 확인되고 있다(《宣祖實錄》 卷38, 宣祖 26年 5月
　　己未, 21冊, 704쪽). 이는 이 시기 경강 주인층의 영업규모의 성장을 보여주는
　　한 사례라 할 것이다.
100) 《光海君日記》 卷134, 光海君 10年 11月 壬辰, 30冊, 34쪽.
101) 奎章閣 所藏 古文書 86896 ; 李炳天, 앞의 〈朝鮮後期 商品流通과 旅客主人〉, 105쪽.

다.102)

이처럼 격지간 교역의 형태로 전개되는 선상의 상활동으로 말미암아, 그들이 정박하는 포구에 이들 선상과 지방민을 중개하는 중간교역기구가 등장하게 되었다. 곧 외방 主人層의 형성이었다. 우리는 앞에서 성종 6년(1475) 8월, 양계지방의 군수확보를 위한 국초 이래의 禁令에도 불구하고 당시 평안도 지방을 왕래하며 이 지역의 곡물을 반출해 가던 무곡선상들의 활동을 통해서 그러한 주인층의 존재를 확인할 수 있었다.103) 15세기 후반의 기록에서 확인되는 이러한 평안도 연해의 포구 주인층은, 명종 20년(1565) 호조의 다음과 같은 啓目 내용에서 좀 더 분명하게 그 실체를 검증할 수 있다.

명종 13년(1558) 무오년 이후부터 조선 정부는 기왕 무곡선상의 평안도 行船禁令에 덧붙여, 당시 이 지방에 늘고 있던 재상이나 朝官들의 농장 소출곡의 반출을 또한 일절 금지하는 조처를 추가로 마련하고 있었다. 그리고 이 과정에서 평안도에 진출한 선상들을 許接하여 이들의 무곡활동을 중개하는 주인층과 이를 감독하지 못한 浦監考를 모두 殘驛의 역리로 정속시키는 방침을 천명하고 있었다.104) 앞서 성종 6년(1475)의 금령에서 이들에 대한 처벌이 '制書有違律'이었음을 고려하면, 이 '殘驛定屬' 방침은 그때보다 한층 강화된 처벌규정이었고, 이는 16세기에 들어 평안도 연해의 포구에서 무곡선상들을 대상으로 한 주인층의 영업활동이 그만큼 한층 성장하고 발전해 갔던 데 따른 조처였을 것이다.

---

102) 朴平植, 앞의 《朝鮮前期商業史研究》, 178~188쪽 ; 田川孝三, 앞의 《李朝貢納制の研究》, 582쪽.

103) 주 25 참조.

104) 《各司受教》, 戶曹受教.
　　"乙丑十二月二十三日 戶曹啓目…平安道…戊午以後良中置 商賈貿易穀行船是白沙餘良 宰相朝官田莊所出之穀 至亦一切禁斷 犯者乙良 全船屬公 極邊入居 許接主人及浦監考 幷以他道殘驛定屬 留泊所在守令罷黜 色吏決杖一百 發告者 强盜捕告例論賞 不能檢擧監司 幷推考爲白乎矣"

연해의 포구에서 활동하는 주인층의 존재는 평안도만의 사례는 아니
었다. 성종 2년(1471) 12월 호조는 각 도의 田稅를 수납할 때의 禁防節目
을 마련하면서, 浦所, 곧 조운창 근처에서 이루어지는 흥리인의 활동을
금지하고, 아울러 이들 상인들을 허접하는 세력들도 制書有違律로 다스
릴 것을 건의하고 있었다.105) 여기에서 거론되는 무곡상인들을 허접하
는 세력은 곧바로 포구의 주인층을 일컫는 것이었다고 생각된다. 그러
나 국가의 금령에도 불구하고 세곡의 집하장소였던 조운창이 소재한
포구에는 미곡상인이나 그들의 무곡활동과 연계된 游女나 僧人 등이
여전히 모여들었고, 따라서 이들을 접대하던 주인층에 대한 처벌이 여
전히 강조되고 있었다.106) 이후《경국대전》호전 잡령조에 정리되어 규
정된 漕轉所 근처의 흥판인 금지와 이들을 허접하는 자들에 대한 조선
정부의 처벌방침은,107) 이 시기 포구에 형성되어 있던 주인층의 존재와
그 활동내역을 아울러 방증하는 자료라 할 것이다.

이상의 사례는 모두 무곡선상의 활동과 연계되어 등장하는 浦口主人
의 예로서, 이들이 각처에서 오는 무곡선과 상인들을 접대하고 숙박 등
의 편의를 제공하면서 그들의 곡물매집 활동을 중개하는 모습이었지만,
이는 다른 상품이나 상인의 경우에도 마찬가지였다. 이와 관련하여서는
특히 대외무역과 관련하여 검출되는 주인층의 활동에 주목할 필요가
있다. 태종 5년(1405) 10월 조정에서는 서북면 行臺監察로 파견되었던
許偶이 義州에서 대중 밀무역을 일삼던 상인 吳從吉과 함께 그의 窩主
인 崔永奇를 보고절차 없이 처형한 사건이 문제가 되고 있었다. 당시
논란의 핵심은 상인 오종길이 아니라 그의 '主人'이었던 최영기 처형의

---

105)《成宗實錄》卷13, 成宗 2年 12月 戊辰, 8冊, 615쪽.
　　"浦所近處 禁興利人 其犯者 所持之物沒官 論罪後 屬殘驛驛吏 許接人 亦以制書有違
　　律論"
106)《成宗實錄》卷21, 成宗 3年 8月 戊寅, 8冊, 680쪽 ;《燕山君日記》卷5, 燕山君 元年
　　5月 庚戌, 12冊, 680쪽.
107)《經國大典》戶典, 雜令.
　　"漕轉所近處 興販人一禁 犯者所持物沒官 許接者 守令不檢擧者 論罪"

적절성 여부였다.108) 밀무역 상인의 窩主, 곧 主人으로 묘사되는 최영기
의 역할이 단순히 숙박을 제공하는 주인이었는지, 아니면 오종길의 밀
무역 활동을 주관하였던 후대의 주인층이었는지 이 자료만으로는 그
실체의 규명이 어렵지만, 그를 '와주'로도 지칭하는 사정으로 보아, 그리
고 그가 처형된 점으로 미루어 단순한 숙박주였다기 보다는 밀무역 일
체를 주관하고 관장하였던 주인이었다고 생각된다.

이 시기 국가의 엄격한 금지방침에도 불구하고 의주를 중심으로 한
대중국 사무역과 밀무역은 끊이지 않았고, 그 속에서 주인층의 활동 또
한 지속되었다. 세종 5년(1423) 11월 조정은 赴京使行을 이용한 사무역
에 대한 禁防條件을 마련하면서, 의주 등지에서 이들 사무역 상인을 住
接하거나 越江을 안내하는 자들에 대한 처벌방침을 다시 천명하고 있었
다.109) 그리고 여기에서 언급된 '義州等處 住接人'의 존재는 앞의 태종조
최영기의 사례와 마찬가지로 단순한 숙박주라기 보다는, 이들의 숙박과
사무역 또는 밀무역 활동 일체에 편의를 제공하면서 그들이 휴대하던
무역상품을 주관하던 세력으로 짐작되는 것이다.

대외무역과 관련한 주인층의 활동내역은 이후 대일무역과 연관된 자
료에서 좀 더 분명하게 확인된다. 예종 원년(1469) 3월 왜인 時難而羅로
부터 銀 40냥을 매입한 상인 李吉生이 그 대가를 약정대로 치르지 않아
처형된 사건에서, 그의 主人 流里大 또한 가산이 籍沒되고 북방의 官奴
로 영속되고 있었다.110) 이처럼 대일 사무역과 관련하여 등장하는 주인
층의 실체는, 성종 5년(1474) 11월 예조에서 대마도주 宗貞國에게 보낸
답서에서도 잘 드러난다. 즉, 三浦에서 활동하던 주인층은 여기에 불법
으로 머무르는 왜인들과 표리를 이루어 私計, 곧 밀무역을 주도하는 상
인으로 설명되고 있었다.111) 따라서 당시 '主人倭戶' 또는 '主倭'112)로도

---

108)《太宗實錄》卷10, 太宗 5年 10月 丙戌, 1冊, 341~342쪽.
109)《世宗實錄》卷22, 世宗 5年 11月 己亥, 2冊, 565쪽.
110)《睿宗實錄》卷4, 睿宗 元年 3月 癸巳, 8冊, 350쪽.
111) 주 26과 같음.

불렀던 이들의 역할이 단순히 불법으로 거류하는 왜인들을 숙박시키는
데 머무르지 않았음은 분명하다 하겠다.

대일무역을 상활동의 무대로 삼는 이들 주인층의 활동모습은 중종
36년(1541) 6월의 국왕 전교에서 좀 더 구체적으로 확인하여 볼 수 있
다.[113) 중종 5년(1510)의 三浦倭亂과 그 2년 후(중종 7, 1512)에 체결된
壬申約條에 따라 더욱 엄격해진 왜인체류 규정과 밀무역 금지방침에도
불구하고, 이들 삼포의 주인층은 각 浦의 성 밖에 주거를 마련하여 여기
에 밀무역에 나서는 京商들을 유치시키고, 야밤을 이용하여 왜인들을
초치하여 양자 사이의 거래를 성사시키고 있었다. 당시 대일 밀무역과
삼포거주 왜인들의 불법활동을 금지하려 노력하던 조정과 국왕이, 왜인
거주지인 薺浦의 성을 지키는 군사들에게 왜인의 越墻행적을 추적하여
이들 主人家를 급습하도록 하였던 것도,[114) 대일 밀무역을 그 근본에서
막으려면 이들 주인세력을 제거하여야 한다고 생각하였기 때문이었다.

대일 사무역과 밀무역을 이용하여 영업하는 주인층의 실태는 중종
34년(1539) 7월에 문제가 되어, 그 다음 달까지 논란이 계속되었던 柳緖
宗 사건을 통해서도 그 면모를 다시 확인할 수 있다. 당시 사헌부는 무
관으로서 全州判官으로 재직중인·유서종이 경상도 金海에 있을 때, 京
商들을 자신의 집에 유접시키고 여기에 우리나라 복장으로 변복한 왜인
들을 불러들여 불법적인 거래를 중개한 책임을 묻고 있었다.[115) 경차관
安玹에게 발각되어 밝혀진 바에 따르면, 유서종이 蒜山에 지어놓은 亭
子에는 洪業同 등 여러 경상들의 물화가 다수 유치되어 있었으나, 유서
종은 그 책임을 妻父인 卞琓에게 미루면서 물건들은 경상들이 잠시 맡
겨 둔 것에 불과하다고 發明하였다.[116) 그러나 그가 妻父 변완을 도피시

---

112)《成宗實錄》卷278, 成宗 24年 5月 辛丑, 12冊, 327~328쪽.
113)《中宗實錄》卷95, 中宗 36年 6月 丙子, 18冊, 477쪽.
114) 위와 같음.
115)《中宗實錄》卷91, 中宗 34年 7月 丙申, 18冊, 316쪽.
116)《中宗實錄》卷91, 中宗 34年 8月 甲戌, 18冊, 325쪽.

킨 점과 이 정자가 사람들이 거처하는 인가와 멀리 떨어져 있는 점 등을
고려하여 볼 때,117) 당시 유서종은 처부 변완을 앞세워 경상과 왜인들을
중개하는 主人영업을 하였던 것으로 판단된다.

또한 그는 자신의 집에 초치한 왜인에게 鉛鐵로부터 銀을 분리하는
방법을 傳習시켜 더욱 크게 문제가 되고 있었다.118) 연산조에 鉛銀分離
術이 발명된 이래 대외무역과 관련하여 그 분리방법의 대외유출은 국법
으로 엄격하게 금지하는 바였고,119) 이때 유서종도 이 불법행위 때문에
死罪여부가 논란되고 있었다.120) 이처럼 사형에 해당하는 국법을 어기
며 초치한 왜인에게 연은분리술을 전습시켰다면, 그와 이들 왜인의 관
계는 일회적이거나 우연한 접촉일 수 없었다. 다시 말해 三浦의 부근인
김해에서, 그는 蒜山에 마련한 거점을 무대로 경상들과 왜인들을 초치
하여 유접시키며, 양자의 사무역과 밀무역을 알선하는 주인영업을 처부
인 변완을 앞세워 하고 있었던 것이다. 그리고 장기에 걸쳐 이루어진
이와 같은 거래의 신용을 바탕으로, 마침내는 왜인들에게 국법에서 엄
격하게 금지하고 있던 연은분리술까지 일러 주기에 이르렀다고 판단되
는 것이다. 무관이기는 하였지만 官人으로서의 지위가 이러한 그의 주
인영업에 중요한 배경이 되었을 것임은, 위 사건에서 그의 청탁을 받았
던 柳成根이 遞職되고 있던 사실에서도 간접 확인된다.121)

이처럼 의주와 삼포를 중심으로 이루어진 주인영업은 대외 사무역과
밀무역의 속성상 불가피한 것이었다. 중국이나 일본상인과 국내 상인들
사이의 사적인 거래 자체가 불법인 처지에서, 더욱이 국내실정에 어두

---

117) 주 116과 같음.
118)《中宗實錄》卷91, 中宗 34年 8月 甲戌, 18冊, 325쪽 ;《中宗實錄》卷91, 中宗 34年
　　8月 癸未, 18冊, 327~328쪽.
119) 韓相權, 〈16世紀 對中國 私貿易의 展開 - 銀貿易을 중심으로〉,《金哲埈博士華甲紀
　　念史學論叢》, 知識産業社, 1983 ; 李泰鎭, 〈16세기 東아시아 경제 변동과 정치・사
　　회적 동향〉,《朝鮮儒敎社會史論》, 지식산업사, 1989.
120) 주 118과 같음.
121)《中宗實錄》卷91, 中宗 34年 8月 甲戌, 18冊, 325쪽.

운 외국상인과 이들에 대한 정보가 없을 국내 상인들에게, 단순히 숙박
만이 아니라 그들이 휴대하는 물화를 보관하고 그 판매를 중개하거나
알선하는 주인층은 반드시 필요한 존재였다. 따라서 대외무역과 관련한
주인층의 형성은 국초 이래 이루어졌을 것이며, 사무역 금지방침에도
불구하고 15세기 후반 이후 대외무역이 대중국이나 대일본 어느 분야를
막론하고 지속적으로 확대되고 있던 실정을 배경으로,122) 이후 더욱 성
장하였을 것으로 짐작된다.

　선조 33년(1600) 10월 임란 중에 개설된 中江開市의 혁파를 모색하면
서 국왕이 이를 중국 정부에 요청하는 한편으로, 평안감사와 의주부윤
에게 해당 지방의 조선 상인과 이들을 허접하는 주인세력을 붙잡아 처
벌하도록 하명하였던 것도,123) 당시 대중국 사무역을 주인층이 실제 주
관하여 이끌고 있던 형편을 잘 알고 있었기 때문이었다. 중종조에 대일
밀무역의 근절을 위해 삼포의 주인층을 우선 단속하려 하였던 것처
럼,124) 대중 사무역과 밀무역 또한 의주를 무대로 활동하던 이들 주인층
의 영업을 차단하지 않고서는 그 실효를 거둘 수 없었던 것이다.

　이상에서 살펴본 바와 같이, 조선전기에는 경강과 지방 연해의 포구
그리고 대외무역과 관련된 지역에서 숙박업을 겸하면서 중개와 도매업
을 통해 시장과 상인, 또는 상인과 상인을 알선하는 주인층이 형성되어
활동하고 있었다. 이들 주인층은 각처에서 오는 상선과 상인들을 유접
하며 그들의 상활동에 필요한 각종 편의를 제공함으로써, 도성과 지방
또는 국내시장과 외국상인을 연결시키고 있던 상인집단이었다. 특히 경
강과 외방포구에서 주로 확인되는 이 주인층은 조선후기 다양한 자료에
서 그 실체가 확인되는 객주층의 역사적 선행형태였다고 생각된다.

---

122) 金柄夏, 《朝鮮前期 對日貿易 硏究》, 韓國硏究院, 1969 ; 韓相權, 앞의 〈16世紀 對中
　　國 私貿易의 展開〉 ; 李泰鎭, 〈국제무역의 성행〉, 《韓國史市民講座》 9, 一潮閣,
　　1992 ; 이태진, 〈16세기 국제교역의 발달과 서울상업의 성쇠〉, 《서울상업사》,
　　태학사, 2000.
123) 《宣祖實錄》 卷130, 宣祖 33年 10月 戊子, 24冊, 138쪽.
124) 주 113, 114 참조.

조선전기에 해로와 수로상의 주요 포구에서 등장하였던 이들이, 후대와 마찬가지로 각 포구에 정박하는 선박과 상인들을 지역별로 또는 물품별로 세분하여 專管하고, 그 영업권이 재산권으로 정착하여 매매되기도 하였던 江主人이나 浦口主人의 단계에까지 이르렀다는 확증은 아직은 찾을 수 없다. 그러나 경강지역의 주인권이 稅貢의 납입과 관련하여 이미 형성되어 있었고, 또 도성상인들의 사주인권이 하나의 재산권으로 世傳되고 있던 당시의 정황을 고려하면, 특히 16세기에 들어 이들 외방주인층의 그와 같은 주인활동 영업권이 재산권의 하나로 정착하였을 가능성은 적지 않다 하겠다.

그리고 조선전기에 경강과 전국의 주요 포구 그리고 상업활동의 요지에, 각지의 상인들을 연계시키고 그들의 상품유통을 알선하는 중개상인으로서 이들 주인층이 형성되어 영업하고 있었던 사실은, 집권국가의 抑末策 아래서도 도성을 중심으로 하는 전국적인 상품유통체계를 구축해 내고 있던 민간상업의 성장과 그 발전을 잘 보여주는 것이기도 하였다. 또한 상인과 상품의 알선과 유통을 주재하는 이들 주인층의 존재를 통하여 조선전기 상업의 실상과 그것이 도달하고 있던 수준 역시 파악해 낼 수 있다 하겠다.

## 5. 結語

조선전기의 主人層을 그 계기성과 역사성에 유의하면서 유통체계의 측면에서 검토하면 이상과 같다.

우리나라 중세사회에서 主人이란 통상적인 용어로 사용되는 동산·부동산의 임자나 소유자, 고용관계에서 고용주라는 용례 외에도, 官과 民 사이 또는 民과 民 사이에 개재하여 숙박을 제공하며 그 관계를 알선하는 자를 지칭하기도 하였다. 그 가운데 상업이나 유통체계와 관련하여 주목되는 주인층은 後者였다. 고려 중엽 이래 그 존재가 확인되는 京主人과 조선전기에 본격 등장하는 私主人은, 국가가 외방의 백성들로부터 징수하던 부세상납이나 역역징발의 과정에서 중앙 각사와 지방관 사이에 개재하면서 양자를 매개하던 세력이었다. 또한 조선전기에는 민간의 교환과정에서 상인과 상인, 상인과 백성들의 거래를 중개하면서 양자에게 편의를 제공하는 한편으로 그들의 상이익을 도모하였던 다양한 주인층이, 도성과 경강 그리고 외방의 포구를 중심으로 등장하여 영업하고 있었다.

이 시기 주인층은 애초 숙박을 담당하는 단순한 역할에서 점차 그 객인의 임무나 활동을 주선하고 알선하다가, 마침내 그 일체의 과정을 주관하는 세력으로 성장하면서 분화하여 갔다. 그러므로 주인층은 역사적으로 민간의 교환영역에서 먼저 출현하였을 것이며, 경주인은 집권국가가 통치차원에서 이들의 역할을 필요로 하게 되면서 형성된 집단이었다. 사주인층이 경주인의 뒤를 이어 대두하였음은 물론이다. 그리고 이들 조선전기의 諸주인층은 그 형성과 분화과정에서 생겨난 역할의 차이에도 불구하고, 모두 숙박을 제공하면서 객인들의 부세상납이나 물화처분 활동을 주관하여 알선한다는 공통된 속성을 지니고 있었는데, 이는 곧 유통체계상에서 中間 또는 仲介商人이 담당하는 역할 바로 그 것이었다.

조선전기에 주인층이 두드러지게 활약하였던 분야는 부세수납과 관련된 영역이었고, 집권국가의 국가적 물류유통의 거점이었던 도성이 이들의 주요 상활동 공간이었다. 국초 이래 도성에는 외방 군현의 세공상납과 力役입역을 주관하는 기구로서 京邸와 그 책임자인 京主人이 설치되어 있었고, 경주인은 도성시장을 매개로 그들의 역할을 완수하고 있었다. 그런데 공물을 비롯한 각종 稅貢의 대납과 방납 그리고 도성에서의 무납이 일반화하는 추세 속에서, 상인 출신의 私主人層이 등장하여 경주인의 업무를 대행하고 이를 통해 상업이익을 확보해 가기 시작하였다. 이들 사주인층의 활동은 15세기 후반에 이르면 재산권의 하나인 영업권으로 형성되면서 私主人權의 형태로 정착되어 갔으며, 이러한 권리가 일반적으로 자손들에게 분할 世傳되고 있었다. 당시 사주인은 대부분 도성상인이거나, 아니면 상인 출신으로 중앙 각사의 下人輩로 진출하여 있던 이른바 '各司主人' 세력들로 구성되어 있었다. 이들은 외방공리를 자신들의 집에 유접시키고 지방세공의 대납과 방납, 그리고 도성시장을 활용한 무납을 중개하고 알선하는 과정에서 막대한 상업이익을 거두고 있었다.

사주인층의 성장은 16세기 후반에 이르면 중앙 각사에서 수납하는 모든 세공물에 각각의 주인권이 설정되는 단계에 도달하였고, 이들 사주인은 이제 '貢物主人'으로 불려지고 있었다. 후대 대동법의 실시에 따라 등장하는 貢人層의 전신이 바로 이들이었다. 이처럼 조선전기 사주인층의 상업활동은 비록 국가의 부세수납이나 역역징발과 관련되는 공적인 영역에서 이루어지고 있었지만, 그러한 중개와 알선과정에서 그들이 請負대상으로 삼고 있던 각종 부세와 공물은 그 자체가 사적인 유통영역인 도성시장에서 공급되거나 조달되는 상품이었다. 따라서 이들의 부세수납을 이용한 상업활동은 바로 이 시기 국가적 물류체계와 관련된 상업의 발전과 그에 따른 유통체계의 형성을 잘 보여주는 것이었다.

그런데 조선전기에는 도성과 그 주변 경강만이 아니라, 외방의 포구나 교통상의 요지에서도 중개와 도매상인의 역할을 하는 주인층이 등장하여 영업하고 있었다. 조선후기 客主層의 선행형태인 이들은 국가의 부세수납 및 재정운영과 관련된 유통체계를 활용하여 활동하는 한편으로, 이와는 다른 계통에서 형성되어 발전하고 있던 민간의 상품유통체계를 상업활동의 주요 장으로 이용하면서 그 구심으로 성장하여 갔다. 이러한 민간 주인층의 출현과 성장은 최대의 상업도시인 도성과 도성시장을 향하는 전국의 물화가 집하되고 있던 경강지역에서 먼저 이루어지고 있었다. 도성과 경강에 모여드는 각지의 선상과 상인에 대한 접대, 이들 소유의 상품에 대한 운반과 보관, 도성시장에서의 판매 알선 등이 이들 주인층의 생업이었고, 그 과정에서 형성된 주인권은 15~16세기 도성과 경강상업의 발전과 함께 하나의 재산권으로 정착되어 갔다. 한편 숙박을 제공하며 중개와 알선상업에 종사하는 주인층은 해로나 수로를 통해 도성 및 경강과 연결되는 외방의 포구나 교통의 요지에서도 등장하여 성장하고 있었다. 평안도 연해의 포구에서 무곡과 관련하여 활동하던 主人세력과, 대외 사무역과 밀무역의 중심지였던 의주와 삼포에서 영업하고 있던 주인층이 그 대표적인 사례였다.

이처럼 조선전기에 도성과 경강 그리고 전국의 주요 포구에, 각지에서 오는 상선과 상인들을 유접하여 그들의 상활동에 각종 편의를 제공하면서, 도성과 지방 또는 국내시장과 외국상인을 연결시키며 각종 상품의 유통을 알선하는 중개상인으로서 주인층이 형성되어 영업하고 있었던 사실은, 이 시기 민간상업의 성장과 그 발전의 수준을 잘 보여주는 것이었다. 즉 국가의 부세수납을 둘러 싼 물류체계의 형성과 그 진전이 경주인과 사주인층에 의해 이루어지고, 또 한편으로 경강과 외방의 포구를 중심으로 민간의 교역체계를 매개하는 주인층이 성장하여 그 영업권을 정착시키고 있었던 사정은, 조선전기 집권국가의 억말책 아래에서 도성중심의 전국적인 유통체계가 정비되어 가고 그것이 한층 더 발전해 가고 있던 실정을 여실하게 증명하는 것이었다. 그러므로 조선후기의 사회경제에서 더욱 두드러지게 나타나던 상업계의 발달과 그 재편도, 이와 같은 조선전기 상업의 역사적 전제 위에서 펼쳐지는 것이었다고 하겠다.

〔《歷史敎育》 82, 2002. 6. 수록, 2008. 校〕

# Ⅲ. 商品의 流通과 商人

朝鮮前期 兩界地方의 回換制와 穀物流通

朝鮮前期의 魚箭政策과 魚物流通

朝鮮前期의 人蔘流通과 人蔘商人

# 朝鮮前期 兩界地方의 回換制와 穀物流通

## 1. 序言

조선전기 사회에서 이루어지고 있던 穀物의 유통과정은 그 성격상 크게 두 계열로 나누어 볼 수 있다. 국가의 재정체계를 매개로 하여 전개되는 형태와 15세기 후반 이후 확대되어 간 민간차원에서의 곡물유통이 그것이다. 그런데 이 시기 다른 상품유통의 사례에서와 마찬가지로, 조선 정부는 최대의 곡물 보유자이자 동시에 소비주체이기도 하였다. 따라서 곡물의 유통과정에서 상업행위의 주요 주체는 정부 또는 이와 관련된 기관이나 개인이었으며, 거래 역시 정부, 구체적으로 말해서 국가의 재정체계와 관련하여 이루어지는 형태가 큰 비중을 차지하고 있었다.[1]

조선전기에 평안·함경도의 양계지방에서 주로 실시되었던 回換制는, 이러한 사정 속에서 정부의 군자곡 확보의 필요성과 지주·상인층의 곡물처분 요구가 일치하여 성립된 제도였다.[2] 또한 이렇게 성립된 회환제

---

1) 이 시기 곡물유통의 문제를 이와 같은 시각에서 다룬 연구로는 다음 논고들이 있다.
   崔完基, 〈朝鮮中期의 貿穀船商 - 穀物의 買集活動을 中心으로〉, 《韓國學報》 30, 1983 ; 崔完基, 〈朝鮮中期의 穀物去來와 그 類型 - 賣出活動을 중심으로〉, 《韓國史研究》 76, 1992 ; 朴平植, 〈朝鮮前期의 穀物交易과 參與層〉, 《韓國史研究》 85, 1994[《朝鮮前期商業史研究》(지식산업사, 1999)에 수록].
2) 상업사의 시각에서 검토된 것은 아니지만, 양계지방 軍需 확보책으로서 회환제에 관하여는 다음 논문에서 소개된 바 있다.

는 그 내용구성과 운영실태가 시기의 진전과 양계지방 사회경제상의 변동, 특히 곡물유통 사정의 변동과 궤를 같이하면서 일정한 변화를 보이고 있었다.

본 논문에서 필자는 조선전기 상품유통의 문제를 곡물유통, 그 가운데서도 국가의 재정체계를 매개로 하여 진행된 곡물유통의 한 형태였던 회환제를 통해 살펴보고자 한다. 이에 대한 추적과 분석을 통해 이 시기 곡물유통의 실상과 이를 담당하고 있던 상인층의 성격, 그리고 정부의 상업에 대한 인식과 대책 등의 문제를 정리해 내는 한편, 조선전기 상업사에서 상품유통의 한 유형을 곡물을 사례로 재구성해 내려는 작업의 일환이다.

## 2. 回換制의 成立 經緯

回換制는 평안·함경도 양계지방에 곡물을 비축하고 있던 곡물주들을 대상으로 이 지역 변방의 주.현에 곡물을 납입하게 하여 軍資에 보충하고, 그 대가를 京倉이나 下三道 지방의 곡물로 지급하는 제도였다.3) 군자곡 확보의 필요성에서 취해지는 조처였다.4) 때문에 회환제는 조선의 개국과 더불어 이미 태조조부터 시행되고 있었다.5) 그리고 이 회환

---

金鎔坤, 〈朝鮮前期 軍糧米의 確保와 運送〉, 《韓國史論》 7, 國史編纂委員會, 1981 ; 이명화, 〈朝鮮初期 軍資政策과 運營實態〉, 연세대 석사학위논문, 1984.

3) 《世宗實錄》 卷90, 世宗 22年 7月 甲寅, 4冊, 302쪽.
 "慮粮餉之費 許於東西兩界各官 自願納穀者 以他道之穀 換給"

4) 한편 군수확보를 위한 이러한 양계지방 회환 외에도, 조선전기에는 여타 목적으로 他道의 곡물을 환급해주는 조처가 간혹 시행되었다. 세종 28년(1446) 9월, 황해도 지방의 雜穀種子 마련을 위해 도내 잡곡 축적자로 하여금 주현에 곡물을 납입하게 하고, 그 대가를 충청·전라도의 米豆로 지급하도록 한 조처가 그 한 예이다(《世宗實錄》 卷113, 世宗 28年 9月 戊寅, 4冊, 701쪽). 이처럼 종자의 확보나 진휼, 또는 기타의 이유 등으로 他道穀을 환급해 주는 조치가 이 시기에 간헐적으로 시행되고 있었다.

5) 《世宗實錄》 卷117, 世宗 29年 8月 甲申, 5冊, 34쪽.

제는 그 원리가 양계지방의 주현에 납입한 곡물을 다른 도에서 지급하는 구조, 다시 말해 곡물의 교환에 있었기 때문에 '回換' 이외에도 '換米之法'6) '換(米)穀'7) '兩界納穀'8) 등으로도 불렸다.

양계지방 비변책의 일환인 회환제는 중국에 그 제도의 연원을 두고 있었다. 邊糧의 확보를 목적으로 한 漢代의 '募民入粟'제도와 宋代의 '入中邊糧'제도가 그것이었다. 특히 송나라의 '入中邊糧'제도는 당시 京師의 곡물상인들에게 대거 상활동의 기회를 제공하였고, 이를 통해 그들이 상업자본을 축적하고 있었다는 점에서, 조선전기에 실시된 회환제와 매우 흡사한 구조를 가지고 있던 제도였다.9) 이 시기 조선 조정의 관인들 또한 그러한 사정을 잘 알고 있었다.10)

이처럼 조정에서 비변문제 해결의 일환으로서 중국에 그 연원을 두고 있는 회환제에 적극적인 관심을 보이고 이를 실시하였던 배경은, 무엇보다도 당시 급박하던 양계지방의 군수사정 때문이었다. 고려말의 대내적인 혼란이 조선의 건국으로 일단 어느 정도 수습되고는 있었지만, 이민족과의 갈등은 여전히 조선사회가 해결해야 할 과제로 남아 있었다. 親明정책 속에서 중국과의 관계는 안정되어 있었으나, 국방상의 국경선 확보와 농지확장을 목적으로 한 동북면과 서북면의 북방개척사업이 대두하면서 북방의 여러 민족과는 여전히 갈등관계를 유지하고 있던 상황이었다.

태조·태종조의 野人鎭撫, 세종조의 6鎭과 4郡의 개척사업은 조선 영토의 기본골격을 마련하는 과정으로, 이후에도 이를 유지하고 보전하기

---

"在太祖朝 有穀者許令回換 因此其道軍需多積"

6)《太宗實錄》卷31, 太宗 16年 3月 戊申, 2冊, 107쪽 ;《世祖實錄》卷33, 世祖 10年 6月 辛丑, 7冊, 632쪽.

7)《世宗實錄》卷94, 世宗 23年 閏11月 丁卯, 4冊, 371쪽 ;《成宗實錄》卷112, 成宗 10年 12月 壬申, 10冊, 102쪽 ;《中宗實錄》卷15, 中宗 7年 正月 甲子, 14冊, 554쪽.

8)《中宗實錄》卷51, 中宗 19年 9月 乙丑, 16冊, 337쪽.

9) 金永眞,〈北宋前期 京師米行商의 入中邊糧 活動－商業資本 形成에 關한 一考察〉,《歷史學報》101, 1984.

10)《成宗實錄》卷254, 成宗 22年 6月 壬子, 12冊, 48~49쪽.

위한 여러 조치들과 함께 이들 양계지방의 軍資문제에 조선 정부가 큰
관심을 갖게 하고 있었다. 이러한 이민족과의 갈등에 따른 양계지방 비
변의 문제는 군자곡의 확보뿐만 아니라, 확보된 군자의 운송과 보관에
이르기까지 다방면에 걸쳐 그 해결책이 강구되어야만 하였다. 그러나
그 가운데 가장 긴급하고도 중요한 문제는 당연히 군자곡의 확보방안이
었다. 이를 위해서 조선 정부는 항구적인 대책과 더불어 이를 보완하기
위한 임시의 여러 정책들을 입안하고 있었다.11) 그리고 회환은 이러한
사정을 배경으로 案出된 양계지방 군수확보 방안의 하나였다.12)

한편 국초 이래 明나라와의 외교관계 또한 이 지역의 군수사정을 어
렵게 하고 있었다. 조선은 명에 1년에 3차례의 정기적인 使行 외에도
비정기의 사행을 수시로 파견하고 있었다. 때문에 이들 사행에 따른 제
반 비용도 이들이 통과하는 해당 지역에는 적지 않은 부담이었고, 평안
도 지방은 특히 그러하였다.13) 이 시기 사행의 迎送에 따르는 公私의
비용은 매우 컸고, 이 비용은 赴京 연로의 해당 주현에서 스스로 조달하
지 않으면 안 되었다.

이와 같이 평안도와 함경도 양계지방은 하삼도 지방과는 달리 국가의
防戍지역이었을 뿐만 아니라 중국과 접한 지대였으므로, 이들 지방의
군량비축에 대한 조선 정부의 관심은 지대할 수밖에 없었다. 이 군수문
제를 해결하기 위해 정부는 이 지역에서 거둔 田稅를 모두 중앙으로
상납시키지 않고, 해당 지역에 유치하여 활용하고 있었다. 양계지방에
대한 제도적이며 항구적인 군수확보책이었다.

그러나 이 전세 수입은 使臣이나 野人支待 외에도 兵馬使의 廩祿, 軍
官從人의 양식과 馬料, 赴防한 甲士나 防牌의 月俸, 군사력 증강과 방어
를 위한 習陳, 무기제작과 수선비용, 土官의 地祿 등 여러 공적인 용도로

---

11) 金鎔坤, 앞의 〈朝鮮前期 軍糧米의 確保와 運送〉, 286~299쪽 ; 이명화, 앞의 〈朝鮮
    初期 軍資政策과 運營實態〉, 98~108쪽.
12) 《端宗實錄》 卷11, 端宗 2年 5月 庚午, 6冊, 683~684쪽.
    "平安咸吉道 乃防禦之地 軍需最重 故立米穀回換之法"
13) 《成宗實錄》 卷58, 成宗 6年 8月 乙未, 9冊, 253쪽 ; 《各司受敎》 戶曹受敎.

지출되고 있어, 이것만으로 이 지역의 군자수요를 충당하기에는 부족하였다.14) 더구나 이렇게 확보된 군량미조차도 거의 해마다 닥친 旱災나 水害의 상황에서 이들 군량미가 우선적으로 방출되고 있었기 때문에, 양계지방의 군수부족 사태는 그 중요성에도 불구하고 만성적인 상태로 반복되고 있었다.15)

이 시기 조선 정부는 양계지방의 군수부족 상황을 타개하기 위해 여러 임시의 방안들을 마련하고 있었다. 하삼도 군량미의 이송, 양계소재 諸司奴婢身貢의 米 대납, 정부소유 면포를 이용한 양계지방에서의 官貿穀, 양계인근 田稅의 이들 지역으로의 移納, 屯田 설치 등의 조처가 그것이었다. 그러나 이러한 諸조처들도 군수부족 상황을 일시적으로 해결하는 데에는 도움이 되었지만, 양계지방 군량문제의 근원적 해결책은 될 수 없었다. 계속적으로 제기되고 있었던 하삼도 군량미 운송 주장도 양계지방과 도성을 연결하는 서해 海路가 안정되지 않은 상황에서는 항구적인 군수확보의 방법으로 자리 잡을 수 없었다.16)

요컨대, 조선전기에 양계지방에서 회환제가 성립될 수 있었던 사정은 이상과 같은 이 지역의 항상적인 군수부족 상황을 그 배경으로 하고 있었다. 조선 정부의 처지에서는 이 지방의 군량미 비축이 절대적으로 필요하였고, 이를 위해 여러 임시의 정책들과 더불어 회환제를 具案하여 실시하고 있었던 것이다.

한편 정부의 양계지방 군량미 비축 필요성만으로 회환제가 성립될 수는 없었다. 다시 말해 회환제가 성립되려면 정부의 회환조처에 응하여 양계지방에 군자곡을 납입하는 納穀主體들에게도 그에 상응하는 이유나 배경이 있어야만 했다. 그리고 그러한 조건은 당대 비변문제와 관련하여 조선 정부가 시행하고 있던 양계지방 곡물의 他道禁輸 방침에서 우선 마련되고 있었다. 이 시기 조선 정부는 법령을 통해서 평안도 지방

---

14) 이명화, 앞의 〈朝鮮初期 軍資政策과 運營實態〉, 98~99쪽.
15) 金鎔坤, 앞의 〈朝鮮前期 軍糧米의 確保와 運送〉, 286~299쪽.
16) 본 논문 2장 참조.

의 군량과 구황곡의 他道반출을 엄격하게 금지하면서, 동시에 곡물운송
을 위한 선박의 통행도 불허해 오고 있었다. 아울러 명종 19년(1564)부
터는 곡물상인의 무역곡뿐만 아니라, 이제 중앙의 재상이나 朝官이 소
유하고 있던 농장의 소출곡마저도 그 반출이 금지되고 있었다.17) 군자
곡 확보를 위한 강제적인 조치였다.

선조조의 조정에서 栗谷 李珥 역시, 평안도는 북쪽으로는 野人과 접
해있고 서쪽으로는 중국과 연결되어 있는 조선의 重鎭이기 때문에, 貿
穀船商들의 行船금지를 통해 公私를 막론하고 곡물을 축적하여 유사시
에 대비하자는 견해를 밝히고 있었다.18) 결국 이 시기 양계지방 곡물의
他道반출은 법적으로 엄격하게 금지되고 있었고, 명종 19년(1564) 이후
부터는 이 지방 소재 일반 농장곡까지도 그 반출이 전면 금지된 상황이
었다. 이러한 조처들로 말미암아, 곡물주의 처지에서는, 또한 당시 이
지역에서 활발한 활동을 벌이고 있던 무곡상인들의 처지에서는, 양계지
방에서 다른 방법을 통해 곡물을 처분해야할 필요성이 생겨났다. 회환
은 이 경우 그들에게 합법적인 곡물처분의 경로로서 매우 유용한 제도
였다.

평안도 公私穀物의 타지방 禁輸조처는 16세기 중반 명종조에 처음으
로 제기된 것이 아니었다. 15세기에도 성종 16년(1485) 11월 대사헌 李
瓊仝의 箚子에서 확인할 수 있듯이, 평안도 소재 곡물을 타도로 이송하
는 행위, 특히 도성으로 운송하는 행위는 국초부터 엄격하게 금지되고
있었고, 무곡상인들의 왕래 또한 단속되어 오고 있었다.19) 다시 말해
평안도 소재 곡물의 반출금지와 이를 관철하기 위한 선박의 통행금지
조처는, 국초부터 조선 정부가 시행하고 있던 매우 엄중한 법적인 규정

---

17) 《受敎輯錄》 戸典, 雜令.
  "平安道軍粮及救荒穀 使不得輸運 祖宗朝不通舟楫 已有法令 商賈貿易宰相朝官田庄
  所出 亦一切禁斷 犯者 全船屬公 極邊入居 許接人及浦監考 及留泊所在守令色吏 從
  重科罪 監司推考[嘉靖甲子(명종 19, 1564-필자 주)承傳]"
18) 李珥, 《栗谷全書》 拾遺 卷2, 啓(《韓國文集叢刊》, 45冊, 494쪽).
19) 《成宗實錄》 卷185, 成宗 16年 11月 戊申, 11冊, 68쪽.

이었던 것이다.20) 그리고 이 규정은 평안도와 관서지방에 대한 조치로
일단은 제시되고 있으나, 당시 함경도에도 마찬가지로 적용되었을 것으
로 생각된다. 조선전기에 비변의 문제는 평안도만이 아닌 함경도를 포
함한 양계지방의 문제로 줄곧 함께 거론되고 있었기 때문이다.

조선전기 양계지방에 곡물을 소유하고 있던 곡물주들이 정부의 회환
조처에 응하게 되는 배경은, 이 시기 평안·함경도 지방의 運輸사정에
서도 마련되고 있었다. 도성에서 평안도 지방을 선박으로 연결하는 서
해 海路가 '始通'이라 표현되면서, 그 통행에 어느 정도의 안전성이 확보
되기 시작한 것은 성종조 초기의 일이었다.21) 이처럼 도성과 평안도 사
이의 해로가 이전까지 '不通'이라 인식될 만큼 선박통행의 안전성이 확
보되지 못했던 까닭은, 황해도 長淵 소재 長山串 앞바다의 '水路險難'
때문이었다.22) 국초 이래 漕運으로 대표되는 국가의 물류체계와 그 운
용에서 최대 난관이었던 해로가, 서해 남방의 충청도 泰安의 安興梁과
더불어, 바로 이 서해 북방의 장산곶 근해였던 것이다.23)

평안도 지방의 이러한 운송사정은 자연히 이 지역에 곡물을 축적하고
있던 곡물주로 하여금 현지에서의 안전한 곡물처분 방법을 모색하게
하였고, 회환은 이 경우 그들에게 훌륭한 곡물처분 경로의 하나였다.
양계지방 가운데 함경도의 사정은 평안도의 그것보다 훨씬 심각하였다.
함경도를 연결하는 동해 해로는 명종조까지도 여전히 '不通'이라고 표
현될 정도로 불안한 상황이었다.24) 따라서 이 지역 곡물주의 곡물 현지
처분 필요성은 오히려 평안도의 경우보다 더 절박한 것이었으며, 이들

---

20) 《明宗實錄》 卷34, 明宗 22年 2月 辛亥, 21冊, 143쪽.
21) 《成宗實錄》 卷58, 成宗 6年 8月 乙未, 9冊, 253쪽
    "平安道…比年以來 水路始通 商船賈舶 絡繹不絶"
    《成宗實錄》 卷185, 成宗 16年 11月 戊申, 11冊, 68쪽.
    "平安道…近來…始通船運 京外行商 與夫僧俗乞丐之徒 星奔輻輳"
22) 《世宗實錄》 卷34, 世宗 8年 12月 甲戌, 3冊, 53쪽.
23) 李鍾英, 〈安興梁對策으로서의 泰安漕渠 및 安民倉問題〉, 《東方學志》 7, 1963 ;
    朴平植, 앞의 《朝鮮前期商業史研究》, 184~186쪽.
24) 《明宗實錄》 卷16, 明宗 9年 5月 庚戌, 20冊, 195쪽.

이 회환제에 주목함은 매우 당연한 사세였다.

회환제가 조선전기에 양계지방에서 성립, 실시될 수 있었던 사정은
이러하였다. 정부의 처지에서 회환은 하삼도 군량미의 운송과정에서 필
요한 '飛芻輓粟之勞'25)를 더는 방법이자 비교적 안정적인 군자확보 방
안이었으며, 곡물주의 처지에서는 私穀운송의 어려움과 양계지방 穀物
禁輸의 법적인 규제를 한꺼번에 극복할 수 있는 수단이었던 것이다. 이
와 같이 회환제는 정부와 납곡주체인 곡물주 양자의 이해가 일치하여
성립된 제도였고, 따라서 이를 위한 상세절차 역시 마련되어 있었다.

회환은 납곡주체가 우선 곡물을 양계의 변방 주현에 납입하고 '券'을
수령한 후에, 자신이 회환가를 지급받고자 하는 지방의 주현에 그 '권'을
제시하여 곡물을 환급받음으로써 일단락되었다.26) 이때의 '권'은 '牒'으
로도 불렸는데, 양계 주현에서 발급한 이 '첩'을 하삼도 지방에서 확인하
고서 회환가를 여기에 준거하여 지급하는 구조였다.27) 그리고 이러한
절차를 밟아 지급되는 회환가가 납곡주체들이 양계지방의 주현에 납입
한 곡물과 同額일 수는 없었다. 중종 34년(1539) 7월 국왕은 傳旨를 통
해, 북방의 군수사정을 염려하면서 그에 대한 대책으로 회환에 응한 납
곡주체들에게 1石당 1石半의 대가를 지급하도록 지시하고 있었다.28)

물론 이 회환가 지급비율이 조선전기를 통해 항상적으로 적용된 것으
로 볼 수는 없다. 그러나 회환가의 지급과 관련하여 이 시기에 '倍價償
之'나 '優給價直'의 원칙은 늘 강조되고 있었다. 세종 29년(1447) 9월 좌
의정 河演과 우찬성 金宗瑞 등은, 평안도의 군수확보 방안을 논의하는
자리에서 상인들을 회환에 참여시킬 것을 주장하면서, 그 회환가를 '優
償之'하거나 '優給其價'할 것을 건의하고 있었다.29) 이러한 조처는 결과

---

25) 《世宗實錄》 卷73, 世宗 18年 閏6月 癸未, 4冊, 8쪽.
26) 《太宗實錄》 卷31, 太宗 16年 3月 戊申, 2冊, 107쪽.
27) 《世祖實錄》 卷33, 世祖 10年 6月 辛丑, 7冊, 632쪽.
28) 《中宗實錄》 卷91, 中宗 34年 7月 癸酉, 18冊, 311쪽.
29) 《世宗實錄》 卷117, 世宗 29年 9月 庚寅, 5冊, 35쪽.

적으로 위에서 언급한 납곡주체들의 회환참여 동기를 더욱 고무시키는
것이었다. 즉 곡물의 지역간 가격차를 고려하지 않는다 하더라도, 회환
행위 그 자체가 벌써 회환가의 수령과정에서 상당한 이익을 보장하고
있었기 때문이었다.[30) 회환의 장려를 통해 양계지방에 보다 많은 군자
곡을 확보하려는 의도에서 취해지는 조처였다.

한편 회환가가 반드시 하삼도의 곡물로만 지급되지는 않았다. 곡물
이외의 여러 現物이나 기타의 형태로도 지급되었던 것이다. 세종 18년
(1436) 윤6월 비변책을 논의하던 조정에서 한 관인은 상인들에게 회환
을 허용할 것을 건의하면서, 그 대가를 米 외에 하삼도의 魚鹽이나 왜인
들이 바친 丹木, 銅鐵 등의 물건으로 '倍價償之'할 것을 주장하고 있었
다.[31) 실제 회환가를 곡물 이외의 형태로도 지급하자는 이러한 건의는
받아들여져 시행되고 있었다. 중종 7년(1512) 내수사의 회환가는 황해
도 海州의 魚箭으로 지급되고 있었다.[32) 동왕 19년(1524) 9월 특진관
安潤德 역시 양계의 회환가를 경상도에 비축하고 있는 倭와의 무역품인
동철로 지급하는 방안을 제기하고 있었다.[33) 그때까지 회환가가 하삼도
지방의 곡물 이외에도 면포나 동철과 같은 여러 형태로 지급되고 있던
사정에서 연유한 발상이었다.

실제 이후 중종 34년(1539) 7월에도 회환가는 면포나 잡물의 형태로
납곡주체의 희망에 따라 지급되고 있었다.[34) 요컨대 회환가는 하삼도
지방의 곡물을 '優給'하는 것이 원칙이었으나, 경우에 따라서, 특히 상인
회환을 비롯하여 납곡주체의 희망이 있을 경우에는 곡물 이외에도 동
철, 면포, 어염, 어전 등의 형태로도 지급되고 있었던 것이다.

조선전기 정부의 회환조처에는 여러 부류의 세력들이 참여하고 있었

---

30) 《世祖實錄》 卷22, 世祖 6年 12月 甲申, 7冊, 439쪽.
31) 《世宗實錄》 卷73, 世宗 18年 閏6月 癸未, 4冊, 8쪽.
32) 《中宗實錄》 卷15, 中宗 7年 正月 癸亥, 14冊, 553쪽.
33) 《中宗實錄》 卷51, 中宗 19年 9月 乙丑, 16冊, 337쪽.
34) 《中宗實錄》 卷91, 中宗 34年 7月 癸酉, 18冊, 311쪽.

다. 그리고 회환은 이들 참여층의 구성과 참여동기에 따라 다시 몇 가지 유형으로 나누어질 수 있었다. 이 시기 회환에 우선 참여한 세력으로는 평안·함경 兩道 출신의 居京從仕者들이 있었다. 이른바 '土姓仕宦者 回換'의 형태였다. 즉 양계 출신의 居京 관인들이 本道에 있는 그들의 농장곡을 현지의 주현에 납입하여 군자에 보충하고, 대신 경기 각 주현의 官穀을 지급받는 구조였다.35) 이는 군수확보의 목적 외에도 양계출신 현직관인들의 居京생활을 위한 식량운송의 어려움을 덜어주는 조치이기도 하였다.36)

그러므로 이러한 유형의 회환은 아직 상업적인 곡물유통의 원리에 따라 진행되는 형태는 아니었다. 오히려 그 자체는 관료의 京中생활에 대한 정부의 배려라는 측면이 강하였고, 이 과정에서 북방의 군수확보가 부수적으로 도모되고 있는 정도였다. 회환가를 하삼도가 아닌 京倉米나 경기근방 주현의 곡물로 지급하고 있던 사정은, 양계출신 거경 관인들이 주체가 되는 이 '토성사환자 회환'의 성격을 잘 보여주고 있었다.37) 태종 10년(1410) 6월 동북면의 군자확보책을 논의하던 조정에서 좌의정 成石璘과 지신사 安騰이, 이 회환을 통한 군자곡 확보가 수천 斛에 불과할 것이라고 한 지적 또한, 그 대상이 극히 제한적일 수밖에 없는 '토성사환자 회환'의 내역을 잘 알고 있던 데에서 나온 전망이었다.38)

때문에 같은 자리에서 지부사 黃喜는 이 회환이 公私에 모두 편하고 백성들에게 해가 미치지 않는 제도라고 이해하고 있었다.39) 결국 '토성사환자 회환'의 이러한 성격은 다른 유형의 회환이 그 전개과정에서 드러난 폐단으로 말미암아 시행여부를 둘러싼 논의가 계속되고 있던 상황

---

35) 《世宗實錄》卷18, 世宗 4年 11月 甲戌, 2冊, 512쪽.
36) 《睿宗實錄》卷4, 睿宗 元年 閏2月 己卯, 8冊, 344쪽.
37) 《世宗實錄》卷18, 世宗 4年 11月 甲戌, 2冊, 512쪽 ; 《睿宗實錄》卷4, 睿宗 元年 閏2月 己卯, 8冊, 344쪽 ; 《中宗實錄》卷101, 中宗 38年 7月 癸亥, 19冊, 6쪽.
38) 《太宗實錄》卷19, 太宗 10年 6月 庚子, 1冊, 553쪽.
39) 위와 같음.

과는 달리, 조선전기 내내 별다른 반대 없이 실시될 수 있는 배경이 되고 있었다.[40]

다음으로 회환에 참여하고 있던 세력은 地主들이었다. 양계지방에 곡물을 축적하고 있던 有穀者, 곧 농장주와 지주들이 회환의 주체로 나서는 형태였다. 이른바 '地主回換'의 유형이었다.[41] 이 시기 양계지역에 곡물을 축적할 수 있었던 세력은 주로 이 지방에 농장을 소유하고 있던 중앙의 관료나 특권세력, 그 중에서도 특히 왕실이었다.[42] 정부의 처지에서는 양계지방의 군자를 확보해야 한다는 측면에서 회환의 대상을 확대하고 있었지만, 이 지역에 농장을 소유하고 있던 지주들에게는 정부의 이러한 조처가 바로 양계곡물의 他道禁輸 법규와 당대 해운사정에 의해 他지역으로의 운송이 제약받고 있던 소유곡물을 현지에서 처분할 수 있는 좋은 기회였다. 더구나 정부의 회환조처는 단순한 교환이 아니라, 회환가의 '優給'을 통해서 회환주체들에게 적지 않은 이득을 보장하고 있었다. 따라서 이들은 정부의 회환조처에 적극적으로 대응하였으며, 이 지역에 농장설치가 증가하는 추세에 맞추어 그들의 회환참여도 점차 빈번해지고 있었다.[43]

한편 조선전기에는 상인들 또한 '商人回換'의 형태를 통해서 회환에 적극 참여하고 있었다. 세종 29년(1447) 8월에 국왕은, 평안·함경도의 군수부족이 그간 이들 양계에 관련되는 사람들에게만 회환을 허용한

---

40) 양계출신 居京從仕者에 대한 회환조처는 태종·세종조에 이어 16세기 명종조까지 별다른 이견 없이 계속되고 있었다(《太宗實錄》卷33, 太宗 17年 5月 壬辰, 2冊, 160쪽;《世宗實錄》卷18, 世宗 4年 11月 甲戌, 2冊, 512쪽;《世宗實錄》卷100, 世宗 25年 6月 戊戌, 4冊, 483~484쪽;《世宗實錄》卷117, 世宗 29年 9月 丙辰, 5冊, 39쪽;《明宗實錄》卷6, 明宗 2年 8月 戊申, 19冊, 526쪽).

41)《成宗實錄》卷254, 成宗 22年 6月 壬子, 12冊, 48~49쪽;《中宗實錄》卷27, 中宗 12年 4月 乙丑, 15冊, 270쪽.

42) 李景植,〈朝鮮初期의 農地開墾과 大農經營〉,《韓國史硏究》75, 1991 ; 李景植,〈朝鮮初期의 北方開拓과 農業開發〉,《歷史敎育》52, 1992[위 두 논문은 모두《朝鮮前期土地制度硏究》(Ⅱ)(지식산업사, 1998)에 수록].

43) 회환 참여층의 활동과 정부의 대응에 관해서는 본 논문 3장에서 詳述한다.

데 따른 '換穀之路 不周', 곧 회환대상의 협소함에서 비롯되었다는 조정
의 논의를 수용하면서, 회환의 대상을 京中이나 각 도의 自願人에게까
지 확대시킬 것을 양계의 감사들에게 지시하고 있었다.[44] 바로 상인들
에 대한 회환 허용이었다.

이 시기 조선 정부가 허용한 상인회환의 형태는 양계가 아닌 他道의
곡물을 양계 변경의 주현에 운송하여 납입하고, 그 대가를 다른 지방에
서 수령하는 구조였다. 그러나 현실에서 이러한 원칙은 준수되지 않기
가 일쑤였다. 중종 23년(1528) 5월 조정에서 호조판서 尹殷輔는, 상인의
양계 납곡이 '在京之米'를 평안·함경도에 輸納하는 형태여야 하는데,
그러지 않고 상인들이 雜物을 가지고 양계지방의 곡물을 현지에서 무곡
하여 납입하고 있던 실태를 지적하고 있었다.[45] 무곡의 과정과 회환가
의 수령, 처리과정에서 이중의 이득을 노린 상인들의 회환참여 형태였
다. 양계의 군자곡 확보를 위한 정부의 회환조처를 상인들이 營利수단
의 하나로 적극 이용하고 있는 예였다.

이처럼 조선전기 정부의 회환조처에는 양계 출신의 居京 관인들만이
아니라 중앙의 지주와 상인들까지 참여하고 있었으며, 그 참여층의 구
성과 참여동기에 따라 회환은 몇 가지 유형으로 나뉘고 있었다. 그리고
그 각각의 유형은 이 시기 회환제가 단순한 군자확보책의 차원을 넘어
서, 당대 곡물유통 체계와의 밀접한 관련 속에서 전개되고 있었음을 잘
보여주고 있었다. 특히 지주회환과 상인회환의 형태가 그러하였다. 지
주회환의 경우, 그것은 이 지역에 확대되고 있던 그들의 농장 소출곡
처분경로로서의 의미를 지니는 것이었고, 상인회환은 그 자체가 이미
이 지역 곡물유통구조를 통한 상인들의 謀利방법의 하나로서 이용되고
있었던 것이다.

결국 회환제는 조선 정부가 양계지방의 절박한 군수문제를 해결하기
위해 마련하였지만, 그 의도와 달리 회환주체들은 이를 잉여곡물 처분

---

44) 《世宗實錄》 卷117, 世宗 29年 8月 甲申, 5冊, 33~34쪽.
45) 《中宗實錄》 卷61, 中宗 23年 5月 庚寅, 16冊, 669쪽.

의 경로나 영리의 수단으로 이용하고 있었다. 국가의 재정체계를 이용한 곡물의 유통과정이었던 셈이다. 때문에 회환제는 이후 이 지역 곡물유통 사정의 변화 속에서 납곡주체들의 동태에 따라 끊임없이 변모하고 있었고, 정부의 대책 또한 이러한 사정을 토대로 하여 마련되고 있었다.

## 3. 回換參與層의 活動과 政府의 對應

회환제는 양계지방의 군수확보를 위해 실시되었지만, 그 자체가 이미이에 응하는 회환주체들에게 우대가격의 회환가 지급을 통해 일정한정도의 이득을 보장하는 전제 위에서 성립하고 있었다. 더구나 이 시기는 양계지방의 곡물반출이 법적으로 규제되고 있었으며, 그나마 불법적인 반출마저도 해로의 안전성 측면에서 많은 제약을 받고 있는 실정이었다. 따라서 이들 양계지방에 곡물을 축적하고 있던 곡물주의 처지에서 회환참여는, 비축곡물의 손쉬운 처분경로라는 측면에서 매우 주목받지 않을 수 없었다.

성종조의 문신인 曹伸의 《謏聞瑣錄》에 나오는 다음 일화는 그러한사정을 잘 보여주고 있다. 당시 綾城君 具致寬과 高靈君 申叔舟는 평안도에 있던 자신들의 私穀 각각 1천 斛씩을 그곳의 주현에 납입하여 군자로 돌리고, 대신 경상도에서 그 대가를 환급받고 있었다. 회환을 이용한평안도 현지에서의 소유곡물 처분이었다. 또한 그들은 한걸음 더 나아가 경상도에서 환급받은 곡물로 布를 구입해 그에 따른 이득을 배가시키기까지 하고 있었다.[46] 이처럼 정부의 회환조처에 응하고 있던 지주들에게는 이를 이용한 다양한 형태의 謀利의 기회가 제공되고 있었다.

---

46) 曹伸, 《謏聞瑣錄》(《稗林》 5冊, 8쪽).
　　"具綾城申高靈 各以平安道私儲穀一千斛 納官爲軍儲 換授于慶尙道 以穀貿布 其利倍焉"

그런데 15세기 국초에 지주회환에 응하여 회환주체로 나설 수 있는
사람은 제한되어 있었다. 이는 양계지방의 지역적인 사정 때문이었다.
즉, 15·16세기 지주제가 전반적으로 확대되어 가고 있었음에도 불구하
고 新田開發의 형태로 이 지방이 본격적으로 개발되어 居京지주의 田莊
이 설치되기 시작한 것은 16세기 중엽 중종 말에서 명종 초의 일로, 삼
남지방의 간척 가능지가 거의 개발된 후의 상황이었기 때문이다.47) 그
러나 실제로 이 지방에 중종조 이전까지 중앙의 관료나 특권세력 소유
의 곡물이 전혀 존재하지 않았던 것은 아니다. 특히 왕실이나 권세가
소유의 곡물은 그 이전부터 다량 비축되어 있었고, 이는 종종 회환을
통해 처분되고 있었다.

세종 17년(1435) 4월 조정에서는, 咸吉道 糧餉비축의 어려움 때문에
安邊 이북 각 주현에 산재되어 있는 本宮 및 諸處의 잡곡 2만여 석을
회환시키자는 함길도 都節制使의 건의가 받아들여지고 있었다.48) 겉으
로 보아서는 도절제사의 요청에 따라 회환이 이루어지는 형태였지만,
이 역시 실제로는 회환을 통한 이득을 노린 왕실세력의 희망과 당시
이들에 의해 일반적으로 수행되던 지주회환의 관행에 따른 허가 조처
였다.

한편 특권세력인 왕실과 권세가들의 회환참여는 이후 연산조에 이르
러 국가운영의 전반적인 혼란상황과 더불어 더욱 확대되고 있었다. 그
리고 이들의 회환에 따른 이득 확보방안 역시 다양화하고 있었다. 연산
군 3년(1497) 정월, 국왕은 성종의 후궁인 昭儀 金氏가 永安道 회환을
요청하자 호조에 이를 허락하도록 명하고 있었다. 이에 판서 李世佐는
지난 甲寅年(성종 25, 1494)에도 金氏의 어머니인 鄭氏의 요청에 따라

47) 李景植, 〈16世紀 地主層의 動向〉, 《歷史敎育》 19, 1976[《朝鮮前期土地制度硏究》
   (Ⅱ)에 수록] ; 李景植, 앞의 〈朝鮮初期의 農地開墾과 大農經營〉 ; 李景植, 앞의
   〈朝鮮初期의 北方開拓과 農業開發〉 ; 李泰鎭, 〈16세기 沿海地域의 堰田 개발 – 戚
   臣政治의 經濟的 背景 一端〉, 《金哲埈博士華甲紀念史學論叢》, 1983[《韓國社會史硏
   究》(지식산업사, 1986)에 수록].
48) 《世宗實錄》 卷68, 世宗 17年 4月 己酉, 3冊, 622쪽.

영안도의 1천 석 회환을 성종이 허가하였으나, 실제로는 200석 밖에 납입되지 않았음을 예로 들면서 이를 반대하고 나섰다. 그리고 그 반대의 근거로, 소의 김씨에 대한 회환을 허가할 경우 富商大賈들이 김씨에게 의탁하여 면포를 가지고 현지에서 무곡하여 납입하거나, 이 지방의 면포가가 비싼 것을 틈타 곡물이 아닌 면포로 납입하여 결국은 군자곡의 용도로 쓸모가 없을 것임을 강조하고 있었다. 그럼에도 불구하고 국왕은 김씨가 선왕의 후궁임을 들어 이를 허가하고 있었다.[49]

이 시기 왕실세력의 회환참여와 이를 통한 謀利의 방법을 잘 보여주는 사례의 하나였다. 다시 말해 소의 김씨나 그의 어머니 정씨로 대표되는 특권세력은 자신들의 권력을 이용하여 양계지방에 소유하고 있던 곡물을 회환을 통해 손쉽게 처분하고 있었으며, 더 나아가 상인들과 연계를 통해 양계지방 소유곡만이 아니라 현지에서 일반 백성들에게 무곡한 곡물을 납입하거나, 아니면 지역적 특성상 高價로 거래되던 면포를 납입하는 등의 불법적인 방법을 통해 회환에 따르는 이득을 취하고 있었던 것이다. 그리고 이러한 행위는 성종이나 연산군의 태도에서 볼 수 있는 바와 같이, 그들이 갖고 있는 봉건적인 특권에 의해 뒷받침되고 있었다. 특권에 기반한 회환참여 형태였다.

연산군 재위기간 동안 이러한 형태의 회환은 계속되고 있었다. 연산군 11년(1505) 7월에도 국왕은, 내수사 소유의 면포 7,500필을 함경도로 이송시켜 安邊·永興 등지에서 9천 석을 貿米하여 本官에 납입하도록 하고, 그 대가를 京倉米로 지급하라는 전지를 내리고 있었다.[50] 현지 무곡에 따르는 폐단 때문에 상인에게는 금지하고 있던 '貿穀納官' 형태의 회환을,[51] 국왕이 내수사에 허용하고 있었던 것이다. 왕실의 회환참여를 이유로 한 특혜조치였다.

이들 특권세력의 회환참여는 여기에서 그치지 않았다. 그들은 대상인

---

49) 《燕山君日記》 卷21, 燕山君 3年 正月 甲寅, 13冊, 181쪽.

50) 《燕山君日記》 卷58, 燕山君 11年 7月 丁酉, 14冊, 10쪽.

51) 이에 대해서는 後述 내용 참조.

과의 밀접한 연계를 통해 그들의 특권에 기반한 謀利활동을 지속하고
있었다. 연산군 11년(1505) 10월에는 국왕 스스로가, 당시 조정에서 문
제가 되고 있던 李介叱同의 7천 석, 檢忠의 1만 석, 仁非의 1만 석에 이르
는 대규모의 회환이 '因緣付託'이 아니고서는 불가능한 규모임을 지적
하고 있었다.52) 그러나 정작 국왕 자신도 이후에 왕실의 內人과 연결을
맺고 있던 安今同의 9천 석 회환을 허가하고 있었다.53) 왕실의 內人세력
이 상인들과 결탁하여, 그들의 특권을 이용해 전국 각지에서 곡물을 무
역하고 있었으며, 특히 양계지방에서는 회환에 참여함으로써 그 이익을
극대화시키고 있었던 것이다.

이와 같이 연산조에는 왕실 내인세력의 상인과의 연계를 통한 이권간
여와 그에 따른 문제가 매우 심각하였고, 회환 역시 이 과정에서 그들에
게 謀利의 한 방법으로 자주 이용되고 있었다. 다음 사례도 그러한 예의
하나이다. 연산군 11년(1505) 10월 국왕은, 無賴한 무리들이 궐내 '興淸
樂'의 족친을 冒稱하여 회환에 참여함으로써 막대한 이득을 보고 있던
실정을 조사하기 위해 일찍이 내렸던, 이들에 대한 推鞫조치를 스스로
철회하고 있었다. 그러자 이에 대해《實錄》의 史臣은 評을 통해, 당시
市井의 상인들이 왕실세력과 연계를 맺고 그들의 諭旨를 받아 스스로를
왕실의 '委差'나 '別坐'로 칭하고, 전국 각지를 횡행하면서 백성들에게
강매를 통해 몇 배의 이익을 얻고 있던 실태와, 각 지방의 수령들이 부
득이하게 이들의 요청을 들어줄 수밖에 없던 사정을 아울러 비판하고
있었다.54) 왕실세력이 그들의 특권에 기반하여 회환으로 대표되는 여러
상활동에 활발하게 참여하고 있던 모습이었다.

한편 이후 연산군의 失政을 비판하는 과정에서 주된 근거의 하나로
지적되었던 이 같은 '興淸'세력에 대한 회환 허가조치는, 중종조 이후에

---

52)《燕山君日記》卷60, 燕山君 11年 10月 庚午, 14冊, 25쪽.
53)《燕山君日記》卷60, 燕山君 11年 11月 辛卯, 14冊, 27쪽 ;《燕山君日記》卷63, 燕山
君 12年 8月 癸酉, 14冊, 66쪽.
54)《燕山君日記》卷60, 燕山君 11年 10月 戊辰, 14冊, 24쪽.

도 그 대상을 달리하여 왕실이나 그 주변의 척족세력에게 빈번히 부여
되고 있었다. 특권세력의 처지에서 볼 때, 이러한 조치는 양계지방의
소유곡물을 손쉽게 처분할 수 있는 경로이기도 했거니와, 회환과 관련
하여 보장되고 있던 상이익를 확보할 수 있는 방안이었기에 결코 포기
할 수 없었다. 그리고 그 商利는 회환 대가물의 수령 과정에서도 보장되
었다.

이 시기 회환가는 원칙적으로 京倉이나 하삼도 지방의 곡물로 지급받
도록 규정되어 있었으나, 특권세력은 그 대가물을 다른 형태로도 지급
받고 있었다. 중종 7년(1512) 정월, 내수사는 함경도의 노비신공을 軍資
로 돌리고 그 대가로 황해도 海州의 魚箭을 지급받고 있었다. 정언 崔中
演의 반대에도 불구하고 국왕은 내수사에 대한 어전지급이 영구적인
것이 아닌 定限의 조처임을 들어 이를 허가하고 있었다.55) 당시 조정
대신들의 거듭되는 반대에도 불구하고,56) 내수사를 비롯한 왕실세력에
게 회환가로 어전이 지급되었던 까닭은 어전의 확보에 따르는 이익이
적지 않았기 때문이었다. 이는 당시 내수사나 宮家를 중심으로 한 권세
가들이 어전·鹽場 등 山林川澤을 절수받아 중세적인 諸산업과 유통경
제를 장악하고, 이를 통해 특권적이며 독점적인 이익을 관철시키고 있
던 사정과 軌를 같이 하는 행위였다.57)

특권에 기초한 이들 세력의 謀利활동은 회환가로 면포를 지급받는
경우에도 마찬가지였다. 명종 6년(1551) 12월, 사간원은 昭容 金氏가 평
안도 회환가로 司贍寺의 5升 면포를 국왕의 특명에 의해 지급받은 사실

55)《中宗實錄》卷15, 中宗 7年 正月 癸亥, 14冊, 553쪽.
56) 내수사의 회환가로 해주 어전을 지급하기로 한 결정이 내려진 이틀 뒤에도,
　　이 조처에 대한 반대의견이 언관을 중심으로 계속 제시되고 있었다(《中宗實錄》
　　卷15, 中宗 7年 正月 乙丑, 14冊, 554쪽).
57) 남원우,〈16世紀 '山林川澤의 折受에 대한 硏究〉, 연세대 석사학위논문, 1988 ; 朴平
　　植,〈朝鮮前期 鹽의 生産과 交易〉,《國史館論叢》76, 1997(《朝鮮前期商業史硏究》에
　　수록) ; 朴平植,〈15世紀 朝鮮의 魚箭政策과 魚箭經營〉,《歷史敎育》101, 2007 ; 朴平
　　植,〈朝鮮前期의 魚物流通과 魚箭私占〉,《東方學志》138, 2007(위 두 논문은 本書
　　Ⅲ부 제2논문으로 合編 수록).

에 대해 문제를 제기하고 있었으나, 명종은 그 수가 많지 않음을 들어 이를 묵살하고 있었다.[58] 물론 회환가로 곡물이 아닌 면포가 지급되는 경우는 이 시기 상인회환의 형태에서도 나타나고 있었다.[59] 문제는 그 대가가 사섬시의 면포라는 데 있었다. 다시 말해 지방이 아닌 중앙 사섬시의 면포를, 그것도 5승의 良布를 지급함으로써 이를 수령하였던 昭容家에 더 많은 이익을 보장하였던 것이다.

이로부터 5년 후에 소용 김씨의 회환가 지급과 관련하여 다시 제기되었던 다음 논의 역시, 그러한 사정을 잘 보여주고 있었다. 즉 명종 11년(1556) 정월에도, 사헌부는 소용 김씨의 회환가를 호조의 公事에 따라 경상도의 布子로 지급할 것을 거듭 주청하였으나, 국왕은 이에 대해 김씨가 선왕의 후궁임을 들어 이들의 의견을 받아들이지 않았던 것이다.[60] 왕실에 대한 특혜조처였던 셈이다. 더 나아가 명종은 그해 8월에도 내수사의 함경도 회환가로 사섬시의 면포를 지급할 것을 명하면서, 그 이유를 내수사에 대한 회환가 지급이 일반 私儲穀의 경우와 같을 수 없음을 강조하고 있었다.[61] 왕실의 회환은 다른 회환과는 달리 그들의 특권에 의해 뒷받침되었고, 정부가 이를 제도적으로 보장하고 있었던 사정을 잘 보여주는 사례라 하겠다.

이 시기 특권세력의 이와 같은 곡물 이외 형태의 회환가 수령에서는 또 다른 유형의 이득도 보장되고 있었다. '受價의 過重'이 그것이었다. 중종 24년(1529) 4월 사헌부는, 安陽君 부인과 全城君 부인의 회환가 지급이 皮穀 4두당 常木綿 4~5필에 해당되는 鹽稅布 1필로 이루어지고 있어, 그 지급가격이 과중함을 지적하고 있었다.[62] 그러나 이에 대해 국왕은 다음날 전지를 통해, 전에도 景明君 부인의 회환가가 염세포로

---

58) 《明宗實錄》 卷12, 明宗 6年 12月 癸酉, 20冊, 65쪽.
59) 본장의 후술 내용 참조.
60) 《明宗實錄》 卷20, 明宗 11年 正月 甲戌, 20冊, 318쪽.
61) 《明宗實錄》 卷21, 明宗 11年 8月 丙午, 20冊, 356쪽.
62) 《中宗實錄》 卷65, 中宗 24年 4月 辛巳, 17冊, 111쪽.

지급되었음을 예로 들면서 형평을 고려하여 두 부인에게도 그대로 지급할 것을 지시하였다.63)

그럼에도 불구하고 이의 철회를 요구하는 신하들의 주청이 계속되자 중종은, 안양군 부인에 대한 회환가의 과중한 지급이 애초부터 그들의 이익을 고려하여 취해진 조처가 아니고, 또한 '友愛之道'의 견지에서 볼 때 설사 지급가가 과중하다 해도 무방하다는 견해를 거듭 밝히고 있었다.64) 회환에 참여하여 특권에 기반한 과중한 대가를 지급받음으로써 이익을 배가하고 있던 당대 왕실세력에 대한 국왕의 한결같은 옹호의 논리였다. 결국 중종 24년(1529) 4월에 있었던 이 논란은 이후 국왕과 사간원 사이의 공방 속에서, 宗室 부인들의 과중한 회환가 受給이 그들의 家奴나 부상대고들의 사주에 의한 것이므로 이들을 처벌해야 한다는 신하들의 주장에 국왕이 동의함으로써 다음 달에 일단락되고 있었다.65) 왕실의 특권을 옹호하고 보장하려는 국왕의 의지와 이를 유교적인 논리에서 바로 잡으려는 신료들의 주장이 타협한 결과였다.

그러나 왕실세력에 대한 회환가의 過重支給이 중종조만의 일은 아니었다. 명종 11년(1556) 9월 사간원은, 내수사의 함경도 회환이 사섬시의 면포로 지급되면서 왕실에서 사용할 것이라 하여 좋은 布만을 골라서 지급되었을 뿐만 아니라, 市價의 변동에 의거하지 않은 채 重價인 舊價로 지급된 사실을 지적하고 있었다. 다른 私儲穀의 회환은 시가의 변동에 따르면서도, 왕실의 회환이라 하여 시가의 변동을 무시하고서 보다 비싼 舊가격에 의거하여 회환가를 지급하는 것은 공평무사하지 않다는 주장이었다. 왕실에게만 특혜를 부여할 수 없다는 사간원의 주장은 그러나 거듭되는 上啓에도 불구하고, 이미 내린 조치이므로 고칠 수 없다고 하여 국왕에 의해 끝내 받아들여지지 않았다.66) 회환의 과정에서 일

63)《中宗實錄》卷65, 中宗 24年 4月 壬午, 17冊, 111쪽.
64)《中宗實錄》卷65, 中宗 24年 4月 癸巳, 17冊, 115쪽.
65)《中宗實錄》卷65, 中宗 24年 5月 癸巳・丙午, 17冊, 118쪽.
66)《明宗實錄》卷21, 明宗 11年 9月 戊午, 20冊, 358쪽.

관되게 왕실을 비롯한 특권세력의 이익을 옹호하거나 보장하고 있던
당대 국왕들의 한결같은 모습의 연장선상에서 취해지는 조처였다.

특권세력이 펼친 양계지방에서의 회환활동은 이상에서 살펴본 바와
같이 16세기에 접어들면서 더욱 빈번해지고 있었다. 여기에는 이 시기
양계지방, 특히 평안도 지방의 新田이 이들 諸특권세력에 의해 본격적
으로 개발되고 있던 사정이 그 배경으로 자리잡고 있었다. 15세기 후반
성종조 초에 그 통행이 안정되기 시작한 서해북방의 해로가 16세기에
들어 더욱 그 안전성을 확보하게 되면서부터,[67] 이 지역에 田莊을 확보
한 중앙의 왕실을 비롯한 특권세력은 더욱 늘어가고 있었다.[68] 그리고
이 과정에서 회환이 그들의 농장곡 처분수단의 하나로 자주 이용되고
있었던 것이다.

이 시기 왕실세력들의 회환참여는 비단 王子家만의 일이 아니었다.
심지어는 大妃殿까지 여기에 간여하여 물의를 빚고 있었다. 중종 24년
(1529) 6월 조정에서는, 대비전의 書題인 朴貞元이 安陽君 부인의 穀 50
석과 대비전 穀 2천여 석을 회환을 통해 처리한 일이 논의되고 있었다.
당시 대간은 이러한 謀利활동에 대비전이 참여하였을 리가 없음을 주장
하면서, 이 사건에 관련된 서제 박정원과 그와 연계되어 있을 부상대고,
그리고 이러한 사실을 제대로 보고하지 않은 승정원 관리의 처벌을 요
구하고 나섰다.

이에 대해 국왕은 자신 역시 대비전의 회환참여 사실이 의심스러워
이를 慈殿에게 품의하자, 자전으로부터 "永安道에 곡식이 많아 인력으
로 운송하기 어려워, 안양군 부인의 곡식과 함께 납곡하여 회환하도록
하였다"는 대답을 받았음을 전하고 있었다.[69] 다음 날 중종은 이 일이
上殿에 연루된 일이고, 또한 자신이 그 전후사정을 알게 된 이상, 대비전

---

67) 주 21 참조 ;《明宗實錄》卷16, 明宗 9年 5月 庚戌, 20冊, 196쪽.
　　"長山串 在古不通舟楫 而今則人多工巧 故行船便利"
68) 주 47의 李景植, 李泰鎭의 논고 참조.
69)《中宗實錄》卷65, 中宗 24年 6月 甲戌, 17冊, 129쪽.

의 영안도 곡 2천석의 회환가를 屬公시키는 조처는 事體에 부당하다
하면서 이를 三政丞에게 의논하도록 하였다.[70] 자전의 2천석 회환과 그
에 따르는 모리활동을 묵인하고자 대신들의 동의를 구하는 절차였다.

이에 대한 정승들의 의견 또한 마찬가지였다. 三政丞 모두 이 일이
자전에 관련된 일이므로 회환가를 속공시키는 조처는 事體에 비추어
未便하다는 의견을 제시하였던 것이다.[71] 결국 대간의 거듭되는 반대에
도 불구하고,[72] 중종 24년(1529)의 이 대비전 회환은 허용되었다. 특권
세력, 특히 왕실의 특권에 기반한 회환과 그에 따르는 영리활동이 조선
사회의 질서 속에서 결코 금지될 수 없는 성질의 것이었음을 다시 한번
확인시켜주는 사례였던 것이다.[73]

이상에서 살펴본 바와 같이, 조선전기에 '지주회환'의 형태로 정부의
회환조처에 응하고 있던 납곡주체는 주로 이 지방에 田莊을 소유하고
있던 중앙의 왕실이나 관료 등 특권세력들이었다. 이 가운데 특히 왕실
세력은 그들의 諸特權을 이용하여 회환에 참여함으로써 그 이익의 폭을
더욱 확대시키고 있었다. 회환가로 곡물 대신 어전이나 양질의 면포를
지급받기도 하였으며, 또한 다른 회환의 경우보다 훨씬 重價를 수령함
으로써 더 많은 이득을 확보하고 있었던 것이다. 나아가 그들은 대상인
과의 밀접한 연계 속에서 회환을 이용, 여러 가지 상업적인 이윤을 추구
하고 있기까지 하였다.

그러나 왕실을 포함한 특권세력의 이러한 모리활동은 그들의 특권에
기초해 전개되고 있었던 만큼, 당시 정부에서 제약할 수 있는 일이 아니
었다. 오히려 이 시기 국왕을 비롯한 조정의 대신들은 이들의 활동을

---

70) 《中宗實錄》 卷65, 中宗 24年 6月 乙亥, 17冊, 129쪽.
71) 위와 같음.
72) 《中宗實錄》 卷65, 中宗 24年 6月 丙子, 17冊, 129쪽.
73) 왕실을 비롯한 특권세력에 대한 이러한 회환허용 조치는 그 뒤 선조조까지
계속되고 있었다(《宣祖實錄》 卷7, 宣祖 6年 2月 壬申, 21冊, 257쪽 ; 《宣祖實錄》
卷7, 宣祖 6年 3月 丁亥, 21冊, 258쪽 ; 《宣祖實錄》 卷7, 宣祖 6年 3月 甲辰, 21冊,
260쪽 ; 《宣祖實錄》 卷7, 宣祖 6年 7月 癸卯, 21冊, 266쪽).

묵인하거나 방조하였으며, 때로는 옹호까지 하고 있었다. 때문에 특권 세력의 회환참여 활동은 우선은 양계지방 소재 농장 소출곡의 손쉬운 처분경로로서의 의미를 지니는 것이었지만, 또한 이들이 이 회환참여를 통해 지속적으로 상업적인 이윤을 추구하고 있었다는 점에서, 이 시기 양계지방의 곡물유통이나 이를 포함한 당대 교환경제와의 밀접한 관련 속에서 진행되고 있었다 하겠다.

한편 조선전기에는 상인들 또한 회환에 적극적으로 참여하면서, 이를 이용해 그들의 상활동을 전개하고 있었다. '상인회환'의 형태였다. 회환 의 납곡과정과 대가물의 수령, 그리고 그 처리과정에서 많은 상업적인 이윤획득의 기회가 제공되고 있었기 때문이다. 이러한 사정은 회환제의 연원지라 할 중국에서도 마찬가지였고, 조정에서도 이미 그러한 내역을 잘 알고 있었다. 세종 22년(1440) 7월 국왕은, 당시 중국 상인들이 布帛 등의 물건을 이용해 遼東에서 무곡하여 官에 납입하고, 그 대가를 南方 에서 지급받음으로써 열 배의 이익을 남기던 실정을 언급하고 있었다[74]

그런데 세종에 따르면, 상인들의 이와 같은 활동은 조선에서도 마찬 가지였다. 태종조에 양계지방의 軍餉에 대한 염려에서 허용된 회환은, 興利之徒인 상인들이 여기에 참여하게 되면서 일시적으로 혁파되고 있 었다. 상인들이 양계지방 백성들에게서 곡물을 무곡하여 주현에 납입하 였기 때문에 民食이 부족하게 되었고, 이에 주현에서 어쩔 수 없이 관하 백성들에게 대여하였던 官穀이 환납되지 않게 되면서, 결과적으로 애초 의 군수확보 목적과는 달리 변경지방의 公廩이 허갈하게 되었기 때문이 었다.[75]

조선전기에 이처럼 상인들이 회환에 활발하게 참여하고 있던 데에는 그만한 이유가 있었다. 회환참여를 통해서 그들이 二重의 이익을 확보

---

74) 《世宗實錄》 卷90, 世宗 22年 7月 甲寅, 4冊, 302쪽.
　　이미 北宋 초에도 京師의 곡물상인들은 이러한 '入中'활동에 참여하여 많은 상업 자본을 축적하고 있었다(金永眞, 앞의 〈北宋前期 京師米行商의 入中邊糧 活動〉).
75) 위와 같음.

할 수 있었기 때문이다. 이들의 商利는 우선 면포나 雜物을 이용해 양계 현지에서 벌이는 무곡과정에서부터 확보되고 있었다. 양계지방은 혹독한 추위가 닥치는 지역적 특성상 면포가 매우 긴요한 물품이었다. 세종 18년(1436) 정월, 국왕이 양계의 감사들에게 綿花의 재배와 그 보급을 특별히 지시하였던 것도 이러한 까닭에서였다.76) 그러나 난대성 식물인 면화는 이 지역에서 양산할 수 있는 작물이 아니었고,77) 따라서 양계지방에서 면포는 16세기에도 여전히 민간에서 그 쓰임새가 가장 절실한 물품으로 꼽히고 있었다.78) 상인들은 양계의 바로 이러한 면포수요를 잘 알고 있었기 때문에, 회환으로 납입할 곡물을 면포를 이용하여 현지에서 매집하고 있었던 것이다.

면포 이외의 雜物의 경우 또한 마찬가지였다. 양계지역에 場市와 같은 농민적인 교역체계가 아직 정비되지 못한 상황에서, 일상생활에 필요한 여러 물품은 이들 상인에게 훌륭한 商利의 확보수단이었다. 그리고 이런 사정을 이용하여 상인들은 회환에 참여하면서 변경의 주현에 납입할 곡물을 양계지방에서 무곡을 통해 확보할 수 있었던 것이다. 京商들이 잡물을 이용해 현지에서 무곡한 곡식을 가지고 양계회환에 참여하던 활동은 이미 태종조부터 시작되고 있었다. 태종 17년(1417) 5월 평안도 都觀察使의 보고에서 드러나듯이, 이 시기 경중의 상인들은 변방지역의 구석구석을 횡행하면서 온갖 잡물을 이용하여 민간의 곡물을 다량 매집하고 있었다.79) 이 과정에서 그들이 일차적으로 상업적 이익을 확보할 수 있었음은 물론이다.

이 시기 회환참여 상인들이 무곡과정에서 양계의 백성들에게 판매하고 있던 물품들은 모두 민간의 일상생활에 긴요한 것이었다. 예컨대 면

---

76) 《世宗實錄》 卷71, 世宗 18年 正月 壬申, 3冊, 663쪽.
　　세종의 양계지방 목면재배 장려지시는 10년 후인 동왕 28년(1446)에도 반복되고 있었다(《世宗實錄》 卷113, 世宗 28年 8月 壬寅, 4冊, 697쪽).
77) 《世宗實錄》 卷100, 世宗 25年 6月 戊戌, 4冊, 484쪽.
78) 《中宗實錄》 卷55, 中宗 20年 10月 戊子, 16冊, 458쪽.
79) 《太宗實錄》 卷33, 太宗 17年 5月 壬辰, 2冊, 160쪽.

포를 비롯한 衣裳物類와 신발[鞋靴], 갓과 갓끈[笠纓], 빗[梳], 바늘[針],
화장품[粉] 등이 그것이었다.[80] 이와 같이 상인들이 현지에서 무곡수단
으로 이용하던 물품들은 이를 '긴요하지 않은 잡물'[81] 또는 '민간에 무
익한 물품'[82]이라 이해하고 있던 당시 정부의 인식과는 달리, 백성들의
일상생활에 실제로 절실한 것들이었다. 상인들이 취급하던 물품의 이러
한 성격 탓에, 이 무렵 회환참여 상인들은 양계의 백성들에게 이를 先賣
까지 하고 있었다.[83] 그만큼 민간에 절용한 물품들이었던 것이다. 때문
에 상인들의 잡물을 이용한 무곡활동은 정부의 의지와 달리 쉽게 근절
될 수 있는 것이 아니었다.[84] 결국 회환에 참여하는 과정에서 상인들이
모리할 수 있는 여지는, 이처럼 납입곡물의 현지무곡 과정에서부터 마
련되고 있었다.

한편 상인들의 회환참여에 따르는 이차적인 이익은 그 대가물의 수령
과 처리과정에서 보장되고 있었다. 상인회환의 경우에도 회환가는 하삼
도의 곡물로 지급받게 되어 있었다. 물론 이 경우 지급되는 곡물은 '優
給'의 원칙에 따르는 것이었다.[85] 그러나 회환참여에 따르는 상이익을
추구하고 있던 상인들은 곡물 이외에 다른 형태로도 회환가를 지급받고
있었다. 예컨대 면포나 銅鐵, 어전, 丹木 등이 그것이었다.[86] 모두 그
회전과정을 통해서 커다란 상업이윤을 확보할 수 있는 물품들이었다.

특히 銅鐵은 이 시기 상인들에게 이윤획득의 좋은 수단이었다. 중종
20년(1525) 7월 호조에 따르면, 이들 동철은 당시 부상대고들이 商利를
노려 절실하게 확보하고자 하는 대표적인 상품이었다.[87] 면포가 민간

---

80) 《世宗實錄》 卷100, 世宗 25年 6月 戊戌, 4冊, 483쪽.
81) 《太宗實錄》 卷33, 太宗 17年 5月 壬辰, 2冊, 160쪽.
82) 《世宗實錄》 卷117, 世宗 29年 8月 甲申, 5冊, 34쪽.
83) 주 80과 같음.
84) 물론 상인들의 무곡수단이 꼭 이 지방의 생활필수품에 그치는 것은 아니었다.
    紗羅綾段과 같은 사치품도 간혹 그 거래물품에 포함되고 있었다(《世宗實錄》 卷
    100, 世宗 25年 6月 戊戌, 4冊, 484쪽).
85) 《世宗實錄》 卷117, 世宗 29年 9月 庚寅, 5冊, 35쪽.
86) 주 31, 32, 33 참조.

의 의생활과 밀접한 관련 속에서 많은 이익의 여지를 제공하고 있었던 것과 마찬가지로, 동이나 철 또한 이 시기 농업용구나 기타의 용도로 국가나 민간의 필수품이었음에도 불구하고, 주로 일본과의 교역을 통해 확보되는 물품이어서 항상적으로 그 수급이 불안정하였기 때문이었다.[88]

이처럼 상인들은 회환에 참여하면서 납입할 곡물을 양계지방 현지에서 무곡하는 과정에서만이 아니라, 회환가로 지급받은 곡물과 여타 형태의 대가물을 회전시킴으로써도 상이익을 확보하고 있었다. 회환 자체가 제공하는 일정 정도의 이득 외의 二重의 상업적인 이윤획득이었다. 그러나 회환에 참여하고 있던 상인들의 모리활동은 여기에서 그치지 않았다. 오히려 이 시기 상인들의 성격과 관련하여 주목되는 현상은, 회환에 참여하면서 이들이 특권세력이나 관인들과 결탁하여 벌이고 있던 불법적인 활동양상이었다. 그리고 그 대표적인 사례는 우선 양계지방의 주현에 곡물 대신 포화를 납입하고 회환가를 지급받는 형태였다.

단종 2년(1454) 5월 의정부는, 회환참여 상인들이 권세가에 의탁하여 미곡 대신 布貨를 납부하고 있는데도 수령들이 미곡을 수납한 것으로 虛錄하고 있어 그 名實이 어긋나므로, 관찰사로 하여금 이들의 불법행위를 감독하게 하여 이를 위반한 상인이나 수령을 처벌하고 그 물품은 몰수하자고 강력하게 주장하고 있었다.[89] 이렇게 양계의 주현에 상인들이 납입한 포화는, 다시 공권력에 의해 이 지방 백성들에게 強賣되고 있어 그 폐해가 적지 않았다.[90] 물론 상인들의 이러한 포화납입은 양계 현지에서의 무곡이 여러 사정으로 어려운 시기에 주로 이루어지고 있었다. 예컨대 양계지방의 곡가가 등귀할 경우, 부상대고들은 권력과 결탁하여 곡물 대신에 포화를 비롯한 각종 輕貨를 주현에 납입하고 있었던

---

87) 《中宗實錄》 卷54, 中宗 20年 7月 丙戌, 16冊, 440쪽.
88) 《中宗實錄》 卷91, 中宗 34年 7月 癸酉, 18冊, 311쪽.
89) 《端宗實錄》 卷11, 端宗 2年 5月 庚午, 6冊, 683~684쪽.
90) 《世祖實錄》 卷28, 世祖 8年 3月 丙午, 7冊, 525쪽.

것이다.91)

나아가 이들은 포화만이 아니라, 군자곡으로 적합하지 않은 잡곡이나 搗精되지 않은 곡물들을 또한 납입하기도 하여, 당시 조정에서 크게 문제가 되고 있었다.92) 그리고 회환참여 상인들의 이러한 행태는 '依附權勢'93)・'依憑勢要'94)라는 표현에서 보듯이, 당시 권세가나 양계지방 수령들과 결탁하지 않고서는 불가능한 일이었다. 예종 원년(1469) 2월 利城縣監 盧仲淸은 회환참여 상인들에게 뇌물을 받고서 이들의 면포납입을 묵인한 다음에, 이 면포를 민간에 抑賣시켜 군자곡에 보충한 혐의로 사헌부에 의해 탄핵되고 있었다.95) 상인들이 회환에 참여하면서 수령을 이용하여 모리하던 사례의 하나였다.

한편 이 시기 상인들은 왕실을 비롯한 諸특권세력과 결탁하거나 연계하여 회환에 참여함으로써, 이를 통해 그들의 상이익을 확대시키고도 있었다. 특히 연산조 이후 왕실세력이 주체가 되는 회환의 특혜조처가 조정에서 논란될 때에는, 거의 으레 부상대고인 상인들이 왕실세력의 회환에 참여하여 그들을 사주하거나 조종하였다는 지적이 나오고 있었다.96) 물론 부상대고들의 이러한 특권세력에 기생한 회환참여는 이들 상인과 특권세력 양자 사이의 이해가 일치되었기에 가능하였다.

명종 6년(1551) 12월 사간원에 따르면, 당시 부상대고들은 권세가와 결탁해 이들의 특권을 이용하여 각지에서 무곡하고, 이 곡식을 자신들의 농장곡이라 모칭하여 회환에 참여함으로써 重價를 수령하고 있었다.97) 이후 상인들이 이렇게 획득한 이익의 일부를 다시 특권세력에게

---

91) 《世祖實錄》 卷33, 世祖 10年 7月 甲寅, 7冊, 633~634쪽.
92) 《世祖實錄》 卷43, 世祖 13年 7月 癸巳, 8冊, 103쪽.
93) 《端宗實錄》 卷11, 端宗 2年 5月 庚午, 6冊, 684쪽.
94) 《世祖實錄》 卷33, 世祖 10年 7月 甲寅, 7冊, 633쪽.
95) 《睿宗實錄》 卷3, 睿宗 元年 2月 丙午, 8冊, 331쪽.
96) 《燕山君日記》 卷21, 燕山君 3年 正月 甲寅, 13冊, 181쪽 ;《燕山君日記》 卷60, 燕山君 11年 10月 戊辰, 14冊, 24쪽 ;《中宗實錄》 卷65, 中宗 24年 5月 乙巳, 17冊, 118쪽 ;《中宗實錄》 卷66, 中宗 24年 10月 甲申, 17冊, 163쪽.
97) 《明宗實錄》 卷12, 明宗 6年 12月 癸酉, 20冊, 65쪽.

제공하게 되면서, 그들이 '相補'의 관계에 있었음은 물론이다. 때문에 성종 23년(1492) 7월《실록》의 史臣은, 당시 부상대고들이 巨室의 명의를 빌려 양계 현지에서 무곡하여 회환에 참여하고, 그 대가를 京倉米로 수령함으로써 얻은 막대한 이익을 이들 거실과 나누던 실태를 두고, '瘠公肥私'가 막심하다고 개탄하고 있었던 것이다.[98]

이처럼 조선전기 상인들의 회환을 이용한 모리활동은 당대 諸특권세력과의 연계 아래 그들의 권력을 활용하여 이루어지고 있었으며, 이 과정에서 부상대고와 특권세력들은 相補의 유대관계를 형성시키고 있었다. 그러나 이들의 회환참여 활동이 비록 특권세력과의 관계 속에서 그들에 기생하여 전개되고 있었다 해도, 상인들의 회환참여가 정부에 의해 항상적으로 허용된 것은 아니었다. 오히려 상인회환은 양계지방의 군수사정이 절박하여 다른 軍資확보 방안이 여의치 않았던 경우나 그밖의 몇몇 상황을 제외하고는 조선전기 내내 금지되고 있었다.[99]

상인들의 회환참여가 정부에 의해 줄곧 금지되었던 데에는 그만한 이유가 있었다. 우선은 이들의 현지 무곡활동에 따르는 양계지방의 식량부족 상황이 문제가 되고 있었다. '絶糧'의 문제였다. 세종 22년(1440) 12월 평안도 관찰사에 따르면, 잡물을 이용한 상인들의 무곡활동으로 말미암아 이 곳에 赴防하는 백성들의 양식이 부족할 뿐만 아니라, 집집마다 還上을 받고도 이를 상환하지 못하여 公廩 또한 허갈하게 되는 실정이었다.[100]

이 시기 양계지역에서 군역을 치르던 남쪽의 백성들은 교통사정으로 말미암아 스스로 양식을 운반하기 어렵기 때문에, 布貨를 가지고 변경의 백성들에게 무곡하여 防戍생활을 꾸려가고 있었다. 이러한 양계 남

---

98)《成宗實錄》卷267, 成宗 23年 7月 乙酉, 12冊, 206쪽.
99) 상인회환이 허용된 경우의 한 예는 다음과 같다. 문종 원년(1451) 정월, 호조가 양계 백성들의 곡물허비를 이유로 상인회환을 건의하자 국왕이 이를 받아들이고 있었다. 물론 이 결정 역시 양계지방의 군수에 대한 우려에서 취해진 조처로 보아야 할 것이다(《文宗實錄》卷5, 文宗 元年 正月 癸亥, 6冊, 350쪽).
100)《世宗實錄》卷91, 世宗 22年 12月 丙戌, 4冊, 327쪽.

북 郡民들 사이의 '自相賣買'는 南民에게는 식량운송의 어려움을 덜어주
는 방법이었고, 北民에게는 추위를 극복할 수 있는 포화를 구득할 수
있는 경로였다. 그러나 이 과정에 이제 상인들이 개재하게 되면서 문제
가 발생하고 있었던 것이다.101)

결국 상인들의 양계 무곡활동은 이 지방의 곡물유통에 영향을 주어
곡가를 등귀시키고 있었으며, 이로 말미암아 백성들은 그들의 식량을
주현의 還上穀에 의존하지 않으면 안 되었다. 그러나 이렇게 백성들에
게 대출된 환자곡이 제대로 환수될 리 없었고, 이러한 사태는 곧바로
官倉의 허갈로 귀결되고 있었다.102) 회환의 실시 의도가 양계지방의 부
족한 군자문제를 해결하는 데 있었음에도 불구하고, 도리어 상인이 여
기에 참여함으로써 백성들뿐만 아니라 官소유곡, 곧 군자곡마저도 허비
되고 마는 사태가 초래되었던 것이다.

'備邊'을 위해 양계지방 소재 公私곡물의 他道운송을 법으로 모두 금
지시키고 있던 당시의 상황에서, 이는 커다란 문제가 아닐 수 없었다.
세종 23년(1441) 윤11월, 조정 관료들이 상인회환의 시행여부를 두고,
장차 상인들의 '爭利'의 단서가 되는 대신에 백성들의 소요를 불러올
것이라 하며 반대하였던 이유는 여기에도 있었다.103) 이 상인회환이 애
초의 의도와는 달리, '足國裕民'의 방도가 되기보다는 단지 상인들의 이
익만 충족시키게 될 것이라는 인식 때문이었다.104)

한편 정부에 의해 상인회환이 금지되었던 또 하나의 이유는 이 시기
양계지방에서 행해지던 정부와 백성들 사이의 곡물거래와 관련되어 있
었다. 성종 23년(1492) 7월 조정의 대신들은, 양계지방에서 회환에 참여
하는 상인들이 수령과 결탁하여 면포를 이용해 백성들에게 강제적으로
무곡하는 과정에서 米價가 등귀하여 백성들에게 弊가 미칠 뿐만 아니

---

101) 《世宗實錄》 卷117, 世宗 29年 8月 甲申, 5冊, 33~34쪽.
102) 《世宗實錄》 卷100, 世宗 25年 6月 戊戌, 4冊, 483쪽.
103) 《世宗實錄》 卷94, 世宗 23年 閏11月 丁卯, 4冊, 371쪽.
104) 주 101과 같음.

라, 官家의 무역이 행해지지 못하고 있다고 지적하고 있었다.105)

조선전기, 정부는 변방의 군수문제를 해결하기 위한 방안의 하나로 정부소유 면포를 이 지역에 운송시켜 백성들과의 교역을 통해 무곡하고, 이를 군자에 보충하고 있었다. 이른바 '官貿穀'의 형태였다.106) 그런데 농민들의 처지에서는 強賣일 경우에는 그 거래의 대상이 정부이거나 아니면 관권과 결탁한 상인이건 간에 큰 차이가 없었다. 그러나 상인과의 거래가 강매의 형태가 아니라 '自相交易'의 상업적 원리에 따라 이루어질 경우, 양계지방 농민들이 이들 곡물상인과 우선적으로 교역을 하게 됨은 당연한 사세였다. 이 시기 '官家貿易 不行'의 이유는 바로 여기에 있었다. 때문에 民과의 交易獨占, 다시 말해 유통경제에 대한 통제를 통해서 상업이윤을 국가에 우선 귀속시키려 하였던 '利權在上'論에 근거한 조선 정부의 상업정책 아래,107) 상인들의 이 같은 회환참여를 통한 모리행태는 규제하지 않을 수 없는 것이었다.

요컨대 상인회환은 그에 따르는 여러 폐해, 즉 상인들의 곡물이 아닌 면포로의 납입, 이들의 무곡활동으로 말미암은 양계지방 民食의 부족, 환자곡의 不收에 따른 公廩의 허갈, 그리고 관무곡의 어려움 등의 문제로 말미암아 정부에 의해 끊임없이 금지되고 있었다. 더욱이 이 시기 조선 정부의 상인회환 금지방침은 당대 법전에 수록됨으로써 법조문화하고 있었다. 태종조의 《續六典》과 세종조의 《六典謄錄》에 실려 있던 상인회환 금지조항이 그것이었다.108)

상인회환에 대한 정부의 금지조처는 조선전기 내내 거의 일관되게 취해지고 있던 방침이었다.109) 그러나 정부의 금지에도 불구하고 이 시

---

105) 《成宗實錄》 卷267, 成宗 23年 7月 乙酉, 12冊, 206쪽.

106) 조선전기 양계지방의 관무곡 실태와 곡물유통체계와의 관련 등에 대해서는 본 논문 4장의 서술과 朴平植, 앞의 〈朝鮮前期의 穀物交易과 參與層〉 참조.

107) 朴平植, 〈朝鮮初期의 商業認識과 抑末策〉, 《東方學志》 103, 1999(《朝鮮前期商業史研究》에 수록).

108) 《世宗實錄》 卷117, 世宗 29年 8月 甲申, 5冊, 33~34쪽 ; 《世宗實錄》 卷117, 世宗 29年 9月 丙辰, 5冊, 39쪽.

기 상인의 회환참여 활동은 끊임없이 계속되고 있었다. 전술한 바와 같이, 회환 자체가 제공하는 일정정도의 이득 외에도 상인들이 회환의 과정에서 확보할 수 있었던 상업적 이윤의 여지가 많았던 만큼, 그것은 결코 정부의 의도와 같이 규제될 수 있는 성질이 아니었기 때문이다. 오히려 조선전기에 이들의 회환을 통한 謀利활동이 조정 내에서 끊임없이 논란이 되고 있던 상황 자체가, 이 시기 상인들의 회환을 이용한 활발한 상활동을 보여주는 것에 다름 아니었다.

이상에서 살펴본 바와 같이, 조선전기 정부의 회환조처에는 양계 출신의 居京관인만이 아니라, 이 지역에 곡물을 축적할 수 있었던 중앙의 왕실을 비롯한 특권세력이나 고위 관인들, 그리고 부상대고로 지칭되는 대상인들이 활발하게 회환주체로 참여하고 있었다. 특히 회환의 과정에서 諸특권세력은 회환 자체가 부여하던 이득과 더불어 가외의 모리를 할 수 있었으며, 상인들 역시 납곡이나 회환가의 수령과 처리과정에서 많은 상업적 이윤을 확보하고 있었다.

그러나 특권세력이나 상인으로 대표되는 회환 참여층의 이러한 불법적인 회환참여 활동에 대한 정부의 대응방식은 일관된 것이 아니었다. 즉, 왕실로 대표되는 특권세력에 대해서는 지속적으로 그 이익을 보장하거나 옹호했던 것과 달리, 상인들의 회환참여를 통한 商利확보에 대해서는 그 폐해를 들어 줄곧 이를 규제하거나 금지하는 방침을 취하고 있었던 것이다. 때문에 상인들은 이러한 규제를 피하고자 특권세력에 기생하여 그들의 이득을 관철시키고 있었다. 이 시기 조선 정부가 가지고 있던 '이권재상'론에 근거한 商業觀의 한 모습이었다.

---

109) 상인회환 금지를 규정하거나 이를 논의하는 기사는《실록》에서 태종조부터 중종조에 이르기까지 수십 회에 걸쳐 산견된다. 이에 견주어 군수문제와 관련하여 상인회환을 임시 조처로서 공식 허용한 기록은, 필자의 조사로는 7회 정도 발견된다 (《太宗實錄》卷29, 太宗 15年 3月 丙午, 2冊, 55쪽 ;《世宗實錄》卷100, 世宗 25年 6月 戊戌, 4冊, 483~484쪽 ;《文宗實錄》卷5, 文宗 元年 正月 癸亥, 6冊, 350쪽 ;《世祖實錄》卷18, 世祖 5年 12月 丁丑, 7冊, 360~361쪽 ;《世祖實錄》卷23, 世祖 7年 2月 丁丑, 7冊, 447쪽 ;《世祖實錄》卷41, 世祖 13年 3月 庚午, 8冊, 64쪽 ;《成宗實錄》卷254, 成宗 22年 6月 壬子, 12冊, 48~49쪽).

## 4. 穀物流通의 發達과 回換制의 變動

조선전기 양계지방의 회환제는 이 지역의 곡물유통 사정과 밀접한 연관 속에서 전개되고 있었다. 따라서 회환참여를 통해 비축곡물의 처분에 그치지 않고, 이를 이용하여 謀利를 하거나 상업적 이윤을 추구하고자 하였던 회환 참여층의 처지에서, 그러한 관련은 주목되는 것이었다. 다시 말해 15·16세기 양계지방의 곡물유통 사정과 시기의 진전에 따르는 변화가 회환제에 직접 간접으로 영향을 주고 있었기 때문에, 실제로 이윤의 극대화를 노리던 회환주체들은 이러한 변화에 민감하게 반응하면서 대처하였던 것이다. 여기에서는 그러한 양계지방 곡물유통의 사정과 회환제의 관련에 대해 알아보기로 한다.

조선전기 곡물의 유통과정은 그 성격상 크게 두 계열로 나누어 볼 수 있었다. 국가의 재정체계를 매개로 하여 전개되는 형태와 민간차원에서 전개되는 형태가 그것이다. 그리고 이러한 곡물의 유통과정에서는 다른 상품의 경우와 마찬가지로, 그 주체가 정부이거나 혹은 국가의 재정체계를 대상으로 하는 거래가 매우 큰 비중을 차지하고 있었다.[110] 이와 같은 사정은 양계지방에서도 마찬가지였다. 다시 말해, 이 지역의 곡물유통 역시, 최대의 곡물 보유자이자 소비주체이기도 하였던 정부에 의해 주도되거나, 정부를 거래대상으로 하여 우선 전개되고 있었던 것이다.

회환제는 이 시기 국가의 재정체계를 이용한 곡물유통의 한 경로였다. 회환주체의 처지에서 정부의 회환조처는 양계지방에 비축하고 있던 곡물을 처분할 수 있는 좋은 기회였다. 특히 이 지역에 다량의 곡물을 소유하고 있던 중앙거주의 穀物主들에게 회환은 손쉬운 곡물처분

---

110) 이와 관련하여서는 주 1의 崔完基, 朴平植의 논고 참조.

의 수단이자, 동시에 많은 모리의 기회를 제공하는 제도였다. 그러나 조선전기에 양계지방의 곡물유통 경로로 회환만이 존재하였던 것은 아니었고, 그러할 수도 없었다. 중앙에 거주하는 지주나 상인들은 회 환참여를 통해 그 대가를 他道에서 지급받아도 별 상관이 없었으며, 오히려 그 자체가 이들에게 커다란 이득을 보장하기도 하였지만, 반면 에 양계에 거주하는 지주나 농민에게는 이 지역에서 처분곡물의 대가 를 지급받을 수 있는 유통경로가 필요하였다. 특히 소유곡물의 처분을 통해 생활필수품을 구입하던 농민들에게 그러한 유통경로는 더욱 절 박한 것이었다.

이 시기 兩界民들의 이와 같은 곡물처분 경로의 필요성은 조선 정부 에서도 주목하고 있었다. 그리고 이에 대한 정부대책의 하나가 바로 양계지방의 군자곡 보충을 위한 '募穀'정책과 결부하여 실시하고 있던 官貿穀이었다.[111] 다시 말해 정부가 곡물유통의 주체로 나서서, 이들 지역의 곡물을 매집하여 군자곡으로 충당하는 방식이었다. 이때 정부 는 곡물매입을 위한 거래의 수단으로 주로 綿布를 사용하고 있었다. 북쪽에 위치한 양계지방의 면포수요에 따른 조처였다.[112] 성종 2년 (1471) 8월, 평안도의 沿江諸邑에 경중의 포화를 搬送시켜 무곡하고 이 를 군량으로 비축하라는 전교를 받든 호조는, 사섬시의 면포 1만 필을 입송시킬 것을 건의하여 국왕의 재가를 받고 있었다.[113] 이러한 조처는 관무곡의 형태, 다시 말해 정부가 지방의 州縣官을 통해 직접 곡물거래 에 나서는 형태였다.

이러한 관무곡의 곡물유통 경로는 이미 국초 세종조 이래 제도로서 마련되어 있었다. 세종 19년(1437) 5월 조정은, 함길도 咸興 이남 각 주 현에서 그 전 해 미수된 환자곡을 포화로 대납하게 하고, 이를 북방개척 을 통해 신설한 會寧, 鐘城, 鏡源 등지로 보내 시가에 따라 무곡하여 군

---

111) 주 110과 같음.
112) 주 76, 77, 78 참조.
113) 《成宗實錄》卷11, 成宗 2年 8月 己巳, 8冊, 595쪽.

자에 보충하자는 의정부의 건의를 채택하고 있었다.114) 정부의 처지에
서 이러한 조치는 미납 환자곡을 환수하는 수단이었을 뿐만 아니라, 변
경의 군자문제를 아울러 해결할 수 있는 방법이었으므로 반대할 이유가
없었다.

　오히려 이러한 형태의 관무곡은 장려되었다. 세종 25년(1443) 6월 국
왕은 평안도 관찰사에게 내린 전지를 통해, 丙辰年(세종 18, 1436) 이전
의 미수 환자곡 대신에 징수한 포화를 본도의 邊郡에서 민간의 미곡과
교환하여 軍餉에 보충하도록 한 지난 受敎를 환기시키면서, 다만 지난
해의 ‘禾穀不稔’, 곧 흉년을 이유로 이 조치의 보류여부를 묻고 있었다.
아울러 이 과정에서 세종은, 官民 사이의 거래는 시가보다 싼 형태로
이루어져야 백성들이 여기에 즐겨 응할 것임을 강조하기도 하였다.115)
‘減價’의 방법을 통해서 관무곡을 활성화하려는 의도에서 나온 당부였
다. 실제 이후 관무곡 과정에서 이 감가원칙은 강조되고 있었다. 예종
원년(1469) 7월 호조에 따르면, 군자감 면포를 이용해 평안도의 여러
고을에서 관무곡이 이루어지면서, 1필당 시가보다 2두씩 감가하여 환미
하고 있었던 것이다.116) 백성들에게 그 만큼의 이익을 보장하려는 시책
이었다.

　그러나 정부나 지방의 주현이 한 주체가 되는 관무곡 과정에서, 역대
국왕들이 강조하던 이 같은 감가원칙이 늘 지켜지기는 어려웠다. 더구
나 이 관무곡이 군수확보를 목적으로 이루어지고 있던 만큼, 이와 관련
하여 폐해가 없을 수 없었다. 연산군 원년(1495) 9월 병조판서 成俊과
참판 許琛은, 국가에서 매년 양계의 군수확보를 위해 이 지방에 면포를
보내 백성들에게 散給하고 있는데, 양계 백성들이 그 폐해 때문에 고달
파하고 있다고 지적하고 있었다.117) 이 경우 감가원칙이 지켜졌다면 백

114)《世宗實錄》卷77, 世宗 19年 5月 壬辰, 4冊, 70쪽.
115)《世宗實錄》卷100, 世宗 25年 6月 乙酉, 4冊, 479쪽.
116)《睿宗實錄》卷6, 睿宗 元年 7月 癸未, 8冊, 398쪽.
117)《燕山君日記》卷9, 燕山君 元年 9月 壬辰, 13冊, 36쪽.

성들이 국가와의 거래인 관무곡을 꺼릴 이유가 없었을 것이나, 사정이
그렇지 못하였던 것이다.

중종 23년(1528) 7月에도 동지사 尹殷輔는, 양계지방 관무곡의 폐해
를 지적하면서 무곡시에 1두씩 감가하여 거래하면 公私가 편할 것이나,
시가에 준해서 미곡을 사들이면 반드시 그 피해가 백성들에게 미칠 것
이라고 국왕에게 호소하고 있었다. 당시 국왕 또한 그와 같은 폐단을
인정하고 있었다.118) 바로 관무곡을 시행할 때 '減價'의 원칙이 지켜지
지 않을 뿐만 아니라, 오히려 '折價'하여 백성들에게 불리한 거래를 강
요하는 데 따르는 문제였다. 국왕 자신이 이를 인정하는 데서 알 수
있듯이, 이 시기 관무곡의 과정에서 나타난 '절가'의 폐해는 일반적인
것이었다. 중종 6년(1511) 4월에는 이 같은 '勒令貿穀', 즉 강제교역에
따른 폐단 때문에 일시적이기는 하지만 관무곡이 금지되기까지 하였
다.119)

정부가 주체가 되는 곡물유통인 관무곡에 따르는 폐단은 중종 11년
(1516) 9월 다음 조정의 논의에서도 확인된다. 일찍이 함경도 都事를
지낸 바 있는 지평 李壽童이 관무곡의 名色이 수십여 가지에 이르러 백
성들이 이를 견뎌내지 못하고 있음을 언급하자, 이에 대해 국왕은 당시
관무곡 과정에서 외방 주현이 '不用之物'로 백성들에게 무곡함으로써
이들을 도리어 속이고 있던 실태를 인정하고 있었다.120) 정부의 관무곡
이 강제성을 수반하여 이루어지기 때문에 나타나는 폐단이었다.

한편 관무곡이 이처럼 국가권력에 기반한 강제성을 수반하여 '抑賣'
와 '折價'의 형태로 전개되면서 정부의 일방적인 이득을 보장하게 될

---

118) 《中宗實錄》卷62, 中宗 23年 7月 己丑, 17冊, 12쪽.
119) 《中宗實錄》卷13, 中宗 6年 4月 甲辰, 14冊, 510쪽.
　　중종 6년의 이 관무곡 금지조처가 일시적인 것이었음은, 바로 다음해인 7년 6월
　　에 함경북도 병마사 尹熙平의 건의에 따라 다시 사섬시 면포를 이용한 관무곡
　　결정이 내려진 것에서 확인할 수 있다(《中宗實錄》卷16, 中宗 7年 6月 丙辰, 14冊,
　　591쪽).
120) 《中宗實錄》卷26, 中宗 11年 9月 丙午, 15冊, 217쪽.

때, 그 거래 당사자인 양계지방의 곡물주들이 이 관무곡을 기피하게 됨
은 당연한 사세였다. 그리고 이러한 추세는 당시 회환에 참여하면서 현
지에서 무곡활동을 벌이고 있던 상인들에게 매우 유리한 정세를 마련해
주고 있었다. 예컨대 예종 원년(1469) 7월에 조정은 상인회환 때문에
군자감 면포를 이용한 평안도 관무곡이 잘 이루어지지 않자, 상인들의
私換활동을 금지하는 조치를 내리고 있었다.121)

　정부와의 거래인 관무곡으로 많은 손해를 감수하게 되자, 양계의 곡
물주들이 자기소유의 곡물을 회환에 참여하기 위해 현지에서 무곡활동
을 벌이고 있던 상인들에게 처분하던 사정에서 취해진 조처였다. 곡물
처분을 통해 더욱 많은 이익을 확보하려는 곡물주의 처지에서 그들이
이와 같이 상인과의 곡물거래를 선택하는 것은 당연한 일이었다. 더욱
이 여기에 이들에게서 매입한 곡물로 회환에 참여하여 더 많은 상업적
이윤을 확보하려는 상인들의 적극적인 노력이 개재되면서, 회환상인들
과 양계지방 곡물주와의 거래는 정부의 의지와는 달리 금지될 수 있는
것이 아니었다.122)

　결국 불공정한 거래방식을 통해 정부의 일방적 이익을 보장하였던
관무곡이 양계지방 곡물주들에게 배척받는 상황에서, 이들 소유의 곡물
은 자연스럽게 상인들에게 처분되었다. 그런데 조선초기, 15세기 전반
에 이 지방에 진출해 있던 곡물상인들은 앞에서 살펴보았듯이, 그들이
이렇게 매집한 곡물을 주로 양계회환을 통해 처리하고 있었다.123) 정부
의 군자확보책, 즉 국가의 재정체계에 편승한 곡물의 처리방식이었던
것이다. 물론 이 시기에 상인들이 이와 같이 정부의 재정체계를 이용하
여 그들의 매집곡물을 처분한 데에는 그만한 이유가 있었다. 양계지방
을 연결하는 서해의 海路사정 때문이었다. 아직 양계지방과 도성을 비

121)《睿宗實錄》卷6, 睿宗 元年 7月 庚子, 8冊, 403쪽.
122) 회환상인과 곡물주 사이의 거래로 말미암아 관무곡이 이루어지지 않는다는
　　지적은, 이후 성종조에서도 제기되고 있었다(《成宗實錄》卷267, 成宗 23年 7月
　　乙酉, 12冊, 206쪽).
123) 본 논문 3장 내용 참조.

롯한 다른 지방과의 해로를 통한 物資流通이 안전성을 확보하지 못한 상황에서,124) 이들이 양계 현지에서 매집한 곡물을 처분할 수 있는 가장 효과적인 경로가 바로 회환참여였던 것이다.

이와 같이 조선초기 양계지방에서 이루어지는 곡물의 유통과정의 중심에는 조선정부가 자리하고 있었다. 정부가 직접 곡물거래의 주체로 나선 관무곡의 형태는 물론이고, 이 정부와의 거래에서 손해를 감수당한 곡물주들이 선택한 상인들과의 거래 역시, 이렇게 상인들에게 매집된 곡물이 다시 주로 회환제를 통해 처분되었다는 점에서 그러하였다. 그 어느 경우이든 정부가 양계지방 곡물유통의 한 가운데 위치하면서, 이를 조정하거나 통제할 수 있는 상황이었다. 즉 官주도의 유통질서가 튼실하게 자리잡고 있던 시기였다.

국초 양계지방의 이러한 곡물유통 사정은 15세기 후반에 이르러 점차 변화하고 있었다. 官주도의 곡물유통 이외에 새로운 유통경로가 등장하여, 이내 그 비중을 높여가고 있었던 것이다. 바로 민간차원 곡물유통의 형성과 전개였다.125) 성종 6년(1475) 8월에 올라 온 호조의 다음 上啓는, 이와 관련하여 그때까지 나오지 않았던 새로운 내용을 담고 있어 주목된다. 즉, 최근 평안도와 도성을 연결하는 해로가 '始通'된 이래 상인들의 선박이 끊이지 않을 뿐만 아니라, 상인들이 양계에서 매집한 곡물을 도성으로 선운하고 있어 이 지방 민간의 곡물이 거의 탕진되고 있다는 것이다. 따라서 금후로는 이들 선상의 왕래를 금지하고, 몰래 통행하여 무곡하는 상인이나 그 소재 수령 및 행상에 관련된 자들을 모두 처벌하고, 상인의 선척이나 물화는 沒官시키자는 주장이었다.126)

---

124) 본 논문 2장과 주 23의 논고 참조.
125) 물론 官주도의 곡물유통이 일반적이었던 국초에도, 양계지방에서 '有無相資', '有無相遷' 차원의 민간 곡물거래는 당연히 이루어지고 있었다(《世宗實錄》卷 100, 世宗 25年 6月 戊戌, 4冊, 483~484쪽).
126)《成宗實錄》卷58, 成宗 6年 8月 乙未, 9冊, 253쪽.
　　"戶曹啓…平安道…比年以來 水路始通 商船賈舶 絡繹不絶 多齎物貨 誑惑愚民 轉販 貿穀…船運于京 而民間之穀始盡 誠爲巨弊 今後禁絶商船 勿令往來 如有潛行鬻販者

다시 말해, 이른바 '무곡선상'들의 평안도 지방 무곡활동을 금지하자는
주장이었다.

그러나 상업이윤을 찾아 이 지역에서 무곡활동을 벌이고 있던 곡물상
인의 상행위가 이러한 조처로 금지될 수는 없었다. 성종 24년(1493) 5월
에도 대사간 李德崇은, 관무곡을 위해 평안도에서 실시하고 있던 상인
들의 '興販禁止' 조처가 해이해 지면서, 근자에 다시 이 지방에 모여든
무곡상인들이 민간의 곡물을 죄다 사들여 도성으로 선운하고 있어 장차
군수의 부족이 염려된다고 지적하고 있었다.127)

한편 같은 자리에서 尹弼商은 대사간의 이러한 지적이 사실임을 확인
하면서, 그러한 상인들의 활동이 이루어지는 배경에 대해 언급하고 있
었다. 평안도 지방에는 면포가 희귀한 반면 米價가 賤하고, 아울러 해로
가 개통되어 도성으로의 운송이 쉽기 때문에, 상인들의 무곡과 선운활
동이 활발하게 전개되고 있다는 것이다.128) 이 시기 평안도 지방에서
활동하던 무곡상인들의 상활동의 배경을 간파한 지적이었다. 즉, 당시
상인들은 면포로 평안도 지방에서 무곡하여 이를 도성으로 운송하여
처분함으로써, 米價의 지역간 차이를 통해 상업적 이윤을 확보하고 있
었던 것이다.

평안도 곡물의 이 같은 도성으로의 유출사태는 이 지방에 새로운 곡
물유통망이 형성되고 있음을 의미하는 것이었다. 다시 말해 이제까지
정부와의 직접거래를 통해 처분되거나, 상인들에게 매집된다 해도 결국
은 회환이라는 국가의 재정체계를 통해 처리되던 官주도 곡물유통체계
가 변화하고 있음을 의미하는 것이었다. 따라서 정부의 처지에서는, 새
로 형성되고 있던 민간차원의 곡물유통은 통제의 대상이 될 수밖에 없
었다. 민간차원 곡물유통의 활성화는 바로 관 주도 유통체계의 쇠퇴나
부진으로 연결될 것이기 때문이었다. 실제 이후 중종 9년(1514) 10월

---

所在守令罷黜 其行商同利人及主人 論以制書有違律 船隻及所齎物貨 並沒官 從之"
127)《成宗實錄》卷277, 成宗 24年 5月 甲申, 12冊, 314쪽.
128) 위와 같음.

菁陽君 柳繼宗은 평안도의 軍餉확보를 위해 무곡선상의 통행을 엄금하고, 대신 京外의 정부소유 면포를 이 지역에 매년 운송하여 무곡하자고 주장하고 있었다.129) 상인들의 무곡활동 과정에서 그들에게 돌아가는 상업이윤을, 관무곡을 통해서 정부로 다시 귀속시키자는 주장이었다.130)

그러나 거듭되는 조선 정부의 무곡상인 평안도 통행금지 조처에도 불구하고,131) 이들의 곡물유통을 둘러싼 상업활동은 더욱 활발해지고 있었다. 商利확보의 여지가 제공되는 한, 그러한 상인들의 활동은 금지될 성질의 것이 아니었던 것이다. 더구나 이 시기 평안도 지방의 민간 곡물유통은 이미 도성을 중심으로 하는 전국적인 곡물유통구조와 밀접하게 연결되어 있었다. 중종 21년(1526) 2월 경연 자리에서 이조판서 許磁은, 평안도의 安州 이북에 풍년이 들었음에도 불구하고 조정에서 상인들의 무곡활동을 금지시켰기 때문에 도성의 곡물가격이 등귀하고 있다고 분석하고 있었다.

아울러 그는 평안도에는 私穀이 많으나 백성들이 이를 축적하지 않아 결국은 비변을 위한 정부의 곡물확보에 도움이 되지 않으니, 아예 상인들의 무곡활동을 금지하지 말 것을 주장하기까지 하였다. 이에 대해 국왕은 승정원에 이러한 사실을 전하면서 허굉이 일찍이 평안감사를 지낸 만큼 그의 견해가 熟見일 것임을 들어, 이번 秋成에 한하여 평안도에서 상인들의 무곡활동을 허용할 것을 의정부로 하여금 논의하게 하고 있었다.132) 당시 평안도 지방에서 이루어지던 상인들의 무곡활동이 곧바로

---

129)《中宗實錄》卷21, 中宗 9年 10月 壬寅, 15冊, 33쪽.

130) 정부의 이러한 태도는 물론 이 지역의 비변문제와 관련된 조치이기도 하였다. 특히 조선전기 내내 정부는 군자확보를 위해 公私를 막론하고 양계지방 곡물의 他道반출을 법적으로 금지시키고 있었다(본 논문 2장 참조). 때문에 이처럼 평안도에서 매집한 곡물을 도성으로 운송하여 처분하는 상인들의 활동은 원칙적으로 불법이었다.

131)《中宗實錄》卷16, 中宗 7年 7月 庚寅, 14冊, 600쪽 ;《中宗實錄》卷27, 中宗 12年 4月 乙丑, 15冊, 270쪽 ;《中宗實錄》卷56, 中宗 20年 閏12月 辛亥・甲寅, 16冊, 480~481쪽.

도성의 곡가에까지 영향을 주는 사정을 잘 보여주는 사례였다.

　이와 같이 16세기에 들어 더욱 활발해진 상인들의 평안도 무곡활동은 전국적인 곡물유통구조, 특히 도성의 곡물수급체계와 이미 밀접한 연관을 맺은 채 진행되고 있었다. 따라서 성종조 초에 도성과 평안도를 연결하는 서해의 북방해로가 그 통행의 안정성을 확보하면서 확대되기 시작한 곡물상인들의 평안도에서의 활동은, 정부의 금지조처에도 불구하고 이후 16세기에 들어 중종조와 명종조를 거치면서 더욱 본격적으로 펼쳐지고 있었다. 명종 21년(1566) 12월 사헌부는 평안도에서 전개되던 상인들의 무곡활동을 두고 이를 '輻輳'[133]의 형세라고 표현하고 있을 정도였다.

　한편 상인들이 주도하던 평안도 지방의 민간 곡물유통에는 다른 세력들도 참여하고 있었다. 중앙의 특권세력이나 사대부·관인들이 그들이었다. 민간차원의 곡물유통이 활성화되기 시작한 15세기 후반 이후부터 평안도 지방에는 이들 소유의 田莊이 점차 확대되고 있던 추세였다.[134] 특히 16세기 중반 명종조에 들어서서는, 하삼도 지방의 海澤개발이 어느 정도 완료되면서 평안도의 연해 郡邑에 왕실과 재상가를 비롯한 중앙 권세가들의 농장이 대거 늘고 있던 실태가 조정에서 자주 논란거리가 되고 있었다.[135]

　이들 중앙 권세가 소유 평안도 농장의 소출곡은 정부의 회환조처를 통해 현지에서 처분되기도 하였지만, 한편으로 권세가들 자신이 도성

---

132)《中宗實錄》卷56, 中宗 21年 2月 乙亥, 16冊, 499쪽.

133)《明宗實錄》卷33, 明宗 21年 12月 己丑, 21冊, 135쪽.

134) 李景植, 앞의〈朝鮮初期의 農地開墾과 大農經營〉; 李景植, 앞의〈朝鮮初期의 北方開拓과 農業開發〉.

135)《明宗實錄》卷16, 明宗 9年 5月 庚戌, 20冊, 195쪽.
　　"下三道則海澤稍有可耕之處 爭相築防 至無餘地 故今後移就平安道而爲之"
　　《明宗實錄》卷24, 明宗 13年 10月 己酉, 20冊, 487쪽.
　　"平安道…士大夫農庄 多在於本道"
　　《明宗實錄》卷31, 明宗 20年 12月 癸未, 21冊, 55쪽.
　　"關西一道…近年權勢之家 廣占田庄於沿海郡邑"

으로 운수하기도 했다. 명종 9년(1554) 5월 정언 李璀은, 당시 조정의
재상이나 朝官들이 평안도의 수령에게 압력을 넣어 이 지역에 그들의
농장을 설치하여 경영하고, 그 소출곡을 선운을 통해 도성으로 실어
나르던 실태를 고발하고 있었다.136) 물론 이는 도성 곡물시장에서의
처분을 전제로 하는 것이었다. 도성시장에서 곡물을 처분하여 商利를
확보하려는 목적으로, 중앙의 권세가들은 15세기 후반 이후, 특히 16세
기에 들어 평안도 소재 그들 농장의 소출곡을 선운업자를 통해 도성으
로 운반하거나,137) 아니면 그들 소유의 선박을 이용하여 수송하고 있었
던 것이다.138)

상인들의 평안도 매집곡물 반출에 이은 이러한 居京지주, 권세가들의
농장곡 운송사태는, 당시 양계지방의 군수확보와 관련하여 심각한 문제
를 불러오고 있었다. 명종 21년(1566) 12월 사헌부는, 관서지방을 연결
하는 해로가 안정된 이래 상인들의 무곡행위와 권세가들의 농장곡 선운
으로 말미암아, 이 지방의 官庫가 텅 비고 민생이 失業하여 국가의 '大
憂'가 되고 있음을 지적하고 있었다.139) 바로 비변을 위한 군수의 부족
사태였다. 비변문제 때문에 公私를 막론하고 평안도 소재 곡물의 他道
運送은 국초부터 금지되어 있었고, 그러한 行船禁止 조치가 이 시기에
도 여러 차례 강조되고 있었지만,140) 평안도 곡물의 도성 반출현상은
여전히 지속되고 있었던 것이다.

평안도 소재 곡물의 타도반출 금지규정은 오히려 특권세력에 의해
무너지고 있었다. 명종 21년(1566) 12월에 있었던 내수사의 평안도 奴婢

---

136)《明宗實錄》卷16, 明宗 9年 5月 庚戌, 20冊, 195쪽.
137) 崔完基,《朝鮮後期船運業史研究》, 一潮閣, 1989.
138) 이 시기 특권세력들과 사대부 일반 가문의 私船, 곧 自家 선박의 소유현황은,
    조금 후대의 상황이기는 하지만 선조조의 기록에서 확인할 수 있다(《宣祖實錄》
    卷97, 宣祖 31年 2月 乙丑, 23冊, 380~381쪽).
139)《明宗實錄》卷33, 明宗 21年 12月 己丑, 21冊, 135쪽.
140)《明宗實錄》卷16, 明宗 9年 5月 庚戌, 20冊, 195~196쪽 ;《明宗實錄》卷24,
    明宗 13年 10月 己酉, 20冊, 487쪽 ;《明宗實錄》卷26, 明宗 15年 7月 壬申, 20冊,
    561쪽 ;《明宗實錄》卷31, 明宗 20年 12月 癸未, 21冊, 55쪽.

身貢米 선운을 둘러싼 조정의 논란은 그러한 사정을 잘 보여주고 있다. 당시 홍문관은, 근래 해로가 안정되면서 평안도에 權貴들의 농장이 늘고 무곡상인들의 활동이 폭주하는 현실에서, 내수사 노비신공미의 선운을 허용하게 되면 장차 이를 빙자한 큰 폐단이 우려된다며 단호하게 반대하고 있었다.141) 그러나 이에 대해 국왕은 평안도 선운은 이미 금지한 바 있으나, 내수사의 곡물은 일반 私家의 그것과 비교할 수 없다며 선박의 통행을 허락하고 있었다.142) 특권세력, 특히 왕실에 대해 특혜를 부여하는 조치가 아닐 수 없었다.

그러나 특권세력의 이러한 양계지방 곡물운송은 비단 이때만의 일이 아니었다. 명종 22년(1567) 2월 국왕 자신의 언급에서 확인되듯이, 양계지방 곡물의 일반적인 禁輸조처에도 불구하고 내수사의 곡물선운은 自古 이래의 관행이었던 것이다.143) 양계에 비축한 곡물을 도성으로 운송하여 민간의 곡물시장을 통해 처분함으로써 그 상업적 이윤을 극대화하려는 의도에서 비롯한 내수사의 違法행태는, 이와 같이 당시 조정에 의해 묵인되었을 뿐만 아니라, 그 특권 때문에 국왕의 보호를 받기까지 하였다. 평안도 소재 곡물을 민간차원의 유통체계를 이용하여 처분하여 모리하는 상행위에, 상인만이 아니라 왕실을 비롯한 諸특권세력 역시 활발하게 참여하고 있던 실정을 보여주는 예라 하겠다.

결국 조선전기 양계지방의 곡물유통은 크게 보아 官주도의 유통체계에, 새로이 15세기 후반 이후부터 민간차원의 곡물유통이 발달하기 시작하면서, 두 체계가 양립하고 있었다. '회환', '관무곡'의 형태가 前者에 속하는 것이었다면, 상인이나 관료, 특권세력이 중심이 된 평안도 비축곡물의 도성으로의 선운활동은 後者에 해당되는 것이었다. 특히 官주도의 곡물유통이 15·16세기의 어느 기간을 막론하고 조선전기 내내 이루

---

141) 《明宗實錄》 卷33, 明宗 21年 12月 壬辰, 21冊, 135쪽.
142) 《明宗實錄》 卷33, 明宗 21年 11月 丙戌, 21冊, 134쪽.
143) 《明宗實錄》 卷34, 明宗 22年 2月 癸丑, 21冊, 143쪽.
　"自古雖禁兩界輸穀 而內需之物則輸運矣"

어지고 있던 것과 달리, 민간차원의 곡물유통은 15세기 후반 서해 북방
해로의 안전성 확보를 계기로 형성되기 시작하였으며, 이들 지역이 전
국적인 곡물유통망에 편입되어 감과 동시에 16세기에 들어 그 활동이
더욱 활발해지고 있었다.

다시 말해 官주도의 유통질서가 일반적이었던 15세기의 상황에서, 이
를 극복하는 민간차원의 곡물유통이 15세기 후반 이후에 형성되고 발달
해 갔던 것이다. 따라서 이 시기에 끊임없이 반복되고 있던 상인들의
평안도 무곡활동 금지, 그들의 매집곡을 포함한 양계 소재 농장곡의 他
道搬出 금지 등의 조처는, 결국 관주도의 유통체계를 보전하여 민간차
원 곡물유통의 과정에서 파생하는 상업이윤을 상인이 아닌 국가나 당대
諸특권세력에게 우선 귀속시키려는 조선 정부의 노력이기도 하였다. 이
른바 '이권재상'론에 근거한 상업정책이었다.

한편 이러한 양계지방 곡물유통 사정의 변화는 국가의 재정체계를
이용한 곡물유통의 한 흐름이었던 회환제에도 많은 영향을 주고 있었
다. 양계지방 민간 곡물유통의 발달에 따른 회환주체들의 동태변화는
우선 상인들에게서 나타나고 있었다. 바로 상인회환의 감소였다. 해
로의 안전성이 확보되면서 평안도 지방이 도성을 중심으로 한 전국적
인 곡물유통체계에 편입된 상황에서, 이제 이들 상인이 군이 회환을
통해 매집곡물을 처분할 필요는 없었다. 오히려 좀 더 많은 상이익이
확보된다면 이들은 회환을 통한 처분보다는, 민간의 곡물시장을 이용
하고자 도성으로 그들의 매집곡물을 운송하는 방법을 더 선호하고
있었다.

이와 관련하여서는 중종 23년(1528) 5월에 제시된 국왕의 다음 견해
가 매우 주목된다. 당시 회환에 참여하는 납곡자의 숫자가 전에 견주어
줄어들고 있던 상황을 지적하면서 중종은, 이 상인들의 양계 무곡활동
에 따르는 '民間穀貴'의 폐단은 인정하지만, 이 또한 상인과 백성 양자
사이의 희망에 따른 '以有易無'의 행위이기 때문에 그다지 문제될 것이
없다는 견해를 피력하고 있었다.144) 이제까지 비변을 위한 정부의 관무

곡과 관련하여, 그리고 좀 더 근본적으로는 抑末策의 일환으로 지속적으로 금지되어 왔던 상인들의 상활동이 국왕에 의해 인정되고 있는 모습이었다.

그런데 중종의 상인과 그들의 상업활동에 대한 이와 같은 인식의 변화는 당대 곡물유통사정의 변동 속에서 나온 것이었다. 다시 말해 15세기 후반 이후 상인들이 평안도 현지에서 무곡한 곡물을 회환이 아닌 도성의 곡물시장을 통해 처리하게 되면서 점차 심각해진 양계의 군자부족 사태를 해결하기 위한 苦肉之策이었던 것이다.

사실 상인들의 처지에서 정부와의 거래는 많은 불이익을 감수하지 않으면 안 되는 것이었다. 때로 상인들은 정부와의 거래에 따른 불이익을 막기 위해 특권세력과 연계하거나 그들의 회환활동을 대리하는 방법을 통해 이를 극복하기도 하였지만,[145] 이러한 특권에의 기생을 통한 모리방법이 그들에게 항상적인 것이 될 수는 없었다. 중종 23년(1528) 5월, 조정에서는 당시 평안도의 成川이나 渭原 등지에서 납곡인들이 아직 회환가를 수령하지 못하고 있는 실태가 문제가 되고 있었다.[146]

물론 이들을 모두 상인으로 볼 수는 없지만, 지주를 비롯한 居京의 특권세력들이 활발하게 회환에 참여하던 실정에 비추어, 이들 특권세력조차 회환가를 지급받지 못하는 상황이라면 상인들이 회환가를 수령하기는 더욱 어려웠을 것이다. 정부의 재정사정과 관련한 회환가의 미지급 사태는 우선적으로 상인들에게 적용되었을 것이기 때문이다. 따라서 이러한 경우에 상인들이 정부와의 거래에 따른 손해를 고려하지 않아도 되는, 도성의 곡물시장으로 그들의 매집곡을 운반하게 됨은 매우 당연한 일이었다.

회환에 참여하는 사람이 줄어들어 비변정책에 문제가 되고 있던 16세

---

144)《中宗實錄》卷61, 中宗 23年 5月 庚寅, 16冊, 669쪽.
145) 본 논문 3장 참조.
146)《中宗實錄》卷61, 中宗 23年 5月 庚寅, 16冊, 669쪽.

기 전반 중종조는, 앞에서 살펴본 바와 같이 평안도 지방에서 무곡선상
들의 활동이 활발하던 시기였다. 국가의 재정체계의 일환인 회환을 이
용하지 않고서는 양계지방에서 사들인 곡물을 처분할 경로가 넓지 않았
던 국초와는 달리, 해로를 통한 선운의 안전성이 확보되어 도성의 곡물
시장을 통해 매집곡물을 처분할 수 있었던 데 따른 상인들의 동태였다.
국초의 시기에 주로 회환참여를 통해 그들의 매집곡물을 처분하던 상인
들이, 이제 15세기 후반 이후 특히 16세기에 들어서면서 회환주체로서
가 아니라 무곡선상으로 그들의 매집곡물을 회전시켜 상업이윤을 확보
하고 있었던 것이다.

특히 민간 곡물시장을 통한 곡물처분은, 상인들이 정부와의 거래에서
감수하지 않으면 안 되었던 불이익이나 여러 제약들을 극복할 수 있는
방법이었으므로 그들에게 더욱 선호되었다. 16세기에 들어 더욱 두드러
진 양계 진출 곡물상인들의 이와 같은 움직임은, 결국 민간 곡물유통의
활성화와 그에 따른 상인회환의 감소를 의미하는 것이었다.147)

한편 양계지방 곡물유통 사정의 변화에 따른 회환감소 추세는 다른

---

147) 양계지방 곡물유통 사정의 변화에 따른 상인회환의 감소추세는 《實錄》의 회환
   관련 논의에서도 확인할 수 있다. 16세기에 들어서면 국초와는 달리 상인회환
   금지에 대한 논의가 현저하게 줄어들고 있었다. 물론 특권층의 불법적인 회환활
   동과 관련하여 이들의 배후에 부상대고가 있다는 주장은 여전히 제기되고 있었
   지만, 이 경우 회환의 주체는 어디까지나 특권층이었고, 상인들은 그들의 활동을
   대리한 것에 불과하였다. 오히려 이 시기 조정 내에서 양계지방의 상업동향과
   관련하여 주로 논의된 문제는 무곡선상들의 활동이었다. 회환참여를 통해서가
   아니라, 민간 곡물시장을 이용하여 상이익을 확보하려는 상인들이 이 시기에 무
   곡선상으로 대거 활동하고 있었던 것이다. 때문에 15세기 후반 성종조 이후에는
   《實錄》에서 무곡선상들의 양계지방 활동을 금지하는 정부의 조처를 도처에서
   확인할 수 있다(《成宗實錄》卷58, 成宗 6年 8月 乙未, 9冊, 253~254쪽 ;《成宗實
   錄》卷185, 成宗 16年 11月 戊申, 11冊, 68쪽 ;《成宗實錄》卷277, 成宗 24年 5月
   甲申, 12冊, 314쪽 ;《中宗實錄》卷16, 中宗 7年 7月 庚寅, 14冊, 600쪽 ;《中宗實錄》
   卷27, 中宗 12年 4月 乙丑, 15冊, 270쪽 ;《中宗實錄》卷56, 中宗 20年 閏12月 辛亥·
   甲寅, 16冊, 480~481쪽 ;《中宗實錄》卷56, 中宗 21年 2月 丙子, 16冊, 500쪽 ;《明宗
   實錄》卷31, 明宗 20年 12月 癸未, 21冊, 55쪽 ;《明宗實錄》卷33, 明宗 21年 12月
   己丑·壬辰, 21冊, 135쪽).

회환주체들에게서도 마찬가지였다. 중앙의 관료나 왕실로 대표되는 특권세력들은 비록 그들의 특권에 기반하여 16세기에 들어서도 여전히 회환에 활발하게 참여하였지만,[148] 이제 그들 역시 양계지방 비축곡물을 상인들과 마찬가지로 도성으로 운송해 오는 비중을 늘려가고 있었던 것이다.[149] 물론 도성의 곡물시장을 상대로 처분하여 그에 따른 상이익을 극대화하려는 노력이었다.

요컨대 조선전기 양계지방에는 두 계열의 곡물유통체계가 양립하고 있었다. 회환과 관무곡으로 대표되는 官주도의 유통체계가 15·16세기를 막론하고 이 지역 곡물유통의 중심에 있었지만, 민간차원의 곡물유통 또한 15세기 후반 이후 형성되기 시작하여 16세기에 들어서 활성화하는 모습을 보여주고 있었다. 성종조 이후 양계와 도성을 연결하는 서해의 북방해로가 통행의 안전성을 확보하면서 이 지방이 도성의 곡물시장과 연계되면서 나타나는 현상이었다.

그리고 이러한 변화는 회환에 참여하고 있던 회환주체들에게 적지 않은 영향을 주었다. 특히 상인회환의 경우가 그러하였다. 도성의 곡물시장을 전제로 하는 민간차원의 곡물유통이 활성화되자, 양계지방에서 활동하던 무곡상인들이 이제 여기에 적극 참여하기 시작하였던 것이다. 16세기 무곡선상의 증가는 이러한 사정을 배경으로 이루어졌고, 이는 곧바로 상인회환의 감소로 연결되고 있었다. 민간차원 곡물유통의 활성화가 官주도의 유통체계를 점차 극복해 가던 상황이 양계지방의 회환활동에서도 나타나고 있었던 것이다.

---

148) 16세기 이후《實錄》에 보이는 회환관련 기사는 거의가 왕실을 비롯한 특권세력들의 활동을 담고 있다. 물론 이는 당시 중앙의 특권세력들이 이 시기에 늘고 있던 평안도 소재 농장 소출곡을 처분하는 경로로 주로 회환을 이용하던 상황을 보여주는 것이지만, 한편으로는 상인회환이 감소하면서 상대적으로 그들의 활동이 부각되었기 때문이기도 하였다.

149) 본장 앞의 내용과 주 136, 139, 141, 143 참조.

# 5. 結 語

조선전기 국가의 재정체계를 이용한 곡물유통의 한 흐름이었던 回換
制를 양계지방의 곡물유통 사정과 연계하여 살펴보면 이상과 같다.

회환제는 평안·함경도 양계지방에 곡물을 비축하고 있던 곡물주들
로 하여금 이 지역 변방의 주현에 곡물을 납입하게 하여 군자곡에 보충
하고, 그 대가를 京倉이나 하삼도 지방의 곡물로 지급하는 제도였다.
항상적인 군수확보책들과 더불어 실시하고 있던 임시의 군자확보 방안
의 하나였다. 이미 태조조 부터 시행되었던 회환제는 軍需의 확보에 목
적이 있었으므로, 회환주체의 적극적인 참여를 유도하기 위해 회환가를
'優給'하거나, 곡물 대신 면포와 같은 현물형태로도 그 대가를 지급하고
있었다. 정부의 회환조처에 당대의 많은 사람들이 참여한 데에는 그만
한 이유가 있었다. 우선 이 시기 양계지방의 公私 곡물은 국가의 비변정
책과 관련하여 모두 他道로의 운송이 법적으로 금지되어 있었다. 그리
고 불법적인 운송마저도 국초에는 황해도 장산곶 앞바다의 해로험난
때문에 그 안전성이 확보되지 못하던 처지였다. 때문에 양계지방에 곡
물을 비축하고 있던 곡물주들은 손쉬운 곡물처분의 경로로서 우선 회환
에 적극 참여하고 있었다.

정부의 회환조처에는 양계지방 출신의 土姓仕宦者만이 아니라 중앙
의 지주·상인들까지 참여하고 있었으며, 이들 참여층의 구성과 참여동
기에 따라 회환은 몇 가지 유형으로 나뉘어졌다. 양계 출신의 居京관인
들이 주체가 된 '土姓仕宦者 回換'은 이들의 경중생활에 필요한 資糧문
제의 해결에 그 목적이 있었으므로, 아직 상업적 곡물유통의 원리에 따
라 진행되는 형태는 아니었다. 그러나 '地主回換'이나 '商人回換'의 경우
에는 사정이 달랐다. 이 지역에 곡물을 소유하고 있던 중앙의 특권세력
들이 주로 참여하였던 지주회환은 이들 농장소출곡의 손쉬운 처분경로

로 이용되고 있었으며, 상인회환은 그 자체가 이미 곡물유통을 통한 상
인들의 商利획득 방법의 하나로 이용되고 있었던 것이다. 양계지방 군
수확보 방안으로 마련된 회환제가 이 지역 곡물유통체계와 밀접한 관련
속에서 전개되고 있었음을 보여주는 것이었다.

　지주회환에 참여한 세력은 주로 중앙의 왕실이나 고위관인으로 대표
되는 조선 사회의 특권세력들이었다. 이들은 15세기 후반 이후 평안도
를 연결하는 서해 북방해로가 안정성을 확보하면서 이 지역에 늘고 있
던 농장의 소출곡 등 비축곡물을 회환을 통해 손쉽게 처리할 수 있었다.
뿐만 아니라 이들 특권세력은 그들이 가지고 있던 여러 특권을 바탕으
로 회환과정에서 가외의 謀利를 보장받기도 하였다. 회환가로 곡물 대
신 魚箭이나 양질의 면포를 지급받거나, 다른 회환의 경우보다 重價를
수령하는 등 더 많은 이득을 확보할 수 있었던 것이다. 또한 그들은 이
과정에서 상인과 밀접한 연계를 맺음으로써 여러 가지 상업적 이윤을
획득하기까지 하였다.

　한편 조선전기에는 상인들 또한 회환에 활발하게 참여하고 있었다.
회환에 참여하면서 납입할 곡물을 양계지방 현지에서 무곡하는 과정에
서만이 아니라, 그 회환가로 지급받는 곡물과 다른 형태의 대가물을 회
전시킴으로써도 많은 상이익을 확보할 수 있었기 때문이다. 이는 회환
자체가 제공하는 일정정도의 이득과 함께 二重의 상업적 이윤확보였다.
상인 특히 부상대고들은 이러한 謀利활동을 당대 諸특권세력과의 연계
속에서 그들의 권력에 기생하여 전개하였으며, 이 과정에서 그들은 '相
補'의 유대관계를 형성하고 있었다. 그러나 상인회환은 그에 따르는 여
러 폐해, 즉 곡물이 아닌 면포의 납입, 이들의 무곡활동으로 말미암은
양계지방 民食의 부족, 환자곡의 不收에 따른 公廩의 허갈, 그리고 관무
곡의 어려움 등 여러 문제로 말미암아 정부에 의해 끊임없이 금지되고
있었다.

　그런데 특권세력이나 상인으로 대표되는 회환 참여층의 불법적인 행
태에 대한 조선 정부의 대응방식은 일관된 것이 아니었다. 즉 왕실을

비롯한 특권세력의 모리활동은 지속적으로 이를 보장하거나 옹호하였던 데 반해, 상인들의 회환참여를 통한 상이익 확보에 대해서는 그 폐해를 들어 이를 줄곧 금지하거나 규제하고자 하였던 것이다. 이 시기 조선 정부가 펼치고 있던 '이권재상'론에 근거한 상업정책의 한 모습이었다.

조선전기 양계지방의 회환제는 이 지역의 곡물유통 사정과 밀접한 연관 속에서 전개되고 있었다. 전국적인 곡물유통체계와 마찬가지로, 당시 양계지방의 곡물유통에도 성격이 다른 두 체계가 양립하고 있었다. 官주도의 유통체계와 민간차원의 곡물유통이 그것이다. 15·16세기를 통해 양계지방의 곡물유통은 정부가 곡물거래의 한 주체였던 관무곡이나, 아니면 국가의 재정체계를 이용한 회환을 중심으로 펼쳐지고 있었다. 그 어느 형태이든 조선 정부가 양계지방 곡물유통의 중심을 차지하면서, 이를 조정하거나 통제할 수 있는 구조였다.

그러나 양계지방의 이 같은 곡물유통 사정은 15세기 후반에 이르러 점차 변화하고 있었다. 양계지방이 도성의 곡물시장과 직접 연계되면서 나타나고 있던 민간차원 곡물유통구조의 형성과 발달이었다. 성종초 이래 도성과 평안도를 연결하는 서해 북방해로가 그 통행의 안전성을 확보하면서 확대되기 시작한 무곡선상들의 평안도에서의 상활동은, 16세기 중종·명종조에 들어 더욱 활발하게 펼쳐지고 있었다. 이들 무곡선상은 이제 이 지역에서 매집한 곡물을 官주도의 유통체계를 통하지 않고, 도성시장으로 선운하여 처분함으로써 보다 큰 상업이윤을 확보하고 있었다. 16세기에 접어들면서 양계지방 곡물의 도성으로의 선운활동에는 상인만이 아니라 특권세력들도 참여하고 있었다. 官주도의 유통질서를 민간차원의 곡물유통이 극복해가는 한 과정이었다.

이러한 양계지방 곡물유통 사정의 변화는 회환제에도 적지 않은 영향을 주고 있었다. 바로 회환의 감소였다. 특히 상인들의 경우 정부와의 거래가 그들에게 요구하였던 여러 불이익을 고려하지 않아도 되는 민간차원의 곡물유통에 적극 참여하고 있었다. 상업적 이윤을 추구하던 그들의 처지에서 이러한 선택은 당연한 것이었다. 결국 15세기 후반 이후,

특히 16세기에 접어들면서 본격화한 민간차원의 곡물유통의 활성화는 곧바로 官주도의 유통질서를 점차 극복해 가고 있었으며, 이는 한편에서 양계지방 회환의 감소로 나타나고 있었던 것이다. 그리고 '무본억말', '이권재상'론에 근거하여 펼쳐지고 있던 국초 이래 조선 정부의 회환대책이나 상업정책 또한, 이제 이와 같은 조선전기 상업계의 변동상황을 일정하게 반영하면서 조정되고 변화하고 있었다.

〔《學林》 14, 1992. 9. 수록, 2008. 補〕

# 朝鮮前期의 魚箭政策과 魚物流通

## 1. 序言

　魚物은 삼면이 바다로 둘러싸인 반도의 지형을 무대로 펼쳐진 우리 역사에서, 위로는 官인 지배층에서 아래로는 民인 대중에 이르기까지 전근대 선인들의 食生活에서 주요 구성식품의 하나였다. 이에 따라 특히 中世期 집권국가의 수립 이후 이들 어물의 생산과 유통에 대한 국가의 관장과 통제는 收稅만이 아니라 경제정책의 차원에서도 일찍부터 중요하게 고려되고 있었다.[1] 국가가 어물 생산체계에 대한 제도적 설정을 바탕으로 공물 수취제도에서 각종 어물의 상세한 납부규정을 마련하고 있던 사정은 당대의 식생활 여건에서 어물이 차지하고 있던 비중과 위치를 잘 보여주고 있다.

　그러나 전근대 우리 사회에서 어업과 어물이 갖던 이 같은 위상에도 불구하고, 조선전기 어물의 생산과 유통사정에 대한 연구는 선학 몇 분의 개척적이고 개설적인 초기연구를 통해 그 대강이 밝혀진 것을 제외하면 극히 부진한 실정이다.[2] 이는 무엇보다 이 시기 어업과 어물유통 관련 자료가 극소한 사정에서 비롯된 어업사 연구의 현실로, 그 결과 조선전기의 경우 현재로선 어물생산의 체계나 유통의 실태에 대한 구체

---

1) 이정신, 〈高麗時代의 漁業 實態와 魚梁所〉, 《韓國史學報》 3・4合輯, 고려사학회, 1999.
2) 朴九秉・崔承熙, 《韓國水産史》, 水産廳, 1968 ; 朴九秉, 《韓國漁業史》, 正音社, 1975 ; 朴九秉, 〈韓國漁業技術史〉, 《韓國文化史大系》(Ⅲ), 고려대 민족문화연구소, 1968 ; 朴九秉, 〈수산업〉, 《한국사》 24, 국사편찬위원회, 1994.

적인 파악이 매우 어려운 형편이다.3) 따라서 조선전기의 상업사를 개별
상품을 사례로 하여 그 생산여건과 교환의 사정 그리고 유통체계를 규
명하여 재구성하려 할 때, 이들 어물의 생산과 유통에 대한 실태분석은
필수 과제의 하나일 것이다.

본 논문은 이 같은 연구사의 도정 위에서, 조선전기의 어물생산과 유
통의 실정을 이 시기 어업의 주요 생산수단이던 魚箭에 대한 국가정책
의 분석을 바탕으로 하여 밝혀 보고자 한다. 이를 통해서 어업사 및 어
물유통 부문에서 조선 전·후기의 계통적이고 단계적인 발전사정을 명
확하게 하고, 나아가 조선전기의 상업사를 구체적인 상품과 상품유통의
실제에서 재구성해낼 수 있으리라는 전망에 기초한 작업이 되겠다.

## 2. 國初의 魚箭政策과 魚箭分給

고려에서 조선전기에 이르는 시기, 우리나라 어업의 대표적인 생산형
태는 魚箭漁業이었다. 魚箭은 하천이나 연해의 얕은 바다에 대나무·나
뭇가지·갈대 등의 재료를 이용하여 방사형의 발[簾]을 수면 위로 나오
도록 세우고, 이 좌우의 발이 모이는 한가운데에 원형 또는 사각형의
袵桶을 설치하여 강이나 바닷물의 흐름에 따라 여기에 모이는 물고기를
포획하는 定置漁具였다.4) 고려시기에 '魚梁'으로 불렸던 이 定置의 捕魚

---

3) 반면, 조선후기의 어업과 어물유통에 대한 연구는 1970년대 임인영의 선구적인
   업적에 이어 최근 고동환·이영학 등의 연구성과가 축적되면서, 이 시기 경제변
   동의 전반적인 추세 아래 전개된 어물의 생산과 유통체계가 비교적 상세하게
   규명되어 있다(林仁榮, 《李朝魚物廛研究》, 숙명여대 출판부, 1977 ; 高東煥, 〈18세
   기 서울에서의 魚物流通構造〉, 《韓國史論》 28, 서울대, 1992 ; 이영학, 〈조선후기
   어업에 대한 연구〉, 《역사와 현실》 35, 2000 ; 이영학, 〈朝鮮後期 魚物의 유통〉,
   《韓國文化》 27, 서울대 한국문화연구소, 2001 ; 장국종, 〈17·18세기 수산물 생
   산의 장성에 대하여〉, 《력사과학》 1986년 제4호, 1986).
4) 朴九秉, 앞의 〈韓國漁業技術史〉.

시설은, 조선왕조에 들어 '漁梁', '水梁' 등으로도 부르다가 세종조에 이르러 처음으로 '魚箭' 또는 '漁箭'의 명칭이 사용되기 시작하였고, 이후 성종조를 전후하여서는 일반적으로 '魚箭'으로 통칭되고 있었다.[5]

　전근대 우리나라의 어업에서 이들 어전을 활용한 어물생산이 차지하는 비중은 매우 컸다. 물론 소규모 선박을 이용한 연안 해역에서의 釣魚나 網漁業이 내수면 어업과 더불어 매우 이른 시기부터 연해 어민의 생업으로 펼쳐지고 있었고, 그 외에도 貝類나 미역[藿], 海藻類의 채취를 통한 수산물 생산 역시 원시 이래 반도의 지형적 조건 아래에서 널리 영위되고는 있었다.[6]

　그러나 생산수단의 일정한 장악과 그에 대한 설비와 투자를 바탕으로 하는 계획적인 어물생산과 그 대량유통이라는 측면에서, 조선술·어망제조기술·어획법의 발달에 힘입어 조선후기에 근해에서의 바다어업[海面漁業]이 본격적으로 펼쳐지기 이전까지, 내수면과 해양을 막론하

---

5) 주 2의 朴九秉 논고 참조. 단, 朴九秉은 조선왕조에서 '魚梁' 대신 '魚箭' 명칭이 사용되기 시작한 시기를 성종조 전후로 파악하고 있다(〈韓國漁業技術史〉, 133쪽). 그러나 세종조의 기록에서 '魚箭' 또는 '漁箭' 명칭의 사용례가 벌써 수차례나 확인되는 것으로 보아(《世宗實錄》卷20, 世宗 5年 6月 庚午, 2冊, 545쪽 ; 《世宗實錄》卷36, 世宗 9年 6月 甲戌, 3冊, 79쪽 ; 《世宗實錄》卷52, 世宗 13年 4月 癸卯, 3冊, 309쪽 ; 《世宗實錄》卷77, 世宗 19年 6月 壬午, 4冊, 84쪽 ; 《世宗實錄》卷88, 世宗 22年 3月 乙丑, 4冊, 277쪽), 조선왕조 개창 이후 '魚梁' 명칭이 '魚箭'과 병용되다가 후자로 정착되어 사용되기 시작한 시기는 세종조 이후로 보아야 할 듯하다.

　한편 국초에는 '魚梁'과 '水梁'을 구분하여 사용한 용례도 확인되고 있다(《太宗實錄》卷26, 太宗 13年 11月 戊戌, 1冊, 697쪽 ; 《世宗實錄》卷88, 世宗 22年 3月 乙丑, 4冊, 277쪽). 이 경우 '水梁'은 후대의 사용례에 비추어 볼 때 內水面의 大川에 설치된 포어시설, 곧 '川梁'을 지칭하였던 것으로 판단된다(《明宗實錄》卷25, 明宗 14年 2月 辛亥, 20冊, 501~502쪽 ; 《明宗實錄》卷25, 明宗 14年 6月 戊辰, 20冊, 521~522쪽). 그러나 내수면의 하천에 만든 이 정치어구를 또한 '魚梁', '魚箭'으로 부른 사례 역시 확인되는 것으로 보아(《太宗實錄》卷12, 太宗 6年 11月 己卯, 1冊, 379쪽 ; 《世宗實錄地理志》咸吉道 文川, 安邊, 端川 所在 魚梁記事 ; 《瑣尾綠》所在 魚箭記事), 세종조 이후 이들 시설은 그 설치장소에 관계없이 '魚箭'으로 통칭되었다고 본다. 이와 같은 명칭 사용의 추이를 고려하여 본 논문에서는 이 포어시설을 '魚箭'으로 통일하여 부르고자 한다.

　6) 주 1, 2의 논고 참조.

고 우리나라 어업의 주요 생산형태는 魚箭漁業이었던 것이다. 고려 이
래 조선전기에 이르기까지 국가의 어물 생산체계에 대한 간여와 수취,
그리고 과세정책의 주요 대상이 이들 정치의 어물 생산시설인 어전에
맞추어져 왔던 것도 그런 까닭에서였다.

고려시기 국가는 대하천이나 연해에 소재한 魚梁, 곧 魚箭을 체계적
으로 파악하여 관리하면서, 그 가운데 개경에 가까우면서도 魚量이 풍
부한 지역에 '魚梁所'를 설치하여 국가와 왕실에 필요한 어물을 공급하
고 있었다. 어량소의 설치와 운영을 골간으로 하는 고려 왕조의 어전정
책은 그러나 이후 元간섭기를 거치면서 국가기구의 과중한 수취와 권세
가의 어량 奪占과 私占, 여기에 고려말 극성의 양상을 보이던 倭寇의
침탈이 덧붙여지면서 붕괴의 국면으로 치닫고 있었다.7) 따라서 해체된
어량소를 대체하는 새로운 어물 생산체계의 국가적 설정과 國用수요의
안정적인 공급을 위한 어물 수취구조의 개선, 권세가의 어전탈점과 사
점에 따른 어민과 민생의 곤궁을 구제하는 등의 과제는 이제 조선왕조
의 개창과 더불어 신왕조의 현안 가운데 하나로 부상하고 있었다.

조선왕조는 고려말 이래 누적되어 왔던 이상과 같은 어업, 어전경영
상의 諸문제에 대한 개혁과 정비의 방안을 산림과 염분 등을 포함하는
이른바 山林川澤 일반에 대한 처리방향의 틀 속에서 마련해 가고 있었
다. 요컨대 '山林川澤 與民共之'라는 유교 전래의 이념체계에 근거하여
이들 영역에 대한 개인의 私有를 불허하여 그 독점과 사점을 혁파하고,
대신 共有의 원리 아래 일반 백성들의 자유로운 이용과 그에 따른 생산
활동을 허용하는 정비방향의 설정이었다.8)

태조 6년(1397) 4월 조선 조정은 山場과 水梁[魚箭], 곧 산림천택의

---

7) 이정신, 앞의 〈高麗時代의 漁業 實態와 魚梁所〉.
8) 李景植,《韓國 中世 土地制度史 - 朝鮮前期》, 서울대학교 출판부, 2006 ; 李景植,
  〈山地共有의 傳統과 그 倒壞〉,《사회과학교육》3, 서울대학교 사회교육연구소,
  1999 ; 남원우, 〈16世紀 '山林川澤'의 折受에 대한 硏究〉 연세대 석사학위논문,
  1988 ; 김선경, 〈조선후기 山林川澤 私占에 관한 연구〉, 경희대 박사학위논문,
  1999.

영역이 一國 인민들의 '共利'의 대상임을 확인하면서, 권세가들이 이를
오로지 장악하여 그 이익을 독점하여 온 그간의 실태가 公義에 어긋난
것임을 천명하고 있었다. 그리고 이 같은 인식에 따라 사헌부의 주관
아래 전국을 대상으로 산림천택을 專擅한 권세가들의 명단을 파악하여
처벌하고, 아울러 권세가들의 위세에 눌리거나 아첨하여 이들의 산림천
택 사점을 은닉한 채 보고하지 않는 수령들 또한 마찬가지로 처벌하는
방침을 국왕의 재가 아래 시행하고 있었다.[9] 이후 조선왕조는 산림·어
전·염분 등 산림천택에 대한 이 같은 '與民共之'의 원칙을 거듭 확인하
면서, 사점이 혁파된 이들 영역을 활용한 백성들의 자유로운 생산활동
을 허용하였고, 더 나아가 이를 국가에서 운영하는 役·進上·貢物·雜
稅 제도와 연계시킴으로써 인민지배를 관철하고 있었다.[10]

　豪强세력의 魚箭私占 혁파를 전제로 하는 이 같은 조선 국가의 정책
방향은 국초 鄭道傳의 《朝鮮經國典》에서 분명하게 천명되고 있었고,[11]
이후 태종조에 이르러 정식으로 법제화하기에 이른다. 먼저 태종 6년
(1406) 11월에는 좌정승 河崙 등의 건의에 따라 호강세력이 노비를 앞세
워 벌이는 어전의 독점과 專利행태를 금단하는 방침이 다시금 확인되고
있었다.[12] 뒤이어 同王 15년(1415) 6월에도 대사성 柳伯淳 등의 진언에
따라 연해의 어전에 대한 권세가의 탈점을 엄하게 금하는 조처가 재차
시행되었는데,[13] 특히 이때의 조처는 이후 《續六典》의 各年判旨에 수
록됨으로써 법조문화 하기에 이르렀다.[14] 세종 7년(1425) 11월에는 어
전의 사점에 대해서 이미 이를 금하는 법령이 있음을 국왕이 강조하고
있었는데,[15] 이 금령은 바로 태종조에 마련된 《속육전》의 어전사점 금

　9)《太祖實錄》卷11, 太祖 6年 4月 丁未, 1冊, 105쪽.
　10) 김선경, 앞의〈조선후기 山林川澤 私占에 관한 연구〉.
　11)《朝鮮經國典》上, 山場·水梁.
　12)《太宗實錄》卷12, 太宗 6年 11月 己卯, 1冊, 379쪽.
　13)《太宗實錄》卷29, 太宗 15年 6月 庚寅, 2冊, 72~73쪽.
　14)《世宗實錄》卷10, 世宗 2年 11月 辛未, 2冊, 415~416쪽.
　15)《世宗實錄》卷30, 世宗 7年 11月 丁酉, 2冊, 698쪽.

지조항을 일컫는 것이었다.

결국 국초 조선 정부의 어전정비 방침은 이후 성종조의 《經國大典》
에서 다음과 같이 규정됨으로써 최종 마무리되고 있었다. 곧 전국의 어
전과 염분을 등급을 나누어 장적에 편성하고 이를 호조와 본도, 본읍에
보관하게 하는 일반원칙 아래, 이 장적에서 빠진 자나 어전을 사점한
자는 杖 80 刑에 그 이익을 官에서 몰수하며, 어전은 빈민에게 분급하되
3년마다 이를 바꾸어 준다는 규정이었다.16) 다시 말해 고려말 이래 누
적되어 온 호강의 어전사점을 일체 혁파하고, 전국에 소재한 어전을 국
가가 파악하여 관리하면서 이들 어전을 빈민에게 3년씩 돌아가면서 분
급한다는 규정이었다.

요컨대 어전에 대한 개인의 소유와 독점을 전면 부정하고 이를 빈민
에게 3년 단위로 遞給함으로써, 산림·염분 등과 더불어 산림천택에 대
한 '與民共之'의 원칙을 실현하는 방향이었다. 그리고 산림천택의 다른
영역과 마찬가지로 이들 어전에 대해서도 소유권의 설정과 그에 따른
지배를 국법으로 금지하고 있었던 만큼, 연해의 백성 특히 빈민들에게
분급되는 어전에 대한 권리 역시, 어전과 그것이 소재하는 하천이나 海
面에 대한 일정기간의 占有와 그에 따르는 일종의 使用收益權의 형태일
수밖에 없었다.

조선왕조의 개창 이후에 이와 같이 어전에 대한 개인의 소유권을 일
절 부정하여 권세가의 사점을 혁파하고, 이를 빈민에게 사용수익권의
형태로 분급하여 '共有'의 원리에 따른 자유로운 생산활동을 허용하는
어전정책의 근간이 설정되자, 이제 그에 상응하여 새롭게 전국의 어전
을 편성하고 그로부터 수세를 도모하는 국가정책이 후속되어야만 하였
다. 이를 위해 우선 정부는 독점적 소유권이 일제히 혁파된 전국의 어전
을 크게 왕실수요를 비롯한 국용어물과 지방재정에 필요한 어물을 생산

---

16) 《經國大典》 戶典, 魚鹽.
   "諸道魚箭鹽盆 分等成籍 藏於本曹本道本邑 [以下 細註] 漏籍者 杖八十 其利沒官 私
   占魚箭者同 魚箭 給貧民 三年而遞"

하여 공급하는 官魚箭과, 백성들의 자유로운 이용과 생산을 허용하고
그 생산어물의 일부를 수세하는 私魚箭으로 분류하여 편제하고 있었다.
이른바 '官[公]魚箭'과 '私魚箭'의 편성체계였다.[17]

　조선전기 官魚箭은 두 계통으로 조성된 어전이 포함되어 있었다. 즉
국가에서 조성하여 이를 백성들이 부담하는 役제도와 연계시킴으로써
주로 왕실의 수요어물을 조달하는 國用魚箭과, 지방 官에서 조성하여
공납어물과 軍需 및 지방재정에 그 생산어물을 충당하는 지방의 관어전
이 그것이었다. 태종 13년(1413) 11월 司宰監의 啓目을 바탕으로 의정부
는, 경기도 安山과 仁川에 소재하는 上品의 어전 각 2곳을 선정하여 관
에서 직접 結箭하고, 여기에서 잡은 어물을 장계를 갖추어 즉시 상납시
키는 방안의 시행을 건의하고 있었다.[18] 왕실용 薦新어물 확보문제와
관련하여 제기된 의정부의 이 논의는 요컨대, 국용어전의 결전 주장이
었다.

　이처럼 국용어전은 왕실수요를 조달하는 용도로 조성되었기에 도성
에 가까운 지역에 소재하는 上品의 어전을 선택하여 官의 物力지원을
바탕으로 결전되었고, 다른 관어전이 그랬듯이 백성들의 부역동원을 통
해 어물생산이 이루어졌을 것으로 추정된다. 왕실의 어물공급을 전담하
는 司饔院의 관할 아래 있던 이 국용어전은 이후 수요어물의 부족으로
말미암아 그 추가 結箭이 조정에서 논란되기도 하고,[19] 후대에 진상어
물의 변질을 이유로 담당관원이 처벌받기도 하였던 사례에서 보듯이,[20]
조선전기 내내 관어전의 한 유형으로 존속되고 있었다.

---

17) '官[公]魚箭'과 '私魚箭'의 용례는 다음 기록에서 구체적으로 확인된다.
　　《太祖實錄》卷5, 太祖 3年 正月 戊午, 1冊, 53쪽;《太祖實錄》卷13, 太祖 7年 正月
　　己未, 1冊, 114쪽;《燕山君日記》卷42, 燕山君 8年 正月 庚子, 13冊, 468쪽;《中宗
　　實錄》卷1, 中宗 元年 11月 甲午, 14冊, 97쪽;《明宗實錄》卷9, 明宗 4年 10月 己未,
　　19冊, 674쪽.
18)《太宗實錄》卷26, 太宗 13年 11月 戊戌, 1冊, 697~698쪽.
19)《中宗實錄》卷22, 中宗 10年 7月 壬子, 15冊, 95쪽.
20)《宣祖實錄》卷123, 宣祖 33年 3月 辛酉, 24冊, 48쪽.

한편 조선 정부는 국초 이래 身良役賤 신분의 하나로 '生鮮干'層을 설정하여 內膳用 진상어물의 공급을 담당하도록 하고 있었다. 도성 근교의 城底 10리에서 通津에 이르는 한강변에 거주하는 양인과 公賤 중에서 주로 차정되었던 이들 생선간은, 세종조에 그 定員이 35명에서 100호, 이후 120호로 증액되고 있었으며,[21] 사옹원 소속으로 貢賦 외에 다른 잡역을 면제받고 있었다.[22] 따라서 신역의 일환으로 內膳어물을 조달하고 있던 이들 생선간들이 어물생산을 위해 운용하고 있던 어전 역시 국용어전의 하나로 파악되었을 것이고,[23] 경우에 따라서는 국용어전의 結箭과 捕魚에 이들이 우선적으로 동원되었을 것으로 생각된다.

그러나 조선전기 관어전의 대부분을 구성하였던 형태는 연해 浦鎭의 軍營이나 州縣의 各官에서 결전하여 운용하는 어전이었다. 국초 이래 조선 정부는 전국 포진에 복무하는 船軍들을 평상시에 捕魚와 煮鹽에 동원하고, 그 생산 어염을 무곡을 통해서 軍資에 보충하여 오고 있었다.[24] 왕조개창 직후인 태조~태종조에는 한 때 이들 선군이 생산한 어염을 그 苦役을 고려하여 그들에게 지급하거나,[25] 이들의 魚鹽役 자체를 혁파하는 방안이 일시적으로 시행되기도 하였다.[26] 그러나 '昇平日久'한 상황에서 선군은 어염생산이나 屯田경작 등의 他役에 줄곧 동원되고 있었고, 그 생산물은 모두 이들의 군량을 포함한 군자에 보충되고

---

21) 《世宗實錄》卷14, 世宗 3年 11月 丁亥, 2冊, 465~466쪽；《世宗實錄》卷92, 世宗 23年 3月 丁未, 4冊, 337쪽；《世宗實錄》卷117, 世宗 29年 9月 戊申, 5冊, 38쪽.
22) 《燕山君日記》卷32, 燕山君 5年 3月 丙戌, 13冊, 354쪽；《大典續錄》戶典, 雜役.
23) 이와 관련하여서는 이 시기 조선 정부가 이들과 같이 신량역천 계층이었던 鹽干의 염분을 '公鹽盆' 또는 '貢鹽盆'으로 파악하여, 그 생산염을 官鹽으로 수취하고 있던 실태 역시 참고 된다[朴平植, 〈朝鮮前期 鹽의 生産과 交易〉, 《國史館論叢》 76, 1997(《朝鮮前期商業史硏究》(지식산업사, 1999)에 수록)].
24) 李載龒, 〈朝鮮前期의 水軍〉, 《韓國史硏究》 5, 1970；朴平植, 앞의 〈朝鮮前期 鹽의 生産과 交易〉.
25) 《太祖實錄》卷1, 太祖 元年 7月 丁未, 1冊, 22쪽；《太祖實錄》卷11, 太祖 6年 4月 丁未, 1冊, 105쪽.
26) 《定宗實錄》卷1, 定宗 元年 正月 戊寅, 1冊, 143쪽；《太宗實錄》卷11, 太宗 6年 4月 庚辰, 1冊, 355쪽；《太宗實錄》卷13, 太宗 7年 正月 丁卯, 1冊, 382쪽.

있었다.[27] 어전결전과 어물생산은 이 시기 이들 선군이 군역복무 중에 부담하여야 하였던 주요 役의 하나였던 것이다.

그리하여 태종조의《續六典》에는 각 도의 帥營과 各浦에 어전을 설치하여 군수에 보충한다는 규정과 더불어,[28] 採藿 등의 해산물 채취에도 선군을 동원하는 방침이 법제화되어 있었다.[29] 선군을 동원한 관어전의 결전과 어물생산에 대한 이들 규정은 이후 세조조《經國大典》의 정리과정에서 諸浦鎭의 捕魚處에 결전하여 그 생산어물을 이용한 무곡의 실적에 따라 諸邑의 수령을 賞罰하는 규정으로 정비되었고,[30] 실제 세조 11년(1465) 3월 관어전의 운용과 무곡 補軍資에 성과가 있었던 정평부사 金彌壽와 옹진현령 李允若이 포상받고 있었다.[31]

조선전기 관어전에는 연해의 주현 각 관에서 백성들을 부역의 형태로 동원하여 結箭하고, 여기에서 생산된 어물을 해당 관의 貢物과 進上에 우선 충당한 후에 나머지를 지방재정과 軍需에도 활용하던 官設어전이 또한 포함되어 있었다. 세종조 국가재정의 확충문제가 조정에서 논란되고 있을 때, 그 핵심 방안의 하나로 줄곧 거론되었던 국가의 魚鹽利 확보논의는 官鹽盆 설치를 통한 義鹽法의 실시와 함께,[32] 바로 이 官魚箭의 증설과 운영에 그 초점이 맞추어져 있었다.[33] 성종 16년(1485) 10월에 조정에서 채택한 諸道의 상등어전을 官結어전으로 개발하는 방안 역시

27)《太宗實錄》卷26, 太宗 13年 9月 丁丑, 1冊, 686쪽 ;《世宗實錄》卷19, 世宗 5年 2月 壬子, 2冊, 524쪽 ;《世宗實錄》卷51, 世宗 13年 2月 庚申, 3冊, 296쪽 ;《世宗實錄》卷67, 世宗 17年 3月 甲申, 3冊, 618쪽.
28)《世宗實錄》卷77, 世宗 19年 6月 庚申, 4冊, 78쪽.
29)《世宗實錄》卷86, 世宗 21年 7月 丙寅, 4冊, 227~228쪽.
30)《世祖實錄》卷35, 世祖 11年 3月 庚申, 7冊, 676쪽.
   《세조실록》에서 확인되는 당대《경국대전》의 이 관어전 결전과 포상규정은, 이후 성종 16년(1485)에 최종 반포된《경국대전》에서는 수령에 대한 포상내용이 빠진 채 일반적인 관어전 운영방침으로 정리되어 수록되었다.
31) 위와 같음.
32) 金勳埴,〈朝鮮初期 義倉制度硏究〉, 서울대 박사학위논문, 1993.
33)《世宗實錄》卷77, 世宗 19年 5月 庚寅, 4冊, 69~70쪽 ;《世宗實錄》卷117, 世宗 29年 9月 壬子, 5冊, 38~39쪽.

이와 같은 형태의 관어전 결전방안이었다.[34] 곧 연해의 주현에서 어전 결전에 필요한 物力을 제공하고 부역의 형태로 백성들을 동원하여 어물을 생산하는 관어전이었던 것이다.

국초 권세가의 사점이 전면 혁파된 전국 소재 어전의 일부를 조선 정부는 이와 같이 해당 지방의 관어전으로 운용함으로써 국용 및 지방 재정의 자원으로 활용하고 있었다. 특히 세조조 국방에서 鎭管體制가 성립되면서 외방 군직의 대부분을 각 지방의 수령들이 겸직함으로써 營津의 경비조달까지 주현의 수령들이 책임지게 된 이후,[35] 이 같은 관어전은 앞서 살펴 본 선군이 동원되는 관어전과 그 운용형태상 구분이 모호해져 갔고, 수령의 지방통치에서 官屯田・官鹽盆 등과 함께 중요한 재정자원으로 활용되고 있었다. 요컨대 조선전기 전국 연해의 각 州縣과 浦鎭에는 守令과 鎭將들이 운영하는 관설어전이 다수 산재하고 있었던 것이다.

성종 3년(1472) 10월 호조는 이처럼 諸邑 諸浦에서 결전하여 운영하는 관어전의 생산어물을 우선 薦新과 진상・공물용으로 공급하고, 그 나머지를 무곡을 거쳐 군자에 보충하는 원칙을 확인하고 있었다.[36] 그리고 이 내용은 이후 《경국대전》 호전 어염조 규정에 기본적으로 그대로 반영되어 수록되고 있었다. 전국의 관어전 생산어물을 우선 薦新・進上・常貢에 충당하고, 잉여어물을 관찰사의 관리 아래 貿穀하여 지방 재정이나 군자에 보충하도록 하였던 것이다.[37] 반면 《경국대전》에서 수군[선군]의 煮鹽과 採海菜役은 호전 備荒條에 수록되어, 수군이 생산한 魚鹽을 관찰사의 감독을 거쳐 각 관에서 비황물로 구비하도록 규정

---

34) 《成宗實錄》 卷184, 成宗 16年 10月 乙酉, 11冊, 60쪽.
35) 閔賢九,〈鎭管體制의 確立과 地方軍制의 成立〉,《韓國軍制史 - 近世朝鮮前期篇》, 陸軍本部, 1968.
36) 《成宗實錄》 卷23, 成宗 3年 10月 丁丑, 8冊, 690쪽.
37) 《經國大典》 戶典, 魚鹽.
   "諸道諸邑諸浦 魚箭所出魚物 薦新進上常貢外貿穀 每年貿穀補軍資之數 觀察使 具錄啓聞"

하고 있었다.[38)]

국초 이래 조선 정부는 이상과 같은 국용어전과 관어전을 제외한 일체의 어전을 私魚箭으로 편성하여 관리하면서 수세하고 있었다. 이 시기 사어전은 연해 어민들이 개인적으로 물력을 투자하여 결전한 모든 어전을 포괄하였고, 제도상 그 운용의 주체는 일반 백성 특히 빈민이었다. 국초에 前朝 말엽 만연하였던 권세가의 어전탈점과 사점을 전면 혁파하여 그 소유권을 부정하였던 조선 정부는, 전국 어전 중에서 국용과 관어전으로 설정된 어전을 제외한 나머지 어전에 대해서는 일반 백성들의 점유와 이를 통한 어물생산을 수세를 전제로 하여 허용하고 있었던 것이다.

구체적으로 태종 6년(1406) 11월 조정은 호강세력의 '漁利'독점을 금지하면서 이들 어전에 대해 백성들의 자유로운 어획활동을 허용하되, 그 생산량의 10분의 1을 수세하는 방침을 확인하고 있었다.[39)] 성종 원년(1470) 2월에도 호조겸판서 具致寬은 어전이 본래 官과 民에 분급되어 각기 進上과 資生의 용도로 활용되어 온 사정을 밝히고 있었다.[40)] 또한 동왕 4년(1473) 8월 대사헌 徐居正 역시, 조선 국가의 어전운용의 원칙이 이를 관과 민에 분급하여 각기 調度와 생업의 기반으로 삼고, 아울러 戶曹收稅를 통해 국용을 보충하는 데 있음을 거듭 강조하고 있었다.[41)] 사점이 혁파된 어전은 관어전을 제외한 나머지가 모두 사용수익권의 형태로 일반 백성들에게 분급됨으로써, 수세를 전제로 하는 자유로운 어전 점유와 어물생산이 이루어지고 있었던 것이다. 그런 의미에서 이들 어전은 민간의 '私箭'이었고,[42)] 《경국대전》에 이르러 백성들에 대한 어전 사용수익권의 분급은 빈민에게 3년마다 遞給하는 방향으

---

38) 《經國大典》 戶典, 備荒.
39) 《太宗實錄》 卷12, 太宗 6年 11月 己卯, 1冊, 379쪽.
  "漁梁專利 禁民入水者 痛行禁斷 令民自願者 皆獲漁利 十分稅一"
40) 《成宗實錄》 卷3, 成宗 元年 2月 壬戌, 8冊, 465쪽.
41) 《成宗實錄》 卷33, 成宗 4年 8月 癸亥, 9冊, 49쪽.
42) 《燕山君日記》 卷42, 燕山君 8年 正月 庚子, 13冊, 468쪽.

로 최종 정리되고 있었다.[43)]

　한편 이처럼 백성들이 사용수익권을 바탕으로 결전하여 어물을 생산
하는 私魚箭에 대한 국가차원의 수세체계 역시 정비되어 갔다. 조선왕
조는 전국적인 어전의 파악과 수세업무를 관장하고자 태조 원년(1392)
7월의 官制정비에서 이미 그 전담관서로 司宰監을 설치하고 있었다.[44)]
이윽고 同王 6년(1397) 10월 조선 정부는 京畿右道와 豊海道 그리고 하
삼도 소재의 魚梁·水梁에 대한 정확한 실태파악과 과세를 위해 각 도
에 감찰을 파견하였다.[45)] 조선왕조의 개창과 더불어 전면 혁파된 권세
가들의 사점어전을 이제 연해의 諸주현과 포진 그리고 백성들이 사용수
익권을 토대로 점유하여 어물생산에 이용하는 현실에서, 이들 전국의
官[公]·私魚箭 실태와 그 소출의 다소를 헤아려 이른바 '定稅成籍'하기
위한 조처였다.

　물론 고려조에서 파악한 전국적인 어전실황을 담은 과세장부가《周
官六翼》이나《式目都監 形止案》등에 실려 남아 있었지만,[46)] 이제 사점
이 혁파된 현실에서 각 도의 어전실태와 소출을 고려한 새로운 과세근
거의 마련이 절실한 까닭에 내려진 조처였다. 다음 해(태조 7년, 1398)
정월 이제 겨우 安集한 연해민들이 이 收稅令으로 말미암아 다시 流亡
하게 될지도 모른다는 우려를 지방관들이 제기했지만,[47)] 조정은 그해
4월 전국 어전에 대한 새로운 成籍收稅 방침을 강행하였다.[48)] 이로써
조선왕조에 들어 천명된 새로운 어전정책에 따른 전국적인 어전 수세장
부가 비로소 정비된 셈이었다.

　나아가 태종 13년(1413) 11월 의정부는 각 도의 어전[어량·수량] 중

---

43) 주 16 참조.
44)《太祖實錄》卷1, 太祖 元年 7月 丁未, 1冊, 24쪽.
45)《太祖實錄》卷12, 太祖 6年 10月 丙戌, 1冊, 110쪽.
46)《世宗實錄》卷117, 世宗 29年 9月 壬子, 5冊, 38쪽 ;《文宗實錄》卷4, 文宗 卽位年
　　10月 庚辰, 6冊, 303쪽.
47)《太祖實錄》卷13, 太祖 7年 正月 己未, 1冊, 114쪽.
48)《太祖實錄》卷13, 太祖 7年 4月 己卯·庚辰, 1冊, 119쪽.

에서 上·中品 어전의 四標, 箭主·船主의 이름과 거주지 등을 자세하
게 기재한 장부의 작성을 양계를 포함한 전국 감사에게 추가로 지시하
고 있었다.[49] 앞서 태조 7년에 마련된 어전파악과 수세장부를, 이제 좀
더 세분화한 어전실황에 근거하여 보완 재작성함으로써 수세의 실질을
도모하려는 조처였다. 그리고 이처럼 전국 소재 어전을 등급을 나누어
成籍하고 호조와 각 도 각 읍에 그 장부를 비치하는 어전수세의 원칙은,
이후 성종조에《경국대전》호전 어염조에 수록됨으로써 최종 법제화하
였다.[50]

　　요컨대 왕조개창 이후 조선 정부는 사점이 혁파된 전국의 어전을 관
어전과 사어전으로 편성하고, 이를 직접 운용하거나 또는 그로부터 수
세하고 있었다. 그 가운데 관어전은 국용어전을 포함하여 연해 주현과

---

49)《太宗實錄》卷26, 太宗 13年 11月 戊戌, 1冊, 697~698쪽.
　　여기에서 언급된 어전의 '箭主'는 물론 이들 어전의 소유주가 아니라, 사용수익
　　권을 분급받아 어전을 운용하고 있던 사람을 가리키는 표현이다.
50) 주 16과 같음.
　　그런데《경국대전》의 이 어염조에는 어염의 '分等成籍' 원칙과 漏籍·私占者에
　　대한 처벌규정 외에, 구체적인 수세액수가 기재되어 있지 않다. 때문에 이를
　　근거로 국초에 어전수세가 실제적으로 이루어지지 못하였다고 이해할 수도 있
　　겠다(朴九秉·崔承熙, 앞의《韓國水産史》; 朴九秉, 앞의《韓國漁業史》). 그러나
　　앞의 각주 39에서 확인되듯이 이 시기 사어전에서는 국초부터 어획량의 10분의
　　1의 현물수세가 이루어져 왔고, 민간의 사어전이 사재감에 어물로 납세를 하였
　　던 사정은 후대의 기록에서도 분명하게 확인된다(《成宗實錄》卷33, 成宗 4年 8月
　　癸亥, 9冊, 49쪽;《中宗實錄》卷13, 中宗 6年 4月 丁亥, 14冊, 506쪽).《경국대전》
　　에 구체적인 수세액수가 명기되지 않았던 형태는, 조선전기 어전과 더불어 대표
　　적인 雜稅수세의 대상이었던 염분에서도 마찬가지였다. 그러나 염분 역시 매
　　盆當 연간 鹽干 10석, 私干 4석의 염세를 현물로 납부하고 있었다(朴平植, 앞의
　　〈朝鮮前期 鹽의 生産과 交易〉). 한편 이 시기 정부가 수취하던 漁稅에는 이들
　　어전세 외에도, 船稅·蘆田稅 등이 포함되어 있었다(《世宗實錄》卷10, 世宗 2年
　　11月 己巳, 2冊, 414쪽;《世宗實錄》卷28, 世宗 7年 6月 辛酉, 2冊, 676쪽;《世宗實
　　錄》卷33, 世宗 8年 7月 丙午, 3冊, 37쪽;《世宗實錄》卷62, 世宗 15年 10月 丁丑,
　　3冊, 524쪽;《文宗實錄》卷4, 文宗 卽位年 10月 庚辰, 6冊, 303쪽;《文宗實錄》
　　卷7, 文宗 元年 5月 壬寅, 6冊, 383쪽;《成宗實錄》卷8, 成宗 元年 11月 癸未, 8冊,
　　538쪽;《世宗實錄地理志》, 全羅道, 靈光郡, 土産, 5冊, 659~660쪽;《世宗實錄地理
　　志》, 黃海道, 海州牧, 土産, 5冊, 671쪽).

浦鎭에서 物力을 제공하고 관할 백성과 수군을 力役의 형태로 동원하여
結箭한 후, 그 수확어물을 해당 군현의 常貢과 진상에 우선 충당하고
나머지를 감사의 감독 아래 무곡하여 지방재정이나 군자에 보충하고
있었다. 반면 사어전은 그 사용수익권을 분급받은 백성들이 주체가 되
어 설비를 마련하여 결전하였고, 생산어물의 10분의 1을 현물 형태로
사재감에 납세하고 있었다.

그런데 이른바 '魚鹽雜稅'의 하나였던 이 사어전의 어전세는 중앙 정
부에서 관할하는 收稅어물로서, 지방관과 감사의 재량 아래 처분되는
관어전의 수확분과는 계통이 다른 어물이었다. 때문에 역대 조정은 이
어전세 수세의 안정을 위해 적지 않은 주의를 기울이고 있었다. 예컨대
세조 14년(1468) 6월 국왕은 전국 연해의 수령들에게 관내 魚鹽에 대하
여 '戶曹案付' 외에 어염세를 따로 '私收'하지 말 것을 특별하게 지시하
고 있었다.51)

민간의 사어전에 대한 수령의 자의적인 수세금지를 담은 이 諭示는,
결국 중앙의 收稅財源인 어전세 징수가 수령의 지방재정 확보노력 때문
에 타격받지 않도록 하려는 목적에서 취해진 조처였다. 그리고 이 같은
노력의 결과 세종조에 사재감의 魚物庫는 불과 3칸에 불과하였던 고려
조의 그것과는 달리 宏壯한 규모로 도성내 3~4곳에 樓庫를 두고 있었
고,52) 또 이 곳에 보관된 久陳어물이 수시로 和賣의 형태로 도성시장에
방출되고 있었다.53) 전국 사어전의 어전세 징수와 각 주현의 어물공납
이 내실 있게 이루어진 결과였다.

한편 어전의 사점을 혁파하고 이를 관어전과 사어전의 형태로 운용하
는 어전정책의 큰 골격 아래, 조선 정부는 국초 이래 이들 어전의 일부
를 특정 官署나 개인에게 사용수익권 또는 수세권의 형태로 분급함으로

---

51) 《世祖實錄》 卷46, 世祖 14年 6月 丙午, 8冊, 194쪽.
52) 《世宗實錄》 卷28, 世宗 7年 6月 辛酉, 2冊, 676쪽.
53) 《世宗實錄》 卷38, 世宗 9年 11月 丁酉, 3冊, 102쪽 ; 《世宗實錄》 卷109, 世宗 27年
  8月 戊辰, 4冊, 634~635쪽.

써 이들의 경제기반으로 활용하는 것을 허용하고 있었다. 이 같은 魚箭
分給의 우선 대상이 되었던 세력은 本宮을 포함한 왕실이었다. 태종 18
년(1418) 7월 조정에서는 본궁이 書題를 통해 어전세를 수취하는 실태
를 비판한 校書校勘 房文仲의 진언이 크게 문제가 되고 있었다. 이때
국왕은 본궁소속 어전의 존재를 부인하였고, 방문중 역시 심문과정에서
그 實在를 알지 못하는 것으로 진술하고 있었다.[54]

그러나 본궁 소속 어전의 실체는 세종조의 기록에서 구체적으로 확인
된다. 세종 7년(1425) 11월과 동 9년(1427) 6월 두 차례에 걸쳐 국왕은
각 도와 咸吉道에 소재하는 본궁소속의 어전을 평민이나 빈민에게 '許
給' 또는 '分給'할 것을 지시했다.[55] '曾屬本宮'이라는 국왕의 설명에서
알 수 있듯이, 이들 本宮어전은 국초의 어전사점 혁파조처에도 불구하
고 그대로 본궁에 소속된 채 서제의 관리 아래 운영되고 있었고, 세종조
에 이르러 비로소 국왕이 어전정책의 원칙에 따라 해당 어전을 평민이
나 빈민에게 사용수익권의 형태로 나누어 줄 것을 지시했다.

세종의 이 같은 조처에도 불구하고 왕실과 종친세력에 대한 어전분급
은 이후에도 중단되지 않았다. 세조 13년(1467) 11월 국왕은 昭訓 尹氏
에게 어전 1所를 하사하라고 호조에 지시하고 있었다.[56] 仁粹王妃 역시
세조로부터 어전을 受賜한 사실이 후대의 기록에서 확인되고 있다.[57]
이 같은 '特賜' 또는 '別賜'[58] 형식의 어전분급의 대상은, 이후 성종조를
전후하여서는 왕실과 종친세력만이 아니라 豪勢家로까지 확대되는 추
세였다.[59]

54) 《太宗實錄》卷36, 太宗 18年 7月 甲寅, 2冊, 239쪽.
55) 《世宗實錄》卷30, 世宗 7年 11月 丁酉, 2冊, 698쪽 ; 《世宗實錄》卷36, 世宗 9年
    6月 甲戌, 3冊, 79쪽.
56) 《世祖實錄》卷44, 世祖 13年 11月 乙亥, 8冊, 145쪽.
57) 《成宗實錄》卷3, 成宗 元年 2月 壬戌, 8冊, 465쪽.
58) 《成宗實錄》卷33, 成宗 4年 8月 癸亥, 9冊, 49쪽 ; 《成宗實錄》卷184, 成宗 16年
    10月 乙酉, 11冊, 59~60쪽.
59) 《成宗實錄》卷3, 成宗 元年 2月 壬戌, 8冊, 465쪽 ; 《成宗實錄》卷23, 成宗 3年
    10月 丁丑, 8冊, 690쪽 ; 《成宗實錄》卷33, 成宗 4年 8月 癸亥, 9冊, 49쪽.

한편 조선초기 정부는 전국 소재 어전의 일부를 중앙의 몇몇 京衙門
에 소속시켜 그 수세분을 해당 관서의 재정기반으로 劃給하기도 하였
다. 세종 5년(1423) 11월 환관 兪實은 兼司僕으로서 司僕寺의 어전을 탈
점하였다가 杖刑의 처벌을 받고 있었다.[60] 당시 사복시 제조 李湛이 탈
점된 이 어전을 다시 其主, 곧 어전을 실제 운영하던 백성에게 되돌려
주었던 조처를 감안하면, 이 어전은 사어전으로서 생산어물의 10분의
1을 사복시에 상납하던 어전이었다. 다시 말해 어전의 수세권이 사복시
에 분급된 同寺소속 사어전이었던 것이다.

경아문으로서 어전에 대한 수세권을 분급받은 관서로는 이 외에도
典校署가 또한 확인된다. 성종 9년(1478) 정월 경연에서 싼 가격의 書册
간행과 보급을 위해 기왕에 절급된 어전 외에 전교서에 추가로 어전을
더 획급하자는 논의가 있고 난 후에,[61] 국왕은 買紙자원으로 매년 전교
서에 어전과 税布를 優給할 것을 호조에 지시하고 있었다.[62] 또한 국왕
이 받아들이지는 않았지만 동왕 24년(1493)에도 六曹의 劑藥費 충당을
위해 어전을 量給하자는 논의가 조정에서 논란되기도 하였다.[63] 결국
사복시와 전교서의 어전은 모두 사재감에 소속된 사어전의 수세권을
절급받음으로써 그 수세어물을 이들 아문에서 운용자원으로 활용하고
있던 사례였다.[64]

그런데 국초 조선 정부는 어전의 사용수익권을 또한 限年의 형태로
특정 개인에게 분급하고도 있었다. 예컨대 세종 13년(1431) 그해에 발생
한 도성 大火災의 피해가 성내의 草屋 때문에 더욱 커졌다고 판단한 조
정은, 도성 백성들의 가옥을 瓦家로 개축하기 위해 도성에 三窯를 추가

---

60)《世宗實錄》卷22, 世宗 5年 11月 癸卯, 2册, 564쪽.
61)《成宗實錄》卷88, 成宗 9年 正月 丙戌, 9册, 548쪽.
62)《成宗實錄》卷88, 成宗 9年 正月 戊子, 9册, 550쪽.
63)《成宗實錄》卷278, 成宗 24年 閏5月 辛亥, 12册, 335~336쪽.
64) 한편 선조조의 기록에 따르면, 耆老所 역시 국초에 그 설립과 더불어 어전을
    하사받았다고 하는데, 이 경우 역시 어전 수세권의 분급이었을 것이다(《宣祖實
    錄》卷162, 宣祖 36年 5月 乙丑, 24册, 476쪽).

설치하고, 이 官窯에 燔瓦用 燒木을 납부한 자들에게 각 도 어전에서의
結箭을 허용하고 있었다.65) 물론 이 조처는 도성 대화재라는 비상의 상
황에 따른 임시의 대책이었지만, 이 시기 조선 정부가 국정운영의 일환
으로 어전의 結箭권리, 곧 그 사용수익권을 빈민만이 아니라 특정 개인
에게 한시적으로 분급하기도 하였음을 보여주는 사례인 것이다. 그리고
조정의 이 조처에 부응하여 燔瓦木을 납부하고 어전의 사용수익권을
분급받아 큰 이익을 남겼던 주체들이 대부분 도성의 부상대고들이었음
은 이후의 기록에서 구체적으로 확인되고 있다.66)

어전 사용수익권의 限年分給 조처는 이후 성종조에서도 채택되고 있
었다. 성종 6년(1475) 8월 조정은 諸驛의 역리들이 入接하는 가옥을 만
들어 제공하는 자들에게 僧俗을 막론하고 그 조성 間閣의 다소와 功役
을 헤아려 인근의 어전을 차등 있게 '限年題給'하고, 이를 수령과 찰방으
로 하여금 감독케 하는 방안을 확정하고 있었다.67) 어전결전에 따르는
이익, 곧 '箭利'를 '限年'하여 분급한 이 조처는 앞의 세종조 사례와 더불
어, 평민이나 빈민이 아닌 자들의 어전사점과 결전을 엄금하였던 국초
이래 어전정책의 틀 안에서 예외적으로 취해지는 방침이었다. 즉 어전
의 사용수익권을 국정운영과 연관하여 일시적으로 특정 개인에게 분급
하는 방안으로서, 자연 그 분급대상 어전은 관어전이거나 陳荒 또는 未
開發 어전이었을 것으로 추측된다. 그리고 그 어전의 분급과 회수가 국
가에 의해 '한년'의 형태로 이루어진다는 점에서, 이들 어전은 고려말
권세가들의 그것과 같은 항구 배타의 私占형태는 아니었다.

이상에서 살펴 본 조선초기의 어전분급 사례는 모두 왕조개창 직후
마련되어 《경국대전》에서 최종 정리된 조선왕조 어전정책의 範疇 안에
서 채택되고 있던 조처들이었다. 다시 말해 어전에 대한 특정 개인 특히
권세가의 소유권과 불법적인 사점을 전면 혁파하고, 이를 '與民共之'의

---

65) 《世宗實錄》 卷52, 世宗 13年 4月 癸卯, 3冊, 309쪽.
66) 《世宗實錄》 卷88, 世宗 22年 3月 乙丑, 4冊, 277쪽.
67) 《成宗實錄》 卷58, 成宗 6年 8月 辛巳, 9冊, 249쪽.

이념에 따라 국가에서 운영하는 관어전과 일반 백성들이 활용하는 사어
전으로 편성하여 운영하되, 그 사용수익의 권리를 국가에서 관할하면서
수세하거나 또는 그 권리를 일시적으로 분급하는 내용이 이 시기 어전
정책의 骨幹이었던 것이다. 고려말 권세가의 어전사점과 탈점에서 비롯
된 국가재정의 부족과 민생의 곤궁이라는 사회문제는, 이제 조선왕조의
이와 같은 어전정책에 의해 그 수습의 제도적 기반을 마련한 셈이었다.

그러나 조선왕조의 이 어전정책은 왕실과 종친들에게 어전을 특사
또는 별사의 형식으로 분급하고, 또 일시적이기는 하나 그 사용수익권
을 국가의 재정문제와 연계하여 특정 개인에게 분급하는 방안이 설정되
었던 데에서 보듯이, 그 제도적인 정비과정의 한편에서 구래의 누적된
모순이 재발하거나 새로운 문제들이 연해 각처 어전경영의 실제에서
이내 대두할 소지들을 또한 내포한 것이기도 하였다.

## 3. 魚箭經營의 實態와 收稅增大

어전에 대한 권세가의 사점혁파와 빈민분급이라는 조선왕조 어전정
책의 두 기조 위에서, 전국의 어전은 소유권에 근거한 독점적이고 배타
적인 점유와 활용이 금지되었고, 이제 국가로부터 분급받은 사용수익권
을 바탕으로 각기 官魚箭과 私魚箭의 형태로 경영되면서 어물생산이 이
루어지고 있었다. 왕실수요 어물을 조달하는 국용어전을 포함하여 전국
연해의 주현이나 포진에서 수령과 鎭將들이 운영하던 관어전의 경영은,
官의 物力지원과 해당지방 백성이나 관할 수군의 부역과 力役동원에 기
초하여 結箭과 어물생산이 이루어지는 것이 관행이었다.

세종 19년(1437) 5월 어염자원 활용을 통한 재정확충 방안을 모색하
던 호조는 그 일환으로 관어전과 관염분 증설안을 제안하면서, 전국에
敬差官을 파견하여 어전결전에 적합한 지역을 審驗할 것과 신설될 어전

의 운영에 필요한 인원의 숫자와 소용 器物 등을 아울러 조사하여 계문하게 할 것을 건의하고 있었다. 이에 덧붙여 호조는 이들 관어전과 관염분 운영에 필요한 인원으로 염간의 挾丁, 각사의 공노비, 근방의 各官奴子, 연해의 거민 중에서 軍戶에서 빠진 餘丁, 犯罪徒役人들을 추쇄하여, 신설될 관어전과 관염분에 차정하여 番을 나누어 사역시킬 것을 주장하였다.68) 이어 다음 달에도 호조는 8도에 파견되는 경차관으로 하여금, 신설될 관어전의 상·중·하 등급과 어전운영에 필요한 漁船·網罟만이 아니라, 1년의 소출어물 및 이들 어물의 무역을 통해 확보 가능한 布貨와 미곡 수 등도 자세하게 조사시킬 것을 추가로 건의하고 있었다.69)

財政補用을 위한 관어전 증설안으로 제기되었던 이 방안은 당시 전국에서 운영되고 있던 관어전의 일반적인 경영실태를 잘 보여주는 내용으로 생각된다. 즉 이 시기 관어전, 특히 州縣魚箭은 수령의 책임 아래 각 관에서 어전 조성에 필요한 각종 기물과 물자를 제공하고, 여기에 해당 주현 소속의 각종 공노비와 피역인 등을 동원하여 결전과 어물생산이 이루어지고 있었던 것이다. 이는 이 시기 전국 소재 官屯田이 부족한 관청 소요경비의 마련을 위해 관내 황무지를 개발하되 그 경작에 관노비와 人吏의 勞力을 동원하고 있던 실태에 비추어,70) 같은 체제와 원칙에서 운영되던 관어전 경영방식이었다.

그러나 관어전의 실제 운영과정에서 위와 같은 경영원칙이 그대로 준수되기는 어려웠다. 특히 각종 운영경비의 마련을 위한 관어전의 결전과 운용이 절실한 현실에서, 각 관의 물력지원 없이, 그리고 공노비나 人吏들이 아닌 일반 군현민들을 부역이나 요역의 형태로 동원하여 관어전을 결전하고 운영하는 형태가 보편적이었을 것이다. 실제 조금 후대의 기록이기는 하지만 선조 25년(1592) 우참찬 成渾에 따르면, 중국을

---

68) 《世宗實錄》 卷77, 世宗 19年 5月 庚寅, 4冊, 69~70쪽.
69) 《世宗實錄》 卷77, 世宗 19年 6月 壬午, 4冊, 84쪽.
70) 李景植, 앞의 《韓國 中世 土地制度史》, 43쪽.

오가는 使客의 供奉마련을 위해 3곳의 관어전을 구래로 운영해 오던
평안도 定州에서는 州民들을 동원하여 '輪日捕魚'시키고 매일같이 그 수
확어물을 관아로 송부하고 있었는데, 이 곳 백성들의 유망이 실로 이로
부터 말미암는 형편이었다.[71]

따라서 수령이 관할하는 지방 관어전의 경영에서 이처럼 주현의 공노
비나 인리 외에 주현민들을 동원하는 실태는 당시 일반적인 모습이었을
것으로 짐작된다. 그리고 이로 미루어 볼 때 연해 浦鎭의 鎭將들이 운영
하던 관어전의 경우에도 그 일차적인 동원대상은 수군이었겠지만, 특히
세조조 진관체제의 도입 이후에는 수군 외에도 주현민을 요역의 형태로
이들 관어전의 결전과 어물생산에 대거 동원하였을 것으로 사료되는
것이다.

이처럼 官의 물력지원 아래 주현민과 수군들의 力役동원을 바탕으로
생산된 관어전의 소출 어물들은 다양한 용도에 충당되어 활용되고 있었
다. 앞서 살펴 본《경국대전》의 규정에 따르면, 이 시기 관어전의 소출
어물은 우선은 해당 주현과 포진에서 상납하여야 할 薦新·進上·常貢
에 충당되었고, 그 나머지가 매년 무곡되어 軍資에 보충되면서 그 내역
이 관찰사를 경유하여 중앙에 보고되고 있었다.[72]

이 시기 전국 연해의 주현과 포진에서 관어전 경영을 토대로 중앙에
상납하여야 하였던 어물의 구체적인 총액은 확인할 수 없지만, 적지 않
은 규모였을 것으로 짐작된다.[73] 예컨대 연산군 5년(1499) 의정부의 보
고에 따르면, 경기도에서 상납하는 진상어물의 규모는 매년 誕日과 名

---

71)《宣祖修正實錄》卷26, 宣祖 25年 12月 丁亥, 25冊, 634쪽 ;《牛溪集》卷3, 章疏2,
   行朝上便宜時務, 壬辰 12月(《韓國文集叢刊》, 43冊, 77쪽).
72) 주 37과 같음.
73) 조선전기 전국 군현에서 상납하던 常貢어물의 物種은《世宗實錄地理志》와《新
   增東國興地勝覽》을 통해 그 대강의 내역을 확인할 수 있으나, 각 군현별 공납총
   액의 구체적인 확인은 어려운 실정이다. 그러나 이 시기 부세문제의 논란이 특
   히 16세기 이후에는 전세보다 이 공납분야에서 주로 일어나고 있었음을 고려하
   면(田川孝三,《李朝貢納制의 硏究》, 東洋文庫, 1964), 연해 주현의 상공어물의 총
   액이 적지 않은 분량이었을 것임은 충분히 推察할 수 있겠다.

日에 718尾, 大·小日次에 4,800미, 그리고 무시로 열리는 각종 曲宴에도
2천여 미 이상의 어물이 공급되고 있어 그 取辦문제가 심각하였다.[74]
이들 진상어물은 감사의 책임 아래 예하 諸邑과 諸浦에서 책판되고 있
었는데, 주로는 연해 소재 주현과 포진에서 운영하던 관어전의 소출어
물로 충당되었을 것이다.

그러나 이와 같은 상공과 진상분을 제외하면 각 지방 관어전의 소출
어물은 해당 지방관의 주재 아래 다양하게 지방재정의 용도에 활용되었
고, 그 나머지가 군자에 보충되고 있었다. 관둔전과 더불어 이들 관어전
과 관염분이 이 시기 지방재정의 주요 재원이었던 것이다.[75] 때문에 바
다와 떨어져 있어 어염자원이 不在하던 내륙의 군현이나 軍鎭들이 인근
연해군현의 일정 해안지역을 割屬시켜 재원의 하나로 확보하려는 시도
가 계속되고 있었다.

세종 15년(1433)에 함길도 吉州·鏡城의 어염 소출지를 신설하는 慶
源의 嶺北鎭에 할속시킨 사례,[76] 세조 12년(1466) 평안도 永柔의 任内地
를 順安縣에 떼어 주고 重鎭이 설치되는 평안도 龜城에 인근 隨川 西都
沒里를 할속한 사례,[77] 그리고 연산군 7년(1501)에 다시 평안도 永柔縣
陰里를 順安縣에 추가로 이속시킨 사례에서 확인되듯이,[78] 주로 양계지
방을 중심으로 어물 생산지 확보를 위한 할속요구가 지방 또는 군수재
원 확보차원에서 지속되고 있었던 것이다. 문종 원년(1451) 5월 전농소
윤 崔濡의 상언에서 구체적으로 확인되는 바와 같이,[79] 관둔전 관염분
과 더불어 船稅·魚藿 등의 魚稅와 관어전 소출어물이 지방관의 주요

74) 《燕山君日記》卷32, 燕山君 5年 3月 丙戌 13冊, 354쪽.
75) 李景植, 앞의《韓國 中世 土地制度史》; 朴平植, 앞의〈朝鮮前期 鹽의 生産과 交
    易〉.
76) 《世宗實錄》卷62, 世宗 15年 12月 辛酉, 3冊, 531쪽.
77) 《世祖實錄》卷38, 世祖 12年 正月 乙巳, 8冊, 1쪽 ;《世祖實錄》卷38, 世祖 12年
    2月 乙亥, 8冊, 6쪽.
78) 《燕山君日記》卷40, 燕山君 7年 4月 丙戌, 13冊, 442쪽.
79) 《文宗實錄》卷7, 文宗 元年 5月 壬寅, 6冊, 383쪽.

재정원이었던 현실에서 비롯하는 할속조처라 할 것이다. 요컨대 연해
수령과 진장들의 책임 아래 예하의 공노비나 인리 그리고 지방민과 수
군들을 동원하여 어물을 생산하는 형태가, 이 시기 관어전의 일반적인
경영모습이었다.

그렇다면 조선전기 특히 15세기에 私魚箭의 구체적인 경영은 어떻게
이루지어지고 있었을까? 국초의 어전정책과 그것이 최종 정리되어 반영
된《경국대전》의 관련규정을 종합하면, 이 시기 사어전은 연해의 백성이
나 빈민이 국가로부터 사용수익권의 형태로 어전이 설치될 海面에 대한
일정기간의 점유를 인정받고, 각자의 물력투자를 바탕으로 어전을 결전
하여 어물을 생산하되 그 수확어물의 10분의 1을 납세하는 형태가 국가
적으로 법제화된 사어전의 경영원칙이었다.[80] 어전에 대한 독점적·배
타적 소유권 일체를 부정하고 그 이용을 백성들에게 허용한다는 점에서,
이와 같은 사어전의 경영방식은 국초 이래 조선 국가가 표방하고 있던
'山林川澤 與民共之'의 정책이념에 부응하는 형태이기도 했다.

그러나 관인 지배층에서 피지배 민인에 이르기까지 이 시기 사람들의
식생활에서 차지하는 어물의 비중을 고려할 때, 더욱이 '魚鹽의 이익은
그 소출이 無窮'[81]하여 '어염업이 농업에 버금간다'[82]던 현실에서, 국초
이래 설정된 국가의 어전정책이 그 실제에서 그대로 준행되기는 매우
어려운 문제였다. 어전사점 금지와 빈민분급이라는 어전정책의 기조는
국초부터 그 표방과 법제화의 한편에서, 便法 또는 不法의 형태로 전개
되고 있던 권세가 토호세력의 어전장악 기도와 전국 곳곳에서 충돌하고
있었던 것이다.

태종 6년(1406) 11월 좌정승 河崙 등은 개선이 시급한 당대의 民弊를
거론하면서 수령의 각종 침학과 품관 향리층의 田地私占 실태와 더불

---

80) 본 논문 2장 참조.
81)《世宗實錄》卷5, 世宗 元年 10月 乙未, 2冊, 342쪽.
82)《世宗實錄》卷77, 世宗 19年 5月 庚寅, 4冊, 70쪽.
　　"漁鹽 亞於農務"

어, 수령의 사적인 관어전 結箭폐단과 大川을 점단하여 벌이는 漁利독
점 문제를 거론하고 있었다.[83] 동왕 13년(1413) 11월에도 어전정책의
실무를 관장하고 있던 사재감은 《六典》의 관련법규에도 불구하고, 中外
에서 公家와 巨室이 여전히 어전을 점거하고서 각종 빌미로 납세마저
거부하는 실태를 고발하고 있었다.[84]

이 같은 사정은 세종조에도 마찬가지였다. 세종 7년(1425) 11월 국왕
에 따르면, 어전사점에 대한 禁令에도 불구하고 大小人民들이 어전을
'仍前私占'하면서 그 이익을 專取하고 있었다.[85] 어전사점과 이를 통한
謀利에는 대소의 관인층만이 아니라, 이제 부상대고 세력 역시 적극 나
서고 있었다. 세종 22년(1440) 3월 의정부 좌참찬 河演은 平民을 冒稱하
여 어전을 장악하고, 그 경영을 통해 이익을 추구하는 당대 부상대고들
의 행태를 거론하고 있었다.[86] 관인이나 권세가들과 달리 권력을 바탕
으로 한 사점이 어려운 조건에서, 상인들이 어전의 사용수익권을 평민
이나 빈민 名義로 분급받아 실제 이를 운영함으로써 어물생산과 유통에
따르는 이익을 독점하고 있었던 것이다.

국초의 어전정책이 그 실제에서 법 규정대로 관철되지 못한 데에는
이상과 같은 불법적인 사점문제 외에도, 국가에 의한 합법적인 分給이
나 折給의 확대라는 현실이 또한 놓여 있었다. 국초부터 조선 정부는
本宮을 비롯한 왕실과 중앙 아문의 일부에게, 그리고 국가의 재정운영
과 연관하여 평민·빈민이 아닌 일부 개인에게도 어전에 대한 수세권이
나 그 사용수익권을 당시 어전정책의 테두리 안에서 예외적으로 허용해
오고 있었다.[87] 그런데 이와 같은 국가의 합법적인 어전분급은 세조조
를 전후하여 점차 확대되는 추세였고, 그 분급 대상이 대부분 종친을

---

83) 《太宗實錄》卷12, 太宗 6年 11月 己卯, 1冊, 379쪽.
84) 《太宗實錄》卷26, 太宗 13年 11月 戊戌, 1冊, 697쪽.
85) 《世宗實錄》卷30, 世宗 7年 11月 丁酉, 2冊, 698쪽.
86) 《世宗實錄》卷88, 世宗 22年 3月 乙丑, 4冊, 277쪽.
87) 본 논문 2장 참조.

비롯한 왕실세력과 권세가들에게 特賜나 別賜의 형식으로 집중하고 있었다.

세조조에 昭訓 尹氏나 仁粹王妃에게 특사한 사례가 확인되는 왕실세력에 대한 어전분급은,[88] 성종조 초반에 이르면 벌써 조정 내에서 당대 懸案의 하나로 상당한 논란이 되고 있었다. 성종 4년(1473) 8월 대사헌 徐居正 등은, 연해의 백성들에게는 생업의 근간, 주현에게는 調度의 자원, 그리고 호조에게는 수세를 통해 국용보충에 이용되어야 하는 전국의 어전을, 당시 豪勢 또는 貴近세력들이 다수 별사받아 그 이익을 독점함으로써 백성·주현·호조 모두가 타격받고 있던 실태를 지적하면서, 이들 분급어전의 속공과 평민분급을 강력하게 주청하고 있었다.[89]

왕실에 대한 어전분급은 연산조에 들어서 그 국정의 亂脈과 함께 확산되고 있어, 이에 따른 논란과 문제를 더욱 심화시키고 있었다. 연산군 3년(1497) 정월 내수사에 대한 靑魚·石首魚 어전절급 이래,[90] 내수사,[91] 종친,[92] 궁중의 內人을 비롯한 국왕 측근세력에 대한 어전분급은,[93] 대간과 조정 신료들의 강력한 반대에도 불구하고 연산군 재위기간 내내 지속되고 있었던 것이다. 어전의 '公用性'과 '與民共之'論에 근거한 대간의 강력한 반대가 계속되고 있었지만,[94] 연산군의 왕실과 측근세력에 대한 어전사여는 중단되지 않았다. 그리고 이와 같은 어전분급

88) 주 56, 57과 같음.
89) 《成宗實錄》卷33, 成宗 4年 8月 癸亥, 9冊, 49쪽.
90) 《燕山君日記》卷21, 燕山君 3年 正月 癸亥, 13冊, 186쪽.
91) 《燕山君日記》卷40, 燕山君 7年 4月 戊戌·己亥, 13冊, 442쪽 ; 《燕山君日記》卷40, 燕山君 7年 4月 癸卯·乙巳, 13冊, 443쪽 ; 《燕山君日記》卷40, 燕山君 7年 5月 癸丑, 13冊, 443쪽 ; 《燕山君日記》卷42, 燕山君 8年 正月 庚子, 13冊, 468쪽 ; 《燕山君日記》卷44, 燕山君 8年 6月 壬子, 13冊, 497쪽.
92) 《燕山君日記》卷36, 燕山君 6年 2月 辛丑, 13冊, 401쪽.
93) 《燕山君日記》卷54, 燕山君 10年 7月 己亥, 13冊, 645쪽 ; 《燕山君日記》卷54, 燕山君 10年 7月 癸卯, 13冊, 646쪽 ; 《燕山君日記》卷61, 燕山君 12年 2月 庚午, 14冊, 40쪽 ; 《燕山君日記》卷63, 燕山君 12年 8月 癸丑, 14冊, 63쪽.
94) 《燕山君日記》卷40, 燕山君 7年 4月 乙巳, 13冊, 443쪽 ; 《燕山君日記》卷40, 燕山君 7年 5月 壬申, 13冊, 444쪽.

이 국왕의 '特賜' 형식이었던 만큼, 그 受賜주체의 이들 어전에 대한 점유와 지배는 합법의 영역으로 간주될 수밖에 없었다.

이처럼 15세기 후반, 특히 연산조에 들어 왕실을 비롯한 諸특권세력에 대한 국왕의 합법적 어전분급이 증가하는 추세에 편승하여, 국초 이래 설정된 어전정책의 근간을 부정하는 불법과 탈법에 기초한 私占현상 역시 점차 확산되고 있었다. 성종 원년(1469) 2월에 호조판서는, 세조조에 특사된 어전을 제외하고 지금까지 종친과 세가들이 모칭하여 結造한 모든 어전을 官民의 이익을 탈취한 것으로 규정하면서, 그 금단과 속공을 주청하고 있었다.[95] 동왕 16년(1485) 10월에도 근래 별사만이 아니라 强有力者들이 빈민을 모칭하여 몰래 사점한 어전으로 말미암아 官倉의 수입이 타격을 입는 현실이 거론되면서, 어전절급의 중단과 冒占어전의 官收방침에 모든 조정 대신들이 동의하고 있었다.[96]

왕실을 필두로 하는 권세가들이 벌이는 이와 같은 합법적인 魚箭受給과 불법적인 冒稱私占 행태는, 이후 연산조에 이르러 더욱 심화되는 양상으로 전개되고 있었다. 연산군 8년(1502) 3월 국왕은 내수사에 대한 어전절급 조처에 반대하는 신하들에게, 당시 빈민에게 분급하고 수세하는 국법의 규정과 달리 현실에서는 빈민이 아닌 他人들이 이들 명의로 어전을 독점하여 그 이익을 '陰受'하고 있다며 일갈하고 있었다.[97] 조정의 대소 관인이 포함된 권세가들이 불법으로 어전을 사점하여 專利하고 있던 실정을 환기시킴으로써, 자신의 왕실과 측근세력에 대한 어전 특사행위를 합리화하고자 하였던 것이다.

급기야 같은 해(1502) 6월에는 전국 각 처의 어전이 '擧皆奪占'되었다는 현실진단이 나오기까지 하고 있었다.[98] 국초 이래 천명되어 왔던 어전의 사점혁파와 빈민분급이라는 조선왕조의 어전정책은 이제 연산조

---

95) 《成宗實錄》 卷3, 成宗 元年 2月 壬戌, 8冊, 465쪽.
96) 《成宗實錄》 卷184, 成宗 16年 10月 乙酉, 11冊, 59~60쪽.
97) 《燕山君日記》 卷43, 燕山君 8年 3月 戊戌, 13冊, 183쪽.
98) 《燕山君日記》 卷44, 燕山君 8年 6月 壬子, 13冊, 497쪽.

에 이르러, 이처럼 어전의 상당부분이 탈점되었다고 하는 현실에 직면
하고 있었던 것이다. 그리고 이와 같은 불법적인 어전탈점의 주체에는,
왕실을 비롯한 권세가들만이 아니라 이들과 연계된 寺社 또는 상인세력
까지 가세함으로써,[99] 그로 말미암은 여러 문제가 더욱 심화되는 형국
이었다.

왕실과 권세가 또는 상인세력이 이와 같이 합법과 불법의 방법을 동
원하여 장악한 어전의 실제 경영은, 그 점유의 형태에 따라 조금씩 양상
을 달리 하였겠지만 대부분 기왕에 이들 어전에 기대어 延命하고 있던
연해의 백성들을 활용하면서 어물생산이 이루어지고 있었다. 이 시기
조선 국가는 관어전을 제외한 사어전을 모두 빈민에게 분급하되, 그 3년
간의 사용수익권을 허용하고 있었다.[100] 물론 이는 평민이나 빈민가의
가족단위의 소규모 어전결전과 어물생산의 형태를 전제로 하는 분급조
처였다. 그러나 당시 일부의 소규모 어전을 제외하면, 특히 대하천이나
연해에 설치된 어전의 경우 이의 운용에 필요한 선박과 각종 器物을
평민이나 빈민들이 스스로 구비하여 일정규모 이상의 어전을 운용한다
는 것은 현실적으로 불가능한 일이었다.

특히 국가적인 파악과 課稅의 대상이 되는 어전이라면 사정은 더욱
그러하였고, 당시 조정의 관인들 역시 그러한 실정을 잘 알고 있었다.
예컨대 성종 17년(1486) 3월 上黨府院君 韓明澮는, 국가가 빈민에게 어
전을 분급하고는 있으나 백성들이 '力微'하여 스스로 결전할 수 없음으
로 말미암아 인근의 豪民들이 이를 結造하는 실태를 전하고 있었다.[101]
중종 4년(1509) 5월 호조판서 李季男 역시, 어전은 그 공역이 심대하여
빈민이 능히 결전할 수 있는 시설이 아님을 거듭 확인하고 있었다.[102]

---

99) 《世宗實錄》卷77, 世宗 19年 5月 庚寅, 4冊, 70쪽 ; 《睿宗實錄》卷2, 睿宗 卽位年
    11月 壬戌, 8冊, 293쪽 ; 《成宗實錄》卷96, 成宗 9年 9月 丁亥, 9冊, 652~653쪽 ;
    《成宗實錄》卷120, 成宗 11年 8月 丙辰, 10冊, 154쪽.
100) 본 논문 2장 참조.
101) 《成宗實錄》卷189, 成宗 17年 3月 乙亥, 11冊, 116쪽.
102) 《中宗實錄》卷8, 中宗 4年 5月 壬寅, 14冊, 334쪽.

결국 이 시기 어전결전과 그 유지, 운영을 위해서는 상당한 재력을 보유한 세력의 물력투자가 현실적으로 불가피하였던 셈이다. 따라서 권세가와 상인층의 불법적인 빈민명의 어전결전 행태는, 이 같은 당대 어전경영의 현실 속에서 나타나고 더욱 심화될 수밖에 없었다.

세종 7년(1425) 11월 국왕은, 大小의 인민들이 어전사점 금령에도 불구하고 '梁主'를 자칭하면서 사람들을 모아 힘을 합쳐 어전을 結造하고 그 이익을 專取하는 실정을 거론하고 있었다.103) 평민·빈민이 아닌 이상 어전의 분급대상이 될 수 없는 국법 아래에서, 이들의 명의를 모칭한 실제의 '箭主'들이 주체가 되어 어전결전에 필요한 각종 물자를 제공하고, 어전대장상의 箭主인 연해 어민들의 노력를 합쳐 어물을 생산하는 형태였던 것이다. 앞 성종 17년(1486) 한명회의 언급 역시, 이처럼 豪民들이 어전을 결전하고 실제 어물생산에 종사하는 빈민들과 그 이익을 나누는 어전경영의 실태를 전하는 것이었다.104)

한편 중종 7년(1512) 정월 국왕은 내수사의 함경도 소재 어전을 황해도에 있는 어전과 바꾸어 절급하는 것을 허용하면서, 아울러 捉魚에 필요한 生葛·材木·船隻 등을 지급할 것을 지시하고 있었다.105) 이로 미루어 볼 때 이 시기 내수사를 비롯한 왕실세력에 어전이 분급될 경우, 특히 관어전이 절급될 때에는 결전과 어전운영에 필요한 각종 자재와 기물이 동시에 지급되기도 하였던 실정을 엿볼 수 있겠다.106) 요컨대 합법적인 분급 절급어전이든, 아니면 불법적인 사점 또는 冒稱어전이든, 이 시기 왕실을 비롯한 諸특권세력이나 상인들이 장악하고 있던 전국의 어전은 그 결전 및 운영에 필요한 각종 물력을 이들이 투자하고, 여기에 연해 어민들의 노력이 동원되어 어물이 생산되는 체제로 경영되

---

103) 《世宗實錄》 卷30, 世宗 7年 11月 丁酉, 2冊, 698쪽.
104) 주 101과 같음.
105) 《中宗實錄》 卷15, 中宗 7年 正月 壬戌, 14冊, 553쪽.
106) 이 같은 사례는 연산군 8년(1502) 내수사에 분급된 황해도 해주의 濕項魚箭에서도 확인된다(《燕山君日記》 卷42, 燕山君 8年 正月 庚子, 13冊, 468쪽).

고 있었던 것이다.

따라서 그 수확어물의 분배는 일반적으로 '分半'의 비율로 이루어졌
을 것으로 추정된다. 실제 중종 4년(1509) 4월 왕실과 권세가에 대한
어전분급에 반대하던 兩司의 대간들에게 국왕은, 이들의 어전경영이 백
성들과 '分半'의 형태로 이루어지고 있음을 지적하고, 나아가 이는 '與民
共之'의 또 다른 형식이라고 강변하고 있었다.107) 권세가의 물력투자를
전제로 어민의 노력을 동원하는 어물의 생산체계에서, 어전의 실제 경
영주체와 어민들이 그 수확어물을 분반하는 구조가 이 시기 사어전 대
부분의 경영실태였던 것이다. 이는 '並作半收'의 형태로 토지경영이 이
루어지고 있던 당대 지주제의 관행108)에 대응하는 어전의 경영방식이
기도 하였다.

15세기 후반 이처럼 확산되고 있던 어전에 대한 합법적인 分給과 불
법적인 冒占행태는, 자연 이들 어전을 기반으로 하고 있던 국가의 재정
운영에 적지 않은 타격을 주고 있었다. 왕실·권세가·상인들이 장악해
가는 어전의 증가가 곧바로 관어전의 축소와 사어전의 감축으로 이어졌
고, 이것이 지방재정만이 아니라 어전세를 기반으로 운영되는 국가재정
의 문제로 연계되고 있었던 것이다. 이들의 어전수급과 모점은 '公用之
魚箭'109)인 관어전과 '民間私箭'110)인 사어전 모두에서 이루어지고 있었
고, 당대 토지경영의 사례에 비추어 볼 때 왕실세력의 어전경영에서는
免稅의 혜택 또한 누리고 있었을 것으로 짐작된다.111)

이와 같이 전국 각지의 관어전과 사어전이 분급되거나 모점되어 가면
서, 여기에서 생산되어 상납되고 있던 각 地方官의 薦新·進上 및 常貢

---

107) 《中宗實錄》 卷8, 中宗 4年 4月 辛卯, 14冊, 331쪽.
108) 李景植, 《朝鮮前期土地制度硏究》(Ⅱ), 지식산업사, 1998.
109) 《燕山君日記》 卷40, 燕山君 7年 4月 乙巳, 13冊, 443쪽.
110) 《燕山君日記》 卷42, 燕山君 8年 正月 庚子, 13冊, 468쪽.
111) 조선전기 왕실소유 토지에 대한 면세방침에 대해서는 다음 논저 참조.
    宋洙煥, 《朝鮮前期 王室財政 硏究》, 集文堂, 2002 ; 李景植, 앞의 《韓國 中世 土地制
    度史》.

용 어물을 이제 소속 백성들에게 責辦하는 사태가 크게 문제가 되기
시작하였다. 연산군 7년(1501) 4월 황해도 해주의 乾項어전을 내수사에
분급한 국왕의 조처를 두고, 당시 대간은 진상과 사재감의 어물을 공급
하는 이 어전의 移屬으로 말미암아 이제 해주 백성들이 진상어물을 自
辦하게 된 폐단을 들어 극력 반대하고 있었다.112) 관어전의 소출이 관둔
전 관염분의 그것과 더불어 이 시기 수령이 운용하는 지방재정의 근간
이던 현실에서, 어전의 절급과 모점의 확산은 연해 주현의 지방재정에
도 상당한 타격을 주고 있었던 것이다.

이들 문제는 이미 성종조 초반부터 조정에서 심각하게 논의되고 있었
다. 성종 원년(1470) 2월 호조판서는 官民의 어전이익을 탈취하는 전국
각지 소재 종친과 권세가의 모점어전을 官과 民에게 환급하여 진상과
資生의 방도로 삼자고 건의하고 있었다.113) 그리고 같은 성종 3년(1472)
10월과 동 4년(1473) 8월에도 호조와 사헌부에서 각각 마찬가지 이유로
전국 각지의 사여 또는 사점어전의 환수를 주청하고 있었다.114)

그런데 이 시기 어전분급과 사점에 따르는 문제는 여기에 국한되지
않았다. 호조의 사재감이 사어전에서 수취하는 魚箭稅 역시 그 감축이
불가피하였고, 이는 곧바로 여기에 의존하는 중앙 국가재정의 문제로
이어지고 있었던 것이다. 국초 이래 조선 정부는 사용수익권의 형태로
국가로부터 분급받은 민간의 사어전에 대해, 그 소출어물의 10분의 1을
어전세로 수취하여 이를 국용에 충당하고 있었다.115) 태종·세종조에
는 화폐 보급정책과 연계하여 한 때 楮貨나 銅錢의 형태로 이를 錢納시
키기도 하였으나,116) 일반적으로 어전세는 현물 형태로 사재감에서 수

---

112) 《燕山君日記》 卷40, 燕山君 7年 4月 戊戌·己亥, 13冊, 442쪽.
113) 《成宗實錄》 卷3, 成宗 元年 2月 壬戌, 8冊, 465쪽.
114) 《成宗實錄》 卷23, 成宗 3年 10月 丁丑, 8冊, 690쪽 ; 《成宗實錄》 卷33, 成宗 4年
    8月 癸亥, 9冊, 49쪽.
115) 본 논문 2장 참조.
116) 《太宗實錄》 卷20, 太宗 10年 11月 甲子, 1冊, 569쪽 ; 《世宗實錄》 卷20, 世宗 5年
    6月 庚午, 2冊, 545쪽.

취하면서 그 안정적인 수납을 위한 조처도 수시로 모색하고 있었다.117)

이 어전세는 이른바 '魚鹽雜稅'의 하나로서 국가의 예비재원으로 파악되면서 전세와 공물을 근간으로 하는 경상재정과 더불어 활용되고 있었다. 때문에 긴급 또는 임시의 재정수요에는 으레 이들 어염세가 충당되었고, 경우에 따라서는 그 增收방안이 수시로 모색되고 있었다. 세종조에 義倉穀 보첨을 위해 모색된 義鹽法이나 官魚箭 증설노력이 그 대표적인 사례였다.118) 이 외에도 문종 즉위년(1450) 당시 급증하던 向化人과 商倭의 支待비용 마련과 관련하여 제기되었던 魚鹽藿稅 증세방안,119) 세조 14년(1468) 호조의 收稅案에 등재되어 있는 사어전에 대한 지방 수령의 임의적인 어염세 私收금지 傳旨120) 등은 모두 어전세가 포함된 국가의 예비재원을 안정적으로 확보하여 재정운영의 기반으로 삼기 위한 조선 정부의 노력이었다.

따라서 성종 연간을 전후하여 특히 연산조에 들어 확산되고 있던 왕실을 비롯한 권세가의 어전수급과 모점실태는, 이제 지방재정만이 아니라 국가 중앙재정의 운용에도 적지 않은 문제를 불러오고 있었다. 어전을 포함한 어염세의 안정적인 확보문제가 새롭게 제기되고 있었던 것이다. 마침내 성종조에 이르러 어전세의 增收방안이 본격 논의되고 있었고, 그 발의자는 성종 17년(1486) 정월 상당부원군 韓明澮였다. 당시 호조판서 李德良은, 어전세로 사재감에 납부하는 어물 외에 또 다시 綿布를 더 수납하자는 한명회의 건의가 '給貧民 收稅'라는 국법에 비추어 어전세를 결국 '再收'하는 것으로, 이렇게 되면 重稅를 우려한 어민들이 결전을 기피하게 되어 기왕의 사재감 어전세의 징수에도 타격이 있을 것이라며 반대 입장을 분명히 하고 있었다. 그러나 국왕은 한명회의 이 방안이 '利國便民'을 위한 목적에서 나온 것임을 이유로, 그 시험적인

---

117) 본 논문 2장 참조.
118) 金勳埴, 앞의 〈朝鮮初期 義倉制度硏究〉; 본 논문 2장.
119) 《文宗實錄》卷4, 文宗 卽位年 10月 庚辰, 6冊, 303쪽.
120) 《世祖實錄》卷46, 世祖 14年 6月 丙午, 8冊, 194쪽.

시행에 동의하고 나섰다.121)

　이때 한명회의 어전세 증수건의는 어전을 빈민에게 분급하여 수세한
다는 국법에도 불구하고, 실제로는 빈민들이 경제적인 微力 때문에 스
스로 어전을 조성하지 못하고, 대신 인근의 豪民들이 冒名 결전하여 막
대한 수익을 거두고 있다는 판단에 근거한 주장이었다. 다시 말해 어전
을 실제 경영하는 호민들이 거두는 막대한 이익에 견주어 그 납세액이
매우 적기 때문에, 지금 흉년을 당하여 국용이 부족한 실정에서 비록
현물 어전세에 추가하여 면포의 어전세를 증수하더라도, 이처럼 어전의
이익이 큰 상황에서는 백성들 또한 이를 수용할 것이라는 현실인식에
근거한 방안이었다.122)

　성종조 이전에도 어전세가 그 수확에 견주어 세액이 적다거나, 더욱
이 전세와 비교하여 너무 가볍다는 주장은 벌써부터 제기되고 있었
다.123) 구체적인 어전세의 증수방안 역시 세종조에 이미 한 차례 논의된
바 있었다.124) 따라서 성종조의 어전세 증수논의는 위와 같은 인식에
덧붙여, 왕실 권세가가 절급받거나 모점한 어전에서 합법적인 면세 또
는 권력에 기댄 납세거부가 일상화하고 있던 현실,125) 그리고 당시 전국
의 어전을 경영하던 실제 주체들이 국법의 규정대로 평민이나 빈민들이
아닌 권세가나 호민들이 대부분이던 상황을 배경으로 제기되고 있었던
것이다.

　결국 성종 17년(1486) 한명회에 의해 제기된 어전세 증수주장은, 담당
관서인 호조의 논의를 거쳐 다음과 같은 구체적인 시행세칙으로 확정되
었다. 즉 어전이 소재하는 각 관의 監考 3인이 관내 어전의 捉魚수량을
조사하여 그 내역을 본관에 장부로 비치하고, 堤堰司의 주재 아래 그

---

121) 《成宗實錄》卷187, 成宗 17年 正月 辛亥, 11冊, 86쪽.
122) 《成宗實錄》卷189, 成宗 17年 3月 乙亥, 11冊, 116쪽.
123) 《世宗實錄》卷77, 世宗 19年 5月 庚寅, 4冊, 70쪽.
124) 《世宗實錄》卷13, 世宗 3年 8月 甲寅, 2冊, 447쪽.
125) 《太宗實錄》卷26, 太宗 13年 11月 戊戌, 1冊, 697쪽.

수확어물로 무역한 면포의 총액을 3分하되 그 가운데 2분은 結箭人에게 지급하고 나머지 1분의 면포를 사섬시에 상납시키는 방안이었다.126) 사재감에 납부하는 기왕의 10분의 1의 현물 어물세 외에, 수확 魚物價의 3분의 1에 해당하는 면포가 새롭게 증수되어 사섬시에 상납되는 구조였던 것이다.

국왕의 지지 아래 구체적인 시행세칙이 마련되었음에도 불구하고, 그러나 성종 정부의 어전세 증수방안은 시행 1년도 되지 못하여 중단되고 말았다. 성종 17년(1486) 정월 한명회의 증세건의와 그에 따른 세칙이 마련된 직후인, 그해 3월에 올라 온 안산군수 趙文琡의 반대상소가 그 계기였다. 조문숙은 조정의 어전세 綿布增收 방침이 알려진 이후, 관내의 어민들이 어전 수확량의 3분의 2 수익만으로는 비용을 고려한 소득이 충분하지 않다고 판단하여 이미 結箭한 어전을 다시 罷箭함으로써 기왕의 현물 어전세마저 거둘 수 없는 실태를 전하면서, 飢民의 資生방도를 현실적으로 막게 되는 어전세 증세안의 중단을 강력하게 주청하였던 것이다.127) 결국 국왕이 후세의 '與民爭利'의 汚名을 우려하면서 이 주장을 수용함으로써, 성종조의 어전세 면포증수 방안은 그 실효를 보지 못한 채 중단되고 말았다.

이처럼 성종 17년에 구체적인 시행세칙까지 마련되었으나 중단되었던 어전세 증수방안은, 그러나 이후 연산군 7년(1501)에 이르러 마침내 다시 시행되고 있었다. 연산군 9년(1503) 4월 정언 金漑는 前年128) 詳定廳에서 마련하여 시행에 들어간 어전세 增收案을 두고, 이는 국가가 稅를 '更重'하는 것으로 그 수세액이 과중하여 '與民爭利'의 소지가 있음을 강조하면서 중단을 촉구하고 나섰다.129)

---

126) 《成宗實錄》卷189, 成宗 17年 3月 乙亥, 11冊, 116쪽.
127) 위와 같음.
128) 여기에서 말하는 '前年'은 연산군 8년(1502)이 아니라, 연산군 7년(1501) 辛酉年을 일컫는 표현이다. 이에 대해서는 後述의 내용과 주 132 참조.
129) 《燕山君日記》卷49, 燕山君 9年 4月 己亥, 13冊, 555~556쪽.

이에 대해 예조판서 李世佐는, 당초 상정청에서 입법할 때에는 백성들이 다투어 결전하고 있는 실정을 들어 수세액이 비록 '太重'하더라도 어전운영에 따르는 '餘利'가 있을 것으로 판단하여 시행하였으나, 과연 이 같은 수세에 따른 破産과 逃移사태가 벌어지고 있음을 인정하고 있었다. 반면 국왕은 이미 입법하여 시행하는 사안에 대하여 한 명의 반대를 근거로 가벼이 고칠 수는 없다며 그 시행성과를 보아가며 결정하자고 하면서, 김개의 주장을 부결시키고 있었다.[130] 결국 연산군 7년에 마련된 어전세 증수안은 그대로 관철되고 있었다.

연산군 7년(1501)에 다시 시행된 이 어전세 면포증수 방침의 구체내역은 중종반정 직후 전개된 弊政改革 논의에서 다시 그 실체를 확인할 수 있다. 중종 4년(1509) 5월 조정에서 金安國을 비롯한 士林출신 대간들은 내수사와 反正功臣에 대한 어전분급에 극력 반대하면서, 국법에 따라 이들 어전을 빈민들에게 환급할 것을 주장하고 있었다.[131] 이 논의 과정에서 호조판서 李季男은, 연산군 7년(1501) 辛酉年에 국용이 부족하고 전국의 어전을 실제 호강세력이 대부분 모점하여 專利하고 있는 현실에서, '受賜魚箭'(합법적으로 분급된 절급 어전)과 '各浦萬戶受魚箭'(각 浦鎭의 관어전)을 제외한 나머지 모든 어전에서 면포의 어전세를 사섬시에서 수납하기 시작한 사실을 확인하고 있었다. 아울러 그는 이 같은 어전세 면포수세 방침이 廢朝인 연산조 이전 성종조에서도 있었던 제도임을 상기시키고 있었다.[132]

요컨대 연산군 7년(1501) 신유년에 시행된 이 어전세 면포증수 방안은 성종조에 마련되었다가 시행이 중단되었던 방침이, 연산조의 국정난맥 속에서 심화되고 있던 국가재정의 부족사태와 연관하여 다시 부활한 제도였다. 따라서 중종 4년의 위 논의에서 신유년에 시행된 어전세 면포

---

130) 주 129와 같음.
131) 중종반정 직후 대간들이 크게 문제삼고 있던 내수사와 반정공신들에 대한 어전사급 논란에 대해서는 본 논문 5장에서 상술한다.
132) 《中宗實錄》卷8, 中宗 4年 5月 壬寅, 14冊, 333~334쪽.

증수안의 구체 내용을 확인할 수는 없지만, 그것은 성종조에 마련된 시
행세칙, 곧 관어전과 합법적인 절급어전을 제외한 모든 사어전으로부터
현물 어전세 외에, 수확어물로 무역한 면포총액의 3분의 1에 해당하는
면포를 어전세로 추가 징수하여 이를 사섬시에 상납하는 체제였음에
틀림없다.133)

그리고 중종 4년(1509)의 위 조정의 논의에서 확인되듯이, 이렇게 연
산조에 증액된 면포 어전세는 이후 天使 및 倭·野人의 糧餉이 전적으
로 여기에서 辦出되게 됨으로써,134) 準경상재정의 재원으로 활용되고
있었다. 때문에 중종반정 직후 계속되는 대간의 이의제기에도 불구하고
폐지되지 않고 있었다. 다만 중종 2년(1507) 이후 陳荒魚箭에 대해서는
그 면포 어전세의 절반을 감면하는 조처가 후속되었을 따름이었다.135)

따라서 연산조의 이 어전세 면포증수 방침은, 국초의 어전정책이 15
세기 후반 성종·연산조를 경과하면서 펼쳐지고 있던 현실의 어전 경영
실태를 반영하면서 나타난 어전에 대한 국가정책의 변화를 의미하는
것이었다. 다시 말해 ‘與民共之’ 이념에 따른 권세가의 사점금지와 어전
의 빈민분급으로 정리되는 국초의 어전정책이, 성종조 이후 특히 연산
조에 들어 확산되고 있던 왕실을 비롯한 권세가, 상인층의 합법적인 魚
箭受給과 불법적인 冒稱私占의 추세 속에서 그 실효를 발휘하지 못하는
실정에서, 관어전과 사어전의 축소로 말미암아 일어나고 있던 중앙과
지방재정의 문제를 이들 권세가들이 실질적으로 장악하고 있던 모점
또는 사점어전에 대한 추가적인 면포 어전세 증수를 통해서 해결하려
하였던 것이다.

물론 이 시기에도 조정의 논의에서 여전히 ‘與民共之’에 근거한 어전
의 빈민분급 주장이 지속적으로 제기되고 있었던 데에서 확인되듯

---

133) 주 126 참조.
134) 주 132와 같음.
　　　"魚箭…收稅…於天使時 及倭野人之餉 專以此用之耳"
135)《中宗實錄》卷13, 中宗 6年 4月 丁亥, 14冊, 506쪽.

이,136) 당시 권세가들이 장악하고 있던 이와 같은 어전에 대한 지배권이
독점 배타의 所有權의 형태로 국가적으로 공인된 것은 아니었다. 성종
16년(1485)에 반포된《경국대전》어염조의 '私占禁止' 규정이 엄존하는
처지에서, 그들의 어전지배는 그 대부분이 법적으로는 불법이었지만 한
편으로 현실에서는 사회적으로 묵인되는 형국이었던 것이다. 그리고 이
들 어전문제는 16세기 중종조 이후 여타 조선왕조의 경제·사회 변동과
맞물리면서 이제 새로운 국면으로 치닫고 있었다.

## 4. 魚物流通의 樣相과 그 擴大

국초 이래 魚物은 도성을 비롯한 전국에서 다양한 형태로 생산자와
상인들에 의해 상품으로서 유통되고 있었다. 조선의 관인들은 일찍부터
어물의 생산과 유통을 포함한 魚鹽業을 농업에 버금가는 산업으로,137)
그리고 그에 따른 이익 역시 '無窮'하거나 '甚重'한 영역으로 파악하고
있었다.138) 水旱이나 凶歉에 따른 수확의 차이가 없을 뿐 아니라,139) 예
컨대 冠婚喪祭를 포함한 각종 의례에서 무엇보다 이들 어물의 준비가
긴절한 실정 때문이었을 것이다. 그 외 鰥寡孤獨의 攝生문제와 관련하
여서도, 도성시장의 魚物價는 조정의 일상적인 관심사항의 하나였
다.140) 15세기 후반 성종·연산조에 걸쳐 단행된 어전세의 綿布增收 방
침 역시 이들 어물의 상품성에 그 주요 근거를 두고 있었다.141)

---

136)《成宗實錄》卷3, 成宗 元年 2月 壬戌, 8冊, 465쪽 ;《成宗實錄》卷33, 成宗 4年
　　8月 癸亥, 9冊, 49쪽 ;《成宗實錄》卷96, 成宗 9年 9月 丁亥, 9冊, 652~653쪽 ;《燕
　　山君日記》卷42, 燕山君 8年 正月 庚子, 13冊, 468쪽.
137)《世宗實錄》卷77, 世宗 19年 5月 庚寅, 4冊, 70쪽.
138)《世宗實錄》卷5, 世宗 元年 10月 乙未, 2冊, 342쪽 ;《成宗實錄》卷189, 成宗 17年
　　3月 乙亥, 11冊, 116쪽.
139)《世宗實錄》卷117, 世宗 29年 9月 壬子, 5冊, 38쪽.
140)《世宗實錄》卷28, 世宗 7年 6月 辛酉, 2冊, 676쪽.

이와 같은 상황에서 어민과 어전 경영주의 自家 소비분을 제외한 나머지 어물들이, 크게 보아 官魚物과 私魚物의 두 계통에서 공급되면서 상품으로서 유통되고 있었다. 우선 조선전기 중앙 정부와 地方官은 貢賦 또는 관어전의 운용을 통해 확보한 어물 중에서 국가·왕실이나 官府의 수요를 제외한 나머지를 관어물의 형태로 도성과 지방시장에서 처분하고 있었다. 도성에서는 국용어전의 소출과 전국 사어전의 현물 어전세, 그리고 各官에서 올린 공물과 진상용 어물들이 사재감의 어물 창고에 수납되고 있었는데,[142] 그 가운데 왕실과 중앙 각 아문의 수요를 제외한 나머지 어물들이 도성시장에서 상품으로서 처분되고 있었다.

국초 사재감의 어물고는 그 규모가 3칸에 불과하였던 고려조와 달리, 세종조에 도성내 3~4곳에 굉장한 규모의 樓庫로 조성되어 있었고, 여기에 미처 수용하지 못한 어물들이 假庫에도 보관되고 있었다. 이 국고 어물 중에서 잉여분과 陳腐한 어물들이 '和賣'의 형태로 도성에서 처분되고 있었다.[143] 도성에서 유통되던 이 국고 잉여어물은 우선은 시전의 魚物廛이 매입하였겠지만,[144] 일반 백성들 역시 부정기적으로 방출되고 있던 사재감 어물의 매입에 나서고 있었다.[145] 乾魚物로 가공되지 않은 生魚物의 경우에는 그 보관상의 어려움 때문에도 국고 잉여어물의 민간방출이 불가피하였을 것이다.

이 시기 관어물의 유통은 지방에서 더욱 대규모로 이루어지고 있었다. 앞서 살펴본 바와 같이 국초 이래 전국 연해의 각 주현과 浦鎭에는 수령과 鎭將들이 많은 관어전을 결전하여 운영하였고, 그 소출어물의 무역을 통해서 지방재정이나 군자 등에 보충하고 있었다.[146] 따라서 이

---

141) 본 논문 3장 참조.
142) 본 논문 2장 참조.
143) 《世宗實錄》 卷28, 世宗 7年 6月 辛酉, 2冊, 676쪽 ; 《世宗實錄》 卷38, 世宗 9年 11月 丁酉, 3冊, 102쪽.
144) 이 시기 도성시전의 국고 잉여물자 和買에 대해서는 朴平植, 〈朝鮮初期 市廛의 成立과 '禁亂'問題〉, 《韓國史研究》 93, 1996(《朝鮮前期商業史研究》에 수록) 참조.
145) 《世宗實錄》 卷109, 世宗 27年 8月 戊辰, 4冊, 634~635쪽.

들 관어전의 소출어물들 또한 그 보관상의 어려움 때문에도 생산과 동
시에 시장에서 처분되지 않으면 안 되었다. 이처럼 관어전 결전과 운영
이 지방재정의 운용과 직결되는 상황에서, 더욱이 여기에 이를 활용한
지방관의 사적인 謀利욕구가 가세하면서 이들 관어물의 유통은 일반적
으로 抑賣의 방식으로 이루어졌고, 당시 많은 民怨의 대상이 되고 있었
다. 태종 3년(1403) 6월 관어물을 민간에 억매하였다가 사헌부의 탄핵을
받은 횡천감무 魏德海의 사례 이래,[147] 이 시기 지방관의 관어물 강매나
억매에 따른 민폐는 《實錄》의 기록에서 수다하게 확인되는 일상적인
경향이었다.[148]

물론 관어물의 처분과정에서 나타나는 억매문제는 도성의 사재감 어
물의 和賣에서도 나타나고 있었지만,[149] 지방의 경우 수령과 진장들의
사적인 모리행태 탓에 그 정도가 더욱 극심한 실정이었다.[150] 세조 2년
(1456) 11월 국왕은 8도의 관찰사를 경유하여 백성들에게 내린 曉民諭
書를 통해서, 상인과 연계된 지방관의 防納과 더불어 이른바 '反同'으로
부르는 수령의 魚鹽抑賣 행위에 대해서는 백성들의 직접 告訴를 허용한
다는 방침을 유시하고 있었다.[151] 수령들의 관어물을 이용한 강매와 억
매행태가 그만큼 백성들을 침학하고 있던 현실에서 취해지던 고육책이
었다.

요컨대 전국 연해의 관어전에서 생산된 어물은 지방재정과 군자에

---

146) 본 논문 2, 3장 참조.
147) 《太宗實錄》 卷5, 太宗 3年 6月 壬申, 1冊, 269쪽.
148) 《太宗實錄》 卷19, 太宗 10年 2月 甲辰, 1冊, 528쪽 ; 《世宗實錄》 卷32, 世宗 8年
    6月 戊辰, 3冊, 31쪽 ; 《世宗實錄》 卷116, 世宗 29年 4月 辛丑, 5冊, 15~16쪽 ; 《世
    祖實錄》 卷6, 世祖 3年 正月 癸巳, 7冊, 174쪽 ; 《成宗實錄》 卷101, 成宗 10年 2月
    甲寅, 9冊, 696쪽 ; 《成宗實錄》 卷201, 成宗 18年 3月 丁巳, 11冊, 197쪽.
149) 《世宗實錄》 卷109, 世宗 27年 8月 壬辰, 4冊, 634~635쪽.
150) 《世宗實錄》 卷13, 世宗 3年 8月 甲寅, 2冊, 447쪽 ; 《世宗實錄》 卷52, 世宗 13年
    4月 乙卯, 3冊, 312쪽 ; 《文宗實錄》 卷7, 文宗 元年 5月 癸亥, 6冊, 392쪽 ; 《文宗實
    錄》 卷8, 文宗 元年 6月 壬申, 6冊, 396쪽 ; 《世祖實錄》 卷6, 世祖 3年 正月 癸巳,
    7冊, 174쪽.
151) 《世祖實錄》 卷5, 世祖 2年 11月 己丑, 7冊, 158쪽.

보충하기 위한 합법적인 거래이든, 아니면 사적 이익을 노린 수령들의
불법적이고 탈법적인 민간시장 처분이든 일반적으로 抑賣의 방식으로
지방시장에서 유통되고 있었다. 그리고 이는 도성에서 전개된 국고 잉
여어물의 처분과 더불어 관어물의 유통형태로서, 이 시기 어물유통의
한 계통을 이루고 있었다.

한편 국초 이래 민간에서 공급되는 私魚物 역시 전국에서 거래되고
있었다. 특히 고려말기 권세가의 어전탈점과 사점현상과 더불어, 연해
어민의 어물생산을 현실적으로 위협하던 倭寇문제가 조선왕조의 개창
이후 국방 강화책과 함께 해결되어 가면서 연해의 어업생산이 본격 재
개되었고,[152] 그에 따른 어물유통이 더욱 활성화하고 있었다. 세종 19년
(1437) 5월 호조는 당대의 농업·농민과 비교할 때 어염업에 종사하는
백성들이 생산에 들이는 功力에 견주어 그 거두는 이익이 큼에도 불구
하고, 薄稅 외에는 다른 부역이 없는 까닭에 末業을 쫓는 무리들이 다투
어 여기에 투신하는 실태를 거론하면서, 그와 같은 추세를 "농업을 버리
고 어염의 이익을 좇는 무리들이 날로 늘고 있다"고 표현하고 있었
다.[153]

'務本抑末'을 국가 경제정책의 근간으로 설정하고 있던 조선왕조의
처지에서,[154] 이 같은 실태는 제어 또는 통제하여야 할 중요한 사안이었
다. 그러나 이는 또한 국초 연해 防備의 충실과 더불어 진행되고 있던
이 시기 어업생산의 재개와 복구의 실정을 잘 보여주는 보고이기도 하
였다. 그리하여 왜적의 侵寇위협이 여전히 상존하는 현실에서, 魚鹽利
를 쫓는 公·私賤口와 피역인들이 대거 해변이나 海島에 불법으로 入居
하는 실정이 계속되자, 그에 대한 단속과 추쇄령이 조정에서 거듭 반복

---

152) 《太祖實錄》 卷13, 太祖 7年 正月 己未, 1冊, 114쪽.
153) 《世宗實錄》 卷77, 世宗 19年 5月 庚寅, 4冊, 70쪽.
    "捨農業 而逐水利者 日衆"
154) 李景植, 〈朝鮮前期의 力農論〉, 《歷史敎育》 56, 1994[《朝鮮前期土地制度硏究》(Ⅱ)
    에 수록) ; 朴平植, 〈朝鮮初期의 商業認識과 抑末策〉, 《東方學志》 104, 1999(《朝鮮
    前期商業史硏究》에 수록].

되고 있었다.155) 그러나 이 같은 조처야말로 조선왕조의 개창 이후 재개
되고 복구되고 있었던 민간의 사어물 생산과 그 유통의 실태를 잘 보여
주는 것이었다.

이 시기 조정의 파악에서도 확인되는 바와 같이, 국초 어물의 생산과
유통은 농업에 견주어 상대적으로 많은 이익을 그 생산자와 상인들에게
보장하고 있었다. 그리고 그 수익의 규모는 국가로부터 어전의 사용수
익권을 3년 기한으로 분급받고 있던 일반 평민 빈민들의 가족노동에
근거한 소규모 경영보다는, 합법적인 분급이나 불법적인 冒占을 통해
대규모의 어전을 경영하고 있던 왕실 권세가나 상인들의 어전경영에서
더욱 클 수밖에 없었다.

세종 22년(1440) 3월 의정부 좌참찬 河演에 따르면, 당시 上等어전의
경우에 한 곳의 捕魚量이 그 貿易木縣으로 환산하여 무려 500여 필에
이르고 있어, 부상대고들이 燔瓦木의 납부대가로 국가로부터 어전을 분
급받거나 또는 평민을 冒稱하여 어전을 경영함으로써 막대한 이익을
얻고 있었다.156) 어물의 생산과 무역에 따르는 이익이 그야말로 '無窮'
하고 '甚重'한 현실이었던 것이다.157) 결국 이와 같이 전국의 연해와 海
島에서 생산된 사어물은 어물의 가공 상품화가 본격적으로 이루지지
못하던 현실에서,158) 그 부패에 따른 보관상의 어려움 때문에도 생산자
의 자가 소비분을 제외한 나머지 대부분의 어물들이 도성을 비롯한 전
국에서 상품으로서 유통 처분되고 있었다.

조선초기 어물의 최대 유통시장은 물론 漢陽이었다. 집권국가의 도성

---

155) 《世宗實錄》 卷87, 世宗 21年 11月 丙寅, 4冊, 254쪽 ; 《世祖實錄》 卷3, 世祖 2年
　　 2月 辛丑, 7冊, 113쪽 ; 《世祖實錄》 卷25, 世祖 7年 8月 癸酉, 7冊, 478쪽 ; 《成宗實
　　 錄》 卷238, 成宗 21年 3月 甲寅, 11冊, 577쪽 ; 《成宗實錄》 卷247, 成宗 21年 11月
　　 癸卯, 11冊, 668쪽.
156) 《世宗實錄》 卷88, 世宗 22年 3月 乙丑, 4冊, 277쪽.
157) 주 138과 같음.
158) 어물의 가공기술 개발과 그에 따른 상품화는 조선후기 어업발전의 주요 배경
　　 이었다. 이에 대해서는 주 3의 이영학, 고동환의 논고 참조.

으로서 왕실을 비롯한 각종 국가기구와 관인 권세가 세력이 집중하여 있던 한양은, 세종조에 벌써 그 보유인구가 십 수만을 상회하는 도시로 발전하고 있었다.159) 때문에 어전세를 비롯하여 각종 공납과 진상용 어물들이 稅貢의 형태로 이 곳 도성에 集湊하고 있었고, 또한 민간시장에서 처분하기 위한 전국 각지의 어물들 역시 어물상인을 매개로 하여 한양과 그 인근 京江에 집산되고 있었던 것이다.

이 시기 도성의 어물시장은 시전의 魚物廛이 주도하였을 것으로 짐작되나, 국초의 기록에서 이 어물전의 행적을 구체적으로 확인할 수는 없다. 그러나 어물수요의 緊切性을 고려할 때, 태종조의 시전행랑 조성과 정비과정에서 일찍부터 시전의 한 구성으로 어물전이 설치되고, 이 어물전 상인들이 도성내의 국용과 민간수요의 어물유통을 장악하였던 사정은 충분히 추정할 수 있겠다.160) 후대의 기록이기는 하지만 숙종 4년(1678) 당시 六矣廛의 하나이던 어물전 상인들은 그들의 商廛이 국초 시전의 조성시에 劃給된 점포라는 주장을 펼치고 있었으며,161) 실제 연산군 5년(1499)에는 시전 내에서 영업하고 있던 '魚肆'의 존재가 구체적으로 확인되고 있기 때문이다.162)

국초 시전내 어물전의 존재는 세종 27년(1445) 8월 집현전 직제학 李季甸이 東宮에 올린 상서의 내용을 통해서도 확인된다. 이때 이계전은 魚鹽利 장악을 통한 국가의 재정확충 방안에 대해 반대하면서, 그 구체 근거의 하나로 당시 도성에서 이루어지던 사재감 久陳어물의 和賣가 담당관원의 농간에 따른 抑賣와 어물지급 지연 등으로 말미암아 일반적으로 기피되는 것과 달리, 시전에서는 市價에 따라 즉각적인 거래가 이루어지고 있던 실태를 거론하고 있었다.163) 이로 보아 이 시기 도성에서

---

159) 朴平植, 앞의 《朝鮮前期商業史硏究》 제2장 ; 朴平植, 〈朝鮮前期의 都城商業과 漢江〉, 《서울학연구》 23, 서울시립대 서울학연구소, 2004(本書 Ⅰ부 제3논문).
160) 朴平植, 앞의 〈朝鮮初期 市廛의 成立과 '禁亂'問題〉.
161) 《承政院日記》 264冊, 肅宗 4年 4月 3日, 14冊 39쪽.
162) 《燕山君日記》 卷32, 燕山君 5年 3月 丙戌, 13冊, 354쪽.
163) 《世宗實錄》 卷109, 世宗 27年 8月 戊辰, 4冊, 635쪽.

는 시전의 어물전을 매개로 하는 어물의 민간유통이 관어물의 유통과정에서 일상적으로 나타나던 抑賣買 행태와는 달리, 시장가격을 통해 원활하게 전개되고 있었던 것이다. 도성시전을 구성하고 있던 어물전의 구체적인 영업모습이었다.

국초의 어물유통은 도성 외에 지방에서도 어물 생산자인 漁民이나 상인들을 매개로 이루어지고 있었다. 국가로부터 분급받은 어전을 가족 노동을 동원하여 小經營의 형태로 운영하고 있던 연해 어민들이 생산한 어물이나, 분급 또는 모점의 수단을 통해 확보한 권세가들의 어전 수확 어물들은 모두 自家의 소비분을 제외하면 사어물의 형태로 민간시장에서 처분되고 있었다. 세조 7년(1461) 8월 도진무 沈澮 등은, 국왕에게 전라도 일대의 海島에 몰래 입거하여 捕魚와 煮鹽業에 종사하면서 그 생산어염을 '往來興販'하던 연해 백성들의 추쇄를 건의하고 있었다.[164]

여기에서 보듯이 이 시기 지방의 어물유통은, 우선은 어물 생산 漁民들이 인근 지역을 왕래하며 흥판하는 소규모 행상의 거래형태가 가장 많았을 것으로 생각된다. 그리고 이들 중에는 專業의 어민만이 아니라, '且耕且漁'[165], 곧 농업과 어업을 소규모로 또는 계절에 따라 兼業하는 '半農半漁'의 연해 백성들도 포함되어 있었다. 壬亂中 충청도에 피란하고 있던 吳希文家를 방문하고 있던 魚物行商[166] 역시, 이처럼 어물의 생산과 판매를 겸하고 있던 연해 어민이거나, 이들로부터 어물을 매입한 소규모 행상이었을 것이다.

한편 이 시기 지방을 무대로 한 사어물의 대규모 유통에는 船商들이 그 주도적 역할을 하고 있었다. 세종 30년(1448) 11월 국왕은 함길도 감사에게 내린 諭示를 통해서, 도내 5鎭에서 생산된 魚藿物을 싣고 남도에 가서 布貨 등과 무역하는 선상들의 활동을 '有無相資'의 차원에서 금

---

164) 《世祖實錄》 卷25, 世祖 7年 8月 癸酉, 7冊, 478쪽.
165) 《成宗實錄》 卷96, 成宗 9年 9月 丁亥, 9冊, 653쪽.
166) 《瑣尾錄》 第4, 乙未 3月 23, 24日(國史編纂委員會刊 活字本, 上卷, 448~449쪽) ; 《瑣尾錄》 第4, 丙申 10月 23日(下卷, 106쪽) ; 《瑣尾錄》 第4, 丙申 10月 28日(下卷, 108쪽).

지하지 말 것을 특별히 지시하고 있었다.167) 이전에 함길도 감사가 이들
魚物船商의 무역활동을 엄금한 조처가 古今의 常事인 상인들의 '懋遷有
無' 역할을 부정한 잘못된 행위라는 것이 국왕의 인식이었다. 이를 통해
서 국초의 상업인식만이 아니라, 함길도의 남북을 선박을 이용하여 왕
래하며 대규모의 어물유통을 담당하고 있던 어물선상의 존재를 구체적
으로 확인할 수 있다.

또한《世宗實錄地理志》에는 전라도 靈光과 황해도 海州의 토산물로
石首魚를 소개하면서, 영광의 波市坪과 해주의 延平坪 바다에 봄과 여
름의 교체기에 각 지역의 어선들이 모여들어 어망을 이용해 대거 석수
어를 잡고 있던 사정을 전하고 있다.168) 물론 이 기록은 어전이 아닌
근해 漁場에서 이루어지던 어선의 고기잡이를 보여주는 것이지만, 이렇
게 대규모로 포획된 어물들은 어전에서 생산된 어물들과 함께 어물선상
들에 의해 해로·수로를 이용하여 각지로 운반되어 처분되었을 것으로
생각된다. 예컨대 한 곳의 어물 생산액이 면포로 환산하여 500여 필에
이른다던 세종조 어느 上等어전의 경우,169) 그 생산어물의 처분은 이들
어물선상이 아니면 현실적으로 불가능하였을 것이고, 따라서 왕실 권세
가 상인층의 어전수급과 모점이 합법 비합법의 형태로 증가해 가는 추
세와 더불어, 국초 어물선상들의 상활동 또한 그 규모나 활동의 범위가
확대되어 갔을 것이다.

그런데 조선전기 어물의 민간교역, 곧 사어물의 유통은 성종조 이후,
특히 16세기에 들어 더욱 확대되고 있었다. 이 같은 민간 어물유통 확대
의 배경과 관련하여서는 우선 이 시기 人口의 절대증가와 도성으로의
상대적인 집중현상에 주목할 필요가 있다. 국초 대략 500여 만 내외로
추산되는 조선의 인구는 15세기 후반을 지나면서 증가하기 시작하여,

---

167)《世宗實錄》卷122, 世宗 30年 11月 壬寅, 5冊, 104쪽.
168)《世宗實錄地理志》, 全羅道, 靈光郡, 土産, 5冊, 659~660쪽 ;《世宗實錄地理志》,
    黃海道, 海州牧, 土産, 5冊, 671쪽.
169) 주 156과 같음.

16세기 말 무렵에는 1천여 만 또는 그 이상으로 급증하고 있었다.[170] 이 같은 인구의 절대증가는 자연 곡물이나 소금의 사례에서 확인되듯이,[171] 어물의 경우에도 그 소비 유통량의 증대로 이어지고 있었다.

여기에 동 시기 도성에서는 다양한 계기에서 延命의 수단을 찾아 백성들이 모여들어, 상주인구의 급격한 증가현상이 나타나고 있었다. 16세기초 중종조에 들어 조정에서 심각하게 논의되고 있던 도성의 住宅難과 그 해소책으로서의 無主地 절급논의는, 이 같은 도성인구의 증가와 그 상대적인 집중추세를 잘 보여주는 것이었다.[172] 이 시기 도성시전의 시전구역 확대와 非시전계 상인의 성장, 그리고 인근 京江지역의 상업발전은 모두 이 같은 도성인구의 증가를 기반으로 하여 나타나던 경제적 변화였고,[173] 어물의 민간교역 확대현상 역시 그와 軌를 같이 하고 있었다.

도성을 거점으로 하는 민간 어물유통의 확대는 15세기 중반 이후, 특히 16세기에 들어 심각하게 국정의 현안으로 부각되고 있던 貢納制의 변동, 곧 각종 공물과 진상물의 대납과 방납의 성행, 그리고 그에 따른 상품유통의 증대추세에 힘입어 더욱 가속화하고 있었다.[174] 성종 23년 (1492) 정월 특진관 姜謙은 당시 일반화하고 있던 공물의 무납실태를 거론하면서, 강원도 어물공납의 경우에 高城·杆城·通川 등의 고을은 永安道에서, 그리고 平海·江陵·蔚津 등의 고을은 京中에서 모두 공납

---

170) 金載珍,《韓國의 戶口와 經濟發展》, 博英社, 1967 ; 韓永愚,〈朝鮮前期 戶口總數에 대하여〉,《인구와 생활환경》, 서울대학교 인구 및 발전문제연구소, 1977 ; 權泰煥·愼鏞廈,〈朝鮮王朝時代 人口推定에 關한 一試論〉,《東亞文化》14, 1977.
171) 인구증가에 따른 곡물과 소금의 수요증대와, 15세기 후반 이후 민간교역의 확대양상에 대해서는 다음 논고 참조.
　　朴平植,〈朝鮮前期의 穀物交易과 參與層〉,《韓國史硏究》85, 1994(《朝鮮前期商業史硏究》에 수록) ; 朴平植, 앞의〈朝鮮前期 鹽의 生産과 交易〉.
172) 朴平植, 앞의〈朝鮮前期의 都城商業과 漢江〉.
173) 朴平植, 앞의《朝鮮前期商業史硏究》제2장 ; 朴平植, 앞의〈朝鮮前期의 都城商業과 漢江〉.
174) 田川孝三, 앞의《李朝貢納制の硏究》; 이지원,〈16·17세기 前半 貢物防納의 構造와 流通經濟的 性格〉,《李載襲博士還曆紀念韓國史學論叢》, 한울, 1990.

용 어물을 무역하여 상납하던 실태를 토로하고 있었다.175)

이 같은 공납과 진상용 어물의 京中貿納 현상은 이들 어물을 輸納하여야 할 왕실과 각종 官府가 대부분 도성에 소재해 있는 현실에서, 그리고 최대의 소비와 상업도시인 도성과 그 인근 경강지역에 다른 물산의 경우와 마찬가지로 전국 각지의 어물들이 상품으로서 집중하고 있던 당시의 형편에서 어쩔 수 없는 선택이기도 하였다. 성종 24년(1493) 장령 黃啓沃에 따르면, 그해 경기 6浦를 비롯한 諸邑 諸浦의 진상어물은 모두 경강에서 무납되고 있었다. 특히 그 납부기한이 촉박하고 秀魚와 같이 부패가 쉬운 어물인 경우에는 이 같은 경강 어물시장에서의 무납이 더욱 불가피하였고, 이 과정에서 어물가 또한 폭등하여 수어 1尾의 가격이 면포 2필에 이르는 지경이었다.176)

공납과 진상용 어물의 京中 혹은 京江에서의 무납실태는 연산조에 들어 왕실수요의 확대추세를 배경으로 더욱 확산되고 있었다. 연산군 5년(1499) 경기도 諸浦에서 진상하여야 하는 어물은 그 총액이 誕辰·名日용으로 718尾, 大·小日次용으로 4,800미였고, 여기에 무시로 벌어지던 曲宴용이 2천여 미 이상이었다.177) 이들 稅貢어물을 경기도내 각 주현과 浦鎭에서 직납하는 것이 현실적으로 어려워지면서, 그 대부분은 '備價貿易'의 형태, 곧 도성이나 경강의 어물시장에서 무납될 수밖에 없었다.178)

여기에 진상용 어물을 수납하는 사옹원 관리의 부정이 덧붙여지고,179) 심지어는 진상을 이미 봉진한 후에 關文이 도착할 정도로 그 납부기한이 촉박하게 설정되면서,180) 도성과 경강의 시장 어물가는 폭등

---

175)《成宗實錄》卷261, 成宗 23年 正月 戊子, 12冊, 134쪽.
176)《成宗實錄》卷280, 成宗 24年 7月 庚戌, 12冊, 366쪽 ;《成宗實錄》卷283, 成宗 24年 10月 丁卯, 12冊, 410쪽.
177) 주 74와 같음.
178)《燕山君日記》卷38, 燕山君 6年 8月 辛亥, 13冊, 425쪽.
179)《燕山君日記》卷39, 燕山君 6年 10月 辛卯, 13冊, 430쪽.
180)《燕山君日記》卷43, 燕山君 8年 3月 丁酉, 13冊, 482~483쪽.

하는 추세였다.181) 그럼에도 불구하고 왕실의 奢侈가 큰 원인이 되어, 연산군 8년(1502) 사재감은 도성시장에서 5개월 동안 米 348석 분량의 어물을 추가로 매입하고 있었다.182)

성종조 이후 특히 연산조에 들어 더욱 확산되고 있던 이 같은 세공어물의 경중무납 추세는 중종반정 이후에도 여전하였고, 오히려 다른 세공물품의 경우에서와 마찬가지로 확산일로에 있었다.183) 중종 18년(1523) 6월 南袞은 경기와 황해도 수군들이 진상어물을 도성에 와서 무납하는 데 따르는 폐단을 여전히 거론하고 있었으며,184) 그와 같은 사정은 중종 33년(1538) 10월에도 마찬가지였다.185)

요컨대 공납과 진상제도가 이 시기 민간상업의 발달을 토대로 '貿納'의 형태로 일반화하면서, 어물유통 부문에서도 도성과 인근 경강시장의 사어물 거래가 어물상인들의 적극적인 상활동에 기반하여 더욱 확대되고 있었던 것이다. 이제 이렇게 확대된 도성 어물시장에서 高價의 처분을 노리고서 전국 각지의 사어물만이 아니라, 도성 인근주현의 관어물까지도 수령의 私益추구 노력 속에서 경강으로 선운되어 오는 실정이었다.186)

15세기 후반 성종조 이후에 두드러지기 시작한 어물의 민간교역, 사어물의 유통확대 추세는 지방에서도 마찬가지였고, 특히 이 무렵 전라도 일대에서 출현하여 이내 전국으로 확산된 場市를 매개로 더욱 촉진

---

181) 《燕山君日記》卷47, 燕山君 8年 11月 庚午, 13冊, 525쪽.
182) 《燕山君日記》卷42, 燕山君 8年 正月, 辛丑, 13冊, 468쪽.
183) 이 시기 세공물품의 경중무납에 따른 도성 및 경강상업의 발달양상에 대해서는 다음 논고 참조.
　　朴平植, 앞의《朝鮮前期商業史硏究》제2장 ; 朴平植,〈朝鮮前期의 主人層과 流通體系〉,《歷史敎育》82, 2002(本書 Ⅱ부 제3논문) ; 朴平植, 앞의〈朝鮮前期의 都城商業과 漢江〉.
184) 《中宗實錄》卷48, 中宗 18年 6月 乙丑, 16冊, 239~240쪽.
185) 《中宗實錄》卷88, 中宗 33年 10月 戊辰, 18冊, 226쪽.
186) 《成宗實錄》卷101, 成宗 10年 2月 甲寅, 9冊, 696쪽 ;《成宗實錄》卷201, 成宗 18年 3月 丁巳, 11冊, 197쪽 ;《仁宗實錄》卷2, 仁宗 元年 5月 辛未, 19冊, 242쪽.

되었다. 이 시기 收租權과 田主權의 약화와 쇠퇴를 배경으로 농민들의
수중에 축적된 잉여의 처분경로로 등장하여 농민적 교역기구로 자리잡
고 있던 장시에서는,187) 다양한 일상의 수요품과 더불어 이들 어물이
주요 거래품목의 하나로 유통되고 있었다. 이 무렵 장시의 확산에 따른
대책을 논의하던 조정의 公論에서는, 장시의 주요 거래품목으로 으레
이들 어물을 들어 논란을 삼고 있었다.188) 임란중의 기록인《瑣尾錄》에
도 충청도와 강원도 일대의 장시개설 상황과 더불어, 오희문家에서 어
물의 취득과 판매를 위해 이들 장시를 적극 활용하고 있던 사정이 수다
하게 확인되고 있다.189)

한편 전국의 장시에서 주로 어물의 생산자나 소규모 행상을 통해 어
물이 '以有易無' 형태로 거래되었다면, 이 시기 隔地間의 대규모 어물유
통은 어물선상들이 담당하고 있었다. 중종 4년(1509) 11월 함경도 북도
절제사 崔漢洪에 따르면, 당시 관할 6진의 선상들은 魚藿 등을 배에 싣
고 安邊 등지를 일상적으로 왕래하며 어물선상 활동을 벌이고 있었
다.190) 동왕 12년(1517) 2월 조정에서는, 경상도 洛東江 하류에 거처하
는 백성들이 訛言을 통해 낙동강의 선상 출입을 막음으로써 상류지방의
어염가격이 極貴해 진 실태를 문제 삼고 있었다.191) 선박을 이용하여
낙동강을 오르내리며 어물을 상류지역에 공급하던 어물선상들의 활동
이 제약되면서 빚어진 어물가의 폭등사태였던 것이다.

또한 선조 36년(1603) 7월 호조는 영·호남의 兩南과 함경도에서 靑
魚가 대량으로 포획되면서 여기에 선상들이 운집하고 있던 실정을 구체

---

187) 李景植,〈16世紀 場市의 成立과 그 基盤〉,《韓國史硏究》57, 1987[《朝鮮前期土地
　　制度硏究》(Ⅱ)에 수록].
188)《中宗實錄》卷70, 中宗 25年 12月 己未, 17冊, 275~276쪽 ;《中宗實錄》卷88,
　　中宗 33年 9月 丙申, 18冊, 210쪽 ;《明宗實錄》卷17, 明宗 9年 7月 甲寅, 20冊,
　　217쪽.
189)《瑣尾錄》. 오희문가의 장시를 이용한 어물거래는, 이 기록 도처에서 너무 많은
　　사례가 확인되고 있기 때문에 그 구체적인 典據는 생략한다.
190)《中宗實錄》卷10, 中宗 4年 11月 辛未, 14冊, 393쪽.
191)《中宗實錄》卷27, 中宗 12年 2月 丁未, 15冊, 257쪽.

적으로 전하고 있었다.[192]《쇄미록》의 저자 오희문 역시 피란처인 충청
도 林川인근 熊浦에 정박한 濟州船商으로부터 자주 어물을 비롯한 해산
물을 구득하고 있었다.[193] 이처럼 격지간의 대규모 어물유통을 매개하
던 어물선상들의 활동이 확대되면서, 조정에서는 연해에서 벌어지던 이
들에 대한 水賊들의 잦은 劫掠사태가 논란되기도 하였다.[194]

성종조 이후 특히 16세기에 들어 위와 같이 도성과 지방을 막론하고
전국에서 어물의 민간교역이 확대되면서, 자연 농업 이외에도 이들 어
물의 생산과 판매를 통해서 연명하거나 때로는 致富를 이루는 지방이나
사람들 역시 증가하였다. 중종 10년(1515) 11월 조정에서 柳洵은 전라도
靈光지방의 民生을 두고, 연해의 조건을 활용하여 백성들이 어물의 생
산과 興販으로 생업을 삼고 있던 실정을 보고하고 있었다.[195] 명종・선
조 연간의 尹斗壽 역시 황해도 鹽州의 풍속변화를《鹽州志》에 기록하면
서, 商賈를 '末務'로 여기던 풍습이 이제는 어염을 '專擅'하는 상황으로
바뀌었다고 개탄하고 있었다.[196]

또한 경상도 金海에 위치한 都要渚의 경우에는, 애초《東國輿地勝覽》
이 편찬된 성종조에도 200여 호의 주민들이 농업에 종사하지 않은 채
捕魚와 낙동강 상류 諸郡에서의 어물판매를 통해 재산을 이루고 있었는
데, 이후《新增東國輿地勝覽》이 간행된 중종조에는 그 居民이 400여 호
로 급증하고 있었음을 보여주고 있다.[197] 이 무렵 전개되고 있던 어물의
민간교역 확대가 전국 도처 연해민의 삶에 미치던 변화의 구체적 모습
이었다.

선조 28년(1600) 12월 군수 확보책을 두고 고심하고 있던 訓練都監은,

---

192)《宣祖實錄》卷164, 宣祖 36年 7月 甲戌, 24冊, 503쪽.
193)《瑣眉綠》券4, 丙申 3月 29日(下卷, 26쪽);《瑣眉綠》券4, 丙申 5月 16日(下卷,
41쪽);《瑣眉綠》券4, 丙申 10月 20日(下卷, 1,036쪽).
194)《鶴峯集》續集 卷2, 疏, 黃海道巡撫時疏, 癸未(《韓國文集叢刊》, 48冊, 200쪽).
195)《中宗實錄》卷23, 中宗 10年 11月 丁未, 12冊, 122쪽.
196)《梧陰遺稿》卷3, 文, 鹽州志風俗後語(《韓國文集叢刊》, 41冊, 556쪽).
197)《新增東國輿地勝覽》卷32, 金海, 山川.

전국 연해의 무궁한 어염이익 중에서 10분의 8~9가 '私用'으로 귀착되기 때문에 국용이 항상 곤핍한 실정을 개탄하고 있었다.[198] 물론 이는 임란 직후의 혼란 속에서 나온 극단적인 분석일 터이지만, 16세기 이후 본격적으로 전개된 사어물의 생산과 유통의 확대사정, 곧 어물 민간교역의 확산추세를 또한 잘 정리하여 보여주는 견해이기도 하였다.

## 5. 16世紀 魚箭私占의 盛行과 蔓延

15세기 후반 성종조 이후, 특히 16세기에 들어서서 어물 소비인구의 증가, 공납과 진상어물의 대납과 京中貿納의 일반화, 그리고 장시의 보급과 확산 등을 배경으로 하여 도성과 전국에서 어물의 민간교역이 확대되어 가자, 자연스럽게 어물의 주요 생산수단이던 魚箭의 자산으로서의 가치 역시 전에 없이 증대되었고, 이들 어전을 확보하거나 장악하기 위한 권세가나 상인층의 노력이 집요하게 펼쳐지기 시작하였다.

국초 이래 권세가의 어전사점은 불법이었고, 이는《경국대전》의 관련조항을 통해서 국가준칙으로서 엄정하였다.[199] 그러나 앞서 살펴 본 바와 같이 15세기에 이미 내수사를 비롯한 왕실세력과 권세가들은 합법적인 分給과 불법적인 冒占 등의 방법을 동원하여 어전의 장악과 그 경영에 적극 나서고 있었고, 여기에 상인이나 지방 토호세력 역시 가세하고 있었다. 성종조에 모색되었다가 연산군 7년(1501)부터 시행되고 있던 어전세 綿布增收 조처는, 이 같은 어전경영의 현실 속에서 취해졌던 국가시책이었다.[200]

중종반정 직후, 士林세력이 언관직을 중심으로 조정에 자리하면서 어

---

198)《宣祖實錄》卷70, 宣祖 28年 12月 丙辰, 22冊, 615쪽.
199)《經國大典》戶典, 魚鹽.
200) 본 논문 2, 3장 참조.

전문제는 또 다시 조정의 현안으로 논란을 거듭하고 있었다. 사림계열의 조정 관인들은 '山林川澤 與民共之'의 이념과 '與民爭利 不可'의 원칙을 내세우며, 왕실을 비롯한 권세가에 대한 국왕의 어전사급 중단을 廢朝인 연산조의 惡政개혁이라는 차원에서 강력하게 요구하고 있었다.

중종 4년(1509) 4월 대간은,《경국대전》에 수록된 어전의 '給貧民 收稅' 원칙에도 불구하고, 현재 전국 어전의 절반이 내수사의 수중에 있고 그 나머지 절반도 宗宰大臣에 분급되어 있다고 통탄하면서, 그 몰수와 빈민분급을 주청하고 있었다.[201] 중종초 대간세력의 이 같은 어전에 대한 실태진단은 물론 과장된 측면이 있었으나, 연산군 8년(1502)에도 이미 각 처의 어전이 '擧皆奪占'되었다는 표현이 나오고 있었던 만큼,[202] 당시의 실정을 어느 정도 반영하는 인식이었다.

이 시기 왕실을 포함한 권세가의 대규모 어전장악은 우선은 국왕에 의한 합법적인 분급과 折受를 통해 이루어지고 있었다. 반정 직후인 중종 원년(1506) 9월, 연산조에 내수사로 이속되었던 황해도와 함경도의 어전을 해당 各官에 환급시키는 원칙이 수립되었음에도 불구하고,[203] 이후 중종조에 이러한 방침은 준수되지 않고 있었다. 권세가의 어전사점 금지원칙은 국왕인 중종 자신이 먼저 무너뜨리고 있었다. 중종 원년(1506) 11월 계속되는 대간의 재상과 내수사에 대한 분급어전의 환수건의에도 불구하고,[204] 국왕은 연산군이 唐陽尉에게서 빼앗아 申氏에게 사급하였던 어전을 다시 원 수급자인 당양위에게 돌려 주었고, 반정 후 몰수한 任光載의 어전을 공신 朴元宗에게 사급하고 있었다.[205] 또 바로 다음 달 12월에는 충청도 洪州 소재 어전을 坡川君 尹湯老에게 '家傳永世'의 파격적 형태로 사급하고 있었다.[206]

201)《中宗實錄》卷8, 中宗 4年 4月 庚寅, 14冊, 331쪽.
202)《燕山君日記》卷44, 燕山君 8年 6月 壬子, 13冊, 497쪽.
203)《中宗實錄》卷1, 中宗 元年 9月 辛卯, 14冊, 77쪽.
204)《中宗實錄》卷1, 中宗 元年 11月 甲午·乙未, 14冊, 97쪽.
205)《中宗實錄》卷1, 中宗 元年 11月 丙申, 14冊, 98쪽.
206)《中宗實錄》卷1, 中宗 元年 12月 庚午, 14冊, 108쪽.

중종의 이 같은 왕실과 종친, 반정공신들에 대한 잦은 魚箭賜與는, 이 윽고 동왕 4년(1509) 4월에 이르러 대간을 비롯한 사림계열 관인들의 전면적인 반발에 직면하게 되었다. 당시 대간은 중종초에 이루어진 국 왕의 어전사급이 선왕조의 그것에 견주어 벌써 '倍蓗'에 이른다고 공박 하고 있었다.207) 반정 직후 오히려 폐조인 연산조보다 더욱 많은 수의 어전사급이 국왕에 의해 이루어지고 있었던 것이다. 이에 대해 중종은 왕실과 宗宰大臣에 대한 어전사여가 그 由來가 오래되어 갑자기 고칠 수 없으며, 또 이들이 어전경영에 따르는 이익을 실제 생산을 담당하는 어민들과 分半함으로써 '與民共之'하고 있다거나,208) 그 사급이 이들의 功이나 국가에 대한 納穀의 대가로 지급하는 '限年給之'의 제한적인 사 용수익권의 분급임을 강조함으로써,209) 대간들의 이의제기를 무마하려 노력하고 있었다.

중종 4년(1509) 4월에 시작된 이 논의는, 이후 어전을 국가의 '公物'로 인식하여 '與民共之'의 이념에 따른 빈민분급을 주장하는 사림출신 관 인과 대간들의 원론적인 公論이 이어지고,210) 반정공신으로서 그 자신 이 어전을 사급받았던 柳順汀과 朴元宗이 이에 동조하고 나서는 등 反 轉을 거듭하고 있었다.211) 그러다 결국 두 달여 만인 그해 6월에, 국왕이 대간의 견해를 수용하여 공신과 宗宰家에 분급된 어전의 환수와 빈민분 급 결정을 내리는 것으로 일단락되는 듯하였다.212)

그러나 이로써 왕실과 宗宰大臣에 대한 국왕의 어전사여 조처가 중단 되지는 못하였다. 중종 6년(1511) 정월 종전의 조처에 따라 환수된 齊安大

207) 《中宗實錄》 卷8, 中宗 4年 5月 庚子, 14冊, 333쪽.
208) 《中宗實錄》 卷8, 中宗 4年 4月 庚寅·辛卯, 14冊, 331쪽.
209) 《中宗實錄》 卷8, 中宗 4年 5月 丙申, 14冊, 332쪽.
210) 《中宗實錄》 卷8, 中宗 4年 5月 戊申, 14冊, 335쪽.
211) 《中宗實錄》 卷8, 中宗 4年 5月 壬辰·癸巳, 14冊, 332쪽 ;《中宗實錄》 卷8, 中宗 4年 5月 戊申·庚戌, 14冊, 335쪽 ;《中宗實錄》 卷8, 中宗 4年 5月 戊午, 14冊, 336~ 337쪽.
212) 《中宗實錄》 卷8, 中宗 4年 6月 戊辰, 14冊, 339쪽.

君의 延平어전이 다시 국왕에 의해 재사급된 사례에서 보듯이,[213] 내수사를 포함한 왕실과 권세가 세력에 대한 국왕의 어전사급은 중종조 내내 논란 속에서도 끊임없이 반복되고 있었다.[214] 이 같은 왕실과 권세가에 대한 어전사급은 16세기 후반 명종조에 들어서서도 여전히 계속되고 있었다.[215] 명종 14년(1559) 2월 지평 柳承善은 당대의 時弊로서 산림천택의 사점문제를 거론하면서, 특히 王子나 駙馬家의 어전수급에 따른 민폐를 극론하고 있었다.[216] 그리고 왕실세력의 어전수급에 따른 폐단에 대한 대간의 문제제기는, 명종조 후반에도 여전히 계속되고 있었다.[217]

성종조 이후 특히 16세기에 들어서 중종·명종조에 이르는 시기에, 이처럼 왕실 및 대신들에 대한 국왕의 합법적인 어전사급, 곧 '折受'[218] 조처가 확대되고 있던 배경에는, 이 시기 수조권의 축소와 소멸이라는 土地分給制의 추이, 경제제도의 대변동이 자리하고 있었다. 다시 말해 세조조에 단행된 科田혁파와 職田분급, 그에 이은 성종초 직전에서의 官收官給制의 도입은 王子科田을 비롯해 관료집단이 누리고 있던 그간의 수조권에 입각한 경제기반에 현저한 타격을 불러오고 있었고, 이 같이 대규모로 감축된 왕실과 관료들의 직전마저도 마침내 명종 11년(1556)에 이르러서는 전면 폐지되고 말았던 것이다.[219]

---

213) 《中宗實錄》 卷13, 中宗 6年 正月 丙辰·庚申, 14冊, 487~488쪽.

214) 《中宗實錄》 卷15, 中宗 7年 正月 癸亥, 14冊, 553쪽 ; 《中宗實錄》 卷25, 中宗 11年 6月 甲寅, 15冊, 188쪽 ; 《中宗實錄》 卷94, 中宗 36年 2月 丁丑, 18冊, 444쪽 ; 《中宗實錄》 卷95, 中宗 36年 5月 庚子, 18冊, 466쪽 ; 《中宗實錄》 卷98, 中宗 37年 4月 己未, 18冊, 568쪽.

215) 《明宗實錄》 卷9, 明宗 4年 3月 乙亥, 19冊, 627쪽 ; 《明宗實錄》 卷15, 明宗 8年 8月 乙酉·丙申·丁酉, 20冊, 153쪽 ; 《明宗實錄》 卷17, 明宗 9年 12月 丙子, 20冊, 249쪽 ; 《明宗實錄》 卷22, 明宗 12年 5月 癸亥, 20冊, 413쪽.

216) 《明宗實錄》 卷25, 明宗 14年 2月 辛亥, 20冊, 501~502쪽.

217) 《明宗實錄》 卷30, 明宗 19年 8月 甲午, 20冊, 702~703쪽.

218) 국왕의 어전사급을 토지의 경우와 마찬가지로 '折受'라고 지칭한 용례는 중종 36년(1541)의 기록에서 처음 나타난다(《中宗實錄》 卷96, 中宗 36年 11月 丁酉, 18冊, 515쪽). 이후 특히 명종조에 들어서면 이 같은 어전의 사용수익권 분급을 일반적으로 '어전절수'로 표현하고 있었다.

219) 李景植, 《朝鮮前期土地制度研究》, 一潮閣, 1986 ; 李景植, 앞의 《韓國 中世 土地制

특히 이 시기 최고의 公的 기구이자 私的 신분이었던 왕실의 경우에
상황은 더욱 심각하였다. 세종 5년(1423) 內需所로 출발하여, 세조 12년
(1446)에 국가의 정식 아문으로 편성되면서 왕실재정을 주관하여 왔던
內需司의 주요 경제기반 상실이 이에 덧붙여졌던 것이다. 즉 왕실의 私
財蓄積 수단이자 동시에 이 시기 가장 큰 사회문제의 하나로 거론되고
있던 內需司 長利가, 그간의 극심한 논란 끝에 급기야 중종 11년(1516)
에 폐지되었던 것이다.[220] 결국 이 長利에 대신할 왕실재정에 대한 새로
운 물적 지원이 필요하였고, 더욱이 수조지를 더 이상 분급할 수 없는
처지에서 그것은 연고 없는 無主地의 절급 방안일 수밖에 없는 실정이
었다. 屬公田의 절급, 公田의 사급, 閑曠地를 포함한 산림천택에 대한
대규모의 할급은 이와 같은 조건에서 취해지는 조처였다.[221]

그러나 無主田地나 속공전이 무한으로 공급될 수 없는 당연한 현실에서,
이들 왕실의 공적 사적 경제기반의 확보문제와 연관하여 실시되고 있던
방안의 하나가 바로 연해 어전의 사용수익권 분급, 곧 魚箭折受였다. 실제
중종 36년(1541) 2월 지평 金泓이 王子君家의 어전 多占실태를 문제 삼자
국왕은, 왕자군에게 전지를 절수할 수 없는 처지에서 어전을 대신 분급[代
給]하였던 실정을 환기시키며 그 불가피성을 역설하고 있었다.[222]

명종 4년(1549) 10월에도 懿惠公主의 상언에 따라 成均四學의 어전을
公主家에 절수한 조처의 부당함을 거론한 사헌부에 대해, 국왕 명종은
공주가에 절수할 賜牌田이 부족하여 그 闕額分을 어전으로 대신 보충하
였음을 확인하며 사헌부의 거듭된 주장을 물리치고 있었다.[223] 수조권

度史〉.

220) 宋洙煥,〈조선전기의 王室長利〉,《朝鮮前期 王室財政 硏究》; 梁擇寬,〈朝鮮前期
    王室農莊의 擴大와 財政運營〉, 서울대 석사학위논문, 2004.
221) 李景植, 앞의《韓國 中世 土地制度史》, 207~210쪽.
222)《中宗實錄》卷94, 中宗 36年 2月 丁丑, 18冊, 444쪽.
    이보다 앞서 중종 6년(1511) 정월에 조정에서 문제된 齊安大君의 永興 末應島어
    전 역시, 이를 환수하고 田畓으로 '代給'하자는 대간의 주장에 비추어 볼 때, 전지
    의 분급 대신 제안대군가에 절수된 어전으로 보인다(《中宗實錄》卷13, 中宗 6年
    正月 辛酉, 14冊, 488쪽).

에 근거한 토지 분급제의 축소와 폐지 추세 속에서, 16세기에 들어 무주
의 陳荒地·海澤地 등과 더불어 산림천택의 하나였던 어전이 왕자와 공
주가를 비롯한 왕실세력과 고위 관인들에게 '折受'의 형태를 빌어 합법
적으로, 그리고 대량으로 할급되거나 분급되고 있었던 것이다.[224]

　한편 이 시기 어전에 대한 사용수익권의 분급은 군수확보나 납곡정책
등 국가의 재정운영과 연계되면서, 또 다른 형태로 합법적으로 확대되
고 있었다. 중종 원년(1506) 12월 성균관 전적 金崇祖는 경중의 豪猾한
무리들이 專利의 수단으로 삼고 있는 魚箭貿布法, 곧 국가에서 어전의
사용수익권을 納布의 대가로 일정기간 특정 개인에게 분급하는 제도를
즉각 중단하고, 《대전》에 따라 빈민에게 돌려 줄 것을 주청하고 있었
다.[225] 물론 국초 이래 국가에서는 재정운용상의 필요에서 면포 외에도
곡물, 燔瓦用 柴木 등을 납부시키는 대신 어전의 사용권을 일정기간 분
급하는 제도를 간헐적으로 시행해 오고 있었다.[226] 그러나 이는 어디까
지나 국가재정이 용도가 浩繁하고 저축이 虛竭한 상황에서 취해지는
'權立'의 임시방안이었다.[227]

　그런데 중종조 이후 사림계열 관인들의 줄기찬 비판에도 불구하고
집권 훈구대신들은, 이와 같은 형태의 어전분급을 당대 국가 財政補用
政策의 한 방안으로 적극 모색하면서 다양하게 활용하고 있었다.[228] 그
결과 16세기 이후에는 흉년에 이루어진 納穀의 대가,[229] 양계지방의 군

223) 《明宗實錄》 卷9, 明宗 4年 10月 己未·庚申, 19冊, 674쪽.
224) 李景植, 앞의 《韓國 中世 土地制度史》 ; 남원우, 앞의 〈16世紀 '山林川澤'의 折受
　　에 대한 硏究〉.
225) 《中宗實錄》 卷1, 中宗 元年 12月 乙丑, 14冊, 107쪽.
226) 본 논문 2장 참조.
227) 주 225와 같음.
228) 16세기 抑末策의 쇠퇴와 국가의 적극적인 재정보용정책에 대해서는 다음 논고
　　참조.
　　朴平植, 앞의 《朝鮮前期商業史硏究》 제5장 ; 윤 정, 〈조선 중종대 훈구파의 산림
　　천택(山林川澤) 운영과 재정확충책〉, 《역사와 현실》 29, 1998.
229) 《中宗實錄》 卷69, 中宗 25年 10月 丁卯, 17冊, 262쪽 ; 《宣祖實錄》 卷4, 宣祖 3年
　　4月 辛酉, 21冊, 223쪽.

수확보를 위한 납곡의 回換價,[230] 禁銀策에 따른 納銀價[231] 등의 형태
로, 더욱 다양한 계기에서 개인에 대한 어전 사용수익권의 절급이 확대
되고 있었다. 특히 양계지방의 군수마련을 위해 실시해 오고 있던 回換
制의 경우, 이 시기 회환가는 일상으로 이들 魚箭과 銅鐵 등으로 지급되
던 실정이었다.[232]

국가재정에 대한 기여의 대가로 합법적으로 분급되던 어전은, 따라서
그 기여의 정도에 따라 '定限', '限年'의 방식으로 일정기간 그 사용수익
권을 분급하는 형태였다.[233] 중종 37년(1542) 4월 사헌부는 당시 시행되
던 이 제도에서 常木綿 20필을 납부한 자에게 어전을 1년간 분급하고
있는데, 어전의 수익성이 매우 높았기에 이러한 조치가 국용에는 보탬
이 되지 않은 채 시중의 豪富들에게만 이익이 된다며 어전의 輕歇價 절
급을 반대하고 있었다.[234] 이처럼 납포나 납곡 등의 대가로 지급받는
어전의 경영으로부터 얻는 이익이 큰 탓에, 여기에는 내수사를 비롯한
왕실과 권세가만이 아니라 특히 상인들이 적극 참여하고 있었다.

중종 원년(1506) 12월 앞의 魚箭貿布法 혁파주장에서 확인되는 바와
같이, 이 시기 경중의 豪猾之徒, 그 중에서도 부상대고들은 謀利의 수단
으로 이 제도를 적극 활용하고 있었다.[235] 중종 37년(1542) 4월에 이르면
京商 중에서 이처럼 어전의 분급을 희망하는 자들이 '頗多'하다는 분석이
나올 정도로 그 추세가 확산되고 있었다.[236] 동왕 25년(1530) 10월 흉황

---

230)《中宗實錄》卷14, 中宗 6年 8月 甲辰, 14冊, 530쪽;《中宗實錄》卷15, 中宗 7年
　　正月 乙丑, 14冊, 554쪽;《中宗實錄》卷21, 中宗 10年 2月 丙申, 15冊, 56쪽;《中宗
　　實錄》卷61, 中宗 23年 5月 庚寅, 16冊, 669쪽;《中宗實錄》卷69, 中宗 25年 10月
　　癸亥, 17冊, 259쪽.

231)《中宗實錄》卷95, 中宗 36年 6月 丁巳, 18冊, 470쪽.

232) 朴平植,〈朝鮮前期 兩界地方의 '回換制'와 穀物流通〉,《學林》14, 연세대, 1992(本
　　書 III부 제1논문).

233)《中宗實錄》卷8, 中宗 4年 5月 丙申, 14冊, 332쪽;《中宗實錄》卷15, 中宗 7年
　　正月 癸亥, 14冊, 553쪽;《中宗實錄》卷95, 中宗 36年 6月 丁巳, 18冊, 470쪽.

234)《中宗實錄》卷98, 中宗 37年 4月 己未, 18冊, 568쪽.

235) 주 225와 같음. 조선전기 경상의 어전경영을 통한 자산확대에 대해서는 朴平植,
　　〈朝鮮前期 京商의 商業活動〉,《東方學志》134, 2006(本書 II부 제1논문) 참조.

에 따라 실시하는 납곡정책의 대상지역을 전국이 아닌 경기·황해·평
안 3도에만 국한시키자고 하였던 호조의 주장도, 당시 어전경영의 이익
을 노리고 여기에 적극 참여하고 있던 상인층을 견제하려는 데서 나오는
건의였다.237)

　이처럼 16세기에 들어 어전경영에 따르는 수익의 증대를 배경으로
국왕의 사급에 의한 折受나 국가재정 기여의 대가로 지급받는 합법적인
어전분급이 확대되는 추세와 병행하여, 한편으로 어전에 대한 불법 탈
법의 冒占과 私占행태 역시 전대에 견주어 크게 성행하면서 전국에서
만연하고 있었다. 연산군 8년(1502)에 이미 '擧皆奪占'238)이라는 표현이
등장하던 전국 각처의 어전은, 반정 직후인 중종 4년(1509)에는 이미
그와 같은 사점현상이 由來가 오래되어 그 혁파가 불가하다는 상황인식
으로 이어지고 있었다.239) 어전에 대한 불법적인 모점과 사점현상이 이
시기에 전국적으로 그만큼 만연해 가고 있었던 것이다.

　중종·명종조에 들어 심화되고 있던 어전의 불법적인 사점양상은, 이
제 그 대상과 주체의 측면에서도 이전과는 다른 모습을 드러내면서 그
심각성을 더하고 있었다. 우선 이 시기 왕실을 포함한 권세가들은 어전
만이 아니라, 이들 어전이 포함된 浦口에 대해서도 절수와 사점에 적극
나서고 있었다. 이와 관련하여서는 중종 11년(1516) 6월 月山大君의 부
인과 朴元宗의 처 尹氏가 사옹원을 상대로 벌이고 있던 難地浦의 折受
權 논란 사례,240) 동 32년(1541) 10월 권신 金安老의 죄상으로 거론되고
있던 豆毛浦의 사점 사례241) 등을 주목할 만하다. 여기에서 확인되듯이
당시 왕실과 권세가들은 자신들의 특권적 지위를 활용하여 이제 어전만

---

236) 주 234와 같음.
　"市中豪富之徒 或於納布納穀之價 願受魚箭者 頗多"
237)《中宗實錄》卷69, 中宗 25年 10月 丁卯, 17冊, 262쪽.
238)《燕山君日記》卷44, 燕山君 8年 6月 壬子, 13冊, 497쪽.
239)《中宗實錄》卷8, 中宗 4年 4月 庚寅, 14冊, 331쪽.
240)《中宗實錄》卷25, 中宗 11年 6月 甲寅, 15冊, 188쪽.
241)《中宗實錄》卷85, 中宗 32年 10月 庚午, 18冊, 109쪽.

이 아니라, 이들 어전이 소재한 浦口 전체를 절수 또는 사점함으로써 어물생산과 유통에 따르는 독점이익을 실현해 가고 있었던 것이다.

그런데 명종조에 들어서면 왕실 및 권세가 세력의 사점대상에 海中 捉魚處, 곧 연근해의 漁場까지 포함되었던 사실이 확인되고 있어 더욱 주목된다. 명종 4년(1549) 3월 사헌부는, 窮民들이 漁採를 통해 資生의 방도로 이용하는 어전과 해중의 착어처를 근래 왕자 부마가 등에서 절 수하여 '己物'로 삼는 실태를 고발하며, 그 일체 환수를 주청하고 있었 다.242) 여기에서 거론된 '해중 착어처'는 분명 어전과 倂記되고 있는 것 으로 보아, 어전이 아니라 연근해의 어장임에 틀림없었다.

조선 정부는 국초 이래 어전과 마찬가지로 근해 어장에 대해서도 특 정 개인의 배타적 소유를 불허하면서, 여기에서 捕魚하는 어선으로부터 수세하여 국용에 보충해 오고 있었다.243) 더욱이 어업의 주된 생산형태 가 대하천이나 연해의 魚箭漁業이었던 조건 속에서 이제까지 주목되지 않았던 근해의 어장이, 이 시기 펼쳐지고 있던 어업발전과 어물유통의 확대를 배경으로 새롭게 이들 권세가들의 사점대상으로 부각되고 있었 던 것이다.244)

명종조 초의 이 같은 근해 漁場의 사점추세는 이후 더욱 확산되고 있었다. 명종 8년(1553) 8월에는 연해의 어전만이 아니라 '茫茫滄海'까 지 모두 사점되었다는 탄식이 조정에서 토로되고 있었고,245) 동왕 12년

---

242) 《明宗實錄》卷9, 明宗 4年 3月 乙亥, 19冊, 627쪽.
243) 《世宗實錄地理志》, 全羅道, 靈光郡, 土産, 5冊, 659~660쪽 ; 《世宗實錄地理志》, 黃海道, 海州牧, 土産, 5冊, 671쪽.
244) 조선시기에 바다어업, 곧 근해에서의 捕漁業은, 조선술과 어망 제조기술 그리 고 어물 가공기술 등의 발달을 기반으로 하여 조선후기에 본격적으로 펼쳐진 것으로 이해하여 왔다(주 3의 논고 참조). 그러나 명종조에 등장하는 근해어장 의 사점추세를 고려할 때, 그와 같은 근해어업 발달의 시초는 이미 16세기 이래 에 시작된 것으로 보아야 할 듯하다. 이 같은 16세기의 捕漁術과 어물유통을 역사적 배경으로 하여, 조선후기에 근해어업과 어물의 민간유통이 본격 발달할 수 있었던 것으로 파악되는 것이다.
245) 《明宗實錄》卷15, 明宗 8年 8月 乙酉, 20冊, 153쪽.

(1557) 5월에는 크게는 滄海에서 작게는 川渠에 이르기까지 모두 사점되어 "주인 없는 곳이 없다"는 분석이 나오는 지경이었다.[246] 요컨대 이 무렵 만연하고 있던 왕실 권세가의 어전사점의 추세는 어전을 넘어 浦口, 이제는 급기야 근해의 漁場을 본격 사점하는 단계로까지 나아가고 있었던 것이다.

한편 이 시기 어전을 비롯한 어물 생산수단에 대한 이와 같은 사점의 주체세력은, 왕실과 宗宰大臣 등 중앙의 권세가들에 국한되지 않았다. 임란 직후인 선조 40년(1607)에 이르면, 당시 어전과 어장을 포함한 산림천택의 사점노력에는 宮家나 권세가 사대부들만이 아니라, 이제 외방의 諸宮皂隷層이나 상인세력까지 적극 가세하여 그에 따른 이권을 擅弄하고 있었다.[247] 실제 외방 토호세력의 川澤독점을 통한 作弊는 명종 원년(1545)에 벌써 8도가 모두 그러하고, 특히 下三道에서 더욱 극심하다는 표현이 나오고 있었다.[248] 그만큼 이 시기 어전사점이 전국적으로, 그리고 위로는 왕실에서 아래로는 상인층에 이르기까지 다양한 주체들에 의해 성행하던 현실이었다.

16세기 중종·명종조에 들어 더욱 만연하고 있던 이와 같은 어전과 어장에 대한 왕실 권세가들의 절수와 사점추세는, 당시 柴場과 海澤地, 鹽盆 등을 포함하는 이른바 '山林川澤' 영역 전체에서 펼쳐지고 있던 사회적인 현상이었다. 수조권에 근거한 토지 분급제의 쇠퇴와 소멸, 소유권을 바탕으로 하는 지주제의 확대, 그리고 이들 지주경영이 시전과 장시 등 당시 성장 발달하고 있던 交換經濟와 밀접하게 연관되면서, 토지 외 생산수단에 대한 사점과 장악을 통해 독점의 유통이익을 확대시키고 있던 이 시기 사회경제의 환경 속에서, 이처럼 어전과 어장에 대한 절수와 사점 역시 만연해 가고 있었던 것이다.[249]

---

246)《明宗實錄》卷22, 明宗 12年 5月 癸亥, 20冊, 413쪽.
247)《宣祖實錄》卷210, 宣祖 40年 4月 癸卯, 25冊, 323쪽.
248)《明宗實錄》卷4, 明宗 元年 12月 壬辰, 19冊, 470쪽.
249) 16세기 산림천택 절수의 확산과 유통경제와의 관련에 대해서는 李景植, 앞의

이제 어물의 주요 생산수단이던 어전을 사점한 왕실 권세가와 상인층
은, 이들 어전에 대한 국초 이래의 국가정책을 무력화시키면서 그 지배의
권리를 所有權으로 전환시키기 위해 노력하고 있었다. 다시 말해 항구적
이고 배타적인 어전소유를 전제로, 그 생산어물의 독점과 유통을 통해서
財富의 확대 재생산을 도모하고 있었던 것이다. 그러나 국초 이래 강조되
고, 특히《경국대전》에 어전의 개인사점을 불허하는 法조문이 엄존하던
현실에서, 이 시기 어전사점은 엄연한 불법이었다. 그리고 국왕에 의한
합법적인 어전사급이나 절수라 하더라도, 그 수급 주체들이 갖는 권리는
어디까지나 어전에 대한 한시적인 사용수익권에 불과하였다.250)

이와 관련해서는 중종 원년(1506) 12월 국왕이 反正에 공이 큰 坡川君
尹湯老에게 충청도 洪州의 어전을 '家傳永世'의 이례적인 조건으로 사여
한 조처,251) 동 4년(1509) 5월 공신과 종친들에 대한 어전분급이 그들의
功이나 납곡의 대가, 上言에 따른 '限年給之'임을 강조하였던 국왕의 언
급,252) 동 11년(1516) 6월 조정에서 문제가 되고 있던 難地浦가 원래 성
종조에 월산대군이 절수하였다가 그의 死後 부인과 박원종의 처 윤씨가
'更受立案'한 것이라는 국왕의 견해253) 등에 주목할 필요가 있다.

여기에서 확인되는 바와 같이, 국왕에게서 사급받은 어전일 경우에도
이들 어전에 대한 지배권은 법적으로 '限時'의 사용수익권에 불과한 것
이었다. 어전을 절수받은 주체, 곧 箭主의 권리는 분급 당시 규정된 定限
의 기간동안 유효하거나, 또는 그의 생존시에 국한되는 것이었다. 때문
에 월산대군이 죽자 그의 부인은 '更受立案'의 절차를 통해 그 권리를
更新하지 않을 수 없었고, 윤탕로에 대한 국왕의 '家傳永世'의 어전분급
은 특례의 형식으로 이루어진 特賜였던 것이다.

《韓國 中世 土地制度史》와 남원우, 앞의〈16世紀 '山林川澤'의 折受에 대한 硏究〉
　　참조.
250)　본 논문 2, 3장 참조.
251)《中宗實錄》卷1, 中宗 元年 12月 庚午, 14冊, 108쪽.
252)《中宗實錄》卷8, 中宗 4年 5月 丙申, 14冊, 332쪽.
253)《中宗實錄》卷25, 中宗 11年 6月 甲寅, 15冊, 188쪽.

　그러나 이와 같은 국초 이래 조선 정부의 어전에 대한 법적 제도적
규정은 16세기 어전사점의 만연 추세 속에서 形骸化되고 있었다. 합법
적인 절수나 분급의 경우 어전은 위에서 확인되는 것처럼, '更受立案'
형식의 相續을 통해 실질적인 永久지배의 권리로 전화되어 갔다. 중종
4년(1509) 5월 대간이 당시 공신에게 분급된 罪人의 어전을 '家傳之物'
로 표현하고 있듯이,254) 입안의 更新절차를 통해서 어전지배의 권리는
限時 또는 生前이 아닌 실질적으로 恒久의 권리로 바뀌어 가고 있었던
것이다.

　특히 그 주체가 내수사와 같은 왕실세력일 경우에는 어전세의 납부를
면제받는 免稅 혜택까지 누리고 있었던 것으로 보인다.255) 연산군 8년
(1502) 6월 조정 대신들은 良民으로서 豪富한 자들의 어전이 내수사에
投屬하는 실태를 문제 삼고 있었다.256) 내수사에 자신의 어전을 투속시
킨 이 豪富 양민들은 법적으로 어전을 분급받을 수 있는 대상이 아니기
에, 이들 역시 冒占 또는 사점의 형식으로 어전을 장악하여 지배하는
세력이었고, 생산 어물가의 3분의 1에 상당하는 어전 면포세 납세를 기
피할 목적으로 내수사에 투속하고 있었던 것이다.257) 이 시기 왕실 권세
가의 어전절수와 사점을 반대하는 주요 名分이 빈민의 資生문제와 중앙
과 지방의 稅收부족에서 으레 찾아지고 있던 현실258) 역시, 이들 세력이
절수하거나 사점한 어전이 당시 누리고 있던 합법・비합법의 면세실태
를 잘 보여준다 하겠다.

　결국 권세가 개인의 어전사점 금지와 빈민분급의 기조 위에 세워졌던

254)《中宗實錄》卷8, 中宗 4年 5月 己亥, 14冊, 333쪽.
255) 이 시기 내수사나 왕실소속의 전토와 노비에 대한 면세와 免役조처에 대해서는
　　주 111의 宋洙煥, 李景植의 논고 참조.
256)《燕山君日記》卷44, 燕山君 8年 6月 壬子, 13冊, 497쪽.
257) 이 시기 어전수세의 내용에 대해서는 본 논문 2, 3장 참조.
258)《中宗實錄》卷1, 中宗 元年 11月 甲午, 14冊, 97쪽 ;《中宗實錄》卷8, 中宗 4年
　　5月 癸巳, 14冊, 332쪽 ;《中宗實錄》卷8, 中宗 4年 6月 甲子, 14冊, 338쪽 ;《明宗實
　　錄》卷9, 明宗 4年 3月 乙亥, 19冊, 627쪽.

국초 이래 조선왕조의 어전정책은, 16세기에 들어 더욱 만연한 이상과
같은 왕실 권세가 중심의 절수와 사점의 풍조 아래에서 현실적으로는
형해화되고 있었다. 이제 절수의 형태이든 모점이나 사점의 형태이든,
전국의 어전을 장악한 魚箭主들은 '立案'과 '更受立案'의 형식적 절차를
통해서 법적으로 허용되고 있던 限年의 사용수익권을 永久의 배타적인
소유권으로 전환시켜 가고 있었으며, 나아가 특권을 토대로 면세의 혜
택까지 누림으로써 어물의 생산과 유통에 따른 독점이익을 확대해 가고
있었던 것이다.

따라서 이 같은 사태는 연해 어민의 생계문제만이 아니라, 공물과 진
상 등 국가의 부세제 운영과 稅收 측면에서도 심각한 문제를 불러오는
것이었다. 중종반정 이후 대간을 비롯한 사림계 관인들이 줄기차게 제
기하였던 왕실이나 공신세력에 대한 어전사급 반대와 사점어전의 환수
요구는, 이와 같은 상황에서 제기되고 있었다. 그리고 이들 관인들의
주장의 요체는 '與民共之' 이념에 따라 어전사급을 철회하고 환수한 어
전을 빈민에게 분급하며, 나아가 이를 통해 공물과 진상제도를 원활히
운용하고 국가 稅收를 안정시키라는 요구였다.[259]

이런 상황에서 마침내 중종 4년(1509) 6월 국왕이 반정 이후 분급한
왕실과 宗宰大臣家의 어전에 대해 還收를 결정했으나,[260] 이는 고식적
인 조처에 지나지 않았다. 실제 국왕 자신이 이들 사점세력의 어전경영
을 두고 "백성들과 함께 어전의 수확을 分半하니, 이는 곧 백성들과 더
불어 共有하는 것이다"[261]라고 이해하고 있었던 데에서 드러나듯이, 이
들의 어전장악과 경영은 현실적으로 국가에 의해 용인되고 있었다. 더
욱이 어전절수와 사점의 주체들이 대부분 왕실을 비롯한 특권층이었고,

---

259) 《中宗實錄》 卷1, 中宗 元年 11月 甲午·乙未, 14冊, 97쪽 ; 《中宗實錄》 卷8, 中宗
     4年 5月 壬辰·癸巳, 14冊, 332쪽 ; 《中宗實錄》 卷8, 中宗 4年 5月 戊申·庚戌, 14冊,
     335쪽 ; 《中宗實錄》 卷8, 中宗 4年 5月 戊午, 14冊, 336~337쪽.
260) 《中宗實錄》 卷8, 中宗 4年 6月 戊辰, 14冊, 339쪽.
261) 《中宗實錄》 卷8, 中宗 4年 4月 辛卯, 14冊, 331쪽.
     "與百姓分半 則是與民共之"

당시는 수조권의 쇠퇴와 소멸에 따라 이들 세력의 토지외 생산수단에 대한 장악노력이 어전에서 두드러지고 있던 시기였다.262) 때문에 중종조 전기간에 걸쳐 이들 왕실과 특권세력의 어전절수와 사점의 성행에 따르는 문제, 곧 연해 어민의 생계난과 국가재정의 운용난은 해결책을 찾지 못한 채 심화되고 있었다.

한편 16세기 중반 명종조에 들어서도 어전사점의 만연추세와 이에 대한 정부의 고식적인 대처는 계속되고 있었다. 명종 4년(1549) 3월 국왕은 사헌부의 건의를 받아들여, 선왕조 賜牌分을 제외하고 근래에 절수한 어전과 근해 어장을 다시 改定할 것을 지시하고 있었다.263) 이어 동 8년(1553) 8월에도 여타의 산림천택과 함께 어전과 어장을 立案한 자들을 처벌하고, 해당 어전을 환수한다는 방침이 재확인되고 있었다.264) 어전을 비롯해 절수받거나 사점한 산림천택이 '입안'의 형식을 거쳐 배타 영구의 지배권으로 전화하는 것을 금지하는 조처였다. 그러나 명종 8년의 이 어전 사점자 처벌과 환수조처도 내려진 지 불과 10여 일 후에, 諸宮勢家의 어전 중에서 '私立案'한 것만 환수하고 선왕조에 사패받은 어전에 대해서는 그 점유를 허용하는 형태로 바뀌고 말았다.265)

요컨대 명종조 조정에서 전개된 절수 또는 사점어전에 대한 환수논란에서는, 수차례에 걸친 격론 끝에 불법적인 사점어전에 대한 환수원칙은 거듭 확인하였지만, 합법적으로 사패받거나 절수한 어전에 대해서는 오히려 그 점유와 경영을 허용하는 방향으로 결정이 이루어졌던 것이다. 따라서 합법적인 절수나 立案의 형식을 갖춘 어전에 대해서는 일종의 국가적인 公認이 이루어진 셈이었다. 결국 이런 상황에서 "어전에 대한 禁制가 이미 전에 무너졌다"266)거나, "어전의 사점폐단이 근래에

---

262) 주 249와 같음.
263) 《明宗實錄》卷9, 明宗 4年 3月 乙亥, 19冊, 627쪽.
264) 《明宗實錄》卷15, 明宗 8年 8月 乙酉, 20冊, 153쪽.
265) 《明宗實錄》卷15, 明宗 8年 8月 丙申・丁酉, 20冊, 153쪽.
266) 《明宗實錄》卷17, 明宗 9年 12月 丙子, 20冊, 249쪽.

더욱 극심하다"267)라는 표현에서 드러나듯이, 왕실과 권세가가 중심이 된 어전의 독점과 사점행태는 이후 16세기 후반기에 들어 더욱 만연해 갈 수밖에 없었다.

임진왜란에 따른 大破局을 수습하고 있던 선조 39년(1606) 9월, 마침내 조정은 어전을 포함한 산림천택의 '與民共之' 실현이 王政의 우선시책이어야 함을 다시 확인하면서, 그간 왕실과 권세가들이 불법적으로 사점하고 있던 어전과 산림천택의 모든 立案문서를 '一體爻周'하라는 특단의 조처를 결정하였다. 이어 호조와 전국의 감사들에게 불법적인 입안문서를 발급하는 수령들 역시 발각되는 즉시 처벌하도록 지시하고 있었다.268) 국초 이래 천명되고《경국대전》에서 정리된 바 있는 조선왕조 어전정책의 재확인이었다. 그러나 이듬해(선조 40, 1607) 4월, 이 같은 '冒受立案' 단속방침에도 불구하고 관내에서 실제 단 한명의 적발자도 없었다는 강원감사의 장계에서 드러나듯이,269) 다시 어전사점의 일절 금지를 재천명하였던 선조 정부의 이 어전시책도 현실에서는 거의 실효를 나타내지 못하고 있었다.

그럼에도 불구하고 중종조 이후 선조조까지 조정에서 끊임없이 계속되고 있던 이와 같은 절수와 사점어전에 대한 혁파와 환수논란은, 결국 그 실효성과는 무관하게 이 시기 왕실과 권세가 세력이 중심이 되어 전개하고 있던 어전사점과 그 경영이 배타 영구의 소유권에 근거한 법적인 공인 단계에는 아직 이르지 못하고 있던 실정을 역설적으로 잘 보여주는 것이었다. 조선 국가의 어전정책에서 어전은 여전히 법적으로 사점이 금지되는 '共有'의 산림천택 영역이었던 것이다.

따라서 사패를 통한 일부의 折受어전을 제외하면, 나머지 모든 어전에 대한 왕실과 권세가 상인세력의 사점과 그 경영은 비록 현실적으로는 묵인되었다 하더라도 여전히 불법이었고, 그만큼 사회적인 지탄의

---

267)《明宗實錄》卷25, 明宗 14年 2月 辛亥, 20冊, 502쪽.
268)《宣祖實錄》卷203, 宣祖 39年 9月 庚午, 25冊, 258쪽.
269)《宣祖實錄》卷210, 宣祖 40年 4月 癸卯, 25冊, 323쪽.

대상이었다. 그리고 국가의 어전정책과 현실의 어전지배 또는 어전경영의 실제 사이에 나타나고 있던 이와 같은 간극은, 이후 조선후기《續大典》과 均役法의 海稅규정 정비를 통해서, 절수하거나 사점된 어전 일체를 전면 혁파하고 모두 수세하는 방침이 마련되기까지 끊임없이 계속되고 있었다.270)

아울러 15세기 후반 이래 특히 16세기 들어 더욱 분명하게 전개되고 있던 이와 같은 어물유통의 확대와 그에 따른 어전사점의 성행과 만연 실태는, 이 시기 다른 상품들 예컨대 곡물이나 소금, 인삼 등의 사례와 더불어,271) 조선전기에 실현되고 있던 생산물의 상품화 정도와 그에 따른 교환경제의 성장사정을 여실하게 보여주는 한 證左라 할 것이다.

## 6. 結 語

조선전기 국가의 어전정책에 대한 분석을 기초로 이 시기 어물의 생산과 유통의 확대 사정을 살펴보면 이상과 같다.

고려시기 이래 魚箭은 중세기 우리나라 漁業의 대표적인 생산형태였다. '魚梁所'의 설정을 바탕으로 대하천이나 연해에 소재한 어전을 체계적으로 파악하여 관리하던 고려조의 어전정책은, 그러나 그 최말기에 이르러 권세가의 魚箭奪占과 私占사태에 덧붙여 倭寇의 연해침탈이 극심해지면서 와해되어 갔고, 이에 따라 국용어물의 안정적인 공급과 어

---

270) 兩亂 이후 조선후기의 어전정책과 어전경영의 실태에 대해서는 다음 논고 참조. 김선경, 앞의 〈조선후기 山林川澤 私占에 관한 연구〉; 李旭, 〈朝鮮後期 魚鹽政策 硏究〉, 고려대 박사학위논문, 2002.

271) 朴平植, 앞의《朝鮮前期商業史硏究》제4장; 朴平植, 앞의 〈朝鮮前期 兩界地方의 '回換制'와 穀物流通〉; 朴平植, 〈朝鮮前期의 人蔘政策과 人蔘流通〉,《韓國史硏究》143, 2008; 朴平植, 〈宣祖朝의 對明 人蔘貿易과 人蔘商人〉,《歷史敎育》108, 2008 (위 두 논문은 本書 Ⅲ부 제3논문으로 合編 수록).

민과 민생의 곤궁을 구제하는 등의 과제가 대두하고 있었다. 새롭게 개창된 조선왕조는 고려말 이래 누적되어 왔던 이 같은 어업과 어전문제를 산림과 염분 등을 포함하는 이른바 '山林川澤' 일반에 대한 처리방향의 틀 속에서 정비하여 갔다. 그리하여 '山林川澤 與民共之'라는 유교 전래의 이념에 근거하여 어전에 대한 권세가 개인의 사점을 일체 혁파하여 그 소유권을 부정하고, '共有'의 원리 아래 이들 어전에 대한 백성들의 자유로운 占有와 어물 생산활동을 수확어물의 10分의 1 收税를 전제로 허용하였다. 국초《朝鮮經國典》과《續六典》에서 거듭 확인되었던 이 같은 조선 국가의 어전정책은 이후 성종조의《經國大典》에 이르러, 어전사점을 일절 금지하고 대신 국가가 이를 체계적으로 파악하여 관리하면서 貧民에게 3년마다 遞給하는 방침으로 최종 정리되고 있었다.

이에 따라 조선 국가는 호조에 설치된 司宰監의 관할 아래 전국의 어전을 官魚箭과 私魚箭으로 편성하여 관리하고 있었다. 관어전은 司饔院 직속의 국용어전과 연해 주현과 浦鎭에서 운용하는 관어전으로 구성되어 있었다. 그 가운데 국용어전에서는 왕실의 수요어물을 그리고 주현과 포진의 관어전에서는 공물과 진상용의 常貢어물을 공급하고, 그 나머지를 무곡하여 지방재정이나 軍資에 전용하고 있었다. 반면 사어전은 연해 백성들이 국가로부터 어전의 사용수익권을 분급받아 스스로 結箭하여 그 생산어물의 10분의 1을 사재감에 납세하고 있었는데, 이른바 '魚鹽雜税'의 하나였던 이 사어전의 어전세는 중앙 정부의 예비재원 가운데 하나로 파악되어 다양하게 활용되고 있었다.

국초 조선 정부는 어전의 私占革罷와 貧民分給이라는 어전정책의 기본골격 안에서, 이들 어전의 일부를 왕실과 중앙의 몇몇 衙門이나 개인에게 수세권 또는 사용수익권의 형태로 분급하고도 있었다. 우선 어전 사점의 혁파에도 불구하고 국초 이래 本宮을 비롯한 왕실세력은 여전히 特賜·別賜의 형식을 통해 어전을 장악하고 이를 書題를 통해서 운용하고 있었으며, 司僕寺나 典校署 등의 아문 역시 어전의 수세권을 분급받아 이를 해당 관서의 운용자원으로 활용하고 있었다. 아울러 조선 정부

는 국가재정에 대한 기여, 예컨대 燔瓦用 燒木을 납부하거나 諸驛 역리
들에게 入接가옥을 조성하여 제공한 자들에게도 일정기간 '限年'의 형
태로 어전의 사용수익권을 분급하기도 하였다. 따라서 이들 어전은 합
법적인 형태이기는 하였으나, 그 분급과 회수가 국가에 의해 限年의 형
태로 이루어진다는 점에서 항구 배타의 독점적인 사점형태는 아니었다.

권세가의 사점이 혁파되고 평민이나 빈민가의 점유와 생산이 허용된
전국의 어전은 관어전과 사어전의 형태에 따라 그 구체적인 경영방식을
달리하고 있었다. 먼저 국용어전을 포함하여 전국의 관어전은 守令과
鎭將의 관할 아래 소속 공노비와 人吏 그리고 水軍을 동원하고, 여기에
결전과 어전운영에 필요한 선박과 각종 器物을 官에서 지원하여 어물을
생산함이 원칙이었다. 곧 당대 官屯田의 경작체계와 동일한 경영방식이
었다. 그러나 이 시기 대부분의 관어전 경영은 이런 원칙과는 달리, 소
속 주현의 백성들을 賦役과 力役의 형태로 동원하여 결전과 어물생산이
이루어지는 것이 현실이었다. 더욱이 이들 관어전의 소출 중에서 공물
과 진상용의 常貢어물을 제외하면 그 나머지가 지방재정과 군자에 보충
되었던 만큼, 이 시기 전국 연해의 수령과 진장들은 관어전의 운영에
심혈을 기울였고, 지방재원의 확보를 위한 어전 結箭지역의 割屬요구가
특히 내륙 소재의 주현과 軍鎭으로부터 계속되고 있었다.

한편 사어전의 경영은, 국가로부터 3년 기한의 사용수익권을 분급받
은 평민과 빈민들의 가족 노동력에 기반한 소규모 경영형태가 국초 조
선 국가의 어전정책에서 설정된 원칙이었다. 그러나 이 같은 형식의 사
어전 경영은 전국의 어전 중에서 일부 또는 소규모의 어전에서나 가능
하였다. 우선 어전의 결전에 소용되는 수다한 각종 기물과 노동력 때문
에도, 권세가나 재력을 갖춘 상인과 토호층의 경영참여가 현실적으로
이루어지고 있었다. 그리하여 국왕에 의한 특사나 합법적으로 분급받은
어전 외에도, 유력자나 상인층의 어전투자와 경영이 빈민의 名義를 빌
리는 冒稱私占의 형태로 이루어지고 있었다. 어전경영이 막대한 이익을
보장하는 조건에서 특히 대규모 어전의 경우에는, 권세가나 상인층이

빈민명의로 장악한 어전의 결전에 필요한 각종 物力을 제공하고 대신 그 수확어물을 '分半'하고 있었다. 당시 지주경영에서 일반적이었던 '並作半收'의 형태와 같았던 것이다. 더욱이 왕실이나 권세가에 대한 국왕의 어전사급이 세조조와 연산조에 확산되면서, 15세기 후반에 들어 특히 경영규모가 큰 연해의 사어전이 冒占과 사점의 형태로 이들 세력에게 장악되어 갔고, 이들은 권력을 바탕으로 어전세를 면제받기까지 하였다.

이처럼 사점혁파와 빈민분급을 기조로 하는 국초의 어전정책이 15세기 후반 이후 왕실·권세가·상인층에 의한 어전모점과 사점의 확산 속에서 효력을 상실해 가면서, 어전세에 근간을 둔 중앙과 지방재정의 문제 또한 심각해지고 있었다. 성종 17년(1486)의 어전세 綿布增收 방안은 이런 형편에서 제기된 것이었다. 국법과 달리 어전을 권세가나 상인들이 장악하여 큰 이익을 독점하는 현실에서, 성종 정부는 기왕의 10분의 1 현물 어전세 외에 수확어물로 무역한 면포총액의 3분의 1을 司贍寺에서 수납하는 어전세 증수방안을 마련하였던 것이다. 성종조에는 도입되지 못했으나, 이 어전세 면포증수 방안은 결국 국정의 난맥 속에서 국가재정의 문제가 심각하였던 연산군 7년(1501)에 마침내 국가정책으로 채택 시행되고 있었다. 그리하여 합법적인 受賜어전과 관어전을 제외한 모든 사어전에서 10분의 1의 현물 어전세 외에 수확 어물가의 3분의 1에 해당하는 면포가 수납되었고, 이렇게 증수된 어전면포는 天使나 倭·野人의 糧餉 등 準경상재정으로 활용되고 있었다. 결국 연산조의 이 어전세 면포증수 방침의 실행은, 어전사점을 금지하는 《경국대전》의 규정에도 불구하고 현실적으로는 그 같은 권세가나 상인층의 어전모점과 사점이 사회적으로 묵인되어 가고 있던 실정을 잘 반영하는 것이었다.

국초 이래 魚物은 도성을 비롯한 전국에서 다양한 경로를 거쳐 상품으로 유통되고 있었다. 水旱이나 凶歉으로부터 자유롭고 관혼상제의 의례용으로도 필수였던 어물은, 그 보관상의 어려움 때문에도 생산자의

自家 소비분을 제외한 나머지가 상품으로서 생산어민과 상인을 매개로 널리 유통되고 있었다. 이 시기 어물은 官魚物과 私魚物 두 계통에서 상품으로서 유통시장에 공급되고 있었다. 국용어전의 수확과 지방으로 부터 상납된 常貢어물, 그리고 각 주현과 浦鎭의 관어전 소출어물들이 관어물의 구성을 이루었고, 그 가운데 왕실과 중앙·지방관의 수요를 제외한 나머지가 민간에서 처분되고 있었다. 이들 관어물은 따라서 그 처분과정에서 抑賣의 문제가 심각하였고, 특히 지방의 경우 수령의 사익추구와 맞물리면서 '反同'이라 부르는 魚鹽抑賣 행태가 사회적으로 논란되기도 하였다. 반면 私魚箭으로부터 공급되고 있던 사어물은 생산어민의 소규모 행상활동이나 어물상인을 매개로 하여 전국에서 자유롭게 유통되고 있었다.

조선전기 어물의 최대 유통시장은 물론 漢陽이었다. 집권국가의 도성으로서 왕실과 諸관부 그리고 최대의 보유인구를 갖춘 도성시장에, 稅貢어물만이 아니라 전국 각지의 어물들이 상품으로 처분되고자 모이고 있었다. 특히 태종조의 시전조성 때부터 개점한 魚物廛이 국가수요의 조달과 국고 잉여어물의 처분을 담당하면서 민간의 어물유통을 주도하고 있었으며, 도성인근 京江 역시 어물시장으로 성장하고 있었다. 지방에서도 어물행상이나 선상들이 이들 어물을 소규모 또는 대량으로 취급하면서 어물생산자와 소비자를 매개하고 있었다.

조선전기 어물의 민간교역은 성종조 이후 특히 16세기에 들어 도성과 지방 모두에서 더욱 확대되고 있었다. 이 시기 조선의 인구는 국초 500여 만에서 16세기 말경 1천여 만 이상으로 대폭 증가하고 있었는데, 이는 곡물이나 소금 등 다른 상품에서와 마찬가지로 어물의 생산과 유통이 확대되는 주요 기반이 되고 있었다. 여기에 도성으로의 인구집중 상황, 그리고 貢納制 변동의 전반적인 추세 속에서 공물과 진상어물의 京中貿納과 대납현상이 일반화하면서, 도성과 인근 경강시장에서의 어물유통이 더욱 활성화하고 있었다. 그리하여 무납되는 세공용 어물과 늘어난 도성주민의 어물수요에 부응하기 위해 전국 각지의 관어전과 사어전의 소출어물들이 대거 도성과 경강시장으로 船運되고 있었다.

한편 지방에서는 성종조에 전라도 일대에서 등장한 場市가 농민적 교역기구로서 이내 전국으로 확산되면서, 어물유통 확대의 주요 경로로 기능하고 있었다. 장시의 주요 거래품목의 하나가 바로 어물이었고, 여기에서의 처분을 노린 어물들이 어물생산자 또는 어물선상들에 의해 대규모로 隔地間에 유통되고 있었던 것이다. 이처럼 어물의 민간교역이 한층 확대되면서 이제 어물의 생산과 유통을 통해 연명하거나 致富까지 이루는 지방이나 백성들 역시 증가하였으며, 이윽고 선조조에 이르면 전국의 생산어물 중에서 10분의 8~9가 민간에서 처분된다고 할 정도로 민간교역이 확대되고 있었다.

성종조 이후 16세기에 들어 이처럼 어물유통이 확대되면서 어물생산이 증대하고 어전의 資産으로서 가치가 높아감에 따라, 왕실을 필두로 하는 권세가나 상인, 토호세력의 어전확보와 장악노력 역시 크게 증가하고 있었다. 국초 이래 천명되고《경국대전》에서 최종 정리되었던 魚箭私占 금지와 貧民分給이라는 조선왕조 어전정책의 기조는 이제 현실에서 크게 동요하고 있었다. 15세기에도 국왕에 의한 어전사급이나 국가재정 기여의 대가로 限年의 어전분급이 이루어지고는 있었으나, 중종반정 이후 그 추세가 더욱 확산되고 있었다. 왕자・부마가나 종친・세가들에 대한 국왕의 어전사여는 반정정국에서 세운 그들의 功, 납곡이나 납포의 대가 등을 이유로 하여 더욱 일상화하였고, 이에 맞서 ‘與民共之’ 이념에 바탕을 두고 士林계열 관인들이 내세운 사급어전 환수와 빈민분급 주장이 팽팽하게 대립하면서, 중종초 어전문제는 조정의 현안으로 대두하고 있었다. 그러나 收租權에 근거한 토지 분급제가 쇠퇴 소멸하고, 나아가 왕실재정의 주요 기반이던 內需司 長利가 혁파되는 상황을 배경으로, 여기에 이들에게 분급할 무주지 속공전마저도 제한된 처지에서, 분급 전지를 대신하여 여타의 산림천택과 더불어 魚箭折受가 중종조 이후 본격화할 수밖에 없었다. 흉년대책이나 군수확보를 위해 실시된 납곡・회환 등의 대가로 지급되는 합법적인 어전분급 역시 주로 상인층을 대상으로 급증하고 있었고, 그와 같은 추세는 명종조에도 마찬가지였다.

16세기 이후 이 같은 합법적인 어전절수나 분급의 한편에서는, 바로 이들 왕실·권세가·상인층에 의한 불법적인 어전사점 역시 크게 성행하고 이내 전국에서 만연해 갔다. 특히 명종조에 들어서면 그와 같은 사점의 추세는 어전을 넘어 浦口, 급기야는 근해의 漁場까지 사점해 가는 양상으로 치닫고 있었다. 산림천택과 그 일원인 어전에 대한 사점금지를 천명한 국초 이래 조선왕조의 국법은 이 과정에서 형해화되고 있었다. 이제 어전을 합법·비합법의 방법을 통해 장악한 왕실·권세가와 상인세력은, 사점어전의 '立案'을 통해서 그리고 또다시 '更受立案'의 상속절차를 거쳐서, 그들의 어전지배를 영구 배타의 所有權으로 전환시키기 위해 노력하고 있었다. 科田분급의 중단에 이은 지주제의 발달, 그리고 이들 지주층의 토지외 생산수단 장악과 유통경제를 활용한 독점이익의 실현추세가 어전경영에서도 동일하게 나타나고 있었던 것이다. 이런 상황에서 명종·선조조에 賜牌어전을 제외하고 私立案되거나 私占된 어전에 대한 혁파조처가 분분한 논란 속에서 반복되고 있었으나, 현실에서 그 실효는 없었다. 어전의 사점금지와 빈민분급을 규정한 《경국대전》의 법적 규정과 합법적 절수와 불법 사점의 일반화라는 현실, 다시 말해 조선왕조의 어전정책과 현실의 어전지배 어전경영의 실태 사이의 간극은 점점 더 심화되고 있었던 것이다.

결국 국초 조선왕조의 어전정책은 토지외 생산수단인 산림천택 일반에 대한 '與民共之'의 원칙 아래에서 어전의 사점금지와 빈민분급을 골간으로 하여 마련된 것이었으나, 15세 후반 이후 특히 16세기에 들어 본격화한 사회경제의 변동, 교환경제의 성장과 발전의 추세 속에서 전개된 어전절수와 사점의 성행과 만연에 따라 그 정책과 현실 사이의 괴리가 점차 커지고 있었다. 그리고 이 과정에서 펼쳐진 어물유통의 발달과 그 확대의 모습은 다른 상품들의 사례에서와 마찬가지로, 집권국가의 상업정책 아래 조선전기에 전개되고 있던 상품유통 교환경제의

성장사정을 잘 보여주는 것이었으며, 그 자체가 兩亂후 새로운 상업정
책의 국가적 설정과 교환체계 등장의 역사적 배경으로 위치하는 것이기
도 하였다.

〔본 논문의 앞 부분은《歷史敎育》101, 2007. 3. 수록,

뒷 부분은《東方學志》138, 2007. 6. 수록,

2008. 合編 校〕

# 朝鮮前期의 人蔘流通과 人蔘商人

## 1. 序言

전근대 동아시아의 교역체계에서, 우리의 역대 왕조가 확실하게 비교 우위의 상품성을 지니고 그 교역을 주도해 갔던 대표적인 상품은 人蔘이었다. 이는 자연산 인삼, 곧 山蔘의 생장조건과 특성 그리고 최종으로는 그 인삼의 약효에서 비롯된 상황으로, 조선산 인삼이 채취·가공되어 상품으로서 중국과 일본을 포함한 동아시아 세계에 보급·유통되는 구조가 이르게는 삼국시기 이래 지속되었고, 특히 조선왕조에 들어서서는 그 후기에 家蔘재배에 이어 紅蔘의 대량 제조가 이루어짐으로써 그 추세가 더욱 확연하던 실정이었다.

우리나라 상업사에서 인삼이 차지하고 있던 이러한 위상에 걸맞게, 人蔘史 연구는 일찍이 日人학자에 의해 한·중·일 삼국을 망라한 통사적 체계의 인삼사 정리가 이루어진 이래,[1] 주로 조선후기에서 한말에 이르는 시기의 가삼재배 및 홍삼제조의 경위와 그에 따른 대외무역의 확대양상을 중심으로 적지 않은 성과를 거두어 왔다.[2] 여기에

1) 今村鞆, 《人蔘史》 1-7卷, 朝鮮總督府, 1936~1941.
2) 姜萬吉, 〈開城商人硏究〉, 《韓國史硏究》 8, 1972[《朝鮮後期 商業資本의 發達》(高麗大學校 出版部, 1973)에 수록] ; 趙璣濬, 〈人蔘貿易과 蔘政考〉, 《社會科學論集》 4, 고려대, 1974 ; 吳 星, 〈朝鮮後期 '蔘商'에 대한 一考察〉, 《韓國學報》 17, 1979 ; 吳 星, 〈人蔘商人과 禁蔘政策〉, 《朝鮮後期 商人硏究》, 一潮閣, 1989 ; 吳 星, 〈朝鮮後期 人蔘貿易의 展開와 蔘商의 活動〉, 《世宗史學》 1, 1992 ; 洪淳權, 〈한말시기 開城地方 蔘圃農業의 전개 양상〉(上·下), 《韓國學報》 49·50, 1987·1988 ; 車守正,

최근 조선인삼의 기원문제와 삼국·통일신라기의 인삼생산과 대외
교역 실태를 규명한 연구가 추가됨으로써 그에 대한 이해를 더욱 풍
성하게 하고 있다.3) 그러나 이상의 성과에도 불구하고 우리나라 인삼
사 연구는 고려와 조선전기의 인삼정책과 인삼생산, 그리고 그 국내
외 교역실태에 대한 규명문제를 비롯해 몇 가지 과제를 여전히 남겨
두고 있는 실정이다.4)

　본 논문에서 필자는 이와 같은 연구사와 그 성과를 배경으로 하여,
조선후기 가삼재배와 홍삼무역 확대의 前史로서 조선전기의 인삼생
산과 국내외 유통의 실태를, 국가의 인삼정책을 시야에 넣고서 분석
하여 해명하고자 한다. 이는 기왕 연구사의 공백을 보완하여 우리나
라 인삼사의 역사적이고 계통적인 이해를 도모하려는 시도인 동시에,
조선전기 인삼이라는 구체적인 상품의 생산과 유통의 실제에 대한
규명을 통해서 이 시기의 상업사를 복원하고 재구성해 내려는 작업의
일환이기도 하다.

---

　〈朝鮮後期 人蔘貿易의 展開過程〉,《北岳史論》1, 국민대, 1989 ; 元潤喜, 〈韓末·日
帝强占初 蔘圃農業의 變動과 紅蔘政策〉,《歷史敎育》55, 1994 ; 揚尙弦, 〈大韓帝國
期 內臟院의 人蔘관리와 蔘稅 징수〉,《奎章閣》19, 1996 ; 李賢淑, 〈16-17世紀 朝鮮
의 對中國 輸出政策에 관한 연구〉,《弘益史學》6, 1997 ; 李哲成,《朝鮮後期 對淸貿
易史 硏究》, 國學資料院, 2000 ; 梁晶弼, 〈19세기-20세기초 開城商人의 蔘業資本
硏究〉, 연세대 석사학위논문, 2001 ; 廉定燮, 〈18세기 家蔘 재배법의 개발과 보
급〉,《國史館論叢》102, 2003 ; 홍희유, 〈17세기 이후 인삼재배의 발전과 자본주
의적 삼포경영〉,《력사과학》1986-3, 1986.
3) 양정필·여인석, 〈'조선인삼'의 기원에 대하여〉,《醫史學》제13권 제1호, 2004 ;
양정필·여인석, 〈삼국-통일신라기 인삼 생산과 대외교역〉,《醫史學》제13권 제2
호, 2004.
4) 기왕의 수다한 인삼관련 연구에도 불구하고, 고려 및 조선전기의 인삼문제를
다룬 專論의 논고는 현재 全無한 실정이다. 今村鞆의《人蔘史》에 이에 대한 기술
이 없는 것은 아니지만, 주 2의 諸논고에서 지적하고 있듯이 이 연구는 당대의
연구조건 특히 식민사관의 '정체성론'의 영향이 지대한 탓에 그 방대함에도 불
구하고 전면적인 재검토가 절실하게 요청되는 저술이기도 하다.

## 2. 人蔘政策과 人蔘의 國內流通

家蔘의 형태로 인삼의 재배가 이루어진 것은 조선후기의 일이며, 그 이전의 인삼은 山蔘, 곧 자연산 인삼을 채취한 것이었다. 그 원산지는 白頭山을 중심으로 하는 만주지방 일대와 그 이남에 펼쳐진 한반도 白頭大幹의 산지 곳곳이었다.5) 이처럼 인삼의 원산 자생지가 우리 역사에서 고조선과 이후 삼국이 성립하고 발전해 갔던 지역이었기 때문에, 일찍부터 조선산 인삼이 채취되어 藥用으로 역대 왕조와 지배층에게 공급되는 한편으로, 인접한 중국과 일본에도 다양한 형태로 유통되고 있었다. 그리고 이 같은 조선산 인삼의 동아시아 지역 유통은 朝貢과 下賜의 형태로 그 구체적인 기록이 남아있는 삼국시기 이래의 보편적인 양상이었다.6)

---

5) 인삼의 원산지와 인공재배의 시기문제는 한·중·일 삼국 사이에 그리고 학자에 따라서 그 인식의 격차가 매우 큰 것이 현실이다. 중국과 일본을 비롯한 국제학계에서는 인삼의 원산지를 중국 山西省의 上黨지방으로 보는 것과 달리, 국내학계에서는 한반도로 주장하고 있다. 중국 원산지설이 풍부하게 남아있는 중국측 자료에 근거하여 일찍이 今村鞆에 의해 체계화된 반면, 한반도 원산지 주장은 그동안 뚜렷한 근거의 제시 없이 국내 학계와 인삼관련 개설서에서 언급되고 있는 실정이다. 그러나 최근 양정필은 今村說의 문제점에 대한 정밀한 검토와 국내의 선행연구를 바탕으로, 종래 인삼의 원산지로 알려진 중국 산서성 태행산맥의 상당지방 인삼이 인삼의 別種인 '蔓蔘'으로, 현재의 眞人蔘인 Panax Ginseng Meyer種이 아님을 밝히고 있다. 아울러 그는 중국 고대 典籍에 대한 정밀한 검토와 '인삼'에 대한 언어학적인 분석을 통해서 인삼의 古朝鮮 영역 기원과 그 중국 전파를 매우 설득력 있게 제시한 바 있다(양정필·여인석, 〈'중국 인삼'의 실체에 대한 비판적 고찰 – 이마무라 토모(今村鞆)의 학설을 중심으로〉, 《醫史學》 제12권 2호, 2003 ; 양정필·여인석, 앞의 〈'조선인삼'의 기원에 대하여〉). 본 논문은 양정필의 이 견해를 따른다.
한편 家蔘으로 부르는 인삼의 인공재배 시기 역시 관련자료의 부족으로 그 정확한 연대를 확정할 수는 없지만, 대략 숙종 연간 17세기말 전후로 보는 것이 일반적인 견해이다. 이와 관련하여서는 주 2의 姜萬吉, 吳星, 李哲成, 廉定燮 등의 여러 논고 참조.
6) 양정필·여인석, 앞의 〈삼국–통일신라기 인삼 생산과 대외교역〉.

인삼은 '神草'7) 또는 '百草의 靈物'8)로 지칭되는 데서 보듯이 동양 의
학계에서 고대 이래 일찍부터 그 탁월한 약효를 인정받아 왔던 약용
식물이었다.9) 따라서 우리의 역대 왕조에서 인삼은 왕실을 비롯한 국내
수요의 측면에서 만이 아니라 중국과 일본 등 주변국과의 국제관계에서
도 매우 중시되는 물품이었고, 자연 그 채취와 유통에 대한 국가차원의
제도화된 관리체계가 이른 시기부터 마련되고 있었다. 조선왕조 역시
인삼정책 차원에서 이러한 역대 왕조의 인삼에 대한 제도적 관리체계를
계승하면서 신왕조의 국가체제에 걸맞게 그 수취와 운용구조를 국초부
터 정비하고 있었다. 그리고 이는 '任土作貢', '本色直納'의 원리 아래 국
초에 마련되고 있던 貢納制의 틀 안에서 구체적으로 규정되고 있었다.

한반도는 서남 해안지방을 제외하면 백두대간의 산맥을 따라 전국에
서 인삼이 자생하고 이에 따른 채취가 이루어지고 있었다. 국초 인삼의
자생과 공납실태를 보여주는 《世宗實錄地理志》에 따르면, 전국 329개
군현 가운데 3분의 1이 넘는 112개 고을에서 인삼이 藥材로서 산출되거
나 土貢으로 진공되고 있었다.10) 또한 이들 인삼산출 고을을 지도로 표
시해 보면, 서남해안 지방을 제외한 백두대간의 산지 거의 전역에서 인
삼이 자생했음을 다시 확인할 수 있다.11) 따라서 일찍이 12세기 초에
고려를 다녀간 宋나라 사신 徐兢이 그의 《高麗圖經》에서 고려의 인삼산
지를 가리켜 '在在有之'라고 한 것은 결코 과장된 표현이 아니었다.12)

---

7) 《林園經濟志》卷16, 觀畦志 4, 藥類, 人蔘.

8) 《弘齋全書》卷12, 序引, 蔘引.

9) 今村鞆, 《人蔘史》5卷, 朝鮮總督府, 1937.

10) 양정필·여인석, 앞의 〈삼국-통일신라기 인삼 생산과 대외교역〉, 185~186쪽
의 <표 1> '《세종실록지리지》의 인삼 공납지역' 참조. 여기에서 파악한 인삼공
납 고을은 113개이나, 실제는 112개 고을이며 이는 강원도의 금성현이 중복 산
정된 결과이다. 한편 今村鞆은 같은 자료를 인용해 인삼의 공납군현을 103개로
파악하고 있으나, 이는 誤算으로 보인다(《人蔘史》2卷, 305~306쪽).

11) 양정필·여인석, 앞의 〈삼국-통일신라기 인삼 생산과 대외교역〉, 182쪽의 지도
참조.

12) 《高麗圖經》卷23, 雜俗 2, 土産.

이렇게 국가적 수취체계인 공납제를 통해서 조선 정부가 전국 각 군현에서 공물로 수납하는 貢蔘의 총액은 국초에 최소 1,000여 斤을 상회하고 있었던 것으로 파악된다. 세종 17년(1435) 6월 조정은 당시 진헌 및 국용에 견주어 과다하게 책정되어 있던 공삼액을 감하여 조정하고 있었다. 즉 기왕의 貢案에 규정된 평안·황해도의 공삼액 960근과 강원·함길도의 540근 중에서 평안도에서 200근, 황해·강원·함길도에서 각각 100근씩 감하함으로써 이들 諸道의 공삼총액 1,500근을 1,000근으로 삭감 조정하였던 것이다.[13]

물론 이때 조정된 평안도를 포함한 이들 4도의 공삼액이 이 시기 조선 정부가 전국에서 공물로 수취하던 인삼의 총액은 아니었다. 여기에는 경상·전라·충청·경기도 등 나머지 4도에서 부담하던 공삼액이 포함되어 있지 않았기 때문이다. 실제《세종실록지리지》에는 앞서 언급한 평안도 등 4도 외에도 이들 경상·전라·충청·경기도의 많은 고을에도 공물로 인삼이 배정되어 있었음을 잘 보여주고 있으며,[14] 구체적으로도 명종 12년(1557) 5월 충청도 단양군수 黃俊良은 당시 단양 백성들이 겪고 있던 민폐의 하나로 人蔘徵納의 어려움을 거론하고 있었다.[15] 이로 볼 때 세종 17년에 조정에서 논의된 공삼액과 그 減下分은 결코 국초 貢案上에 규정된 전국의 공삼총액은 아니었고, 주로 대중국 인삼진헌과 관련하여 당시 이 진헌인삼의 주된 공급지방이었던 평안 등 4도에 국한된 감하조처였던 것으로 파악된다.[16]

조선전기 전국적인 공삼총액과 관련한 자료는 이후 선조 연간에 다시

---

13)《世宗實錄》卷68, 世宗 17年 6月 戊申, 3冊, 634쪽.
14) 주 10과 같음.《세종실록지리지》에 따르면 충청도는 54개 군현 가운데 25개 고을에서, 경상도는 67개 군현 중 14개 고을에서, 전라도는 57개 군현 가운데 12개 고을에서 인삼이 약재로서 산출되거나 土貢으로 진공되고 있었다.
15)《明宗實錄》卷22, 明宗 12年 5月 己未, 20冊, 410쪽.
16) 그 중에서도 평안도는 최대의 인삼 공납지방이자, 동시에 대중국 진헌인삼의 공급처였다. 진헌인삼의 공납에 따르는 평안도 각 지방의 곤란에 대해서는 이 시기《실록》의 기록 도처에서 수다하게 언급되고 있어 그 세세한 典據는 생략한다.

확인되고 있다. 선조 34년(1601) 3월 조정에서 이루어진 貢額詳定 논의
에서 金晬는, 평상시의 1년 공삼액이 1,900여 근이었다가 임란 직후인
甲午年(선조 27, 1594)에 半減된 이래 지금은 겨우 500근에 불과한 현실
을 거론하고 있었다.17) 곧 전란의 비상상황이 발생하기 전 평상시 조선
왕조에서 수취하던 공삼액은 16세기 최말기까지 대략 1,900여 근이었던
것이다. 이들 자료를 통해서 확인할 수 있는 바와 같이, 국초 이래 조선
전기 국가에서 공납제를 통해서 전국에서 수취하던 인삼 공물의 총액은
1년에 대략 최소 1,000여 근 이상에서 많게는 1,900여 근에 이르고 있었
던 것이다.18)

　이처럼 1,000여 근을 상회하고 있던 土貢인삼은 그것이 국가외교의
필수품목, 특히 對明관계에서 주요 진헌물품이었던 까닭에 엄격한 관리
체계를 바탕으로 그 조달이 이루어지고 있었다. 예종 원년(1469) 7월
조정은 院相들의 논의를 거쳐 진헌인삼의 僞濫이 매우 큰 문제임을 확
인하고, 수령으로 하여금 몸소 生蔘을 간택하여 그 제조과정을 감독하
게 하고, 이후 濟用監에서도 관리와 감찰들이 이들 토공인삼을 직접 물
에 담가 그 僞濫여부를 확인한 이후에야 수납하도록 조처하고 있었
다.19) 貢蔘의 상납과 수납과정에서 여타의 공물과는 달리 수령과 관리
들의 책임을 더욱 강화시키는 조처였다.

　한편《經國大典》에서는 席子・貂皮 등 다른 진헌품목과 더불어 인삼
은 관찰사가 직접 看品하고 監封하되, 반드시 그해 안에 모든 상납을
마칠 것을 특별하게 규정하고 있었다.20) 주요 진헌품목이었던 탓에 상

---

17)《宣祖實錄》卷135, 宣祖 34年 3月 乙卯, 24冊, 215~216쪽.
18) 물론 이 추정치는 연산조에 있었던 대대적인 貢案改定을 비롯해 조선전기 공납
　　제의 변동사정을 구체적으로 담아내고 있지는 못하다. 그러나 인삼이 대중국
　　관계를 비롯한 외교의 필수 의례품목이라는 점과 極奢侈의 왕실 수요품이라는
　　점을 고려하면, 여타의 공물과 달리 인삼공액의 조정 특히 감하는 크지 않았을
　　것으로 짐작되기에, 위 추정치의 산정에 큰 무리는 없으리라고 본다.
19)《睿宗實錄》卷6, 睿宗 元年 7月 己酉, 8冊, 406쪽.
20)《經國大典》戶典, 進獻.

납의 책임을 수령만이 아니라 감사에게도 부과함으로써, 그 기한 내 수납을 독려하였던 것이다. 나아가 이후 평안도 진헌인삼의 공납과정에서 특히 그 수납을 담당한 제용감 관원과 下吏들의 농간에 따른 點退와 방납이 극심해 지자,21) 조정은 평안·함경도의 공삼을 군현의 貢吏가 아닌 감사로 하여금 친히 점검하여 封進하게 하고, 또 제용감에서도 감찰이 아닌 提調로 하여금 직접 이를 收捧하도록 하여 점퇴와 방납의 폐단을 예방하도록 조처하고 있었다.22) 요컨대 本色의 공물을 군현 공리들이 중앙의 해당 관서에 직접 수납하던 당시 공납제 일반의 체계에서, 공삼은 여기에 수령과 감사들의 상납책임을 더 함으로써 그 원활한 수납과 양질의 인삼확보를 도모하고 있었던 것이다.

조선전기 이처럼 체계적이고 엄격한 국가적 관리 아래에서 수납되었던 토공인삼은 자연산 채취인삼, 곧 '生蔘' 또는 '草蔘'의 형태가 아니었다. 앞서 공삼의 수납과정에서 강조된 수령의 '親自監造' 책임에서 드러나듯이,23) 공삼은 자연에서 채취된 생삼 형태가 아니라 그것을 加工 제조한 인삼이었다. 세종 2년(1420) 11월 판원주목사 趙啓生은 인삼공납의 폐단을 거론하면서, 인삼 채취과정의 어려움과 더불어 그 '乾正亦難'의 고충을 아울러 상언하고 있었다.24) 동왕 17년(1435) 6월 조정의 논의에서도 제용감이 진헌용 공삼을 수납하면서 '體小色惡'과 '乾正非法' 등을 명분으로 공삼을 점퇴시키는 실태가 거론되고 있었다.25)

이들 논의에서 보듯이, 이 시기 특히 국초에 전국 각 도의 군현에서 상납하던 공삼은 자연산 채취형태인 생삼이 아니라, 이를 일정한 방법에 따라 햇볕에 말려서 가공한 乾正人蔘, 곧 乾蔘이었다. 자연 상태의 생삼이 높은 수분함량 탓에 그 보존에 어려움이 큰 현실에서,26) 이와

21)《中宗實錄》卷21, 中宗 9年 10月 壬寅, 15冊, 33쪽 ;《中宗實錄》卷26, 中宗 11年 9月 壬辰, 15冊, 214쪽.
22)《中宗實錄》卷54, 中宗 20年 7月 己巳, 16冊, 434쪽.
23) 주 19와 같음.
24)《世宗實錄》卷10, 世宗 2年 11月 己巳, 2冊, 414쪽.
25)《世宗實錄》卷68, 世宗 17年 6月 戊申, 3冊, 634쪽.

같은 건삼으로의 가공 수납은 불가피한 선택이기도 하였다.27)

이처럼 주로 건삼의 형태로 수납된 각 군현의 토공인삼은 조선 정부
가 외교관계 및 왕실의 수요 등 매우 긴요한 용도로 충당하고 있었다.
특히 국초 대명관계의 안정에 진력하고 있던 조선 정부의 처지에서 주
요 진헌품목의 하나였던 인삼의 안정적인 확보는 매우 중요한 문제가
아닐 수 없었다.28) 여기에 왕실소용 藥材로서의 인삼 또한 그 확보와
관리가 절실한 문제였다.29) 더욱이 인삼은 元氣를 補養해 주는 성분을
지녀,30) 이 시기에 '蔘茶'의 형태로 궁중 및 지배층에서 널리 복용되고
있었다. 임란 중인 선조 31년(1598) 6월 국왕을 접견한 자리에서 明나라
梁經理가 조선 사람들이 마시는 '蔘茶'는 湯이지 茶가 아니라고 한 데에
서 보듯이,31) 인삼을 넣고 끓인 물을 탕의 형태로 마시는 풍습은 당시
상층사회에서 일반적인 食飮관행이었다.

국가의 대외관계 및 왕실의 수요물자로서 인삼의 이러한 緊切性 탓
에, 이 시기 조선 정부의 인삼에 대한 수취와 관리방침은 다른 공물보다
한층 더 체계적이었고, 그 안정적인 확보를 위해 노력하고 있었다. 세종
5년(1423) 11월 국왕은 평안감사의 狀啓에 따라 그해 평안도의 공물을

---

26) 땅에서 캐낸 상태의 인삼은 '水蔘'이라는 표현에서 드러나듯이, 그 수분함량이
75퍼센트 이상에 이르러 장기보관이 어렵다고 한다(옥순종, 《교양으로 읽는 인
삼 이야기》, 이가서, 2005, 37쪽). 이러한 사정은 산삼의 경우에도 마찬가지여서,
서긍의 《고려도경》에서 그 내용이 구체적으로 확인된다(《高麗圖經》 卷23, 雜俗
2, 土産).
27) 대명 진헌인삼 역시 국초 이래 건삼이었다가, 선조 연간을 전후하여 생삼으로
바뀌었다. 이에 대해서는 본 논문 4장의 주 175 참조.
28) 조선전기 국제관계에 따른 인삼수요에 대한 자세한 내용은 본 논문 3장 참조.
29) 이 시기 궁중에서 인삼이 약재로 활용된 처방으로는 《실록》에서 '人蔘順氣散',
'人蔘湯', '人蔘羌活散', '人蔘淸沛散', '荊防敗毒散' 등이 구체적으로 확인된다(《太
宗實錄》 卷35, 太宗 18年 4月 甲申, 2冊, 214쪽 ; 《中宗實錄》 卷73, 中宗 27年 11月
戊申, 17冊, 385쪽 ; 《中宗實錄》 卷105, 中宗 39年 11月 丁未, 19冊, 155쪽 ; 《宣祖實
錄》 卷136, 宣祖 34年 4月 辛丑, 24冊, 233쪽 ; 《宣祖實錄》 卷174, 宣祖 37年 5月
甲子, 24冊, 609쪽).
30) 《成宗實錄》 卷151, 成宗 14年 2月 甲戌, 10冊, 432쪽.
31) 《宣祖實錄》 卷101, 宣祖 31年 6月 丙子, 23冊, 452쪽.

모두 蠲減시키면서도 인삼은 그 절반만을 감하시키도록 조처하고 있었
다.[32] 豹皮와 더불어 인삼이 진헌 및 국용의 부득이한 필수품이었던 배
경에서 내려진 결정이었고, 이처럼 특히 진헌삼의 주된 공급처였던 평
안도의 다른 공물들을 사정에 따라 견감시키면서도 유독 인삼만은 그
면제를 불허하거나, 限年 또는 일부만을 감하시키는 방침은 이후에도
반복되고 있었다.[33]

　모두 진헌 및 왕실수요 인삼의 안정적인 확보를 위한 불가피한 조처
였다. 국초에 시행한 이와 같은 체계적인 인삼정책과 그에 따른 貢蔘확
보 노력의 내실화 결과, 세종 9년(1427) 7월에는 國庫에 1천여 근의 인삼
이 비축되어 있다는 호조판서의 보고가 나올 만큼 국가 차원에서 인삼
의 안정적인 需給이 가능하였다.[34]

　조선전기 인삼은 이처럼 그 채취와 토공으로서의 수납과정이 국가의
체계적인 관리 아래 있던 물품이었다. 더욱이 인삼은 뛰어난 藥效와 국
내외의 많은 수요에도 불구하고 자연산의 채취라는 제한된 생산여건
탓에 일찍부터 高價의 極奢侈品의 하나였다. 따라서 이 시기 다른 주요
상품에서와 마찬가지로 인삼의 국내유통 역시, 국가의 재정체계 특히
공납제와 관련된 유통부문과 상인을 매개로 하는 민간시장의 양 부문에
서 그 유통이 이루어지고 있었으나, 유통의 실제에서 후자의 민간유통
은 전자에 견주어 그 양적인 비중이 매우 미약할 수밖에 없었다. 이 시
기 자료에서 민간의 인삼보유와 그 유통실태를 확인할 수 있는 기록은
극히 제한적이다.

　조선전기, 그 가운데 15세기에 확인되는 궁중을 제외한 민간의 인삼
보유와 유통의 사례로는 단종 즉위년(1452) 9월 安平大君家에서 인삼

---

32)《世宗實錄》卷22, 世宗 5年 11月 乙巳, 2冊, 566쪽.
33)《世宗實錄》卷37, 世宗 9年 7月 辛亥, 3冊, 84쪽 ;《世宗實錄》卷117, 世宗 29年
　　7月 丁巳, 5冊, 30쪽 ;《世祖實錄》卷39, 世祖 12年 5月 甲午, 8冊, 24쪽 ;《世祖實錄》
　　卷40, 世祖 12年 11月 庚午, 8冊, 46쪽 ;《成宗實錄》卷134, 成宗 12年 10月 戊午,
　　10冊, 265쪽.
34)《世宗實錄》卷37, 世宗 9年 7月 辛亥, 3冊, 84쪽.

7兩을 盜取한 부사정 任元濬 사건,35) 동왕 3년(1455) 4월 사저를 방문한 명나라 사신에게 首陽大君이 인삼 20근을 증여한 사례,36) 그리고 세조 4년(1458) 10월에 있었던 자산군수 曹晉卿의 인삼 10냥을 활용한 아들 人事청탁 사건37) 등이《실록》에서 검출되고 있다. 한편 이 시기 문집에 서는 徐居正(1420~1488)이 강원감사로부터, 그리고 俞好仁(1445~ 1494)이 양덕현감으로부터 인삼을 선물받고 남긴 감사의 詩文이 확인되는 정도이다.38) 세조 14년(1468) 2월 국왕이 우의정 姜純의 어머니에게 내린 약용 인삼의 하사사례도 인삼의 민간보유의 한 예에 속할 것이다.39)

하지만 이상의 諸사례 역시 인삼보유나 증여의 주체가 모두 大君家를 비롯한 왕실의 일원이거나, 관인들 사이 특히 인삼이 생산되는 지방관의 증여형식에 의한 것이라는 점에서 상인과 시장을 매개로 하는 민간 교역의 일반 형태와는 거리가 있는 인삼유통의 사례들이다. 요컨대 왕실을 비롯한 관인 지배층 사이의 贈答의 형식이었던 것이다. 자연산의 채취에 국한된 생산여건과 인삼이 고가의 극사치품이었던 상황에서, 국초에 인삼의 순수한 민간유통은 이처럼 제한적일 수밖에 없었던 것이 현실이었다.

그러나 이로써 이 시기 인삼이 상품으로서 상인을 매개로 시장에서 유통되지 않았다고 단정하기에는 무리가 있다. 국초 이래 인삼의 국내 유통은 시장에서도 이루어지고 있었고, 그 실태는 주로 공납제의 변동에 따른 代納과 貿納의 영역에서 펼쳐지고 있었다. 국초에 '任土作貢'

35)《端宗實錄》卷3, 端宗 卽位年 9月 乙巳, 6冊, 538쪽.
36)《端宗實錄》卷14, 端宗 3年 4月 壬寅, 7冊, 37쪽.
37)《世祖實錄》卷14, 世祖 4年 10月 乙亥, 7冊, 299쪽 ;《世祖實錄》卷14, 世祖 4年 10月 甲申, 7冊, 300쪽.
38)《四佳集》卷52, 詩集, 謝江原曹監司幹寄人蔘(《韓國文集叢刊》, 11冊, 130쪽) ;《濡 谿集》卷2, 七言小詩, 陽德縣監表侯沿漢 以人蔘數本見惠(《韓國文集叢刊》, 15冊, 106쪽).
39)《世祖實錄》卷45, 世祖 14年 2月 癸巳, 8冊, 159쪽.

과 '本色直納'의 원칙 아래 설정된 공납제가 그 성립과 더불어 각종
폐단을 드러내어 이내 대납 또는 방납화하던 실정은 인삼공납의 경우
에도 마찬가지였고, 그 정도가 더욱 극심한 측면이 있었다.[40] 태종 15
년(1415) 4월 강원감사는 조선왕조의 개창과 더불어 마련된 壬申貢案
(태조 즉위년, 1392)에 공액이 과다하거나 혹은 引納의 폐단이 있음을
들어 그 更定을 건의하면서, 그와 같은 공물의 하나로 인삼을 거론하
고 있었다.[41] 신생 왕조의 수취제도 정비와 엄격한 공삼 관리정책에도
불구하고 인삼공납에 따른 문제는 이처럼 벌써 국초부터 제기되고 있
었던 것이다.

　다른 공물들의 경우와 마찬가지로 인삼공납에 따른 폐단 또한, 그
수납을 담당한 관리들이 상납 공삼의 크기가 작다거나 색깔이 나쁘다
는 등의 이유를 빌미로 해서 자행하는 點退에서 비롯함이 일반이었
다.[42] 세종 17년(1435) 6월 조정에서는 공삼액의 축소를 논의하면서,
당시 공삼의 '體少色惡', '乾正非法' 등을 이유로 하는 점퇴 때문에 各官
에서 매년 본색으로 이를 납부하지 못한 채 결국 경중에서 인삼을 사서
바치게 되는 이른바 貿納의 실태를 거론하고 있었다. 그리고 이런 경중
무납의 과정에서 인삼 1근의 가격이 면포 3필에 이름에도 불구하고 시
장에서 구득이 어려워, 그에 따른 폐단이 적지 않은 실정임이 크게 논
란되고 있었다.[43]

　防納의 이익을 노린 관리들의 作弊와 이에 따른 인삼의 경중무납 실
태는 곧 민간시장의 인삼유통과 상인의 적극적인 개재를 전제로 하는
현상이었다. 예종 원년(1469) 7월 원상 洪允成은 시중의 상인들이 대납

---

40) 조선전기 공납제의 추이와 대납·방납의 문제에 대해서는 다음 논고 참조.
　　이지원, 〈16·17세기 전반 貢物防納의 構造와 流通經濟的 性格〉,《李載龒博士還曆
　　紀念韓國史學論叢》, 한울, 1990 ; 朴道植, 〈朝鮮時代 貢納制 硏究〉, 경희대 박사학
　　위논문, 1995 ; 田川孝三,《李朝貢納制の硏究》, 東洋文庫, 1964.
41)《太宗實錄》卷29, 太宗 15年 4月 丁亥, 2冊, 60쪽.
42)《世宗實錄》卷10, 世宗 2年 11月 己巳, 2冊, 414쪽.
43)《世宗實錄》卷68, 世宗 17年 6月 戊申, 3冊, 634쪽.

의 이익을 극대화하기 위해 封進인삼의 크기를 크게 하는 과정에서 僞
濫이 자못 많으니, 앞으로는 인삼의 크기에 관계없이 그 眞性을 잃지
않은 인삼으로 納貢시키자고 건의하고 있었다.44) 국법으로 금지함에도
불구하고 謀利하는 무리들이 청탁을 통해 각 州郡의 공물을 독점하여
해당 고을에서 쉽게 구비할 수 있는 공물까지도 강제로 대납시키고 있
던 현실에서,45) 그해(예종 원년, 1469) 6월 공조판서 梁誠之가 방납의
폐단을 혁거하면 백성들의 피해가 10분의 7은 제거될 수 있다고 토로
할 정도로,46) 이 무렵 방납문제는 벌써 조선사회의 현안으로 대두하고
있었다.

　인삼방납에 따른 민간유통은 不産지역에 대한 인삼의 分定 과정에
서도 불가피하게 발생하고 있었다. 성종 20년(1489) 2월 국왕은 평안
도 龜城의 백성들이 不産공물인 草蔘 正蔘 등을 모두 遠處에서 무납하
고 있다는 호소에 대하여, 그 실태조사를 감사에게 지시하고 있었
다.47) ‘任土作貢’의 원칙이 무너지면서 나타나는 이 같은 불산지방에
대한 貢蔘분정은 결국 그 공납을 민간시장과 상인에게 의존하지 않을
수 없게 하였고, 다른 공물의 사례에서 보듯이 이들 인삼의 최대 貿納
시장은 도성시장일 수밖에 없었다.48) 또한 인삼이 생산되는 군현의
경우라도, 그 채취과정의 곤란함과 인삼채취의 不可測性을 고려하면
민간시장과 상인을 통한 대납이 불가피한 실정 또한 어렵지 않게 짐작
할 수 있겠다.

　15세기 후반 이후, 특히 16세기에 들어 더욱 증대하고 있던 공물의

44) 《睿宗實錄》卷6, 睿宗 元年 7月 癸卯, 8冊, 403쪽.
45) 《文宗實錄》卷2, 文宗 卽位年 7月 己未, 6冊, 258쪽.
46) 《睿宗實錄》卷6, 睿宗 元年 6月 辛巳, 8冊, 393~396쪽.
47) 《成宗實錄》卷225, 成宗 20年 2月 癸卯, 11冊, 445쪽.
48) 이 시기 경중무납의 일상화와 그에 따른 도성 교환경제의 발달에 대해서는
　　다음 논고에서 자세히 다루고 있다.
　　朴平植,《朝鮮前期商業史硏究》, 지식산업사, 1999 ; 朴平植,〈朝鮮前期의 都城商業
　　과 漢江〉,《서울학연구》23, 서울시립대 서울학연구소, 2004(本書 Ⅰ부 제3논
　　문) ; 이지원, 앞의〈16·17세기 前半 貢物防納의 構造와 流通經濟的 性格〉.

방납·대납과 경중무납의 일상화 추세는 인삼의 경우에도 마찬가지였
다. 중종 11년(1516) 9월 영사 申用漑는 평안도의 여러 고을에서 비록
품질이 좋은 공삼을 가지고 도성에 이르러 상납하려 하여도, 방납인들
이 이를 '品惡'하다고 내치고 대신 자신들이 사적으로 구비한 인삼을
대납시키던 실태를 고발하고 있었다.[49] 동왕 20년(1525) 정월 시강관
李芄 역시 각 관에서 비록 우량한 인삼을 골라 '浸水磨石'의 가공을 거
쳐 그 색깔을 美色으로 하여 상납하더라도, 오히려 '色惡'을 이유로 점
퇴당하는 실정을 소개하고 있었다.[50] 이 무렵 공삼의 봉진을 각 군현의
貢吏가 아닌 감사가 직접 제용감에 상납하게 하고, 그 수납을 제용감의
提調로 하여금 직접 관장하게 하였던 조정의 조처 역시 이 같은 사정에
서 취해졌던 고육책이었다.[51]

　한편 국초 이래 엄격한 국가적인 통제와 관장을 통해 안정적으로 운
용되어 왔던 國庫인삼의 수급문제 역시, 이처럼 15세기 후반 이후 공납
제의 변동과 그에 따른 방납·대납의 일상화 추세 속에서 곤경으로 치
닫고 있었다. 중종 38년(1543) 정월 대사헌 韓淑은 당시 進獻方物의 부
족사태를 두고, 평상시의 正供에 恒數가 있어 匱乏에 이르지 않을 터인
데, 지금은 부족한 국용을 모두 시중에서 구입하고 있다며 그 실태를
통탄하고 있었다. 이에 대해 국왕은 진헌방물로 부족한 인삼은 임금 자
신이 쓴 바가 없다며, 그와 같은 蕩盡사태의 책임을 해당 관원에게 물을
것을 지시하였다.[52]

　일찍이 세종조에 1천여 근을 비축하고 있던 국고인삼의 수급사정과
대비하여,[53] 이와 같이 중종조에는 이미 진헌용 인삼이 일시적으로 부
족할 정도로 국고의 인삼이 소진되었고, 또 그 부족분을 일상적으로 도

---

49) 《中宗實錄》卷26, 中宗 11年 9月 壬辰, 15冊, 214쪽.
50) 《中宗實錄》卷52, 中宗 20年 正月 癸酉, 16冊, 369쪽.
51) 《中宗實錄》卷54, 中宗 20年 7月 己巳, 16冊, 434쪽.
52) 《中宗實錄》卷100, 中宗 38年 正月 己酉, 18冊, 646쪽.
53) 주 34 참조.

성시전으로부터 責辦시키고 있던 실정이었다. 그리고 이 같은 추세는
선조 6년(1573) 시전의 상인들이 국가의 인삼무역으로 말미암아 고통받
고 있다는 사헌부의 지적에서 잘 드러나듯이,[54] 이후 16세기 후반에 이
르러 그 형세가 더욱 가속화하고 있었다.

요컨대 국초 이래 공납제로 운용되어 왔던 국가수요 인삼의 수급체계
가 변동하면서 주군의 공삼상납과 정부의 운용구조 양 부문 모두에서
민간시장과 상인에 의존하는 비중이 커져가던 추세였고, 그와 같은 경
향이 16세기 후반에 이르러 더욱 일반화하고 있었던 것이다. 이는 곧
인삼의 민간유통의 확대와 인삼상인의 적극적인 상활동을 전제로 하는
변화였고, 16세기 최말기에 엄습한 임란의 파국은 다시 인삼의 민간교
역 발달에 일대 전기가 되고 있었다.

선조 25년(1592)에 발발하여 근 10여 년간 지속된 임진왜란은 커다란
참화를 가져왔을 뿐 아니라, 조선 정부의 인삼정책과 인삼의 국내외
유통에도 전에 없는 큰 영향을 미쳤다.[55] 우선 전란의 파국 속에서 국
가의 貢蔘 수취체계가 동요·해체되면서 조선 정부는 특히 진헌인삼의
마련에 큰 애로를 겪고 있었다. 더욱이 전란에 明軍이 참전하면서 중국
과 조선 사이를 왕래하는 使行의 숫자가 격증하고, 여기에 조선에 파견
된 明將들에 대한 국왕의 답례와 하사용 인삼의 수요가 급증하고 있던
추세였다.

이처럼 전란 이후 크게 증가한 인삼수요를 감당하기 위해 조선 정부
는 우선 산지 고을에 추가로 인삼을 加定하거나,[56] 또는 수령에게 推
考나 罷職 등을 통해 공삼의 未納이나 不納에 대한 책임을 엄하게 묻
는 방법으로 그 상납을 독려하고 있었다.[57] 아울러 공삼을 산지에서

---

54)《宣祖實錄》卷7, 宣祖 6年 7月 丙午, 21冊, 266쪽.

55) 이에 대한 자세한 설명은 본 논문 3·4·5장의 후술 내용 참조.

56)《宣祖實錄》卷116, 宣祖 32年 8月 丙戌, 23冊, 661쪽;《宣祖實錄》卷180, 宣祖
    37年 10月 丁未, 24冊, 673쪽.

57)《宣祖實錄》卷164, 宣祖 36年 7月 癸未, 24冊, 509쪽;《宣祖實錄》卷178, 宣祖
    37年 9月 丙寅, 24冊, 664쪽;《宣祖實錄》卷202, 宣祖 39年 8月 己酉, 25冊, 251쪽.

조달하지 못하게 되자, 그 판출의 불가피함을 이유로 이를 인삼이 생
산되지 않는 고을에까지 移定하는 사태가 더욱 늘고 있었다.58)

그러나 조선 정부의 이 같은 대책에도 불구하고 常貢인삼의 부족
사태는 항상적으로 계속되고 있었고, 특히 진헌인삼의 확보난은 심
각하였다.59) 이에 조정은 때로 사행의 方物인 진헌인삼의 액수를 감
축하는 방법으로 미봉을 삼기도 하였으나,60) 이는 일시적인 방책에
불과한 현실이었다. 선조 39년(1606) 6월《실록》의 史臣은 이 같은
실태를 두고 "인삼 진헌이 금일 제 1의 痼弊가 되고 있다"61)며 통탄
하고 있었다.

조선 정부의 상공인삼 특히 진헌인삼 확보난의 한편에서는, 또한 인
삼방납의 폐단이 극성을 부리고 있었다. 선조 36년(1603) 5월 참찬관
鄭뫙은 당대의 이런 실정을 두고 민간의 俗言을 인용하여 "鍾樓(市廛-
필자 주)의 인삼은 진헌할 수 있으나, 山에서 캐는 인삼은 진헌할 수
없다"62)며 일갈하고 있었다. 이제 인삼의 주산지인 양계의 군현에서
조차 本色으로 상납하지 않고, 價布를 거두어 京市에서 인삼을 무납하
는 형편이었다.63)

장기의 전란이 수습될 무렵의 이 같은 인삼의 방납과 대납에 따른
貢蔘폐단은 이로 말미암아 '고을이 텅 비게 될 상황'64)이라거나, 그 주산

---

58)《宣祖實錄》卷188, 宣祖 38年 6月 庚戌, 25冊, 78쪽 ;《宣祖實錄》卷205, 宣祖 39年
　　11月 己巳, 25冊, 281쪽 ;《宣祖實錄》卷209, 宣祖 40年 3月 乙丑, 25冊, 313쪽 ;
　　《宣祖實錄》卷210, 宣祖 40年 4月 辛亥, 25冊, 326쪽.
59)《宣祖實錄》卷123, 宣祖 33年 3月 乙丑, 24冊, 50쪽 ;《宣祖實錄》卷127, 宣祖
　　33年 7月 丁巳, 24冊, 99쪽 ;《宣祖實錄》卷135, 宣祖 34年 3月 乙卯, 24冊, 215~
　　216쪽 ;《宣祖實錄》卷163, 宣祖 36年 6月 甲午, 24冊, 490쪽 ;《宣祖實錄》卷202,
　　宣祖 39年 8月 己酉, 25冊, 251쪽.
60)《宣祖實錄》卷136, 宣祖 34年 4月 己巳, 24冊, 228쪽 ;《宣祖實錄》卷203, 宣祖
　　39年 9月 壬申, 25冊, 259쪽.
61)《宣祖實錄》卷200, 宣祖 39年 6月 丙寅, 25冊, 223쪽.
62)《宣祖實錄》卷162, 宣祖 36年 5月 丙寅, 24冊, 477쪽.
63)《宣祖實錄》卷163, 宣祖 36年 6月 癸巳, 24冊, 489쪽.
64)《宣祖實錄》卷188, 宣祖 38年 6月 庚戌, 25冊, 78쪽.

지인 평안도가 '장차 수 년 안에 반드시 空虛한 땅이 될 것'65)이라는 우려가 조정에서 거듭하여 나올 만큼 심각한 수준으로 치닫고 있었다.66) "하나의 풀뿌리에 불과한 인삼이 失民의 큰 걱정을 불러오고 있다"며 이를 크게 탄식하고 있던 선조 40년(1607) 2월 국왕의 술회 또한 이런 형편에서 나오는 것이었다.67)

그러면 임란 이후 16세기 최말기에 이르러 이처럼 국가의 인삼정책이 전면적으로 동요하면서 貢蔘의 수급이 극도로 어려워진 배경은 어디에 있을까? 앞서 살펴 본 바와 같이 인삼의 방납과 대납의 행태는 이미 15세기 이래의 현상이었고, 16세기에 들어 다른 공물의 경우와 마찬가지로 점차 일반화되고 있던 추세였다. 따라서 인삼의 방납과 대납실태 그 자체가 16세기 최말기 常貢 확보난의 새로운 배경일 수는 없었다. 전란의 장기지속으로 말미암은 인삼 채취여건의 불안문제가 고려될 수도 있겠으나, 이 역시 핵심적인 요인은 아니었다.

이와 관련하여서는 조정의 다음 논의에 주목할 필요가 있다. 선조 34년(1601) 3월 당시 진헌인삼 부족사태에 대한 대책을 논의하던 자리에서 조정의 대신들은, 市井 상인들의 대중국 인삼 사무역이 매우 盛하여 그 거래액수조차 알 수 없는 상황에서 만약 인삼의 진헌에 차질이 있을 경우에 예상되는 명나라의 질책을 크게 우려하고 있었다.68) 동왕 37년(1604) 2월에도 함경감사 徐渚이 명군의 참전과 주둔 이래 상인들이 인삼무역을 통해 큰 이익을 확보하고 있던 실태를 구체적으로 전하고 있었다.69)

요컨대 임란 발발 이후 조선 정부가 겪고 있던 常貢人蔘 확보난은 전란으로 말미암은 인삼채취의 차질에서 비롯된 것이 아니라, 대중국 사무

---

65) 《宣祖實錄》 卷180, 宣祖 37年 10月 丁未, 24冊, 673쪽.
66) 《宣祖實錄》 卷208, 宣祖 40年 2月 壬子, 25冊, 310쪽.
67) 주 66과 같음.
68) 《宣祖實錄》 卷135, 宣祖 34年 3月 乙卯, 24冊, 215~216쪽.
69) 《宣祖實錄》 卷171, 宣祖 37年 2月 己酉, 24冊, 576쪽.

역의 확대에 따른 결과였다.70) 다시 말해 인삼상인들의 적극적인 상활동
을 매개로 하는 인삼의 민간유통이 특히 대외무역 부문에서 크게 확대되
면서, 곧바로 정부의 공삼 수취체계에 곤란을 일어나 있었던 것이다. 따
라서 긴급한 진헌인삼의 확보를 목적으로 하는 조선 정부의 인삼정책
또한 새로운 형태로 모색되지 않을 수 없었고, 그 방향은 자연 이와 같은
시중의 민간유통 영역을 적극 활용하는 방안일 수밖에 없었다.

선조 39년(1606) 7월 당시 동지사의 禮物人蔘 부족사태를 논의하던
호조는, 평안도의 미납된 공삼을 수납할 수 없는 처지에서 오직 시전상
인들에게 그 責辨을 독려하던 현실을 거론하면서, 당시 '封進之蔘'이 모
두 市民에게서 나오고 있다고 실토하고 있었다.71) 더 나아가 그 이듬해
인 선조 40년(1607) 4월에는 비변사가, 평안도의 공삼을 토산 여부에
관계없이 모두 가격을 정하여 布로 수납하고 대신 京市의 삼상에게서
진헌삼을 貿入하려던 정부의 조처를 비판하고 있었다.72) 공물인삼의 대
납과 무납을 이제 정부가 직접 나서서 추진하고 있었던 것이다. 이 같은
조선 정부의 진헌삼 市中調達 방침은 또한 도성의 시전만이 아니라, 당
시 인삼상인들이 다수 활동하던 개성시전을 대상으로 하여서도 강행되
고 있었다.73)

이처럼 공삼 수취체계의 동요에 따라 상공인삼의 시중조달이 불가피
해지면서, 조선 정부는 이제 민간의 인삼유통을 좌우하는 蔘商에 대한
통제방침 또한 새롭게 마련하고 있었다. 선조 37년(1604) 함경감사 서
성의 발의로 호조에서 논의되었던 삼상에 대한 路引발급 방침은,74) 그
후 법제화하여 실행되기에 이르렀다.75) 이는 삼상에 대한 '成籍登錄'
제도로서, 이제 삼상은 납세 후에 路引을 지급받고서야 활동이 가능하

---

70) 이 시기 대중국 인삼 사무역의 확대에 대해서는 본 논문 4·5장에서 상술한다.
71) 《宣祖實錄》卷201, 宣祖 39年 7月 丙戌, 25冊, 238쪽.
72) 《宣祖實錄》卷210, 宣祖 40年 4月 辛亥, 25冊, 326~327쪽.
73) 주 71과 같음.
74) 《宣祖實錄》卷171, 宣祖 37年 2月 己酉, 24冊, 576쪽.
75) 《受教輯錄》刑典, 禁制.

었다.76)

그러나 이 같은 삼상 통제정책에도 불구하고 이후 지방에서 이 조처의 준수여부에 대한 논란이 여전히 제기되고 있는 데서 확인되듯이,77) 전국의 인삼산지에서 삼상들의 불법적인 상활동은 계속되고 있었다. 한편 진헌삼의 긴급한 확보를 위해 도성과 개성의 인삼상인들에게 貿蔘令을 통해서 그 책판을 강제하기도 하였으나, 조정의 이 무삼령 역시 權貴와 결탁한 京外 삼상들의 반발 때문에 실효를 거두기가 어려운 현실이었다.78) 이보다 앞서 '與民共之'論에 근거한 관인들의 이견 속에서 인삼 官採案이 조정에서 제기되었던 것도 같은 맥락이었다.79)

이와 같이 공삼수취를 통해서 국가수요 인삼의 안정적인 공급을 도모해 왔던 국초 이래 조선 정부의 인삼정책에도 불구하고, 인삼의 국내유통은 15세기 후반 이후 16세기에 들어서면서 점차 민간부문에서 그 비중을 확대해 가고 있었다. 이런 상황에서 동시기의 최말기에 일어난 임진왜란은 인삼 사무역 발달의 일대 轉機로 작용하고 있었고, 인삼의 국내 민간유통 역시 이에 조응하면서 국가의 인삼정책에 변화를 가져 올 정도로 더욱 성장하고 있었던 것이다.80)

---

76) 《宣祖實錄》卷200, 宣祖 39年 6月 丙寅, 25冊, 223쪽.
77) 위와 같음.
78) 《宣祖實錄》卷211, 宣祖 40年 5月 甲子, 25冊, 331쪽.
　　임란을 전후로 한 시기에 정부의 통제정책을 극복하면서 국내외의 인삼교역을 주도하였던 인삼상인의 구체적인 상활동에 대해서는 본 논문 5장 참조.
79) 《宣祖實錄》卷162, 宣祖 36年 5月 戊寅, 24冊, 482쪽.
80) 국가의 수취체계를 매개로 하는 물화유통이 16세기 이후 민간부문 상품유통의 성장과 발달에 따라서 변동되거나 대체되는 이 같은 양상은, 이 시기 곡물, 소금, 어물 등의 다른 상품에서도 마찬가지로 확인되고 있다. 이에 대해서는 다음 논고에 자세하다.
　　朴平植, 앞의 《朝鮮前期商業史硏究》제4장 ; 朴平植, 〈朝鮮前期 兩界地方의 '回換制'와 穀物流通〉, 《學林》14, 연세대, 1992(本書 Ⅲ부 제1논문) ; 朴平植, 〈朝鮮前期의 魚物流通과 魚箭私占〉, 《東方學志》138, 2007(本書 Ⅲ부 제2논문) ; 백승철, 〈16세기 부상대고(富商大賈)의 성장과 상업활동〉, 《역사와 현실》13, 1994.

## 3. 國際關係와 朝鮮人蔘의 對外流通

　　전근대 동아시아 삼국에서 조선산 인삼은 그 최상의 약효를 전제로
하여 중국과 일본을 대상으로 한 국제외교에서 일찍부터 매우 중요한
儀禮物品으로 활용되고 있었다. 이 같은 조선산 인삼의 약효와 품질은
이미 고려조에서 元 황제의 언급을 통해 확인되고 있으며,[81] 이후 明나
라에서도 황실용 수요 인삼은 오로지 조선의 진헌인삼에 의존하고 있었
다.[82] 자국에서 인삼이 자생하지 않던 日本 역시 오랫동안 조선에서 건
너 온 인삼을 왕실과 귀족 상류사회에서 귀중한 藥品으로 인식하고 있
었다.[83] 우리나라 역대 왕조는 이 같은 중국과 일본의 왕실 및 귀족사회
의 인삼수요를 배경으로 하여, 일찍부터 이들 인삼을 양국과의 외교관
계에서 의례용 물품으로 적절하게 활용하고 있었던 것이다.

　　元·明 교체기의 대륙정세를 배경으로 개창되었던 조선왕조에서 명
중심의 새로운 국제관계의 안정은 긴급한 현안이었다.[84] 때문에 국초에
어느 시기보다 많은 사신의 왕래가 조선과 명나라 사이에 오갔으며, 이
에 따라 조선인삼 역시 정기·비정기 사행에서 명 황실에 보내는 進獻
蔘과 조선에 온 명 사행에게 사여하는 答禮品 등의 형태로 중국에 유입
되고 있었다. 먼저 이 시기 정기사행의 진헌방물로서 소요된 인삼의 규
모는 세종 12년(1430) 2월 다음 조정의 논의를 통해 그 대강을 추정해
볼 수 있다. 당시 태종조 이래 강력하게 요구해 온 조선의 金·銀貢 면

---

81) 《高麗史》卷123, 列傳 36, 曺允通, 下冊, 688쪽.
　　　"帝問曰 世傳人蔘産汝國(高麗-필자 주)者嘉"
82) 今村鞆, 앞의 《人蔘史》 2卷, 188쪽.
83) 今村鞆, 앞의 《人蔘史》 4卷, 221쪽.
84) 朴元熇, 《明初朝鮮關係史研究》, 一潮閣, 2002 ; 김순자, 《韓國 中世 韓中關係史》,
　　　혜안, 2007 ; 金 燉, 〈高麗末 對外關係의 변화와 政治勢力의 대응〉, 《韓國 古代·中
　　　世의 支配體制와 農民》(金容燮敎授停年紀念韓國史學論叢 2), 지식산업사, 1997.

제요청이 드디어 명에 의해 수용된 직후, 예조에서는 면제된 금·은 대신 진헌할 土貢의 증액을 결정하여 국왕의 재가를 받고 있었는데, 인삼 또한 그 증액대상에 포함되어 있었다.

그리하여 正朝使의 경우 帝所와 東宮에 각 50근과 20근, 聖節使의 경우 제소에 50근, 千秋使의 경우 20근이었던 기왕의 진헌인삼 액수에서, 정조사의 동궁 진헌과 천추사의 진헌액수를 각각 20근씩 늘리는 것으로 결정하였다.[85] 요컨대 세종 12년 이후 정기사행으로 매년 파견된 사행의 진헌인삼 액수는 정조사 90근, 성절사 50근, 천추사 40근 등 총 180근이었고,[86] 이 액수는 조선전기 내내 대체로 준행된 것으로 보인다.[87]

한편 국초 이래 수다하게 파견된 謝恩使·進賀使·奏聞使 등의 대명 비정기 사행에서도 인삼은 주요 진헌방물로 명 황실에 송부되고 있었다.[88] 조선왕조 개창 직후부터 성종조에 이르는 100여 년 동안 명나라에 파견된 비정기

---

85) 《世宗實錄》 卷47, 世宗 12年 2月 丁酉, 3冊, 223쪽.

86) 그런데 이처럼 정기사행의 진헌인삼을 140근에서 180근으로 증액한 조처가 결정된 지 5년 후인 세종 17년(1435)에, 예조는 다시 정조·성절·천추사의 진헌 인삼액이 140근에 지나지 않는다고 언급하고 있었다(《世宗實錄》 卷68, 世宗 17年 6月 戊申, 3冊, 634쪽). 불과 5년 사이에 변동조처가 없었다면, 후자의 기록은 예조가 증액 이전의 진헌인삼 액수를 언급한 것으로 이해하여야 할 듯하다.

87) 《실록》에서 정기사행의 진헌 인삼액을 확인할 수 있는 자료는 비정기 사행과는 달리 매우 희귀한 형편이다. 그러나 성종과 선조조에 확인되는 성절사의 진헌 인삼액이 대개 50근이었음을 고려하면(《成宗實錄》 卷157, 成宗 14年 8月 戊寅, 10冊, 501쪽 ; 《成宗實錄》 卷169, 成宗 15年 8月 戊寅, 10冊, 619쪽 ; 《宣祖實錄》 卷39, 宣祖 26年 6月 乙酉, 22冊, 1쪽), 국초 세종조에 확정된 정기사행의 진헌 인삼액은 이후 16세기 말까지 그대로 준용된 것으로 보인다. 명나라의 《大明會典》에서도 조선의 조공품에 인삼이 포함되었음은 확인되지만, 그 구체적인 액수는 알 수 없다(《大明會典》 卷105, 禮部 63, 朝貢 1, 朝鮮國).

88) 주지하듯이 국초 태조에서 성종조에 이르는 시기까지는 대명·대일 비정기 사행의 파견에 따르는 進獻 및 回賜物品의 내역과 숫자가 《실록》에 자세하게 기록되어 있는 것과 달리, 《燕山君日記》부터는 편찬원칙의 변화에 따라 이들 내역이 기재되어 있지 않다. 따라서 조선전기 국제관계에 따른 인삼의 유통실태 파악 역시 이 같은 자료사정에 근본적으로 제약받을 수밖에 없는 실정이다.

사행은 총 344여 회로서, 연 평균 3.3회에 이르고 있었다.[89] 그리고 그 가운데 진헌품으로 인삼을 보낸 사실이 확인되는 사행은 총 117회로서, 전체 사행의 3분의 1이 약간 넘는 기록에서 구체적인 진헌인삼의 액수가 확인되고 있다. 그 내역을 정리하면 <표 2>와 같다.

<표 2> 태조-성종 연간 비정기 사행의 대명 인삼진헌 횟수 및 진헌액[90]

| 수량(근) \ 국왕 | 50 | 80 | 100 | 120 | 150 | 200 | 250 | 300 | 450 | 1,000 | 파견 횟수 | 총진헌액 (근) | 1회 평균 진헌액(근) |
|---|---|---|---|---|---|---|---|---|---|---|---|---|---|
| 태종 | · | · | · | · | 1 | · | · | · | · | · | 1 | 150 | 150 |
| 세종 | 2 | 1 | 29 | | 16 | 7 | 7 | 3 | 1 | 1 | 67 | 10,980 | 164 151* |
| 문종 | · | · | 2 | · | 3 | 2 | · | · | · | · | 7 | 1,050 | 150 |
| 단종 | 1 | | · | · | 1 | · | · | · | · | · | 2 | 250 | 125 |
| 세조 | 2 | · | 13 | 1 | 4 | 2 | · | · | · | · | 23 | 2,770 | 120 |
| 예종 | | | 2 | | 1 | | · | · | · | · | 3 | 350 | 117 |
| 성종 | 3 | | 6 | | 4 | | 1 | · | · | · | 14 | 1,600 | 114 |
| 계 | 8 | 1 | 52 | 1 | 29 | 12 | 9 | 3 | 1 | 1 | 117 | 17,150 | 147 139* |

* 세종 15년(1433) 명의 요구에 따라 이루어진 1,000근의 특례진헌을 제외하고 산정한 수치.

우리는 이들 기록을 통해서 다음 몇 가지 사실을 정리해 낼 수 있다. 우선 첫째, 진헌 인삼액이 100근과 150근이었던 사행이 전체 사행의 약 70퍼센트를 차지하고 있어 그 대종을 이루고 있다는 점, 둘째, 국초 150근을 상회하던 사행당 평균 인삼 진헌액이 15세기 중반을 거치면서 점차 줄어 그 후반인 성종조에는 110여 근 수준으로 감소하고 있다는 점, 셋째, 진헌 인삼액 축소 경향은 회당 평균치만이 아니라 그 전체 액수에서도 분명하여 15세기 후반에 접어들면서 점차 줄어들고 있고, 특히 300근을 초과하는 대규모 인삼진헌은 세종조 이후 중단되고 있다는 점,[91]

---

89) 그 가운데 73회는 兼行 사행이었다(朴元熇, 앞의 《明初朝鮮關係史硏究》, 296쪽의 <표 2> 참조).

90) 이 표는 《朝鮮王朝實錄》의 기록에 근거하여 작성된 것이며, 그 구체적인 典據는 생략한다(이하 <표 3> ~ <표 7>, <별표 2> 모두 같음).

91) 세종조에는 비정기 사행에서 450근과 1,000근의 인삼을 진헌한 기록이 각각

그리하여 국초 세종조에 무려 1만 근을 상회하였던 비정기 사행의 진헌
인삼 총액이 성종조에는 1,600근으로 격감하고 있다는 사실[92] 등이다.

그리고 자료의 제약 때문에 연산조 이후 16세기의 내용을 포함하지는
못하였지만, 이상의 검토를 바탕으로 15세기에 정기 비정기 사행을 통
해서 진헌품으로 중국에 송부되는 조선인삼의 연간 총액을 추정해 볼
수 있겠다. 15세기 전·후반기를 각기 세종조와 성종조를 사례로 하고,
앞의 <표 2>와 각주 92)의 <별표 1>을 참고하여 연간 진헌인삼 총액의
추정치를 도표화하여 제시하면 다음과 같다.

### <표 3> 세종·성종조의 연간 대명 진헌인삼 총액 추정치

| 국왕 \ 분류 | 정기사행 진헌액(근) | 비정기 사행 | | 연간 진헌총액 (근) |
| --- | --- | --- | --- | --- |
| | | 연평균 파견 횟수(회) | 회당 평균 진헌액(근) | |
| 세종 | 180 | 4 | 151* | 784 |
| 성종 | 180 | 1.2 | 114 | 317 |

* 세종조 비정기 사행의 회당 평균 진헌액수는 명의 요구에 따른 특례진헌이었던 동왕
15년(1433)의 1,000근 진헌을 제외하고 산정한 수치임.

---

한 차례씩 확인되고 있다. 그러나 前者는 세종 원년에 명으로부터 왕위 禪讓을
승인받고 상왕인 태종과 세종이 각각 진헌한 사례이고(《世宗實錄》 卷5, 世宗 元
年 8月 丁酉, 8冊, 333~334쪽), 後者는 동왕 15년(1433) 명 황제의 요구에 따라
이루어진 特例진헌의 사례이다(《世宗實錄》 卷62, 世宗 15年 12月 壬戌, 3冊, 531
쪽 ;《世宗實錄》 卷63, 世宗 16年 正月 辛丑, 3冊, 540쪽). 특히 이때에도 국왕은
이 같은 多額진헌이 향후 상례화하는 것을 막기 위해, 사신이 가지고 가는 齎去
事目의 문구변경을 직접 지시하면서 진헌인삼 액수의 확대에 우려를 표명하고
있었다.

92) 이러한 진헌인삼 총액의 急減실태는 다음 <별표 1>에서 확인되듯이, 국초에
불안하던 대명관계가 이후 안정되어 가면서 비정기 사행의 파견 횟수가 15세기
중반을 고비로 하여 점차 줄어들고 있던 현상과도 관련이 있다.

### <별표 1> 15세기 대명 비정기 사행 연 평균 파견횟수

| 국왕 | 태조 | 정종 | 태종 | 세종 | 문종 | 단종 | 세조 | 예종 | 성종 | 계 |
| --- | --- | --- | --- | --- | --- | --- | --- | --- | --- | --- |
| 연평균 파견 횟수 | 3.1 | 2 | 3.5 | 4 | 5.5 | 2.3 | 5 | 3 | 1.2 | 3.3 |

※ 朴元熇, 앞의 《明初朝鮮關係史硏究》, 295~296쪽의 <표 2> '조선초기 비정기 사
절의 파견횟수'에서 발췌.

　　요컨대 추정에 추정을 거듭하여 얻은 수치이기는 하지만, 국초 정기
비정기 사행을 망라한 대명사행의 연간 진헌인삼 총액은 800여 근 전후
였다가, 15세기 후반 성종조에 이르면 대명관계의 안정과 더불어 그 총
액이 대략 연간 300여 근을 약간 상회하는 수준으로 감소하고 있었던
것이다.[93)]

　　외교관계를 계기로 하는 조선인삼의 대중국 유출은 조선에 왕래하는
明 사행을 통해서도 이루어지고 있었다. 국왕의 冊封과 같은 주요 사안
에 한해서 비정기적으로 조선에 파견되었던 명나라 사행에게, 조선 정
부는 이들의 贈物에 대한 답례나 요청에 따른 하사의 형식을 빌어 인삼
을 관례적으로 증여하고 있었다. 조선전기 조선을 방문한 명 사행에게
인삼을 증여한 기록과 그 구체적인 액수를 《실록》에서 추출하여 정리
하면 다음과 같다.

### <표 4> 조선전기 명 사행에 대한 인삼증여 횟수

| 국　왕 | 태종 | 세종 | 문종 | 단종 | 세조 | 예종 | 성종 | 중종 | 명종 | 선조 | 계 |
|---|---|---|---|---|---|---|---|---|---|---|---|
| 증여횟수 | 8 | 41 | 1 | 4 | 9 | 2 | 10 | 3 | 3 | 8 | 89 |

93) 그런데 세종 16년(1634) 정월 의정부에서는 연례 진헌인삼의 총액을 500여 근
　　으로 상정하고 있고(《世宗實錄》 卷63, 世宗 16年 正月 甲辰, 3冊, 540쪽), 이듬해
　　6월에도 조정은 진헌 및 국용인삼의 총액을 불과 240근으로 추산하고 있어(《世
　　宗實錄》 卷68, 世宗 17年 6月 戊申, 3冊, 634쪽), 위에서 산정한 추정치와 큰 격차
　　를 보이고 있다. 그러나 세종 16년과 17년의 수치는 당시 貢案上의 공삼총액이
　　1,000여 근에서 1,900여 근에 이르던 실정에 비추어 볼 때(주 13과 17 참조), 현실
　　을 정확하게 반영한 수치는 아니라고 판단된다. 현재는 확인할 수 없는 명목상
　　의 비정기 사행의 진헌 인삼액 규정에 근거한 총액으로 짐작되지만, 매 사행의
　　구체적인 진헌인삼 액수를 토대로 상정된 본문의 수치가 훨씬 15세기 특히 국초
　　의 당대 현실에 가까운 추정으로 판단되는 것이다. 한편 위 세종조의 연례 진헌
　　인삼 총액 500여 또는 240근 기록은 성종 이후의 추정치 300여 근에 근접하고
　　있어, 이 액수가 정기 비정기 사행을 망라한 국초 이래 규정상의 대명 연간 진헌
　　인삼의 총액이었을 가능성도 높은 것으로 생각된다. 일찍이 今村鞆은 조선의
　　연간 대명 진헌 인삼액을 국초에 5~600근 내외, 세종조 1,000근 내외, 문종 이후
　　300~5・600근 내외로 추정한 바 있으나, 이 역시 그의 표현대로 推算일 뿐이었
　　다(《人蔘史》 2卷, 24~25쪽).

### <표 5> 조선전기 명 사행에게 매회 증여한 인삼액수

| 인삼액수 | 4냥 | 5근 | 8근 | 10근 | 15근 | 20근 | 30근 | 40근 | 50근 | 100근 | 기록無 | 계 |
|---|---|---|---|---|---|---|---|---|---|---|---|---|
| 증여횟수 | 1 | 1 | 1 | 4 | 3 | 19 | 35 | 1 | 1 | 3 | 20 | 89 |

위 <표 4>와 <표 5>를 통해 볼 때, 조선전기 조선에 파견된 명 사신에게는 통상 20근 내지 30근의 인삼이 증물에 대한 답례나 하사의 형태로 지급되었으며,94) 이와 같은 증여사례가 대명관계의 안정과 관련하여 많은 사행이 오갔던 국초 세종조를 전후한 15세기 전반에 집중되었다가 15세기 후반 나아가 16세기에는 急減하였음을 확인할 수 있다.95)

한편 조선전기 외교관계에 따르는 의례물로서 조선인삼의 국외유통은 일본과 琉球國을 대상으로 하여서도 비정기적으로 이루어지고 있었다. '1年 3使'의 정기사행이 규정되었던 중국과 달리, '交隣'의 체제 아래에서 비정기의 사행이 오갔던 이들 양국과의 관계에서도 조선인삼은 回賜·答禮·下賜의 주요 품목이었다. 조선전기 조선과 이들 일본·유구국 사이의 사행을 통해서 인삼이 증여된 기록을 정리하면 다음 쪽의 <표 6>과 같다.

양국과의 사행에서 인삼이 증여된 기록이 국초 세종조와 15세기 후반 성종조에 집중되어 있음을 쉽게 확인할 수 있고, 이는 對日通交體系의

---

94) 총 89회의 인삼증여 기록 중에서 20근과 30근 증여 횟수가 54회에 달하여, 전체의 약 80퍼센트를 차지하고 있다. 또 이 같은 명 사신에 대한 인삼증여는 보통 上使·副使로 구성된 사신 2인에게 각각 지급되는 것이므로, 그 총액은 각각 40근과 60근으로 추산되어야 한다.

95) 조선 정부의 명나라 官人에 대한 인삼증여는 조선에 온 사행 외에도, 간헐적이기는 하나 부경사신을 통해서 조선에 인삼을 求請한 명나라 관인에게도 이루어지고 있었다. 성종 2년(1471) 명의 예부낭중 彭彦允에게 인삼 10근을 부경사신을 통해 증여한 사례(《成宗實錄》 卷9, 成宗 2年 正月 癸未, 8冊, 546쪽) 외에, 명종 18년(1563) 국초 이래 현안이었던 '宗系奏辨'에 공이 컸던 예부상서 李春芳에게 인삼 30근을 하사한 기록이 대표적인 사례이다(《明宗實錄》 卷29, 明宗 18年 12月 丁巳, 20冊, 681쪽).

기본 골격이 이 시기에 확정된 사정과 무관하지 않을 것으로 짐작된다. 나아가 외교관계에 부응하여 일본으로 유출된 조선인삼의 액수를 좀 더 구체적으로 확인하기 위해 세종과 성종조를 사례로 조선인삼의 回賜 및 下賜액수를 다시 정리하면 다음 <표 7>과 같다.

<표 6> 조선전기 일본·유구에 대한 인삼증여 횟수

| 대상＼국왕 | 정종 | 태종 | 세종 | 문종 | 단종 | 세조 | 예종 | 성종 | 선조 | 계 |
|---|---|---|---|---|---|---|---|---|---|---|
| 일본 | 1 | 5 | 31 | 2 | · | 5 | 1 | 26 | 3 | 74 |
| 유구 | · | · | 1 | · | 1 | 3 | · | 5 | 2 | 12 |

<표 7> 세종·성종조의 대일 인삼 회사 및 하사액수

| 지급대상＼시기 | 諸酋 또는 倭使 | | | | | | | 國王 | | | | 계(횟수) |
| 수량(근) | 3 | 5 | 10 | 20 | 30 | 35 | 50 | 100 | 150 | 200 | 기록無 | |
|---|---|---|---|---|---|---|---|---|---|---|---|---|
| 세종 | · | 4 | 3 | 2 | 4 | · | 7 | 6 | 1 | 1 | 3 | 31 |
| 성종 | 5 | 4 | 3 | 3 | 2 | 1 | · | 6 | · | · | · | 26 |

※ 通信使 파견을 통한 인삼의 회사와 하사액수를 포함한 수치임.

위 <표 6>과 <표 7>을 통해서 우리는 다음 몇 가지 사실을 또한 확인할 수 있겠다. 첫째, 일본의 국왕(현실적으로는 幕府-필자 주)에 대한 回賜는 인삼 100근으로 그 기준이 규정되어 있다는 점,96) 둘째, 일본

96) 일본 국왕에게 인삼 200근과 150근을 각기 회사한 세종 10년(1428)과 25년(1443)의 기록은 모두 통신사가 파견되었을 때의 사례이다(《世宗實錄》 卷42, 世宗 10年 12月 甲申, 3冊 156쪽 ;《世宗實錄》 卷99, 世宗 25年 2月 丁未, 4冊 463쪽). 한편 이 시기 유구의 국왕에게 보낸 회사액 또한 보통 100근이었음을 고려하면(《世宗實錄》 卷54, 世宗 13年 12月 丁酉, 3冊 360쪽 ;《成宗實錄》 卷13, 成宗 2年

의 국왕을 제외한 對馬島・大內殿・九州 등을 포함한 諸酋세력에 대해
서는 이들의 진헌에 대한 답례나 하사의 형식으로 50근 이하의 인삼을
증여하였다는 점, 셋째, 일본의 諸酋세력이나 倭使에 대한 하사인삼 액
수가 세종조에 30근 이상이 55퍼센트를 차지하다가 성종조에는 10근
이하의 하사 사례가 60퍼센트였던 데에서 보듯이, 15세기 후반 성종조
이후에 그 액수가 급감하여 거의 의례적인 하사품 수준으로 감소하였다
는 점 등이다.97)

이처럼 국초 이래 정립된 '事大'와 '交隣'의 국제관계의 체제 아래에
서, 조선전기에는 이 외교관계에 따르는 진헌과 회사 또는 하사의 형식
을 통해서 조선인삼이 동아시아 주변국가에 유통되고 있었다. 이렇게
송부되어 이들 국가의 왕실과 귀족층에 분급된 조선인삼의 연간 총액을
구체적으로 확인하기는 어려우나, 거듭된 추정을 통해서 明나라에는 정
기 비정기 사행의 진헌과 조선에 온 명 사신에 대한 증여를 포함하여
국초 세종조에는 대략 800여 근 전후의 인삼이, 그리고 15세기 후반 성
종조에는 대략 300여 근을 상회하는 조선인삼이 건너갔던 것으로 추산
된다. 아울러 일본과의 교류는 명과 달리 정기의 사행 교류가 아닌 일본
내 諸酋세력의 진헌에 대한 회사 형식이기에 더욱 추정이 어려우나, 국
초에는 국왕사와 대마도를 비롯한 제추세력에게 각기 100근과 30~50
근 전후의 인삼이 송부되다가 15세기 후반에 들어서서는 제추에 대한
하사액수가 10근 이하의 의례적인 수준으로 급감하고 있었음을 확인할
수 있었다.

한편 조선전기 조선인삼의 대외유출은, 조선 정부가 公貿易의 형태로

---

12月 庚辰, 8冊 618쪽), '交隣'의 체제 아래서 주변국 국왕에 대한 회사인삼의 액
수가 일반적으로 100근이었음도 확인할 수 있다.
97) 구체적으로 諸酋 및 倭使에 대한 하사인삼 액수는 세종조에 총 20회 중에서
30근 이상이 11회였던 것과 달리, 성종조에는 총 20회 가운데 10근 이하가 12회
에 이르고 있었다. 국왕을 제외한 이들에 대한 인삼의 하사총액 역시 세종조
560근에서 성종조에는 290근으로 거의 半減되고 있어, 그와 같은 추세를 또한
잘 보여주고 있다.

국가나 왕실의 수요물품을 중국으로부터 구입하면서 그 결제품목으로
인삼을 활용하는 과정에서도 이루어졌다. 太宗 13년(1413) 4월 조정은
인삼 300근과 마포 150필을 赴京使行 편에 보내 중국산 錦段을 매입케
하였으며,[98] 이후 이 공무역에 성의를 다하지 않은 통사 崔雲과 姜庾卿
을 처벌하기까지 하였다.[99] 인삼을 이용한 이 같은 대중국 공무역은 이
후에도 중국산 藥材나 군수용 水牛角 구입을 위해 지속되고 있었으
며,[100] 이를 책임진 역관이나 醫員들의 태만이 거듭 논란되고 있었
다.[101] 임란 중 조정에서 李德馨과 尹斗壽가 각기 胡馬 매입과 明兵 잔
류비용의 확보를 위해 인삼을 이용한 중국과의 공무역 방안을 제안하고
있던 사례 역시,[102] 국초 이래 계속되고 있던 이 같은 인삼을 활용한
대명 공무역의 恒例를 원용한 것이라 하겠다.

그러나 조선전기에 진헌과 회사 등 외교관계에 부수하여 유출되는
인삼을 제외하면, 동아시아 인접국가에서 조선인삼의 유통은 대부분 私
貿易과 密貿易을 통해 이루어지고 있었다. 그리고 이 경우, 조선인삼 국
외유출의 최대 경로는 특히 부경사행에 따르는 사무역이었다. 조선왕조
개창 이후 '務本抑末'과 '利權在上'論에 근거한 상업정책을 통해 대외무
역에 대한 국가적 통제와 관장을 그 어느 왕조보다 강화하고 있던 처지
에서,[103] 결국 인삼의 대외무역은 부경사행 또는 조선에 오는 명 사행의
왕래 과정에서 조선과 명 양국이 관례적으로 허용해 왔던 使行 私貿易
의 기회를 최대한 활용하는 수밖에 없었던 것이다.

국초 이래 조선 정부는 대외무역 특히 대중국 무역에 대한 국가의

---

98)《太宗實錄》卷25, 太宗 13年 4月 戊午, 1冊, 668쪽.
99)《太宗實錄》卷26, 太宗 13年 8月 戊午, 1冊, 682쪽.
100)《世宗實錄》卷69, 世宗 17年 8月 乙巳, 3冊, 646쪽 ;《端宗實錄》卷2, 端宗 卽位年
　　7月 甲辰, 6冊, 519쪽 ;《中宗實錄》卷74, 中宗 28年 5月 乙巳, 17冊, 413쪽.
101)《中宗實錄》卷74, 中宗 28年 5月 丙午, 17冊, 414쪽.
102)《宣祖實錄》卷82, 宣祖 29年 11月 丙申, 23冊, 92쪽 ;《宣祖實錄》卷128, 宣祖
　　33年 8月 丙申, 24冊, 116쪽.
103) 朴平植,〈朝鮮初期의 對外貿易政策〉,《韓國史研究》125, 2004.

통제를 제고하면서, 前朝 이래 성행하던 사무역과 밀무역에 대한 일절
禁斷과 관련자의 重刑처벌을 강화하고 있었다.104) 아울러 관행상 허용
해 오던 사행에 부수하는 사무역 역시 사행 일원의 所持가능 품목의
종류와 수량을 엄격하게 규제함으로써 실질적인 통제를 가하고자 하였
는데, 인삼 역시 여기에 포함되고 있었다. 태종 17년(1417) 5월 조정은
부경사신에게 규정된 布物과 더불어 음료용 茶蔘의 소지를 허용하면서
도, 사행을 수행하는 호송군의 경우에는 저마포 3필 외에 다른 雜物의
소지를 일절 금하는 조처를 취하고 있었다.105)

그런데 바로 다음 달인 윤5월에 성절사로 명에 다녀 온 鄭矩가 사행
호송군인들의 어려움을 호소하자, 국왕은 호송군인들의 소지허용 품
목을 개인당 포 10필과 笠冒, 그리고 인삼 5근으로 완화하였고, 조정에
서는 다시 이에 대한 논란이 제기되고 있었다.106) 국초 부경사행의 소
지인삼 허용액수는 이 같은 논의를 거쳐 결국《經國大典》에 이르러,
赴京使·隣國使行의 正使와 그 이하 사신에게 각 10근, 赴遼東使의 경
우 각 3근, 그리고 사행을 호송하는 군인의 경우 마찬가지로 3근씩의
인삼소지를 허용하는 것으로 최종 확정되었다.107)

부경사행의 노자[盤纏] 명목으로 허용된 이 인삼액수는 그러나 현실
적으로 이들 사행 일원의 주요한 興利수단이었고,108) 그 전체액수 또한
적지 않았다. 세종 24년(1442) 7월 조정은 사무역의 폐단을 막고자 부경
사행의 호송군인 숫자를 100명에서 50명으로 감축한 바 있었는데,109)

---

104) 주 103과 같음.
105)《太宗實錄》卷33, 太宗 17年 5月 戊戌, 2冊, 161쪽 ;《太宗實錄》卷33, 太宗 17年
     5月 癸卯, 2冊, 162쪽.
106)《太宗實錄》卷33, 太宗 17年 閏5月 丙寅, 2冊, 167쪽.
107)《經國大典》刑典, 禁制.
108) 앞서 성절사행의 경험을 바탕으로 호송군인의 소지허용 품목의 확대를 건의하
     였던 정구는, 그와 같은 요청의 배경으로 이들 호송군인들의 심경을 다음과 같
     이 전하고 있었다(주 106과 같음).
     "使臣有故而久留 則農月或留之一朔 加以禁其興利 此尤爲失心也"
109)《世宗實錄》卷97, 世宗 24年 7月 辛未, 4冊, 419쪽.

단종 즉위년(1452) 윤9월 그해 사은사의 호송군인 숫자는 다시 400명으로 거론되고 있었다.[110] 따라서 이들 호송군인에게 그 규모가 작은《경국대전》의 소지허용 인삼액수를 적용하더라도, 전자 세종조 사행의 호송군 소지인삼은 그 환산총액이 약 150근, 후자인 단종조의 그것은 무려 1,200근에 이를 수 있는 규모였다. 물론 이들 총 액수에는 정사를 비롯한 사신들의 소지인삼 또한 포함되어야 할 것이다.

조선전기 인삼을 활용한 부경 사무역의 실질적인 주체는 상인 특히 富商大賈들이었다. 세종 5년(1423) 10월 당시 조정에서 크게 논란되었던 공조참의 李揚의 부경 사무역 사건에서, 사헌부는 이양 자신의 사무역보다 그가 노비로 冒名시켜 데리고 간 상인 孫錫과 개성상인 朴獨大의 인삼이 포함된 불법 사무역 행태를 더욱 문제삼고 있었다.[111] 그러나 인삼과 布物・貂鼠皮 등이 중심인 조선 사행의 사무역을 단속하고자 당시 명나라의 遼東都指揮使司가 禁約규정을 만들고 있던 데서 보듯이,[112] 부상대고들이 부경사행을 활용하여 벌이는 인삼 사무역은 중단되지 않고 있었다.

15세기 후반 성종조 이후 특히 16세기에 들어, 부경사행을 활용한 인삼 사무역은 이 시기 銀을 매개로 확대 추세에 있던 동아시아 삼국 사이의 국제교역 환경을 배경으로 하여 더욱 확대되고 있었다.[113] 성종 23년(1492) 10월 헌납 李秀茂는 당시 부경사신의 자제나 역관들이 벌이고 있던 사무역의 실태를 거론하면서, 입는 의복조차 제대로 갖추지 못하는 사행의 호송군인들이 어떻게 인삼과 포물을 구비하겠느냐며 이는

---

110)《端宗實錄》卷3, 端宗 卽位年 閏9月 乙酉, 6冊, 545쪽.

111)《世宗實錄》卷22, 世宗 5年 10月 乙丑, 2冊, 560쪽.

112)《世宗實錄》卷86, 世宗 21年 9月 辛亥, 4冊, 235쪽.

113) 이 시기 대외 사무역 발달의 일반 양상에 대해서는 다음 논고에 잘 정리되어 있다.

　韓相權,〈16世紀 對中國 私貿易의 展開 － 銀貿易을 중심으로〉,《金哲埈博士華甲紀念史學論叢》, 知識産業社, 1983 ; 이태진,〈16세기 국제교역의 발달과 서울상업의 성쇠〉,《서울상업사》, 태학사, 2000.

모두 부상대고들의 寄託물품이라고 그 전모를 파악하고 있었다.114) 부
경사행에 공식적으로 참여할 수 없었던 부상대고들이 사행 호송군인들
의 인삼소지 허용규정을 활용하여, 이들을 통해 대중국 인삼무역을 전
개하고 있던 당대의 실상을 간파한 지적이었다. 연산군 원년(1495) 5월
에는 당시 명나라에서 조선의 사행을 두고 "매양 상인을 끼고 거짓 술책
을 많이 쓴다"며, 그 처우를 安南이나 琉球보다 아래에 두고 있던 실태
가 조선에서 문제될 정도였다.115)

실제 성종조 이후 조정에서는 赴京하는 사신들이 부상대고들을 家奴
등으로 위장시켜 사행에 대동하는 실태가 끊임없이 언관들의 논박대상
이 되고 있었다. 성종조의 李季孫・尹甫・韓僩・林繼昌・李秉正・李長
生・孫濬・李睦・邊處寧,116) 중종조의 李安忠・尹元衡・閔荃・金萬鈞・
元混・李洪男・柳希齡,117) 명종조의 沈通源・金澍,118) 선조조의 閔仁
伯119) 등은 이처럼 상인을 불법적으로 대동하고 赴京한 전력으로 처벌
받거나 조정에서 논란이 된 대표적인 인물들이었다. 물론 이들 전체를
인삼 사무역의 사례로 파악할 수는 없겠지만, 당시 조선의 대중국 수출
품에서 인삼이 차지하고 있던 비중을 고려하면, 이렇게 부경하는 상인
들이 다량의 인삼을 은과 더불어 소지하였을 가능성은 충분하다 할 것
이다. 그리고 상인들의 이 같은 인삼 사무역 활동의 한편에서, 주로 양
계지방의 수령들이 濫徵한 인삼을 부경사행의 역관을 통해 처분하는
불법적인 무역활동 또한 문제가 되고 있었다.120)

---

114)《成宗實錄》卷270, 成宗 23年 10月 戊午, 12冊, 233쪽.
115)《燕山君日記》卷5, 燕山君 元年 5月 庚戌, 8冊 678쪽.
116)《成宗實錄》卷164, 成宗 15年 3月 癸丑, 10冊, 581쪽 ;《成宗實錄》卷251, 成宗
　　22年 3月 乙巳, 12冊, 6~7쪽 ;《成宗實錄》卷264, 成宗 23年 4月 己未, 12冊, 171쪽.
117)《中宗實錄》卷96, 中宗 36年 8月 庚申, 18冊, 493쪽 ;《中宗實錄》卷102, 中宗 39年
　　2月 庚辰, 19冊, 41쪽 ;《中宗實錄》卷102, 中宗 39年 2月 壬午, 19冊, 44쪽 ;《中宗實
　　錄》卷102, 中宗 39年 2月 癸巳, 19冊, 51쪽.
118)《明宗實錄》卷21, 明宗 11年 11月 丁巳, 20冊, 371~372쪽 ;《明宗實錄》卷29,
　　明宗 18年 6月 戊辰, 20冊, 651쪽.
119)《宣祖實錄》卷173, 宣祖 37年 4月 庚戌, 24冊, 606~607쪽.

 사행을 활용하는 인삼 사무역은 부경사행만이 아니라, 조선에 오는
명나라 사신 일행과의 거래를 통해서도 일찍부터 이루어졌다. 국초 이
래 조선 정부는 명 사신을 호송하여 입국하는 요동의 호송군인들과 義
州 일대에서 벌이는 인삼 사무역을 禁物에 대한 단속을 전제로 허용해
오고 있었다.121) 명 사신이 상경하는 沿路나 주로 도성에서 이루어졌던
사신단 頭目 일행과의 인삼 사무역 역시 관행적으로 허용되었음은 물론
이다.122) 세종 12년(1430) 8월에는 조선에 온 明使 昌盛이 인삼무역을
위해 두목의 함길도 파견을 요청해 와 조정에서 논란이 되기도 하였
다.123)

 그런데 이 시기 명 사신을 수행하여 조선에 오는 頭目들은 모두 명나
라의 상인들이었다. 성종 14년(1483) 8월 명 사행의 上使는 이들 두목들
이 千山萬水를 건너며 辛苦를 감내하는 까닭은 尺寸의 이익이라도 얻기
위함이라면서, 이들의 소지물을 인삼을 포함하여 공무역으로 처리해 줄
것을 도승지 李世佐에게 요청하고 있었다.124) 이는 당대 명나라 사신을
수행하여 조선에 들어 온 두목들의 상인으로서의 속성을 무엇보다 잘
보여주는 例話라 하겠다.

 이처럼 명 사신이나 두목들과의 사이에 이루어지던 인삼무역의 규모
와 관련하여서는 세종 5년(1423)의 다음 사례가 참고된다. 이해 8월 명
의 사신 海壽는 평안감사에게 小絹 60필을 인삼과 安息香으로 교역해
줄 것을 요청하였다.125) 그런데 다음 달 귀국 길에 이 인삼교역의 성과
가 민간의 인삼부족으로 絹子, 곧 小絹 10필에 불과하자 이내 큰 불만을

120)《中宗實錄》卷86, 中宗 32年 12月 甲子, 18冊, 155쪽.
121)《太宗實錄》卷25, 太宗 13年 3月 壬寅, 1冊, 667쪽;《太宗實錄》卷33, 太宗 17年 6月 癸丑, 2冊, 176쪽.
122)《太宗實錄》卷34, 太宗 17年 8月 丙戌, 2冊, 181쪽;《世宗實錄》卷21, 世宗 5年 8月 辛酉, 2冊, 552쪽;《世宗實錄》卷21, 世宗 5年 9月 癸巳, 2冊, 555쪽.
123)《世宗實錄》卷49, 世宗 12年 8月 庚午, 3冊, 248쪽.
124)《成宗實錄》卷157, 成宗 14年 8月 庚辰, 10冊, 503쪽.
125)《世宗實錄》卷21, 世宗 5年 8月 辛酉, 2冊, 552쪽.

표시하였고, 이에 조선 정부가 소견 60필의 무역가로 인삼 300근과 안식
향 40근을 지급하고 있었다.126) 명 사행의 인삼 사무역을 민간에서 감당
해 내지 못하자 이를 정부에서 官貿易의 형식으로 보전해 준 사례였다.

이 시기 외국 사행이 소지한 물품에 대한 사무역은 市役의 하나로
도성의 시전상인이 담당하고 있었다.127) 그런데 이 같은 명 사신 일행과
의 인삼 사무역은 일반적으로 명나라 사신의 권위를 배경으로, 조선 상
인들에게 強買나 抑買의 형태로 강제되기 십상이었다. 예컨대 세종 15
년(1433) 11월 명사 昌盛은 段子 1필에 대해 50근의 인삼을 요구하고
있을 정도였다.128) 명 사행과의 인삼 사무역이 민간에서 기피될 수밖에
없었던 주요한 이유가 바로 여기에 있었던 것이다.

15세기 후반 성종조 이후, 특히 16세기에 들어 명 사행이 대동하는
두목들의 숫자나 그들이 소지하는 櫃子의 숫자는 현저하게 증가하고
있었다.129) 이 와중에서 이들 명사 일행의 인삼무역 요구 역시 증대해
갔고, 그에 따른 억매의 폐단 또한 자주 문제가 되고 있었다.130) 급기야
인종 원년(1545) 5월에는 명 사신과 두목들의 이 같은 억매행태에 대해
시전상인 100여 명이 조정에 呈訴하는 사태에 이르고 있었다.131) 중종
32년(1537) 3월에도 조정은 소지한 白絲 40근과 段子 20필로 인삼과 貂
皮의 무역을 요청한 명 사신 일행에게 애초 그 절반만을 官貿易으로
처리하려던 방침을 바꾸어, 요구품목 전체를 민간의 사무역이 아닌 관

---

126) 《世宗實錄》 卷21, 世宗 5年 9月 癸巳, 2冊, 555쪽.
127) 朴平植, 앞의 《朝鮮前期商業史研究》 제2장.
128) 《世宗實錄》 卷62, 世宗 15年 11月 辛卯, 3冊, 526쪽.
129) 국초 세종조에 그 탐욕상이 크게 논란되었던 명의 사신 尹鳳의 청구물이 200여
　　　 櫃였던 데 견주어(《世宗實錄》 卷45, 世宗 11年 7月 庚申, 3冊, 189쪽), 성종 14년
　　　 (1483)에 온 명 사신은 41명의 두목과 400여 개의 櫃子를 가지고 왔고(《成宗實
　　　 錄》 卷155, 成宗 14年 6月 乙亥, 10冊, 471쪽), 중종 16년(1521)에 온 사신은 무려
　　　 75명의 두목과 512개의 궤자를 소지하고 있었다(《中宗實錄》 卷41, 中宗 16年 4月
　　　 辛卯, 16冊, 24쪽).
130) 《中宗實錄》 卷84, 中宗 32年 3月 甲午, 18冊, 50쪽 ; 《中宗實錄》 卷99, 中宗 37年
　　　 8月 丙申, 18冊, 611~612쪽.
131) 《仁宗實錄》 卷2, 仁宗 元年 5月 戊寅・庚辰, 19冊, 245쪽.

무역으로 대체시키고 있었다.132) 이는 명 사신 일행과의 인삼 사무역이 일반적으로 지니던 강제교역의 성격과 그에 따른 민간의 교역기피의 결과 취해지고 있던 조처였다.

조선전기 조선산 인삼의 동아시아 유통은 이상에서 살펴 본 '事大-交隣'의 외교관계에 따른 진헌·회사·증여 등의 의례물 형태, 사행의 왕래에 부수하여 허용된 사행 사무역의 경로 외에도, 국초 이래 국가에서 허용하지 않던 불법적인 사무역과 밀무역의 형태로도 이루어지고 있었다. 먼저 대중국 무역과 관련하여 국초 이래 조선 정부는 민간의 사무역을 국법으로 엄금하고 있었다. 고려말 대외 사무역의 熾盛이 불러왔던 사회문제를 신왕조의 개창과 더불어 '무본억말', '이권재상'론에 근거한 경제정책 상업정책을 통해 해결하려 하였던 조선 정부는, 사행 사무역을 제외한 민간차원의 대중 사무역을 일절 금지하면서 관련자를 死罪로 다스리고 그 무역물품과 家産을 전부 沒官하는 원칙을 수립하고 있었다.133)

인삼의 사무역과 밀무역 역시 예외가 아니었다. 조선 정부의 대중국 인삼 사무역 통제노력은 국초에는 어느 정도 성과를 거두었던 것으로 보인다. 예컨대《老乞大》에 등장하는 고려 상인처럼,134) 인삼 사무역에 종사하는 민간상인의 행적을 이 시기《실록》을 비롯한 각종 기록에서 쉽게 찾기 어려운 실정이, 이와 같은 국초 대중국 사무역, 특히 인삼무역 통제정책의 성과를 일정 정도 반영하는 것으로 생각되기 때문이다.

그러나 조선 정부의 이 같은 민간 사무역 엄금방침에도 불구하고 국

---

132)《中宗實錄》卷84, 中宗 32年 3月 辛卯, 18冊, 43쪽 ;《中宗實錄》卷84, 中宗 32年 3月 壬辰·癸巳, 18冊, 45~46쪽.

133) 朴平植, 앞의〈朝鮮初期의 對外貿易政策〉.

134) 고려말 이래 조선왕조에서 漢語 교습서로 사용된《老乞大》에 등장하는 고려 상인은 모시 130필, 인삼 100근, 말 10여 필을 가지고 개경을 출발하여 북경을 왕래하며 대외 사무역에 종사하고 있었다(위은숙,〈원간섭기 對元貿易 -《老乞大》를 중심으로〉,《지역과 역사》4, 부산경남역사연구소, 1997). 이 상인은 고려시기 인삼 사무역을 주도하던 인삼상인의 한 典型이었을 것이다.

경 부근에서 이루어지는 인삼 사무역이 근절될 수는 없었다. 태종 6년 (1406) 4월에는 서북면 都巡問使가, 이 지역에서 僧人들이 參禪을 구실로 초막을 짓고 이를 근거로 越江하거나 또는 국경 너머의 사람들을 불러들여 인삼 밀무역에 종사하던 실태를 전하며 그 단속과 초막철거를 건의하고 있었다.135) 두 달 전인 이해 2월에 사무역 금지를 위해 이 지역을 통행하는 승려를 포함한 各道人에 대한 行狀단속과 각호 馬匹의 登籍조처를 강화하였음에도 불구하고,136) 압록강 주변 국경에서의 인삼 밀무역은 여전히 계속되고 있었던 것이다.

국초 명나라와의 국경 부근에서 이루어지던 인삼 밀무역에는 이들 지방의 수령과 관인들 또한 참여하고 있었는데, 태종 13년(1413) 10월 인삼 밀무역 혐의로 형조의 탄핵을 받았던 이성절제사 金宇가 그러한 사례의 하나이다.137) 또한 세종 2년(1420) 11월에는 안변도호부사 金孟誠 등이 당시 朝士와 사대부가에서 노비를 앞세워 벌이는 변경 사무역 행태를 감사를 통해 엄금할 것을 주청하고 있었는데,138) 이들 권세가에서 벌이던 사무역 물품에는 인삼 또한 당연히 포함되었을 것으로 짐작된다.

나아가 동왕 15년(1433) 10월 국왕은 평안도 도안무사 崔閏德에게 전교를 내려 이들 변방의 인삼 興販者들을 田地가 많은 곳으로 移置하는 방침을 지시하고도 있었다.139) 국경부근 인삼 밀무역을 근절하기 위한 拔本塞源의 방안으로 내려진 조처였다. 또 세종 26년(1444)과 27년 (1445)에는 도성의 경상들이 의주인들과 결탁하여 명 사행의 호송군인들과 벌이는 불법적인 인삼 사무역 활동이 조정에서 문제가 되면서, 이에 대한 금단방침이 다시금 천명되고도 있었다.140)

---

135)《太宗實錄》卷11, 太宗 6年 4月 戊寅, 1冊, 354쪽.
136)《太宗實錄》卷11, 太宗 6年 2月 乙丑, 1冊, 348쪽.
137)《太宗實錄》卷26, 太宗 13年 10月 壬戌, 1冊, 691쪽.
138)《世宗實錄》卷10, 世宗 2年 11月 己巳, 2冊, 414쪽.
139)《世宗實錄》卷62, 世宗 15年 10月 乙亥, 3冊, 523쪽.
140)《世宗實錄》卷106, 世宗 26年 10月 癸酉, 4冊, 592쪽 ;《世宗實錄》卷107, 世宗

한편 인삼의 대외 사무역과 밀무역은 중국만이 아니라, 일본을 대상으로 하여서도 국초 이래 전개되고 있었다. 태종 14년(1414) 5월 조정에서는 도성 소재 倭館에서 벌어진 인삼 사무역과 관련하여 여러 명의 관인들이 문제가 되고 있었다.[141] 예종 원년(1469) 3월에는 三浦에서 왜인 時難而羅의 金 8냥 5전을 은과 인삼으로 매입한 상인 李吉生과 이를 알선한 통사 金致中 등이, 그 대가를 제대로 지급하지 않은 혐의로 斬首되고 '籍沒家産'되는 극형을 받고 있었다.[142] 물론 이는 국법에서 엄금하는 禁輸品인 금·은의 거래에 관련되어 크게 문제된 사안이지만, 이를 통해 당시 삼포에서 이루어지던 일본과의 인삼 사무역의 실태 또한 파악해 볼 수 있겠다.

조선전기 민간의 인삼 사무역과 밀무역 역시, 앞서 살펴 본 부경사행을 이용한 인삼 사무역의 사례에서 확인되는 것처럼, 15세기 후반 성종조 이후 특히 16세기에 들어서면서 당시 발달하고 있던 동아시아의 교역체계를 바탕으로 더욱 확대되었을 것으로 생각된다.[143] 중종 17년(1522) 8월에는 京商 등 13명이 선박을 이용해서 인삼과 鍮器 등을 중국과 밀무역하다 적발된 사건이 조정에서 문제가 되고 있었다.[144] 대중국 인삼무역이 육로만이 아니라, 이제 조선과 명 양국이 왕조개창 이래 모두 엄금하고 있던 해상무역을 통해서도 밀무역의 형태로 전개되고 있었던 것이다.

반면 이 시기 국가 간의 외교관계에 따르는 조선인삼의 유출량은 앞의 <표 3>와 <표 7>에서 확인되듯이, 대명·대일 어느 쪽이든 현저하게 축소되고 있던 추세였다. 대명관계에서 진헌이나 명 사신에 대한 답례와 하사인삼의 액수가 성종조 이후 현저하게 줄어들고 있었으며, 특

27年 正月 壬辰·癸巳, 4冊, 604쪽.
141) 《太宗實錄》 卷27, 太宗 14年 5月 辛巳, 2冊, 16쪽.
142) 《睿宗實錄》 卷4, 睿宗 元年 3月 癸巳, 8冊, 350쪽.
143) 이 시기 대외무역, 특히 조선 상인들이 주도하던 명과 일본을 잇는 仲介貿易의 발달추세에 대해서는 주 113의 韓相權, 이태진의 논고 참조.
144) 《中宗實錄》 卷45, 中宗 17年 8月 癸卯, 16冊, 159쪽.

히 일본내 諸酋세력에 대한 回賜나 하사인삼의 액수에서 그 激減추세가
더욱 뚜렷하여 이제 그 양은 10근 미만의 극히 의례적인 수준에 지나지
않았던 것이다.

　사정이 이러함에도 불구하고 성종 원년(1470) 9월에 일본의 三州太守
는 무려 500근의 인삼을 이례적으로 조선에 요청하고 있었다.145) 이처
럼 성종조 이후 명나라와 일본 내의 조선인삼 수요는 줄지 않고 오히려
늘고 있던 상황이었다.146) 따라서 이 시기 외교관계에 따르는 조선인삼
유출량의 축소는, 결국 이 무렵 확대되고 있던 사행무역을 포함한 민간
영역의 인삼 사무역과 밀무역으로 보충되어 갔을 것으로 판단된다. 곧
명과 일본 등 주변국의 귀족사회가 수요로 하던 조선인삼이, 이제 주로
민간의 사무역 체계를 통해 공급되기 시작하였던 것이다. 때문에 조선
조정은 일본 삼주태수의 500근 인삼요청에 대해 불과 10근의 인삼만을
보냈으며,147) 이 같은 상황은 이후에도 마찬가지였다.148)

　요컨대 조선인삼의 동아시아 유통은 국초와 15세기 후반 성종조 이후
에 그 양상을 달리하고 있었다. 신왕조 개창 초기의 인삼유통이 주로
외교관계에 부수하여 공적으로 이루어지고 있었던 반면, 성종조 이후
특히 16세기에 들어 조선인삼의 대외유통은 이제 부경사행의 인삼무역
을 포함하여 민간영역의 사무역과 밀무역 부문에서 그 비중이 확대되고
있었고, 이후 외교관계에 따른 인삼 유출량은 현저하게 감소하고 있었
던 것이다. 그리고 이 같은 조선인삼의 대외 사무역 확대추세는 그 최말

145)《成宗實錄》卷7, 成宗 元年 9月 甲午, 8冊, 532쪽.
146)《成宗實錄》卷7, 成宗 元年 9月 丙戌, 8冊, 531쪽 ;《成宗實錄》卷9, 成宗 2年 正月
　　 癸未, 8冊, 546쪽 ;《成宗實錄》卷14, 成宗 3年 正月 辛丑, 8冊, 621쪽 ;《中宗實錄》
　　 卷5, 中宗 3年 3月 辛亥, 14冊, 239쪽 ;《中宗實錄》卷97, 中宗 36年 12月 己卯,
　　 18冊, 537쪽.
147)·《成宗實錄》卷8, 成宗 元年 10月 辛亥, 8冊, 535쪽.
148)《成宗實錄》卷14, 成宗 3年 正月 壬戌, 8冊, 628쪽 ;《成宗實錄》卷33, 成宗 4年
　　 8月 癸未, 9冊, 55쪽 ;《成宗實錄》卷35, 成宗 4年 10月 乙亥, 9冊, 67쪽 ;《成宗實錄》
　　 卷46, 成宗 5年 8月 戊子, 9冊, 135쪽 ;《成宗實錄》卷50, 成宗 5年 12月 甲申, 9冊,
　　 172쪽.

기에 엄습한 임진왜란을 전후로 이제 暴增의 양상으로 전개되기 시작하
였다.

## 4. 朝鮮人蔘의 需要增大와 中江開市

선조 25년(1592) 일본의 침략으로 시작된 임진왜란은 명의 참전과 더
불어 동아시아 국제전쟁으로 비화되었다. 그런데 16세기 최말기에 조선
을 휩쓴 이 전란은 또한 조선인삼의 유통체계, 특히 대외 사무역 발달의
일대 轉機가 되고 있었다. 15세기 후반 성종조 이후 구체적으로는 16세
기에 들어 더욱 진전되고 있던 인삼의 민간유통과 대외 사무역의 확대
양상이, 이 전란을 계기로 하여 국내에서는 인삼방납의 일반화와 貢蔘
의 시장 조달체계 성립, 그리고 대외적으로는 대중국 인삼 사무역과 밀
무역의 폭발적인 증가추세로 이어졌던 것이다.

이처럼 16세기말 임란을 전후로 대중국 인삼 사무역이 급격하게 확대
된 배경에는 우선 중국내 조선인삼의 수요증대가 자리하고 있었다. 삼
국시기 이래 중국과의 외교관계에 따라 진헌품의 형식으로 송부된 조선
인삼은 주로 중국 황실의 藥用으로 충당되었고, 이는 고려에 이은 조선
왕조에서도 마찬가지였다.149) 그런데 조선왕조에 들어 명나라에서는
황실과 최고위 귀족층만이 아니라, 일반 사대부와 지배층 사이에서 本
草醫學의 발달과 더불어 조선인삼의 수요가 늘어나고 있었다.

명종 18년(1563) 12월 조정에서는 국초 이래 국가적 현안이었던 '宗系
奏辨' 문제의 해결에 공이 컸던 명나라 예부상서 李春芳에 대한 포상을
논의하면서, 명나라 사대부들이 선호하는 조선 물품이 咨文紙·硯面 등
의 문방구를 제외하면 인삼임을 상기시키면서 사신 편에 그에게 인삼

---

149) 今村鞆, 앞의 《人蔘史》 2卷, 188쪽.

30근을 하사하고 있었다.150) 선조 36년(1603) 3월에도 특진관 鄭光績은
우리나라 물화 중에서 銀 말고는 중국에서 중시되는 것이 없지만 오직
인삼만은 중국인이 귀하게 여긴다며, 중국내 조선인삼의 수요와 가치를
전하고 있었다.151)

이 시기 중국의 조선인삼 수요추세는 선조 40년(1607) 4월, 당시 인삼
사무역의 성행에 따르는 貢蔘의 폐단을 극론하고 있던《실록》史臣의
다음과 같은 評에서 더욱 구체적으로 확인된다. 즉 당시 중국인들이 인
삼을 귀하게 여기기를 '長生之草'와 같이 하면서 멀리(조선)에서 온 인
삼을 茶로 恒用하는데, 이 같은 풍조가 위로는 公卿에서 아래로는 士庶
에 이르기까지 모두 그러하여, 조선인삼 판매에 따르는 이익이 百倍에
이른다는 지적이었다.152) 임란을 전후로 한 중국 내의 이 같은 조선인삼
수요의 증대추세가 곧바로 조선에서 인삼 사무역의 확대로 이어졌고,
이것이 공삼의 심각한 확보난으로 이어지고 있다는 것이 그의 인식이었
고, 이는 당시의 실정에 대한 정확한 분석이기도 하였다.

특히 이 시기에 들어 조선인삼의 수요가 기존의 황실과 최고위 귀족
층만이 아니라, 일반 사대부층과 일부 상층 서민에까지 확대되고 있음
을 지적하고 있어 주목된다. 광해군 2년(1610) 7월 승정원의 다음 언급
도 중국 내의 이 같은 인삼수요 실태를 또한 증명하고 있다. 즉 당시
승정원은 진헌인삼을 生蔘에서 把蔘으로 대체하자는 조정의 논의에 대
해, 중국인 중에서 파삼을 선호하는 사람들은 주로 閻閻과 行商일 뿐이
라며 반대하고 있었다.153) 임란 이후 중국 내에서 그 수요가 폭증하여
사무역과 밀무역의 형태로 조선에서 공급되고 있던 '把蔘'154)의 주된 수
요층이 황제를 포함한 황실과 公卿세력이 아니라, 여염, 곧 민간의 일반

---

150) 《明宗實錄》卷29, 明宗 18年 12月 丁巳, 20冊, 681쪽.
151) 《宣祖實錄》卷160, 宣祖 36年 3月 戊寅, 24冊, 462쪽.
152) 《宣祖實錄》卷210, 宣祖 40年 4月 辛亥, 25冊, 327쪽.
153) 《光海君日記》卷31, 光海君 2年 7月 癸亥, 31冊, 555쪽.
154) '파삼'에 대해서는 後述하는 내용 참조.

사대부층과 이들을 상대하는 행상세력이라는 지적이었다.

요컨대 16세기 최말 임란을 전후로 한 중국내 인삼 수요층의 확대와 이에 따른 조선인삼의 수요증대가, 곧바로 조선에서 인삼 사무역의 발달로 이어지고 있던 실태였던 것이다. "중국인들이 인삼을 귀하게 여기게 된 후에 西方 백성들의 困窮이 더욱 심화되었다"155)는 선조 38년(1605) 5월 柳永慶의 지적 역시, 이 시기의 저와 같은 사정을 다시 한 번 잘 확인시켜 주고 있다.

이처럼 중국 내에서 조선인삼 수요층이 여염의 일반 사대부층에까지 확대되면서 그 수요가 폭증하자, 이를 조달하기 위한 명나라 상인들의 활동이 전란의 와중에서 조선에 미치기 시작하였다.156) 선조 32년(1599) 6월 의주부윤 許頊은 황실용 방물인삼의 채취를 假託하여 인삼이 많이 나는 평안도 昌盛 등지에서 인삼채취를 기도하던 명나라 상인을 적발하여 되돌려 보내고, 그 내역을 조정에 보고하고 있었다.157) 중국내 조선인삼의 수요증대를 배경으로 하여, 직접 조선의 변경지방에서 採蔘을 기도하였던 명 상인의 사례였다.

전란이 진행되던 全기간에 걸쳐 또는 그 이후에도 이 같은 명나라 상인의 국내 상업활동은 '遍滿於京外'158) 또는 '行走自如'159)하다는 표현처럼 광범하게 지속되고 있었고, 이들 중의 상당수는 조선인삼의 확보가 그 목적이었다. 선조 37년(1604) 2월 함경감사 徐渚은 明兵이 나라 전체에 주둔한 가운데 중국 상인들이 인삼거래를 통해 '倍徙'의 폭리를 얻고 있다며, 그 실태를 전하고 있었다.160)

중국 내에서 조선인삼의 수요가 급증하는 추세를 배경으로 하여, 이

---

155) 《宣祖實錄》 卷187, 宣祖 38年 5月 戊子, 25冊, 65쪽.
156) 임란 중의 명나라 상인 일반의 활동에 대해서는 한명기, 《임진왜란과 한중관계》(역사비평사, 1999)가 참조할 만하다.
157) 《宣祖實錄》 卷114, 宣祖 32年 6月 癸巳, 23冊, 634쪽.
158) 《宣祖實錄》 卷124, 宣祖 33年 4月 丙申, 24冊, 62쪽.
159) 《宣祖實錄》 卷205, 宣祖 39年 11月 乙亥, 25冊, 284쪽.
160) 《宣祖實錄》 卷171, 宣祖 37年 2月 己酉, 24冊, 576쪽.

처럼 조선의 변경에 몰래 들어 와 인삼채취를 기도하는 明人이나 野人의 숫자 역시 선조조에 크게 늘어나고 있었다. 국초부터 조선 정부는 국경에서 邊釁의 소지를 예방하려는 목적으로 월경하여 인삼채취를 도모하는 명인·야인과 조선인들을 단속해 오고 있었다. 그런데 임란을 전후로 한 시기에 이 같은 越境採蔘 활동이 급증하고 있었고, 특히 명인과 야인들의 채삼을 목적으로 한 불법 월경이 격증하여 크게 문제가 되고 있었다.161)

전란을 틈타 이루어지는 이들 명인·야인들의 조선인삼 채취기도는 '作黨'162)하여 '境內를 橫行'163)하며 이루어졌고, 특히 난후에 '滋甚'164)한 실정이었다. 이러한 와중에서 선조 28년(1595) 평안도 渭原에서는 邊將이 삼을 몰래 캐던 야인 40명을 임의로 처형한 사건이 발생하여, 그 배상과 관련자 처벌을 둘러싸고 그 이듬해까지 조선과 명 그리고 처형된 야인이 속한 老胡세력 사이에 큰 분란이 일기도 하였다.165)

중국 내에서 조선인삼의 수요가 급증하면서 임란을 전후하여 조성되고 있던 이상과 같은 인삼 사무역 확대의 배경에 덧붙여, 이 무렵 중국

---

161) 《실록》 기록을 토대로 조선전기 월경 채삼이 조정에서 문제된 사례를 정리하면 다음 <별표 2>와 같다. 한 사안에 대한 여러 차례의 논의는 1회로 산정한 결과이다. 아울러 이에 대한 세세한 典據는 생략한다.

<별표 2> 조선전기 국경에서의 越境採蔘 적발 건수

| 국왕 ＼ 형태 | 조선인의 월경 채삼 | 明·野人의 월경 채삼 |
|---|---|---|
| 세종 | | 3 |
| 세조 | | 2 |
| 연산군 | | 1 |
| 선조 | 2 | 11 |

162) 《宣祖實錄》 卷23, 宣祖 22年 7月 丁巳, 21冊, 459쪽.
163) 《宣祖實錄》 卷115, 宣祖 32年 7月 甲子, 23冊, 646쪽.
164) 《宣祖實錄》 卷115, 宣祖 32年 7月 辛未, 23冊, 650쪽.
165) 《宣祖實錄》 卷69, 宣祖 28年 11月 乙亥, 22冊, 593쪽 ; 《宣祖實錄》 卷71, 宣祖 29年 正月 丁酉, 22冊, 640쪽 ; 《宣祖實錄》 卷72, 宣祖 29年 2月 丙寅, 22冊, 653쪽 ; 《宣祖實錄》 卷73, 宣祖 29年 3月 甲申, 22冊, 661쪽.

滿洲지방에서는 女眞族이 흥기하여 더욱 새로운 국면을 조성하고 있었다. 16세기 최말과 17세기 초에 이르는 시기 명 왕조의 集權통치체제의 이완을 틈타 백두산 건너 만주지방에 산거해 있던 여진세력이 특히 愛親覺羅氏를 구심으로 세력을 규합해 가고 있었는데, 이들 여진족 발흥의 경제적 기반이 바로 인삼이었던 것이다.166) 이후 後金과 淸의 건국으로 이어지는 이들 여진족의 국가적 발전과정에서, 이들은 만주산 인삼의 통제와 명과의 거래를 통해서 건국을 위한 경제기반을 조성해 가고 있었다. 그런데 명과 이들 여진세력의 충돌과정에서 만주산 인삼의 명나라 유입이 줄어들면서 중국내 人蔘價가 폭등하고, 동시에 조선인삼의 수요가 급증하게 되었던 것이다.167)

한편 임란을 전후한 대중국 인삼 사무역 급증의 배경에는 이 시기 '把蔘'이라는 새로운 加工人蔘의 출현이 자리하고 있었다. 파삼은 선조 35년(1602) 4월 국왕의 전교에서 근년 이래에 '別作'한 '新樣之蔘'으로서 중국에 潛賣되는 인삼으로 처음 자료에 등장하고 있다.168) 《실록》에 따르면 이 把蔘은 생삼을 '烹造', 곧 물에 삶아서 제조하는 인삼으로,169) 이렇게 삶은 인삼을 大小와 長短을 수합하여 묶음[把] 단위로 다시 포장한 인삼이었다.170) 요컨대 이 무렵에 새로운 가공상품으로 등장한 파삼

---

166) 後金·淸의 건국과 만주산 인삼문제에 대해서는 今村鞆이 일찍이 잘 정리한 바 있다(《人蔘史》 3卷, 제2장과 제3장 참조).

167) 今村鞆, 앞의 《人蔘史》 2卷, 3卷.
　　물론 이 같은 국제정세 변동이 본격적으로 펼쳐지는 것은 광해군대 이후여서, 본 논문의 고찰 범위를 벗어난 시기이다. 때문에 여기에서는 임란을 전후로 한 대명 인삼 사무역 확대의 배경으로서 언급해 두는 수준에서 그치고자 한다.

168) 《宣祖實錄》 卷149, 宣祖 35年 4月 甲午, 24冊, 370쪽.

169) 《宣祖實錄》 卷162, 宣祖 36年 5月 己巳, 24冊, 479쪽.

170) 《宣祖實錄》 卷162, 宣祖 36年 5月 戊寅, 24冊, 482쪽.
　　"把蔘 俱收大小長短 團湊爲把…團湊成把…把蔘 合大小長短 渾湊而成體者"
　　그런데 앞의 주 168에서 인용한 최초의 '把蔘' 용례가 등장하기 3년 전인 선조 32년(1599) 9월 조정에서는 명나라 高太監이 차관을 통해 요구한 '別造人蔘'의 시중 責辦이 논란되고 있었는데, 이 인삼을 두고 승정원은 '乃以木纏束而取乾者'라고 그 가공기법을 소개하고 있다(《宣祖實錄》 卷117, 宣祖 32年 9月 乙丑, 23冊, 681쪽). 나무로 '묶어' 건조한다는 제조상의 기법이나, 이를 통상적인 인삼이 아

은 생삼을 燻蒸하여 말렸던 후대의 紅蔘 제조기법과 비교할 때, 인삼을
물에 삶는 방법을 제외하면 완전히 동일한 제조와 포장과정을 거쳤던
가공인삼으로, 곧 홍삼의 前身에 해당하는 인삼이었던 것이다.171)

수분이 다량 함유된 生蔘의 특성 탓에 장기에 걸친 보관과 운송 또는
상품화를 위해서 인삼을 말려 乾蔘으로 가공하는 방법 외에도, 이처럼
생삼을 한 번 삶는 가공법은 실제 일찍부터 우리나라에서 활용되어 오
고 있었다. 12세기 초 기록인 《高麗圖經》에서 확인되는 '熟蔘'이 바로
그것으로, 부패를 막기 위해 생삼을 솥에 넣고 끓여서 보관하는 방법이
었다.172) 그렇다면 선조 연간에 새로 등장한 파삼은 인삼을 물에 삶는
제조법에서 일단 고려 이래의 전통적인 인삼 가공법을 계승하고, 여기
에 크고 작은 인삼들을 묶어 '把'[묶음] 단위로 규격화하여 포장하는 이
른바 '團湊爲把', '團湊成把'173)의 방법에서 이전에 없던 '新樣之蔘'이었
다. '把蔘'의 명칭 또한 이 '把' 단위의 묶음과 포장이라는 가공기법에서
유래한 것이었다.174)

---

닌 '別造' 인삼으로 지칭한 점, 더욱이 특별제조 인삼이 명나라 고태감의 요청물
품인 점 등을 고려하면, 비록 물에 삶는 과정에 대한 언급이 없기는 하지만 이
인삼이 바로 당시 중국에서 수요가 급증하고 있던 조선산 '把蔘'을 가리키는 것
이라 판단된다.

171) 파삼이 그 제조기법상 홍삼의 전신이었음은 일찍이 今村鞆 역시 지적한 바 있
다(《人蔘史》 2卷, 395쪽).

172) 《高麗圖經》 卷23, 雜俗 2, 土産.
"人蔘…有生熟二等 生者色白而虛 入藥則味全 然而涉夏則損蠹 不若經湯釜 而熟者
可久留"

173) 주 170과 같음.

174) 이와 달리 今村鞆은 홍삼의 전신이기도 한 이 파삼의 제조법이 임란 중에 중국
으로부터 도입된 것으로 파악하고 있다. 淸의 《太祖實錄》에 나오는 '煮蔘', 곧
청 태조가 明나라 萬曆 33년(선조 38, 1605)에 女眞人의 인삼을 값싸게 사들이려
는 명 상인들의 同盟에 맞서, 채취한 인삼을 물에 끓여 보관하게 함으로써 부패
위험에 따르는 헐값매도를 방지하게 하였던 기록에 나오는 '煮蔘'이 바로 '把蔘'
의 기원이라는 주장이었다(《人蔘史》 7卷, 476~477쪽). 아울러 이 같은 주장에
는 우리나라 기록인 《文苑黼黻》에 실려 있는 광해군 2년(1610)의 다음 내용도
주요 근거가 되고 있다(《文苑黼黻》 別編, 卷2, 奏文, 〈貢獻人蔘乞用把蔘奏〉).
"我國之人 初不解把造之法 頃於東征大軍出來時 分學得於蔘商 今則蔘戶商家 如法

인삼을 물에 삶아 건조하여 묶음 단위로 포장한 把蔘의 등장은 인삼의 상품화, 특히 대중국 인삼 사무역 발달의 일대 전기가 되고 있었다. 조선에서는 일찍부터 인삼을 삶아 보관하는 '熟蔘' 제조법이 알려져 있었음에도 불구하고 인삼의 약효가 眞性으로 보장되는 생삼이나 건삼을 선호하고 있었다. 국초 이래 白蔘, 곧 건삼으로 봉진해 왔던 대중국 진헌 인삼이 선조 연간에 명 측의 요청에 따라 草蔘 즉 생삼의 일종인 羊角蔘으로 대체된 이후,[175] 선조 36년(1603) 5월에 이르러 이를 다시 파삼으로 바꾸어 진헌하자는 논의가 제기되고 있었는데, 국왕은 파삼이 烹造되는 탓에 약용으로는 부적합하다고 반대하고 있었다.[176] 며칠 후 우의정 柳永慶 역시 草蔘이 그 천성을 보전하고 있음에 견주어 파삼은 삶는 과정에서 그 眞性을 잃어 약용으로 부적당함에도 불구하고, 중국에서는 오히려 이 파삼을 귀하게 여겨 절실하게 요구하는 실정을 소개하고 있었다.[177]

실제 이 시기 새롭게 상품화된 파삼의 주요 수요층은 명나라 사람들이었다. 선조 39년(1606) 2월 조정에서 沈喜壽는 지난 갑오(선조 27, 1594) 을미(선조 28, 1595) 연간에 걸친 자신의 중국체류 중의 견문을 바탕으로, 이 파삼이 중국에서는 '明蔘'으로 불리면서 극히 높은 가격에

---

把造 比比行用"
그러나 앞서 확인한 바와 같이 조선에서는 청 태조가 처음 내린 이 '煮蔘' 제조명령보다 3년 앞선 선조 35년(1602)에 벌써 把蔘의 대중국 潛賣실태가 조정에서 문제가 되고 있었다(주 168 참조). 실제 이 파삼은 청 태조의 자삼 제조령이 있기 10여 년 전에 이미 명나라에서 '明蔘'의 이름으로 널리 유통되고 있었다(후술 주 178의 내용 참조).
또 인삼을 삶는 가공기법은 조선에서는 '熟蔘'의 예에서 보듯이 고려 이래 이미 알려져 있었던 것이었다. 따라서 위《문원보불》에서 언급한 임란 중에 명 상인으로부터 습득하였다는 인삼의 '把造之法'은 생삼을 삶아 건조하는 가공법이 아니라, '把造'의 語義 그대로 삶은 인삼을 '把' 단위로 묶어 규격화하여 포장하는 방법을 가리키는 것이었다. 조선에서 새롭게 상품화된 이 인삼을 '熟蔘', '煮蔘' 또는 '烹蔘'이라 부르지 않고, '把蔘'이라 부른 까닭 또한 이때문이었다.
175)《宣祖實錄》卷162, 宣祖 36年 5月 戊寅, 24冊, 482쪽.
176)《宣祖實錄》卷162, 宣祖 36年 5月 己巳, 24冊, 479쪽.
177)《宣祖實錄》卷162, 宣祖 36年 5月 戊寅, 24冊, 482쪽.

거래되고 있던 실정을 전하고 있었다.178) 같은 자리에서 金信元 또한
중국의 南方人들이 이 명삼, 곧 파삼을 瘴氣를 해소하고 虫毒을 제어하
는 약용으로 절실하게 희구하는 사정을 언급하고 있었다.179) 이 같은
명나라 사람들의 파삼에 대한 높은 수요 탓에, 이 파삼은 당시 중국 내
에서 '明蔘'으로도 통상 불려지고 있었다.180)

　이처럼 임란을 전후한 선조 연간에 처음 등장한 파삼은, 당시 중국의
높은 조선산 인삼수요를 바탕으로 하여 새롭게 개발된 인삼상품이었다.
그리고 이 파삼의 중국내 주요 수요층은 조선의 진헌인삼을 이용할 수
있고 또 그래 왔던 황실이나 최고 귀족층이 아니라, 명나라 本草學의
발전을 통해 새롭게 인삼을 약용으로 희구해 가고 있던 일반 사대부
계층이나 또는 일부의 상층 서민들이었다. 중국 내에서 파삼을 선호하
는 사람들은 당당한 天子, 곧 황제가 아니라, 閭閻과 중외의 行商세력일
뿐이라는 광해군 2년(1610) 승정원의 지적은 바로 이런 실태를 정확하
게 파악한 분석이었던 것이다.181) 중국의 南方人들이 파삼을 약용으로
切求하고 있다는 앞서 김신원의 언급 역시, 조선산 파삼이 일반 사대부
계층에게, 그리고 지리적으로는 중국 남부의 지역으로까지 행상을 통해
공급되고 있던 실정을 또한 잘 보여주는 지적이었다.182)

　이와 같이 파삼이 중국 내의 조선산 인삼에 대한 대중적인 수요를
배경으로 등장한 상품이었던 탓에, 이들 파삼은 종래의 진헌삼들과는
달리 그 품질이 반드시 크고 좋은 최상의 인삼만으로 구성되지는 않았
다. 파삼은 보통 大小나 長短을 가리지 않고 인삼을 모두 수합하여 가공
한 후, 이를 다시 把 단위로 묶어 규격화한 상품으로 만들어 판매하고

---

178) 《宣祖實錄》 卷196, 宣祖 39年 2月 辛亥, 25冊, 162쪽.
179) 위와 같음.
180) 《宣祖實錄》 卷195, 宣祖 39年 正月 壬辰, 25冊, 154쪽 ; 《宣祖實錄》 卷196, 宣祖
　　 39年 2月 辛亥, 25冊, 162쪽.
181) 《光海君日記》 卷31, 光海君 2年 7月 癸亥, 31冊, 555쪽.
　　 "唐人之喜得把蔘云者 指閭閻與中外行商而言也"
182) 주 179와 같음.

있었다.183) 보다 구체적으로, 선조 39년(1606) 정월 조정에서 李好閔은 명삼, 곧 파삼은 비록 小蔘이라도 이를 합하여 쉽게 제조할 수 있고, 또 그럼에도 불구하고 중국인들이 이를 매우 선호한다고 지적하고 있었다.184) 파삼의 등장 이후 크고 작은 인삼이 모두 파삼제조에 歸一되고 있어 진헌용 인삼의 확보가 어렵다는 선조 36년(1603) 5월 우의정 尹承勳의 언급 또한,185) 파삼이 진헌삼들과는 달리 대소의 인삼을 모두 포함하여 상품으로 제조되던 실정을 잘 보여주고 있었다.

　요컨대 임란을 전후로 한 선조 연간에 새롭게 등장하였던 파삼은, 중국내 일반 사대부나 상층 서민층의 높은 인삼수요를 겨냥하여 새롭게 가공·제조된 인삼상품이었다. 장기에 걸친 운송과 유통과정을 견디기 위해 이전에 이미 개발되었던 烹造法을 바탕으로 생삼을 삶아서 건조하고, 이를 다시 대중용 수요에 맞추기 위해 대소의 인삼을 막론하고 '把' 단위의 묶음으로 나누어 규격화하고 표준화하여 포장함으로써, 중국 내의 다양한 인삼 수요층을 공략할 수 있었던 상품이었던 것이다. 결국 이 파삼은 진헌삼의 형태로 중국의 황실과 최상류의 귀족층에게 공급되고 있던 기존의 極奢侈 最高價의 인삼과는 달리, 把 단위의 규격화된 포장을 통해서 그 품질과 가격을 달리하였던 상대적으로 中低價의 대중용 인삼상품이었다.

　16세기 최말기에 나타난 중국내 조선인삼의 수요증대와 파삼이라는 새로운 인삼상품의 등장은, 임란을 전후로 한 시기 조선인삼의 대중국 사무역 확대의 주요 배경이었고, 이제 그와 같은 인삼 사무역이 전란 중에 개설된 中江開市를 계기로 본격적으로 전개되기 시작하였다. 임란 발발 이듬해인 선조 26년(1593)에 조선의 요청으로 鴨綠江의 中江에서 시작된 중강개시는, 애초 전란과 연속된 기근에 따른 식량확보와 이후

---

183) 주 169, 170 참조.
184) 《宣祖實錄》卷195, 宣祖 39年 正月 壬辰, 25冊, 153~154쪽.
　　　"明蔘 則雖小蔘 合而造之 故頗爲易辦 而唐人亦甚好之"
185) 《宣祖實錄》卷162, 宣祖 36年 5月 戊寅, 24冊, 482쪽.

참전 明軍의 군량을 조달할 목적으로 조·명 양국의 합의에 따라 열리던 교역기구였다.186)

이 중강개시에는 조선과 명에서 각기 교역의 관리와 수세를 위한 관원이 파견되어 있었고,187) 그 가운데 명나라의 수세액이 개설 초기인 선조 28년(1595)에 이미 3개월간 銀 1천 냥에 이를 정도로 多大하였다.188) 더욱이 이 선조조 중강개시의 開市日은 광해군대 일단 혁파되었다가 청나라의 요청에 따라 인조 25년(1647)에 복설된 후대 중강개시의 개시일이 연 2회에 불과하였던 사정과는 달리,189) 每旬 3·6·9일에 개시되고 있어 매달 총 9회에 걸쳐 개시되고 있었다.190)

그 뿐 아니라 선조 39년(1606) 7월 평안감사 朴東亮의 장계에서 확인되듯이, 이 중강개시에서는 개시일이 아닌 경우에도 조선과 명 양측 상인들의 互相왕래가 '絡繹不絶'의 형국으로 펼쳐지고 있었다.191) 요컨대 전란의 비상시국에 따른 조·명 양국의 필요성 탓에 중강개시는 일 년의 거의 3분의 1에 해당하는 기간 동안 공식적으로 개시되고 있었고, 여기에 비개시일의 거래까지 포함하면 사실상 일 년 내내 양국 상인들의 교역이 일상으로 이루어지는 準常設의 대외무역 공간 구실을 하고 있었던

---

186) 《宣祖實錄》卷46, 宣祖 26年 12月 壬子, 22冊, 177~178쪽 ; 《增補文獻備考》卷164, 市糴考2, 互市 ; 《西涯集》卷16, 雜著, 中江開市(《韓國文集叢刊》52冊, 322쪽).

187) 《宣祖實錄》卷131, 宣祖 33年 11月 丙辰, 24冊, 150쪽 ; 《宣祖實錄》卷142, 宣祖 34年 10月 癸未, 24冊, 304쪽 ; 《宣祖實錄》卷147, 宣祖 35年 閏2月 乙未, 24冊, 350쪽 ; 《宣祖實錄》卷159, 宣祖 36年 2月 辛丑, 24冊, 448쪽 ; 《宣祖實錄》卷160, 宣祖 36年 3月 庚申, 24冊, 451쪽 ; 《宣祖實錄》卷160, 宣祖 36年 3月 辛酉, 24冊, 452쪽.

188) 《宣祖實錄》卷69, 宣祖 28年 11月 丙申, 22冊, 604쪽.
　　중강개시에서 거두는 명나라의 수세액은 이후 광해군 2년(1610)에도 매년 은 累千兩에 이르는 것으로 파악되고 있으며(《光海君日記》卷25, 光海君 2年 2月 庚戌, 31冊, 489쪽), 후대 星湖 李瀷은 이때 중국의 歲收銀이 2만 냥에 이른 것으로 추산하고 있다(《星湖僿說》卷7, 人事門, 中江開市).

189) 《通文館志》卷3, 事大, 開市條 ; 《增補文獻備考》卷164, 市糴考2, 中江開市.

190) 《宣祖實錄》卷91, 宣祖 30年 8月 丙寅, 23冊, 275쪽.
　　"中江開市之弊 近來滋甚 一旬之內 以三六九日爲之"

191) 《宣祖實錄》卷201, 宣祖 39年 7月 癸未, 25冊, 236~237쪽.

것이다.

16세기 최말에서 17세기 초에 걸친 선조조 말년에 조선 조정은, 대중무역 발달의 일대 전기가 되고 있던 이 중강개시에서 명의 요동지방과 가격차가 컸던 국내의 면포나 은·동, 그리고 水鐵 등의 철기류를 이용하여 이들 요동지방의 곡물과 군수물자인 말이나 弓角 등을 구입하고자 하였다.192) 그러나 국가의 이러한 의도와는 다르게 합법적인 교역공간인 중강개시에서 조선 상인들이 거래하던 주요 수출품목은 인삼과 皮物이 주류를 이루고 있었고, 그 가운데 특히 인삼무역은 당시 중국측의 조선인삼 수요증대를 배경으로 폭증의 양상으로 확대되고 있었다.

중강개시가 개설된 지 2년 후인 선조 28년(1595) 11월 藍布 1만 2천필의 和賣를 위해 파견된 明將 河都司와 李指揮는 결제용 은의 부족을 들어 교역에 소극적인 조선 정부를 압박하면서, 조선산 은·인삼·피물 등이 대량으로 거래되는 중강개시의 번성 사정을 아울러 예시하고 있었다.193) 이처럼 중강개시의 개시와 더불어 인삼은 피물과 함께 조선의 주요 수출품목이 되었고, 이러한 사정은 위 자료에서 드러나듯이 명나라에서도 잘 인지하고 있던 바였다.

한편 선조 39년(1606) 10월 장령 李忠養 역시, 인삼이 조선의 토산임에도 불구하고 중강에서의 通商 이후에 오히려 희귀물화가 되어 진헌용 인삼의 가격이 폭등하고 있던 실정을 국왕에게 토로하고 있었다.194) 그 다음 달인 이해 11월 사간원에서 올린 箚子에도 중강개시 이후에 전란으로 흩어졌던 인삼상인들이 다시 삼 산지에 모여들어 활동하는 탓에, 해당 고을에서 貢蔘의 마련에 어려움을 겪고 있던 사정이 소개되고 있었다.195) 이와 같이 선조 26년(1593) 조선 측의 요청으로 개설된 중강개

---

192)《增補文獻備考》卷164, 市糴考2, 互市 ;《西涯集》卷16, 雜著, 中江開市(《韓國文集叢刊》52冊, 322쪽) ;《星湖僿說》卷7, 人事門, 中江開市.

193)《宣祖實錄》卷69, 宣祖 28年 11月 丙申, 22冊, 604쪽.

194)《宣祖實錄》卷204, 宣祖 39年 10月 己酉, 25冊, 275쪽.

195)《宣祖實錄》卷205, 宣祖 39年 11月 己巳, 25冊, 281쪽.

시는 때마침 불어 닥친 중국 내의 조선산 인삼수요와 더불어, 임란 후 선조조 말년에 대명 인삼무역이 이전에 견주어 급증하게 되는 배경으로 자리하고 있었다.

그런데 중강개시에 따른 대명 인삼무역의 번성은 개시의 공간을 활용하는 합법적인 영역에서는 물론이려니와, 오히려 이를 계기로 불법적인 밀무역 분야에서 더욱 熾盛하고 있었다. 선조 33년(1600) 11월 평안감사 徐渻은 黃蔘의 채취시기인 8~9월에 벌어지는 인삼 潛商들의 활동을 거론하면서, 중강개시 외에 義州에서 理山에 이르는 압록강 주변의 인삼 밀무역을 梟示로써 다스린 후에야 잠상이 중단되면서 중강개시의 사무역 단속에 실효가 있을 것이라는 견해를 피력하고 있었다.196) 중강개시의 개시 이후 평안도의 국경 일대에서 늘어나고 있던 인삼 밀무역에 대한 강력한 단속주장이었고, 이처럼 의주에서 이산에 이르는 압록강 양안에서 명과 조선의 잠상들이 인삼을 상품으로 하여 벌이던 밀무역 활동은 정부의 강력한 단속의지에도 불구하고 이후에도 계속되고 있었다.197)

합법적인 교역공간의 존재에도 불구하고 이와 같이 의주인근 국경 지방에서 인삼 밀무역이 성행한 데에는 중강개시에 주재하는 명 측 관인, 곧 把江位官, 收稅差官들의 과도한 수세와 불법적인 행태에도 그 한 원인이 있었다. 앞에서 살펴 본 바와 같이 중강개시의 개설에 조선과 명 양국 정부가 합의한 후, 중강에는 양국에서 파견한 수세관이 상주하며 교역의 관리와 수세를 담당해 오고 있었으며, 특히 명나라는 그 개설 초기 이래 중강개시에서 상당한 규모의 상세를 수세하고 있었다.198)

심지어 명 정부는 선조 36년(1603) 3월에 조선에 咨文을 보내, 앞으로 중강개시를 거쳐 입국하는 조선 사신단의 인삼소지 여부를 국경에서 직

196) 《宣祖實錄》 卷131, 宣祖 33年 11月 丙辰, 24冊, 150~151쪽.
197) 《宣祖實錄》 卷142, 宣祖 34年 10月 癸未, 24冊, 304쪽.
198) 주 188 참조.

접 수색할 수도 있다는 방침을 통지하고 있었다.199) 물론 이는 명나라에
조선산 인삼을 들여올 때, 일종의 면세 특권을 누리고 있던 부경사신 일
행이 아니라 중강개시의 상인들을 통해 거래가 이루어지게 함으로써, 이
들 인삼상인으로부터 상세를 징수하기 위한 목적에서 취해지는 조처였
다.200)

　한편 조선의 인삼상인들이 중강의 합법적인 교역공간을 기피하고 밀
무역에 나서게 되는 또 다른 배경은 개시에 주재하는 명 관인들의 행태
에도 있었다. 선조 36년(1603) 3월 조정에서는 중강개시에 삼상들이 모
이지 않는 이유를 추궁해 온 명나라 高太監의 咨文에 대한 대책이 논의
되고 있었다. 그런데 당시 중강 주재 조선 수세관의 장계에 따르면, 삼
상이 중강에 모여 들지 않는 이유는 인삼의 공급부족 때문이 아니라
바로 명나라 여러 衙門의 脅買, 곧 강제교역에 그 원인이 있었다. 이에
따라 비변사는 이 같은 명 관부와 관인들의 抑買행태가 개선되지 않고
서는 아무리 강권한다 하더라도 인삼상인들이 다시 중강에 모이지 않을
것이라는 내용의 답신을 高太監에게 보낼 것을 주청하여 윤허받고 있었
다.201) 결국 중강개시의 개설 후에도 개시 공간에서 이루어지는 이 같은
명 관부의 과도한 수세와 억매 등을 피해서 조선과 명의 인삼상인들은
여전히 국경인 압록강 연변 일대에서, 예컨대 의주에서 이산에 이르는
지역을 중심으로 밀무역에 종사하고 있었던 것이다.

　그리고 조선인삼의 중국 수출에 따르는 이익이 무려 '百倍'에 이른다
고 운위되고 있던 당시의 현실에서,202) 이 같은 불법 밀무역에 대한 단

---

199)《宣祖實錄》卷160, 宣祖 36年 3月 壬申, 24冊, 458쪽.
200) 중강개시에서 이루어지는 명 정부의 이 같은 수세방침은 그 자체가 상인들에
　게 부담이었지만, 그보다 더 중요한 문제는 이를 빌미로 하는 불법적이고 사적
　인 징세와 수탈이었다. 선조 36년(1603) 7月 사간원에서는 바로 이 문제를 제기
　하고 있었으며(《宣祖實錄》卷164, 宣祖 36年 7月 丙子, 24冊, 503쪽), 동 40년
　(1607) 3월에도 明將 吳遊擊이 다시 중강개시의 과도한 征稅문제를 거론하고 있
　었다(《宣祖實錄》卷209, 宣祖 40年 3月 戊辰, 25冊, 313쪽).
201)《宣祖實錄》卷160, 宣祖 36年 3月 甲申, 24冊, 465쪽.
202)《宣祖實錄》卷210, 宣祖 40年 4月 辛亥, 25冊, 327쪽.

속이 양국 정부의 의지와 달리 실효를 거두기는 매우 어려운 문제였다. 선조 39년(1606) 7월에도 명나라 중강 주재관이던 經歷 李楝이 다시 의주부에 移文을 보내고 있었다. 압록강 주변 각 처에서 잠상들의 인삼 밀무역이 성행하는 것과 달리 중강개시에서는 인삼이 거래되지 않는 실정을 들어, 조선 정부의 대책을 또 한번 촉구하기 위해서였다.203) 급기야 그해 11월에는 국왕 스스로가 의주 일대에서 벌어지는 인삼 사무역과 밀무역에는 잠상과 역관만이 아니라, 이 지역 백성들 모두가 간여하고 있다고 탄식할 정도였다.204) 과장된 표현이기는 하겠지만 선조의 이 같은 언급을 통해서 당시 중강의 개시와 그 인근 지역에서 벌어지던 인삼무역, 특히 사무역과 밀무역의 성행 사정은 충분히 확인할 수 있다 하겠다.

이처럼 선조 26년(1593) 조선 측의 요청으로 개설된 중강개시가 애초의 취지와 달리 대명 인삼무역의 주요 공간으로 활용되고, 나아가 이를 계기로 국경인 압록강 일대에서 잠상들의 인삼 사무역이 성행하게 되자, 조정 내에서 중강개시의 혁파주장이 자연스레 제기되기 시작하였다. 선조 33년(1600) 4월 국왕에 의해 처음 제기되었던 중강개시 혁파안은,205) 이후 비변사의 동의를 거쳐206) 그해 5월 국왕이 올리는 奏文의 형식으로 명나라에도 요청되었다.207)

전란이 마무리되어 가고 더욱이 明軍이 철군하였음을 근거로 하여 제출된 조선의 중강개시 혁파 요청에 대한 명 측의 답변이 지연되는 상황에서, 마침내 조선 조정은 이해(선조 33년, 1600) 10월 중강개시에 대한 조선 상인의 출입금지와 이들의 사무역에 연계된 主人層에 대한 처벌방침을 王命으로 평안감사와 의주부윤에게 하달하고 있었다.208)

---

203) 《宣祖實錄》 卷201, 宣祖 39年 7月 癸未, 25冊, 237쪽.
204) 《宣祖實錄》 卷205, 宣祖 39年 11月 乙亥, 25冊, 284쪽.
205) 《宣祖實錄》 卷124, 宣祖 33年 4月 丙申, 24冊, 62쪽.
206) 《宣祖實錄》 卷124, 宣祖 33年 4月 戊戌, 24冊, 63쪽.
207) 《宣祖實錄》 卷125, 宣祖 33年 5月 丁未, 24冊, 67쪽.
208) 《宣祖實錄》 卷130, 宣祖 33年 10月 戊子, 24冊, 138쪽.

교역상대인 명 측의 동의 없이 國內令으로 내려졌던 이 중강개시에 대한 일방적인 禁令은, 그러나 다음 달인 11월에 들어서 평안감사의 견해에 따라 장차 명 정부의 동의를 얻은 후에 시행하는 것으로 다시 유보되고 말았다.[209]

선조 34년(1601), 마침내 조선 조정은 명의 동의를 얻어 양국의 합의에 따라 개설되었던 중강개시를 혁파하기에 이른다. 중강의 개시가 일본의 침략에 따른 군수확보의 임시방책이었던 만큼, 왜구가 퇴각한 시점에서 사무역의 성행이 장차 가져 올 양국 사이의 분쟁의 소지를 방지한다는 것이 그 혁파의 취지였다.[210] 그러나 이렇게 혁파되었던 중강개시는 바로 이듬해인 선조 35년(1602) 2월 이전에, 명나라 太監 高洋의 강력한 복구요청에 따라 의주에서 다시 再開되고 있었다.[211]

조선과 명 양국 사이에서 어렵게 성사된 중강개시 혁파 방침이 이처럼 곧바로 폐기되고, 다시 중강개시가 재개된 이유는 무엇이었을까? 이와 관련하여서는 선조 34년(1601) 10월 일찍이 평안감사를 지낸 바 있는 徐渚의 다음 술회가 주목된다. 그에 따르면, 감사였던 그가 그 前年 왕명으로 내려진 중강개시 금령[212]에 의거하여 상인들의 출입을 엄금하고 인삼의 대중국 유출을 중단시키자, 명의 고태감이 곧바로 移牌를 통해서 이 같은 조처를 강력하게 비난하고 나섰다는 것이다.[213]

요컨대 조선 정부가 추진한 중강개시의 혁파방침이 이내 중단되고 말았던 까닭은, 당시 명 조정의 權臣이었던 고태감이 중강개시를 통해서 거두고 있던 이익을 명나라의 收稅를 빌미로 관철시키려 한 데 있었다. 그의 이 같은 행태가 특히 명나라 상인들의 적극적인 후원과 지지 속에서 가능하였을 것임은 물론이다. 조선 측이 집요하게 중강개시를

---

209) 《宣祖實錄》 卷131, 宣祖 33年 11月 丙辰, 24冊, 150~151쪽.
210) 《增補文獻備考》 市糴考 2, 互市.
211) 위와 같음.
212) 주 208 참조.
213) 《宣祖實錄》 卷142, 宣祖 34年 10月 癸未, 24冊, 304쪽.

혁파하려 하였던 배경이나, 또한 그렇게 혁파된 중강개시가 이내 복구
될 수 있었던 것은, 모두 이 중강개시를 매개로 하여 당시 번성하고 있
던 사무역, 그 가운데 특히 인삼 사무역의 熾盛 때문이었다. 따라서 이후
개시가 재개된 의주의 중강에 '輻輳'의 형세로 '絡繹不絶'하게 몰려들고
있던 京外의 行商214) 중에서 상당수는 인삼상인이었을 것으로 여겨지
며, 이들에 의한 인삼 사무역과 밀무역은 이후 광해군대에 만주지방에
서 後金이 흥기하면서 중강개시가 자연스레 중단될 때까지 지속되었던
것이다.215)

# 5. 人蔘私貿易의 發達과 人蔘商人

임란 직후 조선 측의 요청에 따라 개설되었던 중강개시가 사무역의
확대와 인근 국경지역에서 성행하던 잠상들의 밀무역 탓에, 그 혁파를
둘러싼 논의가 조·명 양국 사이에서 분분하였던 데에는, 당시 조선산
인삼의 대명 수출문제가 자리하고 있었다. 앞서 살펴 본 바와 같이 임란
을 전후로 중국 내에서는 조선산 인삼의 수요가 급증하고 있었고, 이
같은 중국내 인삼수요에 대응하여 이 시기 조선에서는 把蔘이라는 신종
의 인삼이 새롭게 가공·제조되어 중국으로 수출되기 시작하였다. 그리
고 선조조 대명 사무역 논란의 핵심에는 바로 이 조선산 파삼의 수출문
제가 놓여 있었다.

---

214) 《宣祖實錄》 卷201, 宣祖 39年 7月 癸未, 25冊, 237쪽.
215) 《增補文獻備考》에는 이렇게 선조 35년(1602) 초에 재개된 중강개시가 광해군
　　원년(1609)에 명나라 禮部의 동의를 거쳐 다시 혁파된 것으로 나온다(《增補文獻
　　備考》 市糴考 2, 互市). 그러나 《실록》의 기록에는 광해군 2년(1610) 2월에도 여
　　전히 중강개시의 성황문제가 조정에서 현안으로 논란되고 있었고, 그 주요 거래
　　품목으로 인삼이 제일 먼저 거론되고 있었다(《光海君日記》 卷25, 光海君 2年 2月
　　庚戌, 31冊, 489쪽). 따라서 위 《증보문헌비고》의 기록은 杜撰으로 판단된다.

인삼을 삶아서 건조한 후에 이를 '把' 단위의 묶음으로 포장하여 규격
화함으로써 대중용 인삼상품으로 가공되었던 이 파삼은, 선조 35년
(1602) 4월 처음 자료에서 그 명칭과 존재가 구체적으로 확인된 이
래,216) 이내 종래의 대명 수출인삼을 대체하면서 무역용 인삼의 主種의
자리를 차지해 가고 있었다. 선조 36년(1603) 5월 조정에서는 참찬관
鄭轂이 진헌인삼의 求得難과 공삼의 폐단을 거론하며, 진헌용 인삼을
'探山之蔘'인 종래의 羊角蔘217)에서 파삼으로 대체시킴으로써 백성들의
蔘貢에 따르는 고충을 줄여주자고 건의하고 있었다.218)

정각의 이 같은 주장은 며칠 뒤 특진관 成泳의 지지를 받으며 다시
조정에서 거론되었고,219) 마침내 예조의 주관 아래 전체 대신들에게 품
의되어 다수의 신료들이 중국인들이 파삼을 선호하는 데다가 양각삼을
구하기가 어렵다는 이유로 여기에 동의하고 나섰다.220) 그러나 다수 신
료들의 이러한 진헌삼 파삼대체 건의에도 불구하고, 국왕 선조는 파삼
의 약효문제와 方物을 가벼이 변경할 수 없다는 일반론을 들어 일관되
게 이에 반대하고 있었다.221)

선조 36년(1603) 5월에 조정에서 벌어진 위 논의가 주목되는 이유는,
그것이 파삼이라는 '新樣之蔘'이《실록》에 처음 언급된 뒤222) 불과 1년
만에 나온 건의라는 데 있다. 즉 이로 미루어 볼 때, 이 시기 파삼의
제조와 유통 특히 대중국 파삼무역이, 파삼이라는 새로운 인삼 가공상
품의 개발 직후에 매우 빠르게 그리고 광범위하게 전개되었음을 확인할
수 있는 것이다. 한편 이를 통해 파삼의 출현시기 역시, 첫 자료에 등장
하는 선조 35년(1602) 보다 좀 더 앞선 때일 수 있다는 짐작도 가능하다

216) 주 168과 같음.
217) 주 175 참조.
218)《宣祖實錄》卷162, 宣祖 36年 5月 丙寅, 24冊, 477쪽.
219)《宣祖實錄》卷162, 宣祖 36年 5月 己巳, 24冊, 479쪽.
220)《宣祖實錄》卷162, 宣祖 36年 5月 戊寅, 24冊, 482쪽.
221) 주 219, 220과 같음.
222) 주 216 참조.

고 본다.223)

　이처럼 중국 내의 수요와 선호를 바탕으로 선조조에 가공상품으로
새롭게 제조되기 시작한 조선산 파삼은, 그 개발과 함께 대중국 사무역
의 주종 상품으로 등장하였고, 이제 중강개시의 혁파를 통해 대명 사무
역과 밀무역의 단속과 통제를 기도하던 조선 정부의 주요 관심사로 대
두하고 있었다. 선조 39년(1606) 2월 국왕이 파삼의 禁斷에 대한 확고한
의지를 표명하면서 赴京행차의 파삼소지를 重律로 다스리겠다고 천명
하자, 黃璡은 전일에 이미 파삼의 대중무역을 엄금하였다가 명나라 高
太監・張謙 등의 요청으로 다시 재개되었던 실정을 거론하면서, 당시
중국인의 파삼선호 실태를 다시 환기시키고 있었다.224) 대중국 파삼 사
무역에 대한 금단조처에도 불구하고, 명나라에서의 높은 수요를 바탕으
로 파삼 사무역이 여전한 실정이었던 것이다.

　선조 39년(1606) 6월 조정은 마침내 호조의 발의를 통해, 파삼의 일절
금단에 대한 특단의 조처를 내리게 된다. 즉 파삼 사무역 금령을 어긴
범죄자를 一罪[死罪]로 처벌하는 한편, 파삼 造作人 역시 일일이 적발하
여 囚禁하고 소지물건을 沒官하는 등의 내용을 담은 초강경 조처를 8도
관찰사와 개성유수를 통해 전국에 하달하였던 것이다.225) 파삼 사무역
의 성행으로 말미암아 진헌용 양각삼의 구득난이 더욱 심각해지면서
취해진 조처였다. 나아가 동년 11월에 들어서 국왕은 의주 일대의 파삼
사무역을 금지하면서, 이제까지 용인해 왔던 부경사행의 파삼소지까지
도 일절 엄금하는 방안을 거듭하여 천명하고 있었다.226)

　그러나 정부의 이 같은 강경책에도 불구하고 대중국 파삼무역이 중
단될 리는 없었다. 선조 39년(1606) 7월 의주부윤 具義剛에 따르면, 정

---

223) 이런 점을 고려할 때, 명나라의 고태감이 선조 32년(1599)에 조선에 요구했던
　　'別造人蔘'이 바로 파삼일 수 있다는 필자의 추정은 더욱 근거가 있는 것으로
　　판단된다(주 170 참조).
224) 《宣祖實錄》卷196, 宣祖 39年 2月 辛亥, 25冊, 162쪽.
225) 《宣祖實錄》卷200, 宣祖 39年 6月 丙寅, 25冊, 223쪽.
226) 《宣祖實錄》卷205, 宣祖 39年 11月 乙亥・丁丑, 25冊, 284쪽.

부의 금령에 따라 의주의 중강개시에서 파삼무역이 불가능해지자 이제 잠상들이 개시를 피해 압록강 주변의 碧潼·昌城 등지에서 불법적인 파삼 밀무역에 나서고 있었다.[227] 조정의 강경책 탓에 중강개시에서는 인삼이 전혀 거래되지 않았지만, 의주인근 압록강변의 여러 국경지역을 무대로 하는 파삼 밀무역은 이로 말미암아 더욱 극성해지고 있었던 것이다.

아울러 정부의 강력한 단속 의지에도 불구하고 부경사행의 파삼소지와 사무역 또한 더욱 기승을 부리고 있었다. 그해 11월 국왕은 신임 의주부윤에게 승정원을 통해 내린 비망기에서, 당시 중국에서 조선의 부경사신을 두고 '朝鮮大賈'로 지칭하던 실태를 통탄하면서, 부임 후 잠상들의 파삼 밀무역과 더불어 부경행차의 파삼소지를 더욱 엄하게 적발하여 처벌할 것을 특별하게 지시하고 있었다.[228] 정부의 금령과 강력한 단속 의지에도 불구하고, 임란 전후에 대명 수출상품으로 새롭게 등장한 파삼은 이처럼 중강개시와 밀무역, 그리고 부경사행 등을 통해서 전에 없던 양상을 보이면서 명나라에 대거 수출되고 있었던 것이다.[229]

16세기 최말 선조조 말년에 들어 임란의 파국 속에서도 중강개시를 중심으로 사무역 밀무역의 형태로 확대되고 있던 대중국 인삼무역의 정황은, 이 시기 人蔘價格의 추이에 대한 점검을 통해서도 간접적으로 확인해 볼 수 있다.《실록》자료에 편편이 등장하는 이 시기 인삼가격의 변동내역을 인삼 1근당 綿布價로 환산하여 정리하여 보면 다음 쪽의 <그림 1>과 같다.

---

227) 《宣祖實錄》卷201, 宣祖 39年 7月 癸未, 25冊, 237쪽.
228) 《宣祖實錄》卷205, 宣祖 39年 11月 乙亥, 25冊, 284쪽.
229) 한편 이 같은 중국인의 파삼선호와 파삼 사무역의 번성을 기반으로 하여, 광해군 2년(1610) 마침내 조선 조정은 진헌인삼을 생삼인 羊角蔘에서 가공삼인 把蔘으로 바꾸는 방침을 관철시키고 있었다(《光海君日記》卷31, 光海君 2年 7月 癸亥, 31冊, 555쪽 ;《光海君日記》卷36, 光海君 2年 12月 丙申, 31冊, 595쪽).

<그림 1> 조선전기 인삼가격의 추이 (인삼 1근당 면포가)

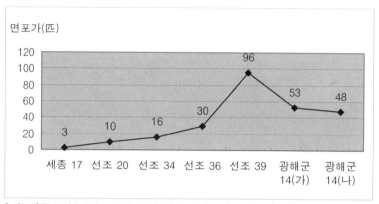

면포가(匹)

출전) 세종 17년(1435) :《世宗實錄》卷68, 世宗 17年 6月 丙申, 3冊, 634쪽.
　　　선조 20년(1587) :《宣祖實錄》卷21, 宣祖 20年 11月 辛卯, 21冊, 439쪽.
　　　선조 34년(1601) :《宣祖實錄》卷135, 宣祖 34年 3月 乙卯, 24冊, 216쪽.
　　　선조 36년(1603) :《宣祖實錄》卷162, 宣祖 36年 5月 丙寅, 24冊, 477쪽 ;《宣祖實
　　　　　　　　　　　錄》卷162, 宣祖 36年 5月 己巳, 24冊, 479쪽 ;《宣祖實錄》卷162,
　　　　　　　　　　　宣祖 36年 5月 戊寅, 24冊, 482쪽.
　　　선조 39년(1606) : *《宣祖實錄》卷204, 宣祖 39年 10月 己酉, 25冊, 275쪽.
　　　광해군 14년(1622) (가) : *《光海君日記》卷176, 光海君 14年 4月 庚寅, 33冊, 441쪽.
　　　　　　　　　　　　(나) : *《光海君日記》卷176, 光海君 14年 4月 辛卯, 33冊, 442쪽.
　　* 표시 자료의 면포환산 인삼가격은 선조 33년(1600)의 銀 대 木綿價 환산율, 곧 '銀
　　1냥 = 木 4.8필' 등식을 적용하여 산출한 수치임(《宣祖實錄》卷128, 宣祖 33年 8月
　　丙申, 24冊, 116쪽 참조).

　　자료의 성격상 거친 추론을 거듭할 수밖에 없지만, 위 <그림 1>을
통하여 이 시기 인삼가격 변동이 내포하는 몇 가지 추세나 경향은 확
인할 수 있겠다. 우선 15세기 전반 세종조에 1근당 면포 3필이던 인삼
가가 임란 전인 선조 20년(1587)에는 대략 3배 가량 상승한 10필에 이
르러 150여 년에 걸쳐 완만한 상승을 보이고 있는 점, 그러나 임란 후,
특히 중강개시의 개시와 파삼 사무역이 극성해지던 시기를 전후하여
불과 20여 년도 채 되지 않은 시기에 무려 9배 이상 그 가격이 폭등하
고 있는 점, 아울러 이 같은 인삼가 급등의 추세는 17세기 초반 정점에
이르렀다가 광해군 집권 후반기에 들어 後金의 흥기에 따라 중강개시

가 자연스레 중단되는 시기를 전후하여 하락 추세로 반전하여 1근당 대략 50필 정도의 면포가로 안정되어 갔던 사정 등이 확인된다.

요컨대 국초 이래 완만한 상승 추세에 있던 인삼가가 단기에 걸쳐 몇 배로 폭등하였던 시기가, 곧 중강개시가 개설되고 중국 내의 수요증대를 배경으로 조선산 신종상품인 파삼이 대량으로 사무역 밀무역을 통해 명나라에 수출되었던 바로 그 시기였던 사실이 거듭 확인되고 있는 것이다.[230]

임란 직후 대중국 파삼 사무역 발달에 따른 이 같은 인삼가 폭등에 대해서는 당대의 관인들 역시 잘 인지하고 있었다. 선조 36년(1603) 5월 좌의정 尹承勳은 채취된 인삼들이 대소를 막론하고 모두 파삼의 제조에 충당되는 관계로, 우리나라에서 나는 작물임에도 불구하고 인삼가격이 1근에 면포 30필에 이르게 폭등하고, 심지어 그 가격을 주고도 이를 구득할 수 없던 실정을 토로하고 있었다.[231] 대명 수출용 파삼의 제조에 각 지방의 인삼들이 대거 所用되면서, 진헌삼의 구득난과 더불어 인삼가가 급등하고 있었다.

한편 선조 39년(1606) 10월에도, 인삼이 토산물임에도 불구하고 중강의 通商과 부경사행의 사무역이 성행한 이후에 희귀하여 얻기 어려운 物貨가 되면서 그 가격이 폭등하던 실태를 또 다른 관인이 토로하고 있었다.[232] 자연산의 채취에 의존할 수밖에 없는 매우 제한된 인삼의 생산여건 속에서, 임란 이후 명나라에서 그 수요가 증대하고 이에 따라 사무역과 밀무역이 발달하는 등 파삼의 수요가 급증함에 따라 자연스럽게 인삼가격이 폭등하는 추세였던 것이다.[233]

---

230) 위 자료에서, 선조 34년(1601)의 인삼 1근의 면포가 16필은 도성이 아닌 외방의 가격이었다. 따라서 당대 京外의 상품 가격차를 고려하면, 임란 전 10여 필 수준이던 도성의 인삼가가 3배 이상 폭등하는 시점은 선조 34년 이전일 수도 있다고 생각된다.

231) 《宣祖實錄》 卷162, 宣祖 36年 5月 戊寅, 24冊, 482쪽.

232) 《宣祖實錄》 卷204, 宣祖 39年 10月 己酉, 25冊, 275쪽.

233) 중강개시의 대명 인삼무역이 後金의 興起 이후 어려워지다가 급기야 중단되는

이와 같이 임란 이후 선조조 말년에 폭증의 양상으로 확대되고 있던 대명 인삼 사무역에는, 위로는 왕실에서 아래로는 상인층에 이르기까지 다양한 세력들이 참여하여 그에 따르는 상이익을 도모하고 있었다. 선조 40년(1607) 4월, 관서지방 蔘貢의 폐단에 관한 조정의 논의 말미에 붙인 《실록》史臣의 다음 史論은 저와 같은 정황을 잘 정리하여 보여주고 있었다.

즉, 중국에서 조선인삼의 수요가 급증하여 상인들의 인삼무역에 따르는 이익이 百倍에 이르는 현실에서, 諸宮과 權貴의 가문들 역시 이를 본받아 상인들을 招納하여 이익을 나누거나 또는 역관들과 결탁하여 중원에서 인삼을 판매하고 있는데, 이로 말미암아 국내의 인삼가가 급등하게 되어 공삼의 의무를 진 백성들이 고통스럽다는 분석이었다. 따라서 궁궐에서 역관들에게 蔘·銀을 주어 唐物을 구입해 오게 하는 이른바 '闕內貿易'이 먼저 중단되어야 諸君과 權貴之家의 인삼 사무역에 대한 금령 역시 그 실효를 기할 수 있을 것이며, 이렇게 되면 삼상의 사무역 활동 또한 단절되어 인삼가가 스스로 안정되고 백성들의 고충 역시 덜게 될 것이라는 견해였다.234)

이처럼 왕실을 필두로 한 특권세력들은, 이 시기 국가의 금지에도 불구하고 자신들의 부경사신으로서의 지위를 활용하거나 또는 역관·상인들을 앞세워 벌인 인삼 사무역을 통해서, 당시 사회적으로 매우 고조되고 있던 사치풍조에 따르는 중국산 사치품의 수요를 조달해 내고 있었다.235) 부경사행의 불법적인 사무역 활동에 대한 금령이 국초 이래 엄존하고,236) 특히 이 무렵 부경행차에 파삼을 소지하는 행태에 대한

　　광해군 말년을 전후하여, 국내의 인삼가가 이전에 견주어 하락의 추세로 전환되고 있는 점 또한 선조조의 인삼가 폭등추세에 대한 이해와 관련하여 흥미로운 부분이다.
234)《宣祖實錄》卷210, 宣祖 40年 4月 辛亥, 25冊, 326~327쪽.
235) 16세기 사치풍조의 확산과 대중국 사무역의 발달에 관해서는 주 113의 韓相權, 이태진의 논고 참조.
236) 朴平植, 앞의 〈朝鮮初期의 對外貿易政策〉.

엄금조처가 반복하여 내려지고 있었지만, 특권세력들의 인삼 특히 파삼 사무역은 계속되고 있었던 것이다.237) 앞서 확인한 바와 같이 선조 39년 (1606) 11월, 국왕이 새로 부임하는 의주부윤에게 의주 일대의 파삼 사무역 단속을 특별하게 지시하고 있을 때, 그 주된 대상이었던 세력 역시 바로 당시 중국에서 '朝鮮大賈'로 폄하되고 있던 부경행차의 사신들이 었다.238)

이 시기 대명 인삼 사무역에는 또한 譯官層이 그 한 주역으로 활동하고 있었다. 이들 역관층은 부경행차의 수행과정에서 당대 왕실을 비롯한 특권세력의 인삼 사무역을 대행하기도 하였지만,239) 한편에서는 그들 스스로 파삼 사무역을 전개하고 있었다. 광해군 2년(1610) 2월 비변사는 파삼의 興産 이후에 역관세력의 파삼 사무역이 점차 확대되고 있어, 장차 이로 말미암아 국가에 미칠 羞恥가 극히 우려된다고 국왕에게 보고하고 있었다.240) 선조조 말기에 파삼의 생산이 늘어나면서 더불어 역관층의 이를 이용한 대명 사무역 활동 또한 증가하고 있었던 것이다.

이와 관련하여서는 후대 李瀷(1681~1763)이 선조조 중강개시의 置廢문제와 관련하여 덧붙여 놓은 다음 지적이 또한 매우 주목된다. 즉 그에 따르면, 조선과 명 양국 사이의 외교는 전적으로 譯舌, 곧 역관에 의존하며 이 역관층의 경제기반은 사행무역에 있기 마련인데, 중강에서의 개시 이후에 민간의 사무역이 熾盛하여 이 利益路를 상실하게 되자, 후에 이들 역관들이 도모하여 중강개시를 혁파하게 되었다는 분석이었다.241) 좀 더 검증이 필요한 후대의 평가이기는 하지만, 성호 이익의 이러한 진단은 이 시기 대명 파삼 사무역에서 역관층이 수행하던 역할과 비중을 뚜렷하게 보여주는 한 예증이라 하겠다.

---

237) 《宣祖實錄》卷196, 宣祖 39年 2月 辛亥, 25冊, 162쪽 ; 《宣祖實錄》卷205, 宣祖 39年 11月 丁丑, 25冊, 284쪽.
238) 주 228과 같음.
239) 주 234 참조.
240) 《光海君日記》卷25, 光海君 2年 2月 庚戌, 31冊, 489쪽.
241) 《星湖僿說》卷7, 人事門, 中江開市.

그러나 조선전기 특히 선조조 말년의 대명 인삼 사무역을 주도하였던
세력은 어디까지나 상인, 그 중에서도 京商과 開城商人들이었다. 조선
전기 최대의 兩大 상인집단으로 국내외의 상권을 놓고 각축을 벌이던
이들 경상과 개성상인은 그들의 자산과 조직체계를 바탕으로 16세기
후반 인삼의 대명 사무역 분야에서도 그 주역으로 두각을 나타내고 있
었다.242) 이 시기 경상과 개성상인으로 대표되는 인삼상인들의 사무역
활동은 우선 국내 인삼산지에서 채취 인삼을 買占하는 데로부터 시작하
였다. 원래 인삼이 자연산의 채취라는 매우 제한된 생산여건 탓에 비록
도성의 시전이라 하더라도 興産하여 行用할 수 있는 물화가 아니었고,
그리하여 행상을 통해 그때그때 매득할 수밖에 없는 자주 絶乏되는 물
품이기 때문이었다.243)

16세기 이후 貢蔘의 대납과 방납, 京中貿納의 일반화 추세에 힘입어
인삼의 민간교역이 확대되고,244) 나아가 선조조의 임란 이후 인삼 특히
신상품인 파삼의 대중 사무역이 급증하던 현실에서, 이제 인삼상인들은
이 같은 국내외 교역에 충당할 인삼을 확보하기 위해 인삼의 산지에
직접 진출하여 채취인삼의 産地買占에 적극 나서고 있었다. 선조 37년
(1604) 2월 함경감사 徐渚에 따르면, 인삼을 채취하기 시작하는 시기에
현지에서 이들 삼상들이 민간의 필수물화를 동원하여 인삼을 전부 換買
하여 버리는 바람에 정작 공삼마저도 이들 삼상의 주머니에서 나오는
형편이었고, 만일 인삼이 채취되지 않는 春夏의 절기에 공삼이 배정되
기라도 하면 방납가가 더욱 치솟는 형편이었다.245)

---

242) 조선전기 경상과 개성상인의 구성과 기반, 국내외에 걸친 상업활동에 대해서
　　는 다음 논고가 자세하다.
　　朴平植, 〈朝鮮前期 開城商人의 商業活動〉, 《朝鮮時代史學報》 30, 2004(本書 Ⅱ부
　　제2논문) ; 朴平植, 〈朝鮮前期 京商의 商業活動〉, 《東方學志》 134, 2006(本書 Ⅱ부
　　제1논문).
243) 《宣祖實錄》 卷117, 宣祖 32年 9月 乙丑, 23册, 681쪽.
244) 본 논문 2장 참조.
245) 《宣祖實錄》 卷171, 宣祖 37年 2月 己酉, 24册, 576쪽.

이런 현실을 직시한 서성은 삼상들에게 호조와 개성부로부터 路引을 발급받게 하되 이를 해당 감영에서 확인한 후에 경내의 통행을 허락하고, 만약 路引이 없는 상인은 關津에서 단속하며 그 容隱者 역시 처벌할 것을 건의하고 있었다. 아울러 그는 민간이 채취한 인삼 중에서 官이 먼저 공삼용 인삼을 선택한 연후에야, 삼상들에게 나머지 인삼을 매도할 수 있게 하는 방안도 아울러 제시하고 있었다.246) 함경감사 서성의 이 제안은 그 뒤 조정에 의해 채택되어 법제화하고 있었다. 선조 39년(1606) 6월 호조는 삼상들에 대한 路引발급과 수세, 그리고 行狀이 없이 인삼산지에 왕래하는 상인들의 소지물품 沒官과 처벌을 규정한 기왕의 事目이 결코 엄하지 않은 것이 아님을 거듭 확인하고 있었던 것이다.247)

한편 삼상에 대한 국가통제를 규정하고 있는 이들 규정은 그 이듬해인 선조 40년(1607)에 이르러, "蔘商으로 成冊에서 누락되거나 성책 후에 여기에서 탈루를 기도한 자, 公文, 곧 路引[行狀]없이 사사로이 인삼을 매매한 자, 인삼방납을 기도한 자들은 그 물건을 沒官하고 全家徙邊의 중형에 처한다"는 일반화된 법조문 내용으로 《受敎輯錄》에 실리게 된다.248) 京外의 삼상을 모두 성책을 통해 파악하여 국가에서 관리함으로써 이들의 산지 인삼매점과 방납 등의 행태를 예방하고, 나아가 진헌인삼을 포함한 국용 공삼을 안정적으로 확보하려는 목적에서 마련된 법안이었다.

그러나 이 같은 조처에도 불구하고 경외의 인삼상인, 특히 이 시기 국내외 인삼교역을 주도하고 있던 경상과 개성상인들의 인삼매점 행위가 개선되지는 못하였다. 선조 39년(1606) 6월 호조는 국법의 엄금에도 불구하고 여전히 인삼이 생산되는 각 고을에서 로인이 없이 활동하는

---

246) 주 245와 같음.
247) 《宣祖實錄》 卷200, 宣祖 39年 6月 丙寅, 25冊, 223쪽.
248) 《受敎輯錄》 刑典, 禁制.
　　"蔘商落漏於成冊者 成冊後窺避者 無公文私自買賣 私自防納者 物件沒官 全家徙邊 [萬曆丁末(宣祖 40, 1607-필자 주)]"

삼상들에게 捧稅만 하고 이들의 교역활동을 허용하는 탓에, 금령의 시행 이후 그간 인삼산지에서 犯禁으로 被捉된 삼상이 전혀 없을 뿐 아니라, 그해에는 호조에 路引발급을 신청한 삼상이 아예 '絶無'한 형편을 보고하고 있었다.249) 중강에서의 통상 이후 특히 파삼 사무역이 급증하는 현실에서, 이처럼 인삼상인들이 벌이는 인삼의 산지매점 행태는 이후에도 여전히 지속되고 있었다.250)

인삼의 채취시기에 산지에서 인삼상인들에게 매점된 인삼은 방납이나 경중무납의 형태로 도성에서 처분되거나,251) 把蔘으로 가공되어 중강개시나 부경사행을 통해 명나라에 수출됨으로써 막대한 이익을 인삼상인들에게 보장하고 있었다. 토산인 인삼이 중강 통상과 부경사행의 사무역 성행 이후에 오히려 '稀貴難得之貨'가 되어 가던 현실,252) 대중국 인삼 사무역이 치성하는 상황에서 정작 조선 조정이 직면하고 있던 진헌용 인삼의 確保難,253) 완만한 상승세를 오랫동안 유지해 오던 국내의 인삼가격이 선조 말년 특히 중강개시 이후 급등하고 있던 사정254) 등은, 결국 이렇게 인삼상인의 수중에 매점된 인삼이 주로 대중국 사무역에 투입되면서 국내 상업계에 나타나던 현상이었던 것이다.

선조 말년의 이 시기에 이처럼 인삼의 국내유통과 대외 사무역을 주도하였던 인삼상인은 주로 경상과 개성상인들이었다. 물론 주된 인삼산지이자 대중국 사무역과 밀무역이 성행하였던 평양, 영변, 의주 등지에 기반을 둔 인삼상인들도 활동하고 있었다.255) 그러나 삼상에게 지급하는 일종의 인삼거래 허가증인 로인의 발급처가 도성의 호조와 개성부였던 사정이나,256) 진헌인삼의 확보난 속에서 조선 정부가 긴급하게 진헌

249)《宣祖實錄》卷200, 宣祖 39年 6月 丙寅, 25冊, 223쪽.
250)《宣祖實錄》卷205, 宣祖 39年 11月 己巳, 25冊, 281쪽.
251) 본 논문 2장 참조.
252)《宣祖實錄》卷204, 宣祖 39年 10月 己酉, 25冊, 275쪽.
253) 본 논문 2장 참조.
254) 본 논문 5장의 <그림 1> 참조.
255)《宣祖實錄》卷210, 宣祖 40年 4月 辛亥, 25冊, 326쪽.

용 인삼을 시중에서 조달하는 경우 그 조달처가 주로 도성과 개성상인
이었던 사실257) 등에서 볼 수 있듯이, 이 시기 최고 최대의 인삼상인
집단은 주로 경상과 개성상인들이었다.258)

국초 이래 이들 경상과 개성상인들이 구축하고 있던 탄탄한 유통체계
와 조직기반은 이 시기 대중국 인삼무역에서도 십분 활용되었을 것으로
판단된다. 선조 33년(1600) 4월 중강개시의 혁파를 둘러싼 논란의 와중
에서 국왕은, 이 중강개시가 경상들에 의해 중국 상인이 국내에 들어오
기 전에 이미 시작되었다는 견해를 밝히고 있었다.259) 선조조 대명 인삼
무역의 주된 통로였던 중강개시는 조선 조정의 요청과 명나라의 동의
아래 공식 개설된 무역공간이었지만, 이처럼 이미 진행되고 있던 조선
상인과 명나라 상인들의 기존 사무역 관행의 기반 위에서 개설이 추진
되었고, 그 중심에는 경상들의 상활동이 자리하고 있었던 것이다.

때문에 이후 조선 조정은 이 중강개시의 혁파를 도모하면서, 동시에
이들 조선 상인들의 상업조직을 와해시키는 작업에도 주의를 기울이고
있었다. 선조 33년(1600) 10월 국왕의 전교에서, 경상과 개성상인을 비
롯한 부상대고들의 대중국 사무역 활동을 중개하고 있던 의주일대 중강
주변의 主人層에 대한 단속과 처벌이 특별하게 언급된 것도 이때문이었
다.260) 이들 주인층을 매개로 상인들의 상활동과 상품유통이 진행되고
있던 당대의 실정에서,261) 대중국 인삼무역의 중단과 중강개시의 혁파
를 위해서는 주인세력으로 대표되는 경상과 개성상인들의 상업조직에
대한 주목과 단속이 필요하였던 까닭이다.

---

256)《宣祖實錄》卷171, 宣祖 37年 2月 己酉, 24冊, 576쪽.
257)《宣祖實錄》卷201, 宣祖 39年 7月 丙戌, 25冊, 238쪽.
258) 당시 개성의 인삼상인 숫자가 도성의 그것에 못지 않았던 사정은 다음과
　　 같은 호조의 평가에서 잘 드러난다(위과 같음).
　　 "開城府 商賈之多 不下於京城 而蔘商尤多"
259)《宣祖實錄》卷124, 宣祖 33年 4月 丙戌, 24冊, 62쪽 ;《宣祖實錄》卷124, 宣祖
　　 33年 4月 戊戌, 24冊, 63쪽.
260)《宣祖實錄》卷130, 宣祖 33年 10月 戊子, 24冊, 138쪽.
261) 朴平植,〈朝鮮前期의 主人層과 流通體系〉,《歷史敎育》82, 2002(本書 Ⅱ부 제3논문).

한편 이 시기 경상과 개성상인을 비롯한 인삼상인들의 상업활동은
당시 權力層과의 밀접한 유대를 바탕으로 전개되고 있어, 그 규제가 더
욱 어려운 문제가 되고 있었다. 선조 40년(1607) 5월, 삼상들의 방납의
폐단을 예방하고 진헌인삼의 확보를 위해 조정에서 인삼상인들에게 강
제하던 이른바 '貿蔘令'이 실패로 돌아간 것도 바로 이때문이었다. 경외
의 삼상, 곧 주로 경상과 개성상인으로 구성된 이들 삼상들이 대개 권력
과 연계된 부상대고들이었던 까닭에, 조정의 무삼령에도 불구하고 이에
반발하여 도피의 방법을 통해서 정부에 대한 인삼매도를 거부하고 있었
던 것이다.[262]

이들 삼상들이 대부분 왕실 세력 또는 權貴들의 비호 아래 있는 관계
로, 비록 범죄로 적발된 경우에도 비호세력의 편지 한 장으로 문제를
해결하곤 하는 당대의 추세를 두고, 당시 史臣이 '利權易位'의 상황이라
통탄하였던 것도 이때문이었다.[263] 아울러 경상과 개성상인들이 구축
하고 있던 이 같은 권력층과의 연계가, 이 시기 정부의 강력한 단속 의
지에도 불구하고 파삼의 대중국 사무역이 지속적으로 확대될 수 있었던
주요한 배경의 하나였음은 물론이다.

주지하듯이 중국과 일본을 포괄하는 동아시아 교역체계에서, 조선후
기에 조선이 비교우위의 경쟁력을 바탕으로 주종의 수출상품으로 거래
하였던 품목은 紅蔘이었다. 그런데 선조 후반 중강개시의 개시와 더불
어 대중국 무역의 주된 물품으로 부각된 把蔘은, 그 형태와 제조기법에
서 바로 이 홍삼의 전신에 해당하는 인삼상품이었다. 따라서 17세기 후
반 숙종조를 전후하여 이루어진 家蔘재배의 성공과 그에 이은 홍삼무역
의 번성은, 이상에서 살핀 선조조 후반 대중국 파삼 사무역의 발달을
역사적 기반으로 하고, 여기에 인삼의 인공재배를 통해 자연산의 채취
라는 생산한계를 극복하면서 사무역 확대를 도모하였던 인삼상인, 특히
경상과 개성상인들의 노력을 바탕으로 펼쳐지고 있었다고 하겠다.

---

262) 《宣祖實錄》卷211, 宣祖 40年 5月 甲子, 25冊, 331쪽.
263) 위와 같음.

# 6. 結 語

조선전기 국가의 인삼정책을 시야에 넣고서 조선인삼의 국내외 유통
과 16세기 이후 대중국 사무역의 발달과정을 살펴보면 이상과 같다.

백두산을 중심으로 하는 만주지역과 한반도의 白頭大幹에 자생하고
있던 자연산 人蔘은, 그 탁월한 약효를 바탕으로 고대 이래 동아시아
삼국에서 매우 귀중한 약재이자 상품으로 인식되어 왔다. 건국 이후 조
선정부 역시 조선산 인삼의 이 같은 가치에 주목하면서, 前朝 이래의
인삼정책을 계승하여 인삼에 대한 국가적인 관리와 통제를 강화하고
있었다. 중국·일본을 비롯한 주변 국가와의 외교에 필요한 儀禮用 물
품으로서의 긴요성과 더불어 왕실수요를 포함한 國用에 충당하기 위해
서, 자연산 인삼이 채취되고 있던 전국 112개 고을을 파악하여 공납의
원리에 따라 貢蔘을 수취하고 있었던 것이다. 이렇게 조선 정부가 공삼
으로 수납하는 인삼의 총액은 이 시기 대략 최소 1,000여 근 이상에서
최대 1,900여 근에 이르고 있었고, 乾蔘의 형태로 가공하여 상납하는
이 공삼의 수취와 운송과정에 수령과 감사들의 책임을 특별하게 더함으
로써 그 원활한 수납과 양질의 공삼확보를 도모하고 있었다.

이처럼 국가의 체계적 관리 아래 있던 인삼은 자연산의 채취라는 생
산여건 탓에 매우 고가의 극사치품이었고, 따라서 실제 민간시장에서의
유통은 매우 제한적일 수밖에 없었다. 그러나 공납제의 변동과정에서
출현한 대납과 방납, 경중무납의 일반화는 인삼의 시장거래 역시 활성
화시키고 있었다. 15세기 후반 이후 그리고 16세기에 들어 더욱 분명하
던 공물의 대납과 방납 추세는 공삼의 경우에도 예외가 아니어서, 외방
각지, 특히 인삼의 산지고을조차 도성에서 인삼을 무납하는 경향이 일
반화되고 있었다. 권력과 연계하여 인삼방납에 따르는 私益을 극대화시
키려는 상인세력의 치열한 쟁투 속에서 '任土作貢', '本色直納'의 원칙은

무너지고, 이 과정에서 蔘産地 고을 백성들의 공삼부담이 가중되고 있었던 것이다.

여기에 임진왜란 발발 이후 중국 내의 수요를 바탕으로 조선인삼이 대거 명나라에 수출되기 시작하면서, 이 공삼폐단은 더욱 심각해지고 있었다. 국초 국가적인 통제 아래 안정적으로 운용되던 국고보유의 인삼 역시 이 과정에서 그 需給에 심각한 차질을 빚고 있었고, 진헌용 인삼까지 부족하여 액수를 줄이거나 그 마저도 도성과 개성의 시전으로부터 그때그때 責辦시켜 조달하는 형편이었다. 蔘商 등록제를 통한 정부의 인삼상인 통제시도나 '貿蔘令'이 종종 내려졌던 것도 이 때문이었다. 공삼수취를 통한 국가수요 인삼의 안정적인 공급체계가 무너지면서, 민간영역에서의 인삼유통이 국내외 교역 全분야에서 확대되고 있었던 것이다.

국초 이래 조선 정부는 최상의 약효를 지닌 조선산 인삼을 중국과 일본을 대상으로 한 국제외교에서 중요한 의례물품으로서 효과적으로 활용해 오고 있었다. 이 시기 명나라와 일본 모두 왕실 및 최고위 귀족사회에서 조선산 인삼의 수요와 希求가 그만큼 간절하였던 까닭이다. 때문에 명나라와 맺고 있던 '朝貢-冊封'의 외교체제 아래에서 인삼은 조선의 주요 진헌품이었고, 아울러 양국 使行의 왕래과정에서도 상당한 분량의 인삼이 중국으로 유입되고 있었다. 이 시기 '1年 3使'의 정기사행과 수많은 비정기 사행을 통해 중국에 보내진 조선의 진헌인삼 총액은, 대명관계의 안정이 시급했던 국초에 대략 연간 800여 근 전후였다가, 15세기 후반 성종조에 이르러 연간 300여 근을 조금 상회하는 수준으로 감소했던 것으로 추산된다. 여기에 조선에 파견된 명 사행에게도 통상 30근 정도의 인삼이 정·부사에게 각각 지급되고 있었다. 반면 '交隣'의 외교관계를 맺고 있던 일본과 유구의 국왕에게는 비정기의 사행을 통해서 각기 100근의 인삼이 송부되었으며, 대마도를 비롯한 일본 내의 諸酋세력에게도 국초에 30~50근 전후의 인삼이 하사되다가 15세기 후반 이후에는 그 액수가 10근 이하의 의례적인 수준으로 급감하고 있었다.

한편 이 시기 조선인삼의 대외유통은 왕실수요의 사치품이나 약재, 그리고 군수용품 등을 구입하기 위한 공무역의 결제품 형식으로도 이루어졌으나, 그 빈도나 규모가 크지 않았다. 결국 이 시기 동아시아 인접 국가에서 조선인삼의 유통은 대부분 사무역과 밀무역을 통한 것이었고, 그 가운데 최대의 유출경로는 使行에 따르는 인삼 사무역 형태였다. 국초 이래 조선 정부는 '務本抑末', '利權在上'에 근거한 상업정책을 통해 대외무역에 대하여도 국가의 통제와 관장을 提高해 오고 있었다. 그러나 이 같은 대외무역 통제정책에도 불구하고 현실에서는, 특히 부상대고들이 주도하는 인삼 사무역이 주로 부경사행을 활용하여 확대되고 있었으며, 그 추세는 성종조를 거쳐 16세기에 더욱 확산되고 있었다.

아울러 이 과정에서 중국과 일본을 대상으로 한 인삼 밀무역도 해상무역의 형태로까지 전개되고 있었으며, 이 같은 인삼의 대외 사무역 추세는 당시 발전하고 있던 동아시아 교역질서를 기반으로 더욱 증대하고 있었다. 신왕조의 개창과 더불어 대명관계의 안정에 심혈을 기울였던 국초의 시기에는 조선인삼의 동아시아 유통이 주로 외교관계에 부수하여 이루어졌다면, 15세기 후반 성종조 이후 특히 16세기에 들어 조선인삼의 대외유출은 민간영역의 사무역과 밀무역 부문에서 현저하게 증가하고 있었던 것이다.

16세기 최말기에 엄습한 壬辰倭亂은 국가 전체적으로 큰 타격을 가져왔지만, 조선인삼의 동아시아 유통과 관련하여서는 일대 轉機가 되고 있었다. 국초 이래 그간 진전되고 있던 조선인삼의 대외무역 특히 대중국 사무역이 폭발적으로 증대하는 시발점이 바로 임란이었던 것이다. 16세기 후반 명나라에서는 本草醫學의 발달과 함께 조선인삼의 수요가 급증하고 있었다. 조선인삼이 '長生之草'로 각광을 받으면서, 이제 그 수요층이 황실과 최고위의 귀족 지배층에서 여염과 지방의 일반 사대부나 일부 상층 서민층으로까지 확대되고 있었고, 때마침 발발한 임란에 참전한 장수와 명 상인들을 통해 조선인삼의 求得에 열을 올리던 형편이었다. 또한 만주 일대에서 이 시기 女眞族이 흥기해 감에 따라 동북지방

인삼의 중국내 유입이 통제되면서, 중국 내의 인삼가가 상승하고 조선 인삼의 수요가 더욱 커지고 있었다.

그런데 임란 중 조선에서는 '把蔘'이라는 새로운 형태의 인삼상품이 등장하여 대중국 무역의 주종 상품으로 자리 잡아 가고 있었다. 파삼은 중국 내에서 높아지고 있던 민간과 사대부층의 수요에 맞추어 새롭게 개발된 인삼상품이었다. 즉 조선에서 명나라에 이르는 장거리 운송과 장기의 유통과정을 감당하기 위해 고려 이래 개발되어 있던 烹造法으로 인삼을 삶아 건조시킨 다음에, 이를 다시 규격화하고 표준화된 '把' 단위로 묶어서 포장한, 보다 대중용의 인삼상품이 바로 파삼이었던 것이다. 燻蒸 대신 烹造하는 점을 제외하면 후대의 紅蔘과 동일한 제조법이었고, 바로 홍삼의 전신에 해당하는 신상품이었다.

선조조의 대중국 인삼무역은 전란 중에 개설된 中江開市를 기반으로 본격 전개되기 시작하였다. 임란 발발 이듬 해인 선조 26년(1593)에 식량확보와 군수조달을 목적으로 조선 측의 요청에 따라 개설되었던 중강개시는, 이내 대명 인삼 사무역의 주된 무대가 되고 있었다. 명나라 또한 이 중강개시를 통해 연간 수천 냥의 稅收를 올리고 있었고, 여기에 조선인삼의 거래에 따른 이익을 노린 명나라 權臣들의 비호가 작용하면서, 중강개시는 실질적으로 조선과 명 상인들 사이에서 準상설의 교역공간으로 활용되고 있었다. 더욱이 이 중강개시의 개설 이후에 義州 일대에서 理山에 이르는 압록강 주변 지역에서는, 명나라 상인과의 연계 아래 벌이는 인삼 밀무역이 성행하고 있어 더욱 큰 사회문제가 되고 있었다. 개시에서의 과도한 수세나 명 관인들의 抑買 등을 피해 벌이는 이 같은 인삼 밀무역은 정부의 강력한 단속 의지에도 불구하고, 그 이익이 컸던 탓에 지속적으로 확대되는 형편이었다.

조선 조정은 이 같은 인삼 사무역과 밀무역의 확산을 막고자 중강개시의 혁파안을 마련하여 그 승인을 명에 요청하는 한편, 불법 사무역과 밀무역의 주된 상품이던 파삼에 대한 단속을 더욱 강화해 갔다. 그러나 선조 34년(1601)에 일단 혁파되었던 중강개시는 그 이듬해 초 명나라

권신 高太監의 압력에 따라 곧바로 복설되고 말았다. 파삼 사무역에 대한 금지조처 역시, 犯禁者를 死刑에 처하는 특단의 방침에도 불구하고 그 실효를 기대할 수 없는 처지였다. 진헌인삼이 부족하여 이의 마련이 조정의 현안이 되고 있던 한편에서는, 여전히 파삼의 대명 사무역과 밀무역이 중강개시와 국경 일대에서 치성하고 있었던 것이다. 국초 이래 완만한 상승세를 장기에 걸쳐 보이고 있던 人蔘價가, 선조조 후반 중강에서의 인삼 사무역 성행 이후 단기간에 걸쳐 무려 9배 이상 폭등하고 있던 추세 역시, 자연산의 채취라는 제한된 생산여건 아래에서 대명 인삼 사무역이 급증하는 데 따르는 자연스런 현상이었다.

이처럼 임란 이후 暴增의 양상으로 확대되고 있던 대명 인삼 사무역에는 다양한 세력들이 참여하여 그에 따르는 상이익을 도모하고 있었다. 파삼 사무역의 이익이 매우 컸던 만큼, 우선은 왕실의 諸宮家를 비롯한 특권세력이 부경사행을 이용하여 역관이나 상인들을 앞세워 벌이는 사무역 행태가 두드러지면서 사회문제가 되고 있었다. 譯官들 또한 그들의 사행 수행과정에서 인삼 사무역을 통해 상당한 재부를 축적할 수 있었고, 나아가 이들은 중강개시의 개설 이후 사행 사무역의 이익이 상대적으로 축소되는 경향을 보이자 개시의 폐지를 도모하기도 하였다. 그러나 이 시기 대중국 인삼무역의 주역은 어디까지나 상인들이었고, 특히 그 중에서도 경상과 개성상인 출신 부상대고들의 활약이 두드러졌다. 이들은 채취인삼의 매점을 위해 인삼산지에 수시로 왕래하는 한편, 이렇게 확보한 인삼을 도성에서 방납으로 처분하거나 파삼으로 가공하여 대중국 사무역과 밀무역에 투입하고 있었다.

조선 최대의 양대 상인집단이던 이들 경상과 개성상인들은, 이 같은 인삼의 매점과 처분 그리고 사무역 활동을 탄탄한 자본력과 전국에 걸쳐 구축되어 있던 主人層과 같은 상조직을 바탕으로 수행하고 있었다. 더욱이 이들의 상업활동은 일상 권력과의 밀접한 연계 속에서 비호 받고 있었다. 때문에 진헌인삼의 부족과 방납에 따르는 蔘貢의 폐단을 줄이기 위해 조선 정부가 마련하고 있던 인삼상인에 대한 成冊등록과 路

引발급 조처, 貿蔘令 등의 방안은 현실에서 그 실효를 기대하기 어려웠다. 그리고 정부의 중강개시 혁파시도와 파삼 사무역 금지방침을 극복하면서 전개되고 있던 조선 인삼상인들의 이 같은 사무역 활동은, 드디어 17세기말 자연산의 채취라는 인삼의 생산한계를 家蔘재배의 성공을 통해 타개하게 되면서 紅蔘貿易의 번성으로 이어지고 있었다.

조선전기의 인삼정책과 인삼의 국내외 유통 그리고 이를 주도했던 인삼상인들의 활동상을 이상과 같이 정리하고 보면, 이는 이 시기 조선 상업계가 도달한 수준과 그 변동·발전상을 아울러 잘 시사하는 사례이기도 하였다. 요컨대 국초 이래 설정된 안정적인 공삼수취를 위한 인삼 정책이 이완되면서 인삼의 민간유통과 대외 사무역이 점차 확대되고 있었으며, 그 추세가 16세기 이후 특히 임란을 계기로 더욱 확산되고 있었던 것이다. 곡물과 어물을 비롯하여 조선전기의 상품유통 전반에서 확인되는 일반적인 경향, 곧 국가의 抑末이념에 근거한 상업에 대한 통제정책에도 불구하고, 이를 극복하는 상인들의 상활동과 상품유통이 지속적으로 전개되면서 확대되어 가던 사정이, 이 시기 인삼의 국내외 유통부문에서도 마찬가지로 확인되고 있는 셈이다. 그리고 인삼의 국내외 교역에서 나타나는 이 같은 정황은, 홍삼무역을 포함한 조선후기 상업의 발달과 그 변화가 조선전기에 펼쳐진 이 같은 상업발전의 역사적 기반 위에서 가능한 것이었음을 여실하게 보여준다는 점에서 더욱 주목할 만하다고 하겠다.

〔본 논문의 앞 부분은《韓國史硏究》143, 2008. 12. 수록,

뒷 부분은《歷史敎育》108, 2008. 12. 수록,

2009. 合編 校〕

# Studies on the Commerce and Merchants in the Early Chosŏn Dynasty

Park, Pyeong-Sik

This book deals with the history of commerce during the early Chosŏn(朝鮮) era(15th~16th century) from the standpoint of the barter economy, merchants, and the distribution of goods. This book can be regarded as the follow-up to *Studies on the Commercial History of Early Chosŏn Dynasty* (Jisik Sanup Publishing Co., 1999).

## I

Chosŏn's traditional government-controlled commercial policy and commercial system were first established during the reign of King Sejong(世宗). The government-controlled commercial policy sought since the foundation of the Chosŏn dynasty which was formulated during the reign of King Sejong, was based on the notion that commerce was all but inevitable within a state and an agrarian economy. However, all commercial activities, as well as those of merchants, should, in accordance with the ideology behind the government-controlled commercial policy, be controlled by the state. Chosŏn's overall economic policy, which called for better oversight of both domestic and international trade through the reorganization of the commercial structure so that it revolved around government licensed merchants(sijŏn, 市廛) active in the capital city, and regarded the use of the spread and distribution of currency in accordance with the principle of Igŏn chaesang(利權在上, the government should monopolize commercial profits) as a means to grasp control over the management of the national economy, can be regarded as having been rooted in this government-controlled commercial policy.

During the reign of King Sŏngjong(成宗) in the late 15th century, the Chosŏn government sought to resolve the problems which had emerged during the developmental process of government-licensed merchants(sijŏn) by expanding and reorganizing the areas in which these merchants operated. To this end, the government implemented a policy in 1485(16th year of King Sŏngjong) which amounted to a complete rearrangement of the sijŏn on the basis of products or items, despite the strong resistance from those sijŏn merchants who were forced to relocate because of this reorganization. During this period, the sijŏn merchants active in the capital of Chosŏn had forged rudimentary types of unions as well as membership-based organizations. In this regard, those individual sijŏn organizations which were established based on blood ties were able to use their strong organizational skills to secure commercial rights and profits for themselves.

One of the major reasons why Hanyang(modern-day Seoul, 漢陽) was selected as the capital of the Chosŏn dynasty was the advantages provided by the Han River(漢江) in terms of logistics. As a result, various commercial facilities began from early onwards to form in and around the Han River, and especially near the Kyŏng River(京江) basin situated near the capital city. The gradual expansion of the population engaged in commerce in the area around the Sŏ(西江) and Yongsan Rivers(龍山江), the area in which national logistics were concentrated, was accompanied by the rise of industries related to shipping and transportation. From the 16th century onwards, chuinch'ŭng(middlemen, 主人層) began to emerge in the area around these three rivers(三江), and especially the Kyŏng River area, as intermediaries and as wholesalers of the goods sold by the merchants from around the nation.

II

The capital city merchants(kyŏngsang, 京商), which constituted the largest merchant group during early Chosŏn, monopolized domestic and international trade from both the standpoint of commercial wherewithal and assets. Capital merchants'(kyŏngsang) domestic commercial activities were carried out amidst an environment in which they played a leading role in the private-level trade being carried out across the nation, and in which they were able to make full use of their role in the state's taxation system. Meanwhile, their international commercial activities also greatly expanded as increased use was made of the East Asian trade system linking Korea together with China and Japan that had been formed in the 16th century. As such, the formation of concrete commercial organizations, joint ventures, and an active role in intermediary trade made it possible for capital merchants(kyŏngsang) to not only increase their commercial assets during early Chosŏn, but also emerge as the most powerful group of merchants in the land.

The Kaesŏng(開城) merchants, who carried out their commercial activities during early Chosŏn from their base in the commercial city of Kaesŏng, were a group which sought to rival the capital merchants(kyŏngsang) in terms of domestic and international commercial power. As this rivalry unfolded, the Kaesŏng merchants were able to overcome the tenets of the government-controlled commercial policy by forming a unique commercial organization and culture which was based on the notions of trust and unity. The Kaesŏng merchants were thus able to form their own organization which could compete with the capital merchants, and accumulate assets. The characteristics of the Kaesŏng merchants stand as proof positive that the commercial tradition of the Koryŏ(高麗) era to some extent continued during the Chosŏn dynasty.

As mentioned above, the chuinch'ŭng were a group of individuals who acted as intermediaries between the government and private sector and between individuals, whom they provided with accommodations. During early Chosŏn, various chuinch'ŭng playing the role of intermediary and wholesaler emerged not only in the capital and the Kyŏng River area but also in the main port cities and transportation hubs around the nation. The growth of the chuinch'ŭng, including the kyŏngjuin(京主人) and sajuin(私主人) in the capital area, and the establishment of their business rights are in many ways indicative of the process through which a nationwide distribution system centering on the capital was established and developed after the 16th century.

## III

During early Chosŏn, the hoehwanje(回換制) was a system through which the private grains accumulated in the two border districts(yanggye, 兩界) as military grains were exchanged for national grains from the Kyŏngch'ang(national warehouse in Seoul, 京倉) or the three southern provinces (Kyŏngsang, Chŏlla, and Ch'ungch'ŏng provinces). Although the recipients of the hoehwan(回換) were initially central government officials from the two border districts, this group was gradually extended to include the royal family, powerful houses, and merchants. However, the tremendous increase in the farmland in the two border districts owned by powerful cliques within the central government after the reign of King Sŏngjong and the growing stability in terms of the West Sea(西海) maritime transportation route connecting the capital to the outside world resulted in the grains from the two border districts being directly transported to the capital through grain shipping traders instead of being used as hoehwan. Thus, the distribution of grains at the private level began to replace the government-led distribution system.

Shortly after its foundation, the Chosŏn government began to do away with powerful factions' illegal possession of fish weirs(魚箭) and to allow the general public to possess fish weirs and produce fish products. However, from the late 15th century onwards, it once again became commonplace for powerful factions and merchants to seize fish weirs from the poor and monopolize the profits earned from the production and distribution of fish products. The biggest fish markets during early Chosŏn were in the capital and in the area adjacent to the Kyŏng River. In this regard, while the fish markets in the capital area was controlled by a chartered-fish market(魚物廛), fish traders and peddlers carried out the related commercial activities in local areas. In the 16th century, the distribution of fish products was further expanded as private distribution networks developed in the Kyŏng River area and local markets(changsi, 場市) became more commonplace in the outlying provinces.

During the early stages of the dynasty, the Chosŏn government collected ginseng(人蔘) as part of the tribute tax. However, the expansion of the private trade of ginseng resulted in the ginseng tributary system being loosened from the late 15th century onwards. During this process, the system through which the ginseng demanded by the state was delivered through the market was also expanded. Meanwhile, Chosŏn ginseng began to also be introduced to China and Japan as diplomatic gifts, and increasingly consumed by their royal families and aristocratic classes. However, in the aftermath of the 16th century, Chosŏn ginseng was increasingly exported to neighboring countries through private merchants or simply smuggled out of the country. In this regard, a new processed form of ginseng called p'asam (把蔘) which first surfaced at the end of the reign of King Sŏnjo(宣祖) rapidly became the main item exported to China.

In conclusion, the growth and development of the barter economy within Chosŏn society during the late 15th century as well as in the 16th century was by and large associated with the commercial activities of merchants, the growth of the distribution system, and the improvement of the process through which individual goods were distributed. There organization and development of the barter economy which was implemented during early Chosŏn, at which time the focus was on encouraging agriculture and controlling commerce, paved the way for a new barter system to emerge in the aftermath of the Hideyoshi Invasion of 1592 and the Second Manchu Invasion of 1636(yangnan, 兩亂) and the establishment of a commercial policy which reflected this new system.

# 찾아보기

472

476

478

480

484